楞嚴經講義

【上】

圆瑛法师 著

华东师范大学出版社

图书在版编目（CIP）数据

楞严经讲义／圆瑛法师著.—上海：华东师范大学出版社，2014.1

（归元文化丛书．近现代佛教名著）

ISBN 978-7-5675-1711-0

Ⅰ.①楞⋯ Ⅱ.①圆⋯ Ⅲ.①大乘-佛经-研究 Ⅳ.①B942.1

中国版本图书馆 CIP 数据核字（2014）第 022488 号

楞严经讲义

著　　者	圆瑛法师
项目编辑	许　静　储德天
特约编辑	邱承辉
审读编辑	朱学博
封面设计	吕彦秋
出版发行	华东师范大学出版社
社　　址	上海市中山北路3663号，邮编200062
网　　址	www.ecnupress.com.cn
电　　话	021-60821666　行政传真 021-62572105
客服电话	021-62865537（兼传真）门市电话　021-62869887（邮购）
地　　址	上海市中山北路3663号华东师范大学校内先锋路口
网　　店	http://hdsdcbs.tmall.com
印　刷　者	三河市中晟雅豪印务有限公司
开　　本	787×1092　16开
印　　张	46.5
字　　数	700千字
版　　次	2014年4月第1版
印　　次	2019年10月第4次印刷
书　　号	978-7-5675-1711-0/B.828
定　　价	88.00（上下册）
出版人	王　焰

（如发现本版图书有印订质量问题，请寄回本社市场部调换或电话021-62865537联系）

目录

楞严经讲义

《归元文库》总序

楞严经讲义序

自序

楞严经讲义第一卷 /003

楞严经讲义第二卷 /041

楞严经讲义第三卷 /078

楞严经讲义第四卷 /108

楞严经讲义第五卷 /137

楞严经讲义第六卷 /167

楞严经讲义第七卷 /190

楞严经讲义第八卷 /213

楞严经讲义第九卷 /243

楞严经讲义第十卷 /270

楞严经讲义第十一卷 /296

楞严经讲义第十二卷 /322

楞严经讲义第十三卷 /349

楞严经讲义第十四卷 /378

楞严经讲义第十五卷 /410

楞严经讲义第十六卷 /438

楞严经讲义第十七卷 /468

楞严经讲义第十八卷 /496

楞严经讲义第十九卷 /524

楞严经讲义第二十卷 /568

楞严经讲义第二十一卷 /602

楞严经讲义第二十二卷 /631

楞严经讲义第二十三卷 /657

楞严经讲义第二十四卷 /697

《归元文库》总序

佛教是中国传统文化的重要组成部分，自两汉之际传入中国内地以来，逐渐融入中国文化之中，在哲学、文学、建筑、雕塑、绘画、音乐、美术等各个领域产生了深刻的影响。佛教的思想体系对中国哲学思想的发展起到了重大的推动作用，而佛教的积善行德的说教也一直深入民心，成为广大百姓为人处世的重要原则，对于安定社会民心，维护社会和谐起到了积极的作用。

佛教发源于印度，自两汉之际传入中国内地。魏晋南北朝时期，是其在中国的翻译和广泛传播时期。在这一阶段中，借助中国固有的儒家、道家思想以及魏晋玄学的概念，来翻译和诠释佛教思想。随着佛教经论的大量翻译，佛教概念逐渐得到了厘清，形成了有别于儒道的独具一格的思想体系，产生了众多的佛教学派，为隋唐佛教宗派的形成奠定了基础。

隋唐时期是佛教中国化及佛教思想发展的高峰，尤其是以隋唐大乘佛教宗派的创立为重要的标志，智𫖮创立天台宗，吉藏创立三论宗，玄奘和窥基创立法相宗，惠能创立禅宗（南宗），法藏创立华严宗，还有律宗、净土宗、密宗等宗派，一时蔚为大观，为中国哲学思想的发展提供了丰富的资源。

宋以后佛教得到了持续的发展，虽然没出现开宗立派的大师，但佛教的思想和信仰影响了中国社会的各个层面，尤其是其哲学思想深深地影响和启发了儒学，产生了吸纳佛学、融入道学的新儒学——宋明理学，在中国传统社会产生了深远的影响。

当中华大地还沉浸在天朝大国的睡梦之中时，不期被西方的坚船利炮所震醒，包括儒释道在内的传统文化受到了新的冲击，随着西学的大量传入及对传统文化的反省，人们重新认识到中国佛教资源的重要价值。杨文会、欧阳竟无等人竞相创办刻经处及佛学院，流通经籍，培养佛学研究人才；康有为、谭嗣同、章太炎、梁启超等人都对佛学做了大量深入的研究，使中国佛学呈现了复兴之势。特别是太虚、月霞、谛闲、圆瑛、弘一、印光、虚云等佛教高僧对佛教的振兴、弘扬，使佛教在艰难曲折中得到了新的发展。

武汉归元禅寺位于汉阳区翠微横路，东眺晴川阁，南滨鹦鹉洲，北邻古琴台。清顺治十五年（1658年），由浙江僧人白光禅师和主峰禅师经17年筚路蓝缕，募化王氏葵园而创建，以《易经》"元者，善之长也"，乾元资始，坤元资生，而易行乎其间，此万法归一的思想，以及《楞严经》中"归元性无二，方便有多门"而得名。辛亥革命期间归元禅寺是武昌起义军的指挥部之一，故被清军破毁，1922年才又恢复原貌。建国后，曾得到周恩来总理的关怀和保护。现为湖北省佛界协会、武汉市佛教协会驻地，湖北省政府确定为重点文物保护单位。1983年被国务院确定为全国汉族地区佛教重点寺院之一；2001年1月，被国家旅游局确定为全国首批4A级旅游风景区。武汉归元禅寺历史文化底蕴深厚，是国内屈指可数的著名曹洞宗传法丛林之一，寺内五百罗汉造像工艺精湛，是国内现存的清代之前四大罗汉堂之一。"数罗汉"已经成为武汉市民一项重要的民俗活动，同时也是国内外众多游客游览归元寺的一件趣事。各国政要，如柬埔寨西哈努克国王、美国国务卿基辛格、新加坡总理李光耀、日本首相中曾根康弘等都曾先后来此参观。

近代以来，太虚法师、虚云法师、月霞法师、持松法师等高僧大德曾在此讲经说法或兴办佛教教育，为佛教文化的传播和发展做了很大贡献。改革开放以来，尤其是最近十多年来，寺院在坚持继承佛教文化传统的同时，又积极创新，适应时代，在寺院文物古迹保护、佛教文化建设及慈善公益事业等诸多方面成绩突出，为佛教文化建设及和谐社会建设发挥了积极作用。

随着党和国家宗教信仰自由政策的贯彻和实施，中国佛教正处于历史上最好的发展时期。武汉归元禅寺和全国所有寺院一样，经历了寺院殿堂建筑修复重建的阶段。目前归元禅寺耗资两亿多元、全国最大单体石木结构建筑的圆通阁已经建成，硬件建设的任务即将告一段落，下一步的工作重心将由寺院基础建设转向文化建设和佛教教育事业，这是佛教长远发展和综合实力的重要体现。为此，我们推出《归元文库》，准备系统整理历史上尤其是近代以来有着深远影响的佛教高僧和学者大德的著述，并且深入研究武汉归元禅寺历史上的祖师著述和曹洞宗法系传承，希望发挥佛教劝善教化，安定社会民心，促进和谐社会建设方面的积极作用，并且对佛教的研究和佛法的弘扬有所裨益。是为序。

隆印

2013年9月22日于武汉归元禅寺

楞严经讲义序

夫佛法首重实证,非实证无以契真常。因一切众生,皆有妄心,念念分别,皆不相应。盖妙理空寂,从本以来,离言说相,离名字相,离心缘相,乃离念境界,唯证相应故。经云:"言妄显诸真,妄真同二妄",即此义也。然众生之欲契入实相,必先假名言,以为助缘;此世尊所以苦口婆心,广说法要,冀众生因指见月,得心自在,而入三昧也。综观一代时教,阐明从凡至圣,而事理并重者,莫逾《首楞严经》。此经以阿难尊者误堕淫室,恨无始来,一向多闻,未全道力,殷勤启请,十方如来,得成菩提,妙奢摩他、三摩、禅那,最初方便。于是世尊,敷演洪文十卷,由性而相,由显而密,由解而行,由行而证,彻终彻始,广度有情。

圆瑛法师者,今佛门之龙象也。慧性天生,辩才无碍,宏施法雨,中外咸沾,著作行世,十有余种。十二年前,曾撰《楞严纲要》一书,明灯普照,广被遐迩。迨年六十八,始行注释此经,以四十余年之钻研,究厥精微,编成讲义,大愿既偿,嘱为之序。窃念学佛信众,苟无南针,而欲深入经藏,譬靡管而窥天,弃蠡以测海,求能了解妙理,诚恐北辙南辕!

法师为当代大德,了知学人心理,以平淡言辞,演释甚深经义,方便善巧,尤能契合时机;而勘校经文,正其错简,巨眼如烛,有裨来学。经中破处之文有"尔时世尊在大众中,舒金色臂,摩阿难顶,告示阿难及大众:有三摩提,名大佛顶,首楞严王,具足万行,十方如来,一门超出,妙庄严路"一段,横隔其间,或因前人录刊倒置,致与前后文不相接续,法师指示此段应在请法之后,则问答相应,怡然理顺矣。抑其敷弘正道,诠行布不碍圆融;显示真常,离二边而趋空寂。正犹增辉于太阳,助深于巨壑,法施功德,沾溉靡穷,无缘慈悲,同无量矣!

辛卯(1951年)孟春之望,菩萨戒优婆塞王学仁谨序于香港

自　序

　　夫群生莫不有心，而真心难悟；修行莫不有定，而性定难明。指真心，而示性定者，其唯《首楞严经》欤！何谓真心？即众生所具，不生灭之根性，名为如来藏，个个圆成。何谓性定？即自性天真，不动摇之定体，号曰首楞严，人人具足。良由众生，迷真起妄，认识为心，则本有真心，不能解悟，天然性定，无从修证。故如来首告阿难云："一切众生，从无始来，生死相续，皆由不知常住真心，性净明体，用诸妄想；此想不真，故有轮转。"是知识心乃大定之冤贼，菩提非此心所得成；根性为圆通之正因，楞严实自性之本具。故阿难请示成佛大定，如来即为破识显根。破识心五种胜善功能，犹属生死妄想，令人决定舍之；显根性一精元明心体，以为涅槃妙门，令人决定用之。则欲令舍识用根，为修楞严要旨也明矣！

　　当知爱欲为禅定之障，故以多闻误堕为缘，发起大众；识心乃生死之根，故以见相发心为诘，探悉病源。由是备破三迷，极显一性。三重破识，全破其妄；十番显见，极显其真。向六根而指见性，令亲验乎不动之本真；会四科而示藏心，令自明常住之自体。复融七大，圆满十虚。阿难知心精之遍圆，赞大定之希有，讵非悟真心，而明性定耶？但倒想虽销，细惑未尽，迨满慈究三种生续之因，而如来答一念觉明为咎。复极于五大圆融，三藏备显，离一切相，即一切法，离即离非，是即非即，然后知彻法底源之定体，本自圆成；究竟坚固之楞严，非由造作。所谓奢摩他，微密观照，发尽无余矣。回视强制识心之定，何啻天渊哉！然而定虽本有，未经如来明示，何由开解照了自性天然本定？兹闻破识显根之教，初则真妄决择分明，乃至普融圣凡十界，疑惑销除，心悟实相，知定体无亏，天然本妙，近具根中，远该万法。无如根结未开，大用不发，故当机喻如天王，赐与华屋，虽获大宅，要因门入；此即大开圆解之后，继请圆修，求佛不舍大悲，令获如来无余涅槃本发心路。佛告云："汝等决定，发菩提心，于佛如来，妙三摩提，不生疲倦，应当先明，发觉初心，二决定义。"一、决定以因同果，旋妄还觉，得令五浊澄清。二、决定从根解结，舍劣取胜，但向一门深入。不了根性真常，击钟验其不灭；别索结元所在，现佛证其无他。绾巾示结，六解一亡；冥授选根，耳门独妙。深入如来藏性，备发圆通大用，所谓"如幻三摩提，弹指超无学"矣！至若清净明诲，四重律仪，建立道场，五会神咒，但是圆通加行，岂有异门者哉！由是修门既启，历位宜明。先示染缘起，而成十二类生；广明净缘起，上历六十圣位。束三渐为乾慧，开初住为十信、十住（生佛家而为佛子）、十行（广六度而作佛事）、十回向（回佛事而向佛心）、四加行（泯心佛而灭数量）、十地（依中道而趣佛果）、等觉（齐佛际而破生相）、方尽妙觉，成无上道，圆满菩提，归无所得。所谓禅那修证圣位，但明其复还本体，出其本有家珍，非从外得也。

　　阿难请定，列举三名，因不知佛定总名，但将平日所闻三定别名，加一妙字以问曰："妙奢摩他、三摩、禅那，最初方便。"如来一闻，便知阿难不悉佛定总名。故先答云："有三摩提，名大佛顶首楞严王，具足万行；十方如来，一门超出，妙庄严路，汝今谛听。"阿难顶礼，伏受慈旨。此文横隔在第一番破处文中，前后文意，全无接续。今为审定，当在请定愿闻之后，初示佛定总名，令知诸佛，修因克果，然后再逐答三名。初三卷半之文，即二说奢摩他路，令悟密因，大开圆解。第一卷七处被破之后，文云："惟愿世尊，大悲哀愍，开示我等，奢摩他路。"次三卷零之文，即三说三摩修法，令向耳根，一门深入。第四卷喻屋求门之后，文云："汝等决定，发菩提心，于佛如来，妙三摩提，不生疲倦。"后半卷多之文，即四说禅那证位，令住圆定，直趣菩提。第八卷如来结答五名之后，文云："顿悟禅那，修证圣位，增上妙理，心虑虚凝。"一经问答，界线层次分明，具示妙定始终，如指诸掌。八卷中后半以去，复谈七趣，无非情想之升沉，判决邪正，以警淹留，是欲以戒助定而已。详示五魔，金由三昧以招致，叮咛觉悟，以护堕落，是欲以慧助定而已。重明五阴，同是妄想成就，因果浅深，灭除顿渐，是以戒慧助定而已。斯经从始暨终，问定三，说定三，助定三，成就首楞严王三昧，为终实教意，圆顿法门。

　　从上疏解，不一而足，可作南针，又何须重为注释？缘余年二十四，听讲斯经，愧学识之浅陋，感注疏之繁多，用心过度，致患血疾。乃于佛前发愿，仰叩慈光冥护，顿令恶疾速愈，更求得悟，寂常心性，真实圆通，宏扬是经，著述讲义，用报佛恩，藉酬私愿。越日，见有化人，状如老媪者，来示余曰："云不要紧！以白杜鹃花炖冰糖，服之可愈。"言讫回首，媪即不见，心窃异之。遂依言购服,三次血止。于是信愿益坚,精心研究,竟达十载。于经中疑义深奥难解之处,遂一一书条,贴于壁上,逐条静坐参究,既明白一条,即扯一条,如是者八年之久,一房疑义,扯尽无余。所著经论讲义,已出版流通者,十有余种,惟此经讲义,迟迟著述者,何也?以《楞严》妙义,丰富深藏,每讲一次,则有一次发明,多究一番,自有一番进步。意欲掩关,专著是疏,机缘未凑,致延时日。迨年六十有八,深感老病之躯,风前残烛,若不速偿斯愿,恐悔莫及。遂于圆明讲堂,创办楞严专宗学院,有欲造就僧才,续宏大教,谨择四月八日,开演斯经,日更躬亲授课,余时编著讲义,每夜辄至三更乃止。如是者久,辛劳过度,旋至次年二月初四,正讲演时,忽患中风之病,由徒明旸,急扶下座,入室遂已不省人事,经时七日始得转机。幸有良医黄钟、郑葆湜二医师诊治,方告安然。至七十二岁,复思楞严著述未竣,大愿莫偿,于是乐慧斌居士劝余曰:"从容编著,既有善愿,必获成功。"于七十四岁夏告完,计二十四卷,装成五册。聊据管窥之见,以论性天;但凭蠡测之才,而探义海。质之深入楞严三昧者,未免要施当头一棒也。

1951年仲夏,圆瑛弘悟,序于上海圆明讲堂

楞严经讲义

楞严经讲义第一卷

今解此经，谨遵贤首十门解释。考诸贤宗诸疏，而十门次序名目，亦不尽同，或具足十门，或略取数门，皆先述一经大意，乃以总释名题，别解文义，两门列后。今则略为变更，提总释名题为第一，先释经题，继述纲要，后解经文。俾阅疏者，一开卷便知题中义理。闻经亦复如是，第一日即可听讲经题，此固一时之权变耳。

大佛顶，如来密因，修证了义，诸菩萨万行，首楞严经。

题为全经之总，经乃一题之别；全经要义，萃于一题，欲识经中别义，须解法题总纲。凡释题者，当知经家既以题目冠列经前，而释题者自应据经而取其义。如密因、了义等，即当说是何等法，经中何文即是，未可笼统拈弄，而与经文毫不相涉。若陡事论量文体，不依解释文体，安能令文义双畅乎？此题，乃佛自命五名中，结集者，拣择重要，略取十九字，合成一题。前三字，分取第一题；中八字，全取第三题；后八字，分取第五题。名异诸经，故谓之别题。经之一字，凡是经藏，诸部同名为经，故谓之通题。今先约别题，依古判定，后合通别，逐句分释。

一切诸经，别名无量，按古德所判，不出七种立题：以人、法、喻三字，单字三种，双字三种，具足一种。一单人：如《佛说阿弥陀》；二单法：如《大涅槃》；三单喻：如《梵网》；四人、法：如《地藏菩萨本愿》，五人、喻：如《如来师子吼》；六法、喻：如《妙法莲华》；七人、法、喻：如《大方广佛华严》。此经以人、法为题。如来是果人，菩萨是因人，密因是理法，了义是教法，万行是行法，首楞严是果法，故以人、法为题。亦可略兼于喻，以佛顶二字，非举相似之物，比类发明，乃举直称法体之佛顶，以表胜妙，故曰略兼于喻。此依古判定，下逐句分释：

　　大佛顶三字，为能赞能表，下之四法，为所赞所表。大者，称赞之词，赞下四法，犹言大矣哉是经也！则知密因为大因，得成菩提故；了义为大义，称实理说故；万行为大行，如实修行故；楞严为大定，王三昧故，具此诸大，是为大经。首标大者，意令受持是经者，当依大教解大理，称大理起大行，满大行证大果，故以赞之。佛顶表显之义。佛顶，则佛肉髻相上，无见顶相也，乃三十二相之第一相。肉髻在青螺绀发正中，周围红色，状如春山吐日。佛初生时，岚毗尼林神，为佛乳母，捧持谛观，不见其顶；又佛成道后，游化波罗奈国，东方应持菩萨，欲穷佛顶，上历恒沙佛土，终不能见。此不属于有，而能放光化佛，又不属于无，双离有无，是之谓妙，表下四法，犹言妙矣哉是教也！则知密因为妙因，因心果觉，二不别故；了义为妙义，一门深入，六根清净故；万行为妙行，称真如理，中中流入故；楞严为妙定，自性本具不假修成故，具此诸妙，是谓妙法。表以佛顶者，意令受持是经者，当依发妙耳门之妙教，悟如来藏性之妙理；从妙理起妙行；满妙行证妙果（即妙觉极果，圆满菩提，归无所得），故以表之。结集者，取此三字，冠于经题之首，令知所赞所表，必非权渐教也。

　　如来密因，如来，是诸佛通号。佛有十号，如来为第一号，乃仿同先德号；以佛佛道同，后佛如先佛之再来，故曰如来，此约普通解释。今按本经，终实教意，如为本觉，来为始觉。依本觉不生灭之理性，起始觉回光返照之观智，依妙智证妙理，始觉与本觉合一，名究竟觉，方成佛道，方称如来。更约三身释之：身者，积聚之义。一、法身如来，梵语毗卢遮那，华言遍一切处，此积聚理法以为身；真如妙理，犹若虚空，遍一切处。经云："常住妙明，不动周圆。求于去来，迷悟生死，了无所得。"即法身义。二、报身如来，梵语卢舍那，华言净满，此积聚智慧以为身；诸惑皆净，智慧圆满。经云："明极即如来"，即报身义。三、应身如来，千百亿化身，随机应现，此积聚机缘以为身；如有可度机缘，即现八相成道。经云："自觉已圆，能觉他者，如来应世。"即应身义。今连下密因二字，当属报、应二身如来。密因，拣非事相修行，显因可见者。而曰如来密因，即是十方如来，得成果觉所依之因心；亦即一切众生，所具之根性，为菩提涅槃本元清净之体，可为修证果觉之因地心。十方如来，皆依此不生不灭为本修因，然后圆成果地修证。众生人人本具，迷而不觉，未能依之修证，故诣之密。又，此不特是因性，亦即是果性。以如来虽证极果，不离正因，所谓因该果海，果彻因源也。问："既即果性，何复名因？"答："须见此不生不灭之根性后，方是究竟果觉之因，更须依此圆湛不生灭性，成为因地心，称性起修，始获究竟果觉。即此一性，而能通因彻果，故如来破识显根，即显此密因也。"

又，密因二字，遣五种人过。密之一字，遣凡夫、外道、权教、小乘四种人过。以彼不达密具不生灭之根性，即是成佛真因，反认意识为心，错乱修习，尘劫劬劳，终无实果。第一卷文云："诸修行人，不能得成无上菩提，乃至别成声闻、缘觉，及成外道，诸天魔王，及魔眷属，皆由不知二种根本，错乱修习，犹如煮沙，欲成嘉馔，纵经尘劫，终不能得。"佛欲令人舍妄本，而依真本也。因之一字，遣利根狂慧人过。以彼未明所具不生灭之根性，但是正因佛性，须假了、缘二因，正因方显。遂乃自恃天真，本来是佛，顿捐修证，不依方便进修，终无得证。如矿虽是金，不假锻炼，终久是矿，不能成金。

然此密因，即二种根本中真本。经云："无始菩提涅槃，元清净体，则汝今者，识精元明，能生诸缘，缘所遗者。"众生在迷，非失说失，实则人人本具，所应取为本修因者。十方如来，得成菩提，靡不依此因心，而成果觉。此之密因，即是寂常心性，奢摩他体。十番显见，显此密因，非惟近具根中，实则远该万法。会四科惟是本真，融七大无非藏性，明三种生续之因，示五大圆融之故，全彰三藏，不离一心；如来密因之旨，显发无遗矣。题中此一句，经中占三卷半之文，即答阿难所请三名中，妙奢摩他。第一卷阿难求示真心，文云："开示我等，奢摩他路。"此三如来藏性，即自性本定，而能开解照了于此者，即奢摩他微密观照也。

修证了义，即称密因，所起之修证也。由阿难闻佛极显密因，天然本具，顿悟藏性，圆满周遍，喻如天王，赐与华屋，求门而入。而如来为答三摩提，妙修行路，分门以定二义：一、决定以因同果，澄浊顿入涅槃义；二、决定从根解结，脱缠顿证圆通义。击钟，验闻性真常不灭；现佛，证涅槃生死无他；绾巾，以示结解伦次；冥授，以选此方本根。盖必一门深入，逆彼无始织妄业流，解六结而越三空，方为了义之修；获二胜而发三用，方为了义之证。

了义复含二意，与通常之解不同：一、用根不用识。用识，则以生灭心为本修因，而求佛乘不生不灭，无有是处。经云："诸修行人，不能得成无上菩提，乃至别成声闻缘觉"等，故非了义。用根，则依不生灭圆湛性成，然后圆成果地修证。经云："若弃生灭，守于真常，常光现前，根尘识心，应时销落"，乃至"云何不成，无上知觉"，故为了义。又特选耳根圆通，文殊白佛言:"佛出娑婆界,此方真教体,清净在音闻,欲取三摩提,实以闻中入。"更是了义中之了义耳。以其超诸圣而独妙,为三世之通轨。经中佛告富楼那云:"如来今日,普为此会,宣胜义中,真胜义性。令汝会中,定性声闻,及诸一切,未得二空,回向上乘,阿罗汉等,皆获一乘,寂灭场地,真阿练若,正修行处。"当知胜义,即修证之了义,耳根圆通,乃了义中真了义耳。二、称性不著相。著相之修,为事相之染修;著相之证,为新成之实证,未悟圆理,均非了义。称性之修,乃从闻、思、修,入三摩地,如幻闻熏闻修,金刚三昧,但向一门深入,而得六根解脱,修则无修;称性之证,生灭既灭,寂灭现前,乃发现其本有家珍,证亦无证。"此是微尘佛,一路涅槃门。"方为了义。至若道场定慧,神咒利益,无非修证圆通加行,亦即了义也。题中此一句,经中占三卷半之文,即答阿难所请三名中妙三摩之问。第四卷佛云:"汝等决定发菩提心,于佛如来,妙三摩提,不生疲倦,应当先明发觉初心,二决定义。"决定义,亦即了义。依此了义,修证自性本定,得耳根圆通,所谓"如幻三摩提,弹指超无学",而修证了义之旨,更无余蕴矣。

诸菩萨万行,菩萨,梵语具云菩提萨埵,此方人有好略之习惯,简称菩萨。菩提译云觉,萨埵译云有情,乃大道心众生之称。今作三义释之:一、已经觉悟我、法二空之有情;二、能觉法界无量诸有情;三、智悲并运,自他两利。运智,上求佛觉以自利;运悲,下度有情以利他。修诸波罗密,乃如来道前之号,自觉觉他,以求大圆满觉。而言诸者,通指五十五位也。

万行,即称圆通体所起之无作妙行也。如观世音菩萨,三十二应,十四无畏,四不思议,双蹑前奢摩他,即定之慧;三摩,即慧之定;定慧圆融,中中流入萨婆若海。如十信,全根力而植佛种;十住,生佛家而为佛子;十行,广六度而行佛事;十回向,回佛事而向佛心;四加行,泯心佛而灭数量;十地,契真如而覆涅槃;等觉,齐佛际而破生相。其行应有无量,今言万者,但明其多,非局定数也。要之,此行根柢于三如来藏性,归极于四无碍法界,请详十行,后五行自知。

问:"五十五位诸菩萨,应是证位,今以位为行,岂不屈证为修耶?"答:"诸位正是因行未满,深入真修之行位也,不是极果之位。若是修终,只有佛位。"

问:"此位为行则圆通了义之修,应不具万行。"答:"理具而非事造也。虽圆融胜解,念念具足诸度,以初心贵在精专,但反闻自性,不兼万行,故但称了义。"

问："了义之证，不摄诸位耶？"答："此有二义：一、但证圆通体，初发二胜用，是故不摄；二、圆人所修，一证一切证，一位即摄一切位，初心、究竟，二不别故。"

又前言修证，推重圆通，此分阶级，对治狂慧，令知理虽顿悟，乘悟并销；事非顿除，因次第尽；究竟圆融不碍行布，行布不碍圆融。题中此一句，经中占半卷之文，即答阿难所请三名中妙禅那之问。

第八卷结经名后，阿难兼闻此经，了义名目，顿悟禅那，修证圣位，显是住持自性本定，入于如来妙庄严海，圆满菩提，归无所得。安定经文，问答相应，已尽正说全经，历收大定别目，故结经名。至七趣五魔，五阴妄想，自是经外余意，别详初心紧要，以戒慧助定而已。

首楞严者，大定之总名也。圆含妙奢摩他、三摩、禅那三种别名，而成一定全体，迥不同于常途工夫引起之定，亦不同于起心对境之定，此自性定耳。《涅槃经》佛自释首楞严为"一切事究竟坚固"，而古德即明其为彻法底源，无动无坏。经中自显见起，至四卷半圆彰藏性止，极明一切事，究竟坚固之理。会四科即性常住，融七大即性周遍，即所谓彻法底源，无动无坏也。

今释此定，二义料拣：一、此是圆定，不但独取自心不动，乃统万法，悉皆本来不动，为一定体。即所谓"日月经天而不动，江河竞注而不流"，故称为圆。经云："常住妙明，不动周圆。"不然，何以为一切事，究竟坚固之定哉！据此凡不兼万有，独制一心者，皆非圆定也。二、此是妙定，正以性本自具，天然不动，不假修成，纵在迷位，其体如故，即所谓"长安虽闹，我国安然"，故称为妙。经中飞光亲验，双离动静，不然，何以为彻法底源，无动无坏之定哉！据此凡不即性，而别取工夫者，皆非妙定也。

合此圆妙二义，故为首楞严王三昧。自发解起行，直至历位成佛，从始洎终，中间永无诸委曲相，亦无出退，非常途之定有入、住、出。入之则有，出之则无，在定纵经多劫，必以静而碍动；出定略涉须臾，必以动而碍静，皆非圆妙大定也。此经前自请定，后至结名，乃为正说。经中前半全谈藏性，所以开发圆通；后半全说圆通，所以修证藏性，始终不出一定耳。当知三定，不出三因佛性。奢摩他，全取四卷半前，所显正因佛性，略兼了因为定体；了因慧心开发，当机承教解悟，朗然照体现前，即此照体，为了因佛性，名奢摩他微密观照。然解从性发，乃即定之慧也。三摩，亦取所显正因佛性，略兼缘因为定体；缘因善心开发，选根直入，从闻、思、修入三摩地，乃为出世善法，即缘因佛性，然行依解起，乃即慧之定也。禅那，全取正因佛性，双兼了缘二因为定体；寂照双行，不浮不沉，不昏不散，即定慧均等，中中流入妙庄严果海也。今合三定别名，成一大定总名；复摄大定总别，为一全部经题，共十九字，是别题，属所诠之法。

经之一字是通题，为能诠之文，即诠上四种实法。梵语修多罗，华言契经。上契诸佛所说之理，下契众生可度之机。又此方圣教称经，今译契经，显是西域圣教，具贯、摄、常、法四义。贯，则贯串所应知之义，令不散失故；摄，则摄受所应度之机，令得解脱故；常，则尽未来际，万古不能易其说；法，则极十方界，众生所应遵其轨。此经亦具四义：贯串妙奢摩他、三摩、禅那所应知之义；摄受亲因，度脱阿难，及性比丘尼，得菩提心，入遍知海；常、法二义，如圆通法门"过去诸如来，斯门已成就，现在诸菩萨，今各入圆明，未来修学人，当依如是法"，十方三世，共遵不易，岂非法、常义耶？余义避繁不录。

卷第一。古来经书，多取轴之制度，舒之可能读诵，卷之以便供奉，后人易制，未易其名，故仍称卷。而第一者，数之始也，十卷玄文，次序居首。

法不孤起，起必有由。世间诸事，尚有因缘，况无上佛法，岂无因缘耶？今明佛法因缘，有总、有别。总约一代时教，四十九年，或说大乘，或说小乘，或说顿教，或说渐教，无非显理度生，所显之理，即佛知见，众生等有，迷不自知，佛则乘机应世，为其开示，令得悟入。《法华经》云："如来为一大事因缘故，出现于世。"可见如来出世，即是一段度生之大因缘也。

一、为开众生佛之知见，使得清净故，出现于世。佛知见，乃众生六根中所具见、闻、觉、知之性。此性即是佛性，人人本具，无奈埋没于尘劳烦恼垢染心中，虽有若无，几如宅中宝藏，佛为开其本有家珍，使得离垢清净故。

二、为欲示众生佛之知见故，出现于世。佛之知见，众生咸认惟佛独有，而众生无分，不知人人皆有，故佛为指示，寻常日用中，眼根见色，耳根闻声，乃至意根知法，一一无非佛之知见。知见二字，包括六根中性，六性只是一性，故临济祖师云："有一无位真人，在汝诸人六根门头，放光动地"是也。

三、欲令众生悟佛知见故，出现于世。既经如来开示，而众生自当依教观心，依理起行，但肯回光返照，照顾二六时中，见色、闻声，乃至知法，毕竟是谁？照到日久月深，自有豁然贯通，悟明本来是佛时节，方信圣凡不二，生佛平等。

四、欲令众生入佛知见故，出现于世。众生心光外泄，则名为出；若肯时时反观内照，照到一心本源，则名为入；入无所入，即始觉智，照本觉理，照到惑净智满，转八识成四智，是为入佛知见道故。此为如来出世一大事因缘，亦为诸教总因缘也。

别约本经因缘，交光法师开有十种，今则惟六：一、恃多闻忽定力，二、警狂慧护邪思，三、指真心显根性，四、示性定劝实证，五、销倒想除细惑，六、明二门利今后。

一、恃多闻忽定力：大凡利根之士，好务多闻，不勤定力，于闻、思、修，偏重闻慧，少及思、修，如人说食，终不能饱。故以阿难多闻，误堕淫室发起大教。观阿难归佛所，顶礼悲泣，自述"恨无始来，一向多闻，未全道力（即定力）"，故殷勤启请，十方如来所修得成菩提之大定。足见多闻无功，不逮修习。后责阿难"汝虽历劫，忆持如来，秘密妙严，不如一日修无漏业，远离世间，憎爱二苦。"又偈云："将闻持佛佛，何不自闻闻？"佛为恃多闻忽定力，故说此经。

二、警狂慧护邪思：世有大心凡夫，见理高妙，自恃天真，顿捐修证，玩留恶习，了不依佛方便之门，屈于欲魔，无力敌苦。如阿难为摩登伽邪咒所摄，心虽明了，力不自由，赖遇佛顶神咒，方得解脱。故自述见相发心，以佛相好，非欲爱所生之念，意显淫爱为定门之冤贼，大定为破欲之将军。偈云："欲漏不先除，畜闻成过误。"佛为警狂慧护邪思，故说此经。

三、指真心显根性：一切众生，多皆错认肉团之心为心。此心在色身之内，状如倒挂莲花，是假非真，全无作用。人闻此言，必定争辩不休，曰："此心能知，又能思虑、分别，何以而说全无作用？"当知此人，先认肉团心为真心，是一错也；今竟认妄想心之功能，当作肉团心之功能，又一错也。但肉团非真心易破，若说此心有作用，其心存在，应当皆有作用，何以其人方死，其心仍在，即不能思虑分别，即此可证非真。而妄想非真心难破，因众生迷执既深，迷根难拔，又非独泛泛凡夫如是，即权教、小乘，亦皆认识为心。故阿难请说诸佛所修大定，佛即首告之曰："一切众生，从无始来，不知常住真心，性净明体，用诸妄想，此想不真，故有轮转。"由是乃有二次征心，三番破识，十番显见，佛意欲修大定，须以真心为本修因，显真心，即大定之全体也。故应加征问，看阿难是否错认。

佛问阿难："当初发心，于我法中，见何胜相，顿舍世间，深重恩爱？"阿难答言："由目观见，如来胜相，心生爱乐，故我发心，愿舍生死。"佛即征云："唯心与目，今何所在？"此乃第一次征心。文似心目双征，佛意但是征心，目不过带言而已。如是阿难，历计七处，如来一一斥其咸非。此即三番破识中，首破妄识无处。有人指此文，为七处征心者，非也。征是征诘，经中如来只有二次征心。因阿难七计被破,不知心在之处,如来则直指真心,欲令阿难当下领悟,遂举手擎拳,且看阿难如何理会;此即同宗门玄示玄提,不落言语文字。如来因恐阿难钝根不契,故加审问。"汝今见不?"阿难答言:"见。"又问:"汝何所见?"答言:"我见如来,举臂屈指,为光明拳,耀我心目。"又问:"汝将谁见?"答言:"我与大众,同将眼见。"佛遂征云:"汝目可见,以何为心,当我拳耀?"此即第二次征心。

阿难言:"如来现今征心所在,而我以心,推穷寻逐,即能推者,我将为心。"此则分明认妄识为真心。佛言:"咄!阿难,此非汝心。"此即三番破识中,第二番破妄识非心。阿难白佛:"此非我心,当名何等?"佛则告云:"此是前尘虚妄相想,惑汝真性。"阿难闻佛发明妄识非心,以为离此觉知,更无所有,遂生惊怖。佛以此心离尘无体为答,令阿难自己勘验,若离尘有体,即真汝心;若离尘无体,斯则前尘分别影事。此即三番破识中,第三番破妄识无体,不特肉团无有作用,不是真心,即使妄想善能分别,亦非真心。又不特此心,三毒诸恶,思想当除,乃至五种胜善功能,亦复不取。

意识五种胜善功能,皆本经历述:一、见佛相好,常自思惟,此相非是欲爱所生;二、闻佛声教,忆持如来,秘密妙严,恒不忘失;三、闻法领解,悟妙明心,元所圆满,常住心地;四、止散入寂,纵灭一切见、闻、觉、知,内守幽闲;五、界外取证,得灭尽定,受、想不行,成阿罗汉。此五种皆是意识胜善功能,人所难舍。本经欲修佛定,务将意识铲除,以此心非菩提因故。

经中佛判真、妄二本,告阿难言:"诸修行人,不能得成无上菩提,乃至别成声闻、缘觉,及成外道,诸天魔王,及魔眷属,皆由不知二种根本,错乱修习;犹如煮沙,欲成嘉馔,纵经尘劫,终不能得。一者,无始生死根本:则汝今者,用攀缘心(即意识)为自性者;二者,无始菩提涅槃,元清净体:则汝今者,识精元明(即根性),能生诸缘,缘所遗者。"只因众生,遗真认妄,执妄为真,多依妄本而修,现前虽成九次第定,终无实果。第一卷三番破识,破尽无余,阿难方肯舍妄求真,求示寂常心性,惟愿如来,发妙明心(即根性真本),开我道眼(求开圆解),以后十番显见,即指根性为真心。古德云:"显见即所以显心者"是也。

先则十番,极显其真:一、显见是心,二、显见不动,三、显见不灭,四、显见不失,五、显见无还,六、显见不杂,七、显见无碍,八、显见不分,九、显见超情,十、显见离见。后则二见,略破其妄,非同破识根本全妄。阿难既求示真心,如来不得不与指出,若向众生分上,指出纯真无妄之心，绝对无可指，故只得先带妄显真，后再与剖妄出真。交光法师，喻明此理甚妙："阿难认识为心，如愚人执石为玉，不肯放弃，佛为带妄显真，指见是心，如指璞说玉，璞虽是玉，尚有石皮未破，其玉不纯，故又为破同分、别业二种妄见，如剖璞出玉，光莹焕发矣。"佛为指真心显根性（即如来密因），故说此经。

四、示性定劝实证：凡夫、外道、小乘、权宗，其所修行，各皆有定，而悉无究竟者，何也？以其徒慕真修，不谙真本，全用识心，错乱修习。如经云："纵灭一切见、闻、觉、知，内守幽闲，犹为法尘，分别影事。"斯则诸凡夫天，乐修禅而未决择者，所修八定，宁能出此境界？又云："分别都无，非色非空，拘舍离等，昧为冥谛。"则知一切外道，所修之定，亦同用缘影之心。又云："一切世间，诸修行人，现前虽成九次第定，不得漏尽，成阿罗汉，皆由执此生死妄想，误为真实。"是知诸小乘人，所用之心，亦非真实心。又如来咄破识心之后，阿难云："若此发明，不是心者，我乃无心，同诸土木。兼此大众，无不疑惑！"大众应摄权教菩萨，以始教权乘，全取第六识，作我、法二空观，其所修之定，有入定、住定、出定，亦非究竟坚固之性定。

如上所述，终无实果，凡、外定销，或降德贬堕，散入诸趣；或从无想外道天，因谤三宝，直入地狱；小虽不堕，了无进境；权虽略进，亦不远到。推其病源，皆由以生灭心，为本修因，不能发明不生灭性也。经中阿难请定，如来首先三番破识者，即是决定令舍生灭识心，撤去大定之障碍，后乃广显见性，不生灭，不动摇，决定令悟自性本定，依真常根性成因地心，然后圆成果地修证。四卷末云："若弃生灭，守于真常，常光现前，根、尘、识心，应念销落。"乃至"云何不成无上知觉？"五卷偈云："如幻三摩提，弹指超无学。"此皆指示凡、外、权、小，令修真常性定，得证真实圆通也。

六卷文殊承命选择，偈答如来云："此方真教体，清净在音闻，欲取三摩提，实以闻中入。"又云："此是微尘佛，一路涅槃门。"乃至结云："但以此根（耳根）修，圆通超余者，真实心如是。以上诸文，皆是曲开巧修之门，指示性定，第八卷如来详列历证之位，皆欲导其深入，抵于实果而后已。佛为示性定、劝实证，故说此经。"

五、销倒想除细惑：良以众生，元明失照，妄识纷乱，或迷心在身内；或认法居心外；或固执因缘，而系缚权宗；或谬执自然，而驰骋外计，皆为倒想，足障真修。斯经第九番显见超情，正遣因缘、自然，二种妄情计执。约如来藏不变义，以破因缘；约如来藏随缘义，以破自然。会四科一一本如来藏，妙真如性，双非因缘、自然；融七大文中，一一责为世间无知，惑为因缘、自然。皆是识心分别计度，但有言说，都无实义。此皆销倒想之文也。

但倒想先销，细惑未尽，虽信诸法唯心，未彻唯心之本源；固知五大圆融，未了圆融之深故，仍能障乎性定。是故阿难希更审除，早登妙觉，由是满慈蹑前以质二疑：一、疑万法生续之因，问云："若复世间，一切根、尘、阴、处、界等，皆如来藏，清净本然。云何忽生山、河、大地，诸有为相，次第迁流，终而复始。"二、疑五大圆融之故，问云："又如来说：'地、水、火、风，本性圆融，周遍法界，湛然常住。'世尊！若地性遍，云何容水？水性周遍，火则不生，复云何明？水、火二性，俱遍虚空，不相陵灭？世尊！地性障碍，空性虚通，云何二俱周遍法界？而我不知，是义攸往。"此二均属细惑。

如来逐答，以释二疑。先说不空藏，以示万法生续之因：因于性觉必明，妄为明觉，以为其咎，由是三细俄兴，六粗竞作，故有世界、众生、业果三种，始而忽生，终而相续，犹如捏目，乱华发生。后说空不空藏，以示五大圆融之故，喻明性相无碍。文云："譬如虚空，体非群相，而不拒彼诸相发挥"，五大一一相妄性真，亦复如是。相妄，本无生灭，不倾夺则诸碍何成？性真，先非水火，能合融则万用齐妙。此二即是审除。

至满慈索妄因而拟进修，佛答妄元无因，譬如演若达多，迷头认影，狂怖妄出，岂有因缘；忽然狂歇，头非外得，纵未歇狂，亦何遗失？乃至三缘断故，三因不生，则汝心中，演若达多，狂性自歇，歇即菩提；胜净明心，本周法界。阿难蹑佛语复执因缘，如来叠拂深情，本然非本然，和合非和合，合然俱离，离合俱非，此句方名无戏论法。种种委细详示，方得疑惑销除，心悟实相。佛为销倒想除细惑，故说此经。

六、明二门利今后：惟有圆实教家，方能二门双具。一、平等门：一心万法，本原无差，平等一相，心为大总相法门体，世出世间，凡、圣、染、净、依、正、因、果，无不从心建立，以心为体，离心无有一法可得。即如经中所云："诸法所生，唯心所现，一切因果，世界微尘，因心成体。"心法虽有二名，其实一体一相，平等无差；如依金作器，器器皆金，器虽成多，金原是一，离金则无器可得；心生万法，法法唯心，亦复如是，惟有一真是实，诸妄本空，所有凡、圣、染、净、依、正、因、果，一切差别之相，了不可得。此即圆实家，"知真本有，达妄本空"，非同拨无因果之邪见。二、方便门：于诸法中，分真、分妄，许破、许显，乃有迷、悟，修、证，种种差别，良以真虽本有，而迷之已久，不方便显之，则终不能见；妄虽本空，而执之已深，不方便破之，则终不能觉。纵了见分明，若不假方便，舍妄从真，则终不能入。此经乃圆实家，善巧方便，明知迷悟只一途，圣凡无二路，巧从方便门，拣择真妄，然后舍妄从真，及至深心，普融一味，知真本有，达妄本空，非同权宗，真、妄条然，迷、悟迥别也。

本经双具平等、方便二门，当机启请即含此义。既请圆融大定，复恳最初方便，故佛逐答三名，或二门双用，或二门各用，在文可见。奢摩他中，先用方便门，决择真妄，于识则三番破其妄，令其决定舍之；于见则十番显其真，令其决定取之，了无平等之相。迨真妄既分，真体既露，阿难既肯舍妄从真，若局此真体，惟在根中，而不与万法普融，则何以明圆理，而开圆解，成奢摩他微密观照乎？

故后用平等门，会四科即性常住，融七大即性周遍。三种生续，不出一心；五大圆融，全体法界。极于三如来藏，离即离非，是即非即，故属平等门。无前门则真妄混淆，何以克体见真？无后门则真妄永隔，何以悟圆入妙？故示性定，必二门双具也。

三摩中，则专用方便，择从入之妙门。文云："阿难，汝今欲令见、闻、觉、知，远契如来常、乐、我、净，应当先择生死根本，依不生灭，圆湛性成，乃至圆成果地修证。"又云："但于一门深入，入一无妄，彼六知根，一时清净。"且示结处，独指六根，选门时，更专一耳。拣择分明，全属方便，义显然也。禅那中，则专用平等，趣圆融之极果。三渐文云："返流全一，六用不行，十方国土，皎然清净，譬如琉璃，内悬明月，身心快然，妙圆平等，获大安隐。"十信之初，即以此心，中中流入；十向以去，无非法法圆融，全归平等，义尤著也。

斯经，非特当时会众蒙益，犹作未来胜缘。二卷，破二颠倒分别见妄之前，如来即云："吾当为汝，分别开示，亦令将来，诸有漏者，获菩提果。"七大之前，如来又云："吾当为汝，分别开示，亦令当来，修大乘者，通达实相。"如是语类，在文非一，良以末法障重，悲念犹深。故文殊选圆，则曰："堪以教阿难，及末劫沉沦。"如来辨魔，则曰："汝等必须，将如来语，传示末法。"佛为明二门利今后，故说此经。

已知此经有大因缘，未审藏乘，何所摄属？藏有三藏，即戒、定、慧三学之藏：经诠定学，律诠戒学，论诠慧学。古德云："三藏从正不从兼，从多分不从少分。"斯经阿难请定，如来答定，正诠定学，虽有少分戒、慧，但是所兼，而为助定之戒慧而已。经中四重律仪，摄心为戒，由戒生定；三种渐次，首申戒品，毕护定心。即如备明七趣，示以三恶剧苦，令其慎恶因而勿犯；示以四善终沦，令其舍乐果而勿贪，无非以戒助定而已。及其详辨五魔，则警觉外魔窥伺，嘱其勿纵邪解，以招致也；阐扬内魔伏藏，嘱其勿起邪悟，以引发也，无非以慧助定而已。是知始终皆为大定，三藏中，属修多罗藏摄。

乘有二乘，即大、小二乘。小乘人根机小，志愿小，但求利己，独善其身，速出三界，而了生死；喻如小车，只能自度，不能度人。大乘人根机大，志愿大，能信大教，解大理，修大行，证大果，自行化他，勇猛精进；喻如大车，既能自度，复能度人。本经二乘中大乘所摄，以当机所请，纯是大乘菩萨行故。第四卷，阿难请求华屋之门，文云："惟愿如来，不舍大悲，示我在会诸蒙暗者，捐舍小乘，毕获如来无余涅槃，本发心路。令有学者，从何摄伏，畴昔攀缘，得陀罗尼，入佛知见？"又如来告富楼那，及诸会中漏尽无学诸阿罗汉云："如来今日，普为此会，宣胜义中真胜义性，令汝会中定性声闻，及诸一切未得二空，回向上乘阿罗汉等，皆获一乘寂灭场地，真阿练若，正修行处。"故乘摄则正惟同教一乘，而兼属别教一乘，又不废小乘果法戒品，亦可傍兼。

已知此经，为大乘教法，未悉义理浅深，分齐如何？文之实曰义，事之主曰理；圣人之设教也，理以统之，义以析之。理者体也，本惟一体，随机则义有浅深；义者相也，虽有多相，归本则理无差别。若不悉心研究，何以知分齐之浅深乎？今按本经，先依宗判教，次约论辨义，后会通天台。依宗者，中国向有两大宗，南有天台，北有贤首，天台依法华而立宗，判释如来一代时教，为藏、通、别、圆四教；贤首依华严而立宗，判释如来一代时教，为小、始、终、顿、圆五教。

今遵贤宗，先举五教：一、小教：亦名愚法二乘教。随机施设，只有七十五法，但说人空，不明法空，惟依六识三毒，建立染净根本，未尽法源，故多诤论。二、始教：说诸法皆空，即空宗。有遮（遣也）无表，未尽大乘法理，故名为始。亦名分教，广谈法相，少说法性，即相宗。有成佛不成佛（说三种人无佛性：定性声闻，辟支及邪定聚。二种人有佛性：决定聚与不定聚众生），故名为分。纵少说法性，其所云性，亦是相数，说有百法，决择分明，故少诤论。三、终教：说如来藏随缘，成阿赖耶识，缘起无性，一切皆如，定性二乘，无性阐提，悉当作佛，方尽大乘至极之说，故名为终，亦名实教。多谈法性，少及法相，纵说法相，亦会归性，以称实理，故无诤论。四、顿教：不依地位渐次，亦不说法相，唯辨真性，五法（名、相、妄想、正智、如如）、三自性（遍计执性、依他起性、圆成实性）皆空，八识、二无我（人无我、法无我）俱遣，呵教离念，绝相泯心，一念不生，即如如佛，故名为顿。五、圆教：总一法界，性海圆融，缘起无碍，身、毛、尘、刹，互相涉入，重重无尽，十信满心，即摄五位，成等正觉，故名为圆。此但略引，广如贤首五教仪。

若据五教，显此经之分齐，经中多谈法性，少及法相，纵说法相，亦会归性。指四科惟是本真，融七大无非藏性，满慈究万法生续之因，如来答一念觉明为咎。又十二类生，本元真如，即是如来，成佛真体，二乘回心，皆当作佛，大分正属终实之教。第四卷云："狂性自歇，歇即菩提，胜净明心，本周法界，不从人得，何藉劬劳，肯綮修证？"五卷孤起颂云："是名妙莲华，金刚王宝觉，如幻三摩提，弹指超无学。"此则兼属顿教。第四卷云："我以妙明，不灭不生，合如来藏。而如来藏，唯妙觉明，圆照法界，是故于中，一为无量，无量为一；小中现大，大中现小（此四义）；不动道场，遍十方界；身含十方，无尽虚空；于一毫端，现宝王刹；坐微尘里，转大法轮（此四相）。"四义交彻，四相无碍，三藏圆融，会归极则，不特理事无碍，乃至事事亦皆无碍。第十卷云："识阴若尽，则汝现前，诸根互用。从互用中，能入菩萨金刚干慧，圆明精心，于中发化，如净琉璃，内含宝月。如是乃超诸位，入于如来妙庄严海。"此则兼属圆教，若以五教摄经，后终、顿、圆三教摄此；若以经摄教，亦可全该，以不废小乘果法戒品，兼存始教八识、三空故也。

依《起信论》，从本向末，亦有五重分属，亦同五教。但五教乃从浅向深，而论文则由深及浅，二者分别耳。论文初惟一心为本，能摄一切世间法、出世间法。此心即本经如来藏心，不变随缘，随缘不变，能为一切法所依，不为一切法所染；法法唯心，体即法界，此圆教分齐。二依一心开二门，即该二教。心真如门，所谓心性不生不灭，离名绝相，毕竟平等，惟是一心，即心即佛，亦无渐次，此顿教分齐。始教空宗，亦密说此门。心生灭门，依如来藏有生灭心，如来藏本来不动，本不生灭，随无明缘，动成生灭，虽成生灭，体即不生不灭。此即藏心缘起，不变随缘，随缘不变，正属终教分齐。始教相宗，亦密示此门。

生灭门中，不生不灭，与生灭和合，成阿黎耶识。此识有觉不觉二义：一、觉义：谓心体离念，即是平等法身，说名本觉。此始教空宗分齐。二、不觉义：谓不如实知真如法一故，不觉心起，而有其念，所起不觉之相，不离本觉之性。依不觉故，生三种相：一业相（即自证分）、二转相（即见分）、三现相（即相分），乃属无明不觉生三细。此始教相宗分齐。依第三现相（即境界相），复生六种粗相，乃属境界为缘长六粗：一智相、二相续相（此二属七识）、三执取相、四计名字相（此二属六识），此小教分齐；五起业相、六业系苦相，此人天分齐。但亦略引，广如彼文。

若约论文，而明斯经义理浅深，经中所显根性，即是识精元明，体通如来藏性。又如来藏清净本然，周遍法界，随众生心，应所知量，循业发现等，大分正齐心生灭门，亦不违前终教分齐。若会妄归真，见与见缘，并所想相，如虚空华，本无所有。此见及缘，元是菩提妙净明体，与夫妙性圆明，离诸名相等，皆唯性无相，此兼齐心真如门，亦不违前兼属顿教。若妙极一心，四义交彻，四相圆融，历明三藏，不出一心，此兼齐一心本源，亦不违前兼属圆教。斯经实与《华严》、《圆觉》，同条共贯，其为无上甚深之典，故以大佛顶表之。

若以论摄经，正齐心生灭门，兼齐心真如门，及一心本源。若以经摄论，经中偈云："见闻如幻翳，三界若空华。"亦兼始教大乘空宗；又经云："性觉必明，妄为明觉，觉非所明，因明立所（业相自证分）；所既妄立，生汝妄能（转相见分），无同异中，炽然成异（现相相分）。"此齐三细，亦兼始教大乘相宗。至若阿难，断除三界修心，六品微细烦恼，进位于二果；魔登伽女，知历劫因，贪爱为苦，一念熏修无漏善故，或得出缠，此齐前四粗。至七趣情想，以论升沉，此齐后二粗，亦不废小乘人天。斯经具足十法界，摄法周备，超于余经。

贤首五教与天台四教，二宗判教，虽有四、五不同，应知名异义一，不过开合而已。天台开贤首之始教，而为通、别二教，合贤首终、顿、圆三教，为一圆教。若会其义，一、小教：但明人空，不说法空，即台宗藏教，贪著小乘三藏学者，但证我空之理。二、始教有二：若约但明诸法皆空义，即台宗通教，当体即空，身心世界，犹如空华梦境；若约广谈诸法差别义，即台宗别教，三谛攸分，十界具足。三、终教：明如来藏随缘，成一切法，缘起无性，一切皆如，即台宗圆教中双照义。四、顿教：不说法相，唯辨真性，绝相泯心，一切寂灭，即台宗圆教中双遮义。五、圆教：性相圆融，体即法界，离即离非，是即非即，即台宗圆教中遮照同时义。宗虽各立，义无差别，不可分河饮水，各存门户之见；若执自是他非，不但不明他宗，抑亦不彻自宗。

已知此经，义理甚深，未审何为教体？教体者，如来教法所依之体也。本经文殊答世尊偈云："我今启如来，佛出娑婆界，此方真教体，清净在音闻。"据此，则释迦以音声而作佛事，是以音声为教体。今依贤首疏《起信论》，略作四门以明教体：一、随相门：谓声、名、句、文，若徒有音声，而无名、句、文，亦不能成教体，必须声、名、句、文四法，假实体用，互相资助，不可偏废，方成教体。如世间风声、水声，无有名、句、文，不能诠理，不成教体。按佛在世，说法度生，是以音声含名、句、文，乃摄假从实，得成教体；如来灭后，纸墨之教，是为名、句、文，乃以体从用，亦得成教体；今当通取四法——声、名、句、文为教体。二、唯识门："唯"遮外境，"识"表内心。此按万法唯识之旨，即一切教法，亦不离识。（一）本质教：乃是如来鉴机既定，应以何法得度，即从净识现起，为众生说。（二）影像教：即听者之识，托彼本质教上，而现文义之相，为己所缘。本质教，如石印石上之文字；影像教托彼所成，如石印所印之文字。二皆不离识，故以唯识为教体。三、归性门：性即真如。以上识心无体，唯是真如。以一切法，从本以来，离言说相，离名字相，离心缘相，毕竟平等，唯是一心，故名真如。《净名经》云："无离文字，而说解脱。"亦此门意耳。此经五阴之色阴，十二处之眼色处、耳声处，十八界之眼识界、耳识界，一一皆如来藏妙真如性，故声、色二教，皆以归性为教体。四，无碍门：即前三门，心、境、理、事，圆融无碍，交彻相摄，而成四无碍法界。随相门属境（**声名句文属色声之境**），唯识门属心，合之成心境无碍；又前二门属事，归性门属理，合之成理事无碍；又前二门事之与事，随相不碍唯识，唯识不碍随相，一尘剖出大千经卷，一尘如是，尘尘皆然，则属事事无碍。此经四义交彻，四相无碍，三藏圆融，得以无碍为教体。后二门与台宗明此经，以如来藏为体，亦相吻合。

已知此经，能诠之体，未悉所被何机？圣人设教，本是应机而说，故经称为契理契机之教。今按本经，应分通、局。通：即普被群机，前判此经，正属终教。终实教意，明一切众生，皆当作佛。富楼那言："我与如来，宝觉圆明，真净妙心，无二圆满。"既然生、佛无二，则一切众生，本来是佛，只因迷此无二之体，故为众生。此经乃阿难请问，得成菩提之法，凡有心者，皆当作佛，蠢动含灵，皆有佛性，何机不当被哉？局，即拣择当机。以通中摄机虽广，受益难齐，但根深者，即得悟入，浅者只能信解，都无夙根者，不过结缘成种，论益则属远因缘，故当拣择，寻常拣去非机，此则拣择乎当机也。

此经既属终实教意，自是叹大褒圆，引小入大之教。经云："如来今日，普为此会，宣胜义中真胜义性。"又偈云："此阿毗达磨，十方薄伽梵，一路涅槃门。"皆意在接引小乘，趣入大乘也。又阿难当机。示居有学声闻之位，佛云："汝先厌离声闻缘觉，诸小乘法，发心勤求无上菩提。"皆回小向大之明证也。

先明小乘四类：一、回心声闻。经云："汝等若欲捐舍声闻，修菩萨乘，入佛知见，应当审观，因地发心，与果地觉，为同为异。"二、并为缘觉。经云："哀愍会中，缘觉声闻，于菩提心未自在者，开无上乘，妙修行路。"三、并及有学。经云："令有学者，从何摄伏畴昔攀缘，得陀罗尼，入佛知见?"四、兼为定性,经云:"令汝会中,定性声闻,及诸一切未得二空,回向上乘阿罗汉等,皆获一乘,寂灭场地。"以上四类,皆此教之当机众。

次明带病四类:一、认识为心。以攀缘心为自性者,不知常住真心,用诸妄想。二、恃闻忽定。阿难白佛:"自我出家,恃佛怜悯,求多闻故,未证无为。"三、求他加被。经云:"自我从佛,发心出家,恃佛威神,常自思惟,无劳我修,将谓如来惠我三昧,不知身心本不相代。"四、恃性忘修。知真本有,达妄本空,自恃天真,顿捐修证,不知真虽本有,不方便显之,则终不能见;妄虽本空,不方便破之,则终不能觉。以上四类,寻常指为非机,皆拣其病而去之,今则亦拣列乎当机。其故何也?以此经乃对症之良药,正治此之四病,故以阿难发起,示居小位,示现诸病,引发如来应机施教,故知阿难乃大权示现,既为发起众,又属当机众,正为众生作弄引耳。

已知此经,被机之广,未悉何为宗趣?贤首云:"当部所崇曰宗,宗之所归曰趣。"具通、局二门,通指一代时教,局约本经。一代时教,不出权实,今以总意分之,权乘多重修成,动张因果,则因即宗,而果即趣;圆实多重性具,首明悟入,则悟即宗,而入即趣也。此经若就通中圆实,以取宗趣,则以悟明心地为宗,证入果地为趣。经中如来破识显根,显此根性不生不灭,即为楞严定体,要阿难彻底悟明此性,取以为因地心;依此不生不灭,为本修因,蹑解起行,证入果地也。局约本经,亦分总、别。总以圆定为宗,极果为趣。阿难所请妙奢摩他、三摩、禅那,而如来所示三如来藏心,即性具圆融大定,讵非一经之所宗乎?阿难所请,十方如来,得成菩提,而世尊示以一门深入,圆修之法,中中流入,结示入于如来妙庄严海;圆满菩提,归无所得,即十方佛究竟极果,讵非一经之所趣乎?若明别意,以定宗趣,依交光法师,根据本经,应有六对:谓破、显,偏、全,悟、入,体、用,行、位,分、满也。皆先宗后趣,又皆以前对之趣,作后对之宗,复起其趣也。

一、破显对:征破识心为宗,显发根性为趣。文中备破三迷:一、破妄识无处,二、破妄识非心,三、破妄识无体。不特破除缘虑分别,惑乱真性,且将意识,五种胜善功能(见前)悉举而破之。迨阿难悟妄求真之后,乃与显发根性,即约眼根十番审极显其真,二见(别业同分)略破其妄。显真处,如指璞说玉,破妄处,如剖璞出玉,意令其舍识用根也。

二、偏全对:偏指根性为宗,全彰三藏为趣。此蹑前所显根性,虽偏就眼根,以明见精圆妙,一根如是,根根皆然,根性无非藏性,若偏执藏性独在有情,则非圆妙,要知此性,情与无情,本同一体,故佛自近及远,全彰四科七大为空藏，十相（无明、三细、六粗）三续（世界、众生、业果三种相续不断）为不空藏，四义三藏为空不空藏，意令由偏及全也。

三、悟入对：圆悟华屋为宗，求门深入为趣。此亦蹑前所彰藏性，喻如华屋，必得其门而入；即阿难大开圆解之后，继请圆修也。

四、体用对：证圆通体为宗，发自在用为趣。此亦蹑前一门深入，解六结（动、静、根、觉、空、灭）而越三空（人空、法空、俱空），即证圆通体，获二胜（上合诸佛慈力，下同众生悲仰）而发三用（三十二应、十四无畏、四不思议），即发自在用。

五、行位对：运圆定行为宗，历圆因位为趣。此亦蹑前圆通大用，无非圆定行，即无作妙行也。能利众生，能取佛果，依此妙行，上历圆因五十五位，真菩提路，而趣妙庄严海。

六、分满对：分证诸位为宗，圆满菩提为趣。此亦蹑前圆因之位，必经历分证诸位，觉行圆满，始证大圆满觉，无上菩提。一经宗趣，由破而显，由显而悟，由悟而入，由入而深，由深而极，行布分明。又云："如幻三摩提，弹指超无学。"及第十卷云："如是乃超十信、十住、十行、十回向、四加行心、菩萨所行金刚十地、等觉圆明，入于如来妙庄严海。"又极圆融，正所谓行布不碍圆融，圆融不碍行布。

已知此经，宗趣圆极，未悉说自何时？诸家注疏判时不一，亦各有据。今先明贤首三时，后再审定。三时者：一、日出先照时：为圆顿大根众生，转无上根本法轮，名直显教。令彼同教一乘人等，转同成别，如日初出，先照高山，即《华严》、《梵网》会也。二、日升转照时：为下、中、上三类众生，转依本起末法轮，名方便教。令彼三类人等，转三成一，如山地有高下，故照有先后，于此一时，照有三转：初转时，为下根众生，转小乘法轮，名隐实教。令彼凡夫外道，转凡成圣，如日升初转，照于黑山，即《提胃》、《阿含》会也。中转时，为中根众生，传三乘法轮，名引摄教。令彼三乘人等，转小成大，如日升中转，照于高原，即《方等》、《深密》会也。后转时，为上根众生，转大乘法轮，名融通教。令彼三乘人等，转权成实，如日升后转，普照大地，即《妙智》、《般若》会也。三、日没还照时：为上上根众生，转摄末归本法轮，名开会教。令彼偏教五乘人等，转偏成圆，如日将没，还照高山，即《法华》、《涅槃》会也。以上三时，共有五会，与天台五时，若合符节。

今按此经，义理因缘，通于前后，未能的指何时，若据弹斥经义，应属《方等》会。经云："汝等狭劣无识，不能通达清净实相，吾今诲汝，当善思惟，无得疲怠妙菩提路。"又告阿难言："汝先厌离声闻缘觉诸小乘法，发心勤求无上菩提，故我今时为汝开示第一义谛，如何复将世间戏论妄想因缘而自缠绕。"此皆弹偏斥小，意令舍小入大之文。

若据匿王年龄，应属《般若》会。匿王与佛同年，经中匿王自述："变化密移，我诚不觉，寒暑迁流，渐至如此，于今六十又过于二。"佛六十二岁，正说《般若》之中。若据小乘求成佛道，诸圣各说本门，耶输已蒙受记，善星琉璃事迹，则此经应在《法华》之后。据上诸文，皆以本经为证，不得别判一时，须知说不一时，通前后际，结集者，类为一聚耳，何必强判，以滋争论？如定欲判属，则应从多分之经义，判归中转时、方等会。

唐中天竺沙门般剌密谛译

唐，是朝号，纪时也。按译经图记，此经翻译在唐朝，则天罢政，中宗嗣位，神龙元年，五月二十三日（此应是开始译经日）。中天竺，是译主生处。天竺乃西域国之总名，译为月邦，有圣贤继化，如月照临。地当南阎浮提中心，即今之印度，有九万余里，分东、西、南、北、中五区，共七十余国。师乃中天竺人，未详何国。沙门，乃出家修道者之通称也，此云勤息，谓勤修戒定慧，息灭贪嗔痴。又云："识心达本源，故号为沙门。"是则沙门二字，故不易称，若不修戒定慧，未断贪嗔痴，一心本源未达者，皆愧称为沙门也。译主则堪当此称。又有四种沙门：一、胜道沙门，修行证果者；二、说道沙门，宏法利生者；三、活道沙门，持戒修身，以道自活者；四、污道沙门，不持戒律，败坏佛门者。译主则属前三种。

般剌密谛，译主别名，此云极量，乃才智僧也。译者，易也。翻梵字为华文，翻梵音为华语，所以有翻字、翻音之别。西域语字，与此全殊，若观梵本，音字俱不翻，非惟不知其语，兼亦不识其字。须先随其音，以此方之字易之，名为翻字，方可读之，但同密咒，翻字不翻音，仍不知其为何等语，必须兼通两国言音者，一一变梵音为华语，谓之音字俱翻，如诸经文，可以识言词明义理也。

特科为主译者，乃译场之主也。此经藏于龙宫，因龙胜菩萨，至龙宫说法，见龙藏中，有此一经，披阅之下，叹为希有，特默诵而出，以利阎浮众生，录呈国家，亦视为希有之法宝，藏诸国库，禁传诸国。此经未来，盛名先至，因有梵僧，见智者大师，所立三观，谓与彼国《楞严经》意旨相符，由是智者西向拜求（天台山之拜经台仍在），一十八年终未得见。译主志益此方，初次匿经东来，被守边官吏查获，不许出国，而宏法之愿愈坚，精进愈力，乃用极细白氎，书写此经，剖膊潜藏，迨疮口平复，再请出国。关吏搜查不着，乃得航海而来，于唐神龙元年达广州，适房相谪在广州，知南铨事，请于制止寺，剖膊出经，译成速回本国，以解边吏之难。因译主潜藏出国，国王罪责守边官吏，故速回，愿以自身承当其罪。夫译主冒禁艰苦，不惜身命，正所谓重法轻身，功莫大焉！我国众生，均沾法施，虽功成身退，未可忘其功，而泯其名，故宜首标，以重元勋也。

乌苌国沙门弥伽释迦译语

乌苌国名，《奘传》名乌仗那，华言苑，即阿输迦王之苑囿也。旧称乌场，在北天竺。弥伽释迦，此云能降伏。译语，即翻音，将梵音变成华语，定言词成章句，厥功亦伟，故宜并列焉。

罗浮山南楼寺沙门怀迪证译

古本有证译人名一行，今为加入。罗浮乃山名，在广东省，为名山之一，南楼寺迪师所住之处。迪者，进也，其师字以怀迪，取其常怀精进之意。证译者，谓于音字之中，总为参详校正。以师久习经论，备谙梵语，前二师虽兼美华文，以乍来此方，恐未尽善，经师证明，可谓尽美尽善，亦未可泯其功也。

菩萨戒弟子，前正议大夫，同中书门下平章事，清河房融笔受。

菩萨戒者，大乘戒法，十重、四十八轻，通在家者受之。《梵网经》云："欲受国王位时，百官受位时，应先受菩萨戒，一切鬼神，救护王身，百官之身。"房相遵之，以菩萨为兄，以佛为父，故称弟子，此法衔也。下乃世职，前者，先也；正议，史称正谏，乃言官之名；大夫者，大正风化，扶树人才，有维持世道，举荐贤能之责。同中书门下：同者，兼也；中书、门下，二俱内省，左、右相府之名。中书省，多掌王言；门下省，多出政事，融乃权兼两相，故曰同，又僚佐非一，同预其事也。平章事者：平，均也；章，显也，书云："平章百姓。"即均理政务，显彰法度。事，即政务法度之事。清河地名，房相梓里也。融子房琯，父子俱相，而融事略出琯之传文。

笔受者：秉笔确定文字，翻字翻音之后，委问华梵相当，然后下笔，亦译场分职专司之名。正脉科为润文人，以宰辅之才，润色斯经，使文义双美，故楞严语句文法，为诸经冠。房相与此经宿有因缘，初请译，次笔受，再润文，后则奏入内庭，虽未得即时颁布，后为神秀入内录出，复得家藏原本，卒致流通，盛行宇内。然融不特有功于此经，实大有功于此土众生。

序分、正宗分、流通分，此三分，始于道安法师，证于亲光菩萨《佛地论》，亦有三分之意：一、起教因缘分，二、圣教所说分，三、信受奉行分，与道安法师全同，故后代法师皆依之。

如是我闻，一时，佛在室罗筏城，祇桓精舍。

如是乃指法之辞，我闻明授受之本，即指此经如是十卷玄文，乃我阿难亲从佛闻，由佛传授而我领受也。又如是者：信顺之辞，即信成就；信则言如是，不信则言不如是。当时阿难结集经时，大众请云：如尊者所闻，当如是说！阿难答言：如是当说如我所闻。皆信顺意。信为道源功德母，长养一切诸善法。诸佛因地，皆由信生解，依解立行，因行得证无上道果，故信为佛道之根源。又信为五根之首，信根既具，一切功德，由信而生，故为功德母；一切善法，亦由信而得增长，故六种成就，以信为第一，是为信成就。我闻，即闻成就。我之一字，有四种不同：一、凡夫妄执之我，二、外道妄计神我，三、菩萨随世假我，四、如来法身真我。今阿难称我，乃随顺世间，假名称我也。闻者，从耳根发耳识，闻佛声教，由耳达心，故能记忆。佛以一切众生，咸认肉耳能闻，故不曰耳闻，而教称我闻者，有深意焉。我闻按本经如是闻性，是心非耳，由根中不生灭之闻性，托根闻法。肉耳实无闻法功能，故曰我闻。如是我闻，有四义：一、断众疑。因阿难结集经藏之时，一升法座，相好同佛，众起三疑：1.疑佛再来，2.疑阿难成佛，3.疑他方佛来。至阿难高唱，如是我闻，三疑顿息。二、秉佛嘱。佛将入涅槃，阿那律陀教阿难问佛四事：1.佛在世我等依佛而住，佛灭后我等依谁而住？2.佛在世我等依佛为师，佛灭后我等依谁为师？3.佛灭后结集经时一切经首，当安何语？4.恶性比丘，佛灭后如何处之？佛答：1.依四念处住。2.以戒为师。3.当来结集经时，一切经首当安如是我闻，一时，佛在某处，与某某大众俱。4.恶性比丘，默而摈之。三、息争论。以阿难位居初果，德业不及罗汉，何况上位？若不曰我闻，必滋诤论。今曰如是我闻，以如是之法，乃我从佛所闻，众知阿难多闻第

一、由耳达心，永不忘失，故息争论。四、异外教。外道经首，皆安阿忧二字，阿者无也，忧者有也；以其有无不决，故安此二字。佛嘱安六缘成就，所以异也。以上皆就事解释。

今更约理解释，如是之法，按本经，如来藏妙真如性为如，如者不动之义，藏性遍满虚空，充塞法界，湛然凝然，如如不动。一切事究竟坚固为是，是者无非之称，将一切事相之法，悉心穷究，究到毕竟之处，即所谓彻法流之源底，全事即理，全相皆性，坚固不坏，无一物不是我心，无一法不是我体。

我闻：约理即以无我之真我，起不闻之真闻，闻如是之法，法法皆如，法法皆是，唯一如来藏性，为此经之理体，是为闻成就。

一时：即时成就。世事会合，尚待昌期，大法弘宣，岂无嘉运？盖必假良时，方成法益。师资道合说听始终，谓之一时。不能定指何时：一、以华夏印度，纪历不同故；二、以楞严一经，通前后际故。是为时成就。

佛者：主成就，佛是说法主故。梵语佛陀，译为觉者，乃大觉悟之者。今按本经，终实教意释之，觉有三义，作二种解释：一、本觉、始觉、究竟觉，谓依根中所俱不生不灭之本觉理体，起始觉智照，回光返照，照到惑尽智满，始觉智与本觉理合，成究竟觉之极果，名之为佛。二、自觉、觉他、觉满，谓自己觉悟，本来是佛，只因迷故，而为众生，犹幸虽迷，而佛性不失，而此生灭身中，自有不生不灭之佛性；既自觉已，以此大乘之理，辗转化他，觉悟一切有情；智悲双运，自他两利，三觉圆满，自觉慧满，觉他福满，福慧满足，万德具备，超九界以独尊。自觉异凡夫，则超六凡法界，觉他异小乘，则超二乘法界；觉满异分证，则超菩萨法界，得阿耨多罗三藐三菩提，名之为佛。佛是十种通号之一，乃指本土娑婆教主，即中天竺迦毗罗国，净饭王太子，十九岁出家，三十岁成佛，号释迦牟尼，是为主成就。

在室罗筏城，祇桓精舍：处成就。上句是所化处，下句为所住处。在者，住也。佛有三身：一、法身佛，无在无所不在，以法身无相，故无所在；以法身遍一切处，故无所不在。经云：清净法身，犹若虚空，亦无在无所不在。二、报身佛，有无量相好庄严，在莲华藏世界。三、应身佛，乃应众生之机，所示现之身，或在灵鹫山，或在竹林园，今在室罗筏城，祇园精舍，以示迹此处，无论久暂，去来行止，皆名为住。

室罗筏城，即侨萨罗国都城，因有二国同名，故以帝都见称，乃波斯匿王所都也。译为丰德，旧云国丰四德，五欲（色、声、香、味、触，五尘欲境）、财宝、多闻、解脱四皆丰足故。余以财宝五欲，不足称德，乃将丰德二字,分而释之。谓地多五欲财宝之丰,人有多闻解脱之德,故名丰德。祇者,具云祇陀,亦云逝多,译为战胜,乃匿王太子名。以其生时,适王战胜他国,奏凯回朝,赐以是名,以志喜也。桓即是林。精舍,乃须达多长者,为佛建立,以供众僧,精修梵行之舍。今连祇桓并称者,以林是太子布施,舍乃长者所建,存其功永留盛事。有他经,称祇树给孤独园。祇树,即祇陀林中诸树;给孤独,乃须达多长者之善名。长者家财大富,生平乐善布施,常以财物,周给孤独之人,故得是名。园本祇陀太子之花园,长者欲请佛说法,乃与商买。太子戏曰:卿财富无量,能以金砖布满园地,即算卿买。长者即毅然运金砖以铺之,太子止之曰:前乃戏言耳。长者曰:今日之殿下,他日之君王,君无戏言,讵可失信?迨金砖布满,太子曰:我当与卿,共成供养佛僧功德,长者不允。太子曰:园地金砖铺遍,自当属卿,而树根金砖铺不到,自当属我。长者只得承允。太子自起门楼,请佛出入,故曰祇树给孤独园。《楞严》大法得此胜地,可以宏宣,是为处成就。

与大比丘众,千二百五十人俱。

此第六众成就,上先明五义证信,此引众证信。与者,共也,结集者谓如是之法,非我独闻,乃共一千二百五十人俱在同闻也;并有无量辟支,恒沙菩萨,亦所共闻。具足六种成就,证明是法可信。大比丘,大具三义:谓大、多、胜。大者拣非小德,天王大人所敬仰故;多者拣非寡解,内外典籍,无不博通故;胜者拣非劣器,超出九十六种外道故。

比丘,梵语,即五不翻中多含不翻,以名含三义故:一、乞士:外乞食以养色身,内乞法以资慧命;二、破恶:粗破身口七支之非,细破三界见思(界内烦恼也)之恶;三、怖魔:谓比丘登坛受具足戒,得三师七证作法,白四羯磨竟,名为得戒,成比丘性,入僧宝数。当时地行罗刹高声唱言:善哉!善哉!此处有正信男女,如法出家,受具足戒,当使人天增胜,修罗减损,于是空行夜叉,天行夜叉,辗转赞美,声传第六天。魔王闻已,心生恐怖,以彼贪著尘劳,不舍生死,恐出家人众,则佛界增多,魔界减少。

众者:梵语僧伽,此云和合众。和合有二:一、理和:谓同证择灭无为;二、事和有六:谓戒和同修,见和同解,利和同均,身和同住,口和无诤,意和同悦。众乃四人以上之称,所以一比丘不名僧,二三比丘,亦不名僧,四比丘同住,方作一切如法僧事,惟除自恣、授具、出罪三种羯磨。若五比丘同住，即可自恣，亦可边方授具，若十比丘同住，皆可授具。若二十比丘同住，则一切羯磨可作，至此则举类皆是大比丘众。千二百五十人俱：此标数也。先度鹿苑陈那等五人，次度三迦叶兼徒一千人，次度舍利、目连师徒各一百人，次度耶舍等五十人，共一千二百五十五人，今略去零数。此等皆先修异道，勤苦无获，遇佛得益，感恩常随，俱即不离也。

皆是无漏大阿罗汉。

此显大比丘过去之本。佛子住持，至越诸尘累止，乃据本叹德。众皆内秘大心（即菩萨）之行，外现声闻（闻声修道证果之阿罗汉）之身。无漏大阿罗汉之名，虽同常途，下十二句所叹之德，实异二乘。今叹千二百五十五人，位位皆是不漏落于生死，故曰无漏。漏有三漏：谓欲漏（欲界烦恼），有漏（上二界烦恼），无明漏（三界无明）也。有此三漏生死之因，必漏落于三界，而受生死之果。今下句是大阿罗汉，则第三漏当并指界外无明。正脉云："二乘无漏，方超三有（即三界）；菩萨无漏，更越三空。"大阿罗汉，是前大比丘之果，亦含三义：曰应供、杀贼、无生。既曰大阿罗汉，三义亦与小乘不同，小乘应供，止于天上人间，大阿罗汉，则通世出世间；小乘杀贼，只断见思烦恼（界内烦恼）之贼，大阿罗汉则界外无明亦得分断；小乘无生，但出界内分段生死，大阿罗汉，则变易生死亦将垂尽。又小乘取证偏真，沉空滞寂，不肯回小向大，名定性阿罗汉，今大阿罗汉，迹虽同于二乘，本实在是菩萨，内秘外现，助扬佛道，故叹德皆约本叹。

佛子住持，善超诸有，能于国土，成就威仪。

此下十二句，叹实德迥异二乘，显然菩萨作略；此四句叹自利之德体。佛子，非指罗睺罗，乃指内秘外现，堪称佛子。即《法华经》所云："从佛口生，从法化生（故有子义），得佛法分，堪绍佛种"者。住持有二释：一、住法王家，持秘密藏；二、住首楞严三昧，持如实行修证，不变随缘，示入生死，不同定性；随缘不变，不染尘劳，不同凡夫。下三句即称性作用。善超者：不同二乘，断尽见思，灰身泯智，超出三界，不敢复入，如此虽超非善。今大阿罗汉，不舍尘劳，而作佛事，即诸有而超诸有（即三界二十五有），不为诸有生缘所缚，来去自由，谓之善超。能于国土（土应读度字音）成就威仪者，承上善超故能，非同寻常小圣，入灭尽定，形如槁木，心似死灰，尚无运用之能，哪有威仪之事？今显住楞严大定，从体起用，故能于同居国土，尘劳之内，三业无亏，六尘不染，有威可畏，有仪可象，所谓即定而动，即动而定。此叹定德也。

> 从佛转轮，妙堪遗嘱；严净毗尼，弘范三界。应身无量，度脱众生；拔济未来，越诸尘累。

此八句，叹利他之德用。从佛转轮者：非徒随从佛之左右，执持巾瓶，乃是依从佛之轨辙，助转法轮也。法以轮称者，谓轮有摧碾之功，喻佛法能摧碾众生粗细烦恼；又轮有运载之义，喻佛法能运载众生，速出昏衢，直登觉地。妙堪遗嘱者：以智慧深妙，能代转法轮，助扬佛化，故堪受如来遗命，嘱累宏法利生事业，非若趣寂声闻，智悲并劣，如世老人，不堪遗嘱。此叹慧德也。

严净毗尼者：毗尼戒律之总名，此云善治。严以治身口，净以治心意。严谓严紧，非但大戒当持，即小戒亦不得犯，如一星之火，能燎须弥之山；净谓清净，不仅诸恶能断，若有能断之心未忘，不足称净，必须断性亦无，方为净心。此则于事戒则严，于道戒则净也。又严则止诸恶，即摄律仪戒；净则作众善，即摄善法戒。弘范三界者：弘大也，范乃师范。《涅槃经》云："戒是汝等大师。"又持戒清净，自行化他，能为三界人天之大师，即饶益有情戒。三聚无亏，三学具足。此叹戒德也。

应身无量，度脱众生四句，正明上之三学，不唯自度，实欲普度众生。以众生机多类广，其数无量，若欲度脱，应机示现之身，亦当无量。如观音菩萨，上合十方诸佛本妙觉心，与佛如来同一慈力，随类现身，应以何身得度，即现何身，应以何法得度，即说何法，普度众生，同出爱河，诞登彼岸。即大菩萨，普现色身三昧，一身不分而普现，万机咸应以无遗，无作妙力，自在成就。此叹慈德也。

拔济未来，越诸尘累：谓非特现在，分身尘刹，度脱众生，乃至尽未来际，皆以三学，拔济群苦。谓众生陷于见爱烦恼污泥，不能得出，则拔之令出，而置菩提正路；滞于分段生死此岸，不能得离，则济之使渡，而登涅槃彼岸。超越尘劳之羁累，出于五阴三界之牢狱，内脱身心，外遗世界，得大解脱。此叹悲德也。

> 其名曰大智舍利弗、摩诃目犍连、摩诃拘𫄨罗、富

楼那弥多罗尼子、须菩提、优婆尼沙陀等，而为上首。

此列举常随众，上首六名，梵语舍利弗，译为鹙子，鹙即鹙鹭，乃是鸟名，其母眼目明利，似彼鸟故。弗即子也，心经译舍利子，舍利是其母名，言舍利所生之子也。在胎即能寄辩母口，出胎甫七岁，即辩胜论师，深本已证金龙佛位，倒驾慈航，助扬法化。《阿含》云："我佛法中智慧无穷，决了诸疑者，舍利弗为第一。"故以大智称之。

摩诃目犍连，摩诃此云大，目犍连此云采菽氏，姓也。先人入山修道，采菽而食，因以命族。采菽氏，从佛出家者多人，故加一大字以别之。本名拘律陀，此云无节树，父母无子，祷此树而生，即以名焉。《阿含》云："我佛法中，神通轻举，飞到十方者，目犍连为第一。"

摩诃拘絺罗，此云大膝，即舍利弗母舅。平日与姊论议辄胜，自姊怀孕以来，论不及姊，知在胎必是智人，寄辩母口。自念若甥出世，为舅者论不及甥，岂不大愧！由是发愤，往南天竺读十八经，四韦驮典（是名智书），无暇剪爪，世称长爪梵志。学毕回国，欲与甥辩，姊云："他已从佛出家。"乃往佛所索甥，佛令立论，谓若辩胜，当还汝甥。彼心中暗喜，所学智书，今日正好在此一显本事。但自负心太胜，与佛立约云："若我辩屈，自愿斩头。"佛即问曰："汝以何为宗？"乃曰："我以一切法不受为宗。"佛曰："还受是见否？"自思：若受是见，自宗相违（以自立不受为宗故）；若不受是见，自宗则坏（自己还同众见，不应立不受宗），两头俱堕，理屈词穷，遂即逃走。走至中途，心思大丈夫一言既出，自当践约，乃返佛所，谓言："请取刀来，斩我头去。"佛曰："我法无如是事。"即向佛谢罪，求度出家。《阿含》云："我佛法中，得四辩才，触问能答者，拘絺罗为第一。"

富楼那弥多罗尼子，富楼那此云满愿，父名；弥多罗尼，此云慈女，母名。双兼父母为名，简称满慈子。《阿含》云："我佛法中，善能广说，分别义理者，满慈子为第一。"

须菩提此云空生，因生时，其家库藏财宝忽空，故以名焉；未几库藏复现，又名善现。其父往卜吉凶，卦占既善且吉，故又名善吉。常修无诤三昧，过去劫中，已证青龙佛位，深本难思，佛弟子中，解空第一。

优婆尼沙陀，此云尘性，因观尘性空，而得道果。本经自陈圆通云："观不净相，生大厌离。悟诸色性，以从不净，白骨微尘，归于虚空。空色二无，成无学道，如来印我名尼沙陀。"余众不能列举，以一等字该之。而为上首者，而为众中上座首领也。

> 复有无量，辟支无学，并其初心，同来佛所，属诸比丘，休夏自恣。

复有，复字去声，不独声闻在座，更有无量辟支云集而来。梵语具云辟支迦罗，名含二义故不翻。今简称辟支，一译缘觉，二译独觉。出有佛世，秉佛所说十二因缘教，缘断证真者，名为缘觉；出无佛世，乐独善寂，求自然慧，览物观化，觉悟无生者，名为独觉。若约佛世，应惟缘觉，今以他方云集，许有独觉。慈恩云："释尊出世，五百独觉，从山中来。"此出无佛世，住世侍佛者。《仁王经》云："八百万忆缘觉大仙，皆来集会。"无学者：果满取证真谛涅槃，而于界内堪称无学。言无量者，极表其数之多也。

并其初心，同来佛所，并者并及，初心即初发心，或依因缘观，研真断惑，或寂居观化，求悟无生，诸有学人也。师来资随，师资道合，同来佛所，乃云集众，非同前之常随众也。属诸比丘，休夏自恣，属者附属，此二句陈述辟支来意，为值遇休夏之时，要附属诸比丘，作自恣法耳。诸比丘，指常随众；辟支师资，外来参加。

休夏者：止夏也，又竟也。佛制比丘，结夏安居，九旬禁足，一为结制办道，一为护生避嫌。休夏，即九旬限满，结夏休止之时，亦为解夏，亦称解制。当此夏竟，佛制七月十五日解制，考劾九旬德业，作自恣法。孤山曰："自恣律开三日：七月十四、十五、十六也。"自恣者：自知己过，自行陈说；自不知过，恣任僧举（任他僧检举其过），对众白言："大德长老！或见我过，或闻我罪，或疑我犯，恣任所举，哀愍语我，我当忏悔。"故曰自恣。恐有瑕玷即黏清众。

此经虽为大乘了义之教，本科辟支初心，俱属当机之众。经云："哀愍会中缘觉、声闻，于菩提心未自在者，开无上乘妙修行路。"又云："令有学者，从何摄伏，畴昔攀缘，得陀罗尼，入佛知见？"皆欲令其回小乘心，向大乘道也。

> 十方菩萨，咨决心疑，钦奉慈严，将求密义。

自恣之时，不仅辟支咸集，而十方菩萨，亦来预会。菩萨解见题中。咨谓咨问，决求决断，心疑即心中之疑。菩萨于大乘律仪，未能心无疑虑，故当休夏之期，而来咨问于佛，请求决断也。属诸比丘，休夏自恣二句，可以连上辟支，及此菩萨，皆云集而来，附属法会也。

钦奉慈严，将求密义者，上咨决心疑是一事，此将求密义又是一事。钦奉：是钦承奉事，敬顺无违之义，乃表菩萨之心。慈严：是慈悲严肃，恩威并著之称，用显如来之德。将求：是欲求未求，存诸心，而未形于口也。密义：有二释：一、即秘密之义，菩萨志在菩提，自是理趣冲深，故称密义，而曰将求者，待自咨法竟，乃行请求。二、即密因了义，以为悟修之本，不可不求，而云将求者，正是心有所待也。此菩萨为密机，亦《楞严》发起之众，故经中如来鉴机施化，因阿难示堕，而与说如来密因，修证了义，亦密应菩萨之求，正见感应道交之妙也。

即时如来，敷座宴安，为诸会中，宣示深奥，法筵清众，得未曾有！

此段有二释：一、约自恣法会解释，即时者，即自恣时也。如来应时及节，自敷尼师坛具于座。宴者，恬然寂静之貌；安者，安处不动之仪。为诸自恣法会之中，常随云集大众，作自恣法会，羯磨之法，以除三乘圣贤之过罪心疑，即宣示深奥之义。法筵清众：筵者席也，谓法席海众；而曰清者，即三业无亏，六尘不染，过罪既除，心疑已释，各皆欢喜，得未曾有！二、约将求密义解释，即时者，即意请时也。如来应机施教，敷座宴安，为诸会中，一类密机，宣示甚深秘密奥妙之义。经中无文，例如佛未说法华之前，入于无量义处三昧，先说《无量义经》，《法华经》中，亦复无文，义则准此。

迦陵仙音，遍十方界；恒沙菩萨，来聚道场，文殊师利而为上首。

迦陵：具云迦陵频伽，此云妙声；又称仙音，鸟名也。此鸟在壳出音，已逾众鸟，其音和雅，听者欢悦。有云迦陵频伽是仙禽，其音非众鸟所可及。如来法音微妙，超过一切音声，故以喻之。又佛名大觉金仙，故称仙音。遍十方界：佛之音声，称性周遍，但有缘者，皆可得闻；今欲召集诸圣，所以遍至十方世界。《宝积经》云："目连试佛音声，以神足力，飞过西方恒沙国土，还同近闻。至一佛国，报身甚巨，饭钵围边，可当道路，目连振锡而游其上。彼诸弟子见已，问佛：何以此虫，竟入其头？佛告云：此是娑婆世界，释迦牟尼佛高足弟子目犍连，神通第一，未可轻视也。佛问目连，因何至此？答曰：欲穷佛音。"彼佛语云："佛音无尽，非汝可穷，目连闻已，遂还本国。"

恒沙菩萨，来聚道场：恒即恒河，正音殑伽河，此云天堂来。恒河发源于雪山之顶，阿耨达池，状其来处之高，故曰天堂来。此河阔四十里，沙细如面，举此沙数，以喻菩萨之多。而菩萨心闻通达，故得闻音远集，来聚道场。道场乃自恣作法办道之场，即祇桓精舍也。

文殊师利而为上首，文殊师利亦云曼殊室利，此云妙德，其德微妙，曾为七佛之师。又云妙吉祥，降生之时，有十种吉祥瑞相；又称妙首，以智德深妙恒居众首。在《华严》为根本智，在本经为择法眼，深本乃过去龙种尊王如来，现在北方为欢喜摩尼宝积如来，未来成佛，名曰普现。盖为影响大化，示居因门，为众上首。问："诸经听众，皆有八部，此经何以不列？"答："诸经别序，各有不同，有列有不列，本经别序，发起在自恣之时，乃是考劾九旬德业，全属三乘僧事，是以不列。"

此经以阿难堕淫室为发起之端，以阿难过去空王佛所，与佛同时发心，其深本同前上首，非实有学人也。误堕淫室，但是大权示现，引发大教而已。且此经欲明恃多闻，而不勤定力，不能抵敌邪咒，而被摄入淫席，正劝多闻者，策力于大定耳！然必以阿难示堕者，有二意：一、以多闻第一，力不胜邪，可证闻不足恃，必宜从闻思修。二、以是佛堂弟，修不能代，亦见佛不足恃，必宜自己深修。此处以显阿难深本，至下文中，仍应据迹发挥，方能激引真实凡小。大凡深位，示现浅位，必能曲尽浅位情态，如执迷谬辩，感悟涕泣，皆所以尽其情态，旁发诸真实者之心曲，令生庆快解悟耳，不必处处回护阿难。

  时波斯匿王，为其父王讳日营斋，请佛宫掖，自迎如来，广设珍馐，无上妙味，兼复亲延，诸大菩萨。

以下发起序，为此经发起因缘，与诸经不同，又名别序，别在此经故。时，即众僧自恣之时，诸佛欢喜之日，供佛斋僧，功德倍胜。《盂兰盆经》，佛告目连，应于是日斋僧，以度亲灵，故王臣皆喜是日设供。波斯匿，此云月光，与佛同时降生，其父王见诸光明，不知是佛生祥瑞，谓是太子福力所致，故命名月光，亦名胜军，以其军旅最胜，诸国无能敌故。过去龙光佛世，位登四地，与释迦同为地上菩萨，释迦当时居第八地，今来成佛，彼即大权示现，内秘菩萨行，外现国王身，以助扬法化也。

为其父王讳日营斋，为其父王，即匿王之先王，讳日乃亲丧之日，俗谓忌辰；人子而于是日隐讳而不敢言，言之即恸故！世教每岁兹辰，服食俱变，示恸如初，内教令人是日修斋，以资冥福。今匿王父王讳日，适当自恣之期，故营斋请佛宫掖，资荐亲灵。营，办也。宫掖为王宫左右掖庭，谓请佛在王宫掖庭受斋。问："王以万乘之尊，而迓万德之佛，何以不请佛于内宫正殿，而请于掖庭之理乎？"答："正殿原为施政重地，营斋亦非所宜也。"自迎如来者：示崇敬之极，亲自迎接如来也。广设珍馐：珍馐是贵重食品，馐，熟食也；无上妙味，具足色香美味，诸般俱备。兼复亲延，诸大菩萨：延亦迎请也，观文中匿王请佛，具有六种敬意：谓其处则内，其迎则亲，其设则广，其馐则珍，其味则妙，其伴则同，可谓敬之至也。

城中复有长者居士，同时饭僧，伫佛来应。

室罗筏城之中，复有长者居士，同受佛化，故亦同时饭僧，以自恣作福胜故。长者不独年高，应具十德：一、姓贵，二、位高，三、大富，四、威猛，五、智深，六、年耆，七、行净，八、礼备，九、上叹，十、下归。居士乃居家守道之士，身处尘劳，心恒清净，有有德有位者，如此方苏东坡居士之类，有有德无位者，如此方庞居士之类。伫，候也，待也。伫佛来应者，作二解：一、长者居士，不知佛受国王之请，则等待佛来应供；二、已知佛受王请，则伫候佛派菩萨圣众，前来应供。

佛敕文殊，分领菩萨，及阿罗汉，应诸斋主。

此明佛僧分赴，以应斋主。佛敕命文殊分派者，以文殊为众中上首，诸菩萨、罗汉皆能信从故。

唯有阿难，先受别请，远游未还，不遑（即不及也）僧次；既无上座及阿阇黎，途中独归。

此下叙将堕之由，厥有四端：一、别请未还：唯（独也）有阿难一人，自恣之前，先受别请，远游未还。阿难具云阿难陀，译为庆喜，乃佛堂弟，白饭王之子。于佛成道日降生，王闻太子成道，一喜也；又白饭王入宫，报告生子，请王赐名，又一喜也，故字曰庆喜。而别请，是别种事缘所请，如忏罪、施物等。自恣时到，理宜早归。远游未还二句，即别请处远，未克早还，所以不及分列众僧，应供班次，故有致堕之事。二、无侣独归：既无上座，及阿阇黎。上座有四种：一、生年上座，年龄长故；二、戒腊上座，受戒久故；三、福德上座，福慧尊故；四、法性上座，无为证故。阿阇黎此云轨范师，堪为人师范故，共有五种：一、出家阿阇黎，授沙弥十戒法者；二、教授阿阇黎，于受具足时，屏处问遮难，教令乞戒者；三、羯磨阿阇黎，为忏摩灭罪，受比丘戒时，当坛白四羯磨者；四、依止阿阇黎，即从受依止，乃至一夜者；五、教读阿阇黎，即从受经义，乃至四句偈者。律制一僧远出，侣须二人：一、上座，二、阿阇黎，所以严行止，防过失也。今阿难无侣独归，故有致堕之事。

其日无供，即时阿难，执持应器，于所游城，次第循乞。

三、无供循乞：其日即自恣时，匿王请佛之日，众知城中，复有长者居士，同时饭僧，故无人送供，若有斋供，应无堕事。因其日无供，阿难不得已行乞，即于午前未食之时，执持应器（钵也），梵语钵多罗，此云应法器，乃受食之具，体、色、量三，皆应法故；体则铁、瓦二种；色则用竹烟、杏仁，烘如鸠鸽之色，炎夏盛食不馊；量则应己食量多少而为，极大不过三升，至少亦容升半。于所游城：即平日所游室罗筏城也。次第循乞：循者顺也，不分净秽，挨户顺序，次第行乞。乃以小乘力薄，弱羽只可缠枝，阿难乃初果有学之人，欲学佛菩萨行履，故有致堕之事。

心中初求，最后檀越，以为斋主，无问净秽，刹利尊姓，及旃陀罗，方行等慈，不择微贱，发意圆成，一切众生，无量功德。

四、欲行等慈：小乘乞食，向拣五家：一官，二唱，三屠，四沽，五淫舍。今次第循乞，阿难心中，初求最后檀越，以为斋主。檀即是施，谓檀施获福，能越贫穷苦海。最后云者，以王及长者居士，修供在先，为先前檀越；阿难心中，初求有发心施我者，乃最后檀越，以为我之斋主（反显王及长者居士，为佛菩萨阿罗汉斋主）矣！无问净秽，刹利尊姓，及旃陀罗，此无问净秽，即次第循乞也。刹利具云刹帝利，此云王种，或译田主，为王家种族，乃四姓中尊，是为净家；旃陀罗此云杀者，谓屠杀为业，不许与良民共处，行走鸣铃持帜，与人异道而行，是为秽家。不问净家秽家，皆次第顺序而乞。方行等慈，不择微贱，此二句释上无问净秽之意。方者，法也，因要效法佛菩萨，以平等之慈心，行平等之乞食，不拣择卑微下贱之家，而不乞也。等心乞食，有五义：一、由内证平等理，外不见有贫富相；二、心离贪慢，慈无偏利；三、表威德，不惧恶象，沽酒、淫女家；四、息凡夫猜疑；五、破二乘分别。是以阿难有欲取法，而行等慈，故不择微贱也。上虽云无问净秽，其意实在不择微贱耳。

发意圆成，一切众生，无量功德：发意即发心也，发大乘心，行平等乞，既不择微贱，令微贱者，亦可施食求福，故能圆满成就一切净秽众生无量功德；如小乘舍贱不乞，则此等众生，不得布施功德矣。又平等行乞，无有拣择，免生疑谤，于食等者，于法亦等，功德亦等，故能圆成众生无量功德。若令人疑谤，非特功德不得圆成，而反令人疑谤生罪，其大小乘之损益，为何如耶？然取法大乘，等心行乞，美则美矣！但宜审自己根器如何？力量如何？如阿难犹如婴儿，自应傍母，今顿忘自身根器力量，离佛无侣，取法大乘，而行等乞，故有致堕之事。

阿难已知，如来世尊，诃须菩提，及大迦叶，为阿罗汉，心不均平。钦仰如来，开阐无遮，度诸疑谤。

此下明等乞之由。由阿难于净名会上，早已知也。如来解见在前。世尊世字，含二种世间，佛具足十号，能为六凡有情世间，三乘正觉世间，九法界之所尊敬，故称世尊。诃者诃责，因须菩提，舍贫乞富，恐其福尽，与续善根，且无减克之难；大迦叶舍富乞贫，怜其久苦，令植乐因，且避趋富之议。二尊者，意虽善而心不平，故为净名居士所诃。文中说如来世尊诃者，净名为金粟如来后身，则知净名之诃，即世尊之诃。又释迦世尊，不以净名之诃为非，足知亦诃也。钦仰如来，开阐无遮，钦者敬也，仰者慕也，敬慕如来，开发阐明，无遮限之慈心，平等行乞，可以度诸疑谤。专乞贫必致疑，专乞富多招谤；既贫富无遮，慈无偏利，方合大乘之行，故可度脱众生之疑谤。诸乃助语辞。

经彼城隍，徐步郭门，严整威仪，肃恭斋法。

此入城行乞之仪。经谓经历、经过，彼指室罗筏城。隍者城外濠堑，无水为隍，郭门即护城之门。徐步者：行履端庄，犹如清风徐来，即要入城，则加倍矜持，端严整饬其威仪，肃穆敬恭其斋法，以期感化于人，岂知反以误己耶！

> 尔时阿难，因乞食次，经历淫室，遭大幻术，摩登伽女以娑毗迦罗先梵天咒，摄入淫席。

尔时即入城乞食时，因阿难欲学菩萨，等心乞食。次即次第循乞，经历淫女之室，遭遇大幻术。幻术者：寻常变化物像，虚幻咒术，今则迷惑于人，令人失性，被其咒力所摄，不觉随从而已。彼之幻咒，能移日月堕地，能咒梵天使下，知非其余幻术可比，故以大称。摩登伽：依《戒因缘经》，翻小家种，亦云下贱种，是其母名。女名钵吉蹄，此云本性，谓虽堕淫女，本性不失，今云摩登伽女者，依母彰名也。

以娑毗迦罗三句，以，用也；娑毗迦罗，此云黄发，亦云金头，以发黄如金故，苦行外道名。其咒称先梵天者：伪云过去先梵天所授也。金头外道，传与摩登伽，其女因见阿难具佛二十种相好，色白如银，心生爱染，因过去五百世，与阿难为夫妇，爱习未忘，一见则喜，故白其母，愿得为夫。母告以阿难从佛出家，舍离爱欲，莫作是念，女求其母，当满所愿，母不得已，乃咒巾覆食，嘱女送与阿难。而阿难心意恍惚，被其邪咒所摄，便至其家，身入淫席，即摩登伽女之寝席也。

> 淫躬抚摩，将毁戒体。

此戒体垂危。淫躬（身也）抚摩者：乃指钵吉蹄，淫心炽盛，欲焰飞扬，将己身迫近阿难，抚之，摩之，阿难则如痴似醉，心虽明了，力不自由。将毁戒体者：戒体即受戒时，登坛白羯磨竟，所得妙善无漏色法，即是无作戒体。羯磨师第一番白已云："此是第一番羯磨已成，十方妙善戒法，由心业力，悉皆震动。"次云："此是第二番羯磨已成，十方妙善戒法，于虚空中，如云如盖，覆汝顶上。"三云："此是第三番羯磨已成，十方妙善戒法，从汝顶门，流入身心，充满正报。"是为戒体。交光云：即护戒心。

此将毁戒体句，作二义释之：一、乃钵吉蹄将欲毁阿难之戒体，以遂其欲；二、幸阿难已证初果，有道共戒力，身虽近，而心不动，乃将毁而未毁，犹得保全戒体。然当此势迫情危，遂默祷世尊大慈，宁不救我！世尊他心悉知，故有下文，斋毕即归，说咒救脱也。

> 如来知彼，淫术所加，斋毕旋归，王及大臣、长者、居士俱来随佛，愿闻法要。

如来知彼：彼指阿难，佛心真知，无所不知，知阿难为淫术所加。淫术：指邪咒为导淫之术。既被咒力所加，无力敌苦，故望佛垂救。佛常仪斋毕，皆为说法，今日速归，必有因缘，故王臣等，俱来随佛，愿闻大法心要之义。

于时世尊，顶放百宝无畏光明，光中出生千叶宝莲，有佛化身，结跏趺坐，宣说神咒。

于时：即佛归众随，阿难戒体将毁未毁之时。顶即肉髻顶相，表如来藏性，本觉理体；光明表始觉智用；光具百宝，表慈悲德用，有求必应，可以摄受群品；光具无畏，表威势力用，无恶不摧，可以折服众邪；从顶放光，表从体起用，依本觉理体，而起始觉智用也。光中出生千叶宝莲（表因行），表蹑解起行，谓依始觉智，而修大乘行也。

有佛化身，结跏趺坐，宣说神咒：上乃放光生莲，此则化佛说咒。戒环禅师云："无为心佛，无上心法是也。"佛居佛顶，乃尊中之尊，所说神咒，即密中之密。佛顶，表诸佛极果；莲华，表如来密因；今华从顶出，显因心不离果觉；佛在华中，显果觉不离因心。谓修德有功，性德方显，能成究竟觉佛。跏趺坐，乃叠足而坐，具详止观。本经共有五次放光，此第一次从顶，表依理起智；第二次从面门，表诸智将开；第三次从卍字，表因心显见；第四次从诸佛顶，表一多无碍；第五次从五体，表耳根圆通，总摄诸根。

敕文殊师利，将咒往护，恶咒销灭，提奖阿难及摩登伽，归来佛所。

敕者，敕令，人王法王，俱可称敕。佛为能敕人，文殊是所敕人，咒虽佛说，必假僧传。必敕文殊者，以阿难为邪术所魇，非大智莫能醒；登伽为痴爱所缚，非大智莫能解故。将咒往护者：文殊将佛所说神咒，持往登伽家中，救护阿难，以及登伽；神咒一至，恶咒消灭，如汤销冰，如日破暗，究竟邪不敌正，阿难如从梦觉，登伽欲焰顿息，提携奖劝，二人归来佛所。提对阿难，似醉初醒，精神未复，故须提携；奖对登伽，如痴不悟，未肯放归，故须奖劝。登伽见佛，承佛开导，顿证三果，亦机熟藉缘成益也。

经云："淫怒痴性，即戒定慧性"，以登伽之事证之，即可断疑。善性恶性，喻如真金，真金本非善恶，能随善恶之缘。譬如两人，一以真金铸一佛像，一以真金铸一淫女，此善恶之分也。设有善友，劝彼铸淫女者曰："汝以贵重之真金，铸此淫女之相，令人动欲念，造罪业，何不以真金，铸成佛相，令人生敬心，求福报。"其人闻言悔悟，即依其教，不必更换真金，别具炉鞴，即得铸成佛像；淫怒痴人，不必更换其性，即可修成戒定慧，三无漏学，亦复如是。非但善恶之正因同，即善恶之缘、了二因，未尝不同，只在善用而已。登伽一转淫机，顿证三果，圣凡立判，即其验矣！本科发起序竟，并上证信序，初序分竟。

　　阿难见佛，顶礼悲泣，恨无始来，一向多闻，未全道力。殷勤启请：十方如来，得成菩提，妙奢摩他、三摩、禅那，最初方便。

此去至流通分以前诸文，皆属正宗分，乃一经真正宗要之义，即正说楞严性定宗旨。结名以前为正修，结名以后为助道。此则阿难悔多闻之无功，请成佛之大定。

归来见佛，顶礼者：谢垂救之恩；悲泣者，伤循乞之失。恨无始来，恨即悔恨，无始来，言时之久也。一向多闻句，谓一味偏向多闻，不勤定力，未曾从闻、思、修，故所以未全道力，不敌邪咒，道力即定力也。此一"恨"字，正是阿难返迷归悟改过自新之心。儒云："不愤不启，不悱不发。"今有此一恨，正可改偏闻之辙，而趣正修之路矣。殷勤启请：诚恳请求也。十方如来为极证人，所成菩提是极证果。梵语菩提，此云觉道，谓自觉、觉他、觉行圆满，所成三菩提之道：一、真性菩提，此以理为道；二、实智菩提，此以智慧为道；三、方便菩提，此以应机施教为道。真性菩提者，即真如自性，真如是理，此理为自心本觉之佛性，又即一真平等之性，生佛不二，众生迷此，诸佛证此，证极此理，法身显现，即法身德。实智菩提者：真实之智，穷彻一心本源，称真如理，所证之根本智，成自受用报身，此智照理，理无不彻，又名理智，亦名实智；以真实智，照本觉理，即般若德。方便菩提者：权巧方便，自觉已圆，然后觉他，从根本智，起后得智，现他受用报身，为大机说法，又应各种机，现应化身，成就度生各种事业；又名事智，亦名权智，种种示现，自在无碍，即解脱德。佛证三德，具三身，成就三菩提也。阿难既恨小乘无力敌魔，思修最上一乘之法，此即发回小向大之心，故有此请。

妙奢摩他、三摩、禅那者：阿难不知十方如来因地所修之定名，乃举常途三种定之别名，加一妙字以拣之。妙字须贯下三名：妙奢摩他、妙三摩、妙禅那，拣此定，非作意修习之定，乃天然本具之定；非独制识心之定，乃圆含万有之定，故以妙称之。

奢摩他等三，乃定之别名；首楞严为定之总名。旧注所云，此意极是。然更当知，奢摩他等三，乃定之共名，他经亦有故；首楞严为定之不共名，独局此经故。阿难既加一妙字以拣之，是克定请佛指示，十方如来得成菩提之定。佛知阿难问意，已回小向大，发菩提心，故摩顶安慰，示之曰："有三摩提，名大佛顶首楞严王，具足万行，十方如来，一门超出，妙庄严路。"此首楞严王即十方如来得成菩提不共之定，此定圆含奢摩他等三种别名，成一佛定总名也。此一门超出，即一乘了义修证之法门，方能超出权小，而趣妙庄严路。佛既示总名之后，仍复按定信解修证次序，逐答三名，于正说全经文中，三段各有标出，界线分明：

第一卷，佛破妄识无处之后，阿难即求世尊开示我等奢摩他路。当知此下，更破妄识非心，妄识无体，乃撤去奢摩他路之障碍；以识心乃楞严大定之障碍，识心不去，大定不成，故此三名，不可用止观释之。以止观不能舍离识心，识心有生有灭，如以生灭心为因，决定不能发明不生灭性，故佛指示根中，不动摇，不生灭之见性，更与会四科，融七大，极于三如来藏，皆开奢摩他路也。要阿难开解照了，此常住妙明，不动周圆之定体，即为奢摩他，依正因佛性，略兼了因佛性，微密观照（此观非同意识之作观），乃性具即定之慧。佛要阿难，生信发解，圆悟如来藏性，为首楞严定体，文有三卷半，即题中如来密因是也。

第四卷，阿难请示华屋之门，即是悟后请修。以此证知，前三卷半，乃说性，不说修，故独属奢摩他，开解照了，如来藏性，本具之定体。此四卷后半以去，佛答妙三摩，佛云："阿难，汝等决定，发菩提心，于佛如来，妙三摩提，不生疲倦，应当先明发觉初心，二决定义：一、决定以因同果，若于因地，以生灭心为本修因，而求佛乘不生不灭，无有是处。"此舍识也明矣！二、决定从根解结。教以悟后起修，须于六根，选择一根下手，但从一门深入。此用根也，又明矣！行起解绝，自可入一无妄，一根返源，六根解脱。然后文殊特选耳根，从闻、思、修，即为妙三摩，依正因佛性，略兼缘因佛性，从根修证，乃性具即慧之定。佛要阿难，多闻之人，仍向耳门，就路还家。文有三卷余，即题中修证了义是也。

第七卷末，佛答妙禅那，因阿难白佛言："我辈愚钝，好为多闻，于诸漏心，未求出离，蒙佛慈诲（指奢摩他显圆理之文），得正熏修（指三摩教圆修之文），身心快然，获大饶益。"再请禅那修位，佛为说妙性圆明，离诸名相，本来无有迷、悟、凡、圣之分，因众生一念妄动，故佛先对示染、净缘起。示染缘起，从真起妄，则成十二类生；示净缘起，返妄归真，则成五十五位。由前三摩，证圆通体，则安住圆定，称体起用，万行繁兴。双蹑前之定慧，中中流入萨婆若海，乃如来一切种智之海。文云从是渐修，随所发行，安立圣位，住持本定，历位增进，圆满菩提，归无所得，即为妙禅那。依正因佛性，双兼缘、了二因，乃性具圆融之定慧。阿难自云："顿悟禅那，修进圣位。"文只半卷，即题中诸菩萨万行是也。此是自他两利，上求下化之行。合此三定别名，成一首楞严总号，即阿难所请十方如来得成菩提之定，请答相应，啐啄无违也。

最初方便者：即奢摩他，为首楞严定之最初方便也。以奢摩他中，破识非心，显见是心，令悟根性，不动摇，不生灭，即是天然本定如来藏性。依此根性，不生不灭，为本修因，即为得成菩提之因地心，故为最初方便。三摩为初方便，以三摩中，如来问诸圣文云："吾今问汝，最初发心，悟十八界，谁为圆通？从何方便，入三摩地。"以此而观，悟理为最初方便（奢摩他悟圆理），修行为初方便（三摩修圆行），独选耳根，反闻入流，得证圆通，而登初住，而为初发心住之方便，故为初方便。禅那为方便，以禅那中，已得圆证，定慧均等，中中流入之行，为入萨婆若海之方便。论云："十地菩萨，满足方便，得成菩提。"故以圆定行位为方便，正由如来巧答，乃见阿难之巧问也。佛教以方便为门，今奢摩他最初方便，是悟门；三摩初方便，是修门，悟修超出生死之门。禅那方便，是证门，经历五十五位真菩提路，证入涅槃之门也。

又三种别定，各有最初方便、初方便、方便。妙奢摩他，以破识显根，为最初方便；会四科全事即理，说七大全相即性，为初方便；究三种生续之因，明五大圆融之故，为方便，是圆悟三如来藏理性之方便。妙三摩，以建立道场，加持神咒，为最初方便；佛嘱以不生灭之根性，为因地心，为初方便；文殊为选耳根，反闻自性，一门深入，为方便，乃圆修证入初住之方便。妙禅那，以三渐次为最初方便（由戒生定）；干慧地，是合十信为干慧，为初方便；五十五位为方便；是证入妙觉之方便。从始至终，如分九品，行布昭然，方得圆满无上菩提。

本经三定别名，仍存梵语者，即尊重不翻之例。此三名最重要，又最难解。余前云，此三名不可用止观释之，非谓天台止观之不善，余先习天台教观，十分敬佩，后见台宗，弘法人多，贤宗少人提倡，故复学贤首，二宗并重，绝无门户之见。实因研究本经正文，如来以舍识用根，为修楞严要旨，所以三番破识，全破其妄；十番显见，极显其真。二决定义，一决定以因同果，不可以生灭识心，为因地心；二决定从根解结，必宜取真常根性，入涅槃门。此皆如来金口所宣，学者未可抗违。天台止观固善，但以经旨不合，故不可以止观解释三定别名。台宗先哲，解释本经，以如来藏为体，不生灭因果为宗，此解极好。若以止观释定名不特与经旨有违，与此体宗，亦复相背矣！

　　于时复有恒沙菩萨，及诸十方大阿罗汉、辟支佛等，俱愿乐闻。退坐默然，承受圣旨。

　　于时，即阿难请求佛定之时。而成佛之法，三乘共仰，故云复有恒沙菩萨、罗汉、辟支，以及天龙八部、王臣等。俱愿乐闻者，常随云集之众，于此无上妙法，同愿乐闻。如《华严》云："如病思良药，如饥思美食，如渴思冷水，如众蜂依蜜；我等亦如是，愿闻甘露法！"退坐默然，承受圣旨者，请法必具礼仪，启请已毕，退归本位而坐，息虑虚心，默然静听。听者端视如渴饮，一心入于语义中，踊跃闻法心欢喜，如是之人可为说。承受圣旨，即钦承领受法王圣教之旨意。

　　尔时世尊，在大众中，舒金色臂，摩阿难顶，告示阿难，及诸大众："有三摩提，名大佛顶，首楞严王，具足万行；十方如来，一门超出，妙庄严路。汝今谛听！"阿难顶礼，伏受慈旨。

　　此文现时流通本，皆不在此处，乃在破七处，第一番破执心在身内文中，举例辩定之后。佛问阿难："汝瞩林园，因何有见？世尊！此大讲堂，户牖开豁，故我在堂，得远瞻见。"（下列此文此下）是即例反难之文，佛告阿难："如汝所言，身在讲堂，户牖开豁，远瞩林园，亦有众生，在此堂中，不见如来，见堂外者！"阿难答言："世尊！在堂不见如来，能见林泉，无有是处。阿难，汝亦如是！"细究此文，横隔在彼二段之中，与彼上下文，全无丝毫关系，反令割断文意。佛之说法，绝对不会在此问答未竟之中，突告定名，此其一也。又阿难请佛，为说十方诸佛，得成菩提之定，以不知佛定，不共之名，但以寻常所知三种共定之名，加一妙字以拣之，拣非三乘所修之定。佛一闻便知阿难不知佛定之名，故即先为告云："有三摩提，名大佛顶，首楞严王，具足万行；十方如来，一门超出，妙庄严路。汝今谛听！阿难顶礼，伏受慈旨。"此乃请答相应，先告以佛定总名（即总三定所成一定），随即许说谛听，后乃逐答三名；而问最初发心者，即密示最初方便也。若将此文，安在破执心在内文中，此则问答请许，不相接续，彼则上下文意，有所隔碍，此其二也。从上诸贤，未必无见于此，乃以尊经故，明知抄写之误，而不移动，余不避弥天大罪，只求经义文意之贯串，而知我罪我，一任具眼者之品评也。兹将文义讲解如下：

尔时，即阿难请说佛定之时。世尊在大众中，舒金色臂（佛全体阎浮檀金之色，故臂亦金色），摩阿难顶，以表慈悲摄受之意。阿难已能回小向大，发无上菩提之心，请求佛定，故即告示阿难，及诸大众：有三摩提，名大佛顶，首楞严王，此即佛定之总名。三摩提，又云三摩地，此云等持。等者，定慧均等；持者，任持自性，亦是定之总名。而佛定，则名大佛顶，首楞严王，总前奢摩他、三摩、禅那，三定别名，成此一定总名。又云三昧，译云正定，称真如正理而起之定，不动摇，不生灭，彻法流之源底，为三昧中王，名大佛顶首楞严王，而能出生一切三昧；如如意宝王，能雨一切宝故。大佛顶首楞严，解见名题中。具足万行者：以首楞严王，不但具足一切三昧，乃至具足万行，以一真湛寂，具足六波罗密，所谓一乘寂灭场地，不贪、不染、不瞋、不懈、不动、不昏，讵非具足六波罗密耶？既具六波罗密，则万行悉在其中矣。

十方如来，一门超出，妙庄严路者：文殊偈云："过去诸如来，斯门已成就。"斯门，即根性法门；又即妙耳门，闻熏闻修金刚三昧，超出生死之门。此一门，即斯门也。又即阿难请入华屋之门，乃悟后之修门也。如来为开无上乘妙修行路，此超出妙庄严路，即疾趣妙庄严果海，所经五十五位真菩提路也。以自性定慧，庄严自性，所以称妙。佛嘱阿难大众谛听！阿难顶礼，伏受如来大慈心中流出法旨。上爱下则摩顶，下敬上则礼足；以至尊之头，顶礼如来至卑之足，谓之顶礼。上爱下敬，足见楞严会上，师资契合，堪为万古良箴。

楞严经讲义第二卷

佛告阿难："汝我同气，情均（同也）天伦，当初发心，于我法中，见何胜相，顿舍世间深重恩爱？"

此科以阿难启请，最初方便，故如来审问最初发心。要知最初方便，即在最初发心，若明不生不灭之真心，依之为本修因，此即最初方便。然心有真妄之分，未知阿难最初发心，是依真心耶？妄心耶？故有此问，一探便知。佛告阿难三句，先叙世情。阿难乃白饭王之子，四王八子之一，为佛堂弟。因同祖之气脉，故曰同气。世教父子兄弟，名为天合之伦，故告阿难曰：汝我既同一祖气脉，其至情即同天伦，犹言无异同胞手足也。当初下问发心，大凡发心出家，必有所见，故问阿难，当初发心出家，于我佛法之中，见何者胜相，而能顿舍世间父母之深恩、妻儿之重爱？若不见佛法殊胜，决不能割恩断爱，出家为僧。此处佛虽问所见何相，实欲探能见之心也。

阿难白佛："我见如来三十二相，胜妙殊绝，形体映彻，犹如琉璃。"

此阿难据事直答。仰白佛言，我见如来三十二相，此相，是佛百福庄严相，因中修百福，果上成一相，始从肉髻相，终至足下平满相，详如三藏法数。胜妙殊绝者：轮王不及曰胜，相相明显曰妙，殊特绝伦，为胜妙至极之谓也。形貌体质，内外明透，故曰映彻。琉璃此云青色宝，内映外彻，佛身如之，故以为喻。

常自思惟：此相非是欲爱所生，何以故？欲气粗浊，腥臊交遘（合也），脓血杂乱，不能发生，胜净妙明，紫金光聚。是以渴仰，从佛剃落。"

常自思惟：此思惟，即第六识，思想分别，便是妄心，所谓无始生死根本是也。阿难一向误认为真，常用此心，故曰常自思维。此相指佛三十二相，乃戒、定、慧熏修所成，故曰非是欲爱所生。"何以故"下，即征释非是所以。欲气粗而且浊，腥臊交遘释粗义，脓血杂乱释浊义。所以不能发生，庄严佛相。清净之极曰胜净，光明无比曰妙明，全体阎浮檀金之色，金光晃耀，聚若金山，故曰紫金光聚。由是心生渴仰，从佛剃落须发，出家学道。此能发之心，即攀缘心也。下所破者，即是此心；不是破发心出家不好，乃破见相发心。如《圆觉经》所云："以爱舍爱，还滋爱本"，岂能尽善？又认此为心，不知别有真心，楞严大定何自而修？佛已探得阿难病源，故下文征而破之，正欲撤去奢摩他路之障碍耳。

佛言："善哉阿难，汝等当知：一切众生，从无始来，生死相续，皆由不知常住真心，性净明体，用诸妄想，此想不真，故有轮转。

佛言善哉阿难，此赞善有二意：一、喜得病源，可以施教；二、欲加斥破，先示安慰。汝指阿难，等指大众。当知者：当以智知，不可以识知也。此段真妄双举而判定者，是欲当机取真舍妄，为最初方便也。一切众生，包括凡、外、权、小，从无始无明妄动以来，依惑造业，依业受报；于果报身，再起惑造业，依业受报，生死死生，相续不断，其故何也？都由迷故，则生死不休。不知者，即迷也。常住真心，性净明体，即所迷之真。竖穷三际，不生不灭，曰常住；法界一相，无伪无妄，曰真心。性净者：其性由来清净无染，不是浣涤而后净；性明者：其性亘古灵明不昧，不假功用而后明。体，即真心本净本明之体，此心虽迷，体犹不失。

用诸妄想：诸字助语词，妄想即所执之意识妄心，亦即上文见相思维之心，下文缘尘分别影事。此想不真二句，下文佛告阿难云："此是前尘虚妄相想，惑汝真性！由汝无始至于今生，认贼为子，失汝元常，故受轮转。"言其本非真心，错认为真，被其赚误，轮回流转，于生死苦海，浩劫莫出也。此中常住真心，即二种根本中真本，为菩提涅槃元清净体；用诸妄想，即二种根本中妄本，为无始生死根本是也。一切众生，迷真所以执妄，起妄惑，造妄业，受妄报，所以轮转不息！

汝今欲研无上菩提，真发明性，应当直心酬我所问。十方如来，同一道故，出离生死，皆以直心。心言直故，如是乃至终始地位，中间永无诸委曲相。

此文是佛欲斥其缘心虚妄，故先勉以直心酬答。研者，求也，谓汝今有欲研求无上菩提之道，必须真实发明，自己本具不动摇不生灭之根性，则无上菩提斯可希冀。发即开发，明即悟明，性即六根中性，亦即如来藏性。此性为楞严定体，若真发明，即开圆解；圆解不开，圆行不起，则圆定不证，圆满菩提之极果，安望其得成哉？此即如来密示定之最初方便也。又真实发明根中妙性，不动摇不生灭，具足如来藏。发明，即微密观照，开解照了。此性为天然定体，即奢摩他；蹑解起行，一门深入，即三摩；定慧均等，中中流入，即禅那。三定不出一心，如果上根利智，观见如来胜相，不于所见，分别染净，而于能见，得个消息，不认妄识为心，则狂心顿歇，歇即菩提矣！

应当直心，酬我所问者：佛以阿难见相思惟，分染分净，于依他起性，更起遍计执性，全同凡夫情见，正属生死根本，故勉以应当直心酬答，欲令舍遍计执，而取圆成实也。

直心者：不隐讳，无虚假；直心正念真如，又直心是道场。故举十方如来，皆同一道为证；一道：即直心之道，故曰出离生死，皆以直心。心直则言直，言者心之声也，心言直为直因，依因感果，因果相符，如是乃至终始地位，中间永无诸委曲相。以发心为始，究竟为终，中间经历诸位，皆中中流入，不著二边，故永无委曲相，即是直果。设或因地不真，难免果遭纡曲。

阿难，我今问汝：当汝发心，缘于如来三十二相，将何所见？谁为爱乐？"

此处双征，能见能爱，即是如来要审出阿难，以何者所以能见？是谁能生爱乐？审查既定，方可施破。所见二字，不可作色尘解。良以凡迷取舍，多皆颠倒，佥以肉眼为能见，爱乐为真心，观下阿难答处自知。此中将何者所以能见，是要阿难认真见；谁为能生爱乐，是要阿难明妄心，可惜阿难不能领会。

阿难白佛言："世尊！如是爱乐，用我心目；由目观见，如来胜相，心生爱乐。故我发心，愿舍生死。"

阿难被佛一审即白佛言："世尊！如是爱乐，用我心目。"此二句心目浑答，下三句分解。由目观见如来胜相，此分明认见属眼；心生爱乐，此分明认识为心，全同凡迷颠倒，遗真取妄。劾验取舍已定，下文如来破识显根，一卷半之文，皆以此三句为张本。故我发心，愿舍生死者，因见相爱乐，发心出家，愿舍生死。其志愿可谓不错，而不知能爱之心，正生死本，即下文二种根本中之妄本，以攀缘心为自性者。

又根识难分，凡愚莫辨。目中能见之性，即是菩提真本，亦即奢摩他体，在阿难日用中，放光动地。阿难终日承渠（他）恩力，不知这个就是主人翁，就是真心，而反认见属目，终取爱乐为心。此即迷真认妄，执妄为真矣！

佛告阿难："如汝所说，真所爱乐，因于心目，若不识知心目所在，则不能得降伏尘劳。"

上科如来审问，都从向上一着提撕，曰："将何所见？"曰："谁为爱乐？"若能向能见处得个消息，则大事毕矣！无奈阿难未离常情，只知合尘，不知合觉，曰由目观见，心生爱乐，则心目双迷，辜负世尊甚矣！此科佛欲施破，先为按定其说曰："如汝所说，真所爱乐，因于心目。"则应知心目所在。下四句反言，若使不知心目所在，就不能降伏尘劳。尘有染污义，劳有扰乱义，尘劳即本、末烦恼也。若不识知心目所在，此心即六识，此目即肉眼，肉眼乃无知色法，本来无见，众生多认见属眼；识心乃生死妄本，本来非心，众生多认识为心。阿难既执此为心目，佛欲索其处而破之，故下举喻国王讨贼。

譬如国王，为贼所侵，发兵讨除，是兵要当知贼所在。

国王喻本觉真性；贼喻六识妄心；目为贼媒，引识奔走。国贼谋叛，僭号称王，王被贼侵；妄心扰乱，混淆本真，真被妄覆。国被贼侵，发兵讨贼，是兵定要知贼所在，方可捣其巢穴，擒其贼首，国泰民安；若不知贼在之处，则徒费饷需，于事无济。兵喻始觉妙智，全仗始觉有功，方能降贼。昔有僧问善知识云："家贼难防时如何？"答曰："知之不为冤！"

又子湖枞禅师,乃于夜起大叫:"有贼!有贼!"其徒竟起逐之。枞把住一人曰:"拿住了一个!"其徒曰:"不是,是某甲。"枞托开曰:"是则是,只是不肯承当!"若承当得去,贼即是子;不能承当,子反成贼。恁么说话,却与国王讨贼,另是一审播弄,具眼者别之。

使汝流转,心目为咎。吾今问汝:唯心与目,今何所在?"

故直指生死根本,识为过咎,目亦带言者,以目为贼媒,媒贼相依,责须连带。此曰:使汝流转诸趣,生死长劫不休者,心目为咎也。此破意识,缘佛相好之胜善功能也。前双征见爱,如捉贼追赃,今则见赃,预备擒贼。故特征之曰:吾今问汝,唯心与目,今何所在?此即第一次征心,下阿难转计,七处咸非,并非七处征心,乃是七番破处。此经只有二次征心之文,第二次在斥破妄识非心文中,佛举金色臂,擎拳验见之后,征曰:"汝目可见,以何为心,当我拳耀?"阿难言:"如来现今征心所在,而我以心推穷寻逐,即能推者,我将为心。"佛当面斥之曰:"咄!阿难,此非汝心!"

此处心目双征,有人以为佛既双征,下必双破,实则不然。心目媒贼相依,语须连带。佛之本意,但征其心,而目只带言而已。故下文三番破识之后,即是十番显见,显见即是显真,以见性即真心也。更有一解:阿难既认见属眼,爱乐为心,佛已双责,心目为咎,破心之后,定有破目。当知破心则毕竟全破其妄,乃至识心五种胜善功能皆所不取,而破目但带破,与略破而已。或于破识中带破,文曰:"若眼能见,汝在室中,门能见否?则诸已死,尚有眼存,应皆见物?"此皆破目之文。或于显见中破,第一番显见文云:"眼能显色,如是见性,是心非眼。"或于显见后破,十番显见之后,破别业、同分二种见妄,于此诸文,带破与略破,不特令阿难,不认识为心,并不认见属眼矣!

阿难白佛言:"世尊!一切世间,十种异生,同将识心,居在身内,纵观如来,青莲华眼,亦在佛面。

此执心在身内。一闻征诘,便白佛言:先称呼佛为世尊,下叙执,则引十生同计,自己不负责任。一切世间,三界内六凡世间也。十种(类也)异生,于十二类众生中,除去空散销沉之无色,与精神化为土木金石之无想,此二种无心目之可言。其余十类，业报形体，各各差异，故曰异生。同将识得心在身内；纵观如来青莲华眼，亦在佛面。佛之眼目，清净修（长也）广状若青莲，故以称焉。

> 我今观此浮根四尘，只在我面。如是识心，实居身内。"

浮根：即浮尘眼根，乃色、香、味、触四尘所成，非清净四大，所成之胜义根。胜义非天眼、圣眼，则不能见故。阿难云：我今观此浮根四尘，只在我面，与佛无异；如是识得我心，实居色身之内，与十类众生，亦无有异。《正脉》云："只此一计，一切众生，所以因系胎狱，桎梏肉身，乃至三途苦形，自执妄认，受无量苦，展转不能自脱者，皆由此计，以为障之深根也。"此执心在内，为本计；其余六处，但是因佛一时破夺，迫成转计耳。

> 佛告阿难："汝今现坐如来讲堂，观祇陀林，今何所在？"
>
> "世尊！此大重阁，清净讲堂，在给孤园；今祇陀林，实在堂外。"

此段以上文，当机执心在内，乃引十生同计，自以为是，佛不直破其非，且就现前所见能见中，一一举问阿难，令其据事直答，不知所以。

文有三番问答，第一番：自佛告阿难下，至实在堂外，此例定内外之境也；第二番：自阿难汝今堂中下，至方瞩林园，此例定先后之见也；第三番：自阿难汝瞩下，至得远瞻见，此例定见外之由也。佛以能例之法既定，然后依例反难，无从申辩，始知如来说法之巧。佛告阿难，汝今现坐如来讲堂，密例心在身内，应同乎此。观祇陀林，今何所在？祇陀太子，所施之树，分明在堂外，故意施问者，佛有深意存焉！要阿难自己说定，至施破时，无所逃遁。故阿难乃答世尊云：此大重阁，清净讲堂，在给孤园。层檐重叠，曰重阁；红尘不到，曰清净；世尊说法之处，标名为讲堂。

在给孤园者：园是给孤独长者布金所买，故以命名。给孤独，是须达多长者之善名，以长者财富无量，乐善好施，生平周给孤（幼而无父）独（老而无子）之人，故人以给孤独称之。堂在园中，密例身在室中，今祇陀林实在堂外,密例一切诸法,皆在身外,此就所见分内外也。

"阿难,汝今堂中先何所见?"

"世尊!我在堂中,先见如来,次观大众,如是外望,方瞩林园。"

堂中先何所见,亦明知故问,令其自说。先见如来,次观大众,密例心在身内,应先见心肝脾胃,次见爪生发长,筋转脉摇。如是由内及外,方瞩林园,密例心在身中,应最后方见身外,此就能见分先后也。

"阿难,汝瞩林园,因何有见?"

"世尊!此大讲堂,户牖开豁(通也),故我在堂,得远瞻见。"

此定外见,因何而见,亦明知故问也。答以门户窗牖开通,故得瞻视也见,密例六根,窍穴通达,故得见外。

因此段之文,现在流通本皆安置此处,以致上下文,被此段横隔于中,文意不得贯为一气,细究此段之文,是如来告示阿难佛定总名。因阿难虽求佛定,不知佛定不共之名,乃以平日所闻三定共名,加一妙字以拣之。佛闻悉,即示以佛定不共之名,亦理所固然,应在阿难求示妙奢摩他、三摩、禅那,最初方便,大众俱愿乐闻,退坐默然,承受圣旨之下。

尔时世尊,在大众中,舒金色臂,摩阿难顶,告示阿难及诸大众:"有三摩提,名大佛顶,首楞严王,具足万行;十方如来,一门超出,妙庄严路,汝今谛听!"阿难顶礼,伏受慈旨。

已将此段,移置于前,为使前文问答相应,本文不致隔碍,今仍存原文于此,以便后贤参考。

佛告阿难:"如汝所言:身在讲堂,户牖开豁,远瞩林园。亦有众生,在此堂中,不见如来,见堂外者?"

阿难答言:"世尊!在堂不见如来,能见林泉,无有是处。"

此佛告阿难，前五句，是引前文，身在讲堂，例心在身内；户牖开豁，远瞩林园，例由五根通达而知外境。中四句故问亦有众生在堂，例心在身内；不见如来，见堂外者，例心在内，竟不知内，而独知外也。后阿难答言下四句，阿难于能例法知谬，以在堂不见堂中如来，独见堂外林泉，决无此理，故曰无有是处。

"阿难，汝亦如是。

此一句，如来即例反难。谓汝阿难所计，心在身内，竟不知内，而能见外者，亦如众生在堂，不见如来，见堂外者，无以异也。

汝之心灵，一切明了。若汝现前，所明了心，实在身内，尔时先合了知内身。颇有众生，先见身中，后观外物？

心灵者：心为万物之灵，又心有灵知之用，凡心在之处，一切皆能分明了知也。若汝现前，所以能明了心，实实是在身内者，尔时先合了知内身之腑脏。颇有：犹言可有，此乃诘难；谓世间可有此一类众生，先见身中腑脏，后观外物万象耶？

纵不能见心、肝、脾、胃，爪生、发长、筋转、脉摇，诚合明了，如何不知？必不内知，云何知外？

此段纵夺兼施。上二句是纵，谓心、肝、脾、胃，皆身内之物，应当有见，或因相处太近，而不能见，如眼不见眉睫，其说似乎近情，故纵许不见。纵后便夺，故云纵不能见心、肝、脾、胃，而爪之生，发之长，筋之转，脉之摇，皆在内与心稍疏者，汝心诚合明了，如何亦不知耶？此夺也。下二句指谬，必定不能内知心、肝、脾、胃，又不能内知爪生、发长、筋转、脉摇，云何反能知外耶？

是故应知，汝言觉了能知之心，住在身内，无有是处。"

是不能知内之故，应当知道，汝言觉了能知之心，是住在身内，不知其内，断无是处；亦如在堂不见如来，能见林泉，岂有是处耶？此一处，乃阿难本计，下之六处，皆属被迫转计。

阿难稽首，而白佛言："我闻如来，如是法音，悟知我心，实居身外。

阿难见处未真，不免随语生解，闻佛破内，即便计外。故稽首白佛：我闻如来，如是法音，即前云必不内知，云何知外。悟知者：此悟非真悟，以不见身内，悟知不在身内；以了见身外，悟知必在身外，故决之曰："实居身外。"

所以者何？譬如灯光，燃于室中，是灯必能先照室内，从其室门，后及庭际；一切众生，不见身中，独见身外，亦如灯光，居在室外，不能照室。

此阿难自翻前执之非，引喻作证。先用异喻，首句征云：所以我说此心，实居身外者，何也？引喻云：譬如灯燃室中，此灯必能先照室内，从其室门照出，后及庭际。一切众生，不见身中以下，此用同喻。以一切众生，都不能见身中腑脏，独见身外诸法，此亦如灯居室外，照明外境，不能照及室内也。

是义必明，将无所惑，同佛了义，得无妄耶？"

此阿难自负。以灯光居在室外，以喻是心在身外之义，必定明白，将无所疑惑矣！同佛了义二句，其意以此义，同佛所说了义，未知是否吻合，故问得无同前之妄耶？此文观前二句，阿难计心在身外，似有十分把握，观末句耶字，心怀犹豫，还是脚跟不曾点地。

佛告阿难："是诸比丘，适来从我室罗筏城，循乞抟食，归祇陀林，我已宿斋。汝观比丘，一人食时，诸人饱否？"

阿难答言："不也，世尊！何以故？是诸比丘，虽阿罗汉，躯命不同，云何一人，能令众饱？"

此佛喻明，心若在外，则心有所知，身当不觉，犹如彼食，不能我饱。适，才也，谓诸比丘，才来从我，室罗筏城，循乞抟食（亦名段食，有形段可抟取而食者），此西域国风，以手抟食。一切众生，依四食住，更有触食，鬼神等触气而食；思食，色天等禅思为食；识食，空天等识想相续。此抟食拣异余三种食故。佛制比丘，行乞食法，为除贪心、慢心故。乞食资身，随缘度日，不贪好食等。又向人求乞，可以折伏骄慢故。又乞食不事积蓄营办，免妨道业也。归祇陀林，我已宿（止也）斋，又斋毕也。汝观比丘，一人食时，诸人饱否？此故问阿难，令自审知，人分彼此，到底相关与不相关。阿难于喻不迷，答言不也？即一食不能众饱。世尊下征释所以，是诸比丘，虽证阿罗汉道，果缚尚存，须假饮食，各各身躯性命不同，自应各食各饱，云何一人能令众饱也！

> 佛告阿难："若汝觉了知见之心，实在身外；身心相外，自不相干。则心所知，身不能觉；觉在身际，心不能知。

此以法合喻，辨明无干。觉了知见之心，即攀缘心，觉了同前明了。知见者：随六尘境，而起见、闻、觉、知之用。如果此心，实在身外，而身心相外（离也），心离于身，身离于心，彼此无干，则内心有所知，而身不能觉；觉在外身边际，而心不能知，如前比丘，彼食而我不饱，我食而彼不饱，如是方许心在身外。

> 我今示汝兜罗绵手，汝眼见时，心分别否？
>
> 阿难答言："如是，世尊。"
>
> 佛告阿难："若相知者，云何在外？

此验心非外。佛云：我今示汝兜罗绵手，汝眼见时，而汝之心生分别否？阿难答言：如是眼见心知也。佛告阿难：若身心相知者，则并不是无干，亦不相离，云何汝说心在身外？

兜罗此云细香，西域有此棉，极柔软，色白如霜，佛手柔软似之，亦三十二相之一。今眼见佛手，而心即分别，知是兜罗棉手。眼属身分，心能分别，若心在身外，则是相离，自不相知；若是相知，云何可说心在身外？此正难破。

是故应知，汝言觉了能知之心，住在身外，无有是处。"

是身心相知之故，应知彼此不相离，则知汝言觉了此能知之心，住在身外，无有是处。

阿难白佛言："世尊！如佛所言，不见内故，不居身内；身心相知不相离故，不在身外。我今思惟，知在一处。"

此转计心潜眼根。如佛所言：引上二科，佛所破之言，不见内之心肝脾胃故，不居身内，此破执心在内之言；身心相知，眼见佛手心即分别，不相离故，不在身外，此破执心在外之言。前二既皆被破，我今思惟，知在一处。此二句，与真妄二心，皆不相应，真心不落思惟，妄心本无处所。今思惟知在一处者，即拣前内外，另计一处也。

佛言："处今何在？"

阿难言："此了知心，既不知内，而能见外，如我思忖，潜伏根里。

首句佛征所在之处。阿难以既不知内，而能见外，就此事实，思惟忖度，欲脱前二之过，遂计潜伏眼根里面。潜者藏也，如鱼潜于渊；伏者处也，如鸟伏于巢。根里即眼根之内，不见内者，因根相隔故；能见外者，有窍可通故。

犹如有人，取琉璃碗，合其两眼，虽有物合，而不留碍。彼根随见，随即分别。

此阿难恐复招难破，故设喻证明。琉璃此云青色宝，其质明彻，碗即眼镜。此以能合之琉璃碗，喻眼根；所合之眼根喻心。犹如有人，取眼镜合其两眼，虽然有物（即琉璃碗）合眼，而眼镜竟不留碍于眼。心潜眼根之内，如眼在眼镜之内，而眼根亦不留碍于心，故曰：彼根（眼根也）随见外物，而心随即分别。

> 然我觉了能知之心，不见内者，为在根故；分明瞩（瞻视也）外，无障碍者，潜根内故。"

此阿难法合，以脱前二昧内知外之过。觉了能知，重举前心，此心不见内之心、肝、脾、胃者，为在根中，不在身内之故，此脱昧内之过；而能分明瞻视外境，而无障碍者，因此心潜在根内，而根如琉璃碗，不相妨碍之故，此脱知外之过。任从阿难，自恃小慧，善喻善合，由不务真修，皆非自性中流出真知真见，后被如来，一语便破。

> 佛告阿难："如汝所言，潜根内者，犹如琉璃。彼人当以琉璃笼（罩也）眼，当见山河，见琉璃否？"
> "如是世尊，是人当以琉璃笼眼，实见琉璃。"

此如来依喻问定，故云如汝所言，心潜根内，如琉璃笼眼之喻。法喻本不相齐，如来将欲施破，先为问定。彼人当用琉璃笼眼，琉璃固不碍眼根，当远见山河之时，还近见琉璃否？此故意问定。阿难据事直答：如是世尊，是人当以琉璃笼眼，远见山河时，实亦近见琉璃。

> 佛告阿难："汝心若同琉璃合者，当见山河，何不见眼？

此正难法喻不齐。谓汝心潜伏眼根之里，若同琉璃合者，则是汝心同眼，汝眼同琉璃。喻中琉璃笼眼，当见山河之时，眼见琉璃；法中眼根笼心，当见山河之时，心不见眼。既不见眼，则法喻不齐，而所计潜根者，不极成矣。

> 若见眼者，眼即同境，不得成随；若不能见，云何说言，此了知心，潜在根内，如琉璃合？

此双开能见眼、不见眼两途，俱落非量。正所谓：平剖玉环施异饵，任渠左右上吾竿。若见山河时，能见眼者，则眼即同所对之境，非能对之根，则不得成随见，随即分别，此能见眼不极成矣。若见山河时，不能见眼者，则心非潜根，以不同琉璃笼眼故，责曰：云何说言，此了知心，潜在根内，如琉璃合？此不见眼，又不极成矣。阿难费尽心机，设立一喻，以期避免斥破，奈被如来，能见眼不见眼一问，则两头俱堕矣！

是故应知：汝言觉了能知之心，潜伏根里，如琉璃合，无有是处。"

是能见眼不见眼两俱负堕之故，应知汝言，觉了能知之心，潜伏根里，如同琉璃合眼者，无有是处矣！

阿难白佛言："世尊！我今又作如是思惟：是众生身，腑脏在中，窍穴居外，有藏则暗，有窍则明。

此文虽双计内外，确论仍欲曲成，最初所执在内，以明不知内，而能见外之故。白佛言世尊，我今又作如是思惟，在外身心相知固错，潜根不能见眼亦非，到底还是在内。然心在身内，何以不能见内？因是众生之身，腑脏在中，有藏则暗故；如何反见于外？因是众生之身，窍穴居外，有窍则明故。是众生身三字，双贯下两句。腑脏者，腑同府，即六府也；脏同藏，即五藏也。《素问》曰：其传化物而不藏者，曰府；能藏精气而不泄者，曰藏。

《白虎通》云：五脏，即肝、心、肺、肾、脾；六腑者，即五脏之宫府也，胃为脾之府；膀胱为肾之府；三焦为命之府；胆为肝之府；大小肠为心府、肺府。五脏者：肾为精藏，心为神藏，肝为魂藏，肺为魄藏，脾为志藏。腑脏皆身内之物，故曰在中。窍穴即七窍（眼二、耳二、鼻二、口一为七）孔穴，皆面上所具，故曰居外。藏者包藏义，有藏则必暗，窍者通达义，有窍则必明。阿难思惟，此有藏则暗，可脱前昧内之过；有窍则明，可脱前知外之过，故下举事以证。

今我对佛，开眼见明，名为见外；闭眼见暗，名为见内，是义云何？"

此自释窍明藏暗。以对佛开眼，窍有故见明，名为见外；有时闭眼，有藏故见暗，名为见内。此还同第一番在内之执，因已被破，未敢自决，故请决于佛曰：是义云何？观阿难此处语气，与前第二番云："我闻如来，如是法音，悟知我心，实居身外，是义必明，将无所惑，同佛了义。"两相比较，其勇气又相去几何？

佛告阿难："汝当闭眼见暗之时，此暗境界，为与眼对？为不眼对？

因阿难所执，还同在内，故佛独约见暗破。此就所计，双开对眼不对眼，下分破两途皆非。

若与眼对，暗在眼前，何成在内？

此破闭眼见暗，名为见内。见暗之时，此暗境界，若与眼对，则暗在眼前，相对于眼，何成在内，名为见内耶？

若成内者，居暗室中，无日、月、灯，此室暗中，皆汝焦腑？

若执眼前之暗，成为见内者，则居暗室中，无有日、月、灯三种光明，此室暗中境界，都成在内，皆汝之焦腑，岂有是理耶？焦是三焦，上焦在胃上，中焦在胃脐之间，下焦在脐下，三焦为命府，乃六府之一，故曰焦腑。

若不对者，云何成见？

此防转计，对既被破，遂计不对，故并破云：若所见之暗，不与眼对，云何可以成见？凡见必定根境相对，此为世间共许。

若离外见，内对所成，合眼见暗，名为身中；开眼见明，何不见面？

此恐阿难救云：我开眼见明，乃直视对外；我闭眼见暗，乃返观对内，不取眼前暗室为焦腑。故先按定，设若汝之见暗，是离直视，对外之见，乃是返观，内对身中所成之见。下二句释此一句，合眼见暗，名为返观身中。则难之曰：合眼既能返观，开眼亦当返观，见是一个，开合理当一致，则开眼见明之时，何不返见自己之面？

若不见面，内对不成；见面若成，此了知心，及与眼根，乃在虚室，何成在内？

此蹑上，双破见面不见面。若开眼见明，不能反见自面，可证闭眼见暗，亦不能反见身中，则内对之义不成矣。下纵云：开眼见明，反见自面若成，此了知心，及与眼根，乃在虚空，反见汝面，竟成心眼在空之过，何成在内耶？

若在虚空，自非汝体，即应如来，今见汝面，亦是汝身？

心眼若在虚空，反见汝面，已离于汝，自非汝之自体。此两句下，应补足其意，汝若定执离体之见，不妨仍是汝体，下接云：即应如来，今离汝体，而见汝面，难道亦是汝身耶？如是则有认他成已过。

汝眼已知，身合非觉。

如若执如来之见，亦是汝身，则汝眼已知，汝身合当非觉，如是则有身成不觉过。

必汝执言：身眼两觉。应有二知，即汝一身，应成两佛？

此恐更转救，眼虽在空，何妨身眼两觉，故破云必汝执言，身眼两皆有觉，则汝一人，应有二个知觉。人身知觉，即是佛性，既有二知，即汝一身，应成两佛，岂有是理耶？

是故应知：汝言见暗，名见内者，无有是处。"

是必不能见内之故，则应知汝言，闭眼见暗，名见内者，无有是处。

阿难言："我尝闻佛，开示四众：由心生故，种种法生；由法生故，种种心生。

此计心在随合之处。阿难既已四处被破，未敢再逞己见，故下三处，皆引昔教，以为把柄，无奈多闻人，率皆闻言昧义，殊不知昔说，心法互生者，以诸法本无，由心故有，心亦本无，因法故有。所以前二句，心生法生，明法不自生，从心而起；后二句，法生心生，明心不自生，由法而现，正显心本不生，法无自性，二俱无体，乃心法皆空之旨也。

此四句，通大小乘，故佛常说，阿难常闻，而小教指六识为心，六尘为法。《灌顶》云："由内心而攀缘外境，境随心起，故曰心生法生；由外境而激发内心，心逐境现，故曰法生心生。"

大乘指第八识为心，根身器界种子为法，由业识动故，转本有智光，为能见之见分，依能见故，妄现境界相分，此则法随心生也。复由境界为缘故，起智分别，觉心相续，执取计名，生后七转识，此则心随法生也。《正脉》云："今阿难失旨，反证缘心有体有处，在彼心法偶合之处，可谓迷之甚矣！"

> 我今思惟：即思惟体，实我心性。随所合处，心则随有，亦非内、外、中间三处。"

此指体标处。以思惟体，认作真实心性，并不知思惟，即缘尘分别之妄想心，乃非真实心性。正下文所谓：由汝无始至于今生，认贼为子，失汝元常，故受轮转。随所合处，心则随有者：随所合何法，心则随何法而有，为心在之处，亦非内、外、中间三处。此句要总脱前过，第一番十生同计在内，第四番见暗名为见内，第二番实居身外，第三番潜在根中。今非此三处，当可总脱前过，岂知心与法合，法在外，而心亦应在外，何得谓非三处耶？

> 佛告阿难："汝今说言，由法生故，种种心生，随所合处，心随有者。是心无体，则无所合；若无有体，而能合者，则十九界，因七尘合，是义不然？

前阿难所引昔教，心法互生四句，其意但取后二句，以前二句，心先有，不可说随合随有，故佛亦但牒后二句。既法生心生，是心本无体矣，无体则无所合。且根、尘、识三，必各有体，三六合成十八界，若无体而能合者，则十八界外，另有一无体之十九界，六尘外，另有一无体之七尘，与他相合，岂有是理耶？故曰：是义不然。

> 若有体者，如汝以手自挃（捏也）其体，汝所知心，为复内出？为从外入？若复内出，还见身中；若从外来，先合见面。"

此下约无从来，以破随合。因前破无体，恐其转计有体，故复破云：若汝所知心，是有体者，此指心之体；汝且以手，自挃其体，此指身之体。挃者捏也，试看汝所以能知心，为复从内而出？为复从外而入？若从内出，是心在内，还应先见身中腑脏；若从外来，是心在外，现要入身，先合亲见汝面，今二俱不见，则是无所从来矣！既无从来之相，岂能随合耶？

阿难言："见是其眼，心知非眼，为见非义。"

因闻内出，还见身中，外来先合见面，阿难以心能觉了，但名为知，眼有照明，方称曰见。故言见是其眼，见是眼家之功能，心但能知而非眼，不可责心令见，故曰为见非义。不知眼不能见，因心有见，观佛喻破便知。此阿难认肉眼为见，更反劣于认识为心耳！一、眼有坏故：少着灰沙，即不能见，不若识心，卒难破坏也；二、眼有碍故：但隔一纸，即不能见，不若识心，驰思千里也；三、眼有限：明前昧后，三分阙一，不若识心遍缘一切也。

佛言："若眼能见，汝在室中，门能见不？则诸已死，尚有眼存，应皆见物，若见物者，云何名死？

知见本来，皆属于心，阿难妄分见属眼，知属心，反谓如来，责心令见为非义。佛言若有眼即能见，汝在室中，门能见不？此佛用喻，显见唯心。以阿难喻心，以门喻眼，以室喻身。《正脉》云："喻中门虽通见，必有门内之人，而后有见，非人而门岂能见乎？法中眼虽通见，须有具眼之心，而后能见，非心而眼岂能见乎？"则诸已死下，验明眼不能见，若眼能见，眼在皆当有见，故难曰：则诸世间已死之人，识已离体，尚有眼根存在，应皆见物？下二句恐阿难谬辩能见，又不好唤死人而问见与不见，故曰若见物者，云何名为死人？

阿难，又汝觉了能知之心，若必有体，为复一体？为有多体？今在汝身，为复遍体，为不遍体？

此下约无定体，以破随有。先开一、多、遍、不遍四相。文中共有五个体字，前三个是心之体，后两个是身之体，先要认清楚。一体者，四支共一心体，多体者，四支各有心体，此约数征；遍体者，一心遍满四支之体，不遍者，局在一处身体，此约量征。必有数量，方成有体之宗，下逐一分破。

> 若一体者，则汝以手挃一支时，四支应觉，若咸觉者，挃应无在；若挃有所，则汝一体，自不能成。

此约一体破。若四支共一心体者，则汝以手挃一支时，四支应皆咸觉。恐阿难谬答咸觉，先辨云：若咸觉者，挃应当无有一定所在。下申正破，若挃有所者，但觉一支有挃，则汝一体之义，自不能成。

> 若多体者，则成多人，何体为汝？

此约多体破。一人一体，世间共许，若多体者，则成多人，何体为汝阿难之体？

> 若遍体者，同前所挃；若不遍者，当汝触头，亦触其足，头有所觉，足应无知，今汝不然。

此约遍体，不遍体破，此遍体，是一心遍满四支之体，与前四支共一心体，其义相似，故曰同前所挃；若不遍者，谓一心不遍于四支也。若是，则汝头足同时被触，若头有所觉，则心在头不在足，足应无知。文中影略两句，若足有所知，则心在足不在头，头应不觉，如是可云不遍，今汝不然。

> 是故应知，随所合处，心则随有，无有是处。"

是无从来，无定体之故，应知汝言，随所合处，既无从来，哪能随合？又心则随有，既无定体，哪能随有？故曰无有是处。

> 阿难白佛言："世尊！我亦闻佛与文殊等诸法王子，谈实相时，世尊亦言：'心不在内，亦不在外。'

此当机泛计，心在中间，引教为证，全然不达佛之说意。佛说心不在内，亦不在外，正显真心无相，既无相则无在，乃说无相之实相，故云：心不在内，亦不在外。法王子：是菩萨之别称，佛为法王，于法自在，菩萨能宏扬佛化，承绍佛位，为佛真子，故名法王子。谈实相时，实相者真实之相也，即吾人本有真心之名。实相有三：一曰无相之实相，即无一切虚妄之相，并非本体亦无也，二曰无不相之实相，即随缘显现一切妙色，并非完全无相也。三曰无相无不相之实相，即真空不碍妙有，妙有不碍真空，若言其有，则绝相离名，本无一物；若言其无，则灵光不昧，应用自在。如摩尼宝珠，此云如意宝珠，能如人意，出生一切宝，其体清净本然，一尘不染，远离一切相，此无相之实相也；其用能随人意，自珠中出生一切宝，此无不相之实相也；正当雨宝珠时，其体本空，虽然体空，出生无尽，此无相无不相之实相也。佛与文殊等诸法王子所谈实相，不在内不在外，乃谈真心清净本然，离一切相，此即第一种无相之实相也。既无相则无在，故不在内不在外；又真心圆满周遍，犹如虚空，无在无所不在，岂可说在内在外耶？

如我思惟：内无所见，外（非）不相知。内无知故，在内不成；身心相知，在外非义。今相知故，复内无见，当在中间。"

此当机人，引佛圆顿大教，不解真理，反用缘虑之心，思惟忖度，附会己意，故曰如（据也）我思惟，而内无所见，外非不相知。此阿难自知前失，初计内，而不见心、肝、脾、胃、爪生、发长，故曰无所见；次计外眼见佛手，心即分别，故曰非不相知。不字上旁补一非字，其义则不反矣。长水法师谓："外不相知，不字应是又字。"其理极是，与下身心相知可合，今解但于不字上旁补一非字，于原文即不必改。内无知故，在内不成者：重申计内，不能知内，所以在内不成。身心相知，在外非义者：重申计外，眼见佛手，心即有知，不相离故。计心在外，亦非其义，故检去前之内外而不用，拟同佛所言，心不在外，亦不在内。今相知故，复内无见，当在中间者，此蹑上内外不成之义，泛言中间，阿难意取根尘两楹中间，但未明言耳。

佛言："汝言中间，中必不迷，非无所在。今汝推中，中何为在？为复在处！为当在身！

上阿难泛言中间，此如来确定中相。故语阿难言：汝先言当在中间，中间之相，一定不迷，迷则不言，既言非无所在，今汝推度中相，毕竟何在？为复在于外境之处？为当在于内根之身？此虽双问，身下即双示不成中相。

若在身者，在边非中，在中同内；若在处者，为有所表？为无所表？无表同无，表则无定。

身有中边，边即左右前后，如在边则属非中，在中则为同内，应见内矣。处即外境之处，外处既宽，欲立中相，故问为有表耶，为无表耶？若无所表，则同于无中，若有表，则亦无有一定中相。表是设立标竿，以表显也。

何以故？如人以表，表为中时，东看则西，南观成北，表体既混，心应杂乱。"

此征释无定。首句征云：何以故无定？下文释云：如人以能表之物，表显此处，为中位时，即此所表，本属无定，在东看时，则表在西，在南观时，则表成北。内影略二句，西看则东，北观成南，可以意会也。表体既混者，即能表之体，既四方混淆不定，汝心在中间，亦应不定，而杂乱矣。

阿难言："我所说中，非此二种。如世尊言：眼色为缘，生于眼识，眼有分别，色尘无知，识生其中，则为心在。"

阿难言：我所说当在中间者，异佛现前所说，非此身处二种，乃同佛昔日所言，眼色为缘，生于眼识。此引佛相宗，随顺世间所说。若根（眼也）不坏，境界（色也）现前，作意正起方能生识。盖眼能发识，是增上缘，色能牵心，为所缘（缘所缘之境，能为生识之缘），根境和合，识乃得生故。

大乘眼识九缘生，谓：空、明、根、境、作意、分别、染净、种子、根本、缘具方生；耳识唯从八，除明缘；鼻、舌、身三七，除空、明二缘；后三、五、三、四，意识五缘，除空、明、根、分别；末那三缘，只有作意、种子、根本；阿赖耶四缘，但具境、作意、染净、种子，此大乘生识具缘多寡之分也。

眼有分别下四句，乃阿难谬断，其意以眼有分别，属内身，色尘无知，属外境，内外各有定相，识生于眼色之中，历然不混，故曰：则为心在，乃在根尘中间也。

此处谓阿难谬断者何也？眼本无分别，以浮尘、胜义二根，俱属色法，无有分别，识乃有别，纵指根性，但如镜照像，亦无分别。如下文云："其目周视，但如镜中，无别分析，汝识于中，次第标指。"今云眼有分别，是根识不分之谬。

又如来前征云：唯心与目，今何所在？阿难所计，五处皆非，此第六处，转计中间，当然还是意识。现在所云：眼色为缘，识生其中，此属眼识，是问答相乖之谬，此亦多闻人，循名昧义之故。

佛言："汝心若在根尘之中，此心之体，为复兼二？为不兼二？

此双开兼与不兼两途，兼是连带义。佛言汝心若在根尘二者中间，则此之心体，为复兼带根尘二者？为不兼带根尘二者？

若兼二者，物体杂乱，物非体知，成敌两立，云何为中？兼二不成，非知不知，即无体性，中何为相？

此处当作二释，先就阿难谬解释，次顺大乘正理释。先就阿难，以眼有分别，则根属有知之体，色尘无知，则尘属无知之物。若兼二者，谓汝心若兼带根尘二者，则色尘无知之物，与眼根有知之体，夹杂混乱矣！下二句释杂乱义，以尘之外物，非是有知，根之自体，乃是有知，则知与非知，成为敌对，两相各立，如蜗牛之二角；汝心若兼二者，一半属有知，一半属无知，堕在二边，云何为中？

兼二不成，即紧接上文，兼二既已不成，即应不兼二。若不兼二，则汝心既非同根之有知，又非同尘之不知；离此根尘二者，即无识之体性，汝说心在中间，何以为相？

次顺大乘正理，根亦色法，四大所成故，实无分别。则根、尘皆属物，体即指识，若兼二者，则所兼根、尘二物，与能兼识体夹杂混乱矣。何以故？尘根二物无知，非同识体有知，知与无知，成敌两立，云何为中？兼二不成，承上双兼根尘二者既不成立，即应不兼根尘二者。若不兼二，既非有知之识，双兼不知之根尘而生，即无识之体性可得。汝言识生其中，既无体性，则中何为相？

是故应知，当在中间，无有是处。"

是兼二不兼，心相不可得故，应知当在中间，亦无是处矣。

阿难白佛言："世尊！我昔见佛，与大目连、须菩提、富楼那、舍利弗四大弟子，共转法轮，常言：觉知分别心性，既不在内，亦不在外，不在中间，俱无所在，一切无著，名之为心。则我无著，名为心不？"

当机以六处计有，悉皆被破，至此乃计无著，复引昔教，附会己意。曰：我昔见佛，与四大弟子，学在师后曰弟，智从师生曰子，称以大者，为众中上首故。共转法轮者：领受佛敕，从佛转轮，故置共言。佛法能推辗无明烦恼，故以轮喻。觉知分别心性，即六识妄心，《圆觉》呼为六尘缘影，此经斥为虚妄相想，全无实体。佛与四大弟子，共转法轮，常言此心，不在内、外、中间者，正明大乘无相实相之义，所谓"三际求心心不有，心不有处妄缘空，妄缘空处即菩提，无相光中常自在。"阿难闻言昧义，己意推度释成，谓俱无所在，一切无著，名之为心。虽已释成，不敢自决，又曰：则我无著，名为心否？实因阿难不了，觉知分别心性，随境生灭，原无实体，虽然至此，迫成无处，尚认有体，但不著一切而已。观佛下文破意自明。

佛告阿难："汝言觉知，分别心性，俱无在者，世间虚空，水、陆、飞行，诸所物象，名为一切，汝不著者，为在为无？

此佛欲破其计，先牒其语，谓汝言觉知分别心性，俱无所在，一切无著者：当知世间虚空，是依报；水陆飞行是正报，依、正二报，品类差殊，是诸所有物象，名为一切。汝言不著者：为汝之心，离诸一切物象，别有心之所在，但不去著一切耶？为汝之心，离一切物象，本无心之所在，名不著一切耶？

无则同于龟毛、兔角，云何不著？

此对上为无二字说。如汝心离一切物象之外，本无所在，即并心相亦无，无则同于龟毛兔角，但有其名，本来无体，云何还要说个不著？

有不著者，不可名无；无相则无，非无则相，相有则在，云何无著？

此对上为在二字说。如汝心离一切物象之外，别有所在，但不著一切者，便不可名无著。下四句释上二句，果然无相，则同于龟毛兔角之本无，何必再说不著？如若非无，则当成有相，相既是有，则定有所在，在何处，即著何处，云何得说一切无著耶？

是故应知，一切无著，名觉知心，无有是处。"

是双示不成无著之义故，应知汝言，一切无著，名觉知心，无有是处矣。以上七番，皆破妄识无处，并非七处征心，若论征心，只有一次。佛云："吾今问汝，唯心与目，今何所在？"由是阿难执心在内在外，乃至无著，七处咸非。是佛欲破妄识，先破所依之处，如讨贼者，先捣其巢穴，则贼无所依，易于讨伐也。《正脉》云："七处皆非，则妄情已尽，而世人计心之住处，不出于此，至此则平日所恃以为心者，杳无住处可跟究矣！"此七番中，确定成处者唯四处而已。谓：一内、二外、三根里及六根尘之中是也。以第四还在内，第五乃无定处，第七并处亦无。又一引众同计，二、三、四己意推度，后三引教谬释，不可不辨也。

尔时阿难，在大众中，即从座起，偏袒右肩，右膝着地，合掌恭敬，而白佛言：

阿难所计七处，皆已被破，至此乃欲舍妄处，而求示真处，还是未达佛意，佛破无处，是欲其了悟，无体非心矣。今依旧求佛说处，足见仍然认识为心，认识有体，但自恨未知其处，故自责而请益耳。即从座起：以听法在座，请益故起；偏袒右肩：袒露肉也，我国以袒肉为慢，印度以袒肉为敬，故偏袒，但袒露右肩；右膝着地者：以右膝有力，跪能久安，又复易起；合掌：乃合十指爪，上属身业虔诚；恭敬者：严肃曰恭，尊重曰敬，属意业虔诚；而白佛言，是仰白于佛，属口业虔诚。此文是结集家叙仪而置。

"我是如来最小之弟，蒙佛慈爱，昙今出家，犹恃骄怜，所以多闻，未得无漏，不能折伏娑毗罗咒，为彼所转，溺于淫舍。

阿难是四王八子中，年龄最小，故曰我是如来最小之弟。蒙佛慈悲爱念，虽然今已出家，犹恃憍怜，心中恃佛憍爱怜惜，所以徒事多闻，不勤定力，故未得无漏。须证四果罗汉，无欲漏、有漏、无明漏，方称无漏。阿难初果，未得无漏，定力不足，故不能拆伏娑毗罗咒，被邪咒所转，溺于淫舍。

当由不知，真际所诣！

真际者，真如实际之理地，即真心之异名。亦即本经之如来藏，为首楞严之定体。诣即在也。阿难所举真际之名似同，未悟所执之心非是，故仍呼为真际。虽前七处被破，此时尚欲求处，所诣，即所在之处，但以己不知，求佛示其处耳。意以不能降伏邪咒者，当由不知此心所在也。阿难还是认识为心，错误非小，故佛下文，斥其非心，推其无体，令得舍妄求真也。

惟愿世尊，大慈哀愍，开示我等，奢摩他路，令诸阐提，隳弥戾车。"

此求佛别说真处。以不知心处，大定无路可修，故愿佛发大慈心，哀怜愍念我等，久处迷途，开示我等，奢摩他路。奢摩他即所请三名中之第一名，为首楞严定所依之体，即是本觉理体，天然本定，不生灭、不动摇，而能开解照了此体，是为奢摩他，微密观照。观照即是始觉智用，依正因佛性，而起了因佛性，乃即定之慧也。路即修证之道路，未悟真如实际，则此路不通。

阿难欲知心处，正拟进修佛定，故急急求开奢摩他路，而不知前之征心破处，已是开奢摩他路，以所执之心非真，奢摩他路，竟被此心壅塞矣。佛下破妄识非心，破妄识无体，即撤去奢摩他路之障碍；而指见显心，会事归理，会相归性，皆开奢摩他路也。

令诸阐提，隳弥戾车：《涅槃经》云："一阐提"，云信不具，或云焚烧善根，即断善根众生。隳者毁也，坏也；弥戾车，此云乐垢秽，亦云恶知见。此等全不信佛法，即边邪不正知见也。阿难求示真际，求开奢摩他路，其意中，以从前不知此路，未成定力，故被邪咒所摄，溺于淫舍；若如来即为我等开示奢摩他路，不仅可令我等得成定力，而能降魔制外，即彼魔外阐提闻之，亦将破恶生善，故曰令诸信不具之众生，亦得毁灭恶知见，而得正知正见也。

作是语已，五体投地。及诸大众，倾渴翘伫，钦闻示诲。

此亦结集家叙仪。五体者，首及两手两足，叙其不独稽首，而竟五体投地，表诚恳之至。及诸大众，倾心渴望，翘诚伫待，如渴思饮，如鸟待哺。钦，敬也，敬闻开示教诲。

尔时世尊，从其面门，放种种光，其光晃曜，如百千日！

此佛放光，以表破妄显真诸相。良以破妄，实为显真，以妄不破，而真不显，故佛从面门放光，以施无言之教，令得触境会心。面门，为五根都聚之处。众生面门，亦终日放光，无奈迷而不识！阿难迷晦即无明，终日背觉合尘，认物为己，是以七计咸非；如来发明便解脱，终日背尘合觉，融妄即真，所以六根皆是。此正欲破六种攀缘妄识，显六根现量真性，故先从面门放光，以表显也。

其光晃曜，如百千日者：其字，指面门诸根，光从此放，乃显示本觉妙理，始觉妙智，不离根中；其光晃曜，光明极盛貌，喻如百千日光，一日在空，光照无遗，况百千日耶，以表自性光明，辉天鉴地。此光非佛独有，一切众生皆有，迷之似失，悟之显露。临济义玄禅师云："有一无位真人，在汝诸人六根门头，放光动地，诸人未证据者，看！看！"，临济可谓深得如来面门放光的旨也。

普佛世界，六种震动，如是十方微尘国土，一时开现。

普佛世界：即普遍十方，诸佛世界。六种震动：动、起、涌，此三属形；震、吼、击，此三属声，正表六处妄识将破也。微尘是空中之尘，以喻国土之多，六识未破，缘尘自蔽，常处暗暝，无量智境，皆不能现；今表六识将破，弃生灭，守真常，常光现前，故微尘国土，一时开现。此事人或怀疑，且以爱克司光镜比之，虽隔衣服，皮肤身中，五脏六腑，无不悉见，何疑之有？

佛之威神，令诸世界，合成一界。

为有妄识，执我执法，分自分他，一切世界，悉成隔越；今仗佛威神之力，破识显根，会相归性，无边刹土，自他不隔于毫端，遂融合为一矣（即一真法界)。

其世界中，所有一切，诸大菩萨，皆住本国，合掌承听。

诸大菩萨，住持本地风光，而得全体照用，故得心闻洞开，遍周沙界；正显根性、尘性，一切诸法，皆是不动周圆，本如来藏妙真如性也。一切众生，皆具此光，昧而不知，迷真执妄，内为六根所局，外为六尘所障，中为六识所锢，故于众生世间生缠缚，器世间不能超越，自他隔碍，见闻功劣。若肯舍识用根，脱黏内伏，伏归元真，发本明耀，自可与诸大菩萨把手共行，同一鼻孔出气矣。

佛告阿难："一切众生，从无始来，种种颠倒，业种自然，如恶叉聚。

此因当机，请奢摩他路，欲诣真际，故示二本，以指真心实际，此一经之要旨也。一切众生，通指泛尔凡夫，不知修行者；自从无始，根本不觉而来，迷真执妄，背觉合尘，无我计我，非法计法，于我法种种颠倒分别，此属惑道。依惑造业，熏成种子，名为业种，为将来因，种即因也，此属业道。自然二字，乃依惑业因，自然感生死果，乃一定之理，不可改移。译人字略，自然下，意含定招苦果，此属苦道。惑、业、苦三，不相舍离，喻如恶叉聚，西域果名。《灌顶》云：此云线贯珠。一蒂三果，同聚而生，惑业苦三道似之，故以喻焉。

诸修行人，不能得成无上菩提，乃至别成声闻、缘觉，及成外道，诸天魔王，及魔眷属。

诸修行人：别指依识心为因，错乱修习者。凡夫起惑造业轮回生死，固是可怜，纵令有志修行，果遭纡曲，亦为可愍。果由因感，因地以生灭心为本修因，而求佛乘不生不灭，无有是处，故曰不能得成无上菩提。菩提，此云觉道，三乘皆有，唯佛无上，即究竟果觉之佛道也。乃至别成声闻、缘觉：乃至超略菩萨，犹言非但不能得成无上菩提，而复不能得成实教菩萨，乃至别成声闻、缘觉，解见在前，小乘也。但破我执，而证我空之理，虽别成乎此，犹是出世小圣，已断分段生死，也有小益，不至堕落。

更有误之甚者，迷自本真，游心道外，而成外道，生无想外道天，报尽必招堕狱之苦；或修有漏戒善，及四无量心，世间禅定，厌染欣净，与厌有取空者，谓之诸天，报尽还来，散入诸趣；或耽著欲境，而恼害正修者，谓之魔罗，此云杀者，能杀害众生法身慧命故。上品魔王，中品魔民，下品魔女，中下皆魔眷属，报尽必堕三途苦趣。

皆由不知二种根本，错乱修习。犹如煮沙，欲成嘉馔，纵经尘劫，终不能得。

此总出其由。以上泛泛凡夫，无知造业者，固不必论矣。而诸修行人，本期得道得果，而乃中途或滞化城，或生天界，甚至误入魔外，求升反堕，其故何也？皆由不知二种根本，错乱修习故也。二本，即真、妄二本。不知者：一、妄心：本无而错认，非心似心，此属妄本，即本科所云："无始生死根本。"上文普判误认科中，所名妄想，下文所谓前尘虚妄相想是也。二、真心：本有而迷背，非失似失，此指真本。即本科所云："无始菩提涅槃，元清净体。"上文所指，常住真心，性净明体；下文所谓，妙精明心。错乱修习者，由迷真认妄，以妄为真，独修于妄也。犹如煮沙，欲成嘉馔，此喻错乱修习，依识心妄本，而不谙根性真本，识心非菩提因，喻如煮沙，欲成嘉馔（好饭也），沙非饭本，纵经尘劫，煮之，只名热沙，终不成饭。错用因心，亦复如是，纵经尘劫修之，终不能得成无上菩提也。

云何二种？阿难：一者无始生死根本，则汝今者，与诸众生，用攀缘心为自性者。

初句总征，下别释二本名体。先释妄本。一者无始生死根本：此出妄本名，谓从无始无明妄动以来，浩劫轮回，生死之根本，此本非他，就是汝现今与诸众生，用攀缘心为自性者。此指妄本体，乃无体之妄体，攀缘心即第六意识心，妄攀所缘诸尘之境，妄起分别，妄生憎爱取舍，时起时灭，尘有则有，尘无则无，虚妄无体，本非真心，亦非自性。一切众生，皆迷认妄执，以为心性，阿难亦然。前云："即思惟体，实我心性。"后云："即能推者，我将为心。"今已分明指出，是生死本，阿难后犹不觉，仍认为心，亦可悲矣！

二者无始菩提涅槃，元清净体。则汝今者，识精元明，能生诸缘，缘所遗者。

次释真本。二者无始菩提涅槃，元清净体，此出真本名。真妄二本，俱称无始者，如金与矿，二俱无始，不可分谁先谁后。菩提（译云觉道）有三：一曰真性菩提，此以理为道也。即众生本觉，法身之理，不变随缘，随缘不变，乃是妙真如性，故曰真性。二曰实智菩提，此以智慧为道也。即众生始觉，根本之智，照彻心源，无明皆尽，所得真实之智，故曰实智。三曰方便菩提，此以透机施教为道也。即自觉已圆，然后觉他，以后得智，观机施教，广开方便之门，故曰方便。

涅槃（译不生灭）亦三：一曰性净涅槃，自性清净，一尘不染，故曰性净。二曰圆净涅槃，真无不圆，妄无不净，故曰圆净。三曰方便净涅槃，随缘方便，示现生灭，故曰方便净。

此三菩提、三涅槃，前一皆属因，是性具；后二皆属果，是修成。此真本，取众生本具觉性，如如理，与如如智，应属真性菩提，与性净涅槃耳；菩提属智，涅槃属理。元清净体者：清净有二：曰自性清净与离垢清净。此属自性本元清净之体，并非澄之使清，本来离烦恼浊故，即显为真性菩提；亦非治之使净，本来离生死染故，即显为性净涅槃。此体一切众生本来元具，不假造作，不待修成，故曰元（本来也）清净体。此体无他，即汝现今根中所具，圆湛不生灭之性，名为识精，元是妙明之心，并非磨之使明，乃本来自明，虽处长夜昏暗之中，其性不昏，故曰元明。在眼能见，在耳能闻，在鼻嗅香，在舌尝味，在身觉触，在意知法，虽分六和合，元是一精明，此为真本，修行当取为因地心者。

又识精者，第八识精明之体。此体虽带少分之妄，究竟全体是真。如捏目所见第二月，全体是真月，但多一捏之妄，放手全真。在众生现前身中，舍此则无真可显，故阿难求索真心之后，如来十番显见，即显此也；请修之后，所指入门，亦指此也。五卷诸佛证云："汝复欲知无上菩提，令汝速证，安乐解脱，寂静妙常，亦汝六根，更非他物。"验知菩提涅槃，元清净体，决指根中，见、闻等精，识精为总，六精为别，六精本是一精也。

如来首显见精者，即示真本也；文殊独选耳根者，即用真本也。须知此经宗要，即是舍识用根，前普判误认科中，首明之，此中再明之。第四卷末，若弃生灭，守于真常，生灭者，识心也；真常者，根性也，复重明之。此皆出自如来本意，有以此处，见其名为识精，便不敢认为真者，误矣！岂不观元明，元清净之语乎？

能生诸缘者：以识精即第八阿黎耶识，本具精明之体，由此识体即如来藏，能摄一切法，能生一切法，故曰能生也。诸缘指能缘所缘，有二种：一、八识能见相二分，见分为能缘，相分为所缘。见分乃转本有智光，为能见之见分，要缘八识本体自证分，八识由无明力，晦昧真空，而成顽空，本无可见，见分定欲见之，于是空晦暗中，结暗境而成四大之色，带起相分，为见分所缘之境；而本生识海，还是缘不到，故曰缘所遗者。二、即七转识，由第八识，相分境界而生。论云："境界为缘长六粗，"长即生义。前四粗，即是七转识，各有能缘功用（而六识能缘之力最胜），所缘即一切万法，皆从识生，而为所缘之境，故曰诸缘。

缘所遗者：此一缘字，作二解：一、以转识能遍缘一切，而不能反缘本生识海；如眼有见，能遍见一切，而不能反见自眼。既不能缘本识，则菩提涅槃元清净体，非失似失，故曰缘所遗者。二、缘者，由也。由诸众生，迷此识精元明之体，迷则虽有不知，非遗失等于遗失，是谓缘所遗者。问："第七识能缘第八见分，岂不能反缘耶？"答："七识虽然能缘第八见分，因执之为我，故落于非量，必遗元明之体，正是缘所遗者，非同如如智，缘如如理，现量昭然可比。"

由诸众生，遗此本明，虽终日行，而不自觉，枉入诸趣。

此结归指过。通结一切众生皆然，故曰由诸众生，遗此本明；本明即元明也。此承上文反缘识精元明缘不到，由缘不到，毕竟不见，非遗似遗，故曰遗此本明，即是迷却真本也。

虽然终日，承渠功能力用，行即用也；眼见色，耳闻声，乃至意知法，无非本明照用，而不自觉，即日用不知能见能闻者是谁。既已迷却真本，自必全用妄本，攀缘六尘，依之起惑造业，随业受报。

枉入诸趣：即舍生趣生，趣向六道，轮回不息。枉入者，不当入而入，众生本具菩提涅槃，元清净体，依之修证，成佛有分，今反入诸趣，即是系珠乞丐，岂不枉屈乎。

阿难，汝今欲知，奢摩他路，愿出生死。今复

问汝。"

《正脉》云:"奢摩他路,问、答意别:阿难以求知心处为奢摩他路;如来则以了此妄识,无体无处,而别觅真心,为奢摩他路。"佛以阿难请示奢摩他路,故为说二种根本,令知真妄,庶可舍妄求真,圆悟真心,以为修习佛定之最初方便。此下更试验一番,且看阿难如何荐取!先征能见,后斥妄心,以示奢摩他路。故曰:汝今欲知,奢摩他路,愿出生死,今复问汝,如汝甘受生死,不求奢摩他路,则亦无庸问矣,今既求开奢摩他路,不得不决择真妄二本,舍妄依真,方免错乱修习也。

即时如来举金色臂,屈五轮指,语阿难言:"汝今见不?"

阿难言:"见。"

即时如来,先以无言说法,举拳验见。佛身全体黄金色,故臂亦金色。屈五轮指,佛之指端,有千幅轮相,指屈成拳,举示阿难,此如来欲以向上一着,接引阿难,阿难果能于金拳举处,当下回光返照,识得本明,则可谓机教相扣,不负如来矣!无奈钝根不契,还要费尽如来苦心,于无言说中,再施言教。语阿难言:汝今见不?阿难言见。此处是非未定,见尘也是见,见性也是见,未知阿难是见尘耶?是见性耶?

佛言:"汝何所见?"

阿难言:"我见如来,举臂屈指,为光明拳,耀我心目。"

佛以阿难答见,见尘、见性未分,故问汝何所见?阿难言,我见如来举臂屈指,为光明拳,照耀我之心目,此见尘也。如果见性。自可忘尘,则合真性。今既见尘,自然迷性,正属妄本。

佛言:"汝将谁见?"

阿难言:"我与大众,同将眼见。"

佛已知阿难但见尘不见性,尚不肯放舍,仍复亲切提撕,深锥重扎,正见婆心太切。复问汝将谁见？若能在这里，回光返照，尚属未晚，无奈阿难，迷执太深，如来重重显示，阿难头头错过，仍答言：我与大众，同将眼见。前见是其眼，早被佛破，至此依然不悟，还答我与大众，同将眼见；若是，则辜负世尊甚矣！佛举拳以示，正欲阿难向眼根中，识取真见，以为奢摩他，出生死入涅槃之正路也。可惜阿难，但知循尘，不知返本，遗却识精，故认肉眼为能见；此即上文所云："缘所遗者。"

佛告阿难："汝今答我，如来屈指，为光明拳，耀汝心目。汝目可见，以何为心，当我拳耀？"

前来世尊，步步迫拶，当机阿难，寸步不移，故只得再征妄心，而直破之。前文吾今问汝，唯心与目，今何所在？合此处，汝目可见，以何为心，当我拳耀，只是两次征心，有谓楞严七处征心，八还辨见。不知前七番，乃破处非征心，复未尽破妄之文，后八还虽辨见为真心，岂全收显真之旨？经中实系三番破识，十番显见，请试思之。

世尊举手擎拳，原欲以无言之道，向上一着，接引阿难，令向见色、闻声处，亲见自己本来面目也。奈阿难直指不会，只得再加曲指，重行审问：汝何所见一审也，汝将谁见二审也。世尊则循循善诱，阿难则处处胶着，不能认见为心，而反认见属眼，世尊见其始终不悟，只得落草盘根，更征之曰：汝目可见，以何为心，当我拳耀？此三审也。正属二次征心。

阿难言："如来现今征心所在，而我以心，推穷寻逐，即能推者，我将为心。"

佛言："咄！阿难，此非汝心。"

上来如来三审，全是宗乘语气，其如当机，熟处难忘，不知转身，犹曰如来，现今征心所在，而我以（用也）心推穷寻逐，即能推者，我将为心，此认妄本也；能推之心，即攀缘心也。正是阿难尘相未除，依旧认贼为子，此第二次征心，又自呈妄心也。

佛言："咄！此非汝心！"佛到此，见其迷情深固，非大力不能破，故奋起踞地狮子之威，直与一喝曰：咄！此非汝心！此一喝正如金刚王宝剑，擒贼斩首，向其命根不断处，猛下一剑。佛举手擎拳，要阿难向眼根见处，回光返照，识取真心，无奈阿难，只知合尘，不知合觉。如是如来换一方针，以阿难惯用耳根遂乃振威一喝，欲令向耳根荐取，能闻闻性，果能于此，妄心死得了，自然可许法身活得来。阿难非特妄心不死，下文反与如来争辩不休。

　　阿难矍然！避座合掌，起立白佛："此非我心，当名何等？"

　　阿难被喝惊起，矍然，惊惧不安之貌，故以避座合掌，起立白佛：此能推者，既非我心，应当名为何等？可见阿难一向唯知此心，今说非心，如人执石为玉，认为至宝，今闻说非玉，失其至宝，无怪其惊惧不安，故欲索其名。

　　佛告阿难："此是前尘，虚妄相想，惑汝真性，由汝无始，至于今生，认贼为子，失汝元常，故受轮转。"

　　此如来先指妄名，后责错认。此（能推心也）是现前尘境，虚妄相上，所起之分别想心，诸尘境界，于妙明心中，虚妄显现。如空中华，梦中境，虚而不实，妄而不真，故曰虚妄相。从此相上，所起之想，则妄上加妄，当名妄想，乃是尘影，尘有则有，尘无则无，随尘生灭。但此心功用颇大，而能惑乱汝之真性，由汝无始劫来，至于今生，都认此妄想为真心，譬如认贼为子，反弃真子而不寻觅，既经认妄，自必遗真。故云："失汝元常。"元者，本也；常者，常住真心。此心迷时，非失说失，完全不知，都是妄想用事，依之起惑造业，依业感报，而受轮回六道，流转生死之苦。前云不知常住真心，用诸妄想，故有轮转是也。

　　阿难白佛言："世尊！我佛宠弟，心爱佛故，令我出家。我心何独供养如来，乃至遍历恒沙国土，承事诸佛，及善知识，发大勇猛，行诸一切难行法事，皆用此心；纵令谤法，永退善根，亦因此心。若此发明，不是心者，我乃无心，同诸土木？离此觉知，更无所有，云何如来，说此非心？我实惊怖！兼此大众，无不疑惑。惟垂大悲，开示未悟。"

　　此因闻非心之斥，乃述怖求示也。历叙生平，皆用此心。先云我是佛之宠

（重爱也）弟。心爱佛故者：因见佛之三十二相，胜妙殊绝，心生爱乐，令我发心出家，是用此心。我心何独供养如来：谓我何止为佛执侍巾瓶，供养于佛，若从此回小向大，乃至遍历恒沙国土，供养一切诸佛，如普贤行愿，劝请诸佛，转大法轮，久住世间，以为众生作大依怙。及诸善知识：善字双贯知识二字，善知众生根性，善识方便法门，具正知见，能为人天眼目者，亦皆一一承事之。

发大勇猛者：竖精进幢，披忍辱铠，破魔兵众，上求佛道，下度众生，行诸一切难行法事，悍劳忍苦，不惜身命，皆用此心；上历叙作善心。纵令谤法，永退善根，此设言作恶心，谓纵令谤大乘经，断学般若，成一阐提，永退善根，亦因此心；此心为善恶司令，一身之主。

若此发明不是心者：若此能推之心，如佛发明，是虚妄相上所起一种妄想，不是心者，则我便成无心，岂不同土塑木雕之偶像耶？我今离此觉知，更无所有，阿难岂知即此觉知，何尝是有，此觉知者，乃是尘影耳，尘有则有，尘无则无。

阿难果能悟得觉知之心，本无所有，如二祖求初祖安心，初祖伸手云："将心来，与汝安。"二祖即时求觅自心，乃答曰："觅心了不可得。"初祖曰："与汝安心竟。"二祖言下大悟。阿难若能如是，即可千了百当，免得许多葛藤。云何如来，说此非心：云何怪问意，说此妄觉非心，我闻之下，实生惊疑怖畏。兼此大众：指小乘一类之机，但知六识三毒，建立染净根本，闻此非心，无不疑惑。惟垂大悲，开示我等未悟。

尔时世尊开示阿难，及诸大众，欲令心入无生法忍。

此许示真心有体，以慰无心之惊疑，乃先安慰，而后开导。欲令悟见性为真心，得入无生法忍，若证此忍，于三界内六凡法界，三界外四圣法界，不见有少法生，有少法灭，于一一法，当体如如，而忍可于心，惟证相应，怀之于心，亦不能向人吐露，其谓无生法忍。

问："现有十界诸法，何以不见少法生灭？"答："都缘眼中有翳，妄见空华之十界，若悟空华，即无少法生灭；翳眼见空华，华实不曾生，生既不生，灭何所灭？众生虽见十界，实则涅槃生死等空华，哪有生灭之相可得？故不见有少法生灭，即一切事究竟坚固，首楞严大定也。"观世音菩萨，生灭既灭，寂现灭前，即入此忍。众生所以不入者，正妄识障之也。今将破生灭识心，显发无生法忍，故先标焉。

于狮子座摩阿难顶，而告之言："如来常说：诸法所生，唯心所现；一切因果，世界微尘，因心成体。

此欲示妙心，先为安慰。于者在也，狮子座，并非以狮子为座，亦非座有狮子之像，乃是我佛说法无畏，喻如狮子王，故其座称狮子座。佛在座上，舒金色臂，摩阿难顶，一示安慰意，二表将授以最胜顶法。而告之言，在上语下谓之告。

如来常说，诸法所生，唯心所现者：如来说大乘性宗，常说一切诸法，并非别有所生，唯一真心之所现起。如《起信论》所云："心为一大总相法门体。"一切十界正报，凡、圣、染、净、因、果，与依报大之世界，小之微尘，一一皆是因心成体。古德云："天地与我同根，万物皆吾一体。"正此意也。

阿难：若诸世界，一切所有，其中乃至草叶缕结，诘其根元，咸有体性，纵令虚空，亦有名貌。

承上唯心所现之世界，山河大地，万象森罗，一切所有，乃至微细之一草、一叶、一缕丝线、一结，追诘其根本元由，咸有体性，纵令至大之虚空，亦有名貌；虚空是名，通达无碍为貌。

何况清净，妙净明心，性一切心，而自无体？

何况反显意。清净者：即下文带妄所显之见精，体本无垢，由来清净故。妙净明心：妙字双贯净明，曰妙净妙明之心，指剖妄所出之真心，出障离染，曰妙净；寂照含空，曰妙明。

性一切心者：性即体性，此性平等，能为一切法所依，不为一切法所变，下文四科七大，一切诸法，皆依此心为体。而自无体句，与何况二字相照应，正是反显，真心所现之物，尚皆有体，而能现之心，岂反自无体耶？即是言真心决定有体，为汝执此妄心，所以迷彼真体，岂真离此觉知，更无所有乎？

若汝执吝，分别觉观，所了知性，必为心者，此心即应离诸一切色、香、味、触诸尘事业，别有全性。

此佛先为按定，故曰若汝执吝，分别觉观云云。执谓固执，妄识为心，吝为吝惜，不肯放舍。分别觉观，即心之功能，对境起念曰分别，内守幽闲曰觉观；粗心缘虑名觉，细心静住名观。所了知性者：即所以能了知之性，正属妄本，不是真心，必定要认他为真心者，此心即应当离尘有体。一切色、香、味、触，六尘但举四种，声、法二尘，摄在诸尘之中。事业者：营业之初曰事，事办之后曰业，即六尘事业。如果真心，即应离却诸尘事业，别有完全体性，此乃就理而论，必当如是，下乃就事以验。

如汝今者，承听我法，此则因声，而有分别。

此举闻法之心，以例见色、嗅香、尝味、觉触、知法诸心，皆属对境起念，不能离尘有体。如汝现今，承听我说法，此心则因有所分别之声，才有能分别之性，离尘毕竟无体。此断执吝分别者非也，即破意识缘佛声教之胜善功能也。

纵灭一切见、闻、觉、知，内守幽闲，犹为法尘，分别影事。

纵灭二字，承前。纵使能把前五识，及同时意识，不缘外面五尘境界，灭其见、闻、觉、知之用。但由定中独头意识，内守幽闲，寂静之境，此境即凡外在定所守之境，取为所证法性者。不知此非法性，犹为法尘，即能守境之觉观，虽离外尘分别，亦非真心，犹属定中独头意识微细分别耳。影事者，以法尘乃前五尘落卸影子，意识分别，亦属缘影之心，即此内守幽闲，定中独头意识，犹是微细法尘，分别缘影之事，岂可认之为真乎？此断定执吝觉观者亦非，即破意识，止散入寂之胜善功能也。

然此中根、尘、识三，差别之处，应辨析明白，庶免疑误：一、见、闻、觉、知，有根性识性之分；二、法尘境界，有生尘，灭尘之异；三、第六意识，有明了、独头之别。唯识云："愚者难分识与根。"因根识同有见、闻、觉、知之用，见单属眼，闻兼耳、鼻，觉单属身，知兼舌、意，须知六根对境，如镜照像，本无分别；六识缘境，则有分别，即此有分别无分别，为根识之分。

古德有云："见、闻、觉、知，无非妄想。"此约六识言。又僧问善知识："如何是佛性？"答曰："在眼曰见，在耳曰闻，在鼻嗅香，在舌尝味，在手执捉，在足运奔。"此约六根言。识性虚妄，故名妄想；根性真常，故称佛性。古来宗门祖师，多从六根门头，接引学人，擎拳竖指，令向眼根能见处荐取；振威一喝，令向耳根能闻处荐取；木樨香否？令向鼻根能嗅处荐取；这个滋味如何？

令向舌根能尝处荐取；当头一棒，令向身根觉痛处荐取；不思善不思恶，令向意根正恁么时荐取。这等见、闻、觉、知，即本经所显的，为如来密因，亦即二根本中真本，亦即四科七大中，如来藏妙真如性所应取为本修因者。

此中所灭之见、闻、觉、知，即前五识之任运分别，及与前五识，同时而起，明了意识之随念分别，尘有则有，尘无则无。凡、外、权、小，诸修行人，亦知这个散动，有欲修定，必须止之归静，成一种内守幽闲之境，不知犹是独头意识，法尘分别影事。正二根本中妄本，凡外所修之定，宁能出此境界？法尘境界，有生、灭之异者。法尘无别体，即五根对境，五识起时，有明了意识，与其同时而起，缘五尘性境，接归意地，合五尘落卸影子，成为法尘之境，如照像之摄影焉，故为影事。有一分生尘，散位独头意识所缘，起计度分别者。有一分灭尘，即此内守幽闲之境，定中独头意识所缘者。亦全托分别，而后分明，一不分别，境即沉没，此之分别甚细，如无波之流，望如恬静，流急不住，非实无流，故曰：法尘分别影事。

意识有明了、独头之别者：明了意识，缘境明了，亲得法之自体，故以为名，亦名五俱意，与前五识，俱时起故，亦名同时意识。独头意识，复有四种：一、散位独头，缘独影境；二、狂乱独头，缘病中狂乱所发境；三、梦中独头，缘虚妄梦境；四、定中独头，缘定中所住境。此中幽闲之境，即属定境。定中独头所缘者，因有守境之心，所守之境，故为法尘分别影事；此破意识，止散入寂之胜善功能也。

我非敕汝，执为非心，但汝于心，微细揣摩，若离前尘，有分别性，即真汝心。

此纵其离尘有体，许为真心。故曰：我非强制敕（令也）汝，一定执此缘尘分别，以为非心。但汝于自心中，微细研究揣摩，汝所执吝不舍之心，若离前尘，有分别之体性，即许真是汝心；此暂纵也。

若分别性，离尘无体，斯则前尘，分别影事。

此随夺，若能分别之性，离尘无自体者，此则前尘分别影事耳。

尘非常住，若变灭时，此心则同龟毛兔角；则汝法身，同于断灭。其谁修证，无生法忍？"

尘非常住不生灭法，因缘和合，虚妄有生，因缘别离，虚妄名灭，所托之尘，若变灭时，则此能托影事之心，亦应与之俱灭，此心则同龟毛兔角，但有其名，全无其体。则汝法身，同于断灭者：以阿难认缘影为真心，心即法身，属性具，依之修习，证无生忍，属修得。今此心随尘变灭，故难曰："则汝法身，同于断灭。"以同龟毛兔角之本无故，其谁更来修因，而证无生法忍之果乎？

　　即时阿难，与诸大众，默然自失！

　　即时：推破妄识无体之时。阿难与诸大众，已闻妄识无体，既不知何者为真，又不敢依旧认妄，至此辞穷，默然无语，自觉若失；如贾人失其所宝也。

　　佛告阿难："世间一切诸修学人，现前虽成九次第定，不得漏尽成阿罗汉，皆由执此生死妄想，误为真实。是故汝今虽得多闻，不成圣果。"

　　此结归。前取心定判之判辞，前云："一切众生，从无始来，生死相续，皆由不知常住真心，性净明体，用诸妄想，此想不真，故有轮转。"自定判之后，备破三迷已竟，到此仍结归其判。

　　一切诸修学人，统该凡、外、权、小，错用妄本而修者。九次第定：由一定一定，次第而入，故名九次第定。前八即四禅四空八定，凡位所修；后一灭尽定，圣位所成。若但灭六识，名无心定；兼灭七识，名灭尽定，又能令染末那相应之受想，伏而不行，亦名灭受想定。既得此定，于小乘法中，已为漏尽，即是罗汉。

　　今云现前虽成此定，不得漏尽成阿罗汉者：《正脉》云："当知彼所谓无漏圣位，皆一时权许，诱进而已。"《法华》破云："汝当观察筹量，所得涅槃非真实。"既非真涅槃，岂名真漏尽乎？故长水谓："十地为漏尽罗汉。"余谓不得漏尽，此与前文，诸修行人，不能得成无上菩提句，相照应。意谓依识心修，纵成九次第定，超出三界，沉滞化城为止，不能成佛也。

　　皆由执此生死妄想（第六识）误为真实（常住真心）。此执妄为真，故枉受轮回之苦；即破第六识，界外取证之胜善功能也。是故汝今，虽得多闻，不成圣果者：小教许四果皆圣，今阿难位居初果，而谓非圣者，以九次第定，尚非漏尽罗汉，而初果安得成圣耶？

楞严经讲义第三卷

　　阿难闻已，重复悲泪！五体投地，长跪合掌，而白佛言："自我从佛，发心出家。恃佛威神，常自思惟，无劳我修，将谓如来，惠我三昧。不知身心本不相代，失我本心，身虽出家，心不入道。譬如穷子，舍父逃逝。

　　上文阿难执妄为真，如来极破而令舍，此下阿难悟妄求真，如来极显而令用。真原本有，近具根中，远该万法，无奈迷之已久，非遗似遗，若不方便显之，则终不能见，此即二根本中真本。前妄本既破，今真本当显，即显平日所遗之真性，始自眼根显出，复为融会四科七大，同归如来藏体。阿难因闻，入灭受想定，心尚非真，则寻常所用之攀缘识心，自不待言矣。所以重复悲泪礼佛，追述痛悔。凡人悟之深者，心必有悲，或悟妄而悲久苦，或悟真而悲久失，此悟所执识心全妄，而真心未悟，故悲悔耳！

　　本文悔恃如来，不修大定，乃曰自我从佛出家，恃佛之威德神力，常自思惟（即妄想心），无劳我自己修行，将谓我是如来最小之弟，情同天伦，如来必能惠（恩赐也）我三昧，不知彼此身心，本不可相代；如父子上山，各自努力，不能替代我行也。

　　失我本心者：本心即本有真心，从无始来，迷不自觉，如醉汉衣里之珠，迷则非失似失。既是遗真，自必执妄，所以身虽出家，心不入道。

　　出家有三：一、出世俗家，即割恩断爱，依止佛门；二、出三界家，即证无漏道，不受轮回；三、出烦恼家，断尽诸惑，一心清净。今阿难但出第一种家，所以心不入道。譬如穷子，舍父逃逝：阿难迷真，自喻穷子，遗失本有家珍，背觉合尘，如舍父逃逝。父喻本觉，子喻妄觉，从真起妄，背觉合尘，故如舍父逃逝。由是起惑造业，随业受报，轮转诸趣，备受痛苦，故此悲悔。观此即佛不足恃，但求加被，不自修行者，可以警矣！

> 今日乃知：虽有多闻，若不修行，与不闻等；如人说食，终不能饱。

此悔恃多闻，终无实得。今日乃知，因悟方知，虽有多闻善根，若不依教修行，与不闻相等；犹如有人，口说美食，说而不食，肚中终不能饱。虽有多闻，不肯从闻、思、修，三慧并进，徒闻无益，亦复如是。说得一丈，不如行得一尺。观此即闻不足恃，徒攻文字，而不实修者，可以警矣！

> 世尊！我等今者，二障所缠，良由不知寂常心性，惟愿如来，哀愍穷露，发妙明心，开我道眼。"

二障者：一、烦恼障：属我执所起，有分别、俱生、粗、细之异。粗乃作意分别之惑，如起身边等见；细乃任运俱生之惑，如起贪嗔等心。总是昏烦之法，恼乱有情身心，续诸生死，能障涅槃，故名烦恼障。又名事障，能障人天胜妙好事。二、所知障：属法执所起，亦有分别、俱生、粗、细之异。粗乃心外取境，不达外境唯心，分别心外实有，有所希取；细乃自生法爱，不达修证性空，任运而生爱著，不能舍离。所知二字不是障，被障障所知智境。碍正知见，即能障菩提，故名所知障，又名理障，能障所证法空之理。

《圆觉经》云："先除事障，未断理障，但能悟入二乘境界；若事、理障，已永断灭，则入如来大圆觉海。"又二障，据天台宗所分，烦恼障即界内见、思，见乃分别所起惑，思乃任运所起惑；所知障，即界外尘沙、无明，尘沙谓于外境，不达唯心，遇事生执；无明谓于所修证，不达性空，随分起爱。阿难初果之人，但破我执分别，我执俱生仍在，是尚为烦恼障所缠，而所知障全未解脱，故曰："二障所缠。"然障缠必有所因，良由不知寂常心性，即其因也。良犹诚也，寂者不动摇，常者无生灭。此之心性，即是真心实性，具在众生根中。心性二字，若单用一字，则体用双兼，若双用二字，则体用当分。以灵知谓之心，以不变谓之性。诚由迷此真心实性，所以认彼妄识，而为二障所缠矣！

阿难已觉妄识，摇动不寂，生灭无常，故责己不知寂常心性，意欲舍妄求真，与前所求真际所诣，迥然不同。前仍认识为心，但责己不知真处；今闻妄识无体，乃责己不知真心。惟愿如来，哀愍穷露：无有法财曰穷，无所栖藏曰露，即贫穷孤露，无有华屋可以安身立命也。发妙明心者：即本妙元明之心。妙是寂义，明是照义，寂而常照，照而常寂。若言其寂，一段光明，照天照地；若言其照，视之无形，听之无声。如云栖大师所云："寂湛常恒，灵明洞彻"者是也。此心虽是众生本有，迷不自知，故求如来，而启发之，以期破除二障也。开我道眼者：即求开见道之眼，属智眼、心眼，非浮尘眼根与胜义眼根可比。阿难至此，已知认见属眼，与认识为心，同一错谬，故求开道眼，可以辨明奢摩他路，而起微密观照，照见楞严定体。下文如来十番显见，会四科融七大，皆为发妙明心，开道眼，应其所求也。

即时如来，从胸卍字，涌出宝光，其光晃昱，有百千色。十方微尘，普佛世界，一时周遍，遍灌十方，所有宝刹，诸如来顶，旋至阿难，及诸大众。

《宝镜》云："此佛先以光相显示，而后许说也。"前放光表破妄之相，今放光表显真之相也。卍字者，表无漏性德。梵云阿悉底迦，此云有乐，谓有此相，必受安乐。然按华严音义卍字本非是字，因武周长寿二年，则天权制此字，安于天枢。以佛胸前有纹如此，名吉祥海云相。此相为吉祥、万德之所集成，今制此字，安于天枢，冀获吉祥故。

光表智慧，从胸卍字涌出，表根本正智，从如如理体而发。后文如来自谓，我以不灭不生，合如来藏，而如来藏，惟妙觉明，圆照法界。此是妙觉明，下是圆照法界。其光晃昱：光明盛貌。有百千色者：表体含万德，用遍恒沙。十方微尘，普佛世界，一时周遍者：此即表智光，圆照法界，无边刹土，自他不隔于毫端也。遍灌十方，所有宝刹，诸如来顶者：表上齐诸佛。旋至阿难，及诸大众者：表下等众生。正显此光，生佛一如，无所欠阙。

告阿难言：吾今为汝，建大法幢；亦令十方，一切众生，获妙微密性，净明心，得清净眼。

幢，表摧邪立正。大法幢，即大佛顶首楞严王，最胜之法，可以摧伏邪妄，建立正因。获妙二字，双贯下二句，当云获妙微密性，获妙净明心。性言微密者：谓幽微秘密，即识精元明之体，人人本具，虽终日行，而不自觉也，乃属如如之理，如宅中宝藏，非指示而莫晓，故曰："微密"；心曰净明者，谓清净圆明，即本觉照体独立，个个现成，由妄识障蔽，而不能发也。如摩尼珠王，自具照体，必随方而现色，故曰："净明。"

得清净眼者：此属如如智，与上二句，乃理智对举，此称理之智，即微密观照，远离分别，诸尘不干，故曰："清净。"称理而周法界，即后大开圆解之智慧眼也。又阿难求寂常心性，而佛许以获妙微密性；求妙明心，而佛许以获净明心；求开道眼，而佛许以得清净眼，一一悉皆如愿以偿，由佛具乐说无碍辩，故能请答相应如是。

昔沩山问仰山："妙净明心，汝作么生会？"仰山曰："山、河、大地、日、月、星、辰。"沩山曰："汝只得其事。"仰山曰："和尚适来问甚么？"沩山曰："妙净明心。"仰山曰："唤作事得么？"沩山曰："如是！如是！"只缘仰山会妙净明心，得清净眼。

阿难既已舍妄求真，而如来许以显真。若就众生分上，指出纯真无妄之心，即使如来，亦所不能。何以故？纯真之心，清净本然，未涉事用，并无众生之名。既为众生，则依惑造业，依业受报，则真堕妄中，故只得带妄显真。所显之真，即是八识精明之体，前二种根本中所云识精元明，后第五显见中，喻如第二月。识精本是妙明真体，因最初一念，无明妄动，不生不灭，与生灭和合，成阿赖耶识，全体是真，不过略带无明之妄；如第二月，亦全体是真，略带捏目之妄。此之识精，即是众生根性，处染不染，随缘不变，众生日用之中，承渠恩力，迷不自觉，故佛向阿难眼中指出，即指根性为真心，欲令阿难及诸大众，舍彼识心用此根性，若不先为极显其真，何能使阿难取此新悟，舍彼旧执乎？明知体带二种颠倒见妄，姑且带之，而不急破；直待十番显见之后，真理即明，真体亦露，再为破坏同分、别业二妄，正如脱衣露体也。

"阿难，汝先答我，见光明拳。此拳光明，因何所有？云何成拳？汝将谁见？"

阿难言："由佛全体，阎浮檀金，赩如宝山，清净所生，故有光明；我实眼观；五轮指端，屈握示人，故有拳相。"

此蹑前拳相，以验当机，毕竟取何为见。如来即为建大法幢，许令开发真心道眼，于彼见解，不得不加勘验，故连三问：一问：汝先答我，见光明拳，此拳光明，因何所有？二问：云何成拳？三问：汝将谁见？问虽有三，意则在一，要阿难参究见者是谁？即所谓直指人心，见性成佛，宗门下教人看话头，即本此旨,岂可谓此经完全教意耶?此经乃有字之宗,宗门即无字之教。又此经双兼宗教,阿难不领能见是心,故如来不得已,举例设喻以显之。

阿难言,由佛全体,阎浮檀金,赩(金光赤焰也)如宝山。阎浮檀此云胜金,须弥山南面有洲,多此檀树,果汁入水,沙石成金,此金一粒,置常金中,悉皆失色。又传此金方寸,置暗室中,照曜如昼。佛身金色如之。赩如宝山:金光赤焰,犹如一座宝山。清净所生:即前云,非是欲爱所生,故有光明。此答第一问。我实眼观,答第三问。佛问阿难:汝将谁见?正要阿难悟见是心。今者阿难于识虽知是妄,于见仍认属眼,不知眼根乃是色法,为眼识所依,见性所托,能见并不是眼也。五轮指端,屈握示人,故有拳相,此答第二问。

佛告阿难:"如来今日,实言告汝:诸有智者,要以譬喻,而得开悟。

世尊见当机,仍然认眼为见,更反劣于前认识为心。略说眼见不及识心有三:一、眼有形,易可破坏,触之即伤,不若识心无形,卒难损坏;二、眼有限,只能明前,不能见后,不若识心,前后左右,皆能遍缘;三眼有碍,但见障内(如墙壁为障,障内可见)之色,不见障外,不若识心,远隔千山,皆能缘到。因此之故,众生皆认识为心,迷却本有真心;今认眼为见,迷却眼中见性。故如来巧示,无眼有见,令知此见非眼,见性常住,全不系属眼根之有无,有眼有见,无眼亦有见。若能悟此见性为真心,则常住妙明,不动周圆,无边妙义,悉皆得显,方能迥超识心,令决取舍,故辨无眼有见。告阿难言:我今不与汝谈玄说妙,但就现前实事,与汝言之;法若不显,再以喻明之。诸有智者:指中根,要以譬喻而得开悟;若上智之人,一闻便悟,不须譬喻;无智之者,喻亦难明。

阿难,譬如我拳,若无我手,不成我拳;若无汝眼,不成汝见;以汝眼根,例我拳理,其义均(同也)否?"

无手无拳,无眼无见,迷观似同,悟见实异。今佛以见例拳,用手例眼,故问之曰:以汝阿难眼根之见,比例我手之拳,此种事相,与义理均同否?正勘阿难,为迷为悟耳!此中眼根,即眼所成之见,但举能成,略却所成;拳理,即手所成之拳,但标所成,略却能成。须善会之。

阿难言:"唯然,世尊!既无我眼,不成我见;以我眼根（所成见），例如来手（所成拳），事义相类。"

当机只知顺水行舟，不知看风使舵，遂即应声，答曰：唯然，世尊！唯然是应诺之词。既无我眼，不成我见等语，全同凡情见解，究竟不悟见不属眼之理，乃曰：以我眼根所成见，无眼即无见；例如来手所成拳，无手即无拳，若事相若义理，两者比例，正属相类。类者，似也，同也。

佛告阿难："汝言相类，是义不然。何以故？如无手人，拳毕竟灭；彼无眼者，非见全无？

初三句，总斥引例不齐。告阿难曰：汝言无眼无见，引例无手无拳相类，是义实则不然，汝殊欠审察。何以故下，征辨不相类之义。如无手人，手无则拳相毕竟是灭，以手外无拳故；彼无眼者，眼坏而见性仍然不坏，以眼见各体故。

彼无眼者：指盲人，非见全无，以仍能见暗故。全无二字按体用作二释：一、约用释：盲人无眼，既能见暗，但阙一分见明之用，非见暗之用而全无也。二、约体释：盲人无眼，但是眼无，并非能见之全体亦无，以见体整个，完全无有亏损，亦非半无也。

所以者何？汝试于途，询问盲人：汝何所见？彼诸盲人，必来答汝：我今眼前，惟见黑暗，更无他瞩。

此令其询验。重征所以无眼有见者，何也？汝若不信，试于途中，询问盲人，自可验知；以无眼有见，非盲人无以证也。汝何所见？是告以询问之词。彼诸盲人，必来对答于汝：我今眼前，惟（独也）见黑暗，除暗之外，更无他物可瞩。瞩即看也，此则揣其答词。

以是义观，前尘自暗，见何亏损？"

前尘指眼前尘境。依本经眼根所对，有明、暗二尘。以是义观者：以盲人瞩暗之义，观察起来，眼前尘境，自有一分暗尘，盲人既能瞩暗，则能见体性，有何亏损？所以汝言相类，我谓不然者，此也。此佛就无位真人赤肉团上，指出一只金刚正眼，正所谓无明窟里，有个大光明藏也。上无眼有见，显能见之性，不假眼缘，是脱根也；下瞩暗成见，显能见之性，不假明缘，是脱尘也。而能灵光独耀，迥脱根尘，岂同妄心离尘无体者乎？

昔相国崔公群，见如会禅师问曰："师以何得？"会曰："以见性得。"会方病眼。崔讥曰："既云见性，其奈眼何？"会曰："见性非眼，眼病何害？"崔稽首谢之。后法眼禅师别云："是相公眼，岂以会之所答，犹涉教意乎？"

阿难言："诸盲眼前，惟睹（见也）黑暗，云何成见？"

当机不达瞩暗成见之义。反难云：诸盲眼前，一无所见，惟独睹见黑暗之境，云何成见？良以众生迷己为物，认见属眼，但知眼见，不知性明。又世人不但无眼，即谓无见，乃至无明，亦谓无见。故此上科示内不依根，此科示外不循尘，较上随尘生灭之识心，其真妄何难立判也？

佛告阿难："诸盲无眼，惟睹黑暗，与有眼人，处于暗室，二黑有别？为无有别？"

上科阿难意以见明为见，人所共许，睹暗成见，世间相违。故诤以唯睹黑暗，云何成见？此科佛立例令审，无眼见黑，有眼处暗，约根有异，论境实同，故问有别无别，令其自审。

"如是世尊：此暗中人，与彼群盲，二黑较量，曾无有异。"

当机则曰：如是世尊，此暗中人，有眼见暗，与彼群盲，无眼见暗，二者所见黑暗，比较筹量，曾无有异。既知所见，二黑无异，当知能见，二见亦同。汝谓无眼见暗，为无见，岂此有眼见暗，亦无见耶？以是义观，无有明相，亦复有见，显彼见性历然，自有离尘之体。全不系尘而为有无，明来见明，暗来见暗，明暗相倾，见无所碍。正所谓："青山常不动，白云任去来！"

"阿难：若无眼人，全见前黑，忽得眼光，还于前尘，见种种色，名眼见者；彼暗中人，全见前黑，忽获灯光，亦于前尘，见种种色，应名灯见？"

此下辨明，见乃是心，此心离缘独立，不藉根，不托尘。本科先例明眼见之谬。上六句，就阿难意按定；下六句，例破其谬。以无眼得眼而后见，既名眼见者；则无灯得灯而后见，应名灯见也？盖灯不名见，人所共知；眼不名见，人所共迷，故用灯反难，令知眼见之谬。

若灯见者，灯能有见，自不名灯；又则灯观，何关汝事？

若谓是灯见者，灯是无情，而能有见，自不名为灯，既名为灯，自无能见之功。又则灯纵能观见，自是灯观，何关于汝之事？则灯不名见也明矣。眼不名见，例此可知。

是故当知：灯能显色，如是见者，是眼非灯；眼能显色，如是见性，是心非眼。

是辗转成谬之故，当知自有正义可申。此正明见性是心非眼，非但不藉明尘，兼亦离彼肉眼，故以灯为能例，眼为所例，有眼得灯，此但借灯以显色，如是见者，是眼而非灯，此事人所共知。以此例明，无眼得眼，亦但借眼以显色，如是见者，是心而非眼，此事人所不觉。如来如是显发，可谓婆心特切，闻者急宜省悟，认取见性为心矣！观佛前呵妄识非心，此显见性是心，前后照应，即所以应阿难真心之求也。

昔枯木祖元禅师，依大慧于云门庵，夜坐次，见僧剔灯，始彻证。有偈曰："剔起灯来是火，历劫无明照破，归堂撞见圣僧，几乎当面蹉过！不蹉过，是甚么？十五年前奇特，依旧只是这个。"慧以偈赠曰："万仞崖头解放身，起来依旧却惺惺。饥餐渴饮浑无事，哪论昔人非昔人。"夫剔灯何与本分事？乃即悟去。如世尊云："如是见者，是眼非灯；如是见性，是心非眼。"此科以见性，脱根脱尘，迥然灵光独耀，于四义中，是妙明义。

阿难虽复得闻是言，与诸大众，口已默然，心未开悟，犹冀（希望也）如来，慈音宣示。合掌清心，伫佛悲诲。

此文乃结前起后，上四句是结前，下四句是起后。是言，即是心非眼之言；默然，乃静默无语，稍有解悟，始觉向日之非。《正脉》云："一者，一向但知，有眼方为有见，无眼即为无见；今验盲人睹暗，始知无眼亦有见，而此见与眼，殊不相干。二者，一向但知，见明方可成见，见暗不得成见；今例有眼暗中所见之暗，同于无眼日中所见之暗无异，始知见暗之时，诚亦是见。三者，一向但知，见惟是眼，不名为心；今观有眼得灯，无眼得眼，但皆显色，始知见乃是心，而此见精，离彼肉眼，别有自体，诚异前心离尘无体矣！"默然之中，反覆研味此意而已。心未开悟者，不是完全未悟，但未大开悟耳。前已觉缘心不寂不常，非妙非明，故别求寂常妙明之心；今佛示我此见为心，灵光独耀，已具妙明之义，未审此心，亦具寂常义否？此正结前，下乃起后。

犹冀如来，慈音宣示：冀者，望也，如来法音，皆从大慈悲心中流出，故曰慈音。宣示即希望宣扬指示，见性是心之心，亦具寂常妙明诸义否？佛则应其所请，下九番显见，以及四科皆显诸义：第二显见不动，是寂、常二义；第三显见不灭；第四显见不失；第五显见无还，皆属常义。第六显见不杂，第七显见无碍，第八显见不分，皆妙明义。第九显见超情，乃属妙义。第十显见离见，乃属常、妙二义。四科之前，佛示诸法本如来藏，常住妙明，不动周圆，妙真如性。于此四义，加周圆一义，显见之中，如不失、无还、不杂、无碍、不分诸科，皆含有周圆之义。此心即是如来藏心，岂同缘心生灭、昏扰、动摇、随尘有无耶？

尔时世尊，舒兜罗绵网相光手，开五轮指，诲敕阿难及诸大众："我初成道，于鹿园中，为阿若多五比丘等及汝四众言：一切众生不成菩提及阿罗汉，皆由客尘烦恼所误。汝等当时，因何开悟，今成圣果？"

此佛询究原悟。欲借昔之客、尘，显今身境；昔之主空，显今见性。尔时世尊，即望慈音宣示之时。佛舒兜罗绵网相光手，开五轮指：舒者伸也，佛前以手擎拳示阿难，现则伸手开拳，要引阿难大众见性现前。兜罗绵柔软，佛手似之，佛五轮指端，皆有缦网之相，且有金光，故曰网相光手。诲敕阿难及诸大众者：乃诲以见性不动，如主、如空，敕令勿更错认客尘动摇之身境。我初成道，于鹿园中者：佛在雪山，苦行六年之后，诣菩提场，腊月八夕，睹星出现，忽然大悟，得成无上佛道。即以自所证之道，转无上根本法轮，说《华严》圆满修多罗教，小机在座，有眼不见舍那身，有耳不闻圆顿教，不得已依本起末，不动寂场，而游鹿苑，为五比丘说法。

鹿园即鹿苑，在波罗奈国境，为古帝王苑囿，又为帝王养鹿之园。其因缘：昔有国王游猎，无数兵士，各持利器，作一猎围，围内众生，必难幸免。时有二群鹿，各五百只，其鹿王：一释迦过去示生畜类，行菩萨道；一为提婆达多。时释迦鹿王，与达多鹿王言：今国王围猎，我等以及一切禽兽，身命难保。我与汝当向王请愿，救彼身命，汝我二群轮流，每日进贡一鹿，请王解围。达多鹿王从其意，遂至王所，士兵见欲杀之，鹿王能作人语云："勿杀我，我与王请愿。"鹿能人语，人皆奇之！又云请愿更奇。乃报告于王，有鹿能作人语，与王请愿。王闻亦奇之，即许入。行礼讫，跪奏云：大王今日游猎，小鹿大胆启奏，求王下令解围，我等当每日进贡一鹿，王可日食鲜味，终身食之不尽；若尽行围猎，众鹿必死，王食不及，以后无鹿可食。"王因奇其事，遂允解围。一日轮达多鹿群进贡，派一母鹿，身怀有孕，再二日即产。乃求王先派他鹿，待子生后，再往进贡。王怒不许，曰："汝欲后死，谁愿先死耶？"该母鹿即到释迦鹿王处，哀求为派一鹿，代其今日进贡，俟子生后，即往进贡，可以保全其子。释迦鹿王，心中一想：若派其他，殊难开口，若不设法，又负所求，乃令母鹿，在此群中，自往代之。至国王所，王问："子来何为？"曰："进贡与王充膳。"王曰："难道汝二群之鹿，皆食尽耶，要轮汝自己进贡？"对曰："二群之鹿，只有增加，王日食一鹿，统计所生，一日不只一鹿。"曰："何为子来耶？"乃告以母鹿请愿之事，不得不以身代之。王为感悟，畜生中是有菩萨，乃说偈曰："汝是鹿头人，我是人头鹿。我从今日后，不食众生肉。"遂将群鹿养于苑囿，禁人加害，故称鹿苑。此处乃钟灵之地，多有仙人在此修行得道，又名仙苑。

为阿若多五比丘等及汝四众言者：五比丘，佛初出家时，净饭王遣五位大臣，往劝太子回宫。父族三人：一、阿鞞，此云马胜；二、跋提，此云小贤；三、拘利，华言未详，有云即摩诃男。母族二人：一、阿若多，此云解本际，又云最初解；二、十力迦叶，此云饮光。寻到太子，劝请回宫，太子乃曰："不成佛道，不回本国。"五人因太子不回，不得回朝复命，乃随从太子游方五载，而至雪山，同修苦行六年。三人不堪苦行者，乃往鹿园，别修异道；后二人见太子受牧女乳糜之供，亦复舍去，而至鹿园。

佛演《大华严》，虽称本怀，不契时机，寻念过去佛所行方便事，亦欲开方便门，说小乘法，乃思：谁应先度？悲二仙之已逝，喜五人之犹在，乃至鹿园，为五比丘等，三转四谛十二行法轮：一、示相转，二、劝修转，三、作证转。示集谛之相，即见、思烦恼，见惑粗如客，思惑细如尘，此在鹿园，所说客、尘之义。

及汝四众言一句，当指《阿含》会上四众。佛对之言：一切众生，不成菩提，即不能成就无上正觉菩提之道及阿罗汉者（解见在前），其故何也？皆由客、尘烦恼所误。客、尘喻粗、细烦恼：我执分别，行相不停如客；我执俱生，行相微细如尘。我执即天台宗所谓见、思二惑。客、尘为三乘人通惑，大、小共断，不断罗汉尚不能成，况无上菩提乎？故曰：皆由所误。当时所说客、尘，乃喻集谛烦恼，反显主、空，乃喻灭谛耳。今但取能比之喻，不取所喻之法，以客、尘二皆属动，而喻身境及缘身境之心；以主、空二皆不动，俱喻见性耳。佛问汝等当时，闻说客、尘二字，因何开悟？今成圣果？故问因何开悟，欲令详叙客、尘、主、空，可以例显身境及缘心与见性，动不动之义。

时憍陈那，起立白佛："我今长老，于大众中，独得解名，因悟客、尘二字成果。

此憍陈那自陈得悟。他经有云憍陈如，即阿若多之姓也。此云火器，以先世事火命族故。我今长老者：因佛在鹿园说法，阿若多最初称解，成阿罗汉，为法性长老。独得解名者：阿若多，此云解本际，名也。因悟客、尘二字之理，得成圣果，此从集谛入也。

世尊！譬如行客，投寄旅亭，或宿、或食，宿、食事毕，俶装前途，不遑安住；若实主人，自无攸往。

此述所解，先解客字，次解尘字。佛以客、尘喻集谛烦恼，即见、思二惑；见惑缘境分别，背觉合尘，粗动不定，譬如行客，投寄旅亭，久缘如宿，暂缘如食，而或之云者，久暂不定也。此境分别已定，复缘他境，舍此趣彼，如客之宿、食既毕；俶者整也，遑者暇也，即整顿行装，转向前途而去，不暇安心居住也。若实在主人，喻小乘偏真法性，自无所往，喻法性常住不动。

如是思惟：不住名客，住名主人，以不住者，名为客义。

如是指上文，譬如行客，投寄旅亭等。如是思维，以见惑分别不住名客，以法性常住名主，是我当时开悟，以不住者名为客义。

又如新霁，清旸升天，光入隙中，发明空中，诸有尘相。尘质摇动，虚空寂然。

此解尘字。以思惑任运，摇动如尘。尘须有日光，照之可见，故曰又如新霁，清旸升天。久雨初晴曰新霁，清旸者，早晨之日也。日从云中而出，喻已断见惑，得见道之智日，升于性天，其智微劣，于法性理，亦惟少分相应，故以光入隙中喻之。隙者，门壁缝障，若无日光，不了尘相，譬喻若无见道之智，不见思惑。若断见惑，有了智光，能觉思惑，于偏空法性理中，微细起灭如尘，而法性不动如空，故喻如日光，发明空中尘相。尘之体质是摇动，虚空乃寂然不动，相形而显也。

如是思惟：澄寂名空，摇动名尘，以摇动者，名为尘义。"

如是思惟，乃以见道之智，观察思惟：澄然寂静，名之为空；飞扬摇动，名之为尘。是我当时开悟，以摇动者，名为尘义。

赵州，一日扫地次，有僧问云："和尚是大善知识，为甚么扫地？"州曰："尘从外来。"僧曰："既是清净伽蓝，为甚么有尘？"州曰："又一点也。"赵州眼光，烁破四天下，辨客、尘义，析入秋毫。

佛言："如是！"

此佛印可其说。佛意只要陈那说出客、尘，主、空，谁动、谁静，令阿难闻已生信，识得眼中见性不动，身境与能缘识心，摇动而已。陈那分析，正合佛意，故印可之曰："如是"。

更有二义当知：一、此客尘之喻，有通、有别。别者，如陈那所析，以见惑分别不住，取喻如客，去之犹易，以思惑任运摇动，取喻如尘，拂之实难；通者，实则烦恼、所知二障，分别、俱生二惑，随境生灭，非真常性，皆为客义。以此二障二惑，而能染污妙明，扰乱性空，皆为尘义。二、本科显见不动，以客、尘皆喻动义，主、空皆显不动义。佛问客、尘，即密答阿难寂常心性之求。以客乃不住，喻身境识心；而主人自无所去，喻心性常住之义。以尘乃摇动，亦喻身境识心；而虚空寂然不动，喻心性澄寂之义。

即时如来，于大众中，屈五轮指，屈已复开，开已又屈，谓阿难言："汝今何见？"

阿难言："我见如来，百宝轮掌，众中开合。"

此佛以手为阿难之外境，以显见性之不动。因上文陈那分析客、尘，主、空，则动、静分明，要阿难即生灭之客、尘，荐取不动主、空之见性耳。故于众中，屈曲五轮指（又成拳相），屈已复开，开已又屈，以表外境不住，引起阿难见性现前，令注意也。故问阿难："汝今何见？"在佛之意，还是要阿难，向能见处亲见天然不动之本体，而阿难乃据事直答："我见如来，百宝轮掌，众中开合。"佛手掌中有千辐轮相，故称轮掌。

佛告阿难："汝见我手，众中开合，为是我手，有开有合？为复汝见，有开有合？"

阿难言："世尊宝手众中开合，我见如来，手自开合，非我见性，有开有合。"

佛告阿难者，因其不悟，故呼而告之曰。阿难："汝见我手，众中开合，为是我手，有开合耶？为是汝见，有开合耶？"此佛更向亲切处提醒，要阿难于外境与见性，主、客之义，定要分清。阿难言：世尊宝掌，在大众中，有开有合。我见如来，手自开合，非我见性，有开有合。此因如来提醒之后，始觉佛手，开合如客，见性不动如主。

佛言："谁动？谁静？"

阿难言："佛手不住，而我见性，尚无有静，谁为无住？"

此佛见阿难所答，依稀似是，但未便笼统放过，还须切实勘验始得。故即问云：谁动？谁静？要知动、静，较前开、合，更深一层。以开、合易辨，动、静难明，故问令答，且看当机，脚跟是否点地。阿难见佛手开、合之时，佛手在阿难见性之中，不住如客，而阿难见性，无有开合如主，此动、静分明，阿难已经领悟，故承问谁动谁静，应声答云：佛手开合不住，动也，而我见性，本来不动。但用况显之词，初学稍觉难解。尚无有静者，非言见性不静也，盖静必因动而显，先曾动过，后乃不动，方可说静；见性从本以来，不曾动过，未动不须说静，故曰尚无有静相可得，谁为无住，犹言何处有动耶？无住二字即动也，正显即性，非惟离动，而且动、静双离，诚天然自性之本定，非由制伏摄念而成。凡欲求十方如来，得成菩提之定，决当以此见性为因地心。佛但先显，不与明言，且待请修时，再与指出，必以根性为因心也。

佛言："如是。"

阿难此时见解，陡然与前不同，已亲领见性不动之义，所分外境为动，见性不动，其理不谬，故佛印可之曰："如是"。当知此中，以一佛手，为一切外境之例，既佛手开、合，与见性无干，则凡一切万事万境，任其起灭纷飞，皆与见性无干矣。若人于动中，睹此不动之性，常恒不昧，自不至为境所夺矣！

此文双兼直、曲二指，如果如来但屈指开、合，不形审问，阿难即礼拜默领，不分动、静，何异教外别传之旨？因有问有答，故曰双兼直、曲二指。而宗门竖指、伸拳，发明于人者，多本如来舒拳屈指之意，令人自见自悟也。

昔俱胝和尚，初住庵时，有一尼名实际，到庵直入，更不下笠。持锡绕禅床三匝云："道得即下笠。"如是三问，俱胝无对，尼便去。俱胝曰："天势稍晚，且留一宿。"尼云："道得即宿。"胝又无对，尼便行。胝叹曰："我虽具丈夫之形，而无丈夫之气！"遂发愤要明此事，拟弃庵往诸方参学。其夜山神告曰："不须离此，明日有肉身菩萨至，为和尚说法。"次日天龙禅师到庵，胝乃迎礼，具陈前事，龙要胝作尼问。胝曰："道得即下笠！"天龙竖一指，俱胝忽然大悟。后来道风大振，凡有所问，只竖一指，至临终谓众曰："吾得天龙一指禅，直至于今用不尽。要会么？"竖起指头便脱去，倘向指头上会，则千错万错！若能了知竖指属动，见性不动，则可亲见主人翁矣！

如来于是从轮掌中，飞一宝光，在阿难右，即时阿难回首右盼；又放一光，在阿难左，阿难又则回首左盼。佛告阿难："汝头今日何因摇动？"

阿难言："我见如来出妙宝光，来我左右，故左右观，头自摇动。"

上科对外境，而分动、静尚疏；此科就内身，而分动、静则亲。以内身亲为自体，其与见性，动、静难分。佛要令阿难，更于自身中，亲见不动之体，故从轮掌中，飞一宝光，在阿难右，令其回首右盼；又放一光，在阿难左，令其回首左盼。故问阿难：汝头今日因何摇动？要阿难说出，观光动头，方可辨于见性之动、静耳。

"阿难，汝盼佛光，左右动头，为汝头动？为复见动？"

"世尊！我头自动，而我见性，尚无有止，谁为摇动？"

上科阿难于外境见性，所分动、静，已蒙印可；此科佛欲就内身勘验头、见，谁动、谁静，看阿难能否于摇动身中，亲见不动真体。《正脉》云：世人认见是眼，故头摇眼转，宛似见性亦动，今阿难因佛上文说破，见不属眼，已觉此见，离眼独立，湛然满前，自试头之摇，何干于见？是以直答：我头自动，而我见性，尚无有止静也，谁为摇动。即所谓而我见性，尚且无有静相可得，如何更有摇动？

头之与见，同在阿难当人分上，今于自身上，能分动、静，自然较胜从前认眼为见多矣！阿难此时，能于摇动身境之中，分出不动之见性，由闻上科，彼无眼者，非见全无，又既能瞩暗，见何亏损？已领见性脱根脱尘，离缘独立。又闻陈那解说，客、尘、主、空之义，复明常住不动之义，故一经如来勘验，能于动摇身境之中，说出不动之见性。细究阿难此时解悟，虽经如来印可，实属从外入者，不是从内发出，佛但以所答不谬而许之。何以见得阿难不是从内发出？观下科意请如来，显出身、心二者之中，发明何为虚妄生灭无常性，何为真实不生灭常住性，便知。

宗家多向根身，接引学人。昔无业禅师，初见马祖，问曰："三乘文学，粗穷其旨，尝闻禅门，即心是佛，实未能了！"祖曰："只未了的心即是，更无别物。"业曰："如何是祖师西来密传心印？"祖曰："大德正闹在，且去别时来。"业才出，祖召云："大德！"业回首，祖曰："是甚么？"业便领悟，乃礼拜。祖曰："这钝汉，礼拜作么？"

又五泄灵默禅师，远谒石头，便问："一言相契即住，不契即去。"石头据坐不答，泄便行。头随后召云："阇黎！"泄回首，头曰："从生至死，只是这个，回头转脑作么？"泄于言下大悟，乃拗折挂杖，而栖止焉。且道无业、五泄二人，回头转脑，便尔悟去，较阿难相去几何？

佛言："如是。"

眼中见性，湛然圆满，超然独立，不特与外境无干，而与内身亦不相干。又非但无有动相，并静相亦不可得，诚所谓这个见性，内脱根身，外遗世界，身、境两不相干,动、静二皆不属。若能亲见根中,不动摇之定体,即是奢摩他,微密观照,最初方便也。故佛复印可曰:"如是"。

于是如来,普告大众:"若复众生,以摇动者,名之为尘;以不住者,名之为客。

如来普告,意在令众咸知客、尘、主、空之义。若复众生一句,上下当补足其意,于后四句,方易领会。乃曰:汝等已明客、尘之义者,则不必说;若复有众生,未解客、尘之义者,即当以摇动者,名之为尘,以不住者,名之为客,不独头之摇动是尘,凡一切动相,皆属尘义。又不独佛手开、合不住是客,凡一切不住,皆属客义。

汝观阿难,头自摇动,见无所动;又汝观我,手自开合,见无舒卷。

此令众转观,恐其未解,常住不动,主、空之义者,故令就阿难身境验之。乃曰:汝等倘未解主、空之义,但观察阿难,头自摇动、尘也;见无所动,空也;又汝观我,手自开合,客也;阿难见无舒卷,主也。而客、尘,主、空之义,岂不历历分明;若悟主、空,自不被客、尘烦恼所误矣!

云何汝今,以动为身?以动为境?从始洎终,念念生灭?

云何是责怪之词。承上客、尘,主、空之义,明如指掌;应当舍客、尘、动摇之身境,而取主、空不动之见性。云何汝等,仍以动者为实身,以动者为实境,犹故不舍客尘之身境,而取主、空之见性,反乃从始洎终,于身妄执为实我,于境妄执为我所,此属我执;又执身境,心外实有,不了万法唯心,此属法执。念念随我、法二执以生灭,岂不自误哉? 念念即意识妄心;始、终二字,远则无始为始,今世为终;近则生为始,而死为终,二皆可通。

遗失真性,颠倒行事,性心失真,认物为己,轮回是中,自取流转。"

承上既已认妄,则必遗真,故曰遗失真性。颠倒者:认妄遗真,而真妄颠倒，此属惑；行事者：依颠倒之惑，而于妄身、妄境，妄生取舍，此属业。既经依惑起业，而于本具寂常之性，妙明真心，竟失其真，反认内四大妄身为我，外四大妄境为我所，是所谓认物为己，随身口意，造种种业。轮回是中：即舍身受身，于妄身妄境之中，妄生缠缚，不得解脱，受生死苦。此依惑造业，依业受报，自作自受，实非天造地设，亦非人与，故曰："自取流转。"流是迁流，转是轮转，生死死生，循环不失，亦寓深警之意。此科以见性，离身、离境，凝然本不动摇，四义中是寂常义。

楞严经正文卷第一终

　　尔时阿难，及诸大众，闻佛示诲，身心泰然！念无始来，失却本心，妄认缘尘，分别影事。今日开悟，如失乳儿，忽遇慈母，合掌礼佛。

　　此文礼佛之前，乃经家所叙，愿闻之后，为会众意请。闻佛示诲，身心泰然者：前闻能推非心之斥，矍然惊怖！复闻离尘无体之验，默然自失，身心皆不自在。今者闻佛指示，盲人瞩暗，见性是心，训诲客尘、主、空，见性不动，了知见不属眼，性元不动，非同妄识之无体，故得身心泰然（安舒自得貌）。

　　念无始来者：抚今追昔，追念最初一念，无始无明，妄动以来，转如来藏，而为识藏，虽具识精元明，缘所遗者（自缘不及，非失似失），遗此本明，虽终日行，而不自觉，故曰失却本有真心。既已迷真，势必认妄，认内摇外奔，昏扰扰相，以为心性，故曰妄认缘尘，分别影事。能缘尘境，而起随念计度，二种分别，随尘起灭，如尘之影，故曰缘尘分别影事，即第六意识。

　　今日开悟：即悟向之能推之心，离尘无体为影事，今之能见之性，离根脱尘为真心，真妄分明。借喻以明悲庆之意。前者认妄，如失乳儿，身命将绝，何等可悲？今获见性，如遇慈母，慧命可续，曷胜庆幸？是以合掌礼佛，谢前请后。

　　愿闻如来，显出身心，真妄虚实，现前生灭，与不生灭，二发明性。

　　此乃意请。前既悟头动，见性不动，已于妄身中，悟明真性；复经如来印可，何以还要求佛显出真妄虚实？因佛责遗失真性，颠倒行事，遂疑既具不动见性，何以复责遗失？故愿如来，向吾人身心之中，显出何者是虚妄，现前有生灭；何者是真实，现前不生灭。

二发明性：二即身、心二者，以不动见性之真心，不离动摇四大之色身，则身、心二者之中，一动一不动，一真一妄，一虚一实，一生灭一不生灭。求佛于身心二者之中，一一发挥证明，谁是虚妄生灭无常性，谁是真实不生灭常住性，令众决定取舍，以免遗失真性，颠倒行事也。

> 时波斯匿王，起立白佛："我昔未承诸佛诲敕，见迦旃延、毗罗胝子咸言：此身死后断灭，名为涅槃。我虽值佛，今犹狐疑，云何发挥证知此心不生灭地？今此大众，诸有漏者，咸皆愿闻。"

此王自陈断见邪疑，求示真常正理。故起立白佛，叙昔未承佛教，不谙佛理。见迦旃延，此云剪发，姓也；名迦罗鸠驮，此云牛领，即外道六师之第五也。邪计一切众生，是自在天所作。毗罗胝，此云不作，母名也。自名删奢夜，此云圆胜，亦云正胜。今从母立称，曰毗罗胝子，即六师之第三也。邪计苦、乐等报，现在无因，未来无果，此二皆以断见为主。故咸言："此身死后断灭，无有后世，名为涅槃。"梵语涅槃，虽有多译，乃以不生不灭为要义。今言死后断灭，身死性灭，名为涅槃，真邪说也！匿王先受此惑，今闻主、空寂常，见性不动之义，触起心疑。故云："我虽值遇于佛，现今犹有狐疑。"狐性多疑，人有疑者似之，故称狐疑。此方名教，亦言人死灵随气散，无复存者。又云：魂升于天，魄归于地，皆类断见，误人非浅。请研斯文，云何发挥，证知此心，不生灭地？此正别请。证知者：求佛举事发挥，现证令知也。佛遂就匿王生灭身中，显出不皱不变之见性（即真心），证知此心，不生灭地。是向匿王自身发挥，令自验证而知，不至再生狐疑。又应会众意请，现前身中，何者是虚妄生灭无常性，何者是真实不生灭常住性，正是如来一点水墨，两处成龙也。

今此大众，诸有漏者：众中独指有漏者，以破除断见粗惑，似惟指界内凡夫，二乘有学，若辨见性真常，则三乘圣众，未明见性，真常之心，亦咸皆愿闻也。

> 佛告大王："汝身现在，今复问汝：汝此肉身，为同金刚，常住不朽？为复变坏？"
>
> "世尊！我今此身，终从变灭。"

此佛欲示虚妄生灭无常身中，有个真实不生灭常住心性，以应阿难匿王之求，先审其生灭，乃告大王：汝言彼迦旃延、毗罗胝子，咸言此身，死后断灭。我且不问汝死后，但问汝生前；如孔子有言：未知生焉知死。故问汝此现在肉身，为是同于金刚（世间最坚固之物）常住世间，不朽坏耶？为复还是变坏耶？此处佛立二问，要匿王自己审答者，有二意：一、就王老相，易示迁变；二、显身无常，王者不免。

世尊我今此身，终从变灭者：匿王答佛，称呼世尊，佛问匿王，称呼大王，彼此互相恭敬。我今此身，虽然存在，总属无常。终者，究竟义，从作归字解，究竟要归迁变坏灭。王因受断灭之教，惧其速灭，时时觉察，故此处以及下文，所答生灭之相，悉皆不谬。

佛言："大王！汝未曾灭，云何知灭？"

世人身之现在，但知年往，不觉形迁。匿王迥超常情，未必无因，故问汝未曾灭，云何预知必灭耶？

"世尊！我此无常变坏之身，虽未曾灭，我观现前，念念迁谢，新新不住，如火成灰，渐渐销殒，殒亡不息，决知此身，当从灭尽。"

此略举变相，决知必灭。谓我此无常变坏之身，此二句先以标定：此身因属无常，故不得常住世间，虽然未灭，决知当灭。我观下，即无常观。匿王虽受邪教，此篇所答，全是佛法。观字当是去声，乃智观，非眼观也。下数句，即是五阴中行阴，诸行无常，是生灭法。

我观现前，念念迁谢，新新不住：即谛观无常身中念念迁谢者，后念生，前念则迁流代谢（是灭义），再后念生，后念又复迁谢，念念如是。新新不住者：前念旧，后念新，再后念起，后念复旧；再后念乃新，新而又新，不得停住；此即刹那生灭，行阴之相。喻如香火成灰，灰落火新，少顷火复成灰，灰落而火又新，渐渐销磨殒灭，新新不住，殒亡不息（止也），此一枝香，一定要灭尽。前五句是法，中三句是喻，后二句以法合喻，决定知此无常变坏之身，当归灭尽而后已。此匿王所答，具有三支比量，三支者，宗、因、喻也。应立量云：身是有法，无常为宗；因云：念念迁谢，新新不住故；同喻如香火，异喻如金刚。

佛言："如是！

因匿王说无常观，事理不谬，故佛印可其说，言："如是"。三支比量，全无犯过，如是者，言其极成也。匿王观察无常，竟观到刹那生灭，这种境界，凡夫不知，足证匿王为四地菩萨，助扬佛化而来，故未承诸佛诲敕，而能说此行阴微细之相。孔子昔在川上曰："逝者如斯夫！不舍昼夜。"不知者以为说水，其知者，即知孔子说行阴，念念迁流不住也。

大王！汝今生龄，已从衰老，颜貌何如童子之时？"

此辨老少形容。佛曰：大王！汝今生龄（年也）已从衰老，七十曰衰，王年六十有二，故曰已从（随也）衰老；其容颜形貌，比较童子（十五曰童，未巾冠也）之时，为何如？还是同耶？异耶？

"世尊！我昔孩孺，肤腠润泽，年至长成，血气充满；而今颓龄，迫于衰耄，形色枯悴，精神昏昧，发白面皱，逮将不久！如何见比充盛之时？"

佛问老少，王加长成，从少叙起。我昔孩孺，肤腠润泽者：始生曰孩儿，始行曰孺子；肤是身之皮肤，腠是身之文理，幼时滋润光泽也。年至长成，二三十岁，长大成人，精神健康，血气充满（即气充血满）。而今颓龄，即现时六十二岁，乃属颓败之年龄，迫（近也）于衰耄（不必定局岁数，但以迫近，衰朽老耄也），下二句，即释衰耄之相。形容颜色，枯槁憔悴，衰也；精采神气，昏暗晦昧，耄也。发白面皱，逮（至也）将不久，谓至此颓龄晚景，如日落西山，逮将不久于世，怎比壮年血气充盛（即满也。亦旺也）之时？壮尚不可比，何况童耶？老年者，安可恬不知惧耶？

佛言："大王！汝之形容，应不顿朽？"

此如来引说，问言大王，汝之形貌容颜，应当不是一旦顿朽，汝亦自觉否？

王言："世尊！变化密移，我诚不觉，寒暑迁流，渐至于此。

此下王答渐至。变化密移者：乃行阴迁变化理，密密推移，属幽隐妄想；凡夫心粗，当然莫辨，故曰："我诚（真实也）不觉"。庄生喻如夜壑负舟，彼谓造化密移，岂知行阴所迁。寒暑迁流，渐至于此者：寒来暑往，一年一度，迁变流转，渐渐至此，诚非顿朽。

何以故？我年二十，虽号年少，颜貌已老初十岁时；三十之年，又衰二十；于今六十，又过于二，观五十时，宛然强壮。

何以故？征释渐至于此，非是顿朽。老少比较，人固易知，那知二十之年，已老十岁，三十又衰二十，于今六十二岁，反观五十之时，宛然强壮，此粗推也。

世尊！我见密移，虽此殂落，其间流易，且限十年；若复令我微细思惟，其变宁惟一纪、二纪，实惟年变；岂惟年变？亦兼月化；何直月化？兼又日迁；沉思谛观，刹那刹那，念念之间，不得停住。

初四句牒前文。谓我见变化，密密迁移，虽然如此殂落，其间迁流变易，且限十年（指前二十衰于十岁，三十又衰于二十也）。殂落者，《尚书》云：魂升于天，魄归于地，是谓殂落，乃死之别名，此同断灭之见。今者乃取变迁之义，殂者往也，谓壮色日销，同逝波之东去；落者下也，谓精神日损，如夕阳之西下。若复下细推。令我微细思惟，其迁变岂独一纪、二纪；一纪十二年也，实在年年有变；岂唯年变？亦兼月月有化，此一月不及上一月；何直（即何止也）月化？兼又日日有迁，命光与时光共谢。若再沉其思虑，谛实观察，刹那刹那（时之最短也），念念之间，不得停留暂住。《仁王经》云："一念中，具九十刹那；一刹那有九百生灭。"刹那生灭，非智莫觉。古有偈云："如以一睫毛，置掌人不觉。若置眼睛上，为害实不安。"此岂凡夫所能知耶？

故知我身，终从变灭。"

因念念不得停住，故验知我身，究竟要归变灭，总属无常。佛引叙肉身迁谢之相，正欲王与会众，同明虚妄生灭，无常性也。

佛告大王："汝见变化，迁改不停，悟知汝灭；亦于灭时，汝知身中，有不灭耶？"

波斯匿王合掌白佛："我实不知。"

佛言："我今示汝，不生灭性。

此征定生灭身中，有不生灭性，而许说也。佛见匿王，详叙行阴，颇觉入细，可示以不生灭性。故问之曰：大王！汝见变化，迁移改易，念念之间，不得停住，悟知汝身，必归灭尽；亦于念念刹那，生灭之时，汝知身中，还有不灭性耶？此正欲发挥证知真实不生灭常住之性。匿王合掌白佛：我实在不知，设若早知，岂受断灭之教。佛言汝既不知，我今指示汝现前生灭身中之不生灭性。王前请求，云何证知此心不生灭地？今佛许示不生灭性，正请许相应也。

大王！汝年几时，见恒河水？"

王言："我生三岁，慈母携我，谒耆婆天，经过此流，尔时即知，是恒河水。"

此引叙观河。谒者，参拜；耆婆天，此云长寿天。谒此天神，以求长寿也。

佛言："大王！如汝所说，二十之时，衰于十岁，乃至六十，日月岁时，念念迁变；则汝三岁，见此河时，至年十三，其水云何？"

王言："如三岁时，宛然无异；乃至于今，年六十二，亦无有异。"

此欲彰所见之水无异，引显能见之性不变，文显易知。

佛言："汝今自伤，发白面皱，其面必定皱于童年；则汝今时观此恒河，与昔童时，观河之见，有童耄不？"

王言："不也，世尊！"

此科正显能见之性不变。先以皱变对显，其面必定皱于童年者，因此不是本来面目，故有皱变。故问今时观河，与昔童时观河之见，有老少否？童即少，耄即老，不必定指九十岁曰耄。王答："不也，世尊！"即无老少之变异。

此中有一疑问，必须解释。问："世有年老，精神健康，聪明不衰者，可说不变，多有老眼昏暗，如何可说不变？"答曰："自是眼暗，非关见性之事。若凡不信，我有一比例：世有老人，眼根昏暗，带着眼镜一看完全明白，如说见性有变，眼镜亦复无用，今一带眼镜则明，足验见性不变，自是眼昏，不是见性亦昏。如盲人眼根虽坏，见性无亏，眼镜但为助缘而已，实是性明，不是镜明。若定执镜明，未带眼上，何以不明？"

　　佛言："大王！汝面虽皱，而此见精，性未曾皱，皱者为变，不皱非变。"

此因皱以分变与不变，而此见精性未曾皱。见精即第八识识精，性即元明之性；因在眼故曰见精，此见精之性，即本来面目，故无皱变。

　　变者受灭，彼不变者，元无生灭，云何于中，受汝生死？而犹引彼末伽黎等，都言此身，死后全灭。"

此因变以分灭与不灭。匿王既因身之衰变，而预知身之必灭；何不因见之不变，而预知此见，死后必不灭乎？彼不变者，元无生灭：指见性本来不生不灭。云何于中，受汝生死者：以见性既不与身同变，云何于汝身中而同受生死耶？当知此身虽坏，真性常存。

而犹引彼末伽黎等四句，乃责留断见。末伽黎此云不见道，字也，拘赊黎（是其母名）子，其人谓众生罪垢，无因无缘，即外道六师之第二，皆以断灭为宗，故云都言此身，死后全灭。

能见不灭之文，既破匿王断灭之疑，巧答会众，意请诸义。此中面皱，见性不皱（身心之真妄判然矣），皱者为变，不皱非变（身心之虚实攸分矣）；变者受灭，彼不变者，元无生灭（身心生灭与不生灭发明矣）。此即向生灭身中，指出不生灭性。分明证验，前匿王在身上观察，故恐断灭；今世尊在见上发挥，故无生灭。所谓："不离花下路，引入洞中天。"足见世尊说法之妙也！

　　王闻是言，信知身后，舍生趣生。与诸大众，踊跃欢喜，得未曾有！

一切凡夫外道，多执断见，匿王本为除凡夫断见之惑，故示同凡情而问。今闻死后不灭，已破断见，故以生信发解，知即是解，此信知，与前狐疑相照应，信知此身，死后不至断灭。舍生趣生者：谓舍此生之现阴身，而受中阴身，再趣他生，而得后阴身，此即第八识"去后来先作主翁"依业受报也。王与他一类怀断见之机，断疑生信，闻法欢喜矣！

匿王本不求取真心，虽闻不变不灭，不以为喜；又匿王本不求出生死，虽闻受汝生死，不以为惊；惟闻不至全灭，显有后世，顿销断见之疑，故信解生喜，非余众无有信解欢喜也！权小闻说彼不变者，元无生灭，云何于中受汝生死；遂信生灭身中，元有不生灭性，解悟离识心外，别有此常住真心。自此修大定，成菩提，端有望矣，故亦踊跃欢喜，得未曾有也！此科以见性不灭论，尽未来际，究竟常住不灭，是四义中常义。

阿难即从座起，礼佛合掌，长跪白佛："世尊！若此见闻，必不生灭，云何世尊，名我等辈，遗失真性，颠倒行事？愿兴慈悲，洗我尘垢。"

此科显见不失，与上科显见不灭，俱属常义。上科显尽未来际，究竟常住不灭；此科显从无始来，虽然颠倒不失。阿难前问答客、尘之义，以身境有动，如客如尘，见性不动，如主如空，佛已印可，复普告大众，当以不住者，名之为客，摇动者名之为尘，后乃斥责遗失真性，颠倒行事。适闻上科佛云：彼不变者，元无生灭，与不动之见性，丝毫不异，遂起疑问，谓若此见闻，必不生灭，即上文彼不变者，元无生灭，此起疑之端也。

云何世尊，名我等辈，遗失真性，颠倒行事？此正所疑。阿难因后疑前，以为性有生灭，可说遗失，既是见性不灭不动，以何因缘，佛责遗失？但我等二障所缠，如染尘垢，愿佛兴大慈悲云，而降甘露雨，洗涤我之尘垢。故佛下文答意，以因颠倒而说遗失，非因断灭而说遗失也，可见非真遗失。本科全示非失说失失本不失之相。

即时如来，垂金色臂，轮手下指，示阿难言："汝今见我母陀罗手（此云印手），为正为倒？"

阿难言："世间众生，以此为倒，而我不知，谁正谁倒。"

此即臂之正倒以喻不失，以显心之正倒，亦复不失。诸佛众生，真性平等，在圣不增，在凡不减，减尚不减，岂有失耶？只因颠倒，则非失说失耳。佛以心之正倒不失难知，故借臂之正倒易见，令其触类旁通，遂即垂金色臂，以千辐轮手，下指于地，示阿难言：汝见我手，为正为倒？当机因常遭如来当头棒喝，不敢以己意自答，乃引世间众生，以此为倒，而我不知，谁正谁倒？犹言不知何者谓之正，何者谓之倒。

佛告阿难："若世间人以此为倒，即世间人，将何为正？"

阿难言："如来竖臂，兜罗绵手，上指于空，则名为正。"

佛紧就其语而追之曰：若世间人，既以此为倒，即世间人，又将以何为正？阿难至此，不得不言，如来竖臂，以兜罗绵手，上指虚空，则名为正。

佛即竖臂，告阿难言：若此颠倒，首尾相换，诸世间人，一倍瞻视！

良以手臂，本无正倒之相，但阿难随顺世间，谓如来竖臂，则名为正。佛即竖臂，告阿难言，若此颠倒；此句即告以颠倒之名，下句乃指其颠倒之义，但是将下垂之首，换作上竖之尾，首尾相换而已。纵说上竖为正，臂亦无增；下垂为倒，臂亦不失。诸世间人，不了手臂本无一定正倒，一迷也；定要执著下垂为倒，上竖为正，即是加一倍迷执之瞻视，即下结文，所谓迷中倍人。瞻视二字，与上汝见我母陀罗手，见字相照应。瞻为仰瞻，则看上竖之首；视为俯视，则看下垂之尾。但加一倍看法，无论说正说倒，皆不离此臂，虽说倒时，臂本不失。

则知汝身，与诸如来清净法身，比类发明，如来之身，名正遍知；汝等之身，号性颠倒。

此以法合喻，举生身佛身之法，合上手臂倒正之喻。承上言，手臂下垂为倒，手臂上竖为正。无论倒正，皆不离此臂，由是即喻观法，则知汝阿难之身，与诸如来清净法身（此是离垢清净），比类发明者：即生身佛身，比例形显，自可发明，如来之身，名正遍知身。了知心包万法，为正知，万法唯心为遍知；如手上竖为正。汝等之身，执心在身内，执法居心外，号性颠倒身；如手下垂为倒。此文不必在手臂上竖下垂，争正争倒。阿难说，世人以此下垂为倒，上竖为正，佛即顺彼之说，但取臂之虽倒不失，喻明心之虽迷不失也。

当知真心，本无迷悟，但为生佛迷悟所依，悟时名正遍知，虽悟亦无所得；迷时号性颠倒，虽迷亦本不失，不过多一分迷执而已。如手臂本无正倒，而为正倒所依，上竖说正，臂无所增；下垂说倒，臂亦无失，亦不过多一倍瞻视而已。

随汝谛观，汝身佛身，称颠倒者，名字何处，号为颠倒？"于时阿难与诸大众，瞪瞢瞻佛，目睛不瞬，不知身心颠倒所在。

此佛明知身无正倒之相，故问阿难，令其观察。以手之颠倒，人所易知；心之颠倒，人皆莫解，若能观察，恍然自悟，则不至遗失真性耳。故曰：随汝谛审观察，汝此色身，与佛法身比较，汝身称颠倒者，既有名字，定有相状，何处号为颠倒？正要阿难循名核实，谛观身上何处，号为颠倒之相，分明指出。于时阿难与诸大众，被此一问，恰似木偶，不能开口，瞪瞢瞻佛。瞪，双目直视；瞢，昏闷不了，瞻仰于佛，目睛不瞬（动也），不知身心，颠倒所在也，望佛待教也。不知者，因有甚深义趣，所以不知。一、颠倒名虽在身，义乃从心，由心起颠倒，故于身上，不知颠倒相之所在；二、其相更不在心，义乃在执，由迷真起执，号为颠倒，而心实不依之真成颠倒，故于心上，亦不知颠倒相之所在。三、非可相见，只可义求，因迷执而说颠倒，迷执亦非有相之物，岂能指其相之所在耶？故曰：不知身心，颠倒所在。

佛兴慈悲，哀愍阿难，及诸大众，发海潮音，遍告同会：

佛兴慈悲：兴者发也；慈能与乐，悲能拔苦；不待请问，运无缘慈，与以正遍知乐，运同体悲，拔其性颠倒苦。哀愍者：因见阿难大众，不知身心颠倒所在，以目直视如来，昏瞢不了，实堪哀愍！海潮音，应不失时。阿难大众，殷殷待教，故不失其时，而遍告同会也。

"诸善男子！我常说言：色心诸缘，及心所使，诸所缘法，唯心所现。

佛引常说之教，以明正遍知义。此大乘了义，是佛常说，亦各随机解。如一切唯心造，凡小解为业造，权教解为识造，圆顿之机，直了真心所现，真所谓"佛以一音演说法，众生随类各得解"。今约深义，重明昔教。色心诸缘，及心所使四句，明万法唯心所现。色即十一色法，心即八识心王。诸缘者：生心有四缘，谓亲因缘、增上缘、等无间缘（亦名次第缘）、所缘缘；色法只有前二缘，不须后二缘故。及心所使者，即五十一心所法：遍行五法，别境五法，善十一法，根本烦恼六法，随烦恼二十法，不定四法。此五十一法，随心王所驱使，故名心所使。五十一心所法，八识所具多寡不同，第八识唯具五遍行心所；第七识具遍行五法，别境慧、根本四法贪、痴、我见、慢，大随烦恼八法，共十八心所；第六识，力用最强，具足五十一心所；前五识具遍行，别境各五法，善法十一，根本烦恼前三，中随二法，大随八法，共三十四心所。诸所缘法者：即二十四种不相应法，因不与心王、心所、色法无为法相应，乃色心分位假立之法。得及命根众同分，异生性与无想定，灭尽定及无想报，名身句身并文身，生住老无常流转，定异相应并势速，次第时方及与数，和合性不和合性。二十四种不相应（是识所缘），及六种无为（是智所缘），此中即百法五位，广如唯识百法论说。以上百法，即统一切法，惟是真心所现，真心如镜，诸法如镜中像而已。此文重一现字，见万法即心也。

汝身汝心，皆是妙明真精妙心中所现物。

此明万法常在心中。汝身指阿难根身；汝心指阿难识心，其余诸法，俱摄在皆字之中。此如来直指阿难现前身心，以明诸法所依本体。寂照不二，耀古腾今，曰妙明；性无妄染，纯一无杂，曰真精；不变随缘，随缘不变，不可思议，曰妙心；中即妙心之中，妙心为能现，诸法为所现，即阿难之身心，亦为妙心中所现之物。

此二段文中，有二种疑问，须加辨明：一、问："诸所缘法，唯心所现，真如无为，亦在其中，何以真如亦为所现耶？"答："本经乃圆实大教，是绝待，非对待也，以彼真如无为，是对有为而立，如下文云：'言妄显诸真，妄真同二妄'故也。"又问："前显见性黎耶体，是为能现，今汝身汝心，皆是妙心所现之物,则此心外,另有真心耶?"答:"七转识,但为所现,真心独为能现,而黎耶通于能所,对纯真之心,则降为所现,对七转识,则升为能现,与真心非一非异。故本经云:'真非真恐迷,我常不开演。'若悟上文,心包万法,万法唯心之旨,则为正遍知,而非性颠倒矣!"

云何汝等,遗失本妙,圆妙明心,宝明妙性,认悟中迷?

此责遗真认妄。前阿难问:"若此见闻,必不生灭,云何名我等辈,遗失真性?"其意不知以何因缘,说为遗失,此科即其因缘也。由颠倒而说失,非失似失,虽不失而颠倒无倒为倒,故责曰:云何汝等,遗失云云。本妙者:本来自妙,不假修为,非谓他法妙,即谓心性,本来自妙也。心性单举,体用自应双兼,今心性对举,体用不分而分,自其本觉而言谓之心,自其本寂而言谓之性。圆妙明心者:圆即本觉照用,圆融朗彻,乃从妙起明,寂而常照,此用妙也,如摩尼珠之光。宝明妙性者:宝即本性寂体,清净坚实,乃即明而妙,照而常寂,此体妙也;如摩尼珠之体。此心性,全体大用,原是自己本有家珍,如何遗失?

认悟中迷:此即遗失真性所以。认字即属颠倒执情,不当认而认也。悟者悟万法唯心,心包万法;迷者迷法皆心外,心在身中。众生应当反迷归悟,云何竟认悟中一点迷情,为己心性?此即是颠倒,即为遗失真性,一迷也;若更执所认迷情,以为真心极量,此即属认物为己,迷上加迷,倍迷也,即是颠倒之中,更加一倍颠倒也。

心之悟迷,与臂之正倒对论,其理易明。心本无悟迷,而说悟迷,如手本无正倒,而分正倒。其病皆在执之一字,执情若化,则为正遍知,执情不化,则为性颠倒。手之正倒,不离一臂,人之悟迷,不出一心,见虽迷执颠倒,而真心实不曾依之,而果成颠倒;如人迷东为西,东实不转为西,但一迷情妄执,东西颠倒,乃是不颠倒中,妄计颠倒,故曰认悟中迷。亦乃不迷中起迷,如第四卷所云:"昔本无迷,似有迷觉"也。

晦昧为空,空晦暗中,结暗为色。

妙明明妙之心性,本无迷、悟、世界、身、心等相,云何遗失本妙心性,而起迷认?乃由最初一念妄动,迷性明故,而成无明,故曰晦昧(即无明也)。由此无明,将灵明洞彻之真空,变为冥顽晦昧之虚空,故云为空,是为业相，此则从真起妄，即经云："迷妄有虚空"也。空晦暗中，结暗为色者：于此顽空，晦昧暗中，复依无明之力，转本有之智光，为能见之妄见，是为转相；于空晦暗中，欲有所见，而业相本无可见，瞪以发劳，故结暗境，而成四大之色，变起山河大地世界，依报外色，故曰结暗为色，是为现相，即经云："依空立世界，想澄成国土"也。合业、转、现三相，为三细，即阿赖耶识。以上色空等法，迷者误认虚空世界，心外实有。

色杂妄想，想相为身。

色，即结暗所成四大之色；妄想，即能成之心。复由妄心，拣取少分四大妄色，色心相杂，变起众生，正报内色，故曰："想相为身"。想即妄心，相即妄色，色心和合，五蕴具备，而为五蕴之众生，即经云"知觉乃众生"也。迷者误认四大假合之身，为自身相。

聚缘内摇，趣外奔逸，昏扰扰相，以为心性。

聚缘者，圆觉云："妄有缘气，于中积聚。"积聚能缘气分，于妄身中，内缘五尘落卸影子，计度分别，摇动不休（此即独头意识，内缘法尘之境）；外缘五尘诸境之法，明了分别，奔逸不已（此即五俱意识，外缘五尘之境），趣向外境，奔驰纵逸，故曰："趣外奔逸"。聚缘内摇故昏，趣外奔逸故扰，即此昏迷扰攘之相。迷者不知，原是无明展转粗动之相，由无明不觉生三细，境界为缘，再起四粗，误认妄识缘尘分别，为自心相。合色杂妄想，想相为身，即《圆觉经》所云："妄认四大，为自身相；六尘缘影，为自心相。"此即认物为己，颠倒之相。

一迷为心，决定惑为色身之内。

自晦昧为空，从真起妄，悉皆认妄，已成颠倒，此处正属颠倒之中更加颠倒。既一迷积聚缘气，以为自心，决定迷惑，心在色身之内，万法皆在心外，与正遍知见，敌对相反，以上皆认妄之相。

不知身色，外洎山河，虚空大地，咸是妙明真心中物。

不知，即迷执心在身内，并不知真心广大周遍，包含万象。即阿难内之色身（四大之色法，和合所成），外洎（及也）山河虚空大地之世界，咸（皆也）是妙明真心中所现之物。此乃遗真之相。若知心包万法，法在心中，则成正遍知矣！因不知故，认物为己，乃成性颠倒也。

譬如澄清百千大海，弃之，惟认一浮沤体。

以下设喻。澄清百千大海，譬如包罗虚空大地之广大真心，反遗弃之，此喻遗真也；惟认一浮沤体，惟独认海中一沤之体，譬如惟认悟中一点迷情，似在色身之内，此喻认妄也。

目为全潮，穷尽瀛渤。

此喻执妄为真。喻中惟认一沤，即目为全海之潮，穷尽大瀛、小渤；法中认妄识为真心，执妄识穷尽真心极量。

汝等即是迷中倍人，如我垂手，等无差别，如来说为可怜愍者！"

上喻中弃海认沤，一迷也；目沤为海，乃是迷中倍迷之人。合法中遗广大之妙心，认缘影之妄心，一迷也；执此妄心即是真心全体，讵非加一倍之迷耶？如我垂手一样，不知手臂本无正倒，一迷也；今定执上竖为正，下垂为倒，亦迷中倍迷之人，故曰等无差别。

又不知真心本无迷悟，一迷也；反认悟中迷，亦迷中倍迷之人。心虽迷倒而不失，犹臂之虽倒而不失，等无差别也。前云遗失真性，正由颠倒，则非遗似遗，日用不知，则无失说失，怀珠乞丐，枉受困穷，名可怜愍！果能于此悟明，虽颠倒而不失，则不负本有；虽不失而颠倒，则不废修证，庶性修无碍矣。此科以真性不失而论，从无始来，虽然颠倒不失，亦四义中常义。以如来尽心吐露，可谓澈法底源，惜当机未能直下承当，似极显见性，妙明周圆之义。

楞严经讲义第四卷

阿难承佛悲救深诲，垂泣叉手，而白佛言："我昬承佛如是妙音，悟妙明心，元所圆满，常住心地。

上科如来尽心吐露，极显真心，可惜阿难未能领悟，而反起疑，故向佛求决取舍。悲救深诲者：承佛悲怜愍念，救拔性颠倒苦，深加训诲，而与正遍知乐。感伤真心不失，颠倒受沦，故致垂泣矣！我虽承佛如是妙音，如是指法之词，即指上三科妙音，乃指说法微妙音声；佛音具足众妙，乃总赞之曰："妙音"。悟妙明心：即指领悟上三科所显见性。阿难前求发妙明心，佛向阿难眼中指出，显见性即是妙明心，阿难领悟不动、不灭、不失之见性。元所圆满，指不失科中，包括虚空曰圆，周遍万法曰满，所显广大圆满之义；常指不灭科中，真常不灭之义；住指不动科中安住不动之义。此述闻法虽悟本心，下乃归功意识。

而我悟佛，现说法音，现以缘心，允所瞻仰，

而字转语词，悟佛法音，是犹但领其文，未谙其旨，观下未敢认取可知。阿难以闻解之功，全归重于听法缘心，故曰现以（用也）缘心，缘心即第六意识，缘虑分别之心，而能闻法领悟，有大功能。允所瞻仰者，允，诚义，谓此缘心，是诚我所瞻依仰慕而不能舍者，若舍此心，凭谁闻法领悟耶？

徒获此心，未敢认为本元心地。

此心，即妙明心。众生日用施为，一一无非承其恩力，咸皆迷而不知，故归功于缘心，阿难亦复如是，故曰"徒获此心"。获者，得也，其意徒得此心，而未敢认为本来圆满，元来无失，常住心地。其故何也？因不得其用，故未敢认也。

倘若认此，则必舍彼，却后将何承领佛法？纵不惜缘心，而独不重佛法乎？所以踌躇莫决。观此阿难则真安双迷。倘无根性真心，岂能闻法？闻既不闻，则分别缘虑之心，何自而有？全承根性恩力，反疑不得其用，此迷真也；闻法领悟之心，离尘即无分别，尘有则生，尘无则灭，完全无体，不过妄有缘虑分别，执认不舍，此迷妄也。既是真妄双迷，何得称悟？直至三卷末，获本妙心，常住不灭，方敢认取此心，方是真悟。

愿佛哀愍，宣示圆音，拔我疑根，归无上道。"

圆音：即佛最胜口轮"但以一音演说法，众生随类各得解"，圆音，即是一音。佛之音声，圆满普被，诸方异类，闻之皆同本音，一音具足一切音，故称圆音；一切音不出一音，故曰一音。佛音为众生作增上缘，随根差别，现众多声，犹如一雨所润，草木大小，随根受益，有缘隔远，如在一堂。

疑根者：谓致疑之端，乃疑自、疑人、疑法，三疑中疑法也。此疑根之于心，非大雄大力之世尊，莫能拔之。此即缘心、真心，谁取、谁舍，莫衷一是，如人惑于歧途，莫知所向，故求拔疑根，令到不疑之地，庶可归无上道，无上道，即不生不灭之果觉，须识不生灭之因心，庶可圆成矣！

佛告阿难："汝等尚以缘心听法，此法亦缘，非得法性。

上科阿难求决取舍，此科如来力为破显。破者破妄（缘心也），显者显真（见性也），此欲破缘心有还，先破所缘之法（现说法音）。阿难不舍缘心，为重于法，若破所缘非真，而能缘自舍矣。

汝等尚以缘心听法，谓以能缘之心，听我所说法音。则此法亦成所缘之尘，非得法性真理。以法音但是能诠，真理方是所诠，真理即众生之心，听法能悟真理，方不负我所说，故下喻说，听法自应观心。

如人以手指月示人，彼人因指，当应看月。

上人字喻说教人，下二人字皆喻听教人，指喻佛之声教，月喻听教人之心。如人以手指月示人，喻佛以音声，而作佛事，说出声教，直指人心，告示听教之人。彼听教人，因教自当观心，犹因指自当看月也。若听教悟心，则因指见月矣！

> 若复观指，以为月体，此人岂惟亡失月轮，亦亡其指，何以故？以所标指，为明月故。

此喻执教迷心。若复观指，以为是月之体，此人岂惟（独也）亡失月轮不能见，亦亡其所谓指也。何以故是征，下二句是释。即以所标之指，认为明月故。法合当云：若复执教为心，此听教人，岂惟不达真心，亦且不知教意，何以故？即以所缘声教，为真心故。

> 岂惟亡指，亦复不识明之与暗。何以故？即以指体，为月明性，明暗二性，无所了故，汝亦如是。

明暗二字，喻中易知，法中难解。喻中不但亡指，并不识明暗。何以故句征，下释不识明暗之义。即以指体之暗性，认为月光之明性，自是明暗二性双迷，无所了知故。法中教合指喻，心合月喻。教以声名句文为体，无觉照之用，合暗喻；心以灵知不昧为性，有觉照之用，合明喻；学人不解依教观心，但认声教为真心，岂独迷心，亦迷其教。何以故？以所说教，认为真心故。又不但迷教，亦复不达有觉照、无觉照之用。何以故？即以声、名、句、文，无觉照之教体，为灵知不昧，有觉照之心性，觉与不觉，二者无所了别故。谓汝以缘心听法，则我所说之法，亦成缘尘，汝则迷失法性，何异执指为月，不识明暗之人？故曰："汝亦如是"。

> 若以分别，我说法音，为汝心者，此心自应离分别音，有分别性。譬如有客，寄宿旅亭，暂止便去，终不常住，而掌亭人，都无所去，名为亭主。

此正拔不舍缘心之疑根。分别：指听法缘心；法音：即所听声教。上科先破所缘之法，此科乃破能缘之心。谓汝虽不以所分别声教为心，若以能分别法音，为汝真心者，此心自应离却所分别法音，有能分别自性，方许为真。此暂纵，下即夺，先喻说，后法合。此喻能缘心，离尘无性，譬如行客，寄宿旅亭，不过暂时止住便去，终不常住，而掌（管也）亭人，是为亭主，则无所去。

此亦如是：若真汝心，则无所去。云何离声，无分别性？

此以法合。亦复如是者：能缘心不住，缘境之时，暂缘便去，终不久缘，故喻如客。若真是汝心，则如亭主常住，并无所去；云何离却所分别声，无有能分别之自性？此破意识缘声之心也。

斯则岂惟声分别心；分别我容，离诸色相，无分别性。

此下广示有还。故云：斯则岂独缘声分别之心，离声无性；即能分别我三十二相之容貌，亦是相有则生，相无则灭，离诸所分别之色相，亦无能分别之自性。

如是乃至，分别都无，非色非空，拘舍离等，昧为冥谛，离诸法缘，无分别性。

如是二字，指上缘声色二尘，离尘无分别性。乃至二字，超略中间香、味、触、尘，并法处所摄，半分生尘，而分别之性，亦复都无。此是六识不缘六尘境界，五俱意亦皆不行，如是则能分别心，与所分别境，悉皆寂然，故曰："都无"。唯留独头意识，缘法处半分灭尘，因法尘有生灭之分故。非色非空：即内守幽闲，法处灭尘境界，已离六尘粗相，故非色；犹有寂静细境，故非空。参禅之士，到此境界，难免被他所误。又非同色界（四禅天）定，故非色；非同空处（空无边处天）定，故非空。如八定后三定，所缘境界相似。不但随尘起灭之见闻，缘心不行，即嗅、尝、觉、知，亦复不起，此处犹非真心，切勿错认。

拘舍离等，此云牛舍，乃末伽黎母名，即拘舍离子，六师之一，等余外道。昧为冥谛者：昧即迷昧，不知此境非真，执为冥初主谛。《智论》云："外道通力，能观八万劫，八万劫外，冥然不知"。谓为冥初，从此觉知初立，故名主谛，亦云世性，谓世间众生，由冥初而有此性，即世间本性也。离诸法缘，无分别性者，《正脉》云："纵使心之分别都无，亦但离于粗分别耳，微细流注，固所未觉；纵使境之色空都尽，亦但离于粗境耳，灭尘影事，固不能离。若离诸法尘，半分灭尘之缘，即无分别之性，与上之离声、色而无性者，同一例也。"

则汝心性，各有所还，云何为主？"

此心性，非圆妙明心，宝明妙性，即缘尘分别之心性，亦即上文所谓昏扰扰相，以为心性，乃随尘生灭，各有所还。分别声者，从声尘来，还之于声；乃至分别冥谛者，从冥谛来，还之冥谛。如人影相似，从何人来，还随何人而去。有来有去，但是暂住之客，不是常住主人，故曰："云何为主"。

阿难言："若我心性，各有所还；则如来说，妙明元（本也）心，云何无还？惟垂哀愍，为我宣说。"

此当机闻说缘心有还，而求示无还也。还者归还，如世间之物，从谁借来，还之于谁。若是自己之物，则无可还，故问曰：若我能缘心性，如来现说，各有所还，而如来所说妙明元心，云何乃是无还？惟垂哀愍，为我宣说。

佛告阿难："且汝见我，见精明元，此见虽非妙精明心，如第二月，非是月影。

佛欲示无还之旨，先明见性，切近真心，且就阿难日用之见，分明指示，故曰：且汝现前见我之时，此见即是八识精明之体，元者本也，故出其名曰：见精明元。即二根本中真本，识精元明是也。体即第八识见分，映在六根门头：在眼曰见精，在耳曰闻精，在鼻曰嗅精，在舌曰尝精，在身曰觉精，在意曰知精，本具精明之体，而有了境之用，但体受妄熏，而有二种颠倒，见妄未除，精明尚欠于妙，故曰："虽非妙精明心"。虽非二字暂抑之。

而喻中，随即扬其切近于真，如捏目所见之第二月，虽非真月，而与真月原无别体，但多一捏而已，放手即真；非同水中月影，与真月有虚实之殊，天渊之隔。以第一月，喻纯真无妄之妙精明心；第二月喻见精明元；水中月影，喻缘尘分别之识心。佛欲令人舍彼妄识，取此见精为本修因也。

问："阿难求索真心，佛何不指与纯真无妄之心，而乃指此带妄之见精耶？"答："纯真之心，唯佛独证，等觉菩萨，犹有一分无明未破，真尚未纯，而况位居凡、小，离此凭何指示乎？譬如指矿说金，求金之人，若舍于矿，岂有真金可求？十番正示，二见翻显，如销矿成金，其金一纯，则光明焕发矣！从上诸祖，皆本佛意，多于六根门头，接引学人，竖臂擎拳，一棒一喝，无非欲令学人，亲向自身中，识取本来面目。慎勿因此有虽非妙精明句，遂疑见精，以为全妄，不敢认取也。"

汝应谛听！今当示汝，无所还地。

首句诫听，下乃许示。无所还地者：即本元妙明心地。前阿难所云："悟妙明心，元所圆满，常住心地。"既圆满，则无来无去，常住不动，安有所还？是为无所还地。

阿难，此大讲堂，洞开东方，日轮升天，则有明曜；中夜黑月，云雾晦暝，则复昏暗；户牖之隙，则复见通；墙宇之间，则复观壅；分别之处，则复见缘；顽虚之中，遍是空性，郁𡋯之象，则纡昏尘；澄霁敛氛，又观清净。

此欲示无还之见，先列可还之相。佛意非有可还之相，莫显无还之见，故先列可还，共有八相四对：明、暗、通、塞、同、异、清、浊也。各有体相，如日轮是体，明曜是相，乃至澄霁是体，清净是相。其中惟六七体相颠倒，观还处自知。大讲堂户牖洞然大开，内外通达，东方日轮升天，则全讲堂，皆有明曜之相。中夜即子夜，黑月谓一月之中，有分白月、黑月，白月则光，黑月便暗，因云雾晦冥（掩蔽于空），则复现昏暗之相。昏者暗之始，暗者昏之极。此明、暗一对。户牖空隙之处，则见通相；墙宇之间，四围曰墙，四檐曰宇，内外彼此不通，则复观壅塞之相。此通、塞一对。分别之处：指眼前所分别之境，处即境也，如山、地、林、泉等处。则复见缘：缘即尘缘差别，如山是高，地是平，林是密，泉是流，彼此之相不一，则复见差别之相。顽虚之中，遍是空性，应是空性之中，遍是顽虚，空性广大，同是冥顽无知，故曰遍是顽虚之相。此同、异一对。郁𡋯之象，则纡昏尘，应是昏尘之象，则纡郁𡋯。象即境象，纡环绕也，地气屯聚曰郁，灰沙飞扬曰𡋯。昏尘境象，则纡绕郁𡋯之相。澄霁敛（收也）氛，雨后天晴为澄霁，所有尘氛，悉皆收敛，万里苍苍，一色清净，故又观清净之相。此清、浊一对也。此八相，皆为见精所对之境，下明各有所还，对显见精无还，离尘别有全性，异前缘心，离尘无体也。

此大讲堂，喻妙明元心，不动不变之体，为大总相法门；八相，喻心体随缘，现一切别相。总言之，随迷、悟二缘，而现染、净诸相。明喻智慧，善能照了；暗喻无明，昏于长夜；通喻六根通达，触处洞然；壅喻二执障蔽，头头是碍；差别之缘，喻善恶；顽虚之状，喻无记；郁垺喻昏迷之性；清净喻澄湛之心。正显种种幻化，皆生当人妙明元心，此心不拒诸相发挥，能为诸相所依，若讲堂然，人人皆有此大讲堂，试深思之！昔报慈文遂禅师，尝究《首楞严》，谒于法眼，述己所业，深符经旨。眼曰："《楞严》岂不是有八还义？"遂曰："是"。眼曰："明还甚么？"遂曰："明还日轮。"眼又曰："日还甚么？"遂憮然无对，自此服膺请益。是可知主中主，故非注疏所及。端师子颂曰："八还之教垂来久，自古宗师各分剖。直饶还得不还时，也是虾跳不出斗。"

阿难，汝咸看此诸变化相，吾今各还本所因处。

能见是一，所见不一之相，咸在一见之中，故曰咸看此诸变化相。相以变化称者，自无而有，谓之变，虽有若无，谓之化，显其不实也。吾今各还本所因处：以上八相，各有所因，本因何处而来，还之何处。

云何本因？阿难，此诸变化，明还日轮，何以故？无日不明，明因属日，是故还日。

上科云：诸相各有本因，此科征释本因，谓明相当还日轮，以日是明相本因，以是之故，还之于日。

暗还黑月，通还户牖，壅还墙宇，缘还分别，顽虚还空，郁垺还尘，清明还霁，则诸世间，一切所有，不出斯类。

此中顽虚还空，郁垺还尘，足证前之体相颠倒，其余例上可知。以此八相类推，则诸世间，一切眼家所对之色尘，皆有可还，不出斯类。

> 汝见八种见精明性，当欲谁还？何以故？若还于明，则不明时，无复见暗；虽明暗等，种种差别，见无差别。

此正显见性无还，乃为真主人。谓汝能见八种之相，此见之精，即是妙明真性，无来无去，不生不灭，当欲从谁以俱还乎？谁字，即八相中随举那一相。何以故起，是征释。设若见精还于明相，已随明相而去，则不明时，应无复见暗？汝今不然，虽明去暗来，通去塞来，异灭同生，浊灭清生，所见之相，任从种种，千差万别，而能见之性，湛然盈满，如明镜当台，有物斯鉴，明来见明，乃至清来见清，昭然不昧，凝然不动，无差无别，无往无还。

> 诸可还者，自然非汝，不汝还者，非汝而谁？

首句，近指八相，远指六识。八相从缘而有，还之于缘，缘有则有，缘无则无；六识因尘而有，还之于尘，尘生则生，尘灭则灭，皆有可还，自然非汝常住不迁之真性，汝当决定弃舍，而不须执吝矣。云何汝先说，现以（用也）缘心，允所瞻仰，而犹恋恋不舍！今此见精明性，明来见明，暗来见暗，不由汝以可还者，自然属汝自己，非汝之真性，而是谁耶？汝当决定认取，而不可犹豫也。云何汝先言，未敢认为本元心地，而起爱妄疑真之心，今闻如是破显，其疑根当可自拔矣。

> 则知汝心，本妙明净。汝自迷闷，丧本受沦，于生死中，常被漂溺，是故如来，名可怜愍！"

则知二字，承上无还而言，则知汝之见性真心，虽随缘而恒不变。本字贯下妙明净，此三义本来现具根中，即生灭门中之本觉心。众生日用，不离这个，不为诸相所迁，非同缘心之离尘无体，故曰"本妙"；不为诸相所蔽，非同缘心之昏扰为性，故曰"本明"；不为诸相所染，非同缘心之分别爱著，故曰"本净"。迷闷者：执吝缘心，无智自解，具足本末不觉，由是丧失本妙明净之觉心，此非失似失也。法身流转于五道，枉受沦溺，于生死苦海之中，常被漂流沉溺，如怀珠乞丐，珠本不失，枉受贫穷，为可怜愍者。此科以见性无还而论，无往无还，挺物表而常住，亦四义中常义。

> 阿难言："我虽识此见性无还，云何得知，是我

真性?"

阿难虽闻见精无还，而领之未的，故言我虽识此见性无还，是虽知见性，不与诸相以俱还，云何分辨，可以得知是我真性，而不属于物也？观虽识二字，阿难以见性昭昭灵灵，盈满目前，物、见混杂，仍是有疑莫决，不敢认见为心，故佛即以物、见分明显自性也。

佛告阿难："吾今问汝：汝今未得无漏清净，承佛神力，见于初禅，得无障碍；而阿那律，见阎浮提，如观掌中庵摩罗果。

上科，当机疑物、见混杂，此科佛欲显物、见不杂，故先须列出，如何是能见之性，如何是所见之物，然后就中拣择，自然见是见，物是物，分明不杂。此先列能见，有声闻见、菩萨见、佛见、凡夫见，故呼当机而告之曰：吾今问汝，汝现今未得四果无漏，清净慧眼，乃承佛神力加被，乃能见于初禅，得无遮障留碍。而阿那律，具足云阿那律陀，《弥陀经》云：阿㝹楼陀，此云无贫，亦云不灭。因昔日以稗饭，施供辟支佛，所以受福不灭，于九十一劫中，天上人间不受贫穷果报。过去劫中为农夫，远种山田，无暇回家吃饭，带饭而食。山中有一道人修行已证辟支佛果，七日下山化缘一次，是年饥荒，米粮昂贵，一日下山募化，连化七家，竟无一家施供，空钵而回。该农夫见而问之曰："大师今日乞食得否？"答曰："无人布施"。农夫闻言，心中动念：此大师七日化一次，每次化七家，无论多少，下七再化，今空钵而回，岂不是要饿七日？自愧无可供养，乃以所带稗饭一包，布施供养，辟支佛接而受之，乃为咒愿曰："所谓布施者，必获其利益，若为乐布施，后必得安乐。"愿毕而去，十分感激！后农夫持刀割草，草中跳出一兔，其色纯黄，遂跳至农夫背上，伏而不动。农夫惊怪，奔回急唤其妻捉之，乃一金兔，自此无贫，九十一劫，受福不灭，故以名焉，此过去因缘也。

阿那律是佛堂弟，因听法之时，常好睡眠，被佛诃云："咄咄何为睡？螺蛳蚌蛤类，一睡一千年，不闻佛名字。"遂生惭愧，发大精进，七日不寐，失其双目。佛愍而教之，授以乐见照明，金刚三昧，遂得半头天眼，而证圆通，自述"我不因眼，观见十方，精真洞然，如观掌果"。《维摩诘经》阿那律答严净梵王亦云"吾见此释迦牟尼佛土，三千大千世界，如观掌中庵摩罗果。"

今言阎浮提者，以大千世界，有万亿阎浮提，举别显总也。故《华严》云"一切阎浮提，皆言佛在中"者是矣。有云：此阎浮提三字，与下科此见周圆，遍娑婆国三字对换，则两皆不讹。此应见娑婆国，下科居日月宫，应只见阎浮提，此理不错。据愚见不必更换，两处但加字可也，此加万亿，或一切二字于阎浮提之上，下科娑婆国下，加一四天下，南阎浮提即可。庵摩罗果，桃柰相似，生熟难分，此方所无，故不翻。上二是声闻见。

诸菩萨等，见百千界；十方如来，穷尽微尘，清净国土，无所不瞩；众生洞视，不过分寸。

前二句菩萨见，中四句佛见，后二句凡夫见。百千界者：初地菩萨见百界，二地见千界，乃至十地见无量世界。十方如来，见无限量，故曰"穷尽微尘"，喻其多不可数也。国土皆称清净者：佛眼等观，见秽同净，无所不瞻，即佛见周圆也。以上圣见，下为凡见。

众生洞视，不过分寸：作三意释之：一、对胜显劣，谓众生洞明之见，较之佛圣，不过分寸而已；二、收尽含生，谓蜎蠕之属，见量狭窄，极其洞视（明见也），不过分寸之地；三、障碍失用，谓隔纸不见，此不过分也，隔板不见，此不过寸也。过作通过解，与上二不同，此中能见之文，具足十界五眼，凡夫肉眼，阿那律天眼，阿难仗承佛力慧眼，菩萨法眼，如来佛眼。

五眼颂云："天眼通非碍，肉眼碍非通。法眼唯观俗，慧眼了知空（真谛）。佛眼如千日，照异体还同（同是如来藏，清净本然平等一相）。圆明法界内，无处不含容。"

阿难，且吾与汝，观四天王所住宫殿，中间遍览，水、陆、空行，虽有昏明，种种形像，无非前尘，分别留碍。

此列所见，独约当机，现量所亲见之境。谓言以上圣凡诸见，姑勿论耳。且就吾与汝，观四天王所住宫殿，在须弥山腰，离地四万二千由旬，东方持国天王，居黄金埵；南方增长天王，居琉璃埵；西方广目天王，居白银埵；北方多闻天王，居水晶埵，而齐日月。

中间遍览者：忉利天之下，大地之上，周遍历览，有情之类，有水居、陆处、空行诸众生，无情之处，有山、河、大地、虚空诸境界，虽有晦昧而昏暗者，晴霁而明朗者，种种形像，差殊不一，无非眼前尘境，所分别之相，种种滞留隔碍也。

汝应于此，分别自他，今吾将汝，择于见中，谁是我体？谁为物象？

物见本来不杂，阿难先疑混杂，故佛欲令自己拣择，自验自知，自可不疑。应字平声，谓汝当于此能见所见之中，分别谁自谁他，自即见性，他指物象。

吾今将汝择于见中四句，吾是佛自称，将汝将字，文意稍难领会；今不作别解，谓现今吾将汝现前所见，要汝自己拣择，于能见所见之中，仔细分别，谁是我能见之见体？谁为我所见之物象？令能所分明不混，自然得知汝之真性矣。

阿难，极汝见源，从日月宫，是物非汝；至七金山，周遍谛观，虽种种光，亦物非汝；渐渐更观，云腾鸟飞，风动尘起，树木山川，草芥人畜，咸（皆也）物非汝。

上文佛令自拣物见，惜阿难无此智力，不能辨别分明，故佛此下，更以四番，展转发明也。此正明物不是见。极者尽也，见源即见性，如云尽汝见性能力，从日月宫，此最上所见是物，而非汝见性也；又至七金山，此山围绕须弥山之外，一重香水海，一重金山，共有七重香水海，七重金山，其体皆金，一、双持，二、持轴，三、担木，四、善见，五、马耳，六、象鼻，七、鱼觜。周遍谛观者：用目循历，谛实观察，虽有种种光明，亦是物而非汝见性也。渐渐更观，自高而卑，自近而远，乃见云之腾，鸟之飞，风之动，尘之起，此皆空中所有；以至地上、树木也，山川也，草芥（菜类）也，人畜也，亦咸是物，而非汝见性也。

阿难，是诸近远，诸有物性，虽复差殊，同汝见精，清净所瞩，则诸物类，自有差别，见性无殊，此精妙明，诚汝见性。

此正明见不是物，上明诸物非见。见性已经择出，阿难不解，故此承上重示云：阿难是汝所见，若近若远，若高若低，若大若小，所有物性（物是无情性），虽复种种状态，差别殊异，列在目前，同是汝之见精，一道清净，不起分别，圆明照了，瞩见也。

则诸物类，指所见一切物类，自有千差万别，而汝见性毕竟无殊。此精妙明者，即此见精，本妙本明；与物不杂故妙，遍见诸物故明，即此妙明真心，诚汝自己见性。物见分明，云何于诸物中，而不能拣择耶？此正酬上文，云何得知是我真性之问也。

若见是物，则汝亦可，见吾之见？

此数节文，承上反辨，见不是物。上科已将物、见分析明白，物有差别，见性无殊，则见当然不是物。反辨云：若汝执言，见即是物，即当有相，见若有相，则汝见有相，我见亦当有相，则汝亦可见吾之见，毕竟作何形相？试问我见之相，同于何物？为方圆耶？为大小耶？

若同见者，名为见吾，吾不见时，何不见吾不见之处？

前二句防谬，下三句难破。若谓汝我同见万物之时，我见在于物上，汝见此物时，即名为见吾之见者；下即难其当见不见，则吾收视不见物时，汝亦当见吾不见之处，现今吾不见物时，汝何以不能见吾不见之体，在于何处？既不能见吾不见之处，而说能见吾见物之见者，亦不足信也。譬如我手取物之时，伸在物上，为汝所见，吾不取物时，手在何处，汝亦应见。

若见不见，自然非彼不见之相；若不见吾不见之地，自然非物，云何非汝？

此蹑前何不见吾不见之处，防阿难谬答能见，故分开若见若不见两途，俱反证见性非物。上二句，谓若能见我收视不见之处，自然是我能不见之见体，自然非彼所不见之物相。自然二字，即分明义；非彼不见之相六字，即非物二字。此句与第四句，自然非物四字同，乃译者润文之巧耳。此文欲求义理明白，须知彼字即指物言，当与我字对看，再用能所二字对释，我见为能见，彼物为所见，例如眼根见物，是我能见之见体，非彼所见之物相。今不见物，照上例云：自然是我能不见之见体，自然非彼所不见之物相（此句，即自然非物四字），不必过于搜索，愈晦本意。下二句，若不见吾不见之地，则吾之见，自然非物。何以故？若是物，收视不见时，必有所在之处，当然令汝可见，既不能见，当然非物。吾之见既非是物，汝之见亦应非物，故末句结曰：云何非汝真性？此云何非汝句，即答阿难前言，云何得知，是我真性相对。

又则汝今见物之时，汝既见物，物亦见汝。体性纷杂，则汝与我，并诸世间，不成安立。

此反辨物不是见。当承上云：见若是物者，物亦当是见，则汝现今见物之时，汝既见物，而物亦当见汝矣。体性纷杂者：则无情之物体，与有情之见性，纷然杂乱，而不可辨也。果然如是，则汝与我，并诸世间众生，有情之界，不成安立矣！何以故？物亦能见，物亦属有情，则有情无情杂乱，故不成安立。又有一解：则汝与我有情世间，并诸器世间，则不成安立矣。何以故？物亦能见，就无有无情之器世间，即坏器世间相，何成安立。

阿难，若汝见时，是汝非我。见性周遍，非汝而谁？

此转正意。言若汝见物见我之时，一定是汝见而非我见，汝我有情之与有情，尚不混滥，岂有情之与无情，而至杂乱耶？见性周遍者：谓汝现前，观四天王宫，以及水陆空行，皆属汝之见性周遍，此见总不属于物，亦不属于我，非汝真性，而是谁耶？物见分明，本不混杂，为何不敢认取？

云何自疑，汝之真性，性汝不真，取我求实？"

此承上物、见分明不杂。见性是在汝，而不属于物，云何汝自疑汝之真性。性汝不真者：此性本来是汝，本有家珍，反不敢认以为真，而取我言，以求证实。汝问云何得知是我真性？故我责汝，云何自疑汝之真性也。此科以见性非物而论，不杂不乱，超象外以孤标，是四义中明义。

阿难白佛言："世尊！若此见性，必我非余。

此科因当机闻说见性周遍一语，遂生疑惑，以为真性，既是周遍，应当一定周遍，自应无碍，何乃动被物碍？故白佛言："世尊！若此见性，必我非余。"见性下,当加本来周遍意,与下文语脉,方可连续。谓若此见性,本来周遍,必定是我真性,而非余物,则应当一定无碍,今何不然?

我与如来,观四天王,胜藏宝殿,居日月宫,此见周圆,遍娑婆国。退归精舍,只见伽蓝,清心户堂,但瞻檐庑。

此述见性大小不定。云我与如来,观四天王胜藏宝殿,此殿乃殊胜藏宝所成,故称胜藏宝殿。阿难随佛至彼,故与如来,同观日月宫,此宫亦在须弥山半,与天王宫殿齐,随至二宫,故曰居日月宫。《灌顶》云:"日宫纵广五十一由旬,火摩尼宝所成;月宫四十九由旬,水摩尼宝所成,皆天人充满。日宫虽火摩尼宝所成,其清凉与月宫同,但光胜下注耳,犹如火镜,体质不热,光注成烧。"《起世经》云:"日月宫运行无滞,为五风所持:一、持风令不坠,二、住风令安住,三、随顺风令顺行,四、摄风令缓急,五、将行风令得中"也。

此见周圆,遍娑婆国者:自二宫远观,此见周遍圆满,遍娑婆国。据日月宫所见,不应遍娑婆国,有云:此处娑婆国三字,与上文阎浮提三字对换,两皆不讹。余意亦可不必换,但于娑婆国下加一四天下,南阎浮提,便是。退归精舍只见伽蓝者:从四天退归精舍,只见伽蓝,此云众园;清心户堂,谓讲堂,闻法能清净心地故。安处于户内堂中,不能远见,但瞻垂檐与廊庑,先大今小。

世尊!此见如是,其体本来周遍一界,今在室中,唯满一室?

此陈疑以请。意谓:见性既云周遍,自当一定常遍,自在无碍。此见今何如是大小不定,其体本来周遍一界,今在室中,忽然成小,唯满一室?

为复此见,缩大为小?为当墙宇,夹令断绝?我今不知斯义所在,愿垂弘慈,为我敷演。"

此妄情计度,求决于佛。承上遍界之见,今满一室,为复此见,因室所局,缩一界广大之见,而为一室狭小之见耶?如身入卑门,必要鞠躬。为当墙宇夹断周遍整个之见，而成内外之二耶？如水筑长堤，则分彼此。为复为当二句，皆有不决之意，故求佛与决，曰："我今不知斯义所在"。即大、小、缩、断之义，还是缩大为小耶？还是夹令断绝耶？实未明了。愿垂弘（大也）慈，为我敷演斯义，一定所在。

　　佛告阿难："一切世间，大小内外，诸所事业，各属前尘，不应说言，见有舒缩。

　　以下如来显性无碍，此总示大略。一切世间，大小内外，诸凡所有事相业用，该上下方圆等类，皆属前尘而有留碍，非关见性也。不应说言，见有舒缩者：舒缩意该断续，应知见性不变，不因境碍，而有缩有断。又见性随缘，在大见大，处小见小，亦非尘之所能碍也。而众生妄见，大小之迁，别有元由，下科自明。

　　譬如方器，中见方空。吾复问汝：此方器中，所见方空，为复定方？为不定方？

　　此以喻明尘，大小不定，全由于尘，但得亡尘，自然无碍。今以见性譬虚空，尘相譬器皿，尘相有大小内外，而见性无舒缩断续，其犹器有方圆，空无定相。先举方器，中见方空，分开定方与不定方两义。

　　若定方者，别安圆器，空应不圆？若不定者，在方器中，应无方空？

　　此明二义皆非。若言定方者，易以圆器，空应不圆，既随圆现圆，是不定方；若言不定者，则在方器中，应无方空之相，今既器方而方，是又定方矣。两应字，皆读平声。

　　汝言：不知斯义所在。义性如是，云何为在？

　　汝先言，不知大、小、缩、断之义所在，而见性大小之义，与定不定之性，如虚空者是也。虚空随器而现方、圆之相，云何为有定在耶？

　　阿难，若复欲令入无方圆，但除器方，空体无方，

不应说言，更除虚空，方相所在。

此辗转解释见性无碍。故谓阿难，汝今欲令虚空之入，无有方、圆之相，但除器之方、圆，空体本无一定方、圆，不应说言：除器之方、圆外，更除虚空方、圆相之所在也。法合欲令见性无大、小之相，但除尘（界空色尘之相）之大、小，见性本无一定大、小，不应说言：除尘之外，更除见性大、小相之所在也。大、小由尘，但得亡尘，而大、小之相自泯，则见性廓周法界矣！

若如汝问，入室之时，缩见令小，仰观日时，汝岂挽见，齐于日面？若筑墙宇，能夹见断，穿为小窦，宁无续迹？是义不然。

此之反难，要当机自审，以显其谬。若如汝先所问，入室之时，缩见令小，则汝仰观日时，岂能挽（引长也）见齐于日之面前耶？此乃令审，观日非舒，自知入室非缩矣。若筑墙宇，能夹汝见令断，则将墙宇穿为小窦（孔穴也）时，宁无接续之迹耶？此亦令审穿无续迹，自知夹无断痕矣。而疑缩疑断，俱非正义，故斥之曰："是义不然"。

一切众生，从无始来，迷己为物，失于本心，为物所转，故于是中，观大观小。

此出成碍之由，由于法执。众生法执未亡，执心外有法，动成有碍，法执一亡，自可同佛作用，惟妙觉明，圆融照了，无有少法可得，夫复何碍？一切众生，总该凡、外、权、小而言，夫见本不可碍，而物亦不能碍，而凡、外、权、小，毕竟成碍者，皆从无始无明住地而来，迷己真心，而为万物，不了万物皆己，遂失本来一体之真心，而执心外有实法。迷字即是法执，乃为成碍之由，不达万法唯心，遂有心、物之分，非惟物不随心转，而心反被物碍矣。故于是中，即是于一体之中，观大观小，逐境迁移，动被物碍。又不仅观小，是为物转，即观大亦然。以界相尚在，尘相未亡，总成有碍。须知物本是心，迷之为物，则能碍心，亦如冰原是水，结之成冰，则能碍水；果能返迷，自可转物矣！转物者，即转万物为自己，如融冰为水，水自不至碍水也。

若能转物，则同如来。

转物之功，须凭妙智，悟圆理，破法执，悟明心外无法，法法唯心，转万物为自己，则知天地与我同根，万物皆吾一体，此由事法界，而悟入理法界也。继起圆修，亡尘入性，以性融尘，则同如来。以妙明不生不灭之自性，合如来藏，而如来藏，唯妙觉明，圆照法界，理不碍事，事不碍理，一为无量，无量为一，而证入理事无碍法界也。则同如来者，法身如来也。法身以理为身，圆融无碍，随举一法，体即法身。由理事无碍，然后身界无分，尘毛相即，小中现大，大中现小，而证入事事无碍法界，即同如来，称性作用，一切自在矣！

昔僧问谷隐聪禅师："若能转物，即同如来。万象是物，如何转得？"聪曰："吃了饭，无些子意智。"若有意智，为物转也。又僧问韶国师："如何是转物，即同如来？"韶曰："汝唤甚么作物？"曰："恁么则即同如来也？"韶曰："莫作野干鸣，拟同如来，即千里万里。"又此两节文，若按相宗解释，一切众生，从无始一念妄动以来，不生不灭，与生灭和合，成阿赖识。此识有见、相二分，不知见、相二分，本来不离一心，以能见之见分，取所见之相分，如下文云："自心取自心，非幻成幻法。"此为迷己为物，既迷为物，则失本心（将心认作物，不了是心，则非失似失矣），由是心、物两分，见分恒被相分所转，逐物意移，故于相分中观大观小。若能转物，即同如来者，见、相二分，如蜗牛二角，出则成双，收则归一，现要转物，相分即是物，必由见分去转他，如何转法？但要见分不取相分，不取无非幻，非幻尚不生，幻法云何立？则无物可转矣！如性宗《金刚经》云："不取于相，如如不动。"则同如来矣。相既叵得，碍从何来？

　　身心圆明，不动道场。

此明体自在，属理事无碍法界。众生迷时，妄认四大为自身相，则被四大留碍而不圆；妄认六尘缘影为自心相，则被六尘障蔽而不明，即是认物为己。又妄认诸法，心外实有，即是迷己为物，所以动被物碍，今既转物，则身为法性身，圆照周遍，心为妙明心，灵明洞彻，万物身心，本来一体，即所谓澈法底源，无动无坏，身心即是法界不动之道场矣。

　　于一毛端，遍能含受，十方国土。"

此明用自在，属事事无碍法界，十玄门中，广狭自在无碍门也。亦即第四卷，小中现大，大中现小之义相。毛端即一毛头上，属正报之最小者；国土即佛刹大千世界，属依报之最大者。毛端含国土，即以正摄依；国土在毛端，即以依入正。毛端看国，而国不小，即小中现大也；国外观毛，而毛不大，即大中现小也。如一尺之镜，而现千里之境，境在镜而不小，镜含境而有余，依正相涉，不相妨碍，小大相容，无不自在，即广狭自在无碍玄门也。

前文故于是中，观大观小，乃是正报被依报所碍，见性被境界所迁。此则非独不碍不迁，且能相即相入，而成无障碍之妙用矣！又较前亡尘境界，更是甚深，彼但圆照法界，而得理事无碍，此则大用自在，而得事事无碍，见性之妙，无以加矣！此科以见性无碍而论，观大观小，转物自在无碍，是四义中妙义，又兼具如来藏不动周圆二义。

阿难白佛言："世尊！若此见精，必我妙性，今此妙性，现在我前？"

此领前义，以生疑难也。前佛要当机，认见为心，多与发明，见性超然独立，身境无干。无还科中云："诸可还者，自然非汝；不汝还者，非汝而谁？"不杂科中云："此精妙明，诚汝见性。"又云："见性周遍，非汝而谁？"阿难遂从分别心中，变现一种昭昭灵灵光景，湛然盈满目前，唤作见性，似与身心，判而为二。阿难前疑见性，与万物混杂，此疑见性，与身心各体。故白佛言："世尊！若此现前周遍万物之见精，必定是我妙精明性者，今此妙性，现在我之眼前，则离我身矣；既然是我妙性，岂有反在身外耶？"

见必我真，我今身心，复是何物？而今身心，分别有实；彼见无别，分辨我身。

此恐认见必遗身心。意谓湛然满前之见，必定是我真性，则我现今之身心，当然非我，究竟复是何物，而今身心，分别有实？此约分别以起计。谓：现今身心，为能分别，有实在作用，彼在前之见，无有分别功能，来分辨我身，我身尚不能辨，况能辨万物耶？此正同世间凡夫情见，以有分别者为我，无分别者非我，不知恰堕意识窠臼，与前执缘心有用，悟妙明心，元所圆满，常住心地，不得其用，故不敢认为本元心地，如出一辙。

若实我心，令我今见，见性实我，而身非我？

此约能见以起计。谓在前之见，若实在是我真心，令我现今，此身反为所见，则见性在我之前，如同外物在前；若实在是我，而今此身竟成所见，反非是我矣？

何殊如来，先所难言：物能见我。惟垂大慈，开发未悟。"

此解承上前一解，见性既已离我同物，反能见我身，即同物能见我。何殊（异也）如来，先所难言："物能见我"。然物能见我，佛先不许，已斥其谬，惟愿再垂大慈，开导发明，令未悟者，可以得悟，认见何得不遗身心，见身何得不同物见也。总会前文，佛则谆谆责之，警其不可认妄为真。阿难则种种疑之，反恐认真遗妄，诚为颠倒之甚！良由不达认妄者，必至遗真，而识真者，自能融妄，何至有所遗哉？详佛答处，自见真妄遍融之旨趣矣！又见性灵明洞澈，身心世界，外物顽碍，岂具能见功用，物不是见，前已辨明。

佛告阿难："汝今所言，见在汝前，是义非实。

前阿难谬执，见性与身心各体，故有见性在前之疑。佛不即约身心见性，无有二体以释之，而独约万法一体以破者，中有二意：一者，易于施破。见性如果在前，应同万物分明可指，既于万象中，竟无是见非见之可指，则是非双绝，了无前相，而见性万物，自成一体。以此例观，疏远之万物，与见尚属一体，而至亲之身心，与见岂复为二耶？二者，兼除二执。盖身心者，我执之亲依；万物者，法执之显境。阿难只恐认见，必遗身心，则我执正自炽然，而法执尚犹微隐，若但说见性身心一体，彼将更执见性身心，合为我体，而以万物为他体，非惟法执不能兼破，而二执益增上矣！故佛总对万法，悉显其无自无他，则二执荡然矣！如灸病者，须得其穴，阿难种种谬执，惟此见性在前，是其谬本，故佛首夺云："见在汝前，是义非实。"

若实汝前，汝实见者，则此见精，既有方所，非无指示？

先阿难妄拟见性在前，佛已直斥其非。此下辨无是见，与无非见，此科双用即物离物，而单遣是见也。如来问云：若此见精，实在汝之眼前，汝实实可以看见者，则此见精，一定有地方所在，既有方所，必有相状，非是无可指示？此决断定属可指，下方令对物指出。

> 且今与汝，坐祇陀林，遍观林渠，及与殿堂，上至日月，前对恒河。汝今于我狮子座前，举手指陈是种种相：阴者是林，明者是日，碍者是壁，通者是空，如是乃至草树纤毫，大小虽殊，但可有形，无不指着。

此先以物皆可指为例。下令指见，且今我之与汝，坐此祇陀林，周遍观看，近处林渠（水也，河流之类），及与殿堂，高处上至日月宫，远处前对恒河，汝今于我狮子座前，但是目之可见，举手皆可指陈，是种种相，分别明白，阴者是林，明者是日，碍者是壁，通者是空，如是乃至若草若树，纤细毫末，大小虽殊，但可以有形，无不可以指着也。

> 若必其见，现在汝前，汝应以手，确实指陈，何者是见？

此教其指见。若必定见精，现在汝之眼前，汝应以手，确确实实指陈，何者是汝眼前之见？

> 阿难当知：若空是见，既已成见，何者是空？若物是见，既已是见，何者为物？

此有两节文，乃佛立成格式，要阿难依此解答，不至混滥。先所谓双用即物离物，单遣是见，即在本科。此节格式，乃即物须不坏物之本相，下节乃离物须当显见之自体。

当知二字，要阿难注意着眼，何者是空，何者是物。此语莫作是见无空，是见无物解释。佛要阿难，依所定格式，物、见双指，不坏物之本相。先约空说，若空是见，既已成见，须当不坏空之本相，何者仍旧是空？再约物说，若物是见，既已是见，亦当不坏物之本相，何者仍旧是物？此种格式，譬如即壁成画，要须壁画双存，方成物见各体之义。此顺阿难迷执，见性与根身万物，各皆有体，故作斯解。若是见，即便无空无物，遂成一体，则与阿难语意相违。又既成一体，自不容更说是见，如下文"我真文殊，无是文殊"。此种解释，是《正脉疏》交光法师特出手眼，能见人见不到之处。能会佛立格本意，殊令人心悦诚服也！

> 汝可微细，披剥万象，析出精明，净妙见元，指陈示我。同波诸物，分明无惑。"

上节即物索是见，此节离物索是见。乃离物须当显见之自体，故嘱阿难：汝可更加一番微细工夫，披剥万象，即剖开万象，分析出此见元，此即离物索是见也。精、明、净、妙见元者，万象不能混曰精，万象不能蔽曰明，万象不能染曰净，万象不能变曰妙，此四乃见元义相，即本觉所具性功德相，此曰："见元"，上曰见精，有曰见性，名虽各出，乃随语便，同指众生识精元明，即二根本中真本，与物同体。如果物见各体，必须离物以显见之自体，同彼诸物，历历分明，无所疑惑，指陈示我。

> 阿难言："我今于此，重阁讲堂，远洎（音暨）恒河，上观日月，举手所指，纵目所观，指皆是物，无是见者。

此阿难答，即物无是见。谓举手所指得到，纵目（即放眼）所观（见也）得到，指者皆是物，不能不坏物之本相，更指出何者是见也。故曰："无是见者"。

> 世尊！如佛所说，况我有漏，初学声闻；乃至菩萨，亦不能于万物象前，剖出精见，离一切物，别有自性。"

此阿难答，离物无是见。如佛所说，即指上文佛立格云："汝可微细，披剥万象，析出精明，净妙见元，指陈示我。"况我乃是有漏初学人，哪能离物指出是见，即罗汉、辟支佛，亦所不能，乃至菩萨，亦不能于万象前，剖析出精见，离一切物，别有见之自性也。是离物亦无是见之可指矣！此双用即离，单遣是见也。

> 佛言："如是如是！"

此佛言印证。重言如是者，以阿难所答，即物无是见可指，离物亦无是见可指，二者皆是，故言："如是如是。"良以见性，量括十方，体周万法，其与万法非即非离，惟其非即也，故能灵光独耀，迥脱根尘，身界无干，生死不系，众生不达斯义，则混淆真妄，沉溺轮回；惟其非离也，故能尘刹普融，万物一体，用弥法界，色心不二，众生不达斯义，则沉空滞寂，中止化城。如来自指见是心以来，多约不即之义，分真析妄，以决择离尘独立之体。今此科合下无非见，乃约不离之义，泯妄合真，以显泄乎与物混融之妙，以释阿难身见各体之疑。

佛复告阿难："如汝所言，无有见精，离一切物，别有自性。则汝所指，是物之中，无是见者。

此显离见无物，以遣非见也。上科双用即物离物，单明无是见；此科单用即物，双明无非见无是见。佛恐当机，只知见性离一切相，不知见性即一切法也。故先述彼言，牒定其意，曰：如汝所言，无有见精，离一切物，别有自性；此牒上离物无是见也。则汝所指是物之中，无是见者：此牒上即物无是见也。此文双牒离物即物，皆无是见。

今复告汝：汝与如来，坐祇陀林，更观林苑，乃至日月，种种象殊，必无见精，受汝所指，汝又发明，此诸物中，何者非见？"

此紧承上文，复告云：更观种种物象差殊，必定无有见精，可以受汝所指，如是则完全无是见；复承上文，既是完全无有是见，汝再向万象中，仔细发明，此诸物之中，何者非汝见耶？

阿难言："我实遍见，此祇陀林，不知是中，何者非见。

此直答：我实遍见，一切万象，不知是万象之中，何者非我之见也。

何以故？若树非见，云何见树？若树即见，复云何树？如是乃至，若空非见，云何见空？若空即见，复云何空？

此征释无非见之所以。上云单用即物，双明无非见，无是见，即在此节。以离物无凭，说于非见，故单用即物。承上征云：我说无非见者，何以故？下释云：若树非见，云何能见于树？若树即见（是见也），则树既已成见，复云何犹名为树也？此文本明无非，带明无是者，恐闻无非，仍复堕是，故兼带双明，遮止矫乱也。如是遍历万象，指点将来，以至虚空，谓：若空非见，云何能见于空？若空即是见，则空即已成见，复云何犹名为空也？

我又思惟：是万象中，微细发明，无非见者。"

此结答无非见。再四思惟是万象之中，微细发明，见性朗见万物，无一物而非是见者。

佛言："如是如是！"

此佛印证。无一物而非见，斯言不谬，故重言如是以证之。本科惟明一体不离之义，若有是非，何成一体？

于是大众，非无学者，闻佛此言，茫然不知，是义终始！一时惶悚，失其所守。

众非无学，智力有限，故致茫然。是义即无是无非之二义，终者义之归趣，始者义之由来，两皆不知。下如来答中，本是净圆真心，妄为色空，及与闻见，即义之所始也。既曰妄为，即无是非之可指，又此见及缘，元是菩提妙净明体，即义之所终也。既是一体，安有是非之可言哉？又观见与尘，种种发明，则是非始起，繇是真精妙觉明性，则是非终息矣！后二句，正由不知，莫衷一是，故惊惶悚惧，失其所守，或是或非，无可把握，故曰"失守"。

如来知其魂虑变慑，心生怜愍，安慰阿难，及诸大众："诸善男子！无上法王，是真实语，如所如说，不诳不妄，非末伽黎，四种不死，矫乱论议。汝谛思惟，无忝哀慕！"

此佛慈安慰。知其即知阿难等，神魂惊变而不安，思虑忧慑而不定，佛心生起怜愍，而安慰阿难及诸大众曰：诸善男子！汝等不必惊疑怖畏，无上法王

（是佛成无上道，为诸法之王，于法自在），是真语者（无妄故），实语者（不虚故）。如所如说：如者依也，依佛所证真如实理而说故，不诳者，无赚误也。不妄者：无虚伪也。非同末伽黎，四种不死，矫乱论议。末伽黎解在前。四种不死者：彼外道托言有不死天，一生不乱答人，死后当生彼天，立为四种矫乱论议，在十卷行阴中，谓：亦变、亦恒、亦生、亦灭、亦有、亦无、亦增、亦减，皆指两可，终无决定，是为四种不死，矫乱论议。今无是见，无非见，是非双遣，岂同彼不死论议哉？此示以佛言可信，不必惊疑也。

汝谛思惟，无忝哀慕者：谛是谛实，思惟是八正道中正思惟，如来欲阿难从闻慧而入思慧，庶可为起修之本，非教以仍用识心，思量分别，故加一谛字拣之；忝者辜负也，可约自他二意释之：约自者，汝既已回小向大，哀求佛定，仰慕佛果，于此无是非之义，诚能谛实思惟，大开圆解，则悟明因心，自可圆成果觉，庶不负汝自己之哀慕矣！约他者，哀是佛哀，慕是众慕，谓此中二义，茫然不知，佛哀愍之，望其领悟；众仰慕之，望其启发，故嘱谛思，无负上下之望也。

　　是时文殊师利法王子，愍诸四众，在大众中，即从座起，顶礼佛足，合掌恭敬，而白佛言："世尊！此诸大众，不悟如来，发明二种，精见、色、空，是非是义。

前是经家，叙述代问之仪。今"世尊此诸大众"起，至"元是何物，于其中间，无是非是"止，是文殊代问之辞，先标众疑。不悟者，举其疑端；二种，即是义与非是义。精见，即八识精明之见分；色空，总该诸物即相分。文殊意谓：大众所以惶悚失守者，只因不悟如来两番审问，特为发明，精见（即见精）之与色空，是义与非是义两种。是义，即无非见之义，以无非曰是故；非是义，即无是见之义，义字双连上是与非是，成二义也。

　　世尊！若此前缘，色空等象，若是见者，应有所指，若非见者，应无所瞩。而今不知是义所归，故有惊怖！

此述众疑。二应字，俱属平声。谓：若此色空等象若是见者，应当有所指，云何无是见之可指？若非见者，应当无所瞩，云何又能见色见空？而今不知是义所归者，即无是见、无非见二义所归趣也，故有惊怖！

非是畴昔，善根轻鲜，惟愿如来，大慈发明，此诸物象，与此见精，元是何物？于其中间，无是非是。"

此代求佛示。谓此众虽然有漏，非同畴昔（从前也），未曾回小向大，善根轻薄鲜少可比。元是何物句，正追究是义终始，诘本穷源之问也。愿佛大慈哀愍，发明物象之与见精，元是何物。于中即无是见，又无非是见。无字，双贯下是与非是。佛若发明，则大众既知是义所归，而惊怖自息矣。

佛告文殊及诸大众："十方如来，及大菩萨，于其自住三摩地中，见与见缘，并所想相，如虚空华，本无所有。

此佛酬答文殊之代问，故呼其名而告之，并及在会大众。文中正显真心，绝诸对待，惟是一真，以明无是非之故，若有是非，则非惟真。十方如来，已证极果之佛，并及大菩萨，有此大字一字，非但二乘绝分，即权教菩萨，亦所不能，显是佛及圆顿菩萨境界。自住三摩地中者：即是以自觉圣智，常住于首楞严大定也。所谓："那伽常在定，无有不定时。"此三摩地，即同前佛告阿难，有三摩提，名大佛顶首楞严王，具足万行之三摩提相同。地、提，不过梵音清浊之异耳。又此定非同权小有出有入之定，是以曰自住，即自住本地风光，不假修为造作也。

见与见缘四句，了妄无体。佛及大菩萨，住此定中，内脱身心，外遗世界。根、尘、识三，不能为碍。见与见缘，并所想相者：见，即能缘见分；见缘即所缘六尘相分；并者及也；想即六识妄想；相即六根身相。此三六十八界，一切诸法，凡、外内执身心为实我，外执万法为实法，具足我法二执；权、小法执坚固，仍执实有身心世界。佛及圆顿菩萨，了知遍计（六识）本空，依他（根尘）如幻，喻如病目所见之空华，从缘无性，本无所有，非作故无，本性无故。非待病愈花灭才无，即正当病眼见空华时，华本无有，此即当体即空也。

又空华，病眼观之，非有似有，此喻凡、外、权、小，见十八界；净眼观之，了不可得，此喻佛及圆顿菩萨，见一真法界。见与见缘并所想相，又一解：见摄六识，见、闻、嗅、尝、觉、知，见缘该六尘见等所缘之观境，想相指六根，想属心，相属色，心、色和合，以成根身。前云：色杂妄想，想相为身，故指六根。《正脉》云："此科全是诸圣圆观大定，行人切须究心，若能常住此境，念念不昧，成佛何疑？"

> **此见及缘，元是菩提，妙净明体，云何于中，有是非是？**

此达妄即真。了达能见见分，及所缘相分，当体即真。缘字并摄根、尘、识三，根为能缘，尘为所缘，识从缘生，故以缘字，总该三六十八界，即身、心、世界，依正二报。上明万象皆妄，故喻空华，此明一性元真，故曰菩提。乃三菩提中，真性菩提，亦即三性中，圆成实性。元是二字，与前文殊所问，元是何物相照应。今顺前文答云：此能见之见精，及所缘之物象，所以无是非者，何也？元是菩提妙净明体，不假修为，本来自妙；不用洗涤，本来自净；不待揩磨，本来自明。妙即法身德，非有非空；净即解脱德，处染不变；明即般若德，灵光独耀，乃是三德秘藏之体。既是一体，迥绝是非，故反显之曰：云何更有是见之与非是见耶？此即无是非义之所终也，会诸相终归于一性。

《正脉》问云："佛初惟以见为性，而曲明其不与身心万物为侣，以谓见独真，而余皆妄，令人独依见性也。今乃论妄，则降见性同是空华；论真，则升诸法，同为真体，固是理极之论，其奈人之用心，将何所适从乎？"今别答云："阿难自被破识心之后，便乃舍妄求真，如来欲示真心，特向眼根指出，意令阿难认见为心，故独显见性为真心也。然见性即陀那细识，不生灭与生灭和合，体虽元明，用终带妄，而众生舍此，别无纯真之心可指，既不可认为非真，亦不可认为全真。若认全真，无异执矿为金；若认非真，便同舍矿求金，二皆是迷。故前约元明，乃极显其为真心，今约带妄，乃同降而喻空华。"而识心诸法，观相元妄，无可指陈；观性元真，惟妙觉明，既不可昧性而执相，亦不可拨相而求性。若欲舍诸法而求真心，何异离波而觅水也。前约相妄，故极令决择分明；今约性真，故识心亦升真体，如来为是理极之论者，欲令众生彻证而圆悟也。

> **文殊，吾今问汝：如汝文殊，更有文殊，是文殊者为无文殊？"**

此假文殊为喻，以明一真法界，本无是非二相。先喻一真索是非，文殊喻一真之体。更有文殊二句索是，喻何者是见；末句索非，喻何者非见。问云：

如汝此身，本来一个真文殊，为是更有文殊，唤作是文殊者，为无有文殊耶？又无字即作非字解，于文亦顺，而详文殊答处，无字义长。

"如是世尊！我真文殊，无是文殊。何以故？若有是者，则二文殊，然我今日，非无文殊，于中实无，是非二相。"

此喻一真无是非。文殊是大智慧，一闻便悟，领旨直答："如是"，即领诺之辞。答曰：世尊！我本一个真文殊（此喻一真之体），于我真文殊分上，并无那个唤作是文殊者（此喻色空无是见也）。何以故三句，征释无是所以。若更有一唤作是文殊者，则成二文殊，而一体自不能成，意显一体分上，更不容说是。此是字，非对非说是，即对本体说是，若说有是，则有对待，而非绝待矣。

然我今日，非无文殊，于中实无是非二相者：然转语词，承上转云：然我今日，真实文殊分上，非无有文殊（此喻色空无非见也。此句若作无非文殊，其理更明）。于中者：于真实文殊体中，实无从说是，及与说非；说既叵说，安有是非二相可得耶？此喻一真无是非，真如体中，不剩一法，不少一法，圆同太虚，无欠无余故也。合前此见及缘，元是菩提妙净明体，云何于中，有是非是，观二于中，佛与文殊，法喻虽然各说，彼此照应，如出一辙。

昔法眼、同绍修、法进三人，参地藏禅师，天寒落雪，附炉烘火次，举《肇论》至："天地与我同根处"。藏曰："山河大地，与上座自己，是同是别（此句即同佛问阿难，何者是见，何者非见一样）？"眼云："别"。藏竖起二指。眼曰："同。"藏又竖起二指，便起去。雪霁三人辞去，藏至门前送之，问曰："上座寻常说三界唯心，万法唯识。"乃指庭前片石曰："且道此石，在心内在心外？"眼曰："在心内"。藏曰："行脚人着甚么来由，安片石在心头？"眼无以对，即放下包囊，依席下求请决。近一月余，日呈见解。藏曰："佛法不恁么"！眼曰："某甲词穷理绝也"。藏曰："若论佛法，一切现成。"眼于言下大悟。

丰干欲游五台，问寒山、拾得曰："汝共我去游五台，便是同流，若不共我去游五台，不是我同流。"山曰："汝去五台作甚么？"曰："礼文殊。"山曰："汝不是我同流。"干独入五台，逢一老人，便问："莫是文殊么？"老人曰："岂有二文殊？"干作礼未起，忽然不见。

佛言："此见妙明，与诸空尘，亦复如是。"

此见即能见见精，无始在缠，灵光不昧，故称妙明。与诸空、尘，即指物象，物象虽多，空、尘二字，足以该之。佛言此见精与物象，但惟一体，所以无是无非，亦复如文殊一样，但有一真文殊，无是文殊，与无文殊也。

本是妙明，无上菩提，净圆真心。妄为色、空，及与闻见。

上三句是所依真，下二句是所起妄。本是对前元是，各有用意。前究是义之所终，欲晓以无是非之故，乃合二妄成一真，明妄元是真，于一真总喻而总合，归真即无是非。今推是义之所始，欲教以出是非之法，乃从一真起二妄，明妄本依真，于真妄别喻而别合，悟真方出是非。准上文，亦有法喻合三节之文，推究见精、物象之来由，元是何物？既无是，而又无非，乃曰："本来是妙明无上菩提，净圆真心"，此指所依真。不变随缘曰妙，寂而常照曰明，无上菩提，即第一义谛，真性菩提，为诸法之本源，无有何法，能在其上，故曰"无上"。净者，清净本然；圆者，圆满周遍；真心，即人人本具一真心体。此心本来寸丝不挂，一尘不染，亦即六祖所云："本来无一物"是也。

妄为色、空，及与闻见者：此明从真起妄，妄为二字，对上本是而来。谓本是一真心体，由最初性觉必明，妄为明觉，转妙明而为无明，转真觉而成不觉，起为业识，诈现见、相二分。色、空即所现之相分，依报世界物象等；及与闻见，即所现之见分。正报六根身相等，皆属妄为，本非实有，虽非实有，宛现二相，则是非生焉。

如第二月，谁为是月？又谁非月？文殊，但一月真，中间自无是月非月。

此别举真妄二喻。上三句喻妄，有二月终堕是非。如字承上妄为二分，如捏目所见第二月，既有二轮，是非锋起，于中妄计，谁是真月？谁非真月？合上真心，妄为色、空、见相之二分，于中是非自生。此二月之喻，与前无还科中不同，前单喻见精，切近真心，此双喻见、相二分，以为是非之端。下二句，不可作有何是月，有何非月解，若如是解，已成无是非，即错矣！当作谁是真月？又谁非真月？文殊，但一月真，中间自无是月非月者，此三句喻真以一月，方出是非，佛呼文殊，而告之曰：但识得一月为真，则惟一体，本无二轮，中间自无是月非月之可言，自可超出妄拟之戏论。

> 是以汝今，观见与尘，种种发明，名为妄想，不能于中，出是非是。

是以二字，正承上文，乃谓是以上来所说法喻，研究起来，汝今观见与尘，任从种种发明，无非妄想。汝非指文殊，乃指阿难；观见即见精；尘即内之身心（此心乃妄识属尘影），外之万物。承上汝今不悟妙明真心，故观见与尘，不了元是何物。任从汝种种发明，如对万象而言，云何知是我真性？对身心而言，见性实我，而身非我。说是说非，总属分别计度，名为妄想。于依他法上，起遍计执，纵饶说到驴年，亦不能于中超出是与非是。此合二月妄计是非之喻。

> 由是真精，妙觉明性，故能令汝，出指非指。"

由是返迷归悟，会妄归真，了知见之与尘，元是一真，则能超出是非之外。真精者，无妄离垢之体；妙觉明者，圆照法界之性。悟此体性，则能远离依他起性，及遍计执性，则根、尘、识三，无非圆成实性，悉无自他之别，安有是非可指耶？故能令汝，出指非指者：此指字，与前佛问阿难，既有方所，非无指示句，相对。若悟一真法界，见、相二分俱属空华，万物、见性本来一体，故能令汝超出是非，岂复于万象中，谓何者是见可指，何者非见可指耶？亦如但知一月真，则妄计全消。此合识得真月，是非自息喻。可见迷、悟、真、妄，惟在一念，若一念迷，则心境纷然，是非蜂起；若一念悟，则妙觉湛然，岂容是非于其间哉！此科以见性不分而论，无是无非，见真妄情自息，是四义中妙义。

楞严经讲义第五卷

阿难白佛言："世尊！诚如法王所说，觉缘遍十方界，湛然常住，性非生灭。

此一大科，显见超情。以见性不变随缘故非自然，随缘不变故非因缘；自然、因缘，皆是妄情计执，见性两皆不属，故曰超情。诚如法王所说，诚者实也；法王所说，指如来上文诸科，所说遍常之义。觉缘指见性，谓亲依觉性具有能缘之功能，故称觉缘。遍十方界者：乃称性周遍，不分科中，见性遍见一切，同体不分；不杂科中，见性周遍，非汝而谁？此二科俱成遍义。湛然者：如寒潭止水，湛然不动，领不动科中，身境动摇，见无所动；无碍科中，身心圆明，不动道场之义。常住者：领无还科中，若真汝心，则无所去；不失科中，虽称颠倒，无始不遗之义。性非生灭者：领不灭科中，彼不变者，原无生灭之义。如上诸科，俱成常义。阿难蹑之起疑，疑滥外宗，遂计自然。既破自然，复计因缘，皆是识心分别计度，妄情用事耳！

与先梵志，娑毗迦罗，所谈冥谛，及投灰等，诸外道种，说有真我，遍满十方，有何差别？

先梵志是古来梵志也。其人自谓，梵天苗裔，志生梵天，即婆罗门种。娑毗迦罗，解见序分中。冥谛，为冥初自谛，是外道二十五谛中，第一谛也。彼数论师，计冥性是常，能生大等二十三法，与现今所说，湛然常住，性非生灭，义似有滥。及投灰等，诸外道种：投灰，亦云涂灰，有时以身投灰，有时以灰涂身，而修无益之苦行；等者等余拔发、熏鼻、卧刺、自饿、与持鸡戒、牛戒诸外道种,此等皆心游道外;种者类也。说有真我,遍满十方:真我,或即二十五谛,末谛之神我。外道计我相有三:一、大我;二、小我;三、不定我。此所说觉缘遍十方界,义似有滥大我,如来所说遍常,与外道有何差别?

> 世尊亦曾于楞伽山,为大慧等,敷演斯义:彼外道等,常说自然,我说因缘,非彼境界。

此举昔日自宗。楞伽山名,此云不可往,非有神通者,不能到故。佛依此而说《楞伽经》,表法殊胜,非二乘所能及。大慧菩萨,是楞伽会上当机,等者等余众故。佛曾在楞伽山,为大慧等,广辩内教,与外道不同之义。彼外道等,常说自然者,清凉云:"无因论师,计一切物,无因、无缘,自然生,自然灭。"如彼偈云:"谁开河海堆山岳?谁削荆棘画兽禽?一切无有能生者,是故我说为自然。"此则拨无因果,不立修证,佛说因缘以破之,故曰:"我说因缘,非彼境界。"如《楞伽经》颂云:"我说唯钩锁(钩锁,即是因缘,取相连不断义,十二因缘,名十二钩锁),离诸外道过,若离缘钩锁,别有生法者,是则无因论,彼坏钩锁义。"又因谓种子亲因,缘谓资发助缘,内而三乘等性,须假宿生善根,种子为因;复假如来教法,以为外助之缘,方生诸乘所证之果。外而百谷等物,亦须种子为因,水土为缘,方生芽等,大异于彼外道所说,故曰非彼境界。

> 我今观此:觉性自然,非生非灭,离远一切虚妄颠倒,似非因缘,与(同也)彼自然;云何开示,不入群邪,获真实心,妙觉明性?"

首句判同外计。谓我今观此,觉缘见性,亦成自然。非生非灭三句,谬取如来所显见性之义,以证成之。非生者,由来本有;非灭者,究竟不坏,即不失不灭科义。若有动、有还、有杂、有碍、有分,俱属虚妄颠倒,前显不动、无还、不杂、无碍、不分,故云远离。此实大乘正理,迥超凡情外计,阿难不达,反取之以证自然,故曰似非因缘(即自然),盖外道自然,佛昔所破,今佛所说同彼自然,此疑违昔宗。

云何开示,不入群邪者:意谓佛之所说,与外道自然,或同或异,固所未谙,云何开示分明,令知拣择,不入群邪,顿获无戏论之真实心,而证妙觉明性之全体大用耶?

佛告阿难："我今如是，开示方便，真实告汝，汝犹未悟，惑为自然！

此破自然。先呼当机之名，而责之曰：我今前来八番，如是开示，费却许多唇舌，或直显旁通，或明彰曲示，种种权巧方便，无非将一真实相之道，告知于汝，汝犹未能悟见性为真本，反乃惑为自然，岂不辜负于我哉！

阿难，若必自然，自须甄明，有自然体。

若汝必定，以此觉缘周遍不动，性非生灭，以为是自然者，自当甄别明白，有一自然之体方可。

汝且观此，妙明见中，以何为自，此见为复以明为自？以暗为自？以空为自？以塞为自？

此就中诘问。谓妙明真见、遍见诸缘，汝且观察，此妙明见中，以见何者为自然之体，此二句为总诘。此见为复下，约明、暗、空、塞四缘，逐一别诘。以明为自者，谓以见明者为自然体。下三例知。

阿难，若明为自，应不见暗；若复以空为自体者，应不见塞；如是乃至，诸暗等相，以为自者，则于明时，见性断灭，云何见明？"

此难破。若以见明为自然体者，自然应当不变，既以明为自，只应见明，至于明去暗来，应不随缘，不能见暗，方成自然？以空为自等，例此可知。如是乃至，超略以塞为自，应不见空？诸暗等相者：子夜黑月，云雾晦瞑等，皆为暗相，既以暗为自然体，自应不随明缘，故难以则于明时暗灭，见性应当断灭，云何明时仍旧见明？既然明来见明，暗来见暗，乃是随缘，有何自然之义？

阿难言："必此妙见，性非自然，我今发明，是因缘生。心犹未明，咨询如来，是义云何，合因缘性？"

当机闻佛难破自然，转疑因缘。故曰：必此妙明见性，非是自然，我今发明，必定是从因缘所生。此之发明，不是真智发明真理，乃是对待发明，故心犹未曾明悟，必须咨询（问也）如来，是前来各科，所说遍常之义，云何符合因缘性；诚是未明，今教不但不堕自然，兼亦不堕因缘。

佛言："汝言因缘，吾复问汝：汝今因见，见性现前，此见为复因明有见？因暗有见？因空有见？因塞有见？

上段以真如随缘义，破其自然，此段以真如不变义，破其因缘。因是亲因，如种子；缘是助缘，如水土，故分而破之，此先约因破。佛对阿难言：汝言我今发明，是因缘生。吾再来问汝：汝今因见明、暗、空、塞之境，见性乃得现前，但此性为复因明而有见耶？为复因暗而有见耶？若因明有，即是以明为生见之因，余可以此例知。

阿难，若因明有，应不见暗；如因暗有，应不见明；如是乃至，因空、因塞，同于明暗。

若见性因明而有，则明为生见之因，及至暗生明灭，则汝见性，应随明以俱灭，不应当再见暗；如因暗有，明暗相倾，明时无暗，则汝见性，应与暗以俱亡，不应当再见明。下因空、因塞，与此相同。

复次，阿难，此见又复缘明有见？缘暗有见？缘空有见？缘塞有见？

此约缘破。复呼当机，谓汝此见性，于明、暗、空、塞四种，究竟以何为发见之缘？

阿难，若缘空有，应不见塞；若缘塞有，应不见空；如是乃至缘明、缘暗，同于空塞。

若见性缘空而有，则空为发见之缘，及塞时空灭，则汝见性，应随空以俱灭，不应再见于塞；如缘塞有，塞空相夺，塞时无空，则汝见性，应与塞以俱亡，不应再见于空；下缘明、缘暗，与此相同。

当知如是精觉妙明，非因非缘，亦非自然。

当知者：应当起智观察，了知见性，离四句，绝百非。精觉妙明：即是见性，以不变之觉体，纯一无杂曰精觉；以随缘之妙用，灵明不昧曰妙明，此申其正义。体既不变，故非因缘；用既随缘，故非自然，此属第一重遣。

又一解：精觉者，见精之体，亲依本觉之性，从妙起明，即明而妙，寂照双具，故曰妙明。众生不达，即明而妙，不变之义，固执而为因缘，则属权宗；不达即妙而明，随缘之义，固执而为自然，竟成外计。故嘱以当知，如是精觉妙明，本如来藏，既非因缘，亦非自然。因缘自然，皆为戏论，古德云："非因缘非自然，妙中之妙玄中玄，森罗万象光中现，寻之不见有根源。"上但反诘，此申正义，下更迭拂。

非不自然，无非不非，无是非是。

首句非不自然上，应有非不因缘一句，但是遗脱矣！非不之不字，即是上非因非缘，亦非自然之非字，以因缘自然，皆是妄情计度，故上以非字遣之。恐转计不因缘，不自然，仍旧未离戏论，故更以非字遣之，曰：非不因缘，非不自然（即非非因缘，非非自然）。此以非遣非，即遣上两句，此属第二重遣。

无非不非者：无字双贯，非与不非，此为蹑遣。以一无字，蹑遣前四句，应具四个无字，属第三重遣。合云：无非因缘，无非自然（遣第一重）；无不非因缘，无不非自然；即遣非不因缘，非不自然，与遣第二重，不非非不义同。

无是非是者，无字亦双贯，是与非是。此为对遣，防其对非计是，对是计非。或闻上文，诸非尽遣，仍然计是，故更以无字遣之。亦有四句，应具四个无字，属第四重遣。合云：无是因缘，无是自然；或闻是既不存，非仍成立；再以无非是因缘，无非是自然。非是二字，亦即非字，到此重重迭拂，妄情自尽。

离一切相，即一切法。

此乃情尽法真。相非万法之自相，乃是妄情计度之心相，即执因缘自然等心。遣之又遣，诸情荡尽，法法元真；当知法本无差，情计成过，但用亡情，何劳坏相？六祖云："六尘不恶，还同正觉。"但能离一切妄计之相，即一切诸法，无非全体法界。如《唯识》云：若离遍计执，当体即是圆成实。"又此二句，即离妄即真四字。

汝今云何，于中措心，以诸世间，戏论名相，而得分别？如以手掌，撮摩虚空，只益自劳，虚空云何，随汝执捉？"

云何责怪词，谓是法非思量分别之所能及，汝今云何于精觉妙明中，措心作意，用诸世间戏论名相，欲得分别妙明真性；此性离名绝相，岂世间戏论名相，而得分别哉！世间戏论名相，因缘权乘所宗，则学者世间戏论；自然外道所宗，即非学者世间戏论。下文所云："但有言说，都无实义"是也。

如以手掌，撮摩虚空，下喻明无益，只增自己劳苦，虚空云何随汝执捉乎？此以手掌撮摩喻戏论，虚空喻真性，虚空既不可撮手，而真性又安可措心耶？此科以见性超情论，显其诸情不堕，越远外计、权宗，即四义中，妙明之义。

阿难白佛言："世尊！此妙觉性非因非缘，世尊云何常与比丘宣说：见性具四种缘？所谓因空、因明、因心、因眼，是义云何？"

此科显见离见，不是常途所谓情见之见，乃指见精自体耳。见精自体，真妄和合，约义可分真、妄二见，并非真妄各体。但约见精带妄时，则名妄见，离妄时，则名真见。如人在梦时，则名梦人，离梦时则名醒人；梦人醒人无二人，真见妄见无二见。今言离见者，即真见离自体中，一分妄见而已，故名为显见离见。即远离依他起，当下即是圆成实。

上科因缘、自然二皆并遣，此处阿难白佛言：世尊！此妙觉明性，不属外道自然则可，若谓非因非缘，似乎不可；以因缘是自宗，何得与自宗相违？必此见性，非因非缘，世尊云何，昔日常与比丘宣说，见性具四种缘，所谓因空、因明、因心、因眼耶？以目前不空、不明，则不能见，无心、无眼，更不待言，所以必因四种，方能成见，则见性自属因缘之义明矣！是义云何者，岂今是而昔非耶？抑或今昔相同，而我未达耶？

当机所引，乃眼根中眼识，如来所显是眼根中见性，正是根、识不分。《八识规矩颂》云："愚者难分识与根"。阿难即其人矣！前来世尊，乃托见精以显见性，欲令证入妙觉明性，而得全体大用，而反认见性为眼识，何异将彩凤为山鸡，视和璞为顽石，可不哀哉？

大乘眼识，九缘方生，所谓：空、明、根、境、作意（遍行心所之一）、分别（第六识）、染净（第七识）、种子（三类性境之一）、根本（第八识）；小乘法中略具四缘，缺一不可，即空、明、心、眼四缘，为眼识得生之缘，并未曾说，四缘生妙觉性。良以此性，非生因之所生，乃了因之所了，今说从因缘生，误之甚矣！

佛言："阿难，我说世间，诸因缘相，非第一义。

此明今昔权实不同。佛告阿难，我昔日说四缘生识者，乃一时权巧方便，说世间诸因缘相，引诱小乘学者，免中外道之毒。彼外道妄计自然，我说因缘以破之，非同今日所说第一义谛，修证了义之法，何得取彼而难此耶？

阿难，吾复问汝：诸世间人，说我能见，云何名见？云何不见？"

阿难言："世人因于日、月、灯光，见种种相，名之为见；若复无此三种光明，则不能见。"

此科辨今所说，非同昔日因缘。故问之曰：诸世间人，说我能见：是以我为能见，物为所见，此乃一切众生共执。今诘以云何名见，云何不见者：为探其藉缘不藉缘。答以因于日、月、灯三种光明，乃能有见，无光即无见，正述其必定藉缘。此虽单举明缘，以该空、心、眼三缘，缺一不见，此昔日之权。阿难所述固是，然今日所说，是第一义，如第一番显见，盲人瞩暗，与有眼人，处于暗室，所见无异。见性脱根脱尘，灵光独耀，又何藉明缘？此即权实不同也。

"阿难，若无明时，名不见者，应不见暗！若必见暗，此但无明，云何无见？

此显无明不是无见。若如汝谓，无明时即谓无见者，应当并暗亦不见，方可谓之无见；但无明便谓无见，乃常情所执，故以应不见暗诘之，断无是理。若必见暗下，申其正理。谓若无明时，必能见暗者，此但是明无，而见不无，云何汝说无见？

阿难，若在暗时，不见明故，名为不见；今在明时，不见暗相，还名不见！如是二相，俱名不见。

此明、暗相例，以致二皆不见，岂不大谬！

若复二相，自相陵夺，非汝见性，于中暂无。如是则知，二俱名见，云何不见？

此结申正义。上科但是因谬反显，决无二俱不见之理，故申以正义曰：若复明暗二相，自相侵陵倾夺，明来暗去，暗生明灭，明暗二相，时有时无，非汝见性，于中暂时或无。此句须着眼，明暗有生灭，见性非有无，明来见明，暗来见暗。非暂无即常有，正显见性常住，不生不灭，不藉因不托缘也。世间常情，惟许见明有见，不许见暗成见，权教亦须具足空、明、心、眼四缘，方能成见。此经为了义真诠，但取暗中有见，故曰如是则知，见明见暗，二俱名见，云何不见？是则暗中之见，尚不用眼，何假空明，及分别之心耶？是则显一暗中之见，则四缘俱破矣。

是故阿难，汝今当知：见明之时，见非是明；见暗之时，见非是暗；见空之时，见非是空；见塞之时，见非是塞。

此显今教为第一义。然有浅、深两重，先显离缘第一义。盖见性离缘之义，自盲人瞩暗，显见是心以来，不动、不灭、不失、无还、不杂、无碍诸科，不分前半，所显皆是离缘之见，此见即是见精。前文所云："此见虽非妙精明心，如第二月，非是月影。"喻如第二月者，以其带妄之故；虽然带妄，自体离缘，已自超乎因缘宗矣！是故阿难汝今当知，是故二字，承上是明暗，二俱成见之故。汝今当知，见明之时，此之见精，非是因明所有；见暗之时，此之见精，亦非因暗所生；见空见塞，可以例知，则此见精，不属因缘明矣。

"四义成就，汝复应知：见见之时，见非是见；见犹离见，见不能及。云何复说因缘、自然，及和合相？"

此例显离见第一义。即显妙精明见性，喻如天上真月，此节较上更深一层。四义成就者：即指上面见精，非明、暗、空、塞四缘所有之义，已成就离缘第一义，此理极成，无能破者。尚有离见第一义，汝复应知，若但悟见体离缘，而未见见体，尚非圆悟，必见见体离见，乃真见见体矣，故以离缘为例焉。

见见之时，见非是见者，一、三见字，是纯真无妄，本体之真见，即妙精明心，如第一月；二、四见字，是所带一分无明之妄见，即见精明元，如第二月。无始时来，此之真见，常堕妄见之中，不能见妄（如人落水，不见乎水）。若观行力强，脱黏内伏，伏归元真，发本明耀，则真见现前，即能彻见妄体，正当真见，忽见妄见之时，真见即离自体中一分妄见，而不堕在妄中（如人觉梦，梦便不在，即已离梦中矣），此之真见，非是带妄之见也。非是二字，即不堕之意。

又一解：四义成就者，以上四义，皆以能见之性，见于所见之境，而见性原非是境，以此成就，能例之法，例下能见之真见，见于所见之妄见，而真见非是妄见，令难知者，而成易知也。问："心见尚不许为二，今于见，何反言二耶？"答："真非真恐迷，故不得不分也。但约真见带妄时，即名见精；见精离妄时，即名真见，非实有二体也。而真见之所以非妄，见精之所以为妄之义，待下详示妄因科中，佛自明之。"

见犹离见，见不能及者：第一见字是真见，二、三见字皆带妄之见精，言此真见，犹离于见精之自相，见精亦所不能及也。良以有妄见时，真见全隐，及至弃生灭，守真常，常光现前，即真见现前时，则妄见已空，故曰见精所不能及也。云何复说，因缘自然，及和合相者：此责其执吝昔宗，不肯放舍，今离见第一义，尚非离缘第一义所可及，况世间戏论因缘、自然耶？及和合相，与因缘一类戏论，末应有与不和合一句，谅译者错漏耳。不和合，即自然一类，故以云何复说责之。此约见性离见论，显其自相亦离，转入纯真无妄，亦四义中，常住妙明之义。

"汝等声闻，狭劣无识，不能通达，清净实相。吾今诲汝，当善思惟，无得疲怠，妙菩提路。"

此佛责其滞小，勉其向大。声闻兼有学无学。谓汝等见狭志劣，无有广大殊胜之识，执诸法为实有，不了依他如幻，妄起遍计执情，迷于清净实相之理，故曰不能通达。清净实相者：即如来藏，清净本然，真实之相，寸丝不挂，一尘不染，故曰清净。实相有三：一、如实空义，称真如实理，空诸虚妄染法，此为无相之实相。远离能、所分别，万法本空，弥满清净，中不容他（如六祖所云：本来无一物，何处惹尘埃）。下四科七大，一一双非因缘、自然，初销倒想，说空如来藏，即此义也。二、如实不空义，此为无不相之实相。以有自体，常恒不变，体虽不变，用能随缘，下忽生相续，不外清净本然，审除细惑，说不空如来藏，即此义也。三、如实空不空义，此为无相无不相之实相。诸妄皆空，纤尘不立，万境纷纭，一真不动，真空不碍妙有，妙有不碍真空。下五大圆融，譬如虚空，体非群相，不拒诸相发挥，离即离非，是即非即，极显圆融，清净宝觉，说空不空藏，即此义也。

吾今诲汝下，如来欲阿难悟明实相之理，故勖以三慧。诲汝者，有诲必闻，闻慧也；善思惟者，正念观察（非缘心思虑），思慧也；无得疲怠者：无得因循悠忽，自谓疲劳，遂生懈怠，必须精勤进趣，未可半途或废，修慧也。妙菩提路者，即佛所证无上菩提之道路，乃从凡至圣，中间所经五十五位，真菩提路也。《正脉》交师，总论十科文辞极妙，收摄得宜，因其字句长短，略为增易：初科显其脱根、脱尘，迥然灵光独耀；二科显其离身、离境，凝然本不动摇；三科显其尽未来际，究竟常住不灭；四科显其从无始来，虽然颠倒不失；五科显其无往、无还，挺物表而常住；六科显其不杂、不乱，超象外以孤标；七科显其观大、观小，转物自在无碍；八科显其无是、无非，见真妄情自息；九科显其诸情不堕，远越外计、权宗；十科显其自相亦离，转入纯真无妄。显见至此，可谓显之至矣！

旧解总将如是显意，而悉为破见，此（交师自称）所以不得已，而重疏之一端也。特就众生迷位，而尚有二种见妄未除，故曰：带妄显真耳。二种见妄未除，如璞蕴玉，璞虽非玉，毕竟玉不离璞。前带妄显真，如指璞说玉；下文剖妄出真，如剖璞出玉。二见即见性所带，二种颠倒见妄。然真不离妄，如玉在璞；妄未除而真不纯，如璞未剖，而美玉之精莹，不能焕发矣！此下剖妄，虽似破而实显也，不可作破妄解。

阿难白佛言："世尊！如佛世尊为我等辈，宣说因缘，及与自然；诸和合相，与不和合，心犹未开。而今

> 更闻，见见非见，重增迷闷！

此述其迷闷。谓世尊为我等辈，于显见超情科中，宣说因缘及与自然，二者俱非之义，更加重重迭拂，是我已闻；而诸和合相与不和合，是我未闻，心中犹未开通。心犹未开一句，别指和合与不和合，因先未闻，故心未开，欲望佛说，并无要佛重拂因缘自然之意。而今更闻见见非见，重增迷闷者：因未闻和合不和合之义，已是迷闷，而今更闻，见见非见，此理不明，重增一重迷闷，急于求示。

> 伏愿弘慈，施大慧目，开示我等，觉心明净。"作是语已，悲泪顶礼，承受圣旨。

上述迷，此请示。弘者大也，施者赐也。伏愿如来，发大慈心，赐我大慧。此大慧目，即奢摩他，微密观照，称正因之理，所起了因之慧。开示我等觉心，令得明净，觉心即本觉真心，亦即根中见性。二妄未除，迷闷未释，则迷云闷雾，重重笼罩，觉天心地，不得明净，故求开示。使迷闷释，见妄除，则觉心即得明净矣！作是语已，悲泪顶礼，承受圣旨者：作是请示语已，悲伤流泪，心有感伤，伤己沉迷不悟；顶礼则求释迷闷，故凝神静虑，承受佛圣之法旨。

> 尔时世尊，怜愍阿难，及诸大众，将欲敷演，大陀罗尼，诸三摩提，妙修行路。

此经家叙佛将示妙悟妙修，令得圆证。以当机闻说见见非见，重增迷闷，故于尔时佛生怜愍。怜其智劣，愍其未悟，既然未开圆解，不能遽起妙修。曰将欲敷演者：是尚未敷扬演说，但先悬叙于此也。大陀罗尼，此云大总持总一切法，持无量义。有多字陀罗尼（如楞严咒、尊胜咒等）、少字陀罗尼（如六字大明王咒）、一字陀罗尼（如唵字、吽字）、无字陀罗尼之别。圭峰禅师疏《圆觉经》，不取多字、一字，但取无字，即净圆觉心。今亦取无字，即如来密因之理，约因，即众生所具，圆湛不生灭之见性。总持诸法，即《起信论》所云："心为大总相法门"。非特近具根中，实则远该万法；约果，即首楞严王大定，总持百千三昧；约因果同时，即自性天然本定，是名妙莲华，即三如来藏，圆融无碍之理，为大总持也。诸三摩提，乃蹑解所起自利之行，即二十五圣圆通法门。妙修行路：乃依行所历之位，即五十五位，真菩提路；乃双蹑定慧，所修两利之行。此则通指信、解、修证诸文。

《正脉》云："诸三摩提，总目二十五圆通；妙修行路，密指耳门，意言诸圆通中，妙耳门也。以此二句，释上陀罗尼，显修门中，耳根圆通，即大总持也。"不依旧注，平派定慧止观等。按后阿难请入华屋，即有得陀罗尼，入佛知见之语。及佛许云："开无上乘，妙修行路。"又云："于佛如来，妙三摩提，不生疲倦。"语意全合，足征此处，是预指后之修门也。

告阿难言："汝虽强记，但益多闻，于奢摩他，微密观照，心犹未了，汝今谛听，吾当为汝，分别开示。

此寄责多闻，未开真智。告阿难言："汝虽有强记之力，但增益多闻而已。于奢摩他，自性本定之真理，所起微密观照，朗然照体之真智，心中犹未了悟，是则真智未开，不能遽示妙修，必先开圆解，为当务之急也。又微密观照，即称真理，所起之真智，开解照了，自性本定，非同识心分别觉观，粗浮显露，故曰："微密"。乃是离妄绝相，照体独立，今之见见非见，即微密观照也。

阿难但知见性是真，而不知所以真；复闻见性是妄，而不知所以妄。宜乎迷闷，而心未了。观犹字，佛亦以迷闷是急，先为开示，令得广开圆解，方为起修之本矣！故警之曰："汝今自当谛实而听，依教观心，由言达理，吾当为汝分别真见、妄见，开示奢摩他，微密观照之义。"

亦令将来，诸有漏者，获菩提果。

此兼益未来。承上佛为分别，见见非见，则真、妄分明。依真智照真理，修微密观照，不特利益现会，亦令将来有漏凡夫，及有学二乘，依此奢摩他，微密观照之圆解，而起从根解结之圆修，得证圆满菩提，无上极果。有漏尚然，无漏可知。

阿难，一切众生，轮回世间，由二颠倒，分别见妄，当处发生，当业轮转。

此示上文所显，带妄之见精，乃有二种见妄。今阿难既肯认见为心，故佛呼当机，而告之曰：我先说见见之时，见非是见者，以见精尚有二妄，不得不为详剖也。一切众生：不独六凡，亦兼小乘、权教。轮回世间：但指依、正二种世间，与二种见妄相合，而同分妄见，只是自惑所现之依、正，不假业招；而别业妄见，不独惑现，亦兼业招。当处发生句，属同分；当业轮转句，属别业。应知生死大患，其故皆由二种见妄。由二颠倒者，即是迷真起妄。真、妄颠倒，妄生二种，分别见妄，是谓二颠倒。一者，吾人现在身境，乃亲近之依、正，本是惑、业所现，自己别业之虚影，迷而不知，妄生分别，以为心外实有同他共住同见之境，此为别业妄见。二者，所有众生世界，乃疏远之依、正，本是自惑所现，与众同分之虚影，亦迷不知，妄生分别，以为心外实有与己本身无干之境，此为同分妄见。如是迷执，故曰颠倒分别。同分乃任运微细分别；别业具粗、细二种分别，而见妄体，即陀那细识，见分中和合一分深惑。下文诸佛，异口同音所称，俱生无明，生死结根是也。

当处发生者：不离本处发生也。本处即指真心，谓此见妄无别所依，亲依真起，一切妄境皆从妄见所现，妄不离真。如《起信论》所云："不了一法界故，不觉心起，而有其念。念无自性，不离本觉。"即当处发生。将全法界真理，遍成迷惑之境，现起世界、众生，本非处而言处耳。下文云："迷妄有虚空，依空立世界，想澄成国土，知觉乃众生。"此但惑现，未经业招，乃由根本无明，所现业识，相分境界，方是同分境现也。如见空华，不了自心虚妄显现，是同分妄见。当业轮转者：不离业而轮转也。即于惑境中，不了心现，妄执实有，依惑起业，依业受报，而成无边轮转。《起信论》所云："依业受报，不自在故。"惟是自业幻成，更无别物，此不但惑现，并由业招，乃由枝末无明，造业受报，所感境界，即是别业境成也。如见梦境，迷执实有，妄生苦乐，是别业妄见。

云何二见？一者众生别业妄见，二者众生同分妄见。

初句征问，下标列二妄之名。有谓别业约一人，同分约多人，义虽可通，理未周足。当约惑、业，单、双解释：单由惑现，不加业感，乃为同分妄见；双具惑业，既由惑现，再加业招，是为别业妄见。众生个个，都具惑业，而同、别二见，亦复全具。别业者：业别别见，见其自所住持，现得受用，依、正亲近之境；不惟惑现，更由业招，但自业发明，还自取著，颠倒分别，视为心外实有，与他同住共见之境，故曰别业妄见。同分者：惑同同见，见其他所住持，非己受用，世界疏远之境；虽非业招，亦由惑现，但与众惑同，还同众见，颠倒分别，视为心外实有，与己本身无干之境，故曰同分妄见。

又相宗所释，别业者，即不共业，所感之根身（不共众人所造之业，乃个人前生所造业因，今生所感正报根身之业果）。从黎耶识（第八识中），不共种子生，以是自业所感，自所受用，故曰别业。同分者，即共业所感器界与（众人公共所造之业，依业感报，感受今生依报之器界）。从黎耶识中，共种子所生，以由共业所感，众皆有分，故曰同分。本经别业，不独指正报，亦兼依报，同分并非由业感，只是惑现，与相宗稍别。

云何名为别业妄见？阿难，如世间人，目有赤眚，夜见灯光，别有圆影，五色重叠。

首句征问，阿难下陈其所见。如字举例之辞；世间人指凡、外、权、小；目有赤眚（眼生红翳），例无明见病；夜指迷位；灯指藏性；五色圆影，例众生五蕴幻躯，世界五尘幻境。因众生有能见之妄见，故有所见之身、心、世界，见妄若除，身界叵得；赤眚不起，圆影何来？好眼例真智，灯例真理；以真智见真理，惟是一真法界，本无所有。此处眚影，与下灾象，皆不是喻，此举别业中之别业，易知之法，例彼别业难知之法，令难知者，亦易知也。有以目眚、灾象，二皆为喻，以喻后之一处多处，则与后文，文理相背。后文明言："例汝今日，例阎浮提"等文，皆是以易知例难知也。良以亲近之身境，虽为别业，实则与众同住共见，诚难觉其为别为虚也。故举眚见灯影，眚目别见，别中之别，虚上之虚。最易知其为别为虚者，以例之。故下文云："例汝今日，以目观见，山、河、大地，及诸众生，皆是无始见妄所成。"一人如是，彼彼皆然，即以一人例多人，同是别业妄见，所有亲近之依、正，虽然彼此同住共见，与群翳观灯，所现圆影，虽然是同，其实各病。又以疏远之境，虽为同分，与己悬隔，受用不一，诚难觉其为同为妄也。故举瘴恶、灾象，举国同见，同中之别，妄中之妄，尚可知其为同为妄者，以例之。故下文云："例阎浮提，三千洲中，并洎十方，诸有漏国，及诸众生，同是觉明，无漏妙心，见闻觉知，虚妄病缘。"一处如是，处处皆然，即以一处而例多处矣。

见性本来清净，从来无病，为无明所熏，黏湛发见，转本有智光，为能见之妄见，此属根本见病；见精映色，结色成根，遂有胜义根、浮尘根，赤眚依浮尘根而起，属枝末见病；众生聚见于眼，浮尘眼根，为见精所托之处，眚虽浮根之病，亦即见精之病，圆影为枝末见病之影；身界为根本见病之影。又眚见，双带本、末二病，见精惟属根本见病，单复虽殊，其妄一也。下文云："即彼目睛，瞪发劳者，兼目与劳，同是菩提心中，瞪发劳相。"亦此意也。此以眚影为例者，有两重易知：一、易知其为别业，以灯上圆影，为自己病眼独见故；二、易知其为妄见，以五色圆影，虽然似境，毕竟非实故。

于意云何？此夜灯明，所现圆光，为是灯色？为当见色？

此双标审问。问曰：在汝之意，以为云何？此夜灯明，所现圆光，即上文灯光所现圆影。下二句双审，即灯即见，试审察看，此夜灯光，所现五色圆影，为是即灯所有，为当即见所有？见约眚见，例众生迷位中，于真理上，所变现身、心、世界，为是真理实有之色法耶？为当妄见所成之色法耶？

阿难，此若灯色，则非眚人，何不同见？而此圆影唯眚之观？若是见色，见已成色，则彼眚人，见圆影者，名为何等？

此破双即。谓此圆影，若即灯实有之色，则好眼人，何不同见？而此圆影，唯独眚人之观见？此约非眚不见，破即灯也。若是眚见所成之色，见已成圆影之色，不能以见见见，则彼目眚之人，见圆影之见，当名为何等物耶？此约见体不失，破即见也。此以例合法。

五色圆影，例五蕴根身，五尘境界；灯例真理；非眚人例诸佛并大菩萨；眚人例迷位之众生；眚见例妄见。谓此五蕴五尘之身界，非即真理所有，亦非即眚见之色。按文例云：此之身界，若是真理所有，则诸佛诸大菩萨，何以不见？于其自住三摩地中，不见有少法可得，惟是一真法界。而此身界，惟有无明未破，妄见之众生所见，此约佛圣不见，破即真理所有也；若此身界，谓是妄见之色，见已成身界之色，则迷位众生，见身界之见，当名为何等物耶？此约见体不失，破即见之色也。

复次，阿难，若此圆影，离灯别有，则合傍观，屏、帐、几、筵有圆影出？离见别有，应非眼瞩，云何眚人，目见圆影？

此破双离。谓若此圆影,离灯别有,则合(当也)傍观围屏、帐幔之上,几案、筵席之间,皆有圆影出,今则傍观不见,岂离灯耶?若云离眚见别有者,眚见依眼根,离眚见,并离眼根,则此圆影,应非眼瞩,云何眚病之人,必假目见圆影?今则非眼莫瞩,岂离见耶?例彼五蕴、五尘之身界,若离真理别有,不合前云:"当处发生",则合外道所计,时生、方生、梵天生、神我生,究竟实非时、方、梵天、神我而生。前云:"诸法所生,唯心所现。"心外本来无法,岂离真理耶?

例彼身界,若离妄见别有,则此身界,应非妄见所见,云何必有妄见之众生,方见根身器界耶?《起信论》云:"以依能见故,境界妄现;若离能见,则无境界。"是则身界,岂离见耶?

是故当知:色实在灯,见病为影;影、见俱眚,见眚非病,终不应言:是灯是见,于是中有非灯非见。

此正示妄因。见病二字即妄因。是故者,承上非即灯即见,非离灯离见之故。当知者:应当起智观察,若以净眼观灯,只有光明,并无圆影,今此圆影,究从何来?观察之后,乃知因目有赤眚之故。则能见之见成病,致所见之光有影,色(即五色)实在于灯,非灯不现故;见因病为影,非病无影故。上句色实在灯,合上非离灯非即见;下句见病为影,合上非离见非即灯。究之此影虽不离灯,原非即灯之影,皆由见病所成;纵不离见,亦非即见之影,都缘眚翳为咎。影见俱眚者:灯影与见病俱因目眚之故,非但所见灯影,是赤眚所生,即能见见病,亦赤眚所成,以见非眚而不病,灯非眚而无影,故合影与见,同是眚为过咎,故曰:"影、见俱眚"。见眚非病者:此见是真见,不堕在眚妄之中,故能见于眚。既能见眚,即已离眚,如人既已觉梦,即已离梦,所以非病,正由有此无病见体,故前云:"见见非见"。

终不应言下,诫止之辞,诫人妄情计度。既惟病影,全体无实,不应执此圆影。即灯见生,离灯见有,说即说离,皆不中理。是、非二字,即即、离二字合例真智照真理,惟是一真法界,本无所有,如好眼观灯,本无圆影也。因一念不觉妄动,遂转本有之智光,而为能见之见分。以有见分,遂有相分,乃成根身、器界耳。故《起信论》云:"以依动故能见,以依能见故,境界妄现。"所谓见病为影也。是则不惟所见之根身、器界,是无明之影,即能见见精,亦无明所起,所谓影、见俱眚也。若能照破相、见二分,皆是无明之所熏起，即是真智，亦即真见；离能、离所、脱根、脱尘，本来无病，所谓见眚非病也。末四句，既知真见，离妄独立，无有身、界可缘，说谁为即，说谁为离耶？

如第二月，非体非影。何以故？第二之观，捏所成故。诸有智者，不应说言：此捏根元，是形非形，离见非见。

此方是喻，足证前眚影，后灾象，皆非喻也。二月合上灯光圆影。非体者：此二月固非见体所有之色，合上非见色；非影者：此二月亦非真月本有之影，合上非灯色。何以故下，征释妄因。捏所成故：捏即妄因，捏之则有，不捏元无，合见病为影，此影乃眚病以为其咎，目病则有，不病本无也。诸有智者，不应说言，此捏目之根本元因，所见第二月，谓是真月之形，非真月之形。离见非离见，离字双用。离见即非见，非离见即是见。捏目之根本元因，惟是一妄，若在妄上，更说是非，则妄上加妄，岂智者之所为耶？此合上终不应言，是灯是见，于是中，有非灯非见。

此亦如是，目眚所成，今欲名谁，是灯是见？何况分别，非灯非见？

此以法合显。二月非实，惟捏所成；圆影非实，惟眚所成；同一虚妄，无本可据，凭谁说即说离耶？总合眚与无明，皆如捏也；圆影与身界，皆如第二月也。此与前，此见虽非妙精明心，如第二月，非是月影，前后照应。二月从捏目生，见精因动心有，足知所有身界，无非妄影。若不了身界是妄，当观灯影；不了灯影，当观二月。即二月之非有，了灯影之无实；即灯影之无实，悟身界之虚妄。境既是妄，见亦非真，识此见精非真，是名见见；能见见者，自非是妄，故前云："见非是见"，后云："觉非眚中"。

云何名为同分妄见？阿难，此阎浮提，除大海水，中间平陆有三千洲。正中大洲，东西括量，大国凡有二千三百，其余小洲，在诸海中，其间或有三两百国，或一、或二，至于三十、四十、五十。

初句是征，阿难下陈其所见。此阎浮提，是须弥山南面洲名，此洲多阎浮提树，故以立名。欧、亚各洲，都属南洲。除大海水者：四大部洲，俱在咸水海之中，除大海水，中间平原广陆，为陆居众生所依止者，有三千洲。正中大洲，乃阎浮提中心点，东西括量，略南北二字，含在其中，自东南徂西，由南及北，包括量计，大国凡有二千三百，小国则不计也。其余小洲，皆布在大洲之外，亦在咸海之中，其间洲之大小不一，大者或有三百国、二百国，小者或一国、二国，中者或三、四、五十不等。

　　阿难，若复此中，有一小洲，只有两国，惟一国人，同感恶缘，则彼小洲，当土众生，睹（见也）诸一切，不祥境界：或见二日，或见两月，其中乃至晕、适、佩、玦、彗、孛、飞、流，负、耳、虹、霓，种种恶相。

此灾象，亦不是喻，乃举同分中之别分，易知之法，例彼同分难知之法，令难知者，亦易知也。别举此阎浮提洲中，有一小洲，只有两国，以有两国，所见不同，方可验知，同分妄见。惟一国人，同感恶缘者：两国同洲，心行不同，惟独一国人，同感恶缘。注意"感"字，乃依因感果，感应不忒，由妄感为能感之恶因，而灾象为所感之恶缘。故彼小洲，当土众生，依妄感妄现，种种不祥境界，为与本国众生同见，邻国不见，故知乃由妄感，妄现咎征，惟应此国，不应彼国。或见二日，或见两月者：儒云："天无二日"，既见二日、两月，自非吉祥之兆。如夏桀之亡，两日并照是也。其中乃至超略其余。恶气环匝曰晕；黑气薄蚀曰适，适昏也。白气在旁如衡璜曰佩，如半环曰玦，此日月之灾象也。如月晕七重，汉高祖在平城，有重围之难。彗孛飞流，负耳虹霓者，光芒遍指曰彗，俗呼扫帚星；芒气四出曰孛；绝迹横去曰飞；光相下注曰流，此皆星辰灾象。如宋襄公时，星陨如雨，秦始皇时，彗星遍出。宋景公时，荧惑在心，景公惧，召子韦而问焉。子韦曰："荧惑天罚也。心，是宋之分野，祸当君身，虽然灾兆已现，可以移之宰相。"景公曰："宰相所使之治国者，而移死焉不祥！寡人愿自当也。"子韦曰："可移于民"。公曰："民死将谁君乎？宁独死耳。"子韦曰："可移于岁"。公曰："岁饥民饥必死，为人君欲杀其民以自活，其谁以我为君乎？是寡人之命固尽矣！子无复言矣。"子韦北面再拜曰："臣敢贺君！天之处高而听卑，君有仁人之言三，天必三赏君，今夕星必徙舍，君延寿二十一岁。"公曰："何以知之？"对曰："君有三善，故三赏，星必三舍，舍行七星，星当一年，三七二十一，故知延寿二十一年。臣请伏于陛下以伺之，星不徙，臣请死之。"公曰："可"。其夜星三徙舍，如子韦之言。景公不忍损人利己，故得延寿。此诚为贤圣之君，实足为千古之模范也。负耳虹霓，种种恶相者，负耳乃阴阳之气，如弓之背日者名负；如玦之傍日者名耳；映日而晨出者为虹；对日而暮现见者为霓；又雄曰虹，雌曰霓，此皆阴阳之灾象。灾象尚多，总属恶缘感召之咎征，故以种种恶相该之。

但此国见，彼国众生，本所不见，亦复不闻。

同一洲中，天原是一象，分有无，足知非实。前必取两国者，以一国不足以显妄，若两国同见，亦不足以显妄，故曰："但此国见，彼国众生，本所不见。"但者独也，又非特不见，并亦不闻。虽此国惑同同见，毕竟非实。此说妄处，比别业中，既略即、离，复缺妄因。略者，准上可思；缺者，待下进退合明中例出。然此亦有两重易知：一者易知其为同分，以举国皆见故；二者易知其为妄见，以彼国不见故，是以取此为能例焉。

阿难，吾今为汝，以此二事，进、退合明。

此总标例法。以即用也，二事乃眚影、灾象之事。进、退合明，按下三节之文，有分属进退合明，交互进退合明二义。若约例处，例汝、例彼、例阎浮提，三番进退合明：先进一人见眚影，别中之别，例阿难见身、界别业之妄，是以一人例多人，属进别例别以合明；次退一国见灾象，同中之别，例彼一人见眚影，别业之妄，是以多人例一人，属退同例别以合明；后进一国所见灾象，同中之别，例彼十方依、正，同分之同，是以一国例诸国，属进同例同以合明。此二进一退，分属合明也。若约结处，皆是、俱是、同是，三番交互合明。先进眚影，别中之别，合明别业所见身、界，别中之同，则此身、界，固无始根本见病之影，与眚影同一例也，退后身界，别中之同，以合明前之眚影，别中之别，则此眚影，虽枝末见病之影，亦由无始根本见病而来，与身界同一例也，二者皆是无始见病所成。次退一国所见灾象，同中之别，合明一病目人，所见眚影别中之别，则此眚影，亦是一人瘴恶所起，与灾象同一例也，复进一病目人，所见眚影，合明一国，同见灾象，则此灾象，亦一国见病妄现，与眚影同一例也，二者俱是无始见妄所生。后进一国同见灾象，同中之别，合明十方依、正，同分之同，则此依、正，亦是众生瘴恶所起，与灾象同一例也；复退十方依、正，同分之同，合一国所现灾象，同中之别，则此灾象亦是众生同分之惑所现，与十方依、正同一例也，二者同是觉明无漏妙心，虚妄病缘，此各具进退交互合明也。

释疑：此中第一番交互合明，以眚影合明身界，固是以易知例难知；以身界合明眚影，究属何意？当知：身界虚妄，固比眚影之难知，而目眚远因，皆是无始见病所成，更不易晓。第二番交互合明，以一人所见眚影，合明一国所见灾象，固是以易知例难知；以灾象合明眚影，究属何意？当知：灾象虚妄，固比妄眚之难知，而眚影远因，俱是无始见妄所生，更不易晓。第三番交互合明，以一国灾象，合明十方依、正，固是以易知例难知，以十方依、正，合明一国灾象，究属何意？当知：十方依、正虚妄，固比灾象之难知，而灾象远因，同是觉明无漏妙心，虚妄病缘，岂人所易晓耶？盖必交互合明者，要显本末见病，皆无始无明，以为其咎，此处预为发挥，到下文自易明了也。

阿难，如彼众生，别业妄见，瞩灯光中，所现圆影，虽现似境，终彼见者，目眚所成。

此例明别业，重举能例之法，牒定眚见，全体虚妄。观佛直呼前之眚影，为别业妄见，可以证知不是譬喻。要知灯原无影，眚见似有，故云：如彼众生，有了别业（目有赤眚），故成妄见；见已成妄，故瞩（看也）灯光中，所以现出五色圆影。虽似现前境界，但是幻有，而非实有。其故何也？终彼见者（指病目人），目眚所成故。终者究极之谓也，追究到底，实因别业众生，目有赤眚所成。

眚即见劳，非色所造。

首句，重申目眚所成之义。劳即圆影之劳相，谓目有眚病，即见如斯，妄发五色之劳相，不病则无见也。次句重申，虽似前境之义。色指灯上五色，谓此圆影之劳相，非灯上本有之色，亦非灯明所造之色，故曰："非色所造"。但眚见似有，妄体本无也。是则所见之圆影，固是目眚所发之劳相，即能见之眚见，亦是菩提心中，瞪发劳相，合前影见俱眚。

然见眚者，终无见咎。

此明真见无病。然字转语之辞。见眚者：即能见此眚之真体，由来无病，终不堕眚病之中，故曰："终无见咎"。咎即病也。以眚不能自见其眚，今既见眚，自体即离眚妄；如人堕水，一经见水，则身已离水。合前见眚非病。下文觉所觉眚，觉非眚中；又彼见真精，性非眚者，皆指真见之体。

例汝今日：以目观见，山河国土，及诸众生，皆是无始见病所成。

此举所例法。例者同一例也，若约三番，分属进退合明，此乃第一番，进以合明；进前眚目见圆影，易知之别业，例今好眼见身界，难知之别业。今日目观者，就今眼前，亲住亲见之近境，山河国土，及诸众生，即所见身界，皆是无始根本见病所成之影，与圆影枝末见病之影，同一例也。又皆是二字，有注家云："所见身界之相分，与能见之见分，皆是根本无明，动彼净心，而成业识，转本有智光，为能见之见分，于无相真理中，妄现所见之相分，故见、相二分，皆是根本见病所成，即影、见俱眚也。"此解于文虽顺，于义未足。

结处须以见圆影，与见依、正皆是无始见病所成，于义方足。此属交互进退合明，进圆影合明身界，则身界固无始见病所成，与眚见圆影，同一例虚妄也；退身界合明圆影，而圆影虽为枝末见病所成，亦不离根本见病，以末由本起，亦与身界同一例见妄也。

见与见缘，似现前境，元我觉明，见所缘眚，觉见即眚。本觉明心，觉缘非眚。

初二句，妄境似有。见即见分，合上以目观见。见缘即见所缘之相分，合上国土众生。此见、相二分，依自证分而起，属依他起性；依他如幻，非有似有，故曰似现前境。诘其根本，元我真觉堕在妄明之中，以为其咎，觉明二字，亦即四卷中，性觉必明，妄为明觉。性觉即自性之觉体，本具妙明之德用，不假明而明之，设若必定加明于觉体之上，则此必明一念，即是妄为，不当为而为也。即转妙明为无明，性觉成妄觉，由此妄觉，遂起见、相二分之妄。觉明乃为根本无明，诸妄总因。四卷三种忽生相续，无不因此而成。

见所缘眚者：见即转相之见分，所缘即现相之相分，皆由无明之力，转真见成妄见。此见即眚见，遂有所缘依、正之眚影，合上见病为影。

觉见即眚者：接上句，谓非但所缘是眚，即觉明所发之能见，亦即是眚，以俱依无明而有，妄体本无，合上影见俱眚也。

本觉明心，觉缘非眚者：此明真体非病，上觉字指真体，下觉字指妙用。缘字双摄见分、相分，能、所二缘。谓本觉妙明真心，遍觉能、所二缘皆妄，此觉体自不堕妄中，实非有眚妄见可比，故曰："非眚"，合上见眚非病。《正脉》云：此阿难所见身境，即有两重难知："一者难知其为别业，以与众同住，彼此不异也。二者难知其为妄见，以与众见同，信其实有也。故以前眚影，两重易知者例之"。问："身境同见，何以类眚影之别见？"答："众生依自心法界，而迷起梦境，法界唯心，梦境非有，故为别为妄，见同众人，不过业同同见耳，岂同外教共一而实有乎？譬如千灯一室，虽同处而各别光满；又如群翳观灯，似同轮而实各病；及其一人病愈，只消一人之轮，始知非共一，而非实有矣。"

> 觉所觉眚，觉非眚中，此实见见，云何复名，觉、闻、知、见？

上来别业中种种发挥，结归觉缘非眚一句，正转释见见非见之迷闷也。首句即上觉缘（见相二分）二字，二句即上非眚二字。一、三觉字是真体，所觉即能缘所缘，由无明所熏，知见妄发（见分），发妄不息，劳见发尘（相分），悉皆如眚，真觉未觉时，常堕眚中，一觉所觉是眚，则此真觉，即已离眚，非堕眚中矣！此牒前本觉明心，觉缘非眚，及前能见眚者，终无见咎，又见眚非病之义，亦如圆觉所云："知幻即离"是也。

此实见见：此字即指上二句，实即见见非见之义。比显云：真觉觉于所觉是眚时，真觉不堕于眚中（此上二句义）；即前真见，见于见精带妄时，真见非堕于见精妄中，彼此意义相类。云何下责怪之辞，见性即是寂常心性，所应取为本修因者，云何复将此妙觉明性，名为觉、闻、知、见？何异将连城之璧，唤作碱砆，岂不误哉？觉、闻、知、见，即是六精，体同用异。"元以一精明，分作六和合。"觉知二字，各具二精，即带妄之见精也。众生既不可执妄为真，亦不可将真作妄，如只认见、闻、觉、知为心，则被所覆，即不见精明本体矣。须知真心虽不离见、闻、觉、知，本不属见、闻、觉、知，方有超脱之一日也。

> 是故汝今，见我及汝，并诸世间，十类众生，皆即

见眚，非见眚者。

此对境会释真妄二见。见我即观佛相好，及汝即阿难自身。世间指虚空、山、河、大地。十类众生：于十二类中，除无色、无想；此举圣、凡、依、正。此二见眚，字同义异，上谓见有眚，下谓能见眚。若自惑未除，纵观如来胜相，犹是见带眚病。古德云："眼中犹有翳，空里见花红。"非能见眚者之真见。

彼见真精，性非眚者，故不名见。

彼见即能见眚之见。已离于妄曰真，纯一无杂曰精。性非眚者，其性不变随缘，随缘不变，能为见相所依，不为见相所变，其性不堕于眚妄之中，故曰"非眚"。既非是眚，故不应名见。此后二句，判真非妄，即上"觉非眚中，云何复名觉、闻、知、见"。

一切众生，不达所见身界，皆自心别业之妄影，本来无实，所以凡夫深生取著，二乘深生厌离，皆非解脱之道。若知惑业所现，妄体本空，不生执著，无可厌离，则终日对境，终日不被境转矣！

阿难，如彼众生，同分妄见，例彼妄见，别业一人。

此例明同分，文具能、所二例。若对例阎浮提等，此为能例；若对例别业妄见，此为所例。问："前云举国同见灾象，易知其为同分，彼国众生不见，易知其为妄见，既有两重易知，即可例下十方依、正，而更取例于别业者，何也？"答："前见灾象文中，元缺详示妄因，故必取例别业之妄，令知同彼眚影，一例虚妄，则妄因成，方可以为能例之法，不得不退例别业也。"故呼当机而告之曰：如彼一国众生，同分妄见，所见种种灾象，例彼目眚别业妄见之一人。若约三番，分属进退合明，此乃第二番退以合明，退一国同分所见灾象之妄，例彼一人见眚影之别业。

一病目人，同彼一国，彼见圆影，眚妄所生。此众同分，所见不祥，同见业中，瘴恶所起。

此承前易知之同分，转取例于易知之别业。即牒定一病目人，同彼一国，彼此合明，例出妄因。彼别业所见圆影，既非即灯即见，亦非离灯离见，但由眚妄所生。此同分所见灾象，既非即空即见，亦非离空离见，同是见业中，瘴恶所起，与彼见圆影，无以异也。

同见业中，瘴恶所起者，由众生见分，妄起能见之业用，故有所见之妄相。而灾象乃瘴疠恶气，上应于天，故现种种不祥之象，但惟瘴恶，是其妄因，岂天象有实体哉？

俱是无始，见妄所生。

眚影、灾象，同、别虽殊，为妄则一，皆无实体，究其妄因，俱是无始无明，熏成见妄，所生之虚影。若约交互进退合明，进圆影以合明灾象，则灾象亦一国之眚妄，与圆影同一例也；退灾象以合明圆影，则圆影亦一人之恶缘，与灾象同一例也；二者虽为浮尘根所见之境，推末由本，俱是无始，真见堕在妄见中，所生之妄境，了无实体。

例阎浮提，三千洲中，兼四大海，娑婆世界，并洎十方，诸有漏国，及诸众生。

此举所例之法，进退合明。即以一国同见灾象为能例，若约分属进退合明，此属第三番进以合明。进一国所现灾象，合明十方依、正之境，以灾象一国同见，易知其为同分；彼国不见，易知其为妄见。以此例阎浮提等，依、正、净、秽、苦、乐不等，难知其为同分，无始恒然，非偶尔暂现，难知其为妄见，令难知者，与易知同一例也。三千洲，即阎浮一洲中，有三千洲，兼须弥四面，四大海中，一四天下。娑婆世界，即释迦所主三千大千世界。并洎十方，诸佛刹土，此由近以及远也。

诸有漏国，及诸众生者：国与众生，均以有漏称，因皆依无明而得建立也。下文云："迷妄有虚空，依空立世界，想澄成国土，知觉乃众生。"无非自心所现之感境，岂得谓为无分？以因妄而有，故曰"有漏"。虽遐方异域，他所住持，非己受用之境，例同灾象，亦可易知，其为虚为妄也。

同是觉明，无漏妙心，见闻觉知，虚妄病缘，和合妄生，和合妄死。

此合明同妄。同是觉明，与上元我觉明不同，前是真觉而起妄明，此是本觉自具妙明。十方依正，有漏妄法，同依真起，乃依本觉妙明，无漏妙心；心以无漏称故妙，未起烦恼，无有生死，即本源真心；受无明本熏，业识资熏之力，起成见分，映在六根门头，故有见闻觉知，虚妄之病，合上瘴恶。缘字即所缘相分之妄境，指十方依、正同分感境，乃根本无明，见病之影，合上灾象。和合妄生，和合妄死者：以依、正二报，总属依他起性。依他如幻，有生有灭；依报有成、住、坏、空，正报有生、老、病、死。皆由无明为因，业识为缘，因缘和合，于无生中，虚妄有生，此有乃为幻有，非实有所生；因缘别离，和合终尽，于无灭中，虚妄名灭，此灭但有其名，非实有所灭。死字应作灭字，方通无情。若约交互进退合明，进一国灾象，以合明十方依、正，则依、正亦同分之境，与灾象同一例也；退十方依、正，以合明一国灾象，则灾象亦虚妄病缘，与依、正同一例也。

问："十方依、正，与己无干，何为同分？"答："虽非业招，亦由惑现，自心无明一起，将全法界真心，遍成迷惑之境，于无同异中，炽然成异相之世界。因异显同，复立同相之虚空；因同异发明，复立无同异之众生。未至发真归元，则空洼未灭，十方依、正，皆自心无明，妄现之惑境，固属有分，何得曰非同分耶？"

若能远离诸和合缘，及不和合，则复灭除诸生死因。

此与上节，同是觉明无漏妙心，见、闻、觉、知，虚妄病缘，和合妄生，和合妄死，正是敌体相翻。上节约从真起妄，妄有二种颠倒，分别见妄，为虚妄病，既有妄见，乃有所缘。缘即所缘依正身境，亦即总标中，当处发生，当业轮转，二妄感业之境，和合生灭。此节约返妄归真。缘即别业、同分所缘之境。不和合下，亦应有一缘字。和合缘即别业境，不但惑现，还加有业，和合而成，故曰和合缘；不和合缘，即同分境，但由惑现，并无有业，和合其中，故曰不和合缘。若能远离，即微密观照，离妄之功，妄离则真自复。谓修楞严大定者，若能了知同分、别业，二所缘境，为虚为妄，不执实有，即远离诸和合缘，及不和合缘。不能离缘，便为物转，若能离缘，即可转物同如来矣！此二句离缘也。

则复灭除诸生死因：生死因即二种颠倒，分别见妄，为轮回之本。别业妄见，属事识，为分段生死因；同分妄见属业识，为变易生死因。但所缘同、别二境既离，能缘本、末二妄自息，即不起二种颠倒，分别见妄。故曰："则复灭除诸生死因"。此句离见也，并上三句，即下文不随分别，世间、业果、众生三种相续，三缘断故，三因不生，文义相类，远离即不随也。又尘既不缘，根无所偶，返流全一，六用不行，十方国土，皎然清净，如净琉璃，内悬明月。

> 圆满菩提，不生灭性。清净本心，本觉常住。

此明即觉，合上离见即觉，如《圆觉经》离幻即觉，义相同，显言之，即离妄即真也。前二句圆满及性字，皆要双用。不生灭性，即是涅槃，谓妄见即离，真觉全显，即能圆满三菩提性，及圆满三涅槃性。承上能缘之妄见除，则转烦恼圆满菩提性；所缘之妄境离，则转生死圆满涅槃性。此即菩提、涅槃，二转依果。

清净本心，本觉常住者：既已圆满智、断二果，复本心源，究竟清净，本觉到此，方得出缠，常住不变，轮回从此永卸矣！此节文但能不取见缘，不随见妄，则终日对境，终日无境可对，能所不立，法法全真，是谓常住首楞严三昧。如《起信论》云："离一切法差别之相，以无虚妄心念，即是真如常恒不变，净法满足"也。

> 阿难，汝虽先悟，本觉妙明，性非因缘，非自然性；而犹未明如是觉元，非和合生，及不和合。

此蹑前文，当机述意："世尊！为我等辈，宣说因缘及与自然，诸和合相，与不和合，心犹未开，而今更闻，见见非见，重增迷闷。"而佛先其所急，与释迷闷，今了知真见见于见精之时，真见已离自体中一分妄，非是带妄之见矣，则迷闷已释；此当开其未开，谓阿难言：汝虽先前已悟，本觉妙明真心，双超妄情，分别计度，而非因缘性，非自然性。而犹未明下属未悟。以因缘、自然，佛已开示，故得先悟。如是本觉妙心，元非和合生，及不和合，此理实犹未明，故不得不再为开示也。若说觉性，是和合生，则与离一切相相背；若说非和合有，则与即一切法相背，故下正明非和合，及非不和合之义。

> 阿难，吾今复以前尘问汝：汝今犹以一切世间，妄想和合，诸因缘性而自疑惑，证菩提心，和合起者。

前破因缘等，皆约前尘而破，以见离尘不显故；今破和合，亦以前尘为问。故佛云：吾今复以前尘问汝，汝今犹以一切世间，妄想情计，疑见性为和合而有，此诚不当。观犹以二字，有责怪意，和合上加妄想二字，以真见本无和合，妄想情计，妄计和合。诸因缘性一句，以和合与因缘相关，故兼言之；自生疑惑，即是妄想。

证菩提心，和合起者：此二句按定错计。上句即指真见，以真见为能证菩提之因地心，此心为如来密因，由来不变，岂属和合起者？故不应自生疑惑。

则汝今者，妙净见精，为与明和？为与暗和？为与通和？为与塞和？

此仍用见精者，以真见、见精无别体故。因二妄既剖，故加妙净二字，以此见虽然处染，毕竟不染，其清净本体，由来不变，故曰"妙净"。为与明和等，即以前尘为问也。

若明和者，且汝观明，当明现前，何处杂见？见相可辨，杂何形像？

首句牒定，下以名、义、体、相四意破之。先约相破。杂即和也，凡言和者，必有二物，相投不分，方成和义。故难云：且汝观见明相，正当明相现前之时，何处杂和汝见耶？见相可辨，杂何形像者：见精属内心，明相属外境，如果杂和为一，亦应可辨；如朱与面粉二物杂和，则朱失其红，面失其白，成为非红非白之色，今见相二者杂和，究竟作何色相耶？

若非见者，云何见明？若即见者，云何见见？

二约义破。凡言和者，必有二物，先相离而后相即，方成和义。难云：见与明相和后，毕竟还是见耶？非是见耶？若和后明相非是见者，应无所属，云何而能见明！此非离也。若和后明相即是见者，相既成见，应不能自见其相，若仍见其相，云何以见自见其见？此非即也。如是观察，则和义不成。

必见圆满，何处和明？若明圆满，不合见和！

三约体破。凡言和者，必二体各不圆满，方可相和。难云：必其见性圆满，何处可以再和明相？若使明相圆满，不合更容见与之和？

见必异明，杂则失彼、性、明名字，杂失明、性，和明非义。

四约名破。凡言和者，必二物不同，而后相和，既和当失本名。难云：若见性与明相，未杂之时，见是见，明是明，有情之见性，必异于无情之明相，杂和之后，则必失彼见性明相本有之名字，而见当非见，明应非明；如水土相和，则失彼水土本名，转名为泥矣。杂和既失明相见性之本名，则说见性和明相者非义矣。

彼暗与通，及诸群塞，亦复如是。

以明例余，彼暗与通塞，非和之义，亦复如是。

复次，阿难，又汝今者，妙净见精，为与明合？为与暗合？为与通合？为与塞合？

此破合。凡言合者，如盖与函相合附，而不离也。

若明合者，至于暗时，明相已灭，此见即不与诸暗合，云何见暗？若见暗时，不与暗合，与明合者，应非见明！既不见明，云何明合，了明非暗？

此正破明合。若与明合者，如圆盖合于圆函，附而不离，至于暗时，暗生明灭，见与明合，自必随明以俱灭，此见即不与诸暗合，既不合暗，云何而能见暗？若见暗时，不与暗合者：恐防谬计，不必暗合，而能见暗。故破云：若见暗之时，不必定与暗合，依旧与明合，而能见暗者，则不合能见，合应不见，汝见与明合者，应当见暗，而非见明矣！

云何明合，了明非暗。此归正破。既与明合，应非见明，云何现前，与明合时，了知是明非暗也？明暗是二，见性是一，明、暗有生灭，见性无去来，岂可说合耶？

彼暗与通，及诸群塞，亦复如是。"

此以上可以例知，故云亦复如是。

阿难白佛言："世尊！如我思惟：此妙觉元，与诸缘尘，及心念虑，非和合耶？"

当机闻说，证菩提心，不从和合起，遂转惑非和非合，离缘别有，此妄情计度，势所必至。观其问词曰：如我思惟，末句殿以耶字，是未敢自决，而请佛求决也。此妙觉元者：指此根中见性，乃本妙觉明，元清净体，具不变随缘二义；依不变义故非和合，依随缘义非不和合，性、相互融，真、俗无碍，此以剖妄之后，乃立斯名。

与诸缘尘：即明、暗、通、塞，所缘尘境。及心念虑：即六处识心，以心为识体，念虑为识用，此正辩根性之与尘识，非则俱非也。

佛言："汝今又言，觉非和合。吾复问汝：此妙见精，非和合者，为非明和？为非暗和？为非通和？为非塞和？

此正破非和，以显非不和也。非和者两物异体，各不相入之谓也。佛言：汝今又言此妙觉元，非和合者，吾复问汝，此妙见精，非和合者，应如砖石并砌，彼此各不相入，为与明、暗、通、塞，四法之中，与何法非和耶？此中见精称妙者，亦二妄已剖故也。

若非明和，则见与明，必有边畔！汝且谛观：何处是明？何处是见？在见在明，自何为畔？

此但约明破。若见非与明和，如砖、石并砌，体不相入，则见之与明，必有边际界畔，此是必然之理。汝且现今谛实观察，何处是明相？何处是见精？在见精与明相二者之间，自何处为界畔耶？此先与索畔。

阿难，若明际中，必无见者，则不相及，自不知其明相所在，畔云何成？

此蹑成破意。谓言纵有边畔，亦如砖石之不相入。际者界限也。承上见精、明相，各有界限，见中无明，明中无见。若明相界限中间，必无见者，则彼此不相及，自然不知明相所在之处；处尚不知，边畔从何分别？畔既不分，则非和之义不成矣！

彼暗与通，及诸群塞，亦复如是。

此破一，自可例余。

又妙见精，非和合者，为非明合？为非暗合？为非通合？为非塞合？

此破合可知。

若非明合，则见与明，性、相乖角，如耳与明，了不相触。

首句牒定。若见不与明合者，则见与明，一属性，一属相，彼此乖违角立，各不相顺。此据理论，下以喻明。既然非合，应如耳根之与明相，了无关系，不相触合；触即合也。

见且不知，明相所在，云何甄明，合非合理？

此承上既不相合，纵见之亦不能见，见且不见，自然不知明相所在；如耳听明，听且不能听，岂知所在耶？知既不知，云何甄别明白，合与非合之理？

彼暗与通，及诸群塞，亦复如是。

此例破，可知。后无结文者，因此科但释前超情科中余情，故不另结。文自阿难妄识破后，求示寂常妙明真心，而如来指与根中见性，十番极显其真，二见复剖其妄，克就当人分上，最亲切处，分明指出，会见、闻、觉、知，虚妄病缘，妄不离真，同是觉明无漏妙心；此中复明，本妙觉元，非和合与不和合，密示万法一体之旨，大科克就根性，直指真心已竟。自此以前但显理究竟坚固，若不知所指之心，不独近具根中，实则量周法界，则何以明事究竟坚固耶？故下会通四科，全事即理，圆彰七大，全相皆性，极于三如来藏，圆融无碍；说奢摩他，令悟一切事相，无非理性，乃统世界、身、心，为一定体。自此见性，转名如来藏性，以能遍为诸法实体，乃对万法而立名也。

楞严经讲义第六卷

阿难，汝犹未明，一切浮尘，诸幻化相，当处出生，随处灭尽，幻妄称相，其性真为妙觉明体。

此下会通四科：五阴、六入、十二处、十八界，一一诸法，观相生灭全妄，论性即妄皆真。上科无有结文者，正因上科所显，见精相妄性真，但约近具根中，实则量周法界，遍为诸法实体，故与会合融通，摄事归理，会相入性，以明情与无情共一体，处处皆同真法界。文乃一气贯下，是以不结。从此不复称见精、见性之名，改称为如来藏，妙真如性；见性约一根是别，藏性摄六根是总，但是总、别异称，实无异体耳。

此科紧承上文，不但见精相妄性真，乃至一切诸法，无不皆然，即一切幻化之相，亦复如是，因汝犹未明了，今当为汝示之。浮尘者，虚浮不实之尘境。无而忽有曰幻，有而俶灭曰化，如空华、镜像、梦境等。当处出生，生无来处；随处灭尽，灭无去处；不过徒有幻妄名相而已，全无实体可得。称即名也，上明相妄。其性真为妙觉明体者：其字指一切浮尘之相，性即相中之性，相虽妄而性元真，此明性真。以浮尘幻化之相，相不离性，其性即是众生妙觉明体；无相而能现相，故谓之妙。虽现诸相，乃是本觉湛明之性，而为诸法所依之体，即此至虚幻之法，本来无体，今明无体之体，即是妙觉明真体；如虚空华，虽至虚妄，华体即是空体。举此至虚之法为能例，例明下文，阴、入、处、界，似实有法，令其比类发明，令知一一相妄性真，即事即理也。

如是乃至：五阴、六入、从十二处，至十八界，因缘和合，虚妄有生；因缘别离，虚妄名灭。

如是指法之辞，紧承上文，如是至虚幻之法，尚且相妄性真，例显世间所有诸法，乃至阴、入、处、界，皆如是也。诸经论中，多皆阴、处、界三科，惟此经加六入一科，因为圆通法门，推重根性故也。诸法虽多，四科之中，科科收无不尽，以一切诸法，总不出心、色二法，因对机开、合故，广、略有异：一、为迷心重迷色轻者，合色、开心，合色法为色阴，开心法为受、想、行、识四阴，乃说五阴。二、为迷色重迷心轻者，合心、开色，合心法为意根，开色法为五根、六尘，说十二处，六入亦然。三、为色、心二迷俱重者，心色俱开，开心法为意根、六识、七种，开色法为五根、六尘、十一种，说十八界。四、为心、色二迷俱轻者，心、色俱合，但说二法，皆可收尽一切诸法。此四科法，合上一切幻相。

因缘和合，虚妄有生者：即指四科心、色诸法，不离因缘。先约心法释：夫真心绝待，寂湛常恒，不假因缘；而六种染心，虚妄生灭，必藉因缘。一、以真如不守自性为因，无明风动为缘，因缘和合，于如来藏海，妄有三种不相应染心生。二、以业识内熏为因，境界风动为缘，亦是因缘和合，于第八识海，妄有三种相应染心生。次约色法释：夫佛界真善妙色，性本清净，不假因缘；而九界依、正，虚妄生灭，必藉因缘。一、染法以种子为因，现行为缘，熏彼事识，妄有六凡法界，染色生。二、净法以本觉内熏为因，圣教外熏为缘，熏彼业识，妄有三圣法界，净色生。

因缘别离，虚妄名灭者：亦先约心法：若众生依本觉内熏，发起始觉之智，于所缘境，不执实有，离一切法差别之相，则境风既息，识浪自澄，因缘别离，三种相应染心灭；若更了知一切心念，皆依无明而有，由无明不觉，生起三细，皆是不觉之相；无明不觉之相，不离本觉之性，则无明风息，觉海波澄，因缘别离，三种不相应染心灭。上之生灭心法，摄尽五阴中后四阴，六入中意入，十二处中意根处，十八界中意根及六识界。

次约色法释：若众生始觉有功，了知身、心、世界，无我、我所，则观智现前，事识已转，因缘别离，六凡染色灭；若更了知，不但生死染色本空，即涅槃净色亦非实有，则无明梦破，业识还源，三圣净色亦灭。上之生灭色法，摄五阴中色阴，六入中前五入，十二处中前十一处，十八界中六尘及五根界。

总论心、色诸法，唯心所现。本经云："汝身、汝心，皆是妙明真心中所现物。"又云："不知色身，外洎山河虚空大地，咸是妙明真心中物。"俱属依他起性，依他似有，观相元妄，于本无生灭中妄见生灭；合能例中，幻妄称相，若执实有，则成遍计执性，若能了知，依他起性如幻，遍计执性本空，则当下即是圆成实性矣。

殊不能知，生灭去来，本如来藏，常住妙明，不动周圆，妙真如性。

上明相妄，此论性真。以身、心、世界，乃属依他起性，从缘生灭，虚妄无体；然当知妄不离真，全体即是圆成实性。按唯识三性解，依他起性如绳，圆成实性如麻，绳依麻有，故曰依他，离却麻即无绳可得。若于依他法上，不了如幻，更起遍计执性，如夜间见绳，认作是蛇。遍计执性，情有理无；依他起性，相有性无；相有是幻有，性无乃本无，此明无性之性，即如来藏性。生灭去来，乃指心与器界，似有生灭之相；众生根身，似有去来之相；相依性起，不离当处，如空华、镜像、梦境，华性即是空性，像体即为镜体，梦人本属醒人，众生迷而不觉，故曰："殊不能知，身心世界，生灭去来之相，本即如来藏性也。"

如来藏，即众生同具本觉性体。本觉者本有之佛性，众生迷位，本觉在缠，此性隐而不显，如来之性，含藏众生心中，故曰如来藏。又即不生不灭之真如心，一切如来，恒沙净德，无不含藏于此，故曰如来藏。常住妙明，不动周圆，即藏性德相。本无去来曰常住，不属迷悟曰妙明，本无生灭曰不动，无处不遍曰周圆，合此四德，为妙真如性。妙者不可思议之谓也，以其全妄即真故，一切皆如故，无有一法不真，无有一法不如，合能例中，其性真为妙觉明体，如《法华》所云："是法住法位，世间相常住"是也。

性真常中，求于去、来、迷、悟、生、死，了无所得。

上明妄元是真，此明真本无妄。由不知万法唯心，宛见差殊，而有彼、此，去、来，圣、凡，迷、悟，始、终，生、死等相，犹如翳眼，妄见空华。然既知相妄性真，于藏性真常之中，求其去来等相，了无所得；如梦行千里，一经醒寤，不离床枕，岂有去、来之相可得哉？如迷东为西，忽然有人指示令悟，岂有迷、悟之相可得哉？如梦生人间，自少而老，报尽命终，岂有生、死之相可得哉？迷、悟二字，约义乃在于心，约人即是圣、凡，约法即生死、涅槃。迷、悟在人，理中实无迷悟。此合上能例中，"当处出生，随处灭尽"，故无所得。此中数节之文，与《论》云："因缘所生法，我说即是空，亦名为假名，亦名中道义。"若合符节，其意会之自明。

阿难，云何五阴，本如来藏，妙真如性？

上总以取例，下别为显示。先显示五阴，全妄即真。色、受、想、行、识五阴，本是世间有为之法，一旦许即藏性，故须征起，而释明耳。阴者盖覆义，盖覆真性故。新译为五蕴，蕴者积聚义，积聚有为故。今欲解释，须取二译，其义方足，谓积聚有为，盖覆真性。对下三科，此为迷心重，迷色轻者说也。本如来藏者：谓五阴之相虽妄，其性本真，如来藏即真心之别名。今再约义而解："如"指真心不变之体，"来"指真心随缘之用，不变常随缘，随缘常不变，故称如来藏。藏者含藏，五阴一一诸法，悉在其中。妙真如性者：不可思议曰妙，以一体具足万用，万用不离一体。如下文所谓："一为无量，无量为一。"譬如一金能成众器，众器不离一金。一真一切真，五阴皆真，一如一切如，五阴皆如，全相皆性，故曰本如来藏，妙真如性。

阿难，譬如有人：以清净目，观晴明空，惟一晴虚，迥无所有。

此喻明色阴即藏性，乃就自法为喻。色即五根六尘，十一色法。清凉云：形质可缘曰色，变碍为义。刹那无常，终归变灭，现前形质，能为障碍。先举喻后法合。譬如世间有此一人，以清净无翳之眼目，观晴霁光明之虚空，惟一晴虚，迥然一无所有；此喻真本无妄。有人喻一念未动之本来人，清净眼喻无妄真智，晴明空喻湛寂真理。一念未动以前，以真智照真理，理、智一如，惟是如来藏性，清净本然，纤尘不立，岂有九界依正可得？

其人无故，不动目睛，瞪以发劳，则于虚空，别见狂华，复有一切，狂乱非相。

此喻从真起妄。其人无故，不动目睛：喻最初无端，真如不守自性，不觉念起而有无明。瞪以发劳：瞪是直视貌，喻业识妄为明觉；劳即劳见，喻转相，转本有之智光，为能见之见分。《起信论》云："以依不觉故心动，说名为业"，动则有见也。则于虚空，别见狂华者：空原无华，瞪目妄现，此即论中所云，以依能见故，境界妄现，故曰："则于虚空，别见狂华。"别见即妄见也。虚空即业相，无同无异，晦昧空中；狂华即相分之境。于无同异中，炽然成异，此业识中之色阴成矣。

复有一切，狂乱非相者：上二句指细色，此二句指粗色，即虚妄身境，内外四大之色。内四大有生、老、病、死，外四大有生、住、异、灭，狂乱不定，毕竟皆空，故曰"非相"。非相即空相也，色、空皆眼根所对之法，故四空天，舜若多神，乃至二乘涅槃，所证偏空，妄解色灭，如见非相也。

色阴当知，亦复如是。

此以法合喻。一切色阴虚妄，自当以此瞪目，所见华相，比类而知。此有二义当知：一者当知相妄，以狂华之相，乃依瞪目妄现，非实有也。二者当知性真，狂华依空而现，华体即是空体，故总合曰"亦复如是"。如空华本无所有也。

阿难，是诸狂华，非从空来，非从目出。

首句牒定狂华。诸字助语辞，辨此狂华，非从空中而来，以华非空来，喻身、界、内、外之色，非无因，自然而生也；亦非从眼目而出。以此观察，身心、世界，既如空华，无所从生，无所还灭，则当体虚妄明矣。

如是，阿难，若空来者，既从空来，还从空入，若有出入，即非虚空，空若非空，自不容其华相起灭；如阿难体，不容阿难。

此破华从空来。来即出也，谓此华既从空而出，还应从空而入，若有出入，即有内外，既有内外，即不成虚空矣！空若非空，是有实体，自不容华相，在空中忽起忽灭；空若是实体，喻如阿难是实体，自不容阿难实体上，更有华相出入。此反显虚空，以容为义，由非实体，故容空华；既容空华，则是虚空；既是虚空，必无内外；既无内外，安有出入？云何说华从空而出？此之破法，名为倒破，犹破竹从梢也。

若目出者，既从目出，还从目入。

若从目出，有出必定有入，既然从目而出，还要从目而入。

即此华性，从目出故，当合有见！若有见者，去既华空，旋合见眼？若无见者，出既翳空，旋当翳眼！

此双约有见无见破。若谓此华，是从目而出者，目以能见为性，既从目出，合当有见？如世间有情所生，定属有情，若果有见者，出去既为华于空，旋归之时,合当见眼!若无见者下,谓此华性,虽从目出,体本无见,但能遮障,则出去时,既翳障于空,至旋归时,当翳障乎眼,以理推之,势所必然。

又见华时,目应无翳,云何晴空,号清明眼?

此紧接上文出既翳空,又则目见华时,华既从目而出,目中应当无翳,而号清明眼;云何二句反难,云何现见华空,乃为翳眼,必见晴空,方号清明眼耶?有见无见,两者俱非,足征华非从目出矣!上以空华喻色阴,推究非从空生,非从目出,就喻顺解已竟。今约法而释:色阴非从空生,西域凡、外,妄执色从空生,以将世界,七分七分,重重分析,析至邻虚尘,再析即入虚空,遂执色既可析入虚空,虚空定能出生色相,故执色从空生。此方儒、道二教,皆谓虚以生气,气以成形,是万象固本于一气,而一气乃始于太虚,与西域凡、外,旨趣相同。今本文法喻,皆是破色从空生,以空喻心中真理,真理不动,何尝有法可生,亦无内外出入等相。凡、外都执色法从空而出。《正脉》云:"世智不达,太虚何所从来,身、界岂穷根本乎?"色阴非从目出,法中以目喻真智,何尝有法可出,若谓色从真智出者,即此色法当合有知,出既为色于空,旋当知心,若无知者,出既障空,旋当障心。又迷者色出,心应无障,悟者色入,心应有障,云何一定要无有烦恼,所知二障,唯以如如智,照如如理,方号为清净心乎?

是故当知:色阴虚妄,本非因缘,非自然性。

是华相非从空来,非从目出之故,应当起智观察,即喻知法,所有一切色阴,无非业转之劳相,同彼狂华,由瞪目发劳,虚妄显现,无以异也。以本无生体曰虚,由循业伪现曰妄。当知是教悟意,上一句教悟相妄,下二句教悟性真。谓色阴之法,观相元妄,观性元真,若生若灭,皆不离当处,即不离自心,如狂华不离虚空,华体即空体也。由本如来藏,常住不动,体恒无变,故非因缘;本如来藏,妙明周圆,用恒随缘,故非自然;——即妙真如性,果能善用其心,起智观察,亲见色阴根本,即此色阴,便可通达实相矣。

阿难,譬如有人,手足宴安,百骸调适,忽如忘生,性无违顺。其人无故,以二手掌,于空相摩。于二手中,妄生涩滑、冷热诸相。

此显受阴即藏性。以下开一心法为四阴。受即遍行五心所中受心所，以领纳为义。领纳违（苦境）顺（乐境）、俱非（不苦不乐）境相，而生苦、乐、舍（苦乐双舍，即不苦不乐也）三受，虽诸识中，皆有受心所，而前五识根境相对，受之用偏多，受之力最强，即以五识为受阴。此文就自法为喻，以身识领受触尘之境，但事出假设，又偏约身识，故得为喻耳。

譬如有人，即假设有此一人，手足宴然安静，百骸调和顺适，此喻真如不动，性德自如。忽如忘生者：忽然忘其有生，即不知有身之谓也。大凡人生，有苦有乐，觉得有身，而受苦乐之境，若无苦乐，即不知有身。忘生，亦可作忘身解，尚且不觉有身，而安知有受耶？违是苦受，顺是乐受，苦、乐两无，并身亦忘，正属舍受。喻心体离念，无受阴故，以舍受难破，故下只约苦、乐二受破。

其人无故以二手掌，于空相摩者：无故即无端起妄；二手于空相摩，即根尘相对，亦可指生灭不生灭和合，三细俄兴，六粗竞作。于二手中妄生涩、滑、冷、热等触，即妄现受阴之相。

受阴当知，亦复如是。

先举喻，此法合。一切受阴虚妄，自当比例而知，亦如摩掌，妄生觉受。此喻即自法，但能了喻之妄，便知受阴之妄也。藏性不动，本来无受，即喻中有人喻藏性，宴安调适喻不动，无故二掌摩空喻无端妄起无明，不生灭与生灭和合，妄生三细六粗，故有涩、滑、冷、执诸相。涩喻三途苦受，滑喻人天乐受，冷喻二乘滞寂枯受，热喻权教事修等，触指乐受等，以上皆明从真起妄。

阿难，是诸幻触，不从空来，不从掌出。

幻触，即身识所觉之触受。空中本来无物，但是二掌相摩妄生诸触，虚妄不实，故称为幻。上二句双标二途，究其来处。

如是，阿难，若空来者，既能触掌，何不触身？不应虚空选择来触！

此下详辨推破。先正破空来，身之外皆空，若从空来，既然能触于掌，何以不触于身？空无知觉，不应虚空，有所选择，喜来触掌，不喜触身也！

若从掌出，应非待合？又掌出故，合则掌知，离则

触入，臂腕骨髓，应亦觉知，入时踪迹！必有觉心，知出知入，自有一物，身中往来，何待合知，要名为触？

此正破掌出。约未合不出，既离不入，两途而破。二应字皆当念平声。初二句谓若此触受，是从掌中而出，未合之前，应当即出，应非待合之后方出？又掌出故下，合则掌知触出，有出必有入，离时则应知触入。如果有入，而手腕肘臂，以及骨髓，应当亦要觉知，此触入时踪迹，在于何处？必有觉心，知出知入，则此触受，自有一物，在人身中往来，尔时即可名之为触，何待合掌而知，要名为触耶？

是故当知：受阴虚妄，本非因缘，非自然性。

是触受非从空来，非从掌出之故，当知举体虚妄。本无生体曰虚，循业伪现（二掌相摩业也）曰妄。此句结其相妄，下二句结显性真。谓观相元是虚妄，观性究系何物耶？曰本来是非因缘，非自然之妙真如性，此二句解见上科。

阿难，譬如有人，谈说酢梅，口中水出；思蹋悬崖，足心酸涩。

此显想阴即藏性。想亦遍行心所之一，以缘虑为义，能安立自境分齐。诸识虽皆能安立自境，而意识偏强，以能缘虑三世境故，即以意识为想阴。此亦就自法为喻，单取意识之悬远想像。譬如有人，亦假设一人，谈说酢梅（以梅酸如酢，故以称之），口中自然水出。酢梅是所想之境，梅虽未食，但谈说悬想，即能令口中出水，故下文云，想阴是融通妄想。

昔日曹操出兵，兵行失路，口渴无水。乃下令曰：大家速行，过去不远有大梅林，梅子甚多，可以摘食。兵闻梅想梅，口中水出，操有权宜，知望梅可止渴。又谭子云：有言臭腐之状，则辄有所哕；闻珍羞之名，则妄有所咽者，非妄而何也？思踏悬崖，足心酸涩者，悬崖未登，只思践踏，而足心酸涩。与酢梅未食但谈说，而口中水出，可以类推而知，同一例也。

想阴当知，亦复如是。

此法合。前举二喻，皆自法为喻，都是意识悬想之境，举体虚妄。一切想阴，当知亦复如谈说酢梅，思踏悬崖，同一虚妄。一喻顺境之想，一喻逆境之想。

阿难，如是酢说，不从梅生，非从口入。

酢说文字不足，应云酢梅之说，所引之水，不从酢梅而生，非从口入而出，此双开两途，以明想妄非实。

如是，阿难，若梅生者，梅合自谈，何待人说？若从口入，自合口闻，何须待耳？若独耳闻，此水何不耳中而出？

梅生口入，皆指水言。如是口中之水，不从梅生，非从口入；若谓此水从酢梅而生，则梅合当自谈，自出其水，何待人说而后口中水出耶？梅不谈，则此水不从梅生也，明矣。

若谓此水从口入而出者，则闻酢梅者，应合是口，何须更待耳闻，而后口中水出耶？口不闻，则此水非从口入也，明矣。若触耳闻酢梅，故有水出者，则此水何不从耳中流出，而转从口中流出耶？耳不出，则此水非耳所致也，又明矣。

思踏悬崖，与说相类。

思想自身，足踏万丈悬崖之上，足心酸涩，与口说酢梅相似，可以类推。若合上文如是崖想所生酸涩，不从崖生，非从足入。若崖生者，崖合自思，何待人想，若从足入，自合足想，何待心思？若独心思，此酸涩何不心中而出？若知此水与他酸涩，二处皆无所从来，则幻妄称相也，明矣。

是故当知：想阴虚妄，本非因缘，非自然性。

准上可知，此结相妄性真。昔黄山赵文儒，亲觐圆通善国师，有省颂曰："妄想元来本自真，除时又起一重尘。言思动静承谁力，仔细看来无别人。"

阿难，譬如暴流，波浪相续，前际后际，不相逾越。

此显行阴即藏性。行即五遍行中思心所，能驱役自心，造作善不善等业，即是业行；于百法中，摄法最多，以造作迁流为义。虽八识皆有迁流，而第七末那识，恒审思量，念念相续不断，迁流最胜，即以七识为行阴。喻如暴流，波浪相续，即陀那细识，习气所成，念念生灭，各有分齐，前不落后，后不超前，故曰：前际后际，不相逾越（即超越）也。

此阴有粗、有细，若究根心潜伏之本，乃比前受、想为细。如本经十卷中云："乃同分生基，沉细纲纽"是也。然内由此念，则外之造业趣果，无量粗相，似暴流之不可遏，故约迷位，则细隐而粗彰；约修位，则粗尽而细显。今约迷位，故喻暴流。

> 行阴当知，亦复如是。

此法合。诸行无常，念念迁流，相续不断，亦复如暴流相似，虽无间断，实则生灭不停。孔子一日在川上叹曰："逝者如斯夫，不舍昼夜。"幼时读书，但读其文，未谙其义，迨学佛之后，方知孔子，亦是叹诸行无常，如逝波之不可挽！庄子喻如夜壑负舟，即念念迁流不觉之意。

> 阿难，如是流性，不因空生，不因水有，亦非水性，非离空水。

此双约空、水、即、离破。谓如是暴流之性，不因空而生，亦不因水而有，亦非即水之本性，此标不即空水矣；亦非离空水外，有此暴流，此标不离空水矣；破意在下，空喻真如，水喻藏识，行阴非即真如藏识，非离真如藏识。

> 如是，阿难，若因空生，则诸十方，无尽虚空，成无尽流，世界自然，俱受沦溺！

此非即空。若谓暴流因空而生者，则十方有无尽虚空，当成无尽暴流，如是则世界众生，自然都在水中，俱受飘沦沉溺之苦，今虚空无尽，暴流有尽，则知非因空生明矣。法合：空合真如，暴流合行阴。真如周遍常住，是无尽，而行阴若从真如生，亦应无尽，则佛菩萨俱应永受生灭，而不能破行阴，而今行阴生灭迁流是有尽，故非即真如。

> 若因水有，则此暴流，性应非水。有所有相，今应现在。

此非即水。若谓暴流，因水而有者，则此暴流之性，应非水之自性。何以故？暴流之性浑浊，水性澄清，水性为能有，流性为所有，能有所有二相，今应明白现在，方可说因水而有。喻行阴，若说因藏识有者，则行阴性应非识性，能有所有之相，应当现在；如树能生果，能生树，与所生果，分明可辨。今二相叵得，故非即藏识。

若即水性，则澄清时，应非水体！

此非即水性。若说暴流即水性者，暴流浑浊，如即水性，则澄清时，浑浊已无，应非水之自体。喻行阴即是藏识，则行阴破后，应非藏识，何以必待行尽之时，藏识始现？故非即识性。

若离空水，空非有外，水外无流。

此非离空水。若谓暴流离空水者，水空圆满周遍，并非有外，岂能离空别有耶？水外亦复无流，岂能离水别有耶？喻真如圆遍，真乃无外，万法唯识，识外无法，行阴岂离真如藏识，而别有耶？既不即又不离，则行阴皆幻妄称相也，明矣。

是故当知：行阴虚妄，本非因缘，非自然性。

准上可知。

阿难，譬如有人，取频伽瓶，塞其两孔，满中擎空，千里远行，用饷他国。

此显识阴即藏性。识即阿赖耶识，以了别为义，能了别自分境故。以受、想、思三阴，已分配前七识，此当独指第八阿赖耶识。观本文之义，皆指第八识，以瓶外空喻藏性，瓶内空喻识性，只因迷执成二，观下解自知。人喻众生，瓶喻妄业。瓶以频伽名者，频伽此译妙音鸟，瓶形像鸟，故以名焉。众生由业牵识走，如瓶擎空行。瓶塞两孔，喻众生起我、法二执；空分内、外，瓶内空喻识性，瓶外空喻藏性。由二执障蔽二空真理，依惑造业，依业受报，如瓶擎空行，将藏性裹入身中，而成识性，致使藏性、识性，不隔而隔，究之内空、外空，固无二空，藏性、识性本来一性。

瓶擎空行一句，当约迷位、修位，二种解释。先约迷位：业牵识走，舍身受身，轮回六道之家，有人喻三界内众生，依善恶不动（禅定也）三业，受苦、乐等报。第八识为总报主，随业受生。业报身喻瓶，瓶内空喻识性；由惑业故，转藏性成识性，随业所牵轮回六道。本道为此国，余五道为他国，如擎空远饷也。饷者田野送饭曰饷，即馈送义。次约修位：瓶喻业识，塞其两孔，喻起二执，满中擎空，喻二执未破，识性受局，地、水、火、风之中。千里远饷，喻佛道长远，发心修行趣向，当历信、住、行、向，及四加行、十地、等觉诸位，犹如千里路程。他国喻常寂光土，开孔喻二执已断，二空已证，转八识成四智，则全识性是藏性，如瓶内空，即瓶外空，一空无二空也。

《指掌》问：此识去后来先，为受报之主。古德谓业牵识走，如瓶擎空行；舍身受身，如用饷他国；似甚有理。今约转有漏入无漏释之，而有何理可据？答：此识固为报之主，亦是成佛之源，故前文呼为菩提涅槃，元清净体。而后文识阴尽处，则曰超诸位尽，入于如来妙庄严海。况此识即是六根中性，而是经所以独为推重者，正以其用为因地心，决定成佛故。是知此经，不取舍身受身之功，但取修因克果之力，为顺佛意，故作此配。下破悉照后义。

识阴当知，亦复如是。

以法合。孤山曰："瓶喻妄业，空喻妄识，业牵识走，如瓶擎空行；舍身受身，如用饷他国。"

《正脉》云："愚谓但约现身，尤益日用，身即喻瓶，空乃喻识，千里万里，但是身之往来，识常不动，以总摄识性周遍矣！"又曰："非破识阴无体无性，但破其无去无来耳。"识阴无有去来，亦复如瓶空相似。

阿难，如是虚空，非彼方来，非此方入。

如是虚空，指已到他国之空，喻佛地无垢识；非彼方来者，非从凡夫同居土带来；非此方入者，非到佛地，始入无漏身中也。以识性周遍，本无去来，有何出入？但随缘异称，因位有赖耶异熟之名，果地擅无垢庵摩之号，其性一也。若向此处荐得亲切，则即识性，而悟藏性矣！

如是，阿难，若彼方来，则本瓶中，既贮空去，于本瓶地，应少虚空！

如是虚空，本无去来，若谓瓶内之空，从彼方擎来，则本置瓶之地（即处也），瓶中既贮得一瓶虚空去，于本瓶所来之地，应少一瓶虚空？喻无漏识若从凡夫同居土带来，则同居土应少识性，则犯识性不周之过。不少，则非彼方来明矣。昔报恩慧明上座，有新到僧，问曰："近离何处来？"僧曰："都城。"明曰："上座离都城到此山，则都城欠上座，此山剩上座，剩则心外有法，欠则心法不周，说得道理即住，不会即去。"僧无语，与此同旨。

若此方入，开孔倒瓶，应见空出！

若谓空非彼方来，定从此方入，若从此方入者，则开孔倒瓶时，应先见前空从瓶中而出，前既不出，知此空非此方入矣！喻无漏识，若到佛果，始入无漏身上，则破二执，转无漏时，应先见有漏识出，有漏既无出，无漏亦不入。只因二执有无，因果名异，实非识有出入也。昔陆亘大夫问南泉："古人瓶中养一鹅，日渐长大，出瓶不得。今者不得毁瓶，不得损鹅，作么生出得！"泉召大夫！陆便应诺。泉曰："出也。"陆从此开解。

是故当知：识阴虚妄，本非因缘，非自然性。

是虚空，非从彼来此入之故，自当即喻知法，了知识阴，相妄性真。上二句相妄，下一句性真。既知相妄，不捐修证之功，可有转识之日；既知性真，可起圆通之行，而入平等之门；因缘、自然，皆成戏论，故俱非之。总明五阴虚妄，本无实体，其体即藏性，若以微密观照，照见五蕴皆空，则破五阴，而超五浊，自可顿入三摩地，与观音把手共行。故下阿难请示修门，如来第一义中，即教以澄浊就清，入涅槃义。然一切众生，名为五蕴众生，故以澄浊，为先务焉。又一念中，皆具五阴，一念执著，执则成碍，便是色阴；觉知苦、乐，领纳在心，便是受阴；缘虑此境，于中想像，即是想阴；刹那变灭，不得停住，即是行阴；历历不昧，了了分明，即是识阴。据此则五阴举体即是一念，一念举体即是五阴，若能观无念者，便是破阴下手工夫也。又奢摩他，微密观照，照此五阴一一相妄：色阴如影像，受阴如阳焰，想阴如梦境，行阴如电光，识阴如幻事。不执实有，则本有如来藏性，不被五阴之所盖覆，自可亲见首楞严定体，不生不灭之妙真如性矣。

楞严经正文卷第二终

复次，阿难，云何六入，本如来藏，妙真如性？

此总征。梵语钵罗吠奢，此云入，亦云处。入有二义：一为能入，以能入尘取境故；二为所入，以为尘入之处故。按本文吸此尘象，当以吸入为义，即吸入六尘之处，故又名处。他经色心开合无此科，本经以根中不生灭性，即首楞严定体，亦即如来成佛之密因，修证圆通，下手所依之处，故特加焉。

本如来藏者，本即根本，一切枝末，依之而起，今追究六入枝末之根本，元是如来藏，如即本有不变真如之本体，来即真如随缘遍周之妙用，藏者，含藏世出世间，一切善功德，无不具足，犹如宝故。

妙真如性者：即如来藏之性。此性即理即事，全妄全真，不滞一法，不舍一法故，所以称妙。非是此真而彼不真，此如而彼不如，若如是则有对待，则不圆满；今乃统万法惟是一心，一真一切真，无有哪一法不真，一如一切如，无有哪一法不如，即六入亦妙真如性也。

阿难，即彼目睛，瞪发劳者，兼目与劳，同是菩提，瞪发劳相。

此举前色阴，瞪目发劳为能例，发明眼入同一虚妄也。即彼：乃就彼色阴所云，其人无故不动目睛，瞪以发劳，因此见劳，遂见空华之劳相。兼目与劳：劳字指空华，谓不特空华是劳相，兼能见之目，与所见之劳相，同是真性菩提心中，瞪发劳相。如前所云："见与见缘，并所想相，如虚空华，本无所有。"又如前所云："影见俱眚。"眚与劳义同。能见之目是劳见，所见之相是劳相。

菩提是本有真心，真原无妄，由最初一念妄动，依动故能见；依能见故，境界妄现。由末推本，岂仅色阴虚妄，即眼入同是菩提心中，一念妄动之劳相。一念妄动，与无故瞪目，无以异也。

因于明暗，二种妄尘，发见居中，吸此尘象，名为见性。此见离彼明、暗二尘，毕竟无体。

前五句托尘妄现，后三句离尘无体。以此眼入，因有明、暗二尘，黏湛然之体，发为劳见，居于浮、胜二根之中，吸入此明、暗二尘之象，如磁吸铁，名为能见之量（此即菩提瞪发劳相），乃属托尘妄现。倘若离彼明、暗二尘，毕竟无有能入之体可得，是谓离尘无体。下文阿难疑根性断灭，亦由此也。《正脉》问："前取根性，离尘有体，异彼缘心，今云明、暗双离，毕竟无体，何异缘心之无体乎？"答："浅论之，前因众生离缘心，不见真心，乃就根中指性，令识真心。然自是心非眼之后，但唯显性不复论根，所以极表其离尘有体之真。今已领真性，尚执六根，别有体相，未融一性；更须令知，六入无自体相，所以极破其离尘无体之妄。虽说见性，乃根中局执之自性，非离眼廓周之见性也。前显是性，而此破相，所以异矣！更深究之，此之破相，亦欲其离相，即妙真如性耳。则显性之旨仍同，岂如缘心，直破其一定无体哉？"

> 如是，阿难，当知是见，非明暗来，非于根出，不于空生。

此总标。据世人多谓见是其眼，从根是其正计，余二并破，极显其妄也。非明暗来不他生；非于根出不自生；不于空生，非无因生。于四性推检无生，但缺不共生。

> 何以故？若从明来，暗即随灭，应非见暗；若从暗来，明即随灭，应无见明。

前三字总征，此不从尘来。若说眼入从明尘而来，暗生明灭之时，见亦随灭，应不见暗；若从暗尘而来，明生暗灭之时，见亦随灭，应无见明。今明来见明，暗来见暗，明暗有去来，见性不生灭，当知是见，非明、暗来也，明矣！

> 若从根生，必无明、暗；如是见精，本无自性。

此不从根来。若说眼入，从根而生，必无明、暗二尘时，单根不能生见。故曰："如是见精，本无自性。"自性乃能入之自体。

> 若于空出，前瞩尘象，归当见根，又空自观，何关汝入？

此不从空来。若说眼入，从空而出，则以空为见之根，出来时，前瞩（看也）尘境万象，回归时，应当自见其根；当然不能见。纵使能见，乃空自观，何关汝眼入之事？

> 是故当知：眼入虚妄，本非因缘，非自然性。

是无实体，无从来之故，当知眼入虚妄。以无实体故虚，无从来故妄，但是幻妄称相。上句明相妄，下二句显性真。谓眼入之相虽妄，妄不离真，其性本来不变，非因缘性；又复随缘而非自然性耳。

阿难，譬如有人：以两手指，急塞其耳，耳根劳故，头中作声，兼耳与劳，同是菩提，瞪发劳相。

此亦自法为例。以塞耳成劳，易知之例，以例耳入，所闻一切音声，同一妄也。故呼阿难之名，而告之曰：譬如有人，此亦假设以显妄。以者用也，用两手指，急塞其耳，塞久成劳，以致头中发为虚响，故云：头中作声。

兼耳与劳三句，耳字意取耳入闻性，以性不自显，寄根说故。劳字乃指头中作声，以劳虽妄发，因境显故，故曰兼，曰与。谓不特声是耳入之劳相，兼能闻之耳入，与所闻之劳相，同是真性菩提心中，瞪发劳相；比例发明，令知根尘同源，同一妄也。

《指掌疏》云：此三句有二义：一者比例信真。言耳中闻性，本于真性菩提，人或易信；塞耳所发劳相，亦本于真性菩提，人皆难明，故曰同是菩提；佛意以根性本真，例彼劳相亦本真也。二者比例知妄。言瞪发劳相，唯是虚妄无实，人皆易知；耳中能闻之性，亦惟是虚妄无实，人或难信，故曰同是瞪发；佛意以瞪劳虚妄，例彼见性，亦唯妄也。二义中，前义比例信真，亦可兼释总标中，浮尘诸幻化相，其性真为妙觉明体之疑。以今瞪发劳相，与浮尘幻化无异，劳相本于菩提，重明幻化相，亦不离真也。又瞪字，前眼入取例瞪目发劳，而后五入，何以亦用瞪发劳相？当知目瞪发劳，妄见空华，菩提心瞪发劳，则六精俱发，故皆用瞪发劳相。

因于动、静，二种妄尘，发闻居中，吸此尘象，名听闻性。此闻离彼动、静二尘，毕竟无体。

前五句托尘妄。现以其动、静不常，故称为妄。闻则托尘似有，岂属真实？此闻虽居耳根之中，吸入尘象，但名听闻性，亦显其唯是幻妄名相而已。下三句离尘无体，同前所解。

如是，阿难，当知是闻，非动、静来，非于根出，不于空生。

此总以标列，下则征起逐破。

何以故？若从静来，动即随灭，应非闻动！若从动来，静即随灭，应无觉静！

初句征起，下先破从尘来。若从静尘来，动生静灭，耳中闻性，即当随静尘以俱灭，应不能闻动；若从动尘来，亦复如是。二应字，俱读平声。

若从根生，必无动静；如是闻体，本无自性。

此破从根生。若谓此闻从根而生者，但有增上缘，必无动、静所缘之尘，如是闻体（根也），本来亦无能入之自性，以单根不立之故。

若于空出，有闻成性，即非虚空；又空自闻，何关汝入？

此破从空而生。若谓此闻从虚空而出者，是空能有闻，亦得成为根性，既成根性，即非虚空；以闻属灵知，空乃顽碍故。又空纵有闻，乃空自闻，即同他闻，何预（干也）汝之耳入？

是故当知：耳入虚妄，本非因缘，非自然性。

此准上可知。

阿难，譬如有人：急畜其鼻，畜久成劳，则于鼻中，闻有冷触；因触分别，通、塞、虚、实，如是乃至，诸香臭气。兼鼻与劳，同是菩提，瞪发劳相。

此亦假设为例。譬如有人，急畜（缩也）其鼻，鼻息出入，自有常度，无故急缩，连缩既久，则反常成劳，即于鼻中，闻有冷触。此冷触由缩风所成，因有冷触，则分别通、塞、虚、实；疏通呼吸之气为虚，闭塞出入之息名实。如是乃至，吸入各种香、臭等气，同一妄耳。兼鼻与劳：劳字指冷触及香、臭气；谓不特冷触，香、臭气，是鼻入之劳相，兼能闻之鼻入，与所闻之劳相，同是菩提心中，瞪发之劳相，以根尘同妄故。如第八番显见文云，本是妙明，无上菩提，净圆真心，妄为色空，及与闻见。

因于通、塞，二种妄尘，发闻居中，吸此尘象，名

嗅闻性。此闻离波通、塞二尘，毕竟无体。

然此鼻入，元无自性，但因浮、胜二根，对彼通而有闻，塞而无闻，二种妄尘，黏湛发嗅，居于根中，吸入此尘象，名为嗅闻能入之性。此闻亦不过幻妄称相，离彼通、塞二种妄尘，毕竟无有能入之自体。上五句托尘妄现，后三句离尘无体。

当知是闻，非通塞来，非于根出，不于空生。

此总以标列，下则征起别破。

何以故？若从通来，塞则闻灭，云何知塞？如因塞有，通则无闻，云何发明，香、臭等触？

初句征，下先破不从尘生。若谓嗅闻之性，从有闻之通而来，至无闻之塞时，此闻必随通而去，应不更闻于塞，云何又知塞而无闻？既能知塞，则不从通来也明矣！如因无闻之塞，而有鼻入之嗅性，则至有闻之通时。此闻则应随塞而灭，无有嗅闻之性，云何通时，又能发明香、臭等气，来触于鼻耶？既闻香、臭，应非从塞而有也，抑又明矣！

若从根生，必无通、塞。如是闻机，本无自性。

此破从根生。若谓鼻入嗅闻之性，从根而生者，则单根无尘，如是闻机（根也），离尘无体，本无能入之自性。以有所方有能，今既无所入之尘，安有能入之根？则不从根生也，抑又明矣！

若从空出，是闻自当回嗅汝鼻；空自有闻，何关汝入？

此破从空来。若谓嗅闻之性，从鼻孔之空而来者，是空有闻，自当回（返也）嗅汝之鼻根。因有回嗅二字，故知是指鼻孔之空，非外空也。纵许能嗅，但是虚空，自己有闻，又何关汝阿难鼻入之事？是知不从空生也，抑又明矣！

是故当知：鼻入虚妄，本非因缘，非自然性。

准上可知。

　　阿难，譬如有人：以舌舐吻，熟舐令劳。其人若病，则有苦味。无病之人，微有甜触。由甜与苦，显此舌根，不动之时，淡性常在。兼舌与劳，同是菩提，瞪发劳相。

此亦自法为例。假设一事，譬如有人，以舌舐吻；舐即舔也。舌根无有外物可舐，但用舌入，自舐其唇吻；吻即口之两角。熟舐乃舐之既久，令舌发劳。其人若病，舐之则妄有苦味，无病之人，舐之微有甜触。由此熟舐，妄生甜苦，正显舌入之根不动（即不舐之时），淡性（非甜非苦）常在。甜苦与淡，乃舌入之劳相，以此为例，兼能尝之舌入，与甜苦淡之劳相，同是菩提心中，瞪发劳相。前三科尘唯举二，此科有甜、苦、淡三字，甜苦乃有味之味，淡属无味之味，仍为二种。

　　因甜、苦、淡，二种妄尘，发知居中，吸此尘象，名知味性。此知味性，离彼甜、苦，及淡二尘，毕竟无体。

此辨舌入虚妄。舌入元无自性，但因舌动时之甜、苦，及不动时之淡，二种妄尘，黏湛发知，居于根中，吸此尘象，托尘妄现，名为知味能入之性。然此舌入知性，离尘毕竟无体。

　　如是，阿难，当知如是，尝苦、淡知，非甜、苦来；非因淡有，又非根出，不于空生。

此追究舌入无所从来，总标非尘、非根、非空。

　　何以故？若甜、苦来，淡则知灭，云何知淡？若从淡出，甜即知亡，复云何知，甜、苦二相？

初句征，下逐破。先破不从尘来。

　　若从舌生，必无甜、淡，及与苦尘。斯知味根，本无自性。

此破不从根来。

若从空出，虚空自味，非汝口知；又空自知，何关汝入？

此破不从空生。

是故当知：舌入虚妄，本非因缘，非自然性。

准上可知。

阿难，譬如有人：以一冷手，触于热手，若冷势多，热者从冷；若热功胜，冷者成热。如是以此，合觉之触，显于离知，涉势若成，因于劳触。兼身与劳，同是菩提，瞪发劳相。

此举易知之身触，以为能例，显明身入虚妄。乃假设一人，用一只冷手，触合一只热手，两手皆属身根，与寻常有知之身，与无知之物，合则成触不同。若冷之势力多，则热者从冷而成冷；若热之功用胜，则冷者从热而成热矣。如是以此合觉之触，显于离知下，如是指上四句，用此两手相合，觉知冷热之触，显于两手相离时，亦复有知触之用，以验身入所对触尘，有离、合二种。彼此两手，冷热相涉之势若成，乃因两手相合，合久成劳，故现冷热相涉之触。兼身下三句，谓不但交相涉入，冷热之相，是身入之劳相，兼身入与冷热之相，同是菩提心中，瞪发劳相。

因于离、合，二种妄尘，发觉居中，吸此尘象，名知觉性。此知觉体，离彼离、合违顺二尘，毕竟无体。

此身入之知觉，乃托尘妄现其相。因于离、合二种妄尘，黏起湛然之体，发为觉精，居于浮、胜二根之中，吸入此尘象，名为身入知觉之性。此知觉体，离彼离、合违顺二尘，毕竟无有身入之自体可得。离、合属二尘，违顺乃二相。苦触，则违背众生，厌苦求乐之心理，故曰违；乐触，则顺从众生，厌苦求乐之心理，故曰顺。离、合各有违顺二相。

如是，阿难，当知是觉，非离、合来，非违顺有，不于根出，又非空生。

此总标无从来，下则征破。

何以故？若合时来，离当已灭，云何觉离？违顺二相，亦复如是。

初句征，下先破从尘来。

若从根出，必无离、合、违、顺四相。则汝身知，元无自性。

四相，非指离合违顺为四，乃指离合二尘，各有违顺二相，则成四相。此破从根出。

必于空出，空自知觉，何关汝入？

此破空生。

是故当知：身入虚妄，本非因缘，非自然性。

准上可知。此中相妄性真之旨，如昔日僧问洞山曰："寒暑到来如何回避？"山曰："何不向无寒暑处去？"僧曰："如何是无寒暑处？"山曰："寒时寒煞阇黎，热时热煞阇黎。"此为达妄即真，处处总成华藏界矣！

阿难，譬如有人：劳倦则眠，睡熟便寤；览尘斯忆，失忆为忘。是其颠倒，生、住、异、灭，吸习中归，不相逾越，称意知根。兼意与劳，同是菩提，瞪发劳相。

此亦举意入易知之例，以显虚妄。假设一人辛劳疲倦，精神不足，意根不对缘境，则妄现睡眠之相；睡眠既熟，精神恢复，意根不甘滞寂，则便现醒寤之相；此乃约忽寐忽觉而言，非指夜寐夙兴也。据此则劳倦睡熟，俱指意根，取此虚妄易知者，比例意入虚妄无体。览尘斯忆，失忆为忘者：以既寤之时，则历览前尘，而斯忆（记也）；欲睡之时，则失忆以为忘。又正睡之时，梦中独头，所缘览尘境，亦称记忆；既寤之后，则梦沉境寂，亦曰为忘。

是其颠倒，生、住、异、灭者：以上忽眠、忽寤，或忆、或忘，皆属颠倒之相。生、住、异、灭，对眠、寤、忆、忘而说。初眠为生，正眠为住；将寤为异，寤已为灭。始忆为生，正忆为住；将忘为异，忘尽为灭。寤忘准此可知。

吸习中归，不相逾越，称意知根者：谓意根能吸入现习，生、住、异、灭四相，次第迁流，中归意地，前不落后，后不超前，不相逾越，称意入为能知之根焉。兼意与劳，同是菩提，瞪发劳相者：世人只知，眠、寤、忆、忘，为意家之劳相，并不知兼意知根，与所缘劳相，同是菩提心中，瞪发劳相。

因于生灭，二种妄尘，集知居中；吸撮（取也）内尘，见、闻逆流，流不及地，名觉知性。

此生灭，乃前五尘，落卸影子，有生、灭二种法尘之别。意入因于生、灭二尘，黏起湛然之体，集能知之性，居于意根之中，如幽室见。吸撮内尘，即吸取内之法尘，为己所缘。前五科向外，故云发见发闻等，今云集知者，以其但约缘内尘言。

见闻逆流，流不及地者：前五根缘五尘之境；见、闻二字，该余三根，皆顺流外缘；倘若见、闻等根，要逆流反缘，也缘不到。因五尘落卸影子，落在意地之中，为意根之所独缘，故曰见闻逆流，流不及地。此能缘性，名意入觉知之性，亦不过托尘妄现而已。

此觉知性，离彼寤、寐生灭二尘，毕竟无体。

然此觉知之性，既是因尘而有，离尘自应无体可得。《正脉》云：寤寐不同上眠寤，彼是假设，取于睡时，此是法尘，但约神思昏、明而已。

如是，阿难，当知如是，觉知之根，非寤寐来，非生灭有，不于根出，亦非空生。

此总标，下征破。

何以故？若从寤来，寐即随灭，将何为寐？必生时有，灭即同无，令谁受灭？若从灭有，生即灭无，谁知生者？

初句征,此先破从尘来。若谓此觉知之意入,从寤而来者,至于寐时,此觉知必随寤而灭,又将何者而为寐乎?即今寐中,能做梦者,又是谁耶?若从寐来,类此可推。若谓此觉知,必从生尘有者,至于灭尘时,即应同生尘而无矣,又令谁领受灭尘,而内守幽闲寂静之境耶?若谓此觉知,从灭尘有者,至于生尘时,即应同灭尘而无矣,即今能觉知生尘,分别苦乐者,又是谁耶?

> 若从根出,寤、寐二相,随身开合,离斯二体,此觉知者,同于空华,毕竟无性。

此破从根出。若谓此觉知,从意根出者,寤、寐二种之相,乃随身根之内,肉团心开合而成。肉团心是肉质,状如倒挂莲华,寤则开,寐则合,离斯(此也)寤寐开合二体,此意入之觉知,同于空华,毕竟无有能入之性,是则根尚叵得,如何可说从根出也?

> 若从空出,自是空知,何关汝入?

此破从空而出。若谓此觉知,从空出者,空性顽钝,根性灵知,虚空本属无知,纵然能有知觉,自是空之有知,何关于汝意入之事?以上追究,此觉知者,来处不可得。

> 是故当知:意入虚妄,本非因缘,非自然性。

准上可知。此处《正脉疏》,交光法师,发明入、处、界三科,破法有三种差别,为千古独唱!一者约缘破,言不局本法,广破外缘也。如灭火不径扑火,但抽去其薪,火自灭矣,以火无自体也。二者更互破,言二法相依而立,即须更互破之。如蛟水相依,两皆为患,除之者,驱蛟绝水之本,泄水破蛟之居也。三者从要破,此有两种:一者二法从要破,如两木相倚而立,但推倒一边,二皆倒矣;二者三法从要破,如筋、胶、角三合为弓,而胶为其要,但除去其胶,则筋、角皆不成弓矣。故此六入,全是约缘破,尘即其缘也。下十二处,兼更互破,及二法从要破也,眼、色、耳、声四处,更互破也;余八处二法从要破也。又惟身、触二处,独约根破,余六处独约尘破也。后十八界,全是三法从要破也。然文虽从要,意实并破,非同六入,正意在根也。详其结处,盖可见矣。

楞严经讲义第七卷

复次，阿难，云何十二处，本如来藏，妙真如性？

此总标十二处即藏性。处者方所也，定在也。以权教相宗说，根一定在内，尘一定在外，眼唯对色，耳唯对声等，内外各六处，故名十二处，亦名十二入；谓取境，则以根入尘，受境，则以尘入根，通为能入，亦通为所入，故名为入。六科中，前二眼、色、耳、声四处，约根尘互破，身、触二处，独约根破，余六处皆约尘破，循循善诱，巧为开发，一一显其相妄性真，全事即理也。本科十二处，为如来对迷色重迷心轻者，开色合心：开一色法，为六尘、五根，合受、想、行、识四阴心法为一意根，故说十二处。根、尘互相依倚，下文云：根尘同源，缚脱无二，迷晦即无明，发明便解脱。今为融归藏性者，正欲令发明也。

阿难，汝且观此：祇陀树林，及诸泉池。

此标举眼、色二处，观即眼处，余为尘处。

于意云何？此等为是，色生眼见？眼生色相？

此约权宗，心、法相生为问。由法生故，种种心生；由心生故，种种法生。故征云：在汝之意以为如何？还是色尘生出眼见耶？还是眼根生出色相耶？双开两途为问，下乃分破。

阿难，若复眼根生色相者，见空非色，色性应销，销则显发一切都无；色相既无，谁明空质？空亦如是。

此破眼生色相。故呼阿难，而告之曰：若复内之眼根，生出外之色相者，则眼具生色之性，设或见空之时，而非色相，是所生之色相既无，而能生之色性（指眼见），应即销亡！销则显发一切都无者：销字即能生之见销亡，而所生之色亦无，色相既无，空相亦复叵得？故曰显发一切都无。

色相既无，谁明（显也）空质者：言空、色相形而显，色相既无，空应不显矣。反言无色，将谁显空？此二句，即解释显发一切都无之义。空亦如是者：例破眼生空相，空、色俱为眼根所对之境，故须例破云：若复眼根生空相者，见色非空之时，空性应销，销则显发一切都无，空相既无，谁明色质？为避文繁，故总例之曰：空亦如是。

若复色尘生眼见者，观空非色，见即销亡，亡则都无，谁明空、色？

此破色生眼见。若复外之色尘，能生内之眼见者，观空之时，而非色相，是能生见之色尘已灭，而所生之见，即应销亡！然见既销亡，则一切都无；既无能见，则将谁来明是空是色，故曰：谁明空色？则见与色、空，一总都无矣。准上亦应有空亦如是句。

是故当知：见与色、空，俱无处所。即色与见，二处虚妄，本非因缘，非自然性。

此科结云：由是义故，应当起智观察，了知能见之眼根，与所见之色、空，俱无定在之处所。以眼不生色，则色无处所；色不生眼，则见无处所，此且明其无内、外二处耳。即色与见，二处虚妄者：即色尘与眼见，二处之体，亦属虚妄，以无体曰虚，伪现曰妄。前文云："见与见缘，如虚空华，本无所有。"本非因缘，非自然性者：亦如前文云：其性真为妙觉明体，本非权乘所计之因缘性，及外道所计之自然性；以因缘、自然，俱为戏论矣。

阿难，汝更听此，祇陀园中，食办击鼓，众集撞钟，钟鼓音声，前后相续。

此标举耳、声二处；听即耳，钟鼓为声。

于意云何？此等为是声来耳边？耳往声处？

闻非自然生，因声而闻；声非自然生，因闻有声。在汝之意，以为如何？为是声来耳边而闻耶？为是耳往声处而闻耶！边字即处也。声处下，应有为无来往一句，盖有来往，是凡小妄情，无来往是权宗所计。彼谓耳、声二处，离中知故，今了义之教，故并破之。分破中有若无来往句，此应是缺漏。

阿难，若复此声来于耳边，如我乞食，室罗筏城，在祇陀林，则无有我；此声必来，阿难耳处，目连、迦叶，应不俱闻？何况其中，一千二百五十沙门，一闻钟声，同来食处？

此约声来耳处破。以声一耳多，不能遍至。如我下法喻合辨，喻中如来乞食城中，林中则无；法中声来阿难耳处，余众则无。故曰："目连、迦叶，应不俱闻。"何况下，反显一声众闻，同来食处，则计声来耳边者，妄也。

若复汝耳，往彼声边，如我归住祇陀林中，在室罗城，则无有我。汝闻鼓声，其耳已往击鼓之处，钟声齐出，应不俱闻！何况其中，象、马、牛、羊，种种音响？

此约耳往声处破。以闻一声多，不能遍往。如我下法喻合辨，喻中如来归住林中，城里则无；法中耳往击鼓之处，钟处则无。故钟声齐出，应不俱闻，何况其他种种音响，而岂得闻耶？今能闻众声，则计耳往声处者，亦妄也。

若无来往，亦复无闻。

此恐防转计。因来往被破，则计无来无往，情所必至，故为此破。如无来往，则根、尘两不相到，故曰："亦复无闻"。今众声皆闻，则计无来往者，亦妄也。

问："此中耳、声二处，既非有来有往，亦非无来无往，毕竟如何成闻？"答："按本经，大乘了义，根尘俱周法界，如七大文云：'清净本然，周遍法界。'"今以无线电可以证信，外国广播，按时收听，彼处一说，此处即闻，如同一室谈话，岂有来去之相？此即根性周遍，托缘便显，应知性本自遍，但托缘显，非藉缘生，尘性亦复如是。

是故当知：听与音声，俱无处所。即听与声，二处虚妄，本非因缘，非自然性。

是有无来、往俱非之故，应当悟明，耳根之听，与音声之尘，俱无内外定在之处所。即听与声，二处自体，亦不可得；说谁来往，及不来往，亦不过虚妄名相而已。其性本即如来藏性，非因缘、自然二种戏论矣！问："无来无往，与根、尘俱遍法界同旨，离中知，即无来往，何亦被破？"答："根、尘俱遍，实属一体，同一如来藏，安可言离？若有离，则成二矣！今唯一性，故须并破。"

阿难，汝又嗅此，炉中旃檀，此香若复然于一铢，室罗筏城四十里内，同时闻气。

此标举鼻香二处。嗅即鼻；旃檀，香也，义翻与药，嗅之可以除病，亦云"牛头旃檀"，出北俱卢洲，牛头山中。《法华经》云："此香六铢，价值娑婆世界"是也。此乃异香，功用殊胜。若复然于一铢，室罗筏城，四十里内，同于一时，俱闻香气。《律历志》云：二十四铢为一两。每铢乃四分一厘，六毫六丝六忽。《博物志》云："汉武帝时，西国遣使，献异香四枚于朝，汉制香不满斤不得受。使乃将其香，取如大豆许，著在宫门上，香闻长安四十里，经月乃歇，帝乃受之。后长安瘟疫流行，博士奏请，焚香一枚，四十里间，民疫皆愈。"此异香功用殊胜之明证也。

于意云何？此香为复生旃檀木，生于汝鼻，为生于空？

以上眼、色、耳、声四处，乃更互破。此科乃二法从要破，故但征香尘，了无生处，如两木相倚，推倒一边，则两木皆倒矣。

阿难，若复此香，生于汝鼻，称鼻所生，当从鼻出，鼻非旃檀，云何鼻中有旃檀气？称汝闻香，当于鼻入，鼻中出香，说闻非义？

若谓此香，生于汝鼻，既称此香，是鼻所生，应当香气从鼻而出，方合生义；鼻非栴檀，云何鼻中有栴檀气？此约体用相违破。鼻是肉体，而非栴檀香体，异体不能发用，云何肉鼻之中，而有发生栴檀气之用？称汝闻香，当于鼻入，鼻中出香，说闻非义者：此约名义不符破。闻字是名，以入为义，称汝闻香，应当于汝鼻入，现鼻中生出香气，名义不符，故难曰："说闻非义"。则香不从鼻生也，明矣！

> 若生于空，空性常恒，香应常在，何藉炉中，爇此枯木？

若谓此香，不从肉鼻所生，乃生于鼻孔中之空者，鼻孔之空，与世界之空无二。空性常恒不变，所生之香，亦应常在，一切得皆有香气，又何藉炉中，爇此枯木，然后有香？未爇无香，足显不从空生也，明矣！

> 若生于木，则此香质，因爇成烟。若鼻得闻，合蒙烟气！其烟腾空，未及遥远，四十里内，云何已闻？

香生于木，常情共计。故破云：若生于木，则此香之木质，因爇成烟，乃可通于鼻中。若鼻得闻，合当蒙受烟气！今其烟腾空，未及遥远，室罗筏城，四十里内，同时闻气，足征非生于木明矣，故以云何已闻反难焉。未三破香从木生。

> 是故当知：香鼻与闻，俱无处所。即嗅与香，二处虚妄，本非因缘，非自然性。

是香尘无从来之故，应当悟知，香尘与鼻根，指浮、胜二根，及托根之嗅闻性，仍属根、尘二处，非有三法也。俱无处所者：外尘之处，既已回得，内根之处，亦复不立，故曰："俱无"。即嗅闻与香尘二处之体，亦属虚妄；无体曰虚，伪现曰妄，但有虚妄名相，若究其源，不从根生木生，则非因缘所生法；又不从空生，则非自然性，惟是如来藏，妙真如性也。

> 阿难，汝常二时，众中持钵，其间或遇酥、酪、醍醐，名为上味。

此标举舌味二处。而舌处寄遇字之中。常即寻常日用，二时乃早食、午食时也。酥、酪、醍醐，皆从乳生，从乳出酪，从酪出生酥，从生酥出熟酥，从熟酥出醍醐。其间或遇此等之味，名为上味。

于意云何？此味为复生于空中？生于舌中？为生食中？

阿难，若复此味，生于汝舌，在汝口中，只有一舌，其舌尔时，已成酥味，遇黑石蜜，应不推移？

此先破味从舌生。若复此味，生汝阿难之舌，在汝口中，只有一舌，亦只能生出一味，譬如果树，一树只能生一味之果。其舌尔时遇酥，已成酥味，或更遇黑石蜜时，自应不推变，不移易，不至再生甜味。《善见律》云：黑石蜜，即甘蔗糖。色黑、质坚、味甜，故名黑石蜜。

若不变移，不名知味；若变移者，舌非多体，云何多味，一舌之知？

此分两途难破。舌以知味为义，承上云若不变迁移易，只知一味，则不名一舌能知众味，即失知味之义矣。倘若推变移易，一口只有一舌，舌非有多体，云何众多之味，只有一舌能知，如世间一树，能生多味之果，安有是理耶？

若生于食，食非有识，云何知味？又食自知，即同他食，何预于汝，名味之知？

此破味从食生。常情妄计，味生于食，故为此破。若言味生于食品，食品非有分别之识，乃属无知之物，若不假舌根，云何能知味耶？纵使能知，又属食品自知其味，何干汝舌之事，而名汝舌尝味之知也！如他人之食，岂可名汝舌尝味之知乎？

若生于空，汝啖虚空，当作何味？必其虚空，若作咸味，既咸汝舌，亦咸汝面？则此界人，同于海鱼！既常受咸，了不知淡。若不识淡，亦不觉咸，必无所知，云何名味？

此破味从空生。因前从舌从食，皆已被破，势必转计从空而生。故此并破云，若言味生于虚空，则空必具味，故今啖虚空，当作何等之味？必其虚空下，按定一味；若空作咸味，虚性周遍，汝全身在虚空之中，既能咸汝舌，亦必咸汝面，及汝全身，则此世界人类，都在咸味之中，同于海鱼一样。既常受咸，无时不在咸中，自然了不知淡。而咸、淡二味，相待以显，既常受咸味，曾不识知何者为淡，则应亦不觉所处是咸，以无待故无辨也。如是则必一无所知，云何又以酥、酪、醍醐，名为上味耶？

是故当知：味、舌与尝，俱无处所。即尝与味，二处虚妄，本非因缘，非自然性。

是味尘无有生处之故。此亦二法从要破中，独约尘破。尘既叵得，根岂能有？因此当知，味尘、舌根，与舌根尝性，能尝所尝，俱无定在处所。即能尝之根，与所尝之味亦无自体可得。推究其性不变，本非因缘，其用随缘，亦非自然，乃如来藏，妙真如性。

阿难，汝常晨朝，以手摩头。

此标举身、触二处。触尘与诸尘不同，乃以有知之身，与无知之物，合则成触。如衣服未穿身上，但属色尘，待穿身上，觉知违顺，方名为触。夏天穿棉衣则违，穿纱衣则顺。触即身分之觉也，具有能知之用者为能触，而无知觉者为所触，是根、尘、能、所合成。本科触尘，又与诸触不同，独以一身明触，头手皆身根，无外触尘，但假摩以成触相，根尘互不可分，无定处所，以例诸触，皆类此虚妄。此科乃二法从要破，独约根破也。

律中佛敕弟子，一日三摩其头，默诵偈曰："守口摄意身莫犯，莫恼一切诸有情，无益之苦当远离，如是行者得度世。"此中无益之苦，指外道所修苦行，非是真因，不得实果。佛弟子中，多有外道归佛者，欲令舍邪从正，三摩其头，自觉落发出家，不忘为僧也。佛以阿难遵依佛敕，每日行之，故举为问焉。

于意云何？此摩所知，谁为能触？能为在手？为复在头？

此双征云，在汝阿难之意云何？此摩头所生之知觉，手知所摩是头，头知是手来摩，二俱有知，头手二边，谁为能触者？谁为所触者？能触为在于手耶？为在于头耶？要阿难自审。触之为义，以有知者为能触，无知者为所触。能所相合，方成触义。

若在于手，头则无知，云何成触？若在于头，手则无用，云何名触？

若言能触在于手，而手是有知，头则应属无知。现今头亦有知，头手皆为能知，无有所知，云何可以成触？以触必有知无知，能所相合之故。若言能触在于头，而头是有知，手则应无知触之用？现今手亦有知，头手二俱有知，云何得名为触耶？

若各各有，则汝阿难，应有二身？

一身一知，世间共许，若谓头之与手，各有一知，则汝阿难，应有二身？

若头与手，一触所生，则手与头，当为一体！若一体者，触则无成，

此翻前两触，转成一触。若言头与手一触所生，即头手共一知，则成一触也。若然，则手与头，当为一体。若果一体者，无能所，绝对待，触则无成。何以故？必有二体相合，方可成触，如衣与身合，方成触义。

若二体者，触谁为在（属也）？在能非所？在所非能？不应虚空，与汝成触？

此防转计二体。文中在能在所，能所二字，莫作能触所触解，当做能摩、所摩，文义始畅。因上一体被破，防计二体乃破云：若头手二知，是为二体者，此二皆属有知，皆为能触，且道所触之尘，又谁为在？即又当谁属耶？若在能摩之手，即非在所摩之头；若在所摩之头，即非在能摩之手，现今头手二皆有知，二皆能触，无有所触之尘，乃诘之曰："不应当虚空，与汝成所触耶？"

是故当知：觉触与身，俱无处所。即身与触，二处虚妄，本非因缘，非自然性。

是约二触,则一知、二知了不可定;约一触,则一体、二体,无所适从之故,当知所觉之触,与能觉之身,俱无真实处所;则身根与触尘,亦无体相,悉皆虚妄名相而已。若求其本,乃非因缘、非自然,乃如来藏,妙真如性也。

阿难,汝常意中所缘,善、恶、无记三性,生成法则。

此标举意、法二处。意中乃意根之中,所缘下为法尘。而法尘与前五尘不同,非有实性境,此唯意识之独影境。何谓独影境?由同时意识,与前五识同时而起,缘五尘性境,吸入意根之中,名为五尘落卸影子,故为独影境。同时意识缘善境界,则意根中,有善性影子现起;缘恶境界,则意根中,有恶性影子现起;缘无记境界,则意根中,有无记性影子现起;无记境界,乃非善非恶之中庸境,于善恶二者,无可记别,故名无记性。此三性,乃生成法尘之定则。又一解,此三性,乃意根中,生成一定之法则,故名为性。

此法为复即心所生?为当离心,别有方所?

此双征法尘,为复即汝意根之心所生乎?为当离汝意根之心,而别有法尘之方向所在耶?

阿难,若即心者,法则非尘,非心所缘,云何成处?

若此法尘,即意根之心所生者,能生之心有知,所生之法,亦当有知,如有情生有情。法尘既是有知,则应非尘,亦非心所缘之境;是心所缘,方成法处,反难既非心之所缘,云何可以成处也?

若离于心,别有方所,则法自性,为知非知?

此破离心,双开知与非知两途。若言法尘,是离意根之心,别有方向处所者,则法尘应有自性,试问法尘自性,为是有知耶?为非有知耶?

知则名心,异汝非尘,同他心量。即汝即心,云何汝心更二于汝?

此先约有知破。若谓离心法尘,是有知者,则当名为心,不应名尘。异汝非尘，同他心量者，异作离字解，谓此法尘，既然离汝意根之心，而又有知，自应非是尘，乃另是一心也，岂不同他人之心量乎？他人之心，方是离汝有知也。

即汝即心，云何汝心，更二于汝者，此三句防谬辩。若必执言，离心有知之法尘，亦即是汝，即汝之心量，非他人心量者，既是汝心，应不离汝，云何汝心，不与汝合而为一，更为二而离于汝耶？是则计法尘，离意根而有知者，谬矣！

若非知者，此尘既非色、声、香、味、离、合、冷、暖，及虚空相，当于何在？

此更约非知破。若谓此法尘，乃离意根之心，而非知者，前五尘离心非知，此法尘，既不是五尘，及虚空相，而征其定在何处也。离、合、冷、暖，乃属触尘。

今于色、空，都无表示，不应人间，更有空外。心非所缘，处从谁立？

色即五尘色法，空即由色所显虚空，今在五尘虚空。都无可表显指示，汝之法尘。终不应言，人世之间，更有一个空外之处，为法尘所在，色容有外，空岂有外哉？

心非所缘，处从谁立者，心指意根，所缘属法尘。谓此法尘，离心非知，自不是能缘之心，又复离根而处空外，亦非所缘之境；则法尘非心、非境，处将从谁而立耶？

是故当知：法则与心，俱无处所。则意与法，二处虚妄，本非因缘，非自然性。

是即心、离心，有知、非知皆谬之故，当知法尘与意根之心，俱无一定处所。下二句，不特无处，亦复无体，则意根与法尘二处之体，亦但虚妄名相而已，如空中华，全无实体。推究无体之体，元是妙明真体，故曰：本非因缘，非自然性，乃如来藏，妙真如性。

复次，阿难，云何十八界，本如来藏，妙真如性？

此总征十八界即藏性。梵语驮都，此云界。界者界限，六根、六尘、六识，各有界限。以内之能缘者，属根之界限；外之所缘者，属尘之界限；中间能了别者，属识之界限，三六十八，各有界限故。又界者因义，因即是依，以根、尘、识，互相依也。又界者种族义，以根、尘、识三，各有种子族类故。十八界，佛为心、色二迷俱重者说，心色俱开：色法开为六尘、五根；心法开为意根及六识，合成十八。此中破意，乃三法从要破、根、尘、识三，识为其要，故独约识破。识界既破，则根、尘二界，自不成立，如三间之屋，但拆去中间墙壁，左右二间之界，亦自不成矣！虽则独约识破，实则根、尘兼破，但破其相妄，妄相既破，真性自显，故曰："本如来藏，妙真如性。"

阿难，如汝所明，眼色为缘，生于眼识。

此佛就阿难，昔闻因缘权教，所明者为问。眼根与色尘，根、尘相对，互相为缘故；根为增上缘，尘为所缘缘，二缘相合，识生其中，故曰："生于眼识"，而成三界矣。

此识，为复因眼所生，以眼为界？因色所生，以色为界？

根、尘、识三，惟征于识，即三法从要破也；识既被破，三界自无。承上征云："此识为复因眼根所生，即以眼为识之界，名为眼识界耶？为复因色尘所生，即以色为识之界，名为色识界耶？"良以根、尘各有别名，皆随自法为名，而识则无之，若不系以根、尘，则无所分别。诸经多系属于根，曰眼识、耳识等，今以权教，根、尘皆能生识，故双约以征之。

阿难，若因眼生，既无色空，无可分别；纵有汝识，欲将何用？

此破识单从眼生。若谓此识单因眼根生，即以眼为界者，则不藉乎色、空。既无色空，无有可分别之尘，单根则不能生识；纵使有能生汝之识，若无色、空，汝识亦将何所施其用乎？识以了别尘、境为用，无尘则不用识也。

汝见又非青、黄、赤、白，无所表示，从何立界？

此承上汝眼根之见，无形、无色，既无长、短、方、圆之形，又非有青、黄、赤、白之色，无所表示，汝根之相。前段无色、空则尘无，此段无表示则根无，则中间之识，从何处可以立其界限乎？

> 若因色生，空无色时，汝识应灭？云何识知，是虚空性？

此破识单从色生。若谓此识，单因色尘生，即以色为界者。至于见空无色之时，则色尘已灭，汝识应当随色而灭，识灭则无所识知，云何见空之时，又识知是虚空性耶？

> 若色变时，汝亦识其色相迁变，汝识不迁，界从何立？

此言色尘迁变之时，汝亦识其色相已经迁变，是汝识不随色迁变矣？一存一亡，无有对待，则识界从何可以成立耶？此与上段文，有二意：上乃从变不识空，此乃不变不成界。

> 从变则变，界相自无；不变则恒，既从色生，应不识知虚空所在？

此段上二句，因闻识不从色变，应不成界，乃转计识从色变。遂破云：若识从色变，则色与识，二俱变灭，界相自然无矣。此从变不成界，乃对上不变不成界，成为交互之文。

下四句，因闻识从色变，应不识空，乃转计识不从色变。亦破云：若识不从色变，则识性恒常，虽然恒常不变，此识既因色尘所生，自属无知，应当不能识知虚空所在！今能知空，足证识非从色生矣。此不变不识空，乃对上从变不识空，成为交互文。此种经文，是为交床（牒）法，两头俱到，文法极妙。

> 若兼二种，眼、色共生，合则中离，离则两合，体性杂乱，云何成界？

此以上单根独尘，皆不能生识，转计和合而生。遂破云：若言兼眼根、色尘二种，共生汝识者，且问还是眼色相合而生耶？还是眼色相离而生耶？此二句，上合离两字指眼色，下离合两字指眼识。若谓眼色，合并而生，则汝识半从根生，半从尘生，中间必有离缝，以不是整个生成。如二物相合，合处有离缝也；若谓眼色，离开而生，则汝识半是有知，半是无知，有知者合于眼，无知者合于色，遂成两合矣。体性杂乱者，指识之体性。杂对合则中离说，半从根半从尘，和杂而生故曰杂；乱对离则两合说，半合根半合尘，则成动乱故曰乱。既是杂乱，云何能成识之中界乎？

是故当知：眼、色为缘，生眼识界，三处都无。则眼与色，及色界三，本非因缘，非自然性。

是各生共生，俱不得成之故，应当了知。此知含二义：一者应当知妄，至三处都无止，结相之妄；二者应当知真，后四句归性之真。以上所言，眼、色二种为缘，生于眼识者，现前推究，眼识既不从眼生，又不从色生，亦非双兼眼色共生，则中间所生眼识，既不成界，内外眼色，何得为缘？中界既无，内外叵得，故曰三处都无。又三处都无，处即界也，所谓眼色为缘生识，今眼、色、识三界，俱不可得；应知此是相宗权教，顺世之谈，都无实义。

则眼与色，及色界三，色界即色识界，系尘为名；此眼、色、识三，本非因缘，非自然性，乃是如来藏，妙真如性。

阿难，又汝所明，耳声为缘，生于耳识。此识为复因耳所生，以耳为界？因声所生，以声为界？

阿难，若因耳生，动静二相，既不现前，根不成知，必无所知，知尚无成，识何形貌？

耳识本无生处可得，先破因耳生。呼阿难而告之曰：若谓耳识因耳根生者，动静二种声尘既不现前，耳根不成能知，必无所知之声尘，能知之耳根，尚且不得成，所生耳识毕竟作何形貌？

若取耳闻，无动静故，闻无所成；云何耳形，杂色触尘，名为识界？则耳识界，复从谁立？

此文防谬。因闻上段必无所知，知尚无成，乃谬辩云：知属意根，耳根惟取能闻。今取耳闻生识，乃破之曰：若取耳闻，能生识者，无有动、静二种声尘，则能闻之根，亦无所成，何能生识？能闻又复被破，转计有形之肉耳，为能生识，若谓但取肉耳能生识者，肉耳属身根之色相，身根所对惟触尘，故破曰：云何以肉耳，如新卷叶之形，杂于身根之色相，与身所对之触尘，名为能生耳识之界耶？则耳识界，既非闻根肉耳所生，复从谁而立界乎？

若生于声，识因声有，则不关闻，无闻则亡声相所在？

此破耳识从声生。若谓耳识生于声尘者，是此识单从声尘而有，则不关耳闻之事，须知声必因闻而显，设若无闻，则亦亡失声相所在，声尚不可得，云何能生于识？

识从声生，许声因闻，而有声相，闻应闻识！

此防转救。恐闻若无有闻，声亦不有，遂转救云：识固是从声而生，却许能生之声，亦必因闻而有声相，如是则声中有识，闻声之时，应当并闻于识！

不闻非界，闻则同声；识已被闻，谁知闻识？若无知者，终如草木。

此下展转显谬：一、不闻非界谬：倘但闻声，不复闻识，是则声中无识，而声则非生识之界矣。二、闻则同声谬：倘若闻声之时，亦闻于识，是识则同于声，而被耳根所闻矣。三、被闻无知谬：盖识以了知为用，而识已被耳根所闻，则无有识，又谁知闻声，并闻于识耶？四、人同草木谬：若谓无有能知闻识者，则亦无有能知闻声者，果都无所知，则人岂不终如草木之无情乎？

不应声闻，杂成中界。界无中位，则内外相，复从何成？

此破根尘和合共生。不应说言：声尘与闻根，和杂而成中界。杂则不分，无有中位，可以为缘生识也。中间识界，既已不成，则内根外尘之界相，复从何而得成耶？

是故当知：耳声为缘，生耳识界，三处都无。则耳与声，及声界三，本非因缘，非自然性。

由是义故，自当了知，所谓耳根与声尘两者为缘，而生耳识者，则内外中间三处界限，觅之都无，但幻妄称相而已。上结相妄，下显性真，则此耳之与声，及声识界三，本来非是因缘、自然，二种世间戏论名相，其性即是如来藏，妙真如性。

阿难，又汝所明，鼻、香为缘，生于鼻识。此识为复因鼻所生，以鼻为界？因香所生，以香为界？

阿难，若因鼻生，则汝心中，以何为鼻？为取肉形双爪之相？为取嗅知动摇之性？

首句按定，识因鼻生，下乃征定鼻根。则汝阿难心中，将以何者，为汝之鼻根？为是取脸上肉之形质，如双垂爪之相为鼻耶？为是取能发嗅知，动摇之性为鼻耶？此双开二句，下则详破。

若取肉形，肉质乃身，身知即触，名身非鼻；名触即尘，鼻尚无名，云何立界？

若取脸上肉形，为汝鼻者，须知肉之体质，乃属身根，身之所知，即是触尘，既名身根，即非鼻根；既名触尘，即非香尘；鼻根之名，尚不可得，云何可说，识因鼻生，依之而立界耶？

若取嗅知，又汝心中，以何为知？以肉为知，则肉之知，元触非鼻。

若取根中嗅知之性，为汝鼻者，又汝阿难心中，将以何者为能知，若以鼻头之肉，为能知者，鼻肉体质，乃属身根。则肉之知，元是身根，知触之用，非是鼻根，嗅知之性。末二句，同上身知即触。

以空为知，空则自知，肉应非觉？如是则应虚空是汝，汝身非知，今日阿难，应无所在？

此以鼻肉为知被破，转计以空为知。亦破云：设若汝以鼻孔之空，为能嗅知者，空本无知，纵许有知，则是空自有知，汝鼻头之肉，应非觉矣？

如是则应虚空是汝，汝身非知者：如是乃指上三句，鼻孔之空有知，若即是汝嗅知之性，以此类推，则一切虚空，皆应是汝。又鼻上之肉，既无知性，则汝全身之肉，皆应非知；以此而论，空若是汝，则虚空无在，今日阿难，亦应无所在矣？

> 以香为知，知自属香，何预于汝？

此因肉知、空知被破，转计以香为知。若谓以鼻中香，为嗅知性者，香本非有知，纵许香具鼻根之知，此知自属于香，何预于汝鼻知之事？此文但以香具鼻知，不可滥下香生鼻识。

> 若香、臭气，必生汝鼻，则彼香、臭二种流气，不生伊兰及旃檀木？二物不来，汝自嗅鼻，为香为臭？臭则非香，香应非臭。

此文与上文，似不相接续，须补充转救之意。因上以香为知，遂招知自属香，何预于汝之破，遂转救云：知虽属香，香气却生于鼻，离鼻则无香气，何得谓为不预于我？故复破云：如是香气，生于汝鼻，臭气亦生汝鼻，若香臭二气，必定生于汝鼻者，则彼香、臭二种流动之气，不生伊兰及旃檀木矣！二物不来之时，汝自嗅汝鼻，还是为香耶？还是为臭耶？若是臭则非香；若是香应非臭。

《指掌》引《观佛三昧经》云："末利山中，有伊兰树，臭若胖尸，熏闻四十由旬。其花红色，甚可爱乐，若有食者，发狂而死。而旃檀之树，亦发生伊兰丛中，未及长大，如阎浮洲竹笋，不能发香，仲秋月满，卒从地生，成旃檀树，众人皆闻妙香，永无伊兰臭恶之气。"

> 若香、臭二俱能闻者，则汝一人，应有两鼻？对我问道，有二阿难，谁为汝体？

鼻根是一，香、臭为二，故上破曰：臭则非香，香则非臭。若谓香臭二气，俱能闻者，则汝一人应有两个鼻知。此句对上以香为知，自不能再以臭为知。一人一鼻，世间共许，若有二知，即有两鼻，如果两鼻，对我问道，有二阿难，谁为汝阿难真体？

若鼻是一，香、臭无二，臭既为香，香复成臭，二性不有，界从谁立？

此因闻既有二鼻，应有二身之破，遂转计云：我本来无二，鼻只是一个，不妨具足香、臭二知。故此破云：若鼻是一，则香臭自应混而为一，而无二矣！臭既可以为香，则臭无自性；香复可成臭，则香无自性；以香臭互夺两亡，二种嗅知根性，既然不有，而鼻识之界，欲从谁而立耶？

若因香生，识因香有，如眼有见，不能观眼；因香有故，应不知香？

此文具法、喻、合三。若执鼻识，因香尘生者，此识乃因香而有知，此是法；喻如因眼所有之见，自不能返观其眼，此是喻；法合云：识因香有之故，应不自知其香，同见因眼有之故，应不自观其眼矣！

知即非生，不知非识。香非知有，香界不成；识不知香，因界则非从香建立。

首二句，知与不知，两途俱非。若能知香，此知即非从香所生；若不知香，又非可名能知之识。下五句，如果香非识知其有香，则香界自不成立。何故？盖香必以嗅知而后显故，香非嗅知则不有，香界何自而成？倘若识不知香，所言因香立识界者，则非从香建立。

既无中间，不成内外，彼诸闻性，毕竟虚妄。

如上所破，鼻识不从根生，不从尘生，既无中间之识界可得，自不成内外根尘二界。如三进房屋，既无中间墙界，前后两进之界相，自然亦无。彼诸闻性，毕竟虚妄者：承上二句，既内外不成，则能共生者无实；既无中间，则所共生者非真；如是嗅闻之识，毕竟虚妄。

是故当知：鼻香为缘，生鼻识界，三处都无。则鼻与香，及香界三，本非因缘，非自然性。

是鼻识，不从根尘，各生共生之故，当知权教相宗所云：鼻香二者为缘，生于鼻识者，乃顺世之谈，非了义之教。今推究识界生处，了不可得，中界既无，内外二界，亦复叵得？故曰三处（界也）都无。以上结相妄，以下显性真，则鼻根与香尘，及香识界三，本非因缘性，及自然性，即是如来藏，妙真如性。

阿难，又汝所明，舌、味为缘，生于舌识。此识为复因舌所生，以舌为界？因味所生，以味为界？

阿难，若因舌生，则诸世间，甘蔗、乌梅、黄连、石盐、细辛、姜、桂，都无有味，汝自尝舌，为甜为苦？

此破识因舌生。若谓舌识，单因舌根所生，不藉味尘，自能了别其味，即以舌为识之界者；则诸世间，甘蔗甜味，乌梅酸味，黄连苦味，石盐咸味，细辛药名，生姜、肉桂药品，此三种皆辣味，都成了无有味。倘无有此等味尘，来合汝舌，汝自尝其舌，到底还是为甜耶？还是为苦耶？

若舌性苦，谁来尝舌？舌不自尝，孰为知觉？舌性非苦，味自不生，云何立界？

此明舌性，有味、无味俱非。承上云：若自尝其舌，舌性是苦，谁来尝汝之舌，而知其苦也？苦字该甜等诸味。盖舌不能自尝其舌，如眼不能自见其眼。又孰（谁字解）为知觉，其舌是苦耶？若谓舌性非苦，即无有味，则味自然不生于汝之舌，云何可立识界耶？

若因味生，识自为味，同于舌根，应不自尝，云何识知，是味非味？

若言舌识，单因味尘而生者，识自然就是味。味不能自知其味，同于舌根，应不能自尝其舌；既不自尝，云何而能识知，是有味，而非有味耶？

又一切味，非一物生，味既多生，识应多体？

又味尘类广，一切之味，元非一物所生。以能生之味尘，既从多物而生，而所生之识，自应从味亦有多体，如母多，子亦应多，此以味多，而破识一也。

识体若一，体必味生，咸、淡、甘、辛，和合俱生，

> 诸变异相，同为一味，应无分别？

设若识体是一，其体必定因味生者，所生之识是一，能生之味应亦非多。如世间盐之咸，水之淡，蔗之甘，姜之辛（辣也），亦该酸苦，是为六味总相；和合俱生变异，是六味别相；如豆面盐水，合而为酱，是为和合；如黄连生来便苦，其味与物，俱时而生，谓之俱生；如变生成熟，异其本味，如炮炙煎煮之类，皆名变异。种种诸味，皆当同为一味，亦应无有分别，如子一，母亦应一，此以识一，而破味多也。

> 分别既无，则不名识，云何复名，舌味识界？

识以分别为用，承上诸味既合为一。则无咸、淡、甘、苦、酸、辣之分别。能生之味，分别既无，所生之识，分别亦无，则不应名之为识。云何复名，舌味为缘，生汝中间舌识界耶？

> 不应虚空，生汝心识？

以上根生、尘生，二俱不成，恐计从空而生，然空性顽钝，故曰：不应以无知之虚空，生汝有知之心识耶？

> 舌味和合，即于是中，元无自性，云何界生？

若以舌根味尘二者，和合生汝舌识者，舌是有知，尘是无知，一经和合，体性纷杂。如世间水土和合，水失流动之自性，土失干燥之自性，故曰："元无自性"能生根尘，自性既无，云何识界，可从而生？本科四性推检无生具足：不因舌生，是不自生；不因味生，是不他生；不因空生，是不无因生；不因舌味和合生，是不共生。

> 是故当知：舌、味为缘，生舌识界，三处都无。则舌与味，及舌界三，本非因缘，非自然性。

舌界，即舌识界。前三科系尘为名，曰色识界、声识界、香识界，此科并后二科，系根为名，曰舌识界、身识界、意识界。余同上可知。

> 阿难，又汝所明，身触为缘，生于身识。此识为复

因身所生，以身为界？因触所生，以触为界？

阿难，若因身生，必无离合二觉观缘，身何所识？

此破单根，不能生识。觉观二字，粗缘为觉，细缘曰观。有能觉观，与所觉观之别；又有离时觉观，合时觉观二种。若谓身识，单因身根而生，不藉触尘者，如是虽有身根，必定无有离合二种，所觉观之尘缘，则惟身无境，安能生识乎？此句又作一解：合离是触尘，觉观指识心。谓必定无有合离，二种触尘，为生觉观识心之助缘，何能生汝身识乎？纵许能生身识，无有触尘，将何所识耶？此计识因身生者，非也。

若因触生，必无汝身，谁有非身，知合离者？

此破单尘，亦不能生识。若计身识，单因触尘而生，不藉身根者，必定无有汝身，惟尘无根，不成身触为缘之义；世间谁有非依于身，能知合离之触尘者？离却身根，则能生之触尘，尚不可得，则计识因触生者，亦非也。

阿难，物不触知，身知有触。

此标触知之相。世间之物，不能自触而成知，必定与身相合，方知有触。此二句，为下正破共生之张本耳。

知身即触，知触即身；即触非身，即身非触。

此下文分三段，正破身触和合生识，俱不成共生之义。此中首句知字，即上段身触合处，所显之知属识，身字属根，触字属尘。此文承上物不能自触而成知，必与身合方知有触，遂计身触，和合共生。今以所生之识，无双兼根尘二相为破。文有四句。上二约双即，不得为共生；下二约双非，亦不得为共生。乃以所生之识，仔细审察，还是知身乎？还是知触乎？知身即触，知触即身者：若知于身，此识知，即从触所生，并不兼乎身，以身但为所知；若知于触，此识知即从身所生，并不兼乎触，以触亦但为所知；上句即触所生，下句即身所生，其识知，皆单属一边，何得为根尘共生耶？

即触非身，即身非触者：即触即身，乃承上二句，即触即身之文。若此识知，即从触所生者，则非兼于身，惟单属于触之一边；若此识知，即从身所生者，则非兼于触，亦单属身之一边；何以为共生乎？另作一解，以便易知。四句中，以一、三相连，二、四相连，解曰：所生之识知，若知身根者，此知即是从触尘所生。接第三句：即是从触尘所生之识，当非兼属身根，何得为共生耶？第二句，所生之识知，若知触尘者，此知即从身根所生，接第四句：即是从身根所生之识，当非兼属触尘，亦何得为共生耶？交光法师所云："所生无兼相"者是也。

　　身触二相，元无处所，合身即为身自体性，离身即是虚空等相。

此段以能生根尘，无内外对立之相为破。以身根之与触尘二相，元（本也）无内外对立之处所。此二句标，下释云：以触合身，即与身为自体，合而不分；若触离身，即是虚空等相。等指色法，身外无非色空诸相。此明合离，皆无身触对立之相，何能共生身识耶？交师所云："能生无对相"者是也。

　　内外不成，中云何立？中不复立，内外性空，则汝识生从谁立界？

此明根、尘、识三界，互不得成。上二句因能生根尘，内外二界不成，以致中间所生之识，亦何从而得安立？中二句，因中间所生识界，不复成立，致内外根尘之性亦空。末二句总结，不能共生。以上三界，皆不得成之故，则汝身识之生，毕竟从谁以立界耶？

　　是故当知：身触为缘，生身识界，三处都无。则身与触，及身界三，本非因缘，非自然性。

准上可知。

　　阿难，又汝所明，意、法为缘，生于意识。此识为复因意所生，以意为界，因法所生，以法为界？

　　阿难，若因意生，于汝意中，必有所思，发明汝意；若无前法，意无所生。离缘无形，识将何用？

此约根尘存亡破。故呼阿难，而告之曰：若谓意识，单因意根所生者，然汝意根之中，必有所思之法尘，方可发明汝能思之意根，以尘存则根存也；若无现前所思之法尘，则能思之意根，亦无所生，是尘亡则根亡也。离缘无形者：以意根离却所缘法尘，根亦无形可得，云何而能生识耶？若是根尘双泯，识将何用？

又汝识心，与诸思量，兼了别性，为同为异？同意即意，云何所生？异意不同，应无所识。若无所识。云何意生？若有所识，云何识意？唯同与异，二性无成，界云何立？

此约根识同异破。识心指意识，思量指意根，即第七识，恒审思量，为意所依之根。兼、同也。破云：又汝意识之心，与诸思量之意根，同为能了别性，且道根识，为同耶？为异耶？

同意即意四句，意指意根。若识心同于意根，则识心即是意根，云何识心，又为意根所生？若识心异于意根，而不同者，则定同无知之尘；既是同尘，应无所识，若果无所识知，则非意根同类，云何名为意生之识？若有所识知，则识心与意根，同为了别性，云何可分此是意识之了别性耶？此是意根之了别性耶？唯同与异，二性无成者：承上结云：惟同与异，根识二性，悉皆无成。何以故？若同意根，则识即是意，根识唯一，二性无成；若异意根，则不名识，根识二性亦复无成。则此意识之界，云何可说从根而立耶？是则以意根，为生识之界者，非也。

若因法生，世间诸法，不离五尘，汝观色法，及诸声法，香法、味法及与触法，相状分明，以对五根，非意所摄。

首句法字，指内法尘，余六个法字，皆指五尘实法。若谓意识，单从法尘所生者，然而世间所有诸法，不离色、声、香、味、触五尘，今汝且观，色等诸法，悉有相状分明，以对眼等五根，均非意根所摄之法。意根所缘法尘，乃前五尘落卸影子，五尘之法，决不能入于意根。

汝识决定依于法生，汝今谛观，法法何状？

上二句牒定。若汝识心，决定依于法尘生者，既有所生，必有形状。汝现今谛实观察，法尘之法，毕竟作何形状？上一法字，别指法尘，下一法字，同上五尘之法，此破内无自体也。

若离色空，动静、通塞、合离、生灭，越此诸相，终无所得。

此中五尘，甜淡味尘，含在四尘之中。生灭即属法尘，此二字应连下解释，越字作离解。谓汝之法尘，全系五尘影子，有形方有影，若汝生灭法尘离却色空等前五尘，岂能别有自体耶？当如离形，其影终无所得。

生则色空诸法等生，灭则色空诸法等灭。所因既无，因生有识，作何形相？相状不有，界云何生？

等字作同字解。法尘生，则与色空五尘诸法同生，如形生影生；法尘灭。则与色空五尘诸法同灭，如形灭影灭，此破离外无体也。

所因之法尘，既无自体，因他生有之意识，又作何等形状相貌乎？既能生之法尘，相状不有，则意识之界，云何因法尘而生耶？是则以法尘为生识之界者，亦非也。此科无破根尘共生之文，以意根与法尘，皆无自相，意根乃七识，法尘为影事，况此文分破中，又极明根尘虚，故无复共生之相可破。

是故当知：意、法为缘，生意识界，三处都无。则意与法，及意界三，本非因缘，非自然性。"

交光法师云："此科可为理事无碍法界之由致，虽不全具彼之诸门，但悟此，而自可达彼诸门之义，故曰由致。良以凡夫著于事相，而全不见理，权教隔乎事理，而两不通融，故皆不能入理事无碍法界。今经且将事相，一一融归于理。即彼十门中，全事皆理门也。既达诸事即理，则众妙之门，自可相次而洞开矣，非彼由致而何哉！

楞严经讲义第八卷

阿难白佛言:"世尊！如来常说，和合因缘，一切世间，种种变化，皆因四大和合发明。

此由阿难执权疑实。执昔日所闻因缘权教，疑现今所说了义实教。盖阿难因缘之执，于九番显见超情科中，佛已与自然而并破矣。阿难只知妙觉明性，非因缘和合，至于世间诸相，因缘和合之执如故。所以闻佛于四科世间法，一一皆云非因缘，及自然性，所以腾疑复问也。阿难仰白佛言：世尊！如来昔日常说，和合因缘，和合即因缘和合，故并称焉。佛初立教，以因缘为宗，对破外道自然，所以常说。但是如来一时权巧方便，以因缘正理而破外道邪说，非大乘了义之谈，今经为了义教，阿难不达斯旨，是以执权疑实也。

一切世间，种种变化四句，即举四科诸相。一切包括之词，世间乃有情世间，及器世间，简言之即身、心、世界。五阴中色阴即器世间之外色，与有情世间之外身；受、想、行、识四阴，即有情世间之内心，六入即有情世间身心，前五根属身，意根属心。十二处、十八界、十一色法，即器世间之世界，与有情世间之根身。意根与六识，即有情世间之内心。四科诸法乃世间有为之相，细分之，则千差万别，种种不一，无非因缘和合，虚妄有生，皆自本无，变化而有。故曰："皆因四大，和合发明"，是则不出因缘矣。

云何如来，因缘、自然，二俱排摈？我今不知，斯义所属！

上段执昔权义，此文疑今实教。阿难曰：云何如来，因缘、自然，二者俱同排斥,而摈弃之?若单遣自然,原是外计,因无可疑;而并遣因缘,有违自宗。果系何意,而我现今不知,双非因缘、自然,斯（此也）义之所归属?此句即言不知双非之旨,属于何宗何教,故下请佛开示。

惟垂哀愍,开示众生,中道了义,无戏论法。"

惟愿如来,垂慈哀愍:哀怜我等惑深,愍念我等智浅,不知非因缘非自然,斯义所属。今求开示,中道了义,无戏论法。此阿难所请之法,正是四科所说双非之法,因缘是学者世间戏论,自然是非学者世间戏论,非因缘非自然,即无戏论法,此法亦即中道了义。中道者不偏有无二边,谓之中道。非因缘,即妙性不滞于有为;非自然,即妙性不堕于无为,有无双遣,中道现前。正是大乘了义,真实之法,为如来藏,妙真如性。阿难所请之法,即佛已说之法,迷而不知,更为疑请,故佛责以如说药人,真药现前,不能分别者此也。

尔时世尊,告阿难言:"汝先厌离,声闻、缘觉,诸小乘法,发心勤求,无上菩提,故我今时,为汝开示,第一义谛。

此如来述其应求施教之意。尔时世尊,告阿难言:我昔日因缘之教,乃应求小乘者而说,汝自淫室归来,悔恨多闻,未全道力,殷勤启请,十方如来,得成菩提之妙定;是汝先已厌离声闻、缘觉,诸小乘法,回小向大,已发心勤求无上菩提之佛道矣。

故我今时,为汝开示,第一义谛,即是应汝所求,而施汝大教。今时,即三番破识以后之时,十番显见,克就根性,直指真心,摄事归理,会通四科,即性常住,会相归性。真心者,第一义谛也。即事即理,全妄全真,非因非缘,亦非自然,即是中道了义（第一义也）,真如实相,无戏论之法,早为开示,何待更请?

如何复将世间戏论,妄想因缘,而自缠绕!

如何是怪责意。此怪责阿难,吝惜旧闻,因缘权教,而不肯放舍。谓汝既厌离声闻小乘法,如何复将小乘学者,世间戏论之因缘法,自缠自绕,迄今犹不肯放舍。妄想与因缘相关,心思因缘,是谓妄想因缘,口说因缘,是为因缘戏论。

> 汝虽多闻，如说药人，真药现前，不能分别，如来说为，真可怜愍！

此怪责阿难，虽闻中道，第一义谛，不能识取，谓汝虽多闻第一，我今应汝所求，为汝说非因缘，非自然之了义，汝不能谙识，汝如说药之人，熟读本草，口虽能说药名，而未亲采，真药现前，不能分别是真，反疑弃之。真药喻如来已说第一义谛；不能识取，反生疑难，岂不真可怜愍哉！

> 汝今谛听，我当为汝分别开示；亦令当来，修大乘者，通达实相。"
> 阿难默然，承佛圣旨。

首句诫听，下则许说。已说真理，不能会悟，都缘徒闻，不肯谛实审察，故诫以谛听。我当为汝，分别开示，非因缘、非自然之了义；不独为汝，现会大众，亦令当来之世，修习大乘行者（人也），皆得通达实相，共入如来藏海也。实相与如来藏，名异体同，本经佛与阿难释迷闷科中，即责其汝等声闻，狭劣无识，不能通达，清净实相，则知十番显见，所显见性真心，即清净实相。复于四科，一一皆非因缘，非自然，本如来藏，妙真如性，亦即清净实相。本科又标许，令现未修大乘者，通达实相，不过重明非因缘非自然之义，非离前法而别有也。如《正脉》所云：四科方谈其一一皆是性真，而未尝言其一一皆周法界，如指香柴煤炭，一一言其是火，而未及言一一皆可洞烧林野。此处标许下，别详七大，方谈其一一皆周法界，如方说出诸火，每一星之火，皆有洞烧林野之极量。四科但显法法当体真常，七大极显法法圆融周遍。前后两科，义理浅深，即在是矣。

实相有三，即三如来藏：一、无相之实相：无一切妄法差别之相，只有一真平等实相，即空如来藏，空诸一切，虚妄染法之相，并非本体而全无也，乃藏性不变之体。二、无不相之实相：并非无相，而能随缘现一切相，即不空如来藏，具足十界诸法，非无诸相也，乃藏性随缘之用。三、无相无不相之实相：若言其无，则不舍一法；若言其有，则不立一尘，即空不空如来藏，真空不碍妙有，妙有不碍真空，乃藏性体用双彰。阿难默然，承受圣旨者：默然即凝神静虑，一心入于语义之中，钦承领受，我佛大圣之法旨。

"阿难，如汝所言：四大和合，发明世间，种种变化。

此牒取阿难问词，呼阿难言：如汝前来所言，以地水火风，四大和合，方能发明世间种种变化者，汝实不知，四大之性，本非和合，非不和合之故，今当以喻明之。

阿难，若彼大性，体非和合，则不能与诸大杂和，犹如虚空，不和诸色。

此以异喻别明，先明大性，非不和合。和合不和合，约性相论。文中法固反言，喻亦反显。大性指四大之性，即如来藏性也。诸大指四大之相，相从性起，相不离性，相即性中之相，性即相中之性，性相虽有二名，性相本来一体，此为正义。若谓彼四大之性，体即性体，如非和合者，只许性之不变，不许性能随缘，则不能与诸大之相杂和，犹如虚空之不和诸色也。此与真如随缘之用相反，迥异虚空之不和诸色，故非不和合，此名异喻。

若和合者，同于变化，始终相成，生灭相续；生死死生，生生死死，如旋火轮，未有休息。

此明大性，非是和合。若谓四大之性，是和合者，只许性之随缘，不许性仍不变，则应同诸大之相，变易迁化，由始而终，因终复始，而始终相成也。从生至灭，既灭复生，而生灭相续也，此约无情世界而说。生死死生，生生死死者，因生有死，至死复生，而递互相成也。生而复生，死而再死，亦前后相续也，此约有情根身而说。是知内外四大，皆变化相，若大性如此，犹如旋火成轮，未有休息。此亦法固反言，喻亦反显。与真如不变之体相反，非同火轮之不息，故非是和合，此亦异喻。

此二段文，具宗、因、喻三支比量，以法喻皆与大性相反，落于非量。前量云：大性是有法，体非和合为宗，因云：不与诸大杂和故；喻如虚空不和诸色。若尔，则真如用不随缘。后量云：大性是有法，和合为宗。因云：同于变化故；喻如火轮不息。若尔，则真如体非不变。

阿难，如水成冰，冰还成水。

此单喻显法，乃以同喻，翻前异喻。喻大性不变随缘，随缘不变，翻前二段：一则体非和合，则堕自然，而失随缘之义；一则和合，则堕因缘，而失不变之义。今以同喻，而显真如不变、随缘二义，故重呼阿难之名，而告之曰：如水成冰，冰还（复也）成水。上句大性体虽不变，而用能随缘成相，既不如虚空不和诸相，当如何等乎？当如水能随缘成冰，无所和合，而能现和合之相，水不离冰，岂一定属于非和合耶？

下句大性用虽随缘成相，仍然不变本体，既不如火轮之不息，当如何等乎？当如冰还成水，但似和合，终无和合之实，岂一定属于和合耶？交光法师谓：还字当玩，足显不变。正因不变，故还为水，正于还为水处，见其非真和合，若真和合则变矣！如青、黄和合，即变为绿，岂能还为青、黄乎？

总立量云：诸大性相是有法，非不和合非和合为宗，因云：随缘不变故；同喻如水冰冰水，异喻如虚空火轮。此量与诸大性相相合，为真比量，其理极成。阿难前言，四大和合，发明诸相，如来所答，有二意应研究：一、阿难但问四大之相，如来则双明性相。良以权宗，虽依性说相，性是密意，惟说法相，不说法性。阿难久习权宗，迷性执相，故有斯问。如来则性相双举，明相依性起，以性融相，以袪旧见，冀得新悟也。二、阿难但执因缘和合，乃为自宗，因何排摈？如来则兼破和合及不和合，恐阿难和合被破，转计不和合，故此兼破，以杜转计也。

汝观地性：粗为大地，细为微尘，至邻虚尘，析彼极微，色边际相，七分所成，更析邻虚，即实空性。

阿难但言四大和合，发明世间诸相。佛今广融七大者，以四大摄法未周，但摄五阴中色阴，十二处前之十一处，十八界五根、六尘，而受想行识四阴，六入根性，十二处之意根，十八界中意根、六识，及色阴之空，皆不能摄。故加空、见、识三大，则收尽有为诸法，此佛广谈七大之意也。意谓汝阿难，不达诸大之性，非和合非不和合，故教观地大。汝且观察，此地大之性，有粗有细，粗者为大地，细者为微尘，至邻虚尘，以微尘分析作七分，名极微尘；极微尘再分析作七分，名邻虚尘，故用一至字。

邻虚尘是析彼极微尘，七分所成。一极微尘，分作七个邻虚尘，此尘是色边际相。文中色边际相四字，当在七分所成之下，谅系抄写之误。若连上者，以极微尘，非是色边际相，因尚有邻虚尘故，自当易之。应作如是解：析彼极微尘七分所成之邻虚尘，即是色边际相；与虚空为邻，故名邻虚尘。不能更析，若更析邻虚，即归于空，实是空性，而非色性矣。

阿难，若此邻虚，析成虚空，当知虚空，出生色相。

此就析色归空，而定合空成色。谓若此邻虚尘，既可析成虚空，自当以此例知，虚空定能出生色相，空生色相，本无是理。佛故意为难，以破和合之计，并破此方儒宗所执，虚以生气，气以成形，而世间万物，皆从阴阳之气，所成等伪。

汝今问言：由和合故，出生世间，诸变化相。

此牒定和合因缘之执。

汝且观此：一邻虚尘，用几虚空，和合而有？不应邻虚，合成邻虚。

此要阿难自己审观，谓汝言世间诸法，和合发明；而邻虚尘，即色法之一，亦应由和合而有。汝且观此一邻虚尘，用几多虚空和合，而有此邻虚尘也。色、空相异，色是有相，空是无相，佛明知空无数量，本不可合，故意举此，以破和合之计。而邻虚尘，色法之最小者，此尘之外，更无色法可和合，除非合空而成，故问用几虚空，和合而有。设若汝说和合，乃是合色成色，非言合空成色者，岂是邻虚，合成邻虚耶？倘说邻虚合成邻虚，则当有三过：一者合自成自过，盖唯有合他成自，未有合自成自者；二者合一成一过，盖唯有合多成一，未有合一成一者；三者合细成细过，盖唯有合细成粗，未有合细成细者。如是邻虚，既非合色所成，当是合空而有，故问其用几虚空，和合而有？

又邻虚尘，析入空者，用几色相，合成虚空？

此如来以析入，而难合成。良以析色归空，是小乘之自教，诸法和合，是阿难之自语，今则顺彼自教，难以自语，故又曰：邻虚尘既可析入虚空者，当知色相出生虚空，究竟用几多色相（即邻虚尘）合成虚空？佛明知色非合空所成，空非析色而有，故作斯难。阿难不能施辩何也？以顺析入，则非和合，与自语诸法和合相违；以依和合，则非析入，与自宗析色归空相背，两处负堕，故默无辩。

> 若色合时，合色非空；若空合时，合空非色；色犹可析，空云何合？

此结申正义。若色法和合之时，合色只能成色，决非可以成空，而空无形相，本不可合。纵许虚空和合之时，合空亦只是成空，决非可以成色，此为一定之理。由是而观，色空俱非和合而有也，明矣。色犹可析，空云何合者，然又当知，色法犹可分析，观犹可二字，析色但自析色，实非析色可以成空，空终无和合之义，何以故？无形段故，无数量故，云何可说和合耶？佛意以空不可合，则邻虚非和合而有，邻虚既非和合而有，则世间种种诸法，执为因缘和合者，岂实义耶？此中但以空不可合，则诸法和合而有之执，破尽无余矣。

> 汝元不知：如来藏中，性色真空，性空真色，清净本然，周遍法界。

此明全体圆融。地大之色，体即法界，色空圆融无碍，本非和合。汝阿难固执因缘和合者，因无始觉妙智，元不知如来藏，本觉妙理之中，无法不具，无法不融者也。如来藏即真心之别名，乃依理立名。如来二字，即真心不变随缘，随缘不变之理，圆融无碍，含藏一切诸法，无一法不在里许，故曰如来藏中。性色真空，性空真色者：乃指如来藏中，性真色空，互相融即，此七大，科科皆曰如来藏中，是属理具之七大，当约藏中未发现者说，不同前四科，是属事造之七大，乃为藏中已发现者说也。

问："四科之法，何以亦目为七大？"答："阴、入、处、界，与七大无别，但横、竖、开、合之不同耳。约竖论，则开色阴为前六大，合受、想、行、识四阴为识大；约横论，则合六尘为五大，合六根为见大，合六识为识大。何尝离七大而别有哉？"而如来先会四科即藏性，是将已发现七大，一一会归藏性，以明即事则理，故曰本如来藏。此科是说未发现七大，一一含具藏中，以明全性全相，故曰如来藏中；观中字即理具事造所由分也。问："本科原属地大，不言地大，而易以色字，其故何也？"答："地大为色法所摄，易以色字，举其总也。"色而称曰性色真色者，非指世间已发现之色，乃指藏中性具之色，真体之色，与空相融相即色空，本属对待，融之则性具之色，即是真体之空，岂同析色以归空也。性具之空，即是真体之色，岂待合空以成色也。性则言其非相，亦即理而非事也；真则言其非俗，亦即体而非用也。有以理事体用合释者，非也。性真二字，即是理体，为色空之本。字别义同，今影互用之，若不影互应有四句，当曰性色真空，真空性色；性空真色，真色性空。总成色空融即，其义方足。

又性色真色，非但拣异于已发现，世间粗细之色，并不同乎般若观照，即空之色也。又性空真空，非但拣异于凡夫外道，顽断之空，并不同乎般若观照，即色之空也。此之色空，俱属全体，随心应量下，方显大用。清净本然者：指如来藏，自性清净，不假功用，并非澄之使清，涤之使净，乃本来清净，无有浊垢，藏中色空，唯性唯真，即同体清净也。

周遍法界者：上句约藏性，本具不变之体，此句约藏性，本具随缘之用。未经起用，但周遍于理法界，若从体起用，自可周遍于事法界矣。起用在下一段。

随众生心，应所知量。

此明大用无限。用从体起，事造不离理具也。仍本如来藏，不变之体，现起随缘之用，随九法界众生之缘，此众生，即九界众生；心以根性言，九界众生根性，有胜劣之不同；量以知识言，九界众生知量，有大小之不等，此皆从平等性中，已起差别之相。若众生，但以劣心小量致之，则所以应之以粗少之色者，固无不副其心，而无不满其量也；若众生，能以胜心大量致之，则所以应之以广妙之色者，亦无不副其心，而不满其量也。交师此解极好，并下段乃为千古独唱，无人能出其右者。

循业发现。世间无知，惑为因缘，及自然性。皆是识心，分别计度，但有言说，都无实义。

此循业发现句，不连接随心应量下，而列入此科者，因按照以下诸大之文，分属之本意也。又此句正是致下二惑之由，应入此科。盖业有染净之分，九界众生，依、正二报之色，皆循（随也）业所感，而发现也。业为能发现，色为所发现，如谷应声，如影随形，岂唯迷位，必循染业，而后能发，即是悟人，亦须循净业，而后能现。交师云：此四字，双具两种不自在意：一者世出世间，一切净妙之色，若不循彼种种净业，虽欲发现，不可得也；二者三途四恶,一切苦秽之色,若不戒彼种种染业,虽欲不发现,不可得也。盖不戒即是循也。故此四字,非但只表不循业,则不得发现,兼表循业,则不得不发现,而二俱无自由分矣。

世间无知:指有情世间,无有正智之众生,不了藏性不变、随缘二义,因循业发现,遂起因缘、自然二惑。交师谓:良以业之起也,似有由藉,故世间浅智众生,执此生起之近由,而遂惑为因缘性;曾不达圆融不变之体,周遍法界,何所藉于因缘。业之成也,似难改移,故世间无智众生,执此难改之现量,而遂惑为自然性;曾不达无碍随缘之用,随心应量,何得泥于自然,是皆为一循业之所惑耳。

皆是识心,分别计度者:以因缘、自然二惑,皆由第六意识妄心,妄生分别,周遍计度,即遍计执性,遍计本空,故曰:但有虚妄言说,都无真实义理。言说指因缘、自然,二种戏论。和合与因缘相关,不和合与自然相关,摄在二惑中,故不别列。

> 阿难,火性无我,寄于诸缘。汝观城中未食之家,欲炊爨时,手执阳燧,日前求火。

火大之性,无有自体;我即自体。寄托于钻木、执镜、击石等诸缘,而得显现。又日、艾、镜三者,为诸缘。温陵戒环法师所谓:"火无体,寓物成形者"是也。汝观下,要阿难就事以验。汝观看室罗筏城之中,未食之家,要炊爨时,手执阳燧,在于日前求火,以为炊爨熟食之用。阳燧是取火之镜,以此试验,火大是否和合而有。

阳燧,崔豹《古今注》云:"以铜为之,如镜之状,照人则影倒,向日则火生。"《淮南子》曰:"阳燧,火方诸也。"王充论云:"五月丙午日午时,烧炼五方石,圆如镜,中央洼,天晴向日,其光影注处即烧。"引此一事,以为下文,破和合立难之本。

> 阿难,名和合者,如我与汝,一千二百五十比丘,今为一众;众虽为一,诘其根本,各各有身,皆有所生,氏族名字。如舍利弗,婆罗门种;优楼频螺,迦叶波种;乃至阿难,瞿昙种姓。

此举和合之例反例火大，不同如是。凡言和合者，必先分而后合，如我与汝，一千二百五十比丘，今为一众，是为和合；众虽为一，若诘其和合之根本，各人有各人之身，皆有各人所生之姓氏、种族、名字不同，后合为一众。火大若是和合者，火大是一，若诘其根本，亦应各有体质、种类、名字不同，如可指出日来之火，艾生之火，镜出之火，今合为一，可说和合，若不尔者，和合之义，自不能成。

如舍利弗，婆罗门种，此云净裔，谓是梵（净也）天苗裔；又云净志，志生净天，印度知识阶级。优楼频螺此云木瓜林，依此林修道故，依之立名。迦叶波种，此云龟氏，先人在此修道，感灵龟负图而应，以是命族。阿难瞿昙种姓，此云甘蔗种族，佛之始祖，日炙甘蔗而生，号瞿昙氏；又译日种，又译甘蔗，后四世改为释迦。此举众之所生，氏族名字也。

阿难，若此火性，因和合有，彼手执镜，于日求火，此火为从镜中而出？为从艾出？为于日来？

此文前二句先牒定，下标征。若此火性，是因和合有者，彼人手执火镜，于（在也）日前求火，此火为从镜中而出来？为从艾中而出来？为于日中而出来？先征后破。

阿难，若日来者，自能烧汝手中之艾，来处林木，皆应受焚？

此破火从日来。若谓火从日来，自能烧汝手中所持之艾，是日中有火，来处所有山林树木，为日所照之处，皆应受焚；今既不焚，则知此火，非从日来矣。

若镜中出，自能于镜，出然于艾，镜何不熔？纡（屈也）汝手执，尚无热相，云何融泮？

此破火从镜出。若谓火从镜中而出，自能于镜中出来，燃烧于艾，是镜中具火大，火能克金，镜何以不销熔？又镜中有火，定有热相，现纡屈汝手，执持此镜，尚无热相，镜云何而得融泮？融泮即化也。镜既不热，则知此火，非从镜出矣。

若生于艾，何藉日镜，光明相接，然后火生？

此破火从艾生。若谓火大出生于艾，艾当自燃，又何所藉日镜光明，与艾相接，然后火于艾生。不接不生，则知火大，非从艾生矣。

汝又谛观：镜因手执，日从天来，艾本地生，火从何方，游历于此？

此要阿难，再谛实观察，镜、日、艾三者，各有从来，而火何所从来，而游历于艾乎？既无从来，当非和合。

日、镜相远，非和非合；不应火光，无从自有？

凡言和合，须同处相杂相交，现日之与镜，一在天，一在地，相隔遥远，非有和合之相。后二句反难云：不应当火光，无因自然而有；从即因也。以上至非和非合止，先破因缘，后二句破自然。

汝犹不知：如来藏中，性火真空，性空真火，清净本然，周遍法界。

此显全体圆融。犹者依旧也。不知由无真智，不达真理，如来藏，即是清净实相真理，火大是事，事不离理，由阿难狭劣无识，不能通达，清净实相。故责云：吾先为汝发明，地大即藏性，应当觉悟，何以汝依旧不了知，火大即藏性之中，本有之物，乃天真本具非和合不和合也？性火真空，性空真火：亦互影言之，合四句为两句，谓性具之火，即是真体之空；性具之空，即是真体之火，即火即真，全相全性，圆融无碍，体本清净，离诸染垢。即六祖大师所云："本来无一物，何处惹尘埃。"周遍法界，即是体遍，用遍乃在下段。

随众生心，应所知量。

此与上科，体用攸分。上明藏性不变之体，此明藏性随缘之用，用元从体起，亦必随缘而兴，乃随九法界众生，胜劣之心，应其所知，大小之量，随缘显现其用，即事可以验知。

阿难，当知世人，一处执镜，一处火生；遍法界执，

> 满世间起。起遍世间，宁有方所？

此即事验知。一人一处，执镜求火，随一人之缘，一处火生；遍法界众生，执镜求火，随多人之缘，满世间都有火起。起遍世间，宁有一定方所？此约凡夫现境，尚见无限，而圣分上，更不待言；随心应量，于此可知矣。

> 循业发现。世间无知，惑为因缘，及自然性，皆是识心，分别计度，但有言说，都无实义。

循业发现，乃为因缘、自然，二种妄计根本。此火大不独迷位，业障众生，必循染业而后能发，如饿鬼之道，饥火交燃，顶发烟生，口吐火焰；纵是修位，大心之士，亦须循净业而后能现，如火头金刚，乌刍瑟摩，化多淫心，成智慧火，此皆循业发现之明证也。

世间无知者：谓权乘学者世间，无有真智，昧乎藏性不变之体，竟惑为因缘；外道非学者世间，无有正智，昧乎藏性随缘之用，竟惑为自然。此等皆是识心，妄想分别，周遍计度，于依他起性法中，不了当体，即是如来藏，圆成实性，妄起遍计执性。但有言说：但作凡解，凡有言说，如说因缘自然，和合不和合，非因缘非自然，非和合非不和合等，皆属戏论，都无真实之义。

> 阿难，水性不定，流息无恒，如室罗城，迦毗罗仙、斫迦罗仙及钵头摩、诃萨多等，诸大幻师，求太阴精，用和幻药，是诸师等，于白月昼，手执方诸，承月中水。

水大之性即藏性。体虽不变，用能随缘，所以不定。流息（止也）无恒（常也）：流无常流，随缘而息，如河水填之则息；息无常息，随缘而流，如池水决之则流，正显不定也。又此句，对下求太阴精解，求之则流，不求则息（不流也），流与不流，无有恒常，是为不定。如室罗城下，举事以验。迦毗罗，此云：黄赤色，以其发黄兼赤也。斫迦罗，此云轮，以自执所见理圆，能摧他宗故。钵头摩，此云赤莲华，池名，近此住故。诃萨多，梵语之略，《灌顶疏》云：阿迦萨谟多罗，此云海水。近海而住，事水外道也。等者举此四人，以等其余。

诸大幻师：以其善用幻术，不仅能幻化人物，且能夺阴阳造化之工，故称大幻师。求太阴精：即月中水，用以和合幻药，为丸作饵，是诸幻师等，多皆如是。于白月昼：即在中夜，月白如昼之时，八月中秋等夜。手执方诸，承接月中水，即太阴精。方诸，即水精珠。许慎曰："方，石也，诸，珠也。"王充《论》云："十一月（子月）壬子日，夜半子时，于北方（壬癸水）炼五方石为之，向月得津。"《淮南子》曰："方诸见月，则津而为水。"故诸幻师，以此求水。

> 此水为复从珠中出？空中自有？为从月来？

此标三处征起，下则逐破。

> 阿难，若从月来，尚能远方，令珠出水，所经林木，皆应吐流，流则何待方诸所出？不流明水，非从月降。

此破水大从月来。若说水从月来，此月尚能于隔远之处，令珠出水，则于所经过，近处之林木，皆应吐流；即出水也。此以远证近，当必流水，若必流，则随处皆可承月中水，又何待方诸所承而水出也？若林木不吐流，则分明此水，非从月中而降也。此破从月来者，非也。

> 若从珠出，则此珠中，常应流水，何待中宵，承白月昼？

此破水大从珠出。若水从珠出，则不假藉他缘，珠中常应流水，随时皆可承之。又何待中宵（即半夜），又何必月白如昼之时耶？

> 若从空生，空性无边，水当无际，从人洎（及也）天，皆同滔溺，云何复有，水、陆、空行？

此破水大从空生。若水从空而生者，虚空之性无边，则水亦应当无际；际即边也。如是下自人间，上及天宫，皆应同在滔滔大海之中，俱受沉溺之患，云何更有水居、陆地、空行之分？以上所征三处，悉已逐破，下令审观。

> 汝更谛观：月从天陟，珠因手持，承珠水盘，本人敷设，水从何方，流注于此？

此更令谛审观察也。月从天陟：即月在天上行走。珠因手持，承珠水盘，盘以承水，珠安盘中，故曰承珠水盘。本人敷设：本人即幻师。上已说明，水不从月来，不从珠出，不于空生，此水究竟从何方流注于此盘中，是不得不加审察也。

> 月、珠相远，非和非合；不应水精，无从自有！

此破和合不和合，二计俱非。若说月之与珠，和合而生水大，一月在天，一珠在地，相隔遥远，自非和合；和合必同处不离，方可说和说合。而月珠相远和合之计破矣。恐转计非和合，即破曰：不应当说言，此月中水，无所从来，自然而有也。此非和合之计又破矣。水精谓月中水，即水中之精也。

> 汝尚不知：如来藏中，性水真空，性空真水，清净本然，周遍法界。

由汝一向蒙昧，尚且不知如来藏中，性具之水，全体即是真空；性具之空全体即是真水。性真二字，字异义一，即如来藏体，清净本然者。自性由来清净，寂湛常恒，不动不变；不变体中，本具随缘妙用，故曰周遍法界。此属理具，事造当在下段。

> 随众生心，应所知量。

此二句，即如来藏随缘之用。随九界众生，胜劣之心，大小之量，皆能应之。并上清净本然，即所谓寂然不动，感而遂通之故，下则举事验知。
一处执珠，一处水出，遍法界执，满法界生，生满世间，宁有方所？
此即举现前之事，验知水大随心应量。

> 遁业发现。世间无知，惑为因缘，及自然性，皆是识心，分别计度，但有言说，都无实义。

首句循即随也。亦指迷位，及修位众生，皆随染净业，发现水大之相。如地狱众生，随恶业所感，则现镬汤油锅，血河灰河，洋铜灌吞诸事；月光童子，修习水观，入定之时，则现水满室中，童子投砾，激水作声等事。世间无知众生，不知水大唯心，惑为因缘、自然二执，皆是识心，妄生分别计度；但有言说，虚妄名相，都无真实之义。

> 阿难，风性无体，动、静不常。汝常整衣，入于大众，僧伽黎角，动及傍人，则有微风，拂彼人面。

风大之性，本无自体可得。时动时静，忽起忽灭，动非常动，有时而静；静非常静，有时而动。故曰："不常"。汝常（寻常也）整（理也）衣，入于大众之中。

僧伽黎：即大衣，又名杂碎衣，二十五条，各四长一短。凡分卫（乞食也）入众，常披此衣。衣角动及傍人，则有微风，拂彼人面。且举此一事，验证风性无体，动、静不常也。

> 此风为复出袈裟角？发于虚空？生彼人面？

此征问风所从来，下则逐破。

> 阿难，此风若复出袈裟角，汝乃披风，其衣飞摇，应离汝体。我今说法，会中垂衣，汝看我衣，风何所在？不应衣中，有藏风地。

此破风大出袈裟角。袈裟此云坏色，义翻离尘服。若谓此风，出于袈裟角，是衣中有风，汝乃披风。风性属动，其衣飞摇，自应离汝身体；现衣不离体，是衣中无风，则此风不出袈裟角，明矣。我今说法，会中垂衣，汝看我衣，风何所在？我今之上，应补救词，文方接续。恐闻衣中无风，乃转救云：衣中有风，但是动衣风出，垂衣风藏，何得以飞摇离体为难？佛则以说法垂衣，风何所在，不应说言，衣中另有藏风地破之。

> 若生虚空，汝衣不动，何因无拂？空性常住，风应常生，若无风时，虚空当灭；灭风可见，灭空何状？

此破风大从空生。若风生于虚空，应不藉拂衣之缘，当汝衣不动之时，何因无风拂彼人面？空性常住下，以风空性异为破。空性常住，风性生灭，若以风从空，风应常生，若以空从风，至无风之时，风灭空亦当灭。下二句明空无可灭，然灭风可见，灭空究作何状耶？

若有生灭，不名虚空；名为虚空，云何风出？

此以名义不符为破。若有生灭，不应名为虚空，空无生灭故，上二句破名不相当；名曰虚空，云何有风而出，空以无物为体故，此二句破义不相合，若有风出，则名义双失耳。

若风自生被拂之面，从彼面生，当应拂汝？自汝整衣，云何倒拂？

此破风大从彼面生。既从彼面而生，自当拂汝。自汝整衣，云何彼面所生之风，仍倒拂于彼耶？

汝审谛观：整衣在汝，面属彼人；虚空寂然，不参流动；风自谁方，鼓动来此？

此令审观，整衣在汝，衣中无藏风地；面属彼人，彼面亦不生风；虚空寂然，不参（曾也）流动，自不生风。汝应审谛观察，风自谁方，鼓动来此？鼓即动也。以上三处，皆无风大生处。

风、空性隔，非和非合；不应风性，无从自有？

上二句，风空体性隔异，一动一静，所以非和非合，此破因缘之执。下二句，不应当说此风性无因自有，此破自然之执；从即因也。

汝宛不知：如来藏中，性风真空，性空真风，清净本然，周遍法界。

此显全体圆融，全相全性。阿难虽曰多闻，宛然不知如来藏中，性具风大，本自真空；性具之空，亦本真风，其体清净本然，不假功用，周遍法界。

随众生心，应所知量。阿难，如汝一人，微动服衣，有微风出；遍法界拂，满国土生，周遍世间，宁有方所？

此显大用无限。如汝下，即事验遍。

循业发现。世间无知，惑为因缘，及自然性，皆是识心，分别计度，但有言说，都无实义。

所循之业，有漏无漏之别；所现之大，亦有染净不同。迷位众生现染，修位众生现净，一一无非随业所感。交光法师，假立问答，发挥循业之理甚详，而与学者，大有启发。问："悟人既须循业，佛循业否？"答："在因位循之，却即菩萨，因满果发之后，但惟随心，尚无量之可应，何有业之可循？惟除示现，无实业也。故知称体作用，无不自在，惟佛能之。"问："现见菩萨作用自在，何言惟佛能之？"答："菩萨修行未毕，正由循业所发，故今非拣其不能作用自在，但拣其非是不循业耳。然惟圆实菩萨，所循大自在业，所发十玄妙用，与果人敌体相似。"又所应之知，即解悟也；所循之业，则修行也。若惟务修行，而不求圆解，则三祇六度，终无实果；正以知自局，而量自有限也。若但专务多闻，而不策圆修，则恒沙妙理，只益戏论；正以业不循，而果终不发也。以此而圆解圆修，不可不相应矣。世间浅智众生，见此循业发现之近由，遂惑为因缘；世间无智众生，昧此循业发现之根源，遂惑为自然；此等皆是识心分别计度，情有理无，故曰但有言说，都无实义。

　　阿难，空性无形，因色显发：如室罗城，去河遥处，诸刹利种，及婆罗门，毗舍、首陀、兼颇罗堕、旃陀罗等。新立安居，凿井求水，出土一尺，于中则有一尺虚空；如是乃至出土一丈，中间还得一丈虚空。虚空浅深，随出多少。

此融空大即藏性。空性无形：此句指不变之体，性者体性，本无大小方圆之形段，有形则有变，无形则不变。因色显发：此句指随缘之用，因随色尘之缘，显现发明也。如显见无碍科，观一界之大则现大空，一室之小则现小空，方器则现方空，圆器则现圆空，虽随缘显发，空体不变。如下即事验证。如室罗城（即舍卫国），去（离也）河遥远之处。诸刹利种，此云王种，亦云田主；及婆罗门，此云净志，亦云净行，以守道居正，洁净其行也；毗舍此云商贾，行商坐贾者是，首陀此云农夫，耕田种地者是，如此方四民。更有智愚二族，兼及颇罗堕，此云利根，即六艺百工之辈；旃陀罗，此云屠者，即屠儿魁脍之徒，亦云严帜，国法令其摇铃执帜，警人异路，良民不与同行。

新立安居下，要新立安身居住之家，因离河遥远，必须凿井求水。凿出土一尺深，在井中即有一尺虚空，如是乃至越略二至九之数，凿出土一丈深，井中还得一丈虚空，虚空之浅深，乃随凿出之土多少而论。此即空性无形，因色显发之事实。

此空为当因土所出？因凿所有？无因自生？

此征起，下逐破。

阿难，若复此空，无因自生，未凿土前，何不无碍？惟见大地，迥无通达。

此破空大无因生。若复此空，无因自然而生，未凿土前，即应无碍，何以不能无碍，惟见大地，迥然质碍，无有通达之相。凿土方见虚空，非无因而生也。西域外道，于空大多执自然，故首破之，以明非自然也。

若因土出，则土出时，应见空入，若土先出，无空入者，云何虚空，因土而出？

此破空大因土所出。以未凿土前，原不见空，因凿土出，而后成空，遂谓空因土出。则土凿出之时，应见虚空，从井内周围土中出来，入于井中，如井水，从井内土中出来可也。若土先出，无空入者，如何可说，虚空因土所出？

若无出入，则应空、土，原无异因；无异则同，则土出时，空何不出？

此破空无出入。若谓空本在土中，无有从土出，从井入者。则应未凿土前，空之与土，本无各异之因；因者依也。同处相依，无异则是同体不分，则土出时，空何以不与土而俱出耶？

若因凿出，则凿出空，应非出土？不因凿出，凿自出土，云何见空？

此破因凿不因凿，两者俱非。若谓此空，是因凿而出，则是凿出虚空，应非出土，而成空也。若谓此空，不因凿出，与凿无干者，则凿井之时，但自出土，应不成空，云何随凿，随见虚空耶？

汝更审谛，谛审谛观：凿从人手，随方运转，土因地移，如是虚空，因何所出？

此更教以审察谛观：井因凿出，凿从人手，随其方向，择地施工，运转而成，土因地中搬移而出；如是井内虚空，因何所出？以此空，上已辨明，既非无因自出，又非土出，又非凿出，毕竟从何所出耶？

凿、空虚实，不相为用，非和非合；不应虚空，无从自出。

凿体是实，空性是虚，一虚一实，不相为用，云何可说因缘和合而有？故曰非和非合；下二句翻上，既非和合，则不和合，故亦破云：不应说言，此空无所从来，自然而出？此即双破因缘、自然二计。

若此虚空，性圆周遍，本不动摇，当知现前，地、水、火、风，均（同也）名五大，性真圆融，皆如来藏，本无生灭。

佛意以此空大，合前四大，同名五大，会归藏性。诸经多惟说四大，此经点出空大，例彼四大，同名五大。当知非仅虚空，新得大名，兼显四大，昔日虽称为大，亦惟其据处处皆有，地水火风言之，而实未显互不相碍，非真大也。自今融以藏性，圆遍常住，方为真大，虽非新得大名，至今始得真大之实。若寻常谈空，虽说周遍，有色碍处，则不圆满，因色、空二法，相倾、相夺之故。今此空性，即是藏性，圆融无碍，圆满周遍，色、空相即，乃是性圆周遍。此性寂然常住，本不动摇，与下无生灭同。

当知现前地、水、火、风，均名五大者：此以空大，性圆周遍，本不生灭，例知现前地、水、火、风，四大均等。四大平昔，虽称周遍，未经彰显，一一称性，圆融周遍，今会同空大，同名五大。

性真圆融，皆如来藏，本无生灭者：即言诸大一一，唯性唯真，如前所云，性色真空，乃至性风真空等，以性融大，诸大全性，故曰皆如来藏。性真二字，即指藏性真心，诸大圆融无碍，无一而非如来藏，从本以来，元无生灭，即常住不动。

阿难，汝心昏迷，不悟四大，元如来藏。当观虚空，为出为入？为非出入？

此警令观察空大，悟明四大。谓阿难言，汝心昏迷，无明障心故昏，真智不起故迷。执诸法皆因四大和合而有，是不悟四大，元是如来藏，非和非合，非不和合，故令观察虚空，自可便知。当观虚空，为出为入，为非出入者：教以应当观察虚空，即观凿井所见之空，为因凿土而出耶？为因移土而入耶？为土有出入，空非（无也）出入耶？若悟空大，非出非入，非不出入，即可悟明四大，一一性圆周遍，非和非合，非不和合矣！如前总喻云："如水成冰"，岂可说一定不和合耶？如"冰还成水"，岂可说一定和合耶？

汝全不知：如来藏中，性觉真空，性空真觉，清净本然，周遍法界。

汝全不知，寓有深责之意。我如是为汝种种开示，中道了义，要汝观空得悟。汝竟全然不知，如来藏中，性具之觉，本是真体之空；性具之空，即是真体之觉。此二句，按前空大，变其文法，将前指性之空，换为觉字，空觉二字，皆指藏性。藏性具有寂、照二义，空是寂义，觉是照义。又复颠倒其词，将本大性空之句放在下句，若不变其文，则双句皆是，性空真空，性空真空，无可分别。清净本然，周遍法界，准前可知。

随众生心，应所知量。

上显全体圆融，此显大用无限。

阿难，如一井空，空生一井；十方虚空，亦复如是，圆满十方，宁有方所。

此即事以验，性圆周遍。如一处凿井，所见之空，空生一井；十方凿井，所现虚空，亦复如此。一井之空，非出非入者是也。虚空圆满，周遍十方，宁有一定方所？正由虚空，无所不遍，故成大义。非此有彼无，先无今有，不但具有大义，亦具常义，故前云："本不动摇，本无生灭"也。

循业发现。世间无知，惑为因缘，及自然性，皆是识心，分别计度。但有言说，都无实义。

迷位众生，循其所造有漏之业，则发现染空，如第四禅天人，厌有趣空，则现空无边处。修位众生，循其所修无漏之业，则发现净空，如第四果罗汉，灰身泯智，则现偏空涅槃。前者既循有漏之业，要不发现染空不可得；后者不循无漏之业，虽欲发现净空，亦不可得也。世间无知，此指凡、小、外道，惑为空大，是因缘所生，或执空大，乃自然而有，皆是识心分别计度，遍计执性用事，但有言说，都无真实之义。

阿难，见觉无知，因色空有。如汝今者，在祇陀林，朝明夕昏；设居中宵，白月则光，黑月便暗，则明暗等，因见分析。

此会见大即藏性。见大统指六根中见、闻、嗅、尝、觉、知之性，今单举见，以例余五耳。此属第八识见分，映在六根门头，缘彼现量六尘者，非取浮、胜二根，故不言根，而言见也。

一切诸法，色、心二字收无不尽。前五大属色法，后识大属心法，故诸经只明三科，无六入，见大即六入。本经立此大，有三义存焉：一、收前文，前十番显见，显此见大是真，今更申明见闻等性，即如来藏，则显见是心之旨愈畅。二、顺后文，诸佛异口同音，告阿难言，使汝轮转，生死结根，唯汝六根，更非他物；令汝速证安乐解脱，寂静妙常，亦汝六根，更无他物；欲说根性法门，应立此大。三、为圆通故，如六尘、六根、六识，前后六大，皆为诸圣圆通法门，若无根大，则大势至念佛圆通，都摄六根，何所依据？故须立此大，具足二十五数也。

见觉无知，因色空有者：乃明见大即藏性，见觉即见性，是灵明洞澈之觉体，一段光明，寂而常照，不立能所，本来无有，能知所知，乃因色空，而有能知，及所知耳。此即下文，由尘发知之义。由有色、空之尘，黏湛发见，始有能见之根，与所见之尘，而成能所二知。见觉无知，指不变之体，因色空有，指随缘之用。

如汝今者，在祇陀林，寻常所见，晨朝日出则明，傍晚日夕（日落时）

便昏，此昼之明暗也；设居中宵半夜之时，逢白月夜，则有光明，逢黑月夜，即便昏暗，此夜之明暗也。则明暗等，因见分析者：等者等于色、空，本科尘以明、暗、色、空四字，互为隐显。如言色空，是合明暗之色以对空；单言明暗，是开色以摄空；如言见空，是以空摄色，而对见也。文中开摄不定，故先明之。则明暗等，因见分析：是开色以摄空，即因此尘境，而见始得以分析，是明是暗，乃是见托尘立，尘因见显，例知其余，五根、五尘，莫不皆尔。即下文所谓："由尘发知，因根有相，相见无性，同如交芦。"根尘皆无独立之自性。

　　此见为复，与明暗相，并太虚空，为同一体？为非一体？或同非同？或异非异？

　　此下就尘辨见。佛先征后破，征以根尘同异为征，共有四句：一同，二异，三或同或异，四非同非异。以二或二非各成一句，与下文合。佛以二同二异，各成一句，非同即是或异，义无乖也。问阿难言：而此见大，为复与明暗相（此开色法），并太虚空之相，为是同一体耶？为非同一体耶？为或同非同耶？为或异非异耶？先标征，下逐破。

　　阿难，此见若复与明与暗，及与虚空，元一体者，则明与暗，二体相亡？暗时无明，明时无暗，若与暗一，明则见亡？必一于明，暗时当灭？灭则云何见明见暗？若明暗殊，见无生灭，一云何成？

　　此破见大，与尘同一体。谓阿难言：此之见觉，若复与明与暗，及与虚空（此开色对空），元是一体者，一体则合而不分，此牒征词。下约尘破，则明之与暗，二体更互相亡：暗时无有明，则明亡；明时无有暗，则暗亡。明暗相倾夺，故二体相亡，此见究竟与谁为一耶？

　　若与暗一下六句，正以显谬。此见若与暗为一体者，明生暗灭，则见应当与暗偕亡，云何又能见明？若必此见与明为一体者，暗生明灭，则见亦当与明以俱灭，云何又能见暗？后二句，则连上分解颇顺。倘欲另解灭字，当承上双约明暗，承一二两句，谓见既随暗而灭，当明现前，云何见明？承三四两句，谓见既随明而灭，当暗现前，云何见暗？若明暗殊，见无生灭，一云何成？此三句，结成非一之义。以明来暗去，暗生明灭，明暗虽复差殊，见性本无生灭，一体之义，云何得成？

> 若此见精，与暗与明，非一体者，汝离明暗，及与虚空，分析见元，作何形相？

此破见大与尘非一体。见精见元，俱见性之别称。谓若此见精，与暗与明，非一体者，则见当离尘，别有自体。下显不能离尘，若离明暗，及与虚空（开色对空）分析汝见元本体，究竟作何形相？

> 离明离暗，及离虚空，是见元同龟毛、兔角；明、暗、虚空三事俱异，从何立见？

上四句明离尘，则见无体，同于龟毛兔角之本无；后三句结成非异之义，若明、暗、虚空三事俱异（离也），无尘不能立见，如是云何可说，此见与尘非一体耶？

> 明暗相背，云何或同？离三元无，云何或异？

此破或同或异。此或同即一体，或异即非一体，悉本前义。明暗互夺两亡，是为相背，云何或同？离却明、暗、虚空三者，元无独立之见，云何或异？

> 分空分见，本无边畔，云何非同？见暗见明，性非迁改，云何非异？

此破非同非异。首句以空摄色，若谓见性，非同于尘，应可分析，各自有体，现今分析所见之空（摄色），分析能见之见，本无空、见边际界畔可得，云何可说为非同乎？见暗见明（开色摄空），明暗有互相倾夺，见性无迁变改易，一则生灭，一则常住，不得混同，云何可说为非异乎？辨见至此，可谓尽矣。故下阿难，而得明心生信之益。

> 汝更细审，微细审详，审谛审观：明从太阳，暗随黑月，通属虚空，壅归大地，如是见精，因何所出？

上以四义，已破见大无和合相，再令审观生信，故谓汝更加细审。下二句即释细审之义，必令观察现境，穷极见源而后已。当观所见之明相，从于太阳，暗相随于黑月，通相属于虚空，壅相归于大地，各有从来，汝能见明、暗、通、塞之见精，毕竟因何所出？既无所出，将何和合耶？

见觉空顽（以空摄色），非和非合；不应见精，无从自出？

此破非因缘非自然。见精有知觉，虚空是顽钝，体性各异，非和非合，何得谓曰，诸法皆由因缘，和合而有？既非因缘，不应见精，无从（因也）自然而出。

若见、闻、知，性圆周遍，本不动摇，当知无边不动虚空，并其动摇地、水、火、风，均名六大，性真圆融，皆如来藏，本无生灭。

佛意以此见大，合前五大，同名六大，会归藏性。五大是无情，见大是有情，合会情与无情共一体。首句若见、闻、知：六精举三该六。性圆周遍：性即六精之性，本来圆满，周遍法界，非此有彼无，此无彼有，方是性圆周遍；本不动摇生灭，非先无今有，今有后无，乃是常住义。阿难后悟遍常二义，皆由此也。当知无边不动虚空，并其动摇地、水、火、风，与此见大均平，以其体性平等，可名六大。均字，上科作同义解，此科作平等解，义俱可通。

性真圆融三句，即会相归性，论六大之相元妄，非无彼此；观六大之性本真，莫不圆融，皆是如来藏性，从本以来，原无生、灭、动摇之相可得。

阿难，汝性沉沦，不悟汝之见、闻、觉、知，本如来藏，汝当观此见、闻、觉、知，为生为灭？为同为异？为非生灭？为非同异？

上段合无情之五大，与有情之见大，皆会归如来藏性，以五大是第八识相分，见大是第八识见分，见、相皆依自证分，自证分是第八识本体，乃依证自证分（即是真如）。其中有两重难知难信，故须合会：一者见闻等是无形，说圆周遍，易知易信；地等是有形，说圆周遍，难知难信。二者见等是有情，说是藏心，易知易信，空等是无情，说是藏心，难知难信，今已合会，皆同藏性。此段警令觉悟，谓阿难言：汝之心性沉沦，溺于权见，无有真智，不悟汝之见、闻、嗅、尝、觉、知六精，本来是如来藏，妙真如性。汝当观察：此等见、闻、觉、知（闻摄鼻根，知摄舌根）之性，为是生灭耶？为非生灭耶？而与五大，为是同异耶？为非同异耶？

上科不悟者四大，当观者空大，令悟四大，与空大同体圆融；此科不悟者见大，当观者亦见大。生、灭就自体言，同、异对五大说。欲令阿难，悟明见等，非生、灭、同、异，亦非不生灭、不同异。若能悟此见大，性圆周遍，本无生灭，则生灭与不生灭，同异与非同异，俱为戏论，便知五大，亦本如来藏，非和非合非不和合矣。

汝曾不知：如来藏中，性见觉明，觉精明见，清净本然，周遍法界。

此显全体圆融。曾不知，即一向未曾悟也。汝未悟如来藏中，性具之见，即是觉体本明，本觉之精，即是妙明真见。此中性见、明见，同上性色、真色，以性融大也；觉明、觉精，同上性空、真空，直指本体也。清净本然二句，谓见等体本清净，广大圆满，周遍法界。

随众生心，应所知量。如一见根，见周法界。听、嗅、尝、触、觉触、觉知，妙德莹然，遍周法界，圆满十虚，宁有方所？

此显大用无限。随即随缘起用，能随九界众生，胜劣之心，大小之量，一一应之；下则举例以显，如一见根，称体周遍，以例诸根，耳之听，鼻之嗅，舌之尝触，味以合方知，故亦名触，身之觉触，意之觉知，此等诸根，即妙性之德用，清净光明，如玉之莹光皎洁，俱同见根，遍周法界，圆满十方虚空，宁有一定方所，即无在无所不在也。

遁业发现。世间无知，惑为因缘，及自然性，皆是识心，分别计度，但有言说，都无实义。

循九界众生之业，发现之见，各有不同。众生肉眼，不见障外之色；天眼视远惟明；慧眼见色了空；法眼遍观尘世，此皆循染净业，发现胜劣见。世间无知众生，惑为因缘、自然，皆是意识妄心，妄生分别计度，但有言说，都无真实之义。问："十番显见，已显见性即是真心，而为诸法总相，今则融入藏性，则见大乃为别相，未审其义云何？"答："此经推重圆通，悟修证入，皆依六根，故前特显见性，以为全体，必须悟此不生灭性，为本修因，然后方可圆成，果地修证。"

此七大普融万法，而如来藏当为总相，万法皆为别相。若约圆实教旨，法法皆可互为总别，如帝网千珠，一珠含多珠，多珠趣一珠，以一珠为总相，多珠为别相，珠珠皆然，即是互为总别。《正脉》云：良以前之开显，今之融入，俱有初后二相。前之初相，自根中荐出，及其后相，则会万法为一体，而根身器界，皆是其中幻影，当即是此中，如来藏也。今之初相，亦从目前明暗辨起，与前根中荐出无异，及其后相，则合会结显，性真圆融，周遍法界，当亦与前开显后相，无有异也。又此中七大，皆许同是圆融，又是依圆旨之万法互含也。而彼中见性，独许冠于万法，又是本经之别旨宗要也。当知前欲其巧于悟修，而此欲其圆于见解矣。

阿难，识性无源，因于六种根尘妄出。汝今遍观此会圣众，用目循历，其目周视，但如镜中，无别分析。

识性对下六种根尘，是指前六识，性即了别性，此性无有根源。下二句，即释无源之义，因于六种根尘为缘，虚妄显现，乃为尘影，尘有则有，尘无则无，是谓无源。汝今遍观此楞严法会圣众，此单举眼根对色尘，以例余五。用目循历者：用眼目循序历览。其目周围巡视，此根尘相对之时，一念未起，正根中见性，取现量性境。但如镜中现像，元无妍、媸、美、恶，差别之分析也。此拣明眼根之相也。

汝识于中，次第标指，此是文殊，此富楼那，此目犍连，此须菩提，此舍利弗。

此拣明识之相。即眼识及随眼识，同时而起之明了意识，此二者亦有拣别。但对色尘，初起第一念，不涉名言，即是眼识名随念分别；如起第二念，计执名字，即是随眼家，俱起之同时意识，名计度分别。分别名相，缘境之后，将外境摄入，交内之独头意识。于中次第标指者：于此圣众之中，次第与循历相照应，眼根循序而观，意识次第标名指相。此是文殊，译为妙德；此富楼那，译为满慈；此目犍连，译采菽氏；此须菩提，译为空生；此舍利弗，译为鹙子。此拣明眼识，与随眼意识之相。

此识了知，为生于见？为生于相？为生虚空？为无所因，突然而出？

此先征起，下则逐破。征问此识，能了别之知，为是生于见根？为是生于尘相？为是生于虚空？为无所因，突然（忽然）生出此识耶？

阿难，若汝识性，生于见中，如无明暗，及与色空，四种必无。元无汝见，见性尚无，从何发识？

此破因根生。见即根也。离尘无根，从何发识？

若汝识性，生于相中，不从见生？既不见明，亦不见暗，明暗不瞩（视也），即无色空，彼相尚无，识从何发？

此破因尘生。相即尘也，彼相亦即尘相，尘尚无有，识从何发？

若生于空，非相非见，非见无辨，自不能知，明暗色空。非相灭缘，见、闻、觉、知，无处安立。

此破因空生。若生于空，既非尘相，又非见根。若非见根，则无能辨之性，自然不能知于明、暗、色、空，是离根无尘；若非尘相，则灭所缘之境，而见、闻、觉、知无处安立，是离尘无根矣！

处此二非，空则同无，有非同物，纵发汝识，欲何分别？

处此非相、非见二非之中，能生之空，则几同于无。何以故？因非见无辨故？此空等同于无，何能生识耶？若说空是有，又非同于物，亦何能生识？纵然能生汝识，因非相已灭所缘之境，欲将何者为所分别耶？

若无所因，突然而出，何不日中，别识明月？

此破无因生。若谓无因，突然而能生出汝识者，何不于白日之中，无有明月，突然特别生出汝识，以了知明月耶？

　　汝更细详，微细详审：见托汝睛，相推前境，可状成有，不相成无，如是识缘，因何所出？

如前所说，非和合非不和合之义。汝可更加细详，微细详审句，即解释细详二字。能见之根，寄托于眼睛之内；所见之尘，推为现前之境；可有形状者，成为有相之色；不有形相者，成为无相之空；如是根、尘、色、空之中，汝可微细审详，生识之缘，毕竟因（依也）何所出？于根、尘、色、空，既无所出，则非和合明矣！

　　识动见澄，非和非合，闻、听、觉、知，亦复如是；不应识缘，无从自出？

凡言和合，必体性相类，可说和合，现今识有分别属动，见无分别属澄，澄湛不动也。体性各异，非和非合；闻、听、觉、知五根之性，亦复如是，均非因缘和合矣。不应，诚止之词，不应说此识生缘，乃是无从（因也）自然而出耶？然必根、尘相对而生，则又非不和合矣！

　　若此识心，本无所从，当知了别，见、闻、觉、知，圆满湛然，性非从所，兼彼虚空，地、水、火、风，均名七大，性真圆融，皆如来藏本无生灭。

此合前六大，会归藏性。谓如我前来所说，此之识心，本无所从，则非和合而有。当知此了别之识，与上见、闻、觉、知之根，同是圆满湛然，其性非从缘所生。倘不圆满，可说从缘所生，今既圆满，此外无法，岂有缘之可从？兼彼无情之虚空，及地、水、火、风悉皆均等，同名七大。此以识大，会通前之六大。性真圆融，皆如来藏，本无生灭者：七大一一皆性皆真，圆融无碍；如前云性色真空，性空真色等。既唯性唯真，七大本非七大，故皆如来藏，本无生灭，常住不动也。

阿难，汝心粗浮，不悟见闻，发明了知，本如来藏。汝应观此六处识心，为同为异？为空为有？为非同异？为非空有？

此警令悟明识大即藏性。谓阿难言：汝心粗浮，粗则不细，浮则不深，无有深细之慧，不能悟明，见闻等根即藏性。不发明能了知之识性，本如来藏者：不字双用，即不悟不发明根识，同是如来藏性。则教以应当起智观察，六处识心。为是同异乎？为是空有乎？为非同异乎？为非空有乎？若言是同，六用差别；若言是异，元一精明；此识岂可以同异言耶？若言是空，现有了别；若言是有，全无形相，此识岂可以空有言耶？若言非同，元本一体；若言非异，六处用殊；则知此识，又不可以非同非异言矣？若言非空，离于根尘，元无所有；若言非有，现能分别，诸尘境界，则知此识，又未可以空有言矣？若能悟明识大，同异非同异，空有非空有，则可悟明前之见大，与今之识大，非和合非不和合矣！

汝元不知：如来藏中，性识明知，觉明真识，妙觉湛然，遍周法界。

此结显识大之体。以识体即是如来藏体，由阿难无有真智，不悟真理，故曰：汝元不知如来藏性之中，性具之识，即是妙明真知；本觉之明，即是性真之识。以藏性、识性，相融、相即也。妙觉湛然，然周法界者：前云清净本然，约本元自性说；今此识大，体即妙本明觉，湛然凝然，故直称妙觉湛然；体中元具遍周法界之用，此亦但理具，而非事造，事造亦在下文。理具与事造之用，当云何分？理具者，全体具足大用，浑涵未发；虽然未发，其本有之力用，毫无欠阙，如火柴具足火之力用，虽然未发，具有焚烧林野之用。事造者，将此火柴一擦，一星之火，便可燎原。理具事造，亦复如是。

含吐十虚，宁有方所？

此明大用无限。此科无随心应量之文者，以心即识心，量亦识量，不复自随自应，故不列焉。但言识性，能含能吐，含即包藏义，吐即出生义。此即称性所起之大用，藏性能含裹十方无际虚空，何况空中，所有世界众生耶？藏性能显现十方无尽虚空，以及空中所有一切诸法，识亦如是。故相宗云，"万法唯识"也。

循业发现。世间无知，惑为因缘，及自然性，皆是识心，分别计度，但有言说，都无实义。"

循有漏、无漏二种之业，发现六凡有情世间，三乘正觉世间，染净之识，凡、外无有正知正见之众，迷惑为因缘和合而生，及自然不和合而生。此等皆妄想识心，分别计度，但有戏论之言说，都无真实之了义耳。《正脉》问："此经首先正破识心，如七处曲搜，三迷决了，名义皆妄，毕竟无体；乃至显见文中，又复旁兼相形而破，未尝少假宽容。何后于十八界，即已许为如来藏心，妙真如性，至此愈称其周遍法界，含吐十虚，是即性之全体，而同彼开显见性之极量，何前乃妄之至，而后乃真之极乎？"

答："前约初心悟修须从方便，决择真妄，舍生死根本，取涅槃妙心，则识须破尽，决定不用；后约圆解普融，无法不真，无法不如，乃至刹尘念劫，无非一真法界，何况识心，不融法界？悬示中双具二门，此意详尽，宜研味之。《指掌》云：识之所以为患者，要在不知是妄，良以不知是妄，必至认以为真，遂不复更求真本。因将如来藏心，日汩没于情尘之中，从迷积迷，浩劫不返。若果知是妄，不认为真，还须会归如来藏性，如不然者，必至全体灰泯，反将含吐十虚之妙觉明用，永沉幻果，尘劫莫升。所以妙成二智，断分于焦芽败种者，岂曰无故？是知前之所以正破旁破者，务令了识是妄；后之所以会相融性者，务令达妄即真，得旨忘筌，微智者不足与道也"。

楞严经讲义第九卷

尔时阿难，及诸大众，蒙佛如来，微妙开示。

此结集经家，叙述阿难，悟明本有真心，发起大乘正信，先叙承示，以为开悟之大本也。尔时，乃如来破妄显真，已竟之时。微者隐微，昔日权宗，未曾显说，六识是生死根本，根性是涅槃正因。妙者奥妙，今日实教，广谈了义，直指生灭身中有佛性，一切诸法是真如，此即上三卷之微妙开示。《正脉》云：通承破妄显真科中，诸文为言，良以此大开解，功夫非近，今当总前，撮其大要，令知微妙之实。破妄心有三：一、七破以密示无处，二、重征以显呵非心，三、纵夺以决指无体。是所以破妄心者，极微细而尽精妙矣。显真心文中亦三：一示见等，而克就根性，直指其实体；二示阴等，而广融诸相，以明其一体；三示地等，而极显圆融，以彰其全体。是所以显真心者，亦可谓极微细而尽精妙矣。

身心荡然，得无挂碍，是诸大众，各各自知，心遍十方，见十方空，如观手中，所持叶物。

阿难开悟，即是已开见道之眼。自第一卷阿难认识为心，三迷被破，遂即舍妄求真，求如来为发妙明心，为开道眼。如来即为指见是心，显见不动、不灭、不失、无还、无杂、无碍、不分、超情、离见、经历十番，可谓发妙明心，而至微细矣！更为会四科，全事即理，融七大全相皆性，普融万法，可谓发妙明心，而极奥妙矣！由是阿难明心生信，顿开道眼，故有此悟。

身心荡然，得无挂碍者：当以二义释之：一、达妄本空，昔在迷时，妄认四大假合，为自身相；六尘缘影，为自心相，乃为六根所局，六识所锢，皆成挂碍。今者了达妄身、妄心，本自空寂，荡然（如大水漂荡）无存，故得无碍，解脱自在也。二、知真本具：昔在迷时，将本有法性身，妙明心，埋没于尘劳烦恼之中，幻妄身心之内，今者知法身清净，遍一切处，则身荡然；妙心圆明，遍周法界，则心荡然；无形无相，荡然宽廓，得无挂碍，得大受用也。

是诸大众，各各自知，心遍十方者：以既蒙如来，微妙开示，不独当机阿难得悟，是诸同闻大众，亦多各各自知；自知即悟也。其中大众，位有浅、深不同，悟有解、证不等，所悟为何？乃悟真心，遍满十方，包含万法。较之昔日，认识为心，执心在身内；舍妄求真文云："不知寂常心性。"不失科中云："不知色身外洎山河，虚空大地，咸是妙明真心中物。"不杂科中则曰："云何得知，是我真性？"不分科中又谓："茫然不知，是义终始！"四科总标文云："殊不能知，生灭去来，本如来藏，常住妙明，不动周圆，妙真如性。"此皆不自知也。

今闻四科，全事即理，七大全相皆性，到此云散月明，瓜熟蒂落，如人饮水，冷暖自知。心遍十方，见十方虚空，乃依报世界之最大者。在真心中，如观手中，所持叶物，此则观大同小也。叶即贝叶，物如庵摩罗果。

一切世间，诸所有物，皆即菩提，妙明元心。

此悟万法唯心。妙明元心，即如来藏心。一切包括之词，世间即情、器二世间，身心世界是也。此皆领上显见科中，第四显见不失文云："色心诸缘，及心所使，诸所缘法，唯心所现；汝身汝心，皆是妙明，真精妙心中所现物。"又领第八显见不分文云："此见及缘（即身心世界），元是菩提，妙净明体。"又领阴等四科，皆即如来藏性，而成此悟，至此则斥破妄心，显示真心之旨，方以极领，更不再认缘尘分别为心矣。

心精遍圆，含裹十方。

此悟心包万法。向者误认妄想为真心，惑在色身之内，身在界中，界在空中，重重含裹，遗真认妄，迷已为物，曾无超越；今者圆悟真心，惟精惟一，惟是一真法界，纯一无杂，周遍圆满，故曰：心精遍圆。含容万法，包裹十方，无往而非常住真心，无处不是性净明体，此则转小成大也。乃领上七大文中，性真圆融，皆如来藏，而成此悟。以上正叙心荡然，得无挂碍。

反观父母所生之身，犹彼十方虚空之中，吹一微尘，若存若亡。

此悟正报法身。向者妄认四大假合，以为遍身，亦复认物为己，六根各局，四支质碍，处在空界之中，不能超越；今则悟明本有法身，虚廓旷荡，犹若太虚，反观父母所生血肉之身，高不过七尺，寿不上百年，总属幻妄不实，犹彼十方虚空之中，风吹所起一点微尘，至渺小，极幻妄，似有似无。太虚喻法身广大，微尘喻生身渺小。此身在法性空中，如草露风灯，虽然暂存，终非永存，故曰若存；又如幻事梦境，虽未即亡，终归灭亡，故曰若亡。此则转粗为细也。

　　如湛巨海，流一浮沤，起灭无从，了然自知，获本妙心，常住不灭。

向者误执此身坚实，今悟法性身，如湛然澄清不动之巨（大也）海；生身如海中所流一浮沤，倏起倏灭，起无所从来，灭无所从去，当处出生，随处灭尽，乃属幻妄无常。此则转实为虚也。了然自知，获本妙心，常住不灭者，此结身荡然也。前叙开悟之文，总标身心荡然，得无挂碍，身即法性身，心即妙明心，因悟法身妙心，故得荡然无碍。下则先叙心荡然。阿难与大众，自知妙心，遍满十方，万法唯心，心包万法，彻悟依报，法法全真。后叙身荡然，因悟法身广大，常住不灭，故反观父母所生之身，如空中一尘，海中一沤，是以结曰："了然自知"。了然明白，纤毫不昧，亲证实到，自知自信，不由他悟也。获本妙心者：即得亲见，本觉妙心。本觉妙心，是本有法身，一向迷时，法身埋没在五蕴身中；今已开悟，亲见本来面目，虽然曰获，既属本有，实非新得。此身常无始终，住无去来，无始无终，无去无来，则永劫不灭，故曰"常住不灭"。此亦领前不灭、不失、无还三科，及释迷闷科末，清净本心，本觉常住，会四科一一非因缘，非自然，融七大一一皆如来藏，本无生灭，诸微妙开示，而成此悟也。

　　《正脉》交光法师云：经家于佛说之后，偈赞之前，特详叙此者，正以示奢摩他，秘奥观体，令行人于此着眼；盖通前三卷工夫，全为揭露，此至妙至密之观体也。良以众生常流转，权乘不究竟者，皆缘未见此体，犹如生盲故也。行人若能于斯所叙，心境一如，不犯思惟，物物头头，了然在目，浑是妙心自体，亦不费纤毫功力，身心本来，廓周沙界；但不驰散，积之岁月，而不心开者，未之有也。当知本惟一体，若语正因本性，即空如来藏，以一味真如，更无余物故。若兼了因，即奢摩他秘密观照，以亲见自心，非作意思惟故。若更不避弥天过犯，则西来直指，正法眼藏，即此而已。但彼直入无分别，此由方便分别，至此无分别处，其归一也。问：此似意尽无余，然奢摩他未竟，后二藏未谈，彼是何意？答：征密观照，此方了其密字，以体属秘奥故也。后乃兼用，尽其精细，始属微字，宜酌分之。

礼佛合掌，得未曾有！于如来前，说偈赞佛：

此亦经家所叙，礼谢标偈。得未曾有者，向所未悟，今得妙悟，是为昔所未曾有，盖悟有解悟、证悟之不同，位有深位、浅位之不等。如阿难但解悟而已，是以仍居初果之位，今即以所悟之理，偈赞于佛：

"妙湛总持不动尊，首楞严王世希有！

此赞谢佛法。上句赞佛，下句上四字赞法，下三字双赞佛法。标偈中只标赞佛，以法是佛所证，亦为佛所说，标佛即可摄法。阿难今以所悟之理，即佛所证、所说之法，乃依之而赞佛法。上句依佛所证，法身、般若、解脱三德秘密之藏，圆成法、报、应三身，赞佛三身，是谓赞佛；乃顺序而赞，与诸家略有不同。妙湛赞佛法身。法身，为诸法所依之理体，在无情分中为法性，在有情分中为佛性，即众生本有之佛性，妙觉湛然，遍周法界。众生在迷，法身埋没于五蕴山中，我佛因中，悟此妙觉湛然之真心，即法身德。依此自性清净法身，不生不灭，为因地心，然后圆成，果地修证，得证离垢妙极法身，是谓成佛。经云："微妙净法身，湛然映一切。"故赞曰妙湛。

总持：赞佛报身。报身以智慧为身，此智即般若妙智，是般若德，人人本有。佛云：大地众生，个个具有如来智慧德相，即指般若德。众生迷此，全智成识；我佛因中悟此，依如如智，照如如理，回光返照，照彻心源，惑尽智圆，转识成智，得根本智，成自受用报身。此智总持一切智，是为一切智之根本。依根本智，复起后得智，成他受用报身。总持无量，相好庄严，能为众生，作外熏之缘，故赞曰总持。不动：赞佛应身。应身乃应众生机所示现之身，观察众生，应以胜应身得度者，即现胜应身；应以劣应身得度者，即现劣应身；应以树神身得度者，即现树神身。随机应现，不动本际，普应十方，自在解脱，任运无碍，即解脱德。如佛初说《华严》，以大教不契于小机，由是双垂两相，不动寂场，而游鹿苑，现丈六身，为五比丘说法，故赞曰不动。此以三德三身合释，以佛证三德成三身，故以赞之。尊字，由佛从因克果，五住究尽，二死永亡，福慧两足，九界称尊。为世间六凡，出世三乘，之所共尊故。

首楞严王：即阿难所请，世尊所证、所说之法。阿难启请，十方如来，得成菩提之定。前请说妙奢摩他、三摩、禅那，乃定之别名；后佛告以有三摩提，名大佛顶，首楞严王，即三定之总名。今以总名赞之。首楞严译为一切事究竟坚固，佛证此究竟坚固之定，前说四科七大，一切事相之法，一一会归如来藏性，本不动摇，本不生灭，自性天然妙定，即首楞严定也。此定为定中之王，能统百千三昧。阿难闻此悟此，故以所悟之定名赞之。世希有三字，双赞佛法，难逢难遇。如《法华经》云："诸佛出于世，悬远值遇难；正使出于世，说是法复难；譬如优昙花，时时乃一现。"岂非世所希有耶？

销我亿劫颠倒想，不历僧祇获法身。

此明所获之益。上句断妄益，下句明真益。销者销除，亿劫即无量劫，非局定数；颠倒想者，迷真认妄，执妄为真，真妄颠倒。迷心在身内，惑法在心外，身心万法，各有自体，妄认身心为实我，万法为实法，我、法二执颠倒重重锢蔽。将本有法身，迷不自知，则非失似失，若一旦开悟，亲见本来面目，则无得为得矣！今闻如来，循循善诱，破缘影之非心，指根中之佛性，十番正示，二见翻显，更会四科，则妄即真，复融七大，全相全性，将本有法身，和盘托出，如云开见日，冰化为水，亿劫颠倒妄想，一旦销除矣！而此销除之功，一由如来微妙开示，二由阿难悟明心性，如若不悟真心，安得销除妄惑？

不历僧祇获法身者：梵语阿僧祇劫，此云无数劫。劫者劫波，乃长时分。《婆沙论》云："三祇修六度行，百劫种相好因，然后获五分法身。"《唯识论》云："地前历一僧祇，初地至七地，满二僧祇，八地至等觉，是三僧祇，然后究竟法身。"今阿难自叙，不必经历三大阿僧祇劫，已获法身，以为致疑之端。致疑有三：一、执婆沙唯识，权乘不了义，疑今大乘圆实之旨；二、阿难希除细惑，早登妙觉，是未获法身之明证；三、阿难仍居初果，至如来说定已竟，方得进位于二果，何得遽云，不历僧祇获法身耶？以致议论纷纷，莫衷一是。

今特详释：第一当究获字；获者得也，有悟得证得之不同。阿难烦恼障重，所知障轻，况已发大心，已求佛定，佛为重重开示，直指本有真心，以为菩提正因，此心不生灭，不动摇，即人人本具清净法身，昔被颠倒妄想之所覆盖，现倒想已销，如云开自当见日，则亲见本有佛性，而云悟获法身者，何过？第二当究权实教殊：权教多重事相，必假修成，实教则重性具，贵在了悟。未悟之先，法身本自现成，《圆觉经》云："一切众生，本成佛道，倘能一念回光，便同本得，但离妄缘，即如如佛。"岂同权渐之教，必历僧祇，方获法身耶？第三当究圆实教旨：行布不碍圆融，圆融不碍行布，此如《正脉疏》，交光法师云：按圆教教旨，则行布不碍圆融，故虽未及断惑究竟，不妨全获法身，全体即佛。如前开示，迷心于色身之中者，既名为性颠倒，至后开悟，见心于太虚之外者，岂不号为正遍知哉？正遍知，即成正觉，而获法身矣。然则执现果，而不许阿难获法身者，失旨之甚也。

又圆融不碍行布，故虽全获法身，不妨更除细惑，更历诸果，更成究竟宝王也。此经后云："理则顿悟，乘悟并销；事非顿除，因次第尽。"可为明证矣。如是则虽却后，更历僧祇，以成究竟佛果，当亦与此不历之前，先获法身，了不相碍也。何况圆顿悟后之修，念念是佛，虽进断通惑，亦与权渐修者，日劫相倍。至于住后，断别惑以去，一生有圆旷劫之果者矣。如是则虽谓其却更不历乎僧祇，亦无碍也。若更取于延促同时之玄旨，愈不可以长短拘矣。

愿今得果成宝王，还度如是恒沙众。将此深心奉尘刹，是则名为报佛恩。

阿难既已悟获法身，自知成佛有份，故发愿成佛度生，报佛开示之深恩。今字对前说，前悟获法身，但是理法身，今欲依悟起修，冀得究竟法身，故发愿自今以往，精进修持，早得菩提佛果，成就宝王。宝王即佛宝法王，于法自在也。此句乃运智，上求佛道以自利；下句乃运悲，下度众生以利他。还字即表示不但自利，还要利他，度脱如是恒河沙数之众生。将此深心奉尘刹，是则名为报佛恩者：此字指上智悲二心，将此深心四字，双运二心，而束为深心。愿将此深心，回奉十方，微尘刹土，诸佛众生，于佛则常随受学，以求慧足；于生则广行济度，以求福足，庄严成佛国土，是则名为报答我佛微妙开示之深恩也。此偈两句，亦即四弘誓愿：首句佛道无上誓愿成，兼摄烦恼无尽誓愿断,以断尽烦恼,方证菩提故;次句众生无边誓愿度,兼摄法门无量誓愿学,以必达法门,方能度生故。

> 伏请世尊为证明,五浊恶世誓先入,如一众生未成佛,终不于此取泥洹。

前偈发愿度生,是果后自觉已圆,然后觉他;此偈五浊誓入,是果前自未得度,先度人也。以愿重力微,故俯伏启请世尊,为作证明,实求慈光加被,令得不退,满斯弘愿。五浊恶世誓先入者:此急于救苦也。

五浊:一劫浊,梵语劫波,此云时分,劫浊无别体,即下四浊交凑,是其相也。时当减劫,人寿减至二万岁,众生具下四浊,即名劫浊。

二见浊,五利使为体,诸见炽盛,即其相也。五利使者,五种妄见,能使众生,造作诸业,能使众生,趣入生死,故名为使,而几微迅速,非比五钝使,故名为利。一者身见:执身为我,而起我身之见,妄生贪爱。不悟四大假合,总属无常。二者边见:执有执空,而起二边之见,一味偏执,不悟见解既偏,失乎中道。三者戒取:非因计因,而起我能持戒之见,修诸苦行,不悟蒸沙作饭,尘劫难成。四者见取:非果计果,而起自负所见之见,未证言证,不悟有漏界中,终非究竟。五者邪见:拨无因果,而起邪外断常之见,堕豁达空,不悟杂毒入心,自误误人。此五种妄见,昏昧汩没,浑浊自性,故名见浊。

三烦恼浊,五钝使为体,三灾感召,即其相也。五钝者,五种妄心,能使众生,造诸恶业,能使众生,趣入生死,故亦名使,比前五利,稍为钝滞,故名为钝。一者贪心:于顺情境上,起诸贪爱。二者瞋心:于违情境上,起诸瞋恨。三者痴心:于中庸境上,非违非顺,起诸痴迷,不能觉察。四者慢心:于诸众生,心起骄慢,不能谦逊。五者疑心:于诸善法,心起疑贰,不能决择。此五种妄心,烦动恼乱,浑浊自性,故名烦恼浊。

四众生浊,揽五阴见慢为体,恶名秽称,即其相也。众生积聚五阴为身,故曰揽五阴。外身四大假合,属色阴;内心前五识,领受五尘境界,为受阴,虽诸识皆有受,惟五识受力偏强,故以属之;六识想像前尘,落卸影子,即想阴;虽诸识皆有想,惟六识想力最胜,故以属之;七识恒审思量,念念相续,如急流水,迁流不息,即行阴,虽诸识皆有思,惟七识思力偏重,故以属之。有以中间三阴,配受、想、思三心所,尚有四十八心所,收摄未尽,今以四阴，分属八识，则心王心所，摄无不尽，心所即摄诸识中矣。八识执持息、暖、寿三，一期往世，识在身中，乃有暖气，寿命未尽，识若离身，便生冷触，寿命断绝；执持此身，不至散坏者，即识阴，是谓揽五阴。见慢果报者，见是横计主宰，为见我，慢是俱生主宰，为慢我；前世所作业因，今世所受果报，以为其体。恶名秽称者，众生之名，鄙恶下贱，色心劣秽，生死轮回，备婴众苦，故名众生浊。

五命浊，色心连持为体，催年减寿，则其相也。色即地、水、火、风之色法，心即见、闻、觉、知之心法。人生揽地、水、火、风四大为身，四大本无知之物，因有八识见分，旋令觉知，见分本一精之体，因四大色法，壅令留碍，元依一精明，分作六和合。色、心连属，执持不散，足为命根，故以为体。催年减寿者，以人生上寿，不过百年，修短无定，生死不测，故云命浊；是为五浊之世。人寿从二万岁，过一百年减一岁，减至一百岁时，五浊炽盛，其苦转剧，名为五浊恶世。众生刚强，难调难伏，我佛于此时候，出现于世。阿难亦誓愿，先入浊世度生，欲步本师之后尘也。

如一众生未成佛，终不于此取泥洹者：此广大心，与常时心也。誓愿度尽众生，如地藏菩萨，愿行坚强，众生度尽，方证菩提；地狱未空，誓不成佛，无二无别。取泥洹即取证涅槃，泥洹亦翻灭度，乃梵音楚夏之别。不取有二：一、不取二乘独得涅槃，二、不取诸佛究竟涅槃。即众生度尽，我愿方尽，亦即众生度尽，方证菩提也。

大雄大力大慈悲，希更审除微细惑。

上句赞佛德，下句求断惑。佛克备二严，具足万德，此略举而赞。以佛具智德，能破微细深惑，称大雄；能拔无明深根称大力；能与众生究竟之乐，称大慈；能拔众生生死之苦，称大悲。是以希求我佛，更为审除微细惑，此惑有二分别：一、界内思惑，二、界外无明。思惑是烦恼障细分，无明是所知障细分，阿难虽悟获法身，而此二惑俱在，故欲加功用行，求佛更为开示审除。第四卷佛答满慈，兼示阿难，即审除也。阿难悟后请修，至第八卷结经毕，方断根中，积生无始虚习。文云："断除三界修心，六品微细烦恼，进位于二果，尚有七十五品未断，何况生、住、异、灭，分剂头数。"界外无明，是微而又微，细而又细也。

令我早登无上觉，于十方界坐道场。

此半偈，承上半偈。佛以大雄大力，除我细惑，自可令我早登无上之觉道，即佛果究竟觉；此仗佛大悲，拔二种生死之苦，得证无余涅槃，方登无上大觉之位。更望佛大慈，与福慧二严之乐，于十方世界，应机示现，现坐道场，说法利生也。

舜若多性可销亡，铄迦罗心无动转。"

舜若多此云空，铄迦罗此云坚固。阿难已发上求下化，广大心、第一心、常心、不颠倒心，四心并发，四弘深誓。结云：纵使空性，可以销亡，而我坚固之心，决无动转，即所谓虚空有尽，我愿无穷也。从正宗至此，说法当为一周，名破妄显真周。

楞严经正文卷第三终

尔时富楼那弥多罗尼子，在大众中，即从座起，偏袒右肩，右膝着地，合掌恭敬，而白佛言："大威德世尊！善为众生，敷演如来第一义谛。

此科与上科对映，上科佛为阿难，先用方便门，分别真妄，令其舍妄从真；后用平等门，会融真妄，令识万法唯心。四科七大，一一皆如来藏，妙真如性，乃说空如来藏，一真本体，令阿难明真生信，顿获法身，更求如来审除细惑，早得亲证妙极法身，登无上觉。尔时富楼那（此云满，是父名）弥多罗尼（此云慈母，名尼女也）子，连父母为名，即满慈子。在旁触动心疑，即从本座而起。偏袒右肩，右膝着地，合掌恭敬，而白佛言：乃称赞佛为大威德世尊，佛有折伏之严，曰大威；有摄受之慈，曰大德。仗佛大威，阿难销除倒想；由佛大德，阿难悟获法身。

善为众生，敷演如来第一义谛者，能为阿难等小机众生，循循善诱，自浅而深，由近而远，"巧从花下路，引入洞中天"，令销亿劫粗惑，悟获法身真理，是可谓善为也。若对小机说小法，不足称之善为。今为敷扬演说，如来自证第一义谛，向四科七大，直指如来藏心，使悟自心，圆融周遍，常住不灭，非佛善说法要，曷克臻此？

世尊常推说法人中，我为第一。今闻如来微妙法音，

> 犹如聋人，逾百步外，聆于蚊蚋，本所不见，何况得闻？

满慈子自述，世尊常时推重，说法人中，我为第一。《增一阿含》云：善说诸法，广别义理，诸弟子中，满愿第一；有时云："种种因缘，譬喻说法，能利众生，楼那第一"，故曰常推。满慈因旷劫来，有大辩才，分得如来四辩，故能为第一。今闻如来，微妙法音：通指前三卷，十显直指真心，四科全事即理，七大圆融周遍，皆精微奥妙之法音。犹如聋耳之人，远逾百步之外，聆于蚊蚋之声；意谓聋人聆蚊蚋，即在近尚不能闻，况远逾百步之外乎？又聋人处远，即大声亦不得闻，况蚊纳之细声乎？彼蚊蚋之形，本所不能见，何况得闻其音声耶？

法合聋人喻二乘人，根小智劣。如华严会上，有耳如聋，不闻圆顿之教；逾百步外，喻小机与大教，程度隔远。蚊蚋微音，喻微妙法音；本所不见，喻如来藏性之理，本所不见；何况得闻，则闻如不闻。

> 佛虽宣明，令我除惑。今犹未详，斯义究竟，无疑惑地？

此叙自疑。以小乘法执未亡，平日迷执万法心外实有，诸大互相陵夺。佛虽种种宣明，万法即心，诸大圆融，令我除疑，现今依旧未能详明，此等第一义谛，究竟而到不疑之地。

> 世尊！如阿难辈，虽则开悟，习漏未除。

此叙阿难。辈字兼诸有学。开悟，指阿难辈，闻佛妙示，顿悟妙心，周遍常住；意谓悟则虽悟，恐其非真。何以故？以阿难虽然顿忘法执分别，而于法空胜解，得以现前，尚希如来审除细惑，而我执俱生全在，习漏尚且未除。习漏二字分解，漏即我执俱生，台宗曰："思惑"。习即生、住、异、灭、分剂头数，无明习气。此二惑丝毫未动，岂得谓为真悟耶？此满慈不达深悟与浅证二不相碍之理。

> 我等会中，登无漏者，虽尽诸漏，今闻如来，所说法音，尚纡疑悔。

此叙他疑。如我等辈，在会之中，已登四果之人，无欲漏、有漏、无明漏，已证无漏之位，虽尽诸漏。观虽字，所证亦非真实，以我空虽证，法执全在。今闻如来所说第一义谛，微妙法音，未能领悟，尚纡绕于疑悔之间，对今日所闻大乘而生疑，对昔日爱念小乘而生悔。

世尊！若复世间，一切根尘，阴、处、界等，皆如来藏，清净本然，云何忽生，山河大地，诸有为相？次第迁流，终而复始？

此于万法以起疑。前五句牒佛语，后五句举疑情。问云：世尊！若复世间，一切万法；此总举，下别列。根尘指十番显见，根尘对辨。阴、处、界等，等六入、七大，总括上三卷之文。显见不分科中云："此见及缘，元是菩提，妙净明体（即如来藏）。"阴等四科，科科皆云："本如来藏。"七大文中，一一皆云："如来藏，清净本然。"因闻如上妙示，遂而起二疑，此于万法起生续疑。世间法是有为，如来藏是无为，既皆无为，应当无相，云何忽生山河大地诸有为相？此疑、始之忽生。山河大地，属无情之世界；诸有为相，属有情之众生，及与业果。意谓既是如来藏，清净本然，以清净故，不应更有染法之相，云何忽生山河大地等染法之相耶？

次第迁流，终而复始者：此疑终之相续，次第上，若再加云何二字，其意更显。此次第迁流，即上世界、众生、业果等三，终而复始，即是相续之意。世界有成、住、坏、空，空已复成；众生有生、老、病、死，死后再生，是谓终而复始。以既是本然，故不应更有生灭之相，云何次第迁流，终而复始耶？此问乃求佛为说，始生终续之详，非直怪问其不当生也。满慈但执空如来藏，不变之体；不达不空如来藏，随缘之用。故佛后分始生终续，说不空藏以答之。

又如来说：地、水、火、风，本性圆融，周遍法界，湛然常住。

此于五大以起疑。先牒佛语，空大文云："若此虚空，性圆周遍，本不动摇，当知现前地、水、火、风，均名五大。"盖此之本性圆融，乃圆真实，即前之性圆；此之周遍法界，乃通真实，即前之周遍；此之湛然常住，乃常真实，即前之本不动摇。既均名五大，则地、水、火、风，亦应具此三真实，何以现见，地水相陵，水火相克，地空相碍也？

世尊！若地性遍，云何容水？水性周遍，火则不生，复云何明，水火二性，俱遍虚空，不相陵灭？世尊！地性障碍，空性虚通，云何二俱，周遍法界？而我不知，是义攸往。

此述疑情。牒中惟四大，此加空大，互相影略。总疑五大，而不疑见大、识大者，以其无相则无碍，故不疑也。首二句，疑地水相容，乃问：设若地性周遍，地是质碍，水是流动，云何地能容水？中六句，疑水火相容，乃问：设若水性周遍，火大则应当不生，以水火相克之故，复云何佛又发明，水火二性，俱遍虚空，彼此不相陵灭耶？后四句疑地空相容。世尊！地性属有形，乃障碍之义，空性属无形，为虚通之相，一通一碍，性不相循，云何地空二者，俱能周遍法界？而我浅智，不知是万法生续，五大圆融之义所归；攸往即所归也。

惟愿如来，宣流大慈，开我迷云，及诸大众。"作是语已，五体投地，钦渴如来，无上慈诲。

此求佛释疑。惟愿如来发宣流布大慈风，扫开我等之迷云，令得慧日圆明，照澈本性圆融，周遍法界，湛然常住之义，而到究竟无疑惑地。作如是请法之语已，五体投拜于地，钦承渴仰如来，无上慈悲之教诲。

尔时世尊，告富楼那，及诸会中漏尽无学，诸阿罗汉：

此标为满慈，一类之机。

"如来今日，普为此会，宣胜义中，真胜义性。令汝会中，定性声闻，及诸一切未得二空，回向上乘，阿罗汉等。

此明所为之机有三：一定性，二回心，三众等。如来自言普为者，即是以平等大慈，而说殊胜了义，不独为满慈一人而说也。胜义中真胜义性者，法相宗，胜义谛有四种：一、世间胜义：谓蕴、处、界等；二、道理胜义：谓苦、集、灭、道四谛；三、证得胜义：谓二空真如；四、胜义胜义：谓一真法界。此经所云："如来藏，清净本然。"即一真法界，不变之理体，能起随缘之事用。前阿难执和合、因缘，是执权疑实，迷藏性不变之体；今满慈执清净本然，是执实难权，昧藏性随缘之用。故佛为说后二藏，以穷生妄之深源，成碍之幽本，答万法生续，不离性本二觉，答五大圆融，归极三藏一心，为胜义中，真胜义性。

令汝会中，定性声闻下，示所被之机。定性声闻，指沉空滞寂，得少为足，钝根阿罗汉。声闻是阿罗汉之别名，以闻四谛声，入涅槃道故。不肯回小向大，涉俗利生，故名定性。及诸一切，未得二空，回向上乘阿罗汉者：未得二空，是但证我空，未曾兼得法空。然虽未得法空，已能回小乘之心，向大乘之道，不甘永闭化城，愿趣宝所，是为回向最上一乘，大阿罗汉。等者等在会辟支，以及有学之众。

　　皆获一乘，寂灭场地，真阿练若，正修行处。汝今谛听，当为汝说。"富楼那等，钦佛法音，默然承听。

佛先许说真胜义，此许得殊胜益。一乘即上乘，乃最上一佛乘也，即法华经之大白牛车。令在会皆获者，佛慈平等普益也。寂灭场地：即不生不灭之因地心，亦即如来密因。佛说奢摩他，令悟妙心本具圆理，十方如来，皆依此因心，而成果觉，入大寂灭海，即涅槃果海。上二句切勿作果地解，连三四两句皆是因心。真阿练若：有云阿兰若，译为无喧杂，即寂静处，无有喧哗杂闹，寂静可修行处。若但境静，非真寂灭场地，非真阿练若，必以本来不生灭不动摇之真心，方是寂灭场地，真阿练若，与境无干。此心即首楞严之定体，乃为十方婆伽梵，一路涅槃门，故曰正修行处；下文所说，三如来藏心是也。若悟此心，是为开圆解，始可起圆修，得圆证矣。汝今谛听，当为汝说者：佛嘱以谛实而听，望其勿再执理迷事。藏心体虽不变，用能随缘，随染缘则三种相续，五大相陵；随净缘，则灭尘合觉，故发真如，妙觉明性。此科先说随染之用。富楼那等，钦仰佛之法音，默然承听。

　　佛言："富楼那，如汝所言，清净本然，云何忽生山河大地？

《正脉》云：此科说不空藏，以示生续之由。此对上空藏，彼约心真如门，会妄归真，以显藏心不变之体；此约心生灭门，从真起妄，以显藏心随缘之用。然用应有二：一、随染缘起六凡用，二、随净缘起四圣用。今为开迷成悟，故单取染用为言，而全用更在下空不空藏中。此牒定所疑科，乃是略牒。于满慈所述中，略去一切根、尘、阴、处、界等，皆如来藏，但牒清净本然一句，于所问中，但牒云何忽生山河大地？略去诸有为相，次第迁流，终而复始三句。所牒之语虽略，意必具含。

汝常不闻，如来宣说，性觉妙明，本觉明妙？"
富楼那言："唯然世尊，我常闻佛，宣说斯义。"

空藏说真如门，不空藏说生灭门。生灭门中，有觉不觉二义，觉义是真，不觉是妄。性觉本觉，即生灭门所依之真。《起信论》云：依本觉而有不觉，复由无明不觉，生起三细六粗，乃有世界、众生、业果三种，忽生相续。今佛举所依真觉，勘验满慈，是否错认？性觉妙明，本觉明妙：是佛常与诸菩萨，宣说其义，满慈在座，自是常闻。故举以问云：汝常时岂不闻如来（佛自称）宣说耶？性觉本觉，原一真觉。性约一真理体之谓性，本表天然原具之谓本，不涉事用，不论修为，即万法之真源。妙明明妙：乃寂而常照，照而常寂。妙是不变之体曰寂，明是随缘之用曰照，此明亦只是理具之照用，非事造也。佛举此二语，具有深意：一显无明万法，离此无依；二显寂照本具，岂假妄明？

富楼那答言：唯然世尊。唯然应诺之词，犹言是也。我常闻佛，宣说斯义，即性觉妙明，本觉明妙之义。满慈闻虽常闻，但属闻言，并非闻义，观下自知。交师云：此问全似初问阿难，见何发心，是皆借旧见闻，以发开示之端。

佛言："汝称觉明，为复性明，称名为觉？为觉不明，称为明觉？"

满慈说法第一，既已常闻斯义，定必常说。佛乃问言：汝称说觉明之时，究竟意中，如何解说？觉即性觉本觉，明即妙明明妙。为复下双举真妄，以审看满慈还是识真耶？还是认妄耶？问云：汝为复以性本自明，称名为觉，即本具灵明，不必加明耶？为是觉本不明，必须加明于觉，方称有明之觉耶？此中本具灵明，乃为真觉真明；必须加明，即是妄觉妄明。双举审问，以验取舍，全似征问阿难，心在何处？以何为心？皆欲逼出生平所误认者，而斥破之也。

富楼那言："若此不明，名为觉者，则无所明？"

此满慈竟取于妄，答言：若此觉体不更加明，名为觉者，则单名为觉，实无所明矣！观此词中，反排真觉，细察意中，深取妄觉，则属闻名昧义。首句不明二字，与上段不明不同，上是假说觉本不明，此乃承言不更加明，字同义异也。《正脉》云：此答全似，阿难与佛诤言：若此发明不是心者，我乃无心，同诸土木。皆被佛征出，素所迷执，而不觉其非者也。但阿难所执，六识妄心，满慈所执，根本无明，粗、细、浅、深，迥然有别。

佛言："若无所明，则无明觉。有所非觉，无所非明。无明又非觉湛明性。

首二句牒定满慈之言，下则施破。佛言如汝所说：若无所加明于觉，则无有明，单有觉者，在汝之意，必定有所加明于觉，方可双称明觉也。汝竟不知，一有加明，则觉明二义，皆双失矣！何以故？体外加明，则非本有之明，时生时灭。

有所非觉，无所非明二句，即说一有加明，则觉明二义双失之故，若起心有所加明时，则非本明之真觉，若失忆无所加明时，则此觉又非有明矣。以满慈未悟真觉，本具妙明，故必欲加明于觉，不知一经加明，则时有时无，不得常住矣！无明又非觉湛明性者：以满慈必欲加明于觉，以致觉明二义双失，全堕无明。无明又非真觉（即性本二觉）湛然，妙明之性；妙明则常寂常照，岂时有时无耶？此中有所非觉，无所非明，其意稍难领会，今以喻明之：真觉本具妙明，如摩尼宝珠，本具光明照用，珠光不相舍离，则珠即光，不必更加明而明之；妄觉性本不明，如电灯泡，状若摩尼，必加电气以明之。有所非觉句，有所加明，则非真觉，如电灯泡，必加开关，一开则明，明虽已明，非真摩尼珠；无所非明句，无所加明时，则非有明，如电灯泡，开关不开时，则无有明。此二句即觉明二义双失，咎在加明也。

性觉必明，妄为明觉。

此结成妄本。必明即是无明，无明乃为结妄根本。此必明二字，诸家多作必具真明解。今按上文，佛举真妄二觉，双审满慈，满慈以必须加明于觉，方可称为明觉，佛即直斥加明之非。此二句则结归。性觉必明，妄为明觉者：性觉则性本二觉，本具妙明明妙，并不假明而明之。汝意必定要加明于觉，方称明觉；此必定加明之一念，即是妄为，乃不当为而为也。遂将妙明转为无明，真觉变成妄觉矣！此必明必字，即下文知见立知立字，自心本具真知真见，无庸更立知见，故佛告云："知见立知，即无明本。"此必明亦即无明本也。

《正脉疏》云：无明亲依真心本觉，独居九相（三细六粗）之先，别名独头生相，根本不觉，曰痴、曰迷。及无住本，皆目此也。有二功能：一、能隐真觉之体，二、能发万有之相，下文自见。问："生相无明，等觉未了，今言加明于觉，意何浅近？"答："此惑在三细之前，本非菩萨所知，惟佛现量亲见，如来有胜方便，能令初心，比量而知。借言加明于觉，即是其相。舍此方便，则如哑人见贼，叫唤不出矣！法王自在，岂如是耶？"问："借言非真，宁不误人？"答："岂止不误，仍有大益。如来亲见等觉菩萨，诸念皆尽，惟余此念，佛法不得现前，此念若尽，便入妙觉果海，故令顿根众生，但了法空心净，一念不生，遥契如来涅槃妙心，自具照体，不用重起照察，起照便同此中，加明于觉。永嘉云：'倘顾还成能所。'顾字便是明字，能所者，本惟一真本觉，妄成能明之明，所明之觉，而能所俱非真矣！佛祖一揆，若合符节，希顿入者，宜究心焉！"

　　　　觉非所明，因明立所；所既妄立，生汝妄能。

此明依真起妄。无明为妄本，此乃生起三细，前二细惑，下即细境。首句论真，二句起妄，觉即性本二觉，是所依之真，真觉非所明之境，以本具妙明，不落能所也。特因必欲加明之故，遂转妙明而成能明之无明，将真觉而立所明之妄觉。因明明字，即属无明；立所所字，即属业相，不可作境界解。境界在此四句之后。交师顺解三细，得佛意矣！此如《起信论》云："以依本觉，故有不觉，以依不觉故心动，说名为业。"此文较《论》文更有发明。论言心动，未明何故心动？此则说出，因加明于本觉，而引此心动也。所既妄立，生汝妄能者，上句即立所之业相，下句即转相。因业相之所，既已妄立，复由无明力，转转有之智光，生汝能见之妄见。即以业相为所见，妄能即能见相。即《论》云："以依动故能见。"动即业相，业者起动义也。与下第五粗不同，此亦较《论》文更有发明。《论》中未明依动，何以即成能见？此中说出，业相之妄所既立，引起妄能耳。下文谓所妄既立，明理不逾是也。

　　　　无同异中，炽然成异；异彼所异，因异立同；同异发明，因此复立，无同无异。

此三细中后一，乃属细境。无同异中：即第八识业相之中。以最初一念无明妄动，将整个如来藏真空，变成晦昧空境。空是同相，界是异相，世界之异相未成，虚空之同相莫显，以因异方可显同，今既无异，所以无同。炽然成异者：此成异之原因，乃在妄能，妄能即第二细，转相见分。既有能见，而诸法未成，无有所见，即以业相为所见，业相但一晦昧之空，无有一物可见，见分定欲见之，见之既久，现出境界相。此即显见不失科中云："晦昧为空，空晦暗中，结暗为色。"又即后文偈云："迷妄有虚空，依空立世界"是也。如人瞪目观空，瞪久发劳，则见空华。炽然火光盛貌，既结暗而成四大之色，如火光起于夜暗之中，炽然显著。此境虽显，尚在本识之中，有人见此炽然，不敢定为细境，乃指六粗者，非是。《论》文释此现识（即现相，又曰相分境界相），则云："所谓能现一切境界，犹如明镜，现于色像。"又曰："随其五尘对至即现。"何异炽然之说。

异彼所异，因异立同：第一异字是活字，不同也；下异字皆实字，即异相之境。谓异于彼炽然所成之异相境界，因对异相之界，而立同相之空。即《论》云：以依能见故，境界妄现（境界兼色与空）。同异发明，因此复立，无同无异：此三句当指众生，承上虚空之同相，与世界之异相，一同一异，形显发明，因此复立，无同无异众生之境。众生形貌各异，故曰"无同"。知觉本同，故曰"无异"。问："此中虚空、世界、众生，指为细境，与粗境何别？"答："此惟在本识中，结暗所为之色，即三类性境，根身、器界、种子，与粗境作胚胎耳。"此三细，如前二卷所云："晦昧为空，空晦暗中，结暗为色；色杂妄想，想相为身。"又如下文偈云："迷妄有虚空，依空立世界。想澄成国土，知觉乃众生。"皆从真起妄，妄有空、界、众生。

《正脉疏》问："通上顺释三相，甚生次第，但释因明立所，则曰，因妄为能明，引起所明，以立业相，此虽经无能字，推意补之，亦通。次经明言，因所生能，予即释为业生转相，似亦自然之序。但妄明既以业相为所明，转相亦以业相为所见，此何别乎？又转相何不以境界为所见乎？"答："汝言妄明，以业相为所明，此言非是。盖妄明最初依本觉起，妄以本觉为所明，本不期于业相，其奈本觉，元非可明之境，由是本觉，卒不可明，而徒以带出业相为所明耳！故佛言：'觉非所明，因明立所。'其旨显然。""汝次又言：转相以业相为所见，斯言不差。盖转相依业相起，妄以业相为所见，本不期于境界，其奈业相，元非可见之相，由是业相卒不可见，而徒以带出境界为所见耳！故佛言：'所既妄立，生汝妄能，无同异中，炽然成异'等，其意更显"。是故经文，所之一字，上下连带二能，而上隐下显，且上为生所之能，下是所生之能，如祖与孙，何言无别？能之一字，上下连带二所，而上显下隐，且上为生能之所，下是能生之所，亦如祖孙，岂得混同。

如是扰乱，相待生劳。劳久发尘，自相浑浊，由是引起，尘劳烦恼。

如是指法之词，即指境界相，从无而有，因异立同，由是空、界忽生；复因同异发明，而无同异之众生，亦相继而生；如是藏识海中，境风扰（动也）乱。相待者：互相对待，由妄境引起妄心，则为缘之意，以境界之相，为生七转识之像。生劳：即引起第七识，创起慧心所，对境分别染净，执为心外实有，不了自心妄现，起智分别（智即慧心所），转生劳虑，故曰"生劳"。即第一粗智相，属俱生法执。《论》云：依于境界，分别爱与不爱是也。问："前转识缘境界相，智相，亦缘此境，二者有何差别？"答："转相缘境，是第八识见分，精明之体，但如明镜现像，不起分别；智相缘境，不了唯心所现，执有定性，分别染净，即属分别事识"。

劳久：即第七识，恒审思量，相续不断，劳虑经久，故曰"劳久"。即第二粗相续相，属分别法执。《论》云："依于智故，生其苦乐觉心，起念相应不断故"是也。发尘：即第六识，周遍计度，取著转深，计我、我所，发生染著尘念，故曰"发尘"，即第三粗执取相，属我执俱生。论云"心起著故"，起著与发尘义同。自相浑浊者：即第六识，依前颠倒所执相上，更立假名言相，循名执相，颠倒特甚，以致心水浑浊不清，故曰："自相浑浊"。则第四粗，计名字相我执分别。论云："依于妄执，分别假名言相"是也。由是引起，尘劳烦恼者：由是是字，远指无明三细四粗，从迷入迷，妄上加妄，近指计名字相，由此引起诸业，即第五粗，起业相。《论》云："依于名字，循名取著，造种种业"是也。尘劳即是烦恼，烦恼有染污、扰动二义，喻之如尘如劳。共有八万四千，约未起身口属惑，已起身口属业，今由惑引起身口，造一切业，业因既成，业果随至，无可幸免也。问："粗境未成，安得遽有身口？"答："语虽约从初起次第而谈，理实无始，岂真未成粗境之前，而绝无身口哉？细境中既有根身，当有身口，且《论》亦约从初起，亦须于第六中，方成身口。疏释起业，明用身口，若必执第六方有身口，则前相凭何起业？而执取等，凭何计我我所哉？语虽有序，而意须圆活，不宜泥也。"

> 起为世界，静成虚空，虚空为同，世界为异，彼无同异，真有为法。

此确答满慈所问。前四句，答云何忽生山河大地？后二句，答诸有为相（即众生业果）。从性觉必明起，乃展转叙其来源耳。由依性觉，妄起无明，因此无明，发生三细，复缘境界，而起尘劳，惑业妄因已成，依、正苦果斯现。故云：起成有相处，则山河大地，而为世界；静而无相处，则空廓虚通，而为虚空。空不动摇，是故曰静，此依报之世界，本不离前之细境。言此虚空，即为前同相所发之现行；此世界，即为前异相所发之现行。汝问：云何忽生山河大地？即由是而生也。彼无同异，真有为法者：此答诸有为相，亦明不离前之细境，与上四句，文法不同。上是指后即前，此是取前显后，取彼细境中，同异互相形显，所发明无同无异之相。以成此众生业果，真有为法。此正报众生业果，亦前细相所发之现行，即第六粗业系苦相。《论》云："以依业受报，不自在故。"为业系缚，而堕五阴三界二狱之中，无由出离，不得自在。汝问：云何忽生诸有为相？即由是而生也。交光法师云：但约万法初成一周，而说忽生矣！又约修时逆断，显此次第，权说初成次第，令观顺生之次第，易于开悟，而不至迷闷；了逆断之次第，易于修证，不至僭乱也。又当知经自无明，以至粗境，多用能所，上下连持者，令知能所，乃生万有之端，行人于真妄分明之后，一念顿绝能所，可以把定万有，坐还清净本然，所谓："但离妄缘，即如如佛"矣。

> 觉明空昧，相待成摇，故有风轮，执持世界。

上依真觉，妄起无明，而成辗转虚妄之十相；此由无明妄力熏变，而成地、水、火、风之四大。世界虽由众生业感，推究根源，亦由无明妄心而起，四大依无明而有，世界由四大所成，故交师科为能成四大。此风大。觉明空昧者：乃由真觉之体，已起妄明，遂将真空变成顽空晦昧之相。相待成摇，即明昧相待，互为倾夺，而成摇动之风。世间诸风，不出妄心荡动所感，可见风大之种，乃是无明妄心，一念之动相耳！

动荡不已，积而成轮，故有风轮，执持世界。而世界最下，全依风轮，而得住故。风力极大，而有执持之功能，如海上轮船，重而不沉者，因有风鼓之力所持故。《俱舍论》云："谓诸有情，业增上力，世界最下，依虚空，空轮之上，有风轮"是也。

因空生摇，坚明立碍，彼金宝者，明觉立坚，故有金轮，保持国土。

此地大。孤山法师曰：土与金皆坚性，俱属地大。因空生摇者：因空昧觉明，明昧相倾，已生摇动之风，此牒风大。坚明立碍：乃属地大；此大由坚固执心所成，坚执妄明，欲明晦昧之空体。其奈空体，卒不可明，由执心故，遂乃结暗为色，而立地大坚碍之相。世间地大，不出妄心，坚执所感，可见地大之种，乃是无明妄心，一念之坚相耳！

彼金宝者，又为地大之精，地性坚碍，莫过于金。明觉立坚者：则指依无明妄觉，所立坚碍之相，如痴情化石之类。坚执不休，积而成轮，故有金轮，保持国土。而世界一切国土，皆依金刚轮，而得住故。如密部所说："地大最下，有金刚际"是也。

坚觉宝成，摇明风出，风金相摩，故有火光，为变化性。

此火大，依前风、金之所转生。坚觉宝成者：坚执妄觉，所立之金宝既成；此句牒前地大。摇明风出者：摇动妄明，所感之风大复出；此句牒前风大。风金二大，则为生起火大之因。风金相摩者：风性属动，金性属坚，一动一坚，相摩相荡，故有火光之功能，而为变化之性质。变起世间，一切万有，世间诸火，不离妄心，摩荡所成。可见火大之种，乃是无明妄心，一念之热相耳！火无持含之轮用，但有变化之功能。至后所成四居，功方显著，与前后三轮，相待转生，俱带无明妄心之相。应按本宗发明，勿取外教所说，反晦经旨。

宝明生润，火光上蒸，故有水轮，含十方界。

此水大，依前金、火之所转生。文虽不带心相，义亦无明，妄力所致。宝明生润者：金宝之体明净，明能生润，如五金之属，遇热气而出水也。火光上蒸者：即火大之光，上蒸于金。郁以成气，气以成水。如南风之天，万物多蒸而出水也。以宝明映以火光，蒸润为水。世间诸水，不离气积所感。可见水大之种，乃是无明妄心中，金、火二妄，蒸润所成耳。蒸润不息，积而成轮，故有水轮，含十方界。如《华严经》所明，诸世界刹种，皆依香水海住是也。

按本经，世界地大依水轮，水轮依金轮，金轮下有火轮，火轮下有风轮，风轮下有空轮。空轮依无明妄心，晦昧所成；无明依本觉，无明是不觉之相，究竟不离本觉之性。足见世界始于真妄和合之心，而识藏不离如来藏，若离如来藏，悉无自体故。前会四科，融七大，一一无非如来藏性，此四大，即为能成世界，万法之本，无明又为能成四大之本也。

火腾水降，交发立坚，湿为巨海，干为洲潬。

上文依无明而成四大，此科依四大而成四居。四大之性，虽各相违，实则相济，如火性本属上腾，水性本属下降，一腾一降交互发生，立诸坚碍，而成器界。卑湿之处，积水而为巨海；干燥之处，环水而为洲潬。盖海非独目于水，以注水之巨坎，为水居众生所依处。《灌顶》云："浮土可栖曰洲，聚沙堪住曰潬。"即四大部洲，为陆居众生所依处。

以是义故，彼大海中，火光常起，彼洲潬中，江河常注。

首句以水陆二居，是水火交互发生之故，可以验其气分。彼大海本注水之处，不应有火，以不忘火之气分，故火光常起；彼洲潬本质碍之地，不应有水，以不忘水之气分，故江河常注（流也）。

水势劣火，结为高山，是故山石，击则成焰，融则成水。

此山居处。山亦水火交发之坚相。水势若劣于火势，火势若胜于水势，则水随火之力，结之而为高山，如熬水为盐，堆积如山，足证水亦可结。是高山亦水火所成之故，下亦验其气分，所以山石，击之则成火焰，不亡火之气分；融之则成为水，不忘水之气分。如炼五金之矿，悉皆成汁。

土势劣水，抽为草木，是故林薮，遇烧成土，因绞

成水。

此林居处。林薮亦水土交互所成。土势劣于水,土随水而成润,抽拔而为草木。以是草木不忘水土气分故,林薮遇烧,便成灰土,因绞则成汁水。此即不忘水土气分之明证也。木多为林,草多曰薮。

交妄发生,递相为种,以是因缘,世界相续。

此结成相续。交是交互,妄即妄心、妄境。以心、境互妄,辗转相生。初以妄明,而成空昧,明昧相倾,摇动而生风大;次以坚执妄明,而生地大;次以风金相摩,而生火大;再以金火相蒸,而生水大。故有能成四大,乃交妄发生也。递相为种者:指所成四居,以水火既满,而为洲海之种;更降水势以从火,结为高山,而水火复为山石之种;复降土势以从水,抽为草木,而水土乃为草木之种。故有所成四居,乃递相为种也。

以是因缘者:即以是四大,交妄发生,递相为种之因缘,则有依报世界,成、住、坏、空,终而复始,相续不断。此之相续,即相续初上忽生,起为世界,静成虚空之粗境耳。一自忽生之后,辗转相续,若不破迷成悟,返妄归真,永无清净之日也。

复次,富楼那,明妄非他,觉明为咎。

此先标妄本。于已说世界相续之后,重复次第告满慈云:欲明众生,亦从妄起,并非他物,此妄亦是性觉必明,以为过咎耳。因此妄觉妄明,乃为众妄根本,前之世界,后之业果,均由此忽生,由此相续也。

所妄既立,明理不逾;以是因缘,听不出声,见不超色。

首句承上,因有觉明之无明,遂立业相之妄所,同前因明立所。所妄既立,明理不逾,同前生汝妄能;明即转相能见分,理犹体也,即业相之本体。以见分欲明业相本体,业相本不可见,见分定欲见之,终不能超越业相之范围。此二句俱属妄心,以见分所见,但是业相晦昧空,尚未涉境。以是因缘,是业相为因,转相为缘,以此因缘,自心取自心,非幻成幻法,遂结暗为色。所听不出声尘,所见不超色尘,此二句即现相,随其五尘,对至即现;见听属心该觉知，即转相；声色属境该香等，即属现相。不出不超，俱是心被境局之相。此之声色，唯是惑现，尚非业招，犹是本识中境界相也。

色、香、味、触，六妄成就，由是分开，见、觉、闻、知。

色、香、味、触，该摄声法，六种妄尘，成就粗境，不同上二句，声、色之细境也。由是粗境已成，即法生故，种种心生，遂于一精明之体，分开见、觉、闻、知（该尝嗅二精）六用。如下文所云："由明暗等，二种妄尘，黏湛发见。"见精映色，结色成根（眼根），乃至第六，由生灭等，二种妄尘，黏湛发知，知精映法、揽法成根（意根），故曰分开。元依一精明，分成六和合也。

同业相缠，合离成化。

此总标。由上根尘既具，引起四生系缚。温陵戒环法师曰：同业即胎卵类，因父母己三者业同，故相缠缚而有生，合离即湿化类，不因父母，但由己业，或合湿而成形，即蠢蠕也。或离旧而托化，如天狱等。成对合言，化对离说。

见明色发，明见想成。异见成憎，同想成爱，流爱为种，纳想为胎，交遘发生，吸引同业，故有因缘，生羯罗蓝，遏蒲昙等。

此于四生中，独详示胎生之人道者，欲令人知所从来也。又众生受生，而胎生欲爱偏显故。前六句举亲因，中二句明助缘，后三句结成胎。见明色发，明见想成者：合辙云：中阴身投胎时，其无缘处，大地如墨，惟于父母有缘处，见有一点明色发现，以妄心见妄境，故曰："见明色发。"中阴身乘光趋赴，明见妄境，遂起妄惑，而欲想便成，故"明见想成"。

异见成憎，同想成爱者：男见父，女见母，皆为异见，则成憎；男见母，女见父，皆是同想，则成爱。流爱为种，纳想成胎者：流注此想爱，于父精母血之中，为受生种子，纳受此想爱，于赤白二滞之内，得成为胎，上属亲因。交遘（合也）发生，吸引同业：父母交合，乃为助缘，因缘和合，所以发生。

吸引同业者：以父母之缘，吸引过去同业而入胎，如磁吸铁相似。交光法师云："上以己缠父母为同业，此以父母吸己为同业。"故有因缘者：由投胎想爱为亲因，父母交遘为助缘之故，生羯罗蓝，遏蒲昙等，遂有胎相，前后差别。

《俱舍》云：胎中凡有五位："一七名羯剌蓝，此云凝滑（父精母血，凝聚滑泽）；二七名頞部昙，此云疱（犹如疮之形，未生肉故）；三七名闭尸，此云软肉（凝结犹如软肉之形）；四七名羯南，此云硬肉（肉渐坚硬）；五七名钵罗奢佉，此云形位，亦云肢节（生诸根形，四肢骨节）。"此举二而略余三。《大集经》更有：六七名发毛爪齿，谓四种渐生。七七名具根位，谓诸根具足故。

> 胎、卵、湿、化，随其所应。卵惟想生，胎因情有，湿以合感，化以离应。

此例示四生。首二句举果由因。胎、卵、湿、化，皆所感之业果，情、想、合、离，皆能感之业因，故胎卵湿化四生，各随其能感之业因，应之以业果。卵生惟以乱思不定之想，感而有生；胎生乃因亲爱迷恋之情，所以成有；湿生乃以闻香贪味，附合不离而感；化生即以厌故喜新，离此托彼而应。四生具缘，有多寡之不同，卵生具足四缘，父缘、母缘、自己业缘，再加暖缘。胎生具父、母、己业三缘。湿生但业、暖二缘，必假日光暖气之缘也。化生惟业缘矣。

> 情想合离，更相变易。所有受业，逐其飞沉，以是因缘，众生相续。

情想合离：有情皆具，各从多分，而先受报，皆依业因感召，而应之以四生也。更相变易者：更字平声，或情变为想，或想变为情，或合易而为离，或离易而为合，互相更改，彼此变易，种种不定。

所有受业，逐其飞沉者：论四生所受业报，并非另有主宰。逐即随义，其指业因，皆随业因，所以应之业果，若善业则飞升，恶业则沉坠。情想合离，皆有善恶之分，是以升沉之果，必随善恶之因。末二句因缘有远近，远则无明为因，业识为缘；近则情想合离为因，父母己业，暖、湿为缘。四生转换，三界升沉，生死长缚，轮转不休，故有众生相续。

富楼那，想爱同结，爱不能离，则诸世间，父母子孙，相生不断。是等则以，欲贪为本。

此明业果，本于自心之贪。贪惑为烦恼领袖，亦即诸业根本，贪之范围虽广，以贪欲为最。吴兴曰：欲贪通乎四生，今正约胎生言之。又胎生复通，今多就人伦辨之，以其易见故也。想爱同结，爱不能离者，谓同想成爱，乃为结缚之因。何以故？由想爱既深，如胶似漆，不能舍离，所以深结生缘；则诸世间，父母子孙，递代相生不断，是等皆以欲贪为本。欲贪即指受生时之想爱；因同想则成爱，因爱则生欲，因欲则受身也。举世之人皆然。

贪爱同滋，贪不能止，则诸世间，卵、化、湿、胎，随力强弱，递相吞食。是等则以，杀贪为本。

由有贪爱，必有身命；既有身命，必同滋养。彼此皆欲滋养身命，所以贪不能止，但知滋养，不顾残忍，势必杀害生灵，食彼身肉。则诸世间四生之类，随其力量，以强欺弱，弱肉则为强食，大鸟吃小鸟，大兽吃小兽，大鱼吃小鱼，大虫吃小虫。递相吞食者，如夏天蛇吃老鼠，冬天老鼠吃蛇之类。是等则以杀贪，为其根本。

以人食羊，羊死为人，人死为羊。如是乃至十生之类，死死生生，互来相啖，恶业俱生，穷未来际。是等则以，盗贪为本。

温陵曰："不与而取，及阴取皆盗。"故以人食羊，不与取也；羊死为人，互来相啖，阴取也，皆为盗贪。吴兴谓："杀贪未论酬偿先债，盗贪约过去于身命财，非理而取，故互来相啖，以责其盗也。"以人食羊：承上贪求滋养，则以人食羊。羊岂甘心，为人食乎？而宿业既毕，则死而为人，食羊之人，人岂世世得为人乎？而恶业既成，则死而为羊，而人羊转换，征偿旧债，互来相食。所谓吃他八两，还他半觔。何独人之与羊如是，乃至十生之类，死而复死，生而又生，展转报复，互来相啖。由斯恶业，与生俱生，冤对相值，穷未来际，报复不已，是等则以盗贪为本。

正脉问："世教论杀，惟以忿争杀人为重；论盗，惟劫窃财命为重，而食肉不与焉，似得轻重之宜；今经何独论其轻，而反遗所重乎？"一答："此有二义：

一以轻况重义。盖此方世教，急于止乱，且图养民，故惟断现乱，而不禁食肉；今经欲绝生死，须断生缘，故极至食肉，皆并断焉。若悟轻者，尚为生死之缘，则重者不言可知，非反遗于重也。况真慈平等，均为夺命，有何轻重，且约现生食肉，似不为祸乱，若约隔生酬债，则祸乱亦均，更待下义详之。二者绝本止末义。盖凡一切杀盗，究其深本，多起于食肉，如八万释种，遭琉璃之杀，世人但知近缘骂詈，不知远因，起于食鱼之冤。故此方不长太平，缘太平恣意食啖，人之享福者，福终祸起；畜之酬报者，报尽为人，皆带杀冤，遂成乱世，乃至杀人无量。故佛断食肉，乃圣智深远，拔本塞源之意。经云：'世间欲免刀兵劫，须是众生不食肉。'外教君子，未能信达者，勿轻非毁矣！

汝负我命，我还汝债，以是因缘，经百千劫，常在生死。

上科明业果之本，此科论相续之因。首句约杀贪说，负者欠也。应有四句：汝欠我命，汝还我命；我欠汝命，我还汝命。二句约盗贪说，亦有四句：我欠汝债，我还汝债；汝欠我债，汝还我债。以是命债，惑业为因，现行为缘，虽经百千劫，怨对相遇，酬偿不已，由此相续，常在生死苦海，不能出离。

汝爱我心，我怜汝色，以是因缘，经百千劫，常在缠缚。

此约欲贪说。首二句影略，亦应有八句：汝爱我心，我爱汝心；汝怜我色，我怜汝色，怜亦爱也。上二彼此心好，下二彼此色美，更有四句，心好色美合论：汝爱我心，我怜汝色；我爱汝心，汝怜我色。以是爱怜，惑业为因，现行为缘，经百千劫，想爱同结，誓不分离，由此相续，常在爱欲缠缚，不得解脱。

惟杀、盗、淫，三为根本，以是因缘，业果相续。

此承上，负还不休，常在生死；爱怜不舍，常在缠缚；并无他故，惟是杀、盗、淫三种贪习种子，以为根本。以是因缘：即种子为因，现行为缘，因缘相资，故有业果相续。若众生闻此，力除贪习，则根本既尽，枝末自枯，有何业果之可言哉？《指掌》问："业果相续，与众生相续，有何差别？"答："业果相续，即依众生开出，但众生相续，惟约受生一念；业果相续，统约历劫积习，积习既深，而轮转莫停，一念之差，而变易无定，若果能顿绝一念，渐治积习，则变易可定，轮转可停矣！要知众生不离业果，业果不离众生，为成两益，故各言之。"合前众生相续，即是详明真有为法。

富楼那，如是三种，颠倒相续，皆是觉明，明了知性，因了发相，从妄见生，山河大地，诸有为相，次第迁流，因此虚妄，终而复始。"

此文蹑前三种相续，结答相续无别法，即续彼三种忽生；又蹑前三种忽生，结答忽生无别法，即生此三种相续，意乃双关。但忽生中，先生虚空，次世界，后众生，未曾明言业果，乃合业果于众生中，具足三种。相续中明言世界、众生、业果，未曾明言虚空，乃合虚空于世界中，亦全无缺漏也。无论忽生相续，皆不出世界、众生、业果三法。

首二句牒上相续，次四句推究妄因。山河等五句，以明忽生相续之现行。佛呼满慈告言：如是前来所说，世界、众生、业果三种相续，乃是颠倒之相，从真起妄而有。故曰："皆是觉明"。即于真觉而起妄明；明了知性：指妄明之无明，了知性即妄有了知之性。因此妄了之无明，发生业转现之三相，此明了知性二句，则无明不觉生三细是也。

从妄见生者：乃从细向粗，而成粗惑粗境，妄见即粗惑，山河下即粗境。生字双连上下，连上乃粗惑生，惑即事识见分；连下由惑生则境生。汝问山河大地，诸有为相，云何发生？即由是而生也。次第迁流者：世界则成、住、坏空，众生则更相变易，业果则彼此酬偿，亦皆因此虚妄，妄有相续，终而复始，循环往复，无有止息。因此虚妄：此字乃指觉明明了知性，意谓不独三种忽生，由是而生；即汝问云何次第迁流，终而复始，亦因此虚妄，而得相续也。

楞严经讲义第十卷

富楼那言："若此妙觉，本妙觉明，与如来心，不增不减。无状忽生，山河大地，诸有为相。

当机执众生因性有始，疑如来果德有终。乃言：若此众生所具，妙明觉体，本来自妙，无有世界之碍；本来自觉，无有众生之迷；本来自明，无有业果之昏；与如来返本还元之心，平等一如，佛心比生心，并不增一丝毫；生心比佛心，亦不减一丝毫。无状忽生，山河大地，诸有为相者：无状即无因无故也。众生最初无故，妄欲加明于觉，遂致从迷入迷，以妄成妄，由妄惑起妄业，依妄业招妄报，忽生山河大地，依报之世界，摄虚空；诸有为相，正报之众生，兼业果。是由本真之心，忽生种种妄法。

如来今得妙空明觉，山河大地，有为习漏，何当复生？"

上段执众生因性有始，此段疑如来果德有终。故难云：如来今得妙空明觉。妙空即妙性真空，弥满清净，中不容他，复其无物之本体，如摩尼珠；明觉即妙明本觉，虚灵朗鉴，洞彻法界，还其天然之照体，如大圆镜。与众生妙觉明，未生山河等法之前，无二无别。众生既从真起妄，而如来今者，返妄归真，山河大地之世界，有为相之众生，与习漏之业果（积聚业习成有漏果），何时复当再生耶？此难全同《圆觉经》中，金刚藏菩萨第三难："一曰一切众生，本成佛道，何故复有一切无明？二曰若诸无明，众生本有，何因缘故，复说本来成佛？三曰十方异生，本成佛道，后起无明，一切如来，何时复生一切烦恼?"难意全同。所异者彼约烦恼苦因,此约依、正苦果,同是从真起妄也。

佛告富楼那:"譬如迷人,于一聚落,惑南为北。

此举喻。迷人,乃迷方之人,喻已起无明之众生;聚落,乃人烟聚止之村落,喻如来藏;惑南方为北方,南方实不转为北方,喻迷时从真起妄,真体不变,真不成妄,妄性本空也。

此迷为复因迷而有?因悟而出?"富楼那言:"如是迷人,亦不因迷,又不因悟。何以故?迷本无根,云何因迷?悟非生迷,云何因悟?"

此辨定迷无所从。故问曰:此迷为复因迷而有耶?为复因悟而出耶?富楼那言:如是迷人之迷,亦不因迷有,又不因悟出。何以故下,自行征释。迷本无根者:此迷即指最初一念无明妄动,而为诸法之因,诸法皆因无明而有,而无明更无所因也,故曰"无根";又复无体,自体尚不可得,云何可说,因迷而有?断无因自生自之理,此答因迷之难。悟非生迷者:悟迷敌体相翻,悟则非迷,迷则非悟,既相翻,自不相生,云何可说,因悟所出?如明暗相背,云何可说,暗因明生耶?此答因悟之难。问:"法中妄从真起,喻中云何不许,迷因悟出?"答:"法中正不许真能起妄,但说妄依真起,如影依镜现,终非镜体自生也。"此文满慈据喻而答,俨然不错,就法而言,足证满慈于法未彻。迷喻无明,悟喻本觉,无明不因无明而有,不因本觉而出,此为正理。迷本无根,云何因迷者:喻无明之先,本无无明,云何可说因无明有?悟非生迷,云何因悟者:喻本觉与无明,一真一妄,真妄相背,云何可说,因本觉出?

佛言:"彼之迷人,正在迷时,倏有悟人,指示令悟。富楼那,于意云何?此人纵迷于此聚落,更生迷不?"

"不也!世尊!"

此辨无明不复起。佛言彼迷于聚落之人,正在迷南为北之时,倏(忽也)有悟人,辨明南北之人,指示分明,令得了悟,不至将南作北。故问满慈,在汝之意，以为云何？此迷人，纵使先迷于此聚落，既经指示令悟之后，更生迷不？答言："不也，世尊！"佛欲令就喻知法，故作是问。法合：彼之迷人，合从真起妄，有无明之众生，正在迷位之时，忽遇于佛；悟人、即大觉悟之佛，为之指示，令得开悟，悟明真本无妄，断尽无明；于是众生，返妄归真，永不复迷也。

"富楼那，十方如来，亦复如是。

此法合。十方诸佛如来，三觉圆满，亦同悟后不复更迷也。

此迷无本，性毕竟空，昔本无迷，似有迷觉；觉迷迷灭，觉不生迷。

此详尽前义。此迷无本，即无明无体，同前迷本无根之义。其性彻底元空，亦如迷方之迷，更无所因也。昔本无迷，似有迷觉者：不可作众生未妄之前，本无无明解，当作昔日在众生位中，本无无明，不过相似，有迷时妄觉而已。既曰相似，即非实有，以无明无体故。亦如迷方者，正在迷方之时，本来无迷可得，亦不过相似，有迷时妄觉，惑南为北也。觉迷迷灭，觉不生迷者：诸佛在因地之中，遇善知识开示，无明无体，起智观察，觉得无明是妄，常体即空，则心中无明即灭，以真觉性中，本无无明也。如下文所云，心中达多，狂性自歇，歇即菩提。既觉之后，永不再起无明。亦同迷方之人，倏有悟人，指示令悟，更不生迷也。上二句迷时似有，此二句悟后永无，言正当迷时，已即无迷可得，而况既觉之后，岂复生于迷乎？

《正脉》云：据上文满慈于万法，问生续之详，如来答无明为生续之本。今佛于上科，先以喻明，所答无明本来常空，非研断始空。而此更以喻明：所问万法，现今即无；非先无后有，亦非今有后无。《圆觉》答难处，亦有此喻，却是翳比无明，华比万法，空比真体。彼文三节平浑，今经前有迷方喻无明，后有木金喻真体，故此空华，单喻万法耳；即前世界等三也。

亦如翳人，见空中华，翳病若除，华于空灭。忽有愚人，于彼空华，所灭空地，待华更生。

此举喻。如眼有翳病之人，见空中有华。空原无华，翳眼妄见，翳病若得除灭，华于空灭。不特见空华是妄见，即见华灭空，亦是妄见。何以故？翳眼见空华，华本不曾生，生既不生，灭何所灭？故见生见灭，同一妄也。忽有无智之愚人，于彼空华所灭虚空之处，等待空华，何时更生空华。

翳人，喻有无明之众生，以无明力，转本有之智光，成能见之妄见，见真空法性之中，有世界、众生、业果。空喻真空，空华喻山河大地，诸有为相。无明一灭，万法皆空；当知万法本空，不待无明灭始空，即有无明，妄见之时，身、心、世界，何尝实有？亦如空华，不待翳愈华灭，正当翳眼，见空华时，当体即空，何尝有生？都缘有无明之众生，于本无之中，妄见似有而已。山河大地，有为习漏，众生在迷，尚非实有所生，如来既得妙空明觉，无明惑尽，真空理显，岂复更生耶？故喻忽有愚人，于彼空华，所灭虚空之处，待华更生；满慈亦如是也。

　　汝观是人，为愚为慧？"富楼那言："空元无华，妄见生灭，见华灭空，已是颠倒，敕令更出，斯实狂痴。云何更名，如是狂人，为愚为慧？"

此辨定。佛令满慈审观，待华更生之人，为愚耶？为慧耶？满慈答言：空元无华，由翳眼妄见生灭；喻真空法性之中，元无山河大地等法，第以无明妄见，迷时有生，悟时有灭。见华灭空，已是颠倒执著，敕令空华更出，斯人实属狂痴；喻若见诸法，灭妄归空，已是颠倒分别，问如来何时更生诸法，与待华更生者，何以异耶？

　　佛言："如汝所解。云何问言：诸佛如来，妙觉明空，何当更出（生也），山河大地？

此法合。满慈于喻，所答不谬，故佛即以反难，如汝所解，已知敕令空华更出，斯实狂痴。云何竟作如是问言：如来今得妙空明觉，何当更出山河大地耶？妙觉明空，与前满慈所问，妙空明觉，其理无二。觉指本觉照体，属智德；空指真空寂体，属断德；悉皆双具妙明，故妙觉明觉，妙空明空，随称俱可。佛智德究竟，五住皆尽，断德究竟，二死永亡，方当此称。又空即如如理，觉即如如智，皆明皆妙也。

　　又如金矿，杂于精金，其金一纯，更不成杂；如木成灰,不重为木。

上科二喻,喻妄因妄果,本自不生,非成佛始灭。此科二喻,喻真智真断,本来无变,非成佛始生。而众生虽在迷位之中,妄性本空,生本不生,况诸佛已证究竟之果,独妙真常,而反有变耶?上二喻,一喻无明妄因,一喻万法妄果,各喻各合;此二喻,总喻真智真断,总喻总合。金矿,以金在矿中,故曰"金矿"。杂者,矿中杂有精金,其体精真不变,喻智体不变也。其金一纯者:加以开矿锻炼之功,渣滓既尽,其金惟一纯精。更不成杂:即一成精金体,不复重为矿也。喻智德有功,修行除惑,惑净智圆,无二无杂,智德成就,更不再起无明,故喻更不成杂也。

木喻烦恼,灰喻涅槃。木不能自成于灰,必假火烧,方成为灰。火喻智慧;烦恼不能便证涅槃,必假智慧,断除烦恼,出离生死,而证涅槃。断德成就,更不再生烦恼,故喻不重为木也。

诸佛如来,菩提涅槃,亦复如是。

此法合。十方一切,已证究竟果觉,诸佛如来,所证菩提智德,究竟无变,同于纯金不杂,既转烦恼,而成菩提,不复更有烦恼。亦同精金,不复重为矿也。诸佛如来,所证涅槃断德,究竟无生,同于烧木成灰,既转生死,而成涅槃,不复更受生死,亦同木灰,不复重为木也,故曰亦复如是。法合之文,另作总喻总合解:金喻菩提涅槃,虽非修生,要必修显,一成永成,不复更变;喻如精金,虽复本来金,终以销成就,一纯永纯,不重为矿也。木喻烦恼生死,虽属如幻,以幻除幻,一灭永灭,不复再生;喻如木灰,以火烧木,木尽成灰,一尽永尽,不重为木也。此解前喻真不复变,后喻妄不复生,虽同前二喻,亦复无有碍。初先说不空藏,以示生续之由竟。

富楼那,又汝问言:地、水、火、风,本性圆融,周遍法界,疑水、火性,不相陵灭,又征虚空,及诸大地,俱遍法界,不合相容。

上科已释三种生续之疑,此科更示五大圆融之故。上空藏中,一一会相归性,全事即理,事不碍理,固无可疑;而不空藏中,从性起相,相既宛然,则事与事,何得无碍?是以满慈,前有五大圆融之疑,故此空不空藏中,佛极显无碍之由，以销执相之问，故先牒问词。又汝问言：对先问生续，此问周遍，故置又字。地、水、火、风，本性圆融，周遍法界。此犹是述佛自说，下牒满慈所疑。疑水、火二性相克，云何不相陵灭耶？又征（问也）虚空，及诸大地，一碍一通，云何俱遍，而得相容耶？

　　富楼那，譬如虚空，体非群相，而不拒彼诸相发挥。

此喻空不空如来藏。空体无相，则空义；不拒诸相，即不空义。又合之即不变之体，能随众缘，究之用虽随缘，体元不变，虚空如故也。又此喻具足三谛：体非群相，不落有边，是真谛；不拒发挥，不落空边，是俗谛；双离空有，全归中道，是第一义谛。不拒，乃不拒绝不违碍；发挥，即发扬显现也。《正脉》云：若不申明诸教，性相迷悟分量，则不知满慈发疑之端，与佛释疑之妙。夫二无碍理，人天小乘，决定双迷，极至法相破相，亦均未彻。法相真不随缘，相不即性；破相，方谈相性二空，有遮无表，终未显谈即性，何能尽发无碍之旨。今斯圆旨，语四科，则全相皆性，语七大，则全性皆相，且一一遍周，无障无碍，是尚越大乘之始教。而满慈依小乘法执旧见，坚谓诸大，本来相碍，若如来藏空，可说无碍，今云备具诸大，即当相碍，岂有无碍之理？斯则岂惟不达已发之相为无碍，兼亦尚疑未发之性为有碍矣！而如来释疑，非但只释未发之性为无碍，而亦兼详释已发之相尚无碍，而况未发之性，何得有碍乎？故此科说性无碍，其文最少，释相无碍，其词最多，一以销难显易，一以发后圆修。

　　所以者何？富楼那，彼太虚空，日照则明，云屯则暗，风摇则动，霁澄则清，气凝则浊，土积成霾，水澄成映。

首句征释之词，即征问解释，太虚空不变随缘之义。彼太虚空：虚无空廓，无有诸相，喻如来藏不变之体，清净本然，空也；日照下，喻如来藏随缘之用，循业发现，不空也；合之即喻明，空不空如来藏也。日等是七缘，明等是七相，虚空体非明、暗等群相，能随缘成相，不拒彼明等诸相发挥。日照之时，随日缘则现明相；云屯（聚也）之时，随云缘则现暗相；风摇之时，随风缘则现动相；霁澄之时，雨后天晴曰霁，尘垄收敛曰澄，随霁缘则现清相；地气凝聚之时，随气缘则现浊相；土积之时，随土缘则现霾相；山兽驰逐，尘土蔽空曰霾。又尘土纷飞，随风雨而下谓之霾，水澄之时，随澄缘则现映相，水澄湛生光，水中映现一切也。此七相，不必一一配合七大，但意喻七大耳。

> 于意云何？如是殊方，诸有为相，为因彼生？为复空有？

首句发难之词。上科双喻性相，未显相妄（无有定实之意），故此发难，在汝之意，以为云何，七相为是从彼缘生耶？为是从空有耶？若缘生，则堕因缘；若空有，则堕自然；虚空喻藏性不变随缘，不堕于二计也。殊方，是同时异处，虚空之大，诸缘不一，所以现相不等。相以有为称者，从缘生故，是有为法。彼字指日等七缘。此总难，下则别举日难，以一例余。

> 若彼所生，富楼那，且日照时，既是日明，十方世界，同为日色，云何空中，更见圆日？若是空明，空应自照，云何中宵，云雾之时，不生光耀？

首句承上总牒，且下别举。今姑且就日而辨，若谓日照之时，是日之明，则十方世界虚空，应当同为一日之色，方可谓是日明，云何虚空之中，更见团圆之日。团圆日外，何尝不是空体之明，何得独属日明乎？若谓日照之时，所有明相，乃是空明，空性常恒，明应常照，云何中宵（半夜）云雾之时，则见昏暗，不生光耀耶？

> 当知是明，非日非空，不异空日。

此释正义。当知明相，非定属于日，以空中更见圆日故；亦非定属于空，以中宵不生光耀故。汝又当知，明相不离于空，以日外皆空故；亦不离于日，以无日不明故。异即离也，非日非空，喻水火等，遍计非实；不异空日，喻五大依他似有。既知非实似有，自应圆融无碍，有何陵灭不陵灭，相容不相容耶？

> 真妙觉明，亦复如是。汝以空明，则有空现；地、水、火、风，各各发明，则各各现；若俱发明，则有俱现。

此文之前，经文中有观相元妄，观性元真二段，仔细研究，举喻之后，即应法合，此是如来说法常规，今将彼二段之文，横隔于举喻法合之间，殊觉割断文意，谅系当时翻译之后，抄写之误。交光法师，亦有见于此，将观相元妄二段，接续于宛转虚妄，无可凭据之下，法合之文，接举喻之后，两得其美，此则文意相连，无有隔碍，后则结申正义，收束得宜，故今乃将法合之文提前，不避弥天大罪，幸祈谅之。真妙觉明：即真如妙觉明心，又即真觉妙明之心，合彼太虚空之喻。亦复不变随缘，圆融无碍，如空随日等七缘，而现明等七相。真心元非五大，而能随缘现五大之相，合前体非群相，而不拒彼诸相发挥之喻。

汝以空明，则有空现，地、水、火、风，各各发明，则各各现：此五句，各明各现，谓五大现不同处，或不同时也。后两句，俱明俱现，乃同处同时也。明字，交师谓，即是循业之意最善，业有染净，所现五大亦然，皆随惑而现也。汝字，虽指满慈，意该九界。汝以空明者：如菩萨循净空之业，即现虚空身；如阿罗汉，所证偏空涅槃等；凡夫循染空之业，即现空无边处等。如以地明，菩萨循净色之业，即现实报庄严土；凡夫循染色之业，即现有漏秽土。如以水火风明，罗汉则现身上出水，身下出火；菩萨则现慈风遍拂，以除众生热恼；凡夫循有漏之业，则现水、火、风三灾。若俱发明，则有俱现者：如天人见水，如琉璃宝地，可以履之而行；人道见水是水，可取而为饮料；饿鬼见水是火，虽渴莫饮，一一无非循业所感，俱时而现也。此所现之相，非因缘生，非藏性有，亦不离因缘藏性，合前非日非空，不异空日喻。

云何俱现？富楼那，如一水中，现于日影，两人同观，水中之日，东西各行，则各有日随二人去，一东一西，先无准的。

上各明各现，依他似有，虽属是妄，未显宛转虚妄。俱明俱现，遍计非实，足表宛转虚妄，故再征释，以合相妄之喻。如一水中，现于日影：喻一如来藏性中，具足诸大之性。两人同观水中之日，东西各行：喻众生各依藏性，各循各业不一；如两人东西各行，则各见有一日，随二人去，喻各循业感，所现大相不等。一东一西，先无准的者：一东行一西行，其日先无准定的实所现大相。无有定实，即相妄也。

> 不应难言：此日是一，云何各行？各日既双，云何现一？宛转虚妄，无可凭据。

此释出宛转虚妄。故嘱以不应难言：水中日影是一，云何各有一日随二人行？各行日影既双（二也），云何水中惟现一日影？此即俱时而现，一二不定。宛转即辗转意，若说是一，各行有二，一乃虚妄；若说是二，水中惟一，二乃虚妄；左之右之，无非遍计虚妄，究无真理，可为凭据。此一二不定，即合前非日非空，不异空日。孤山曰：同观是一，知二是虚，各行既二，验一是妄。《正脉》云：此文当合前难释相妄之喻，观此诸大俱现，无可凭据如此，其与空日生明，无可指陈者，何以异乎？

> 观相元妄，无可指陈。犹邀空华，结为空果，云何诘其相陵灭义？

此结申诸大相妄性真之正义，应在法合之后，故移置于此。先约相结，如前明相，非日非空，不异空日，如此例观，诸大之相，本来虚妄，各明各现，俱明俱现，无非循业发现，一一似有非实，无可指陈；如虚空华，本无所有，翳眼观之似有，好眼观之实无，若谓有可指陈，如执空华为实有，一迷也；若更诘其陵灭，是犹邀（待也）空华，更结空果，可谓迷中倍迷，云何诘其相陵灭义耶？问："此说诸大相妄无碍，何以现见世间，水、火相陵灭，地空地水不相容耶？"答："约事而论，亦无陵灭，亦复相容。如世间油类，原属水大，各各皆具火大，一燃即烧。地大之中，具有空大，掘土一尺，即现一尺虚空，出土一丈，即有一丈虚空。又五金之属，地性坚碍，莫过于金，熔之悉成为汁，有何陵灭不容耶？约理而言，现见诸大陵灭不容，皆由众生执心妄见，何尝是实，如云驶，则见月运；舟行，则见岸移，岂彼月岸，实有运移耶？若了五大本空，妄执妄见，一时俱破矣。"

> 观性元真，惟妙觉明。妙觉明心，先非水火，云何复问，不相容者？

此约性结。承前虚空，体非群相，现观诸大之性，元是一真，本无诸相，惟一妙觉圆明真心，此心即如来藏心。先非水火者：本非地、水、火、风空诸大；诸大尚无，说谁陵灭不相容乎？妙觉明心，本非诸大，能现诸大，犹如明镜，能现众像，本非众像也。

> 富楼那，汝以色空，相倾相夺，于如来藏。而如来藏，随为色空，周遍法界。

满慈因闻佛说，诸大圆融无碍，故前疑我等，何以现见有碍？此佛示以成碍之由，以销执相之问。汝以以字，即推其原由，由真如随染缘起之故。以者因也，因最初一念无明妄动，晦昧真性而成空，复因见分，结暗以成色。因此色空，倾夺于如来藏性之中，倾夺者因妄见，见有色处，则倾夺于空；见有空处，则倾夺于色。而如来藏随缘，与妄心相应，则起成粗境，周遍法界，众生不了是妄，执为实有，执则成碍。

> 是故于中，风动空澄，日明云暗，众生迷闷，背觉合尘，故发尘劳，有世间相。

此承上，是执则成碍之故，于如来藏，本无诸相，一真法界之中，妄见风之动摇，空之澄寂，则动寂互异。日之光明，云之昏暗，则明暗交倾；略举此四，以该地空不容，水火相陵等，尘劳满目。众生迷闷下，重结成碍之由。迷闷者：昧于藏性真空之理，曰迷；起成三细四粗之相，曰闷，不通达诸相皆妄故。此二字属惑。背觉合尘者：于本有觉性，非背而背，于虚妄尘相，无合而合，造作诸业，此句属业。故发尘劳，有世间相者：则属苦果。以依惑造业之故，所以发现尘劳染法，有为世间诸相，此即藏性随染，循业发现也。

> 我以妙明，不灭不生，合如来藏。而如来藏，惟妙觉明，圆照法界。

此因当机，前疑如来，何以独得无碍，此佛示以无碍之由，故得自在之用，由真如随净缘之故。我是佛自称，以用也，乃用真觉妙明，不生灭之根性，为本修因，背尘劳妄法，合如来藏性，回光返照，脱尘旋根，伏归元真，发本明耀，耀性发明，智光圆照，照见万相皆空，一真独露。而如来藏性，不为妄相所隐，竟能融彼妄相，全相皆性，全妄即真，惟是妙净本觉湛明之心，圆照一真法界，即生灭既灭，寂灭现前，复还清净本然之心，得其全体矣！下则发其大用。

是故于中，一为无量，无量为一；小中现大，大中现小。

此下明大用。是故二字，承上是已得全体之故，便能于一真法界之中，称体起二无碍用：一、理事无碍，二、事事无碍。一为无量，无量为一，此二义理事无碍也；小中现大，大中现小，此二义事事无碍也。一为无量，无量为一者：一即一真法界之理，无量即十界差别之事；又一即一心，无量即万法，一心能生万法，是一为无量；万法惟是一心，是无量为一。儒云：始为一理，中散为万事，末复合为一理，其义与此相同。一为无量，则依理成事，理不碍事；亦一不碍多也。无量为一，则即事显理，事不碍理，亦多不碍一也，而成理事无碍法界，十玄门中，一多相容门。小中现大，大中现小者：小即小相，大即大相，如一尺之镜，能现千里之境，镜子不必放大，境界不要缩小，以镜望境，小中能现大相；以境望镜，大中（作处字解）仍现小相；镜之与境，皆事相也，镜含境而有余，境在镜而如故，彼此不相妨碍，成事事无碍法界，十玄门中，广陕自在门。

不动道场，遍十方界；身含十方，无尽虚空；于一毛端，现宝王刹；坐微尘里，转大法轮。

上标四义，二无碍法界；此示四相，即示四义二无碍法界之相。前四句，示理事无碍之相。不动道场：即如来藏真如不动之理，如上文所云：一乘寂灭场地；亦即显见无碍科所云：身心圆明，不动道场，皆言一心之理。理能遍十方世界（兼摄虚空），事相之法，横该一切佛刹，竖摄十法界。不动道场，是一理之全体，能遍十方界，一一事相之中，一一事相，无不是理，如一金能成众器，器器无不皆金。以不动道场，望十方界，是一为无量，属理不碍事，亦即一不碍多也。身含十方，无尽虚空者：身即法身，法身以理为身，身即理也。含者包含，十方无尽虚空（兼摄世界），亦即事也。身亦是一理之全体，能含十方无尽虚空，即是总包一切事法而无外也。如春含众卉，万紫千红总是春。以十方空望一身，是无量为一，属事不碍理，亦即多不碍一也。

于一毛端，现宝王刹：此下四句，示事事无碍之相，举依、正二报之事相，交互相涉，以示无碍。一毛，乃正报之最小者；宝王刹，是佛宝法王之刹土，即三千大千一佛世界，乃依报之最大者；在一毛头上，能现一佛刹土，此以正摄依，以依入正；在毛端望佛刹，而佛刹不小，则小中现大，属事事无碍，亦即陕不碍广也。

坐微尘里，转大法轮者：微尘乃依报之最小者；转法轮，即现全身而说法，身是正报最大者，以全身坐在微尘之中，开法会转法轮。此以依摄正，以正入依，由身望尘，而尘包身相，而微尘不大，即大中现小，亦属事事无碍，亦即广不碍狭也。

灭尘合觉，故发真如，妙觉明性。

此重结无碍之由，与众生敌体相翻。众生则背觉合尘，故发尘劳，有世间相，是以元真之性，转成元妄之相，所以不碍而碍，而我则灭尘合觉，灭虚妄之尘劳，故发真如，妙净本觉湛明之性。性字与相字对，众生迷闷，全真性成妄相，如来修证，融妄相即真性，事事即理，相相皆性，故得理事与事事，二无碍法界，有何诸大陵灭不相容者乎？

而如来藏，本妙圆心。

此科与上科，所依如来藏心之体固同，而约义有异。上约随缘义，此约不变义。上依迷悟心，圣凡立判；此依本来心，生佛一如。惟是一真法界，具足十界，即非十界，离即离非，是即非即，一心圆彰三藏，三藏不出一心，圆融极妙，无以复加矣！即佛许说，胜义中真胜义性，亦即一乘寂灭场地，为如来之密因，实众生之佛性。此心本无迷悟，而为迷悟所依，约本无迷悟，安有圣凡，故十界俱非，而为空如来藏；约迷悟所依，攸分差别，故十界俱即，而为不空如来藏；约双遮双照，圆融极妙，而为空不空如来藏。

今先圆彰空藏，而字承接上文，转语之词。如云：藏性虽随染净二缘，却不为迷悟所变，而如来藏，依然本妙，妙即不变义。连圆心二字合解，则曰本来元妙，圆满清净之心。如摩尼宝珠，本来元妙，圆满清净也。此心不立一法，即六祖所云："本来无一物。"故下十界俱非。

非心、非空、非地、非水、非风、非火、非眼、非耳、鼻、舌、身、意，非色、非声、香、味、触、法，非眼识界，如是乃至，非意识界。

前三句非七大。非心，即非见大识大，见、识二大，皆属心法故；非空及下二句非五大，五大属色法；其余诸句，非十八界，亦即非阴、入、处、界四科。非五根、六尘，即非色阴；非意根（第七识为意所依之根，七识乃八识见分所成），非六识，即非受、想、行、识四阴；又非眼等诸根，即非六入；并色等诸尘，即非十二处；并及六识，即非十八界，是谓非四科。据此则如来藏，非世间法矣。

此文与《心经》，是故空中无色，无受、想、行识，无眼、耳、鼻、舌、身、意，无色、声、香、味、触、法，无眼界，乃至无意识界，名相全同，而非字与无字，意义稍异。彼以观照般若之功，照见真空实相之中，无有世间诸法；此以本来心，不假功用，空如来藏中（与空中同），本非七大四科，有为诸法，如前妙觉明心，先非水火，非字义同。如摩尼宝珠，体本清净，非青、黄、赤、白也。以上非世间法，即如来藏，非六凡染法矣。

非明、无明，明无明尽，如是乃至，非老、非死，非老死尽。

此下非出世法，即如来藏，非四圣净法矣。四圣净法，亦佛常说，随净缘起所成者。今皆约本来心，未起事用时说，此先非缘觉法，十二因缘十二支，有流转、还灭二门，先释名义，后解本文。此佛为缘觉人，所说小乘法，分三世因果，即惑、业、苦三道，迁流不息，轮转无穷，故曰流转门；还灭门者，即断十二支，复还真谛，灭诸生死，故曰还灭门。

十二支：一、无明支（无所明了，不明我空之理，属惑），二、行支（即依惑所造之业行。此为过去世二支因），三、识支（即今世投胎时八识），四、名色支（即投胎后，心色和合。名即是心无形相故，色即是父精母血），五、六入支（即出胎后，六根为六尘所入处），六、触支（即少时，六根触对六尘，未成欣戚时），七、受支（即稍长，领受外境，能起欣戚时。自识至此，为现在世五支果），八、爱支（即受境之后，心起爱憎，为现在世惑），九、取支（由爱憎而起取舍，取舍即造业之初。与古解不同），十、有支（即取舍既定，而业因已成，曰有。爱、取、有为现在世三支因，再感未来世二支果），十一、生支（由现在世惑业因，感来世受生果），十二、老死（指来世，从生而至老死也）。此十二支，展转相因，连环钩锁，三世因果，流转不息，曰无明缘行，行缘识，乃至有缘生，生缘老死是也。

还灭门是修法：无明灭则行灭，行灭则识灭，乃至生灭则老死灭。辟支利根，一闻佛说，即知无明为生死之根，即从断无明下手，如砍树者，直砍其根，根断而树自倒，无明断，而生死自了矣。此文亦同《心经》，无字非字如上解。无明上多一明字，即性觉必明之明字，因必欲加明于觉，故成无明，此本来心，一念未动，故非明非无明，如是乃至非老非死。第一非字双用，又非明非无明尽（即灭也），如是乃至，非老死尽，此将流转，还灭二门分开，各举因缘之头，直超因缘之尾，以便易知。如筷一双直排，现文乃是将二门，双举第一支因缘之头，双超中间十支，而至十二支因缘之尾，稍费思索。此中所云老死尽，但尽分段，未尽变易也。据此如来藏，非缘觉法矣。

非苦、非集、非灭、非道、非智、非得。

次非声闻法。苦、集、灭、道，四谛法门，是佛为小乘机所说。世间出世间，二种因果，皆是谛实，故称为谛。

苦谛：是世间生死苦果，以逼迫为性。约人间，略说八苦：生苦、老苦、病苦、死苦、爱别离苦（欲合偏离）、怨憎会苦（欲离偏遇），求不得、五阴炽盛苦。五阴烦恼之火，焚烧众生之心，前七为别，后一为总。约三界则分三苦：五趣众生为苦苦，乃苦中之苦。天趣众生，三禅以下为坏苦；福乐有尽，久必坏生。四禅以上为行苦；虽苦乐双亡，难免行阴迁流之苦。佛为说此是苦，汝当知。

集谛：是世间烦恼苦因，我执分别俱生，粗细烦恼，集聚众生心中，以招感为性，依烦恼惑，造善恶业，招感生死苦果，若无集谛烦恼苦因，当然不受生死苦果，佛为说此是集，汝当断。

灭谛：是出世间涅槃（译不生不灭）乐果，即二乘所证，方便有余土，偏真涅槃，拣异究竟无余涅槃。以可证为性，若能修道、断集，自可灭尽诸苦，灭非真谛，因灭会真，故称灭谛，佛言此是灭，汝当证。

道谛：是出世间道品乐因，共有三十七品，四念处、四正勤、四如意足、五根、五力（即五根增长成力）、七觉支、八正道，以可修为性。四谛中，此谛最关紧要，若能修道，自然断烦恼苦因，灭生、死苦果，证涅槃乐果。如大乘四弘誓愿，第三法门无量誓愿学，学成则前后三愿，皆得圆满，佛云：此是道，汝当修。

诸弟子闻佛四谛法声，修道证果，故称声闻。非智非得者，此文接于四谛之下，不必别作他说。依孤山作小乘所证智理，谓非有我空之智，与非得我空之理，当属声闻乘，此亦随净缘所成。本来心中，不但有为法当非，即无为法亦非，以藏心不属有为无为故；据此则如来藏，非声闻法矣。

非檀那、非尸罗、非毗梨耶、非羼提、非禅那、非般剌若、非波罗密多。

此非菩萨法。他经所说檀波罗密等，乃理行因果并举，此文稍异。依孤山曰："非檀那等，先非能趋行；非波罗多者，总非所趋理也。"此文全用梵语，前六即六度，后一即到彼岸。檀那此云布施，布施有三：一曰资生施，即以财物布施，资养生命；二曰法施，即以佛法布施，令续慧命；三曰无畏施，即以无畏力，布施于众生，令离怖畏。尸罗此云持戒，持戒亦三：一曰摄律仪戒，无恶不断也；二曰摄善法戒，无善不修也。三曰饶益有情戒，无众生不度也。此大乘戒，不独制身口，而能摄心也。毗梨耶此云精进，精勤不懈曰精，进趋不退曰进。乃普对诸度万行，悉皆勇往直前也。

羼提此云忍辱。辱者侮辱，或骂詈，或排斥，或殴打，或残害。一切逆境，皆谓之辱；忍者忍受，能含忍顺受。忍之一事，颇不容易，略说其相有六：一曰力忍，凡辱境之来，忍而不较。退一步，让三分，由他，任他；二曰反忍，凡遇人加辱，不责人而反责己，总由过去辱他，故今辱我，作还报想，并不尤人；三曰忘忍，雅量宽洪，虽然受辱，毫不介意，处辱如无，此三尚未得理，谓之事忍。理忍亦三：一曰观忍，凡辱境当前，以智观察，我身本不有，人相复何存，人我双亡，辱境安在；二曰喜忍，逢人加辱，心生欢喜，以其能成就我之忍力，如力士逢人试力而喜也；三曰慈忍，对于加辱之人，怜彼愚痴，无有智慧，不知礼义，不明因果，竟起慈心，发愿度脱也。如释迦本师，为歌利王，割截身体，不生瞋恨，发愿成佛先度是也。

禅那此云静虑，此虑非思虑，即正思惟。初修静即是止，虑即是观；修成静即是定，虑即是慧。或称禅定，有世间禅，出世间禅，出世上上禅。世间禅：凡夫四禅四空定，外道无心定；出世间禅：小乘禅，大乘禅；出世上上禅：即十方诸佛，得成菩提之定，名大佛顶首楞严王是也。般剌若此云智慧，有文字般若，即一切经典，能诠义理，可以开人智慧，而世间文字，不足称焉。有观照般若，即起智观照，三空妙理；有实相般若，即本经十番所显之妙净明心，四科七大所会之如来藏性，平等一如，真实之相。菩萨观照功深，所得契合真理之智，是为般若妙智。上六是趣果之行，属因。

波罗密多此云到彼岸，是所趣之理属果。此岸是生死，彼岸是涅槃。涅槃，即佛所证不生灭之果，实教菩萨，得以分证，若权教菩萨，所修诸行，但称六度，不称六波罗密，以所修不能离相，未得三轮体空，不到涅槃彼岸。此六波罗密，以般若为先导，必由般若，方能离相，方到彼岸也。此亦属净缘起，而本来心，不假修证，故皆非之。据此，如来藏非菩萨法矣。

如是乃至，非怛闼阿竭，非阿罗诃，非三耶三菩，非大涅槃，非常、非乐、非我、非净。

此非如来法。如是指上所修，六波罗密行，乃能从因至果。非有超略，显前菩萨法，即如来之因也。非怛闼阿竭三句，非能证佛也；非大涅槃三句，非所证法也。怛闼阿竭：此云如来，有法、报、应三身，解见在前。阿罗诃：此云应供，能应九法界众生之供。三耶三菩：此云正遍知，正知，知心包万法，遍知，知万法唯心；又正知是实智照理，遍知是权智照事。此三即诸佛十号前三号。大涅槃：即佛所证大寂灭海，此云不生灭，二死永亡故；又云圆寂，真无不圆，妄无不寂也。此为佛果之总，下二句，即涅槃所具四德为别。

《正脉》云：常者，非惟二死永亡，无诸生灭，亦且世相常住，究竟坚固也；乐者，非惟远离诸生死苦，亦且得不思议解脱，受用无量法乐也；我者，非惟证真法身，犹若虚空，亦且山河大地，全露遮那也；净者，非惟妙净理体，无诸染著，亦且清净遍周，无染非净也。此文似但非涅槃断果，实亦非菩提智果，正遍知，即三菩提，权、实二智也。佛，为极果圣人，菩提涅槃是究竟果法，何亦俱非耶？《金刚经》所云："言佛法者，即非佛法。"又《圆觉经》云："妙圆觉心，本无菩提，及与涅槃，亦无成佛，及不成佛。"此本来心，与妙圆觉心，无二无别，故佛法亦俱非也。据此则如来藏，又非佛法矣。统上则十界俱非，非六凡法界者，以明空如来藏，非染法之所能染；又非四圣法界者，以明空如来藏，亦非净法之所能净；是谓弥满清净，中不容他，如实空义也。

以是俱非，世、出世故，即如来藏，元明心妙。

上二句承上起下。世即六凡，出世即四圣。俱非者：以空如来藏，湛寂之体，清净本然，不立一法，方能成不空如来藏；俱即一切法之用，如摩尼珠，体非青、黄、赤、白，故能随缘现色，此蹑空藏，为不空藏之由。即如来藏，元明心妙：此举藏心，正由本妙寂体，遍非诸法，故能起元明照用，普即诸法也。元明：即本明照用，如摩尼珠，光涵照用。而曰心妙者：正显用乃体含，仍非滞有之用，是即妙之明，即寂之照也。

> 即心、即空、即地、即水、即风、即火，即眼、即耳、鼻、舌、身、意，即色、即声、香、味、触、法，即眼识界，如是乃至，即意识界。

此下即十界。非但即于四圣，而且即于六凡；染净俱该，圣凡平等，七大十八界，皆即藏心；故二十五圣依之而修，各各皆证圆通，即证入如来藏心也。一切法相，皆同空藏，惟改非为即而已，此即世间法矣。

> 即明、无明，明、无明尽；如是乃至，即老、即死，即老死尽。

此即缘觉法。

> 即苦、即集、即灭、即道、即智、即得，

此即声闻法。

> 即檀那、即尸罗、即毗梨耶、即羼提、即禅那、即般剌若、即波罗密多。

此即菩萨法。

> 如是乃至，即怛闼阿竭、即阿罗诃、三耶三菩、即大涅槃、即常、即乐、即我、即净。

此即如来法。以上十法界，不出一真法界，十界诸法，惟依藏心之体为体。离此心，而无片事可得，是谓尘尘混入，法法圆通，一真不动，应用无限，如摩尼珠，普现一切色，如实不空义也。

> 以是俱即，世、出世故，即如来藏，妙明心元。

上二句承上起下。以因也，是指不空如来藏，圆照之用，随缘普现，不舍一法，俱即世出世间，圣凡十界故；并蹑上科，空如来藏，为空不空藏之由。即如来藏，妙明心元，此举藏心，妙明心元，乃蹑前二藏。空藏曰本妙，重一妙字；不空藏曰元明，重一明字；此合之而为本妙本明，以此明妙，乃自心本具，故曰心元。元即本也，体用双彰，寂照不二，正显圆融中道，双遮双照。如摩尼珠，若言其有，一道清净，忏尘不立；若言其空，众相分明，遇缘普现。正所谓，真空不碍妙有，妙有不碍真空，即妙而明，即明而妙，是为本来心也。

离即、离非，是即、非即

此即中道，第一义谛，胜义中真胜义性，亦即一乘寂灭场地。上句离不空藏，即一切法，是离有；离空藏，非一切法，是离空，乃双遮空有二边，以显一心之体，不滞于空有也。下句是即非即，是字，双贯即与非即解，其义自明。是即十界，照不空藏，是照有；是非即十界，照空藏，是照空，乃双照空有二边，以显一心之用，互融于空有也。此经从阿难舍妄求真，求佛发妙明心，即显发此三藏一心也。佛始从眼根指出，十番极显其真，二见略剖其妄，复自根中，推而广之，普会四科，遍融七大。阿难大众，各各自知，心遍十方，常住不灭；此悟次第空藏，已成顿意，而圆意犹未彰也。复由满慈，问三种生续之因，如来与答，性觉必明，以为其咎，以致世界、众生、业果，生续不断，显次第不空藏；斯则体用已备，圆意已露，犹未具彰也。复答满慈，五大圆融之难，以示性相二无碍理，且释有碍之疑，至于即性之相，无量不思议妙用；即相之性，混融不思议妙体，尚未极显也。迨依迷悟心，对辨二种缘起，依本来心，圆彰三种藏性，显理显到此处，可谓彻法流之底，穷性海之源，显之极矣。

然此一心三藏，即首楞严定，人人本具，迷不自觉，当起奢摩他，微密观照，方能圆悟。前三卷，佛为阿难大众，微妙开示，各各自知，此心遍满十方，常住不灭，得微密观照之功。此四卷，因满慈启问，佛为说三种生续之因，五大圆融之故，会归三藏，极于一心，即微密观照之功，照彻心源，一切事究竟坚固，方信首楞严，为自性天然本定，不假修成，但是了因之所了，而非生因之所生矣。

如何世间，三有众生，及出世间，声闻、缘觉，以所知心，测度如来，无上菩提。用世语言，入佛知见。

如何怪责之词。世间三有众生：三有欲有、色有、无色有，即三界也。依因感果，因果不亡，谓之曰有。世间二字，指三有之有情世间；并及超出三界，正觉世间，声闻、缘觉，即出世二乘，已觉悟我空之理者，合之为凡夫、小乘。以所知心，测度如来，无上菩提者：以用也，用所有能知之意识妄心，欲推测筹度，如来所证无上菩提，三智圆觉之极果，此属修成。如《法华》云："我所得智慧，微妙最第一。"即佛所证三藏一心也。此心非识所知，非心所测，只能以如如智，方可契合，岂可以所知之心，妄自测度哉。

用世语言，入佛知见者：用世间因缘、自然、和合不和，及互相陵灭，不合相容诸语言，欲入佛之知见。此佛知见，非指佛所得之三智五眼，乃指众生六根中所具三藏一心也。上无上菩提约果言，此佛知见约因说，以显三藏一心，生、佛平等。此因心，即如来密因，大开圆解，方能契入，岂可用世间语言，妄冀得入耶？此文即谓本妙觉心（三如来藏心），在本觉因中，在妙觉果上，皆不可思议，以所知心测度，用世语言求入，乃互影言之。实则此心，在因在果，均非拟议思量之所能及。古云："妙高顶上，从来不许商量；第二峰头，诸祖略容话会。"问："佛知见，明标佛字，何以约众生因位耶？"答："《法华经》云：'佛为一大事因缘故，出现于世。'第一为开众生佛之知见，使得清净故，出现于世。足知佛之知见，乃众生本具六根中，不生灭性，即是佛知见也。"古有问善知识："如何是佛？"答曰："在眼曰见，在耳曰闻，在鼻曰嗅，在舌曰尝，在身曰觉，在意曰知。"是指根性，为佛知见，但举前后二根，以摄余四。众生虽然本具，皆各埋没于尘垢之中，故佛为开其本有佛之知见，使得清净也。第二为示众生佛之知见故，出现于世。为本经，佛向阿难眼根指示，不动、不变、不失、无还，乃至见见非见，此即示佛知见。第三欲令众生悟佛知见故，出现于世。本经佛为阿难，始自根中指出，更为会通万法，净极一心三藏，令起奢摩他，微密观照，圆悟本有真心。第四欲令众生入佛知见道故，出现于世。即本经，欲令阿难依圆解，起圆修，得圆证，直趣无上菩提。须知无上菩提，乃果中究竟佛知见；而佛知见，乃因中真性菩提也。佛知见，今指根性，不独我佛如是，十方诸佛皆然。下文第五卷，十方诸佛，异口同音，告阿难言："善哉，阿难，汝今欲知，生死结根，唯汝六根，更非他物；汝复欲知，无上菩提，亦汝六根，更非他物。"此是结解，不离六根之理。阿难问佛，佛为释云："知见立知见，即无明本；知见无知见，斯即涅槃无漏真净。"亦分明指根性为佛知见，无足疑也。

> 譬如琴、瑟、箜篌、琵琶，虽有妙音，若无妙指，终不能发。

此举喻。琴者禁也，谓禁制邪淫，以归雅正。长三尺六寸，以象三百六十日，徽用十二，以象十二律，古止五弦，以明五音。所以帝舜弹五弦之琴，歌南风之章，后文王、武王各加一弦，以合君臣之德，今之所用七弦是也。瑟者萧瑟，谓其声萧萧然而清也，弦有二十五，古诗云："二十五弦弹夜月"即此也。箜篌十四弦，乃师延所作，声自空出。琵琶四弦，用手前推为琵，后却为琶，取作时运指为名。此四种皆丝属之乐，喻凡夫、外道、声闻、缘觉，各有一心三藏妙体。体中具足妙用，喻乐器虽具妙音，若无妙指善弹，终不能发音，喻凡、小本有藏心，虽具妙用，若无妙智契理，妙用亦终不发矣。

> 汝与众生，亦复如是。宝觉真心，各各圆满，如我按指，海印发光，汝暂举心，尘劳先起。

此法合。首句指凡、外二乘，亦复如前所喻者是也。宝觉真心：即如来藏心，此心性觉妙明，如同摩尼宝珠，其体本妙，其用本明，体用圆融，即体即用，是谓真心。凡外二乘，各各圆满具足三如来藏心，若有妙智，必发妙用。如我按指，海印发光：此佛以己为例，佛有妙智，证妙心之体，称体起用，故按指之时，海印三昧，便即发光。此是有妙指，即发妙音，喻中略而未备。海印三昧，乃佛心三昧，《华严贤首品》云："众生形像各不同，行业音声亦无量，如是一切皆能现，海印三昧威神力。"是知定心澄湛，应物而形，犹如海水澄湛，万象皆印，故以名焉。

佛心海印三昧发光，大用现前，照破诸妄，复本心源，证极无上菩提，照见九界众生，同具佛之知见。汝暂举心，尘劳先起者：指满慈及凡、外二乘，虽然同具藏心，含藏妙用，无有妙智，不发妙用，暂一举心，即随举一念，分别诸法，皆在心外，皆为实有，故发尘劳，有世间相。起即发也。

> 由不勤求，无上觉道，爱念小乘，得少为足。"

此推究不发妙用，而发尘劳之因。由即因也，因发心之初，不发勤求无上菩提之心。梵语菩提，此翻觉道，大觉世尊，所证之佛道。但爱念小乘，易修易证，厌苦断集，慕灭修道；纵汝修成漏尽无学，具足六神通，而得一切智，但属化城伪宝，萤光小智，汝等便自得少为足，所以无妙智，不能发妙用，与琴瑟等，无妙指不能发妙音者，何以异也？

富楼那言："我与如来，宝觉圆明，真妙净心，无二圆满。而我昔遭无始妄想，久在轮回，今得圣乘，犹未究竟；世尊诸妄，一切圆灭，独妙真常。"

满慈闻前，万法生续，起于无明，故欲求索无明之因，而拟奋修以断之。不知诸妄尚可推究其因，惟此无明，为诸妄根本，更无所因。前于迷人，惑南为北文中，佛已与开示，此迷（即无明）无本，性毕竟空，满慈尚犹未了，再此询问。按满慈之意，因被佛责，由不勤求无上菩提，爱念小乘，得少为足，故今回小向大，欲索妄因，拔本塞源，以期究竟圣乘也。富楼那言，我与如来者：是就已与佛对论，真心平等，例知诸佛众生，亦复无二。宝觉圆明，真妙净心者：即前佛云宝觉真心，此加圆明妙净，四义而已。本觉真心，喻如摩尼宝珠，故称宝觉；其体圆满清净，一尘不染，仍属空藏；其用明照洞彻，一法不遗，仍属不空藏；妙则双照空有二边，净则双遮空有二边，仍属空不空藏。此一心三藏，我与如来，无二圆满，无高无下，不增不减，生佛平等也。

而我昔遭无始妄想，久在轮回者：此叙久迷，昔指过去时，最初从真起妄，竟遭无始妄想所误。无始妄想，即无明也。以无明曰迷，亦曰痴，若言无始无明，即最初痴相，若言无始妄想，即迷中动相。满慈小乘，但知六识，安知无始无明妄想？因闻佛答忽生文中，说性觉必明，妄为明觉，由此妄明之无明，妄觉之妄想，即根本妄想，妄上加妄，故有世界、众生、业果之忽生。久在轮回：则领上众生业果二相续之文，以是因缘，众生相续，以是因缘，经百千劫，常在生死。今得圣乘，犹未究竟者：今生何幸，得逢如来，依法修学，而证圣乘。此即四果无学，有余涅槃，无明全在，犹未至无余涅槃，究竟果觉也。世尊诸妄，一切圆灭，独妙真常者：诸妄指妄惑、妄业、妄报，三障圆灭无余，即涅槃断果；独得妙觉真心，惑净智圆，真常不变，即菩提智果。此即与佛对论。论本，则宝觉真心，无二圆满；论迹，则有余究竟，相隔悬殊，无非无明细惑之所为障也。

敢问如来：一切众生，何因有妄，自蔽妙明，受此沦溺？"

此正索妄因，承上宝觉真心，生佛无二。敢问如来，十方一切众生，何因有此无始妄想，自蔽妙净圆明，三如来藏之真心，受此久在轮回之沦溺，竟与如来本来无二者，歧而为二耶？

佛告富楼那："汝虽除疑，余惑未尽，吾以世间，现前诸事，今复问汝：

汝虽除疑者：以满慈一疑万法生续之因，闻说不空藏，从真起妄，随染所成，其疑已除；二疑五大圆融之故，闻说空不空藏，譬如太虚空，体非群相，而不拒彼诸相发挥，虚空为明暗所依，不为明暗所变，观相元妄，不倾夺，则诸碍何成？观性元真，能合融，则万用齐妙！其疑亦除。复知自己与佛，宝觉真心，无二圆满，则大疑已除。余惑未尽者：尚余妄因之惑未尽，不达妄元无因，故欲强索，而拟奋修以断也。佛欲拔其疑根，特引事为喻，令得即喻知法，故曰：吾以世间现前诸事之中，乃举一事，今复问汝：

汝岂不闻？室罗城中，演若达多，忽于晨朝，以镜照面，爱镜中头，眉目可见；嗔责己头，不见面目，以为魑魅，无状狂走。于意云何？此人何因，无故狂走？"

富楼那言："是人心狂，更无他故。"

此举喻辨定。故问之曰：汝岂不闻，室罗城中，有此一人，名演若达多，译云祠接，父母祷神祠而生，故以名焉。忽于晨朝，以镜照面，爱镜中头，眉目可见，反嗔自己之头，为何不见面目，以为是魑魅（是山泽之鬼），无状狂走。所引此事，但取此句为喻。以狂走喻无明，最初一念妄动，无故喻无明无因，故问满慈，在汝之意云何？此人何因，无故狂走？答曰：是人心狂，乃是自心无故发狂，更无其他事故。无状无故，即是无因，佛欲其自审自悟，即喻知法也。

佛言："妙觉明圆，本圆明妙，既称为妄，云何有因？若有所因，云何名妄？

此以无明无因,合喻中无状狂走,故上解云:但取此句为喻,以法中并无他义,不必勉强配合。此段直标无因,前二句举所依真。妄依真起,真虽为妄所依,真本不生妄。妙觉圆明,本圆明妙者:觉即宝觉真心,具足妙明圆三义,亦即一心三藏。妙为寂体,不立一法,属空藏;明为照用,遍现诸法,属不空藏;圆为体用双彰,寂照互具,圆融无碍,属空不空藏。此三藏是本来心,故三义皆本然,曰本圆、本明、本妙,不假修为,本来无妄。既称为妄四句,既称(名也)为妄,自然非实,云何有因?若有所因,自然有体,云何名妄?

自诸妄想,展转相因,从迷积迷,以历尘劫,虽佛发明,犹不能返。

此明妄因无始不可说。自诸妄想:即指无始妄想,妄上加妄,展转相依,三细四粗,后后依于前前;因即依也。惟无始妄想则无因,从迷积迷,上一迷字,即无始无明,迷上加迷,重重相续;下迷字,亦三细四粗。此中有义当辨:无始无明,与无始妄想,是一是二?当知无始无明,为最初痴相(即不觉迷也);无始妄想,为最初动相,非一非二。真心如海水,无明如风,妄想如水之动相。水本不动,因风而动,风相水相,不相舍离;无明不觉,不离本觉,风动水动,相形而显。水之动,因风而来;风之动,因水而见;故风动即水动,水动即风动;无明妄想,非一非二也。凡迷真处,即是无明,凡执似处,即是妄想。论《云》:"不觉故心动。"不觉,是无始无明,心动,是无始妄想,同在一时,二者俱无初相可得,谓之无始。以历尘劫者:正由妄想无明之惑,起业受报,故有六粗后二,由因感果,生死不休,经历微尘劫数。虽佛种种发明,生死长缚,由于三贪,业果相续,起自无明,无明乃由性觉必明,妄欲加明于觉体,以致从迷积迷。诸妄所因,因于无明,佛不能反推无明之因。何以故?以无明无因,故不可说。

如是迷因,因迷自有,识迷无因,妄无所依,尚无有生,欲何为灭?得菩提者,如寤时人,说梦中事,心纵精明,欲何因缘,取梦中物?

此明妄体无生不可取。首句指法之词,谓如是迷因。因迷自有句,不可作因迷生迷解;迷不生迷,云何可说因迷自有?当连上句,谓如是妄因,正因迷惑，不了无因之故，常自成有，非是实有，但似有而已。如前文所云：昔本无迷，似有迷觉，昔日虽在迷之时，本来无迷可得，不过相似有一种，迷情妄觉也。识迷无因，妄无所依四句，若识得迷本无生因，则妄因本无，妄体亦空，故无所依，尚无有生妄之因可得，欲将何者，以为灭乎？此言众生在迷，迷本不生，诸佛修证，迷亦无灭，以妄体本空故也。

得菩提者：指诸佛已得无上菩提果者，长夜梦破，如醒梦寤时之人，说梦中事，其心纵然精明，能说梦中种种境界事物，欲将何者因缘，取梦中物以示人？以梦境本空，本无所有故。佛亦如是，五住梦破，如寤时人，三智具足。如心精明，为众生说无明妄想，如醒人说梦，说虽能说，欲何因缘，取妄体以示人耶？

况复无因，本无所有，如彼城中演若达多，岂有因缘，自怖头走？忽然狂歇，头非外得，纵未歇狂，亦何遗失？

况字取上梦喻。梦中之物，尚不能取，况复妄想本来无因，妄体本无所有；上句妄因本空，次句妄体亦空，欲索其因，岂可得乎？如彼城中，演若达多，岂有因缘，自怖头走，此以无因，自生怖畏。失头狂走，合妄因本空。忽然狂歇，知头宛在，并非从外所得，纵使未曾歇狂，正在狂走觅头之时，其头亦何尝有所遗失耶？合妄体亦空，以头喻真，以狂喻妄。交光法师云：设使其头真有得失，不名为狂；以喻法中，妙觉真有得失，不名为妄。今乃歇非外得，未歇无失，以喻法中，悟非外得，迷非真失，可见妄体，本来无有也。

富楼那，妄性如是，因何为在？

此明无明妄想之体性，本来如是，尚不可得，而欲更索其因，岂可得哉？故曰："因何为在？"

汝但不随分别，世间、业果、众生，三种相续，三缘断故，三因不生。

满慈位登四果，我执虽破，法执犹存，执诸法心外实有，不了万法唯心，故前有万法生续，五大圆融二疑。佛为一一解答，皆由最初，一念无明为咎，故求索妄因，拟欲奋修以断之。佛复答以妄因本空，妄体亦空，何必苦求修断耶？乃告之曰：汝但不随分别即足矣！

不随分别，即修楞严大定，下手工夫。此分别，即能分别之妄心，乃属遍计执性。下世间等即所分别之妄境，乃属依他起性。依无明根本妄法，而得建立。依他如幻，其体本空，非但能依法空，即所依之无明，根本亦空，故但不随妄境，而起分别妄心，即是空诸遍计，摄心亡尘工夫，三种能缘之心既断，则现行不熏，而能生三种相续之因，亦复不生，则种子不发矣！如树倒根断，更不复生也。又如世间谷、麦、豆，三种种子为因，必假水、土为缘，方能发生，今三缘断故，如无水土，虽有种子，亦无能生。故曰三缘断故，三因不生。

则汝心中，演若达多，狂性自歇，歇即菩提。胜净明心，本周法界，不从人得，何藉劬劳，肯綮修证。

前以演若达多，怖头狂走，喻无始无明。无明为一切妄法之因，既已三缘断故，三因不生，因缘俱绝，则汝心中，根本无明，狂性自歇（息也）。《正脉》云：歇字双含伏、断二意。若约伏意，则十信满心，圆伏无明；若约断意，则等觉后心，永断无明也。歇即菩提四句，明妄灭真露，无证而证，得无所得。歇即菩提：观即字，则妄心熄灭之时，即真心显露之时，如云散月明，本觉出缠，三智圆觉，胜净明心，即菩提果觉之体，殊胜无比，清净无染，光明遍照，本周法界；此心迷时非失似失，证时无得为得，乃是自己本有家珍，不从他得也。

此所得胜净明心，亦含发心、究竟二义，对前圆伏、圆断而言。圆伏无明，位在十信，破一品无明，证一分三德，登初发心住，是为发心菩提；圆断无明，位在等觉后心，破四十二品无明尽，证妙觉极果，是为究竟菩提。若约大心凡夫，具顿根者，虽在观行位中，圆伏五住，亲见菩提胜净明心，与初心、究竟二位所证，无二无别。祖云："但离妄缘，即如如佛。"即狂心顿歇，歇即菩提。但由歇而始显，非由歇而始生，乃为本具之天真也。

何藉劬劳，肯綮修证者：此结责奋修之意，真心既属本有，无明又属本空，则无妄可断，无真可得，何籍劬劳，肯綮修证。肯綮出《庄子·养生篇》。吴兴曰：骨间肉曰肯，筋肉结处曰綮。肯綮修证，即劳筋苦骨，勤勇修行之义。佛意但能达妄本空，妄空真显，何必求索妄因，劬劳修断，而冀证入耶？此段文乃是顿教法门，直指向上一着，无修无证，须善体会，不可错解。每有狂慧之徒，但执菩提本具，即心即佛，拨无修证，则将醍醐变作砒霜矣！当知佛本是而须修，惑元空而须断，修证即不无，染污即不得，无修而修，修即无修，无断而断，断即无断，方合本经了义修证。不随分别，即无修之修；狂性自歇，即无断而断；胜净明心，本周法界，即无证而证矣。

譬如有人，于自衣中，系如意珠，不自觉知，穷露他方，乞食驰走，虽实贫穷，珠不曾失。

人喻凡夫、小乘；衣喻本末无明，即上文三缘分别，三因细念，及狂性无明；如意珠喻菩提胜净明心。不自觉知者：真心被粗、细烦恼，重重盖覆，迷不自知，非失似失。穷露他方：喻化城三界，穷者贫穷，无有法财，指二乘沉滞化城，不发自在妙用；露者暴露，无所栖藏，指凡夫沉溺三界，不得安身立命处。乞食驰走：乞有漏无漏之小益，虽实贫穷，珠不曾失，喻虽不发遍周法界之妙用，而菩提真心，不曾丧失。上四句，喻真虽本有而不觉，下四句喻真虽在迷而不失。

忽有智者，指示其珠，所愿从心，致大饶富。方悟神珠，非从外得。"

智者，喻佛，示珠喻佛说教指示真心。若能顿悟本心，称体起用，致大饶富，喻胜净明心，本周法界。方悟神珠，非从外得者：喻真虽已悟而无得，合喻中珠虽贫穷不曾失；既无失故无得，合法中不从人得。此示令顿歇之科，正圆顿教中，知真本有，达妄本空。但要歇狂无劳肯綮，即是无修之修，与耳根圆通，了义修证之法，歇狂之意全同。反闻自性，背尘合觉，即是不随分别世间，三缘顿断也。次第解除六结，自粗向细，由浅及深，尽闻不住，空觉极圆，生灭既灭，直至寂灭现前，即是三因不生，心中达多，狂性自歇，胜净明心，本周法界，称体作用，得大自在，合喻中衣里之珠宛在，所愿从心，致大饶富，同观音获二胜而发三用也。

若约满慈一类无学之机，虽破我执，未断法执，亦须从歇狂入手。先破法执分别，不随世间、业果、众生，三缘断起，则法执俱生，三因方得不生，心中达多，狂性自歇矣！不随二字，即歇狂之功，如来说修文中，弃生灭，守真常，亦此义也。

楞严经讲义第十一卷

即时阿难，在大众中，顶礼佛足，起立白佛："世尊！现说杀、盗、淫业，三缘断故，三因不生，心中达多，狂性自歇，歇即菩提，不从人得。

前四句经家叙仪。世尊下，阿难略牒佛语。现说杀、盗、淫业，此牒业果相续之文。以三贪为本，生死不了，则摄世界、众生在内。究三种生续之因，因于无明，满慈求索妄因，意拟修断，佛示无因，何劳肯綮？即教以圆顿下手工夫，但不随妄心分别，世间、业果、众生，三种能缘之心不起，即是三缘顿断，遍计执性既空，依他起性，亦不可得，现行不熏，种子不发，故三因亦复不生。心中达多，狂性自歇者：由因缘俱断之故，而心中无明狂性，自然歇息。前从真起妄，则无明忽生，生本不曾生，今返妄归真，无明顿歇，歇亦无所歇，以无明本空故。又无明实性即佛性，故曰歇即菩提。妄空真露，乃现出本有家珍，不从人得也。

斯则因缘，皎然明白，云何如来，顿弃因缘？

上二句，因闻佛对阿难，累排因缘，对满慈常说因缘，前云以是因缘，世界相续；以是因缘，众生相续；以是因缘，业果相续。今又言三缘断故，三因不生，阿难重执因缘。故曰："斯（此也）则因缘，皎然（即明白也）明白。"下二句疑佛自语相违。上言识迷无因，妄无所依；又言歇即菩提，何劳修证；云何如来，既说因缘，又顿弃因缘耶？此阿难第三次疑因缘也。第一于显见超情科中，疑见性不由因缘；第二于圆彰七大科前，疑万法不由因缘；今第三疑证果成道，有果必定有因，何以亦不属因缘？佛既久排因缘，而语中又带因缘，此是致疑之端也。

> 我从因缘，心得开悟。世尊！此义何独我等年少，有学声闻；今此会中，大目犍连，及舍利弗，须菩提等，从老梵志，闻佛因缘，发心开悟，得成无漏。

此叙昔教因缘之益。我阿难实从因缘之法，心得开悟，而入见道位，得成初果。世尊！此因缘之义，乃属正理，能令众生，返邪归正，何独我等年少，有学之人，闻佛因缘声教而得益？今此会中上首，大采菽氏，及鹙子、空生等，诸长老皆从因缘，而得道果。从老梵志：别约舍利、目连，先事沙然梵志学道，为上首弟子。沙然殁世之后，由闻因缘之教，发明心地，反邪归正，从佛出家，开悟四谛法门，依之断见思惑，得成无漏道，即阿罗汉所证之道。无欲漏、有漏、无明漏，三漏俱尽，得出三界，得证无生，则因缘之教，能令返邪归正，了生脱死，超凡入圣，岂不大有益乎？

> 今说菩提，不从因缘。则王舍城，拘舍梨等，所说自然，成第一义。唯垂大悲，开发迷闷。"

此叙今教顿弃因缘，不唯有背自宗，兼恐反滥邪教。今说，即指现今所说，无明无因，其体本空，狂心若歇，歇即菩提，何藉劬劳修证，皆顿弃因缘也。若是则王舍城，拘舍梨外道等，所说八万劫后，自然成道，犹如缕丸，极处停止，不假修证者，翻成为第一义谛矣！即使如来今教，不落因缘一边，亦堕自然一边，如何得成中道了义无戏论法？心实迷闷，惟愿大悲，开示发明，扫荡我迷云闷雾，令得朗耀性天也。

> 佛告阿难："即如城中，演若达多，狂性因缘，若得除灭，则不狂性，自然而出，因缘、自然，理穷如是。

即如，乃即就前喻，以推阿难所执因缘、自然之情。达多狂性，喻无明，以为能障菩提之因缘；若得除灭，合狂心若歇。不狂性，喻菩提，以狂性若得除灭，则不狂性，自然而出，合歇即菩提。在汝所谓因缘、自然之理，研穷起来，必定如是。汝实未知，我说三缘断故，三因不生，狂性因缘，若得除灭，此本非因缘。又说狂心若歇，歇即菩提，此亦非自然。以下约头狂双拂，因缘、自然二计皆非。

阿难，演若达多，头本自然，本自其然，无然非自，何因缘故，怖头狂走？

此约头拂自然。头喻菩提之真，前二句标定，头为自然。谓演若达多之头，若本来是自然。三四二句，本自其然，无然非自者：即是既本来自然，牒上句意，即应常时自然，无时而不自然也。末二句反难，以何因缘之故，忽怖无头，而狂走觅头耶？既然狂怖妄出，则头不得谓为自然矣！法合，谓众生真性，若本来自然，无有哪一时，不是自然，何因缘故，复起无明，迷真逐妄，今欲返妄归真耶？既有无明妄动，则真性不得谓之自然矣！此中破自然，只破自然，不是以因缘，对破自然。若对破则成矫乱，何因缘故句，则何故也。

若自然头，因缘故狂；何不自然，因缘故失？

此约头拂因缘。文中虽有自然，及狂字，但惟带言而已。恐闻前喻，自然被破，转计因缘，故独约头辨，以明非因缘也。若自然本有之头，由照镜因缘之故，狂怖无头；下二句反难，何不以自然之头，由照镜因缘之故，遂真失耶？法合：谓本来真性，由必欲加明因缘，故起无明，何不以本来真性，由无明因缘故，而遂真失耶？

本头不失，狂怖妄出，曾无变易，何藉因缘？

此结明非因缘，申其正义。以本有之头，虽由照镜因缘狂走，其头依然不失。设有人，见达多之狂走，问云："何为狂走？"答曰："我要觅头。"彼人以手摩其头曰："这是甚么？"达多始觉，头还不失，狂怖无端妄出，既狂之时，头原无失，歇狂之后，头亦无得。而狂起狂歇，不关本头之事，其头非但无失，曾无丝毫变易，则何所藉因缘耶？法合：真性常住不失，无明忽然妄起，无明虽起，真性不变，妄起之时，虽迷不失；妄灭之后，虽证无得。妄起妄灭，与真性本不相干，则真性亦不属因缘矣！

本狂自然，本有狂怖；未狂之际，狂何所潜？

此约狂拂自然。狂喻无明之妄，若谓本来狂是自然，即应本来常有狂怖。下二句难云：既是常有，而未发狂之际（时也），其狂潜藏何处？难道身心之中，有潜狂所在耶？既无潜狂之所，则狂非自然矣！首句作狂本自然亦可。法合：无明若是自然，则本有无明，当一念未动之时，清净本然心中，无明何所潜藏？以真元无妄故，何得谓无明为自然？

不狂自然，头本无妄，何为狂走？

此约狂拂因缘。首句反言，不是狂出于自然，即是翻成因缘。头本无妄者：谓狂怖之时，头本不失，即当常无狂怖，有何因缘，而狂走耶？头本无妄，则狂非因缘矣！首句作狂不自然亦可。法合：谓无明不是自然，是因缘者，毕竟以何为因？然真性宛在，不曾遗失，为何因缘，而背觉合尘耶？若真性有失，可说因缘，真性不失，则非因缘矣！以上喻明真性与无明，俱不属因缘、自然矣。阿难一向溺于权宗，不知衣里神珠宛在，辗转他方求食，因缘之见，固不能忘也。

若悟本头，识知狂走，因缘、自然，俱为戏论。是故我言：三缘断故，即菩提心。

满慈执无明有因，阿难疑真性同自，皆由不悟本头不失，狂走无端，所以堕入因缘、自然之二计。若悟本头，虽狂不失，则头非自然；依然宛在，则头非因缘；若知狂走，未狂元无，则狂非自然；头本无妄，则狂非因缘。首二句约头约狂，皆双拂二计，上句知真本有，下句达妄本空。若明斯义，则因缘、自然，俱为戏论，全无实义。此正销阿难之现疑，兼防满慈之又执。是故我言，三缘断故，即菩提心：是因缘、自然，俱属戏论之故，我先言三缘断故，即菩提心；三种分别之缘断故，则菩提非自然；妄离真显，当下即是，则菩提非因缘矣！此佛重伸自己所说，歇即菩提之意。

菩提心生，生灭心灭，此但生灭。

承上三缘断故，即菩提心，不可作菩提心生想。以菩提真心，元是本有，但由了因之所了，不是生因之所生。向被狂性所覆，狂性若歇，歇即菩提，故我前云三缘断故，即菩提心。上句三缘断故，亦不可作生灭心灭想，以无明狂性，乃属本空，三种能缘分别之心，是枝末无明，虽言断故，实无所灭。若说有菩提心生，有生灭心灭，此但是凡情生灭之见，非真菩提之心。

灭生俱尽，无功用道。若有自然，如是则明自然心生，生灭心灭，此亦生灭。

首句灭字，则生灭心灭；生字，即菩提心生。此但生灭，亦复俱灭，尽即灭也。而至无功用道，亦不可作自然想，若有自然，亦成对待。如是指上句，若如是有自然，则分明自然心生，对彼生灭心灭，即此自然，亦是生灭之心，非真无功用道。何以故？非绝待故。此中道理，更觉难明，故下以喻显之。

无生灭者，名为自然；犹如世间，诸相杂和，成一体者，名和合性；非和合者，称本然性。

此喻显自然，亦是生灭之理。首二句牒上。无生灭者：即牒灭生俱尽。名为自然者：即牒无功用道。下喻自然亦非真，犹此世间，诸相杂和，药丸药饼之类。成一体者，名和合性：喻生灭因缘法。对此和合，遂将非和合者，称（即名也）本然性，喻不生灭之真，此真乃对妄所立之真，非真菩提心。如下文偈云："言妄显诸真，妄真同二妄。"是知无真可立，将欲立真，已非真真如性耳。

本然非然，和合非合，合然俱离，离合俱非，此句方名，无戏论法。

此极拂妄情，妄尽真显。本然即自然，和合即因缘。首二句单遣，非即遣也。以非本然，遣本然；以非和合，遣和合。第三句，合然俱离，是双遣，离亦遣也。合字，兼和合与不和合，俱遣乃遣第二句。然字，兼本然非本然，俱遣乃遣第一句。俱离，与下俱非皆当双用。第四句离合俱非，离乃俱离之离，合非和合之合，乃是即字之义，即是不离也。离和合非和合，本然非本然，此双遮也；合（即也）和合非和合，本然非本然，此双照也。俱非，即遮照同时义，即遮而照，即照而遮，此对第三句。遣之又遣，更无可遣，诸情皆尽，情尽法真，此句方名无戏论法。

菩提、涅槃，尚在遥远，非汝历劫，辛勤修证。

阿难前云："不历僧祇获法身。"此佛谓曰："菩提涅槃，尚在遥远。"以阿难倒想虽销，细惑全在，故于无上菩提，无余涅槃，尚在遥远。断云：非汝历劫，辛勤劳苦，所能修证。如是与佛前言，狂心若歇，歇即菩提，何藉劬劳，肯綮修证，岂不有乖前后乎？当知前者，能舍戏论，何藉劬劳，何须历劫，今以阿难，戏论未捐，纵经尘劫，断定难成，下则明言以告之。

虽复忆持，十方如来，十二部经，清净妙理，如恒河沙，只益戏论。

此出其难成极果之所以。虽复忆持下，以阿难多闻第一，非惟能闻，复能忆持不失，又非惟忆持我一佛所说，亦能忆持十方如来所说十二部经，即：长行、重颂并授记、孤起、无问而自说、因缘、譬喻及本事、本生、方广、未曾有、论议，俱成十二部，小乘九部，大唯三。清净妙理：指大乘三部，清净实相妙理，圆顿法门，如恒河沙。喻虽复闻持之多，不肯从闻、思、修，只是资益戏论，所以难成极果。

汝虽谈说，因缘、自然，决定明了，人间称汝多闻第一。以此积劫多闻熏习，不能免离，摩登伽难。

前三句即只益戏论，博得多闻之名，虽积劫（即历劫）多闻熏习，非有真修，徒闻无功，所以不能免离摩登伽女淫术所加之难。

何须待我，佛顶神咒，摩登伽心，淫火顿歇，得阿那含？于我法中，成精进林，爱河干枯，令汝解脱？

此二段举事验证。何须即反显多闻无功，若多闻有功，何须待我楞严神咒之力，使摩登伽心中，淫火顿歇，使汝阿难，如从梦觉，方脱淫难。淫火者，淫欲属火，凡多淫之人，相火必旺，淫心一动，淫火便炽。摩登伽宿为淫女，淫火更旺。顿歇者，以正咒能破邪思，邪思顿息，故淫火顿歇，顿断见惑，及欲界九品思惑，得三果阿那含。此云不来，再不还来欲界受生也。于我法中，成精进林者：在我佛法之中，成为精进林，林是喻其进速，而证之多也。不从初二果阶级，顿证三果，故以称焉。爱河干枯者：爱为生死本，因爱则有欲，因欲则受生，因生必有死，爱欲溺人，故喻如河。淫火顿歇，爱欲便断，得超欲界，故曰爱河干枯，令汝解脱淫难也。阿难固是大权示现，登伽亦是逢场作戏，一以见多闻之无功，一以显神咒之有力，而登伽淫火顿歇，显咒力能除障；得阿那含，显咒力能成益也。

> 是故阿难，汝虽历劫忆持如来，秘密妙严，不如一日，修无漏业，远离世间，憎、爱二苦。

是戏论无功之故。阿难多闻，非是一生，故曰，汝虽经历多劫，有闻持之力，能忆持如来，秘密妙严；无上之法，非口所宣曰秘，非心所测曰密。此二字即不思议，清净妙理，庄严一乘，即《法华》之大白牛车，张设幰盖，众宝严饰。纵能忆持，人间只是称汝多闻第一，未全道力，汝所自知。

不如一日，修无漏业者：此无漏业，不可作二乘所修解，当指圆顿修法，与前后文，要相照应。以多闻不及修习，故曰不如一日，狂心顿歇，不随世间、业果、众生，三种而起分别之心，此即背尘合觉，逆彼无始生死欲流，故得远离世间憎、爱二苦。憎爱是二种苦因，生死是二种苦果。憎爱不必别作他解，即是异见成憎，同想成爱。若能不随分别，则尘既不缘，憎爱何自而生？苦因既断，苦果自离，此即修无漏业，示多闻人，就路还家之法，不出流而闻尘，但逆流而照性。即下文偈云："将闻持佛佛，何不自闻闻？"正与此文相合也。

> 如摩登伽，宿为淫女，由咒神力，销其爱欲，法中今名，性比丘尼。

此举登伽，以激阿难。宿为淫女，三障具足：淫心烦恼障也，宿世淫习业障也，现受女身报障也。由仗楞严神咒威力，销其爱欲，即淫火顿歇，爱河干枯，而烦恼障已除。法中者，在佛法之中，成精进林，而业障亦断。名性比丘尼，列僧宝数，则报障已转。此文具有四悉檀利益：亲闻神咒，驱邪归正，即世界悉檀，得欢喜益；法中为尼，精进修行，即为人悉檀，得生善益；销其爱欲，即对治悉檀，得灭恶益；顿证阿那含，则第一义悉檀，得入理益。

> 与罗睺母，耶输陀罗，同悟宿因。知历世因，贪爱为苦！一念熏修，无漏善故，或得出缠，或蒙授记；如何自欺，尚留观听。"

罗睺罗，是佛之子，非是欲爱所生，乃指腹成胎，在胎六年，此云覆障。耶输陀罗译云名称，是女中有名称者，是佛之妻。佛为太子时，十七岁结婚，但是无情夫妻，并未同房。太子十九岁出家，三十岁成佛，耶输陀罗，同佛姨母，发心出家。性尼与耶输陀罗，同悟宿因，知历世因，无非贪爱为苦，知女身之报，爱欲深重，历世以来，果报不胜，皆由贪爱为苦也。

一念熏修，无漏善故，或得出缠，或蒙授记：此正激劝之旨。今性尼、耶输二人，女身劣机，但以一念熏修，无漏善故。如何修法？即以悟历世因，贪爱为苦，但以一念止绝贪爱之水，不令向外流逸，因不流逸，旋元自归，定力成就。下二句明果证。或得出缠：谓性尼爱河干枯，断五趣杂居地，九品思惑，得出欲界生死之缠缚。又谓耶输已证四果，所作已办，分段已离，得出三界生死之缠缚。或蒙授记：谓此二人，如能回小向大，捐舍声闻，毕获如来无余涅槃，本发心路，进趣菩提，则蒙佛授记，正未可量也。

如何自欺，尚留观听者：此斥责之词。谓彼耶输女身，已为劣器，登伽淫女，更是下机，今尚以一念熏修，无漏善故，已得胜进，如何汝阿难，以堂堂丈夫之形，赫赫王家之种，徒守多闻，甘居下位，现见熏修有益，不肯进修，如何自欺自暴，尚留恋见闻（即观听）分别耶？即指见相发心，闻尘执吝，未免循尘，自取流转也。交光法师云：当知阿难，此审辨问，最有关要。良以前既排尽因缘，后复将谈修证。若一定有修有证，则违前自言；若一定非因非缘，则废后修证，此圣言宛似互违，不可不辨也。今明真本无变，犹夫头本无失，而何有实修实证，固非一向堕于因缘也；又明妄之现迷，犹夫狂之现起，而岂终无修无证，亦非一向堕于自然也。由是则知斯经，无修无证，固不碍于有修证；而有修有证，仍不碍于无修无证也。前后之文，无复矛盾之可议矣；其旨亦甚微妙也哉！

阿难及诸大众，闻佛示诲，疑惑销除，心悟实相，身意轻安，得未曾有！

此文总结，正答满慈，兼示阿难两大科。以前答满慈之后，无有结文，故此并结。先叙领悟，必由开示，故阿难及诸大众，闻佛开示训诲，未叙满慈之名，摄在大众中，非单结阿难也。疑惑销除者：疑惑有五，满慈四，阿难一，此皆深疑细惑。满慈：一、疑清净本然，云何忽生三种相续？佛示以万法生续，起于一念无明，故有世间诸相。二、疑五大性不相循，何得互遍无碍？佛示以全相即性，唯一不变妙体，故得随缘自在。三、疑诸佛如来，何时复起其妄？佛示以妄本不生，如翳眼见空华，空华本不生，真终无变，如矿既销成金，不复重为矿。四、疑一切众生，何因有妄，自蔽妙明？佛示以既称为妄，云何有因，若有所因，云何名妄。阿难疑佛，顿弃因缘，恐滥自然。佛示以知真本有，达妄本空，则因缘、自然，俱为戏论。因闻重重妙示，所以疑惑得以销除。

满慈执因疑果，又疑妄有因；阿难执吝昔宗，疑真滥自，二人皆耽著戏论。佛又诲以戏论无功，若不舍戏论，则历劫徒劳，终无实证；能舍戏论，则狂心顿歇，歇即菩提。语虽独对阿难，意则兼为满慈，可谓一点水墨，两处成龙矣。

故同得心悟实相。此实相，即不空如来藏，空不空如来藏，菩提胜净明心是也。空如来藏，前三卷已悟，故不指在内。第二卷，十番显见之末，佛责汝等狭劣无识，不能通达清净实相，此第一次说实相。则后文剖妄所出之真，四科所会之性，皆实相也。第三卷，圆彰七大之前，许令当来修大乘者，通达实相，此第二次说实相，则以下所谈七大遍周，及阿难大众，所悟遍常之心，皆实相也。第三次此处经家所叙，已悟实相，可以推知。前来佛说后二藏，正答满慈，兼示阿难，全是发挥实相也。身意轻安，得未曾有：意即心也，三卷末，阿难与大众，悟空如来藏，则曰："身心荡然，得无挂碍。"悟空藏，则妄身妄心，荡然无存，故得无碍；真身真心，荡然宽廓，本无挂碍。今悟后二藏，则身心轻安，了达无明万法本空，无有身心粗重之见，故轻；自知菩提真心本有，不藉勤劳肯綮之功，故安。此皆昔日未曾得，而今得之，故曰得未曾有。

重复悲泪，顶礼佛足，长跪合掌，而白佛言："无上大悲，清净宝王，善开我心，能以如是种种因缘，方便提奖，引诸沉冥，出于苦海。

前四句叙仪，中三句赞善，后谢益。重复悲泪：此是阿难第五次悲感垂泪，故曰重复。第一次因被邪术所禁，提奖归来，顶礼悲泣，恨无始来，一向多闻，未全道力。第二次，三迷被破之后，重复悲泪，自述恃佛威神，不勤定力，所以虽身出家，心不入道。第三次，显见无还科中，垂泣叉手，而白佛言，虽承佛音，悟妙明心，未敢认为本元心地。第四次，十番显见之后，剖妄出真之科，因闻见见非见，重增迷闷，悲泪顶礼，求佛施大慧目。今乃第五次，信悟既深，愈觉佛恩难报，故悲泪顶礼，对上为谢前，望下为请后。长跪合掌，而白佛言，皆示敬也。无上大悲，清净宝王者：佛具同体大悲，是为无上大悲，观一切众生，与佛同体，今则沉沦苦海，故运至极之悲心，拔出于苦海。佛从因至果，复本心源，究竟清净，证离垢妙极法身，犹如摩尼宝王；不变随缘，随机施教，善能开发，我等惑妄重封，权宗固闭之心，今得豁然通达也。能以如是，种种因缘者：此举善能开发之所以，由佛能用如是种种因缘。如是乃指上文，演若迷头狂走，登伽顿销爱欲，耶输同悟宿因，种种因缘，透机之谈，善巧方便，提撕奖劝。或以向上一着提撕，则云狂性自歇，歇即菩提。却又不舍婆心奖劝，则云历劫忆持无功，不如一日，修无漏业。

引诸沉冥，出于苦海者：接引凡、小出离憎、爱二苦海。又沉谓凡夫，沉沦分段生死苦海；冥谓二乘，冥滞变易生死苦海。若照本经，一乘了义说，接引凡、外，出离二种生死苦海，而达菩提涅槃彼岸，亦所以启后修门矣。自满慈发问至此，复为一周，名"无生无碍周"。

《正脉》云：前周中，谈空如来藏，以直指自心，本具妙定之体，极显其常住周遍；此一周中，谈后二如来藏，乃至圆融三藏，以详发自心，本具妙定体用，极显其无碍圆融。此即十方如来，得成菩提，妙圆真心，不假修习，如如本定，三名中，即妙奢摩他；而悟彻此者，即微密观照也。又此心此定，一切众生，乃至权小，悉不测知，所以错乱修习，终无实果，故于经题四实法中，正属如来密因也。而旧注谓见道分者，亦齐于此。正宗至此，已二说奢摩他路，令悟密因，大开圆解竟。

　　世尊！我今虽承，如是法音，知如来藏，妙觉明心，遍十方界，含育如来，十方国土，清净宝严，妙觉王刹。

此为正宗第二大科。佛答阿难所请，三名中妙三摩，经题中修证了义，文中所说，名义皆相合也。于建立义门文中，佛亲命名，妙三摩提，通科之中，或称三摩提，或称三摩地，或称三摩，但是梵音小异耳。首二句承领法音，通指后二藏所说之法音。观虽承二字，乃是虽然领悟，已开圆解，须请圆修，方克证入，故下喻屋求门，即是求示修门也。知如来藏：知字即大开圆解，已悟三如来藏之圆理。妙觉明心，遍十方界：即一真法界之心，乃领悟空不空藏中，惟妙觉明，圆照法界之义。既悟心遍十方，故能含育四圣六凡之十界。文中独约佛界说，九界虽不明列文言，可以推知，皆是妙觉明心，随缘显现耳。

含育如来，十方国土者：含育二字，双贯下两句，含是含容，育是生育，如来指化身佛，国土即变化土。清净宝严，妙觉王刹者：妙觉王指报身佛，刹即实报土，佛身具足宝相庄严，刹土广聚七宝庄严，身土悉皆清净，故曰清净宝严，妙觉王刹。此中但说报、化二身，不说法身者，以法身即妙觉明心，为能含育，由法身垂现报、化二身也。

如来复责，多闻无功，不逮修习。

上叙心开之相，此领劝修之旨。前如来云："以此积劫，多闻熏习，不能免离，摩登伽难。"是责多闻无功也。又云："汝虽历劫，忆持如来，秘密妙严，不如一日，修无漏业，远离世间，憎爱二苦。"是责不逮（及也）修习也。

我今犹如，旅泊之人，忽蒙天王，赐与华屋；虽获大宅，要因门入。

陆宿曰旅，水宿曰泊。阿难尚在有学，未返家乡，犹如旅泊之人。前佛告以菩提、涅槃，尚在遥远者，即因此也。天王者，左传称周天子为天王，佛乃法中之王，故以喻焉。华屋喻如来藏心，华屋文质相称，喻如来藏体用圆融。前蒙如来开示藏心，得开圆解，犹如忽蒙天王，赐与华屋，实出望外！虽获大宅，要因门入者：虽得蒙赐大宅，未得其门而入，犹如宫墙外望之人，安能受用？喻虽悟藏心，广大圆满，未得修门，不能证入，何由安住？故请修为当务之急也。华屋之门，即在六根门头，阿难未知，无由得入。

惟愿如来，不舍大悲，示我在会，诸蒙暗者，捐舍小乘，毕获如来无余涅槃，本发心路。

此普求入大之法。若不蒙示，则涅槃无路可修，故惟愿如来，不舍无上大悲，指示在会诸蒙暗者。锢蔽权宗曰蒙，昏迷实理曰暗；此等即未入华屋，门外汉也。捐舍小乘，毕获如来无余涅槃者：令在会各各回小向大，不住化城，前趋宝所，捐（弃也）舍昔日修证小乘，有余涅槃，毕竟求得如来极果，无余涅槃。本发心路者：根本发心，下手起修之门路，此即求示因地心。若最初发心，能依二根本中真本，为因地心，则直趣菩提，自然不遭迂曲，即是正修行路。下文佛令从根解结，即本发心路也。

令有学者，从何摄伏，畴昔攀缘，得陀罗尼，入佛知见！"作是语已，五体投地。在会一心，伫佛慈旨！

此别为有学，正求初心方便。令有学者：即未得无学果位之人，从何方便，可以摄伏畴昔攀缘心？摄，是收摄而不放；伏，是降伏而不动；畴昔指过去，自从无始，以至今生。攀缘心，即意识心，攀所缘六尘之境，念念分别取舍，即二根本中妄本。为楞严大定之障碍，故佛前对阿难，首先破除此心。得陀罗尼：解见第三卷，剖妄出缠文中。彼佛云将欲敷演，是知前说次第三藏，圆融三藏，无不是敷演陀罗尼也。今欲必得，庶可入佛知见。佛之知见，众生本具，但迷中埋没，佛知见，成为众生知见；悟时显露，众生知见，无非佛之知见，由来生佛不二，只因迷悟成差。若欲入佛知见，但从根中入流，即使得入。作是语已，五体投地。在会人众心一，伫候如来慈悲法旨，均欲奋发真修，以免错乱。

尔时世尊，哀愍会中，缘觉、声闻，于菩提心，未自在者，及为当来，佛灭度后，末法众生，发菩提心，开无上乘，妙修行路。

此经家叙述佛意，正为现在回心之众，兼为当来大根之机。尔时即阿难请示修门之时，世尊哀愍现会之中，已经回小向大，缘觉、声闻之众，于菩提心未自在者。今作二解：一、此众于诸佛如来，修证无上菩提，秘密之因地心（即如来密因，三如来藏心），悟虽已悟，未得修门，不能证入，故其心未得自在；二、此众于菩提因心（即妙觉明心），虽然与阿难满慈同悟，前三卷末，各各自知，真心遍常，后承佛法音，知如来藏，妙觉明心，遍十方界，含育如来国土，难得圆解，未起真修，尚属不定性，难免遇缘便退，无自由分，不得自在。故佛勉以不生疲倦，示以二决定义，欲令不定性，而成决定性矣。

及为当来，佛灭度后，末法众生，发菩提心者：及者兼及并及，佛之悲心无尽，欲益现未，当来即未来。佛灭五住烦恼，度二种生死，变易早尽，分段亦离，而归涅槃，大寂灭海。灭后正法住世一千年，像法一千年，末法一万年，末法众生，根浅智劣，而能发菩提心，诚为难能可贵。开无上乘，妙修行路者：无上乘，即最上一佛乘，同教一乘，犹为有上；别教一乘，方称无上，是所趣之果，即上阿难所请之无余涅槃。下句是能趣之因，即上本发心路。此云妙修行路，密指耳根圆通，从闻性妙理，起反闻妙智，以妙智照妙理，闻、思、修证。上句开字，对下句路字，说根本发心，妙修行之路既开，而无余涅槃，无上菩提，斯可希冀矣。

宣示阿难，及诸大众："汝等决定发菩提心，于佛如来，妙三摩提，不生疲倦，应当先明发觉初心，二决定义。云何初心，二义决定？

此先教明二决定义。宣示阿难，及诸现前大众等未来众生，决定发求成无上菩提之心，不愿终止化城，有志前趋宝所。于佛如来，妙三摩提者：三摩提加一妙字，即阿难所请佛定，第二妙三摩是也。又即经题中，修证了义之功，又即观世音从闻、思、修，所入之三摩地，为诸佛共修之法。不生疲劳倦怠之心，美则美矣！应当先明了，发觉（觉即菩提）最初之因地心，还是真心耶？还是妄心耶？若依妄心，因地不真，果招纡曲，不能得成无上菩提，犹如蒸沙，不能成饭；若依真心，则依不生不灭为因地心，然后可以圆成果地修证。故对二种决定义，不得不预先明了。二决定义，下文佛自解说，先总征：云何初心二义决定？

阿难，第一义者，汝等若欲捐舍声闻，修菩萨乘，入佛知见，应当审观因地发心，与果地觉，为同为异？

此下别示二义。今先示第一义：决定以因心，要同果觉，乃可从真因，而克妙果。故呼阿难而告之曰：第一义者，汝等若欲（愿乐也）捐舍声闻小乘，不愿沉滞空寂，欲修菩萨大乘，智悲并运，求入佛之知见，前文已解。欲字双用，欲即是志愿，志愿舍小乘，志愿修大乘，求入佛之知见，即求成佛道。应当谛审观察，因地最初发心之心，与果地究竟取证之觉，同耶？异耶？因心若同果觉，如以空合空，因心若异果觉，如煮沙作饭；不得不加观察，以免因差果谬矣！

阿难，若于因地，以生灭心，为本修因，而求佛乘，不生不灭，无有是处。

此明异相。阿难若于（在也）因地，以生灭心为本修因；此心即第六识攀缘心，妄根本也。以此心为本地修因之心，若求二乘小果则可，而求诸佛最上一乘，不生不灭，真常果觉，则不可，故曰无有是处。

以是义故，汝当照明，诸器世间，可作之法，皆从变灭。阿难，汝观世间，可作之法，谁为不坏？

以是因果不同之义，汝当起智照察，照明器界世间，可作之法，即有为法，有为有生灭，故曰皆从迁变坏灭。恐其不信，故重呼其名，告以汝观察世间，可作有为之法，谁为不坏？要其自观自悟自信也。可作之法，例第六识，生灭无常之心，决定不可用为因地心，前佛与阿难，三番破妄识，即此意也。

然终不闻，烂坏虚空。何以故？空非可作，由是始终，无坏灭故。

上例明异相，此例明同相。然字转语之词，终不闻烂坏虚空，虚空例根性，不生不灭，真实常住之心，故以不闻烂坏虚空例之。何以故下，释其所以，以虚空非可作有为法故，从始至终，其性真常，无坏灭故，决定可取为本修之因地心。前佛与阿难，十番显真心，即此意也。以上决定以因同果，是第一决定义之宗。下澄浊入涅槃，是此宗之趣。

则汝身中，坚相为地，润湿为水，暖触为火，动摇为风。由此四缠，分汝湛圆妙觉明心，为视、为听、为觉、为察，从始入终，五叠浑浊。

此克示五浊之体。本经与诸经，名同义异，但取圆湛心水，投以诸大之土，水失清洁，以致见等不圆不湛，便是浊体。交师云：外五大与内四大，虽均为浊体，而逼切生死，障绝涅槃，惟内四大为尤甚，故此文多论身中四大也。先释身中四大：则汝现身之中，坚硬之相，肌肉筋骨为地大；润湿之相，津液精血为水大；暖触之相，燥热温度为火大；动摇之相，气息运转为风大。由此四缠：即四大假合，互相缠结，组织成身。既有身相，妄有六根，分汝湛然圆遍，妙觉明真心，不生不灭，与生灭和合，成阿赖耶识。识精元明，映在六根门头，为视，即眼根见精；为听，即耳根闻精；为觉，即鼻根嗅精，舌根尝精，身根觉精；为察，即意根根性照察，拣异意识分别了知，此即色心和合以为浊体。下文所云："元依一精明，分成六和合"也。从始洎（及也）终，始于识阴，终于色阴，以生从识起故，五叠（重也）浑然不清，而成浊相，此结成名数。

  云何为浊？阿难，譬如清水，清洁本然，即彼尘土灰沙之伦，本质留碍，二体法尔，性不相循。有世间人，取彼土尘，投于净水，土失留碍，水亡清洁，容貌汩然，名之为浊。汝浊五重，亦复如是。

此喻总明五浊之相。首句征，下喻明。清水二句，喻纯真之心，清净本然，尘土灰沙喻四大。伦，类也；质，体也。本质留碍：谓四大本体，是留滞隔碍，能障真性。二体即清水之体，与四大之体。法尔，即本来之义，一清洁，一留碍。性不相循：喻纯真之心与四大，一真一妄，其性各异。有世间人，喻迷位众生；取土投水，喻起妄乱真。以致真妄和合，色心交织，喻如土失留碍，水亡清洁，真妄不分，故曰："汩然"，乃混沌昏扰之相，名之为浊。汝阿难心水，浊相五重，亦复如是。

  阿难，汝见虚空，遍十方界，空见不分，有空无体，有见无觉，相织妄成，是第一重，名为劫浊。

此下五段，别示五浊之名，由体相合而成名也。今先示劫浊，此浊依于色阴，内四大，外五大，俱属色阴。内六精之性，乃属心法，凡言浊者，以心水本湛，由诸大投以成浊，如上喻所明，此劫浊依色阴，外五大之空大，与六精之见精，交织而成。首句汝见虚空，举空以影地大等四，举见以影闻精等五。独举空见，以其两者，俱遍十方世界，妄织之相易明。空见不分者：同时俱遍，不能分出，何处是见之边涯，何者为空之界畔，此三句举劫浊体。

有空无体，有见无觉者：若但有空而无见，则空无体可得，即无见谁明空体？若但有见而无空，则见无有所觉，即无尘不能显根。相织妄成：以空见相织，如一经一纬，密织不分。见空既尔，见色亦然，眼根既尔，余根亦然；根尘相对，浑浊真性，隐蔽妙明，遂成劫浊之相。此三句明劫浊相，后二句出劫浊名，是第一重，名为劫浊也。此浊居初，若按从真起妄解，汝见虚空，见当指能见见分，空当指晦昧空相，见相交织，而成劫浊也。

> 汝身现抟，四大为体，见、闻、觉、知，壅令留碍，水、火、风、土，旋令觉知，相织妄成，是第二重，名为见浊。

次示见浊。此浊依于受阴，以见、闻、觉、知，与内四大，交织而成，六受用根，领纳诸境。汝身现抟四大为体：此二句举见浊体，谓汝今此身，抟取四大假合，以为自体。四大解见在前。既有身相，则有六根，由是分一精明，而成见、闻、觉、知等六精。元是一精明，被地、水、火、风四大所壅隔，既成六根，而分作六和合，本无留碍者，而成留碍矣！眼只能见，乃至意只能知，水、火、风、土四大，本是无知之物，旋令觉、知；旋者，转也，为六精之性所旋转，转无知觉者，而成有知觉矣。相织妄成者：知与无知，交相组织，亦如一经一纬，密织不分，扰乱真性，妄成见浊之相，共有六十二见，以身见为首，虽针锋之微，亦有痛觉。末二句，出见浊名，是第二重名为见浊。

> 又汝心中，忆识诵习，性发知见，容现六尘，离尘无相，离觉无性，相织妄成，是第三重，名烦恼浊。

三示烦恼浊。此浊依于想阴，以前段六根既备，而对六尘，六想自成，即六识想像六尘之境，故曰：又汝心中，忆识诵习。谓六识妄想心中，忆念过去所缘境，牢记不忘；识取现在所缘境，爱著不舍；诵习未来所有境，预先计划。此二句举烦恼浊体。

性发知见，容现六尘者：性即能想六识之性，托于六根，发为见、闻、嗅、尝、觉、知，六种妄想。前五乃同时意识，与五识同时而起者，知乃独头意识。知见二字，举二该六。容即所想六尘之相，现有六尘之境。离尘无相，离觉无性者：六识若离六尘境界，则所缘尘亡，能缘识泯，无有识相可得；六尘若离六识妄觉，则能取不生，所取亦空，无有尘性可得。相织妄成者：妄觉妄尘，交相组织，亦如一经一纬，密织不分，所以缘尘想念，贪恋不休，故成烦恼浊之相。末二句，出烦恼浊之名，是第三重，名烦恼浊。

> 又汝朝夕，生灭不停，知见每欲留于世间，业运每常迁于国土，相织妄成，是第四重，名众生浊。

四示众生浊。此浊依于行阴，以前三段，既有世界，复有身心，世界身心既备，自有生灭。第七识为生灭根源，念念迁流，而成行阴，故曰又汝末那心中，从朝至夕，妄念相续，生、住、异、灭，无暂停息，于是迁世界，续身心，遂有无边生死。此二句举众生浊体。知见每欲留于世间者：以凡夫无不贪生畏死，故依执我之知见，每欲常留住于世间，满了百岁，还想一百二十岁，此约心言。无奈行阴密移，业运常催，无自由分，舍生趣生，迁移国土，此约身说。相织妄成者：妄身妄心，常迁欲留，交相组织，亦如一经一纬，密织不分，扰乱真性，妄成众生浊之相。末二句，出众生浊名，是第四重名众生浊。

汝等见闻，元无异性，众尘隔越，无状异生。性中相知，用中相背，同异失准，相织妄成，是第五重，名为命浊。

五示命浊。此浊依于识阴，指第八识。七识属行阴，六识属想阴。以第八识，在众生分上，去后来先作主翁；寿命与八识，有连带关系，人生八识未离，寿命未尽，八识离体，寿命即尽，故命浊依于识阴。汝等见闻，元无异性者：汝等见、闻、觉、知（此即根之见闻等精，非六识见闻等），元是一体，本无异性。众尘隔越者：众尘，指明、暗、动、静等六尘，揽尘结根，各开门户，是以隔离一体，而为六精，无状异生；越即离也。此四句举命浊体。

性中相知，用中相背者：然以性中而论，六用元是一体，事同一家，知觉相通，同而非异；若据用中而说，一体既成六用，不无彼此，互相违背，异而非同。同异失准，相织妄成：准，定也，同非定同，异非定异，故曰同异失准。一同一异，交相组织，亦如一经一纬，密织不分，扰乱真性，妄成命浊之相。后二句，出命浊之名，是第五重名为命浊。交光法师云：通上论之，妙觉明心，惟一湛圆，尚无内外，岂有诸浊？因自晦昧为空，空晦暗中，结暗为色之后，则外被五大器界所浑，而为劫浊；稍内被四大身相所浑，而为见浊；更内被六尘缘影所浑，而为烦恼浊，由是断续身心，迁流国土；复被生死所浑，而为众生浊；约此四相，则内外通一浑浊，而全失湛义；又由是而众尘结滞，六根不复通融，而为命浊。约此一相，则全失圆义。故欲复本湛圆，须求澄浊之法，是以下文，方教澄浊也。

阿难，汝今欲令见、闻、觉、知，远契如来，常、乐、我、净。

上科明众生具足五浊，本有湛圆之性，所具四德，隐而不现；此科乃示澄浊还清之法。其法先要决择真妄之因心，取真舍妄，下手起修，则浑浊可澄，湛圆可复也。故告阿难，汝今根中，所具见、闻、觉、知之性，即本觉心。与十方如来，所证常、乐、我、净之德，即究竟觉，本来一体，无二无别，本来湛然清净，本来圆满周遍，因有五浊，故失四德。

且以五浊四德对论，因有众生浊，则生死流转，故失真常，而成无常；因有烦恼浊，根随缠缚，则失真乐，而成苦恼；因有见浊、命浊，根识和合，则失真我，而成妄我；因有劫浊，世间尘劳，则失真净，而成不净。此但约别义，若约通义，每一浊皆失四德，失非真失，如浊水则亡清洁，究之清水，仍在浊中；四德虽非真失，五浊现在未除，是以与佛果德，自觉悬殊。汝今欲令，具五浊之四性，远契如来之四德，非假澄浊之功不可！有志澄浊，非先择真因地心，亦不为功，故须决择取舍。

应当先择死生根本，依不生灭，圆湛性成。

此即决择真妄二本。若决择不明，取舍颠倒，则五浊无由而清，涅槃无法可证，故佛特嘱以应当拣择，真因地心。死生根本：即第六意识攀缘心；佛前判二根本中，此为妄本。凡、外、权、小，不达此心不是真因，悉取而错乱修习，不能得成无上菩提，故佛三番极破其妄，以是生灭之因，不契涅槃果德，故应先决择，舍而去之。

依不生灭，圆湛性成者：即根中所具，不生不灭，圆满周遍，湛然常住之本觉佛性，乃前佛判二根本中，此为真本，是菩提涅槃，元清净体，故佛十番极显其真。近具诸根，远该万法，凡、外、权、小，悉皆昧之，日用不知，今当决定明白，取而用之。

上二句即舍识，下二句即用根。舍识、用根，为楞严一经要旨，识心若不舍除，大定何自而修？根性若不取用，涅槃何得而证？故示阿难，请修之法，即示以舍识用根。下文若弃生灭，守于真常，亦此义也。成字，即依不生灭，圆湛根性，成为真因地心，因真则果证，故得圆成果地修证，即成果地觉。二成字相照应。

以湛旋其虚妄灭生，伏还元觉；得元明觉，无生灭

性，为因地心。

上科成字，即成此因地心。以，用也；湛即不生灭圆湛性，亦即如来十番所显之见性，亦即观耳门所用之闻性。下文击钟所验，常住本不生灭，见大所示，圆满本来周遍，飞光所显，湛然本不动摇，则以（用也）此不生灭，圆满湛然之根性，旋其虚妄灭生。旋，转也，其指五浊，五浊总属虚妄生灭之法，不出身心世界。旋字，即下手工夫，将自己圆湛心中，提起一段心光，不外照根身器界，但内照本源心性，自可旋浊成清，旋妄复真矣！下喻静深不动，沙土自沉。伏还元觉者：伏，即脱黏内伏；还，即澄浊还清；元觉，即本有元明觉性。此句乃旋妄复真，下喻清水现前。得元来妙明本觉，无生灭性，为因地心，此心与果地觉相同，自可远契如来果德。至此位当十信满心，以能双伏二障现行也。

然后圆成，果地修证。

然后即承上先伏后断，断一品无明，登圆教初住，经历五十五位，真菩提路，圆成果地，真修满证，圆满无上菩提，下喻去泥纯水。

如澄浊水，贮于静器，静深不动，沙土自沉，清水现前，名为初伏客尘烦恼。

此喻旋妄复真。即以前所举五浊，浊于圆湛之性，遍成虚妄，生灭之相，譬以尘土，投于清水之内，遍现浑浊之形。今欲旋妄，如以静器贮水，静器合根；不奔尘水，合圆湛不生灭性。静深不动：如观世音，从闻、思、修，反闻自性，渐次深入，合以湛旋其虚妄灭生。沙土自沉，清水现前：合伏还元觉，得元明觉，为因地心，沙土自沉，即双伏二障现行，位当十信满心，故曰名为初伏客尘烦恼。此客尘非喻见思，乃指二障现行，生灭不停，如客如尘，今则已伏。《正脉》云：初伏客尘烦恼，应是信满，已断二惑，并伏无明者也。此喻伏成因地。

去泥纯水，名为永断根本无明。

此喻断入果地。前之砂土虽沉，泥犹未去，合无明伏而未断；今去泥，合已断无明；前清水虽现，合伏还元觉未纯；斯则纯水，合圆成果地修证。名为永断根本无明：即最初生相无明，亦皆断尽，究竟净觉也。

明相精纯，一切变现，不为烦恼，皆合涅槃清净妙德。

明相精纯：对法说中，圆成果地修证，妄无不尽，真无不圆，即是纯圆独妙，而证究竟极果。对喻说中，去泥纯水，尘土灰沙已去，惟一清水湛明之相现前，精纯而不杂乱，任从如何搅动，皆不复浊。佛证极果，倒驾慈航，示入生死苦海，变现一切身心世界，或顺行，或逆施，皆不为烦恼，而成妙用。不为四缠五浊之所碍，皆合涅槃清净妙德，转五浊而成四德，一一自在无碍也。

第二义者，汝等必欲发菩提心，于菩萨乘，生大勇猛，决定弃捐，诸有为相。

首句牒名。上科拣择因心，此科承上拣择既定，则决定从根解结，以为此科之宗，方克脱缠，顿入圆通以为此科之趣。从根解结，是修楞严大定下手工夫，前三卷半，佛开示真因地心，为最初方便，上科所拣之因心，即佛所示之因心，此科依此因心起修，为初方便，即入初发心住之方便。住前工夫，初学最关紧要，不得不详细发明。既教舍识用根，尚要示以选择圆根。文云：圆根与不圆根，日劫相倍，较之从尘从识从大而修者，其迟速何可以算数计耶？此为至巧至速之法门，故题中称修证了义。此第二决定义，佛意汝等必欲发菩提心，必欲亦即决定义。菩提心，即大道心，求成无上佛道之心，又即最上乘心，不求声闻、缘觉，惟依最上乘，发菩提心，此属愿。于菩萨乘，生大勇猛者：即依愿起行，菩萨为大道心众生，是已发菩提心之人，而修最上一乘之菩提行，生大勇猛，精进不退之心。决定弃捐（舍也），诸有为相：即舍权、小，所用生灭心，为本修因者。有生灭，即是有为相。此文内具三种决定：一、决定发菩提心，二、决定修菩萨乘，二决定舍有为相（即决定舍识用根）。此种愿行，实属可嘉！故下示以决定从根解结，方能依因克果也。

应当审详，烦恼根本，此无始来，发业润生，谁作谁受？

此承上欲捐有为，须离烦恼；欲离烦恼，须绝根本。故教以应当审察详细烦恼根本。烦恼是生死苦果之因，别则根随等二十六法，总则唯是六识，以六识对境分别，生诸烦恼，此属枝末无明。根本即最初生相无明，和合八识之中，结滞六根之内，六根见闻等性，皆无明力，转本有之智光，成能见之见分，能生枝末，故以根本称之。由是观之，生死根本是六识，佛判真妄二本中云：一者无始生死根本，则汝今者，与诸众生，用攀缘心，为自性者。烦恼根本即是六根。后诸佛异口同音，告阿难言：汝欲识知，俱生无明，唯汝六根，更无他物。此无始来发业润生，谁作谁受者：即审详此烦恼，自从无始以来，如何谓之发业无明？如何谓之润生无明？发业，即是造业之因，能发现行之业用，如十二因缘，过去之无明；润生是业之缘，三缘会合，能润今生以受生，如十二因缘之爱取，即中阴身投胎时，一念想爱是也。此二皆烦恼。谁作谁受：即推究根本，意显六根，自作自受。不言六根，而言谁者，即令审详，自审自悟也。此文烦恼根本是六根，意隐难明，当知根即八识，由八识引起六识，起惑造业，依业受生，推末由本，是第八见分，映出去而成六识，为生死根本，六根复为六识根本，故令细推，发业润生，实是八识，自作自受。

阿难，汝修菩提，若不审观烦恼根本，则不能知，虚妄根尘，何处颠倒。处尚不知，云何降伏，取如来位？

此承上文。汝既决定发菩提心，修证无上菩提之道，必要断除烦恼，欲断烦恼，必先究其根本，故语之曰：设若不审详观察烦恼根本，则不能知虚妄根尘，从何处而起颠倒。根指有情四大六根，尘指无情五大空界。此根尘本非实法，故曰："虚妄。"乃因颠倒而有，颠倒即本末无明。此颠倒起处在根，佛不明言，但曰何处，要其自审，即究根本也。颠倒起处尚且不知，云何降伏烦恼，取证如来正位？此文与第一卷，佛语阿难，真所爱乐，因于心目，若不识知心目所在，则不能得降伏尘劳。但要断除烦恼，必先审得根本；为国王讨贼，必先捣其巢穴，除其首脑，使其无所依藏，则自离自散，自降自伏；反言若不知处所，云何降伏坐令太平耶？

阿难，汝观世间解结之人，不见所结，云何知解？

上法说，此喻明。世间解结之人，喻修菩提断烦恼之众生。不见所以起结之元，喻不知烦恼根本，及虚妄根尘，何处颠倒。云何知解者：以不见所以起结之处，云何而能知解？喻处尚不知，云何降伏断除，而取如来位？此文为下文绾巾示结之张本，亦即从根解结之伏线。众生根中有六结，六结即我法等烦恼，选根修证即解结。观世音耳根圆通，即解六结、越三空、破五阴、除五浊，与此二种决定义，若合符节。

　　不闻虚空，被汝隳裂。何以故？空无形相，无结解故。

　　前四句喻妄，有结有解，须见结处，方能知解；此五句喻真，虚空喻真性，并不闻世间虚空，被汝隳毁破裂，言从来无有此事。何以故？征其所以，下二句解释。以空无形相，本来无结，亦复无解；喻真性无相，安有结解之可言哉？此又对上上根人说，如前云：何藉劬劳，肯綮修证，狂心若歇，歇即菩提矣！

　　则汝现前，眼、耳、鼻、舌，及与身、心，六为贼媒，自劫家宝。

　　此指根是结。即示虚妄根尘，颠倒之处。则字紧承上文，欲知结处，则汝现前此身，眼、耳、鼻、舌，及与身心（即意也），六精是也。此六精乃为钩通家贼之媒，媒贼钩通，自劫家宝，所以损法财，灭功德，皆由此也。有指六尘为贼，其义非是，以尘属无情，当指六识为贼。第一卷如来破妄识非心文中，问阿难云："汝目可见，以何为心，当我拳耀？"阿难答曰："如来现今，征心所在，而我以心，推穷寻逐，即能推者，我将为心。"佛言："咄！阿难，此非汝心！"阿难问佛："此非我心，当名何等？"佛告阿难："此是前尘虚妄相想，惑汝真性。由汝无始至于今生，认贼为子，失汝元常，故受轮转。"佛分明指六识为贼。有人以六根为贼媒，六识为外贼，外字亦复不当，识本在内，云何说外？故今以六识为家贼，六根与之钩通，由六根对六尘，引发六识，起惑造业，故根有媒义。昔有僧问善知识："家贼难防时是如何？"答曰："知之不为冤。"斯言甚是。切勿认贼为子，自取其害。又保福禅师云："贼是家亲。"以是而观，六识不可以外贼名。

　　由此无始，众生世界，生缠缚故，于器世间，不能超越。

此指六根即是结处。自从无始，最初一念妄动以来，从微至著，六根起结，故于众生有情世界，揽四大六根为自体，执此身以为实我，妄生缠缚，将广大圆满之心性，变局于四大之中，埋没于五阴之内，不能解脱；于外之五大六尘，器界世间，执此以为心外实法，妄生挂碍，如鸟在笼，不能超越，即不能出三界，了生死也。我等真性，从真起妄，根结既成，遂于身心世界，皆不自在，迷者求出三界，悟者但除根结，根结若除，尘相自灭，不惟身得自在，即于世界，亦复无碍矣！

阿难，云何名为众生世界？世为迁流，界为方位。

此明六根数量缘起。上二句征问，下二句解释。此世界，乃指有情根身，非谓无情器界。世约时言，有过去、现在、未来，迁流不住为义；界约处说，有前后左右上下，方位定在为义。

汝今当知，东西南北，东南西南，东北西北，上下为界；过去未来，现在为世；方位有十，流数有三。

此世界即指根身。有过现未来，时时迁流不住为世；有前后左右上下，方位定在可分为界；如器界东西等，定位可明也。末二句结成，十方三世之数。

一切众生，织妄相成，身中贸迁，世界相涉。

一切众生之身，乃由四大六精，交相组织，虚妄而成。有情之根身，身本四大假合，四大属无知色法，由有见闻等精，旋彼无知，而成有知，故称有情众生世界。既有根身，即有世界，在根身之中，贸易迁流，如世行商，贸易诸货，迁流不停。界相则贸易不定，如转前为后，转左为右等。世相则迁流不停，如转现为过，转未为现等。世界相涉者：以世涉入界中，以界涉入世中，彼此交互相涉，为下叠成功德数量之基础。

而此界性，设虽十方，定位可明，世间只目东西南北，上下无位，中无定方。四数必明，与世相涉，三四四三，宛转十二。

此先辨定界性。而此界性，设立方位，虽曰十方。观虽字，则十不定十，究其一定方位可明者，世间人，只目（名也）东西南北四方。上下无位，中无定方二句，释其只名四方之所以。以上下即四方之上下，离却四方，无别上下，故曰无位。中无定方者：中即四方交接，四隅之中，一隅乃合两方所成，亦无一定方位。

四数必明四句，惟取东西南北，四方之数，必定可以指明；与过、现、未来三世，互相涉入。三四四三：以三世涉入四方，三四成十二；以四方涉入三世，四三亦成十二。故曰宛转十二，左之右之，转来转去，无不是十二也。此为第一叠（重也），为下二叠之本。

流变三叠，一十百千，总括始终，六根之中，各各功德，有千二百。

流者从本流末，从一叠流至三叠，变者变少为多，由十二变为千二，一十二字，即是十，如世人称十为一十，百为一百，千为一千。三叠即上第一叠，以方涉世，三世各有四方，三四变成十二；第二叠，以世涉方，每方各有十世，变成一百二十；第三叠，每一世各具十方，变成一千二百。文中但言一十百千者，举整数略零数也。此约三四为第一叠。若以四三为第一叠，例此可知。蕅益大师另释三叠：第一叠，三四四三成十二也；第二叠，即四方中之三世，每世各具十法界，则十二成一百二十也；第三叠即界界各具十界，则百二十成一千二百也。故下文意根中云，默容十方三世，一切世出世法。

总括始终者：一叠为始，三叠为终，括者包括，即总括从始至终，六根之中，功能德用，有一千二百。谓众生六种根性，各各周遍身心，身心既是世界相涉而成，已变成一千二百分剂，而六种根性，亦各各变成，一千二百功能德用也。《指掌》设问：此根性功德，与《法华》六根功德，为同为异？答：此约理具，谓性中自有；彼约事造，经功感现。彼若不仗经功，亦唯理具；此若既解根结，亦齐事造；是则即同而异，即异而同，不可言同，不可言异，思之。

阿难，汝复于中，克定优劣：如眼观见，后暗前明，前方全明，后方全暗，左右旁观，三分之二，统论所作，功德不全，三分言功，一分无德，当知眼唯八百功德。

根性平等，根根功德亦等，本无可拣，因诸方众生，根有优劣，娑婆世界亦然。六根之中，三优三劣，以具千二百功德为优，八百功德为劣。三优之中，复以耳根为最优，故佛告曰："汝复于六根之中，克定孰优孰劣？"如眼下，别示功德具缺。具者为优，缺者为劣。如眼观见，观见即眼根见性功德，身之前后左右，即南北东西。后暗，后北方不见为暗；前明，前南方能见为明。又云："前方全明"，以正南，及东南西南二隅，完全能见；"后方全暗"，以正北，及东北西北，完全不见。左右旁观，以正东正西，左顾右盼，两旁观察，亦全能见。

三分之二者：言功德之分数，前方与前二隅为一分，左右两方为一分，后方与后两隅为一分，四方每方二百功德，共成八百；四隅每隅一百功德，共成四百，合成一千二百功德。眼根只得三分二，以后方全暗，缺了一分故。统论眼根，所作功德不全，三分言（论也）功德，缺了北方及后二隅无功德，当知眼根，唯有八百功德，为劣。

如耳周听，十方无遗，动若迩（近也）遥（远也），静无边际，当知耳根，圆满一千二百功德。

此明耳根闻性功德。如耳周遍听闻，十方之声，无所遗漏。如下所云："十方俱击鼓，十处一时闻。"闻性周圆，此即圆真实。声有动静二尘，有声曰动，无声曰静，闻动之时，若有近远之分；若者似也，声尘虚妄，本非实有，故曰若有。但似有近远之声，近远皆闻无碍，此即通真实；闻静之时，寂静无声，闻性愈无边涯际畔，动静皆闻，一切时有，此即常真实；当知耳根圆满一千二百功德，为最优。

如鼻嗅闻，通出入息，有出有入，而阙中交，验于鼻根，三分阙一，当知鼻惟八百功德。

此明鼻根嗅性功德。如鼻嗅闻，能通出息与入息也。通出具四百功德，通入亦具四百功德，而阙（少也）中间交接之际，出入少停之时，功用不显，阙少四百功德。验于鼻根功德，三分阙一，当知鼻唯八百功德，为劣。

如舌宣扬，尽诸世间，出世间智，言有方分，理无穷尽，当知舌根，圆满一千二百功德。

此明舌根之性。惟取言说，不取尝味，以舌性具二功能，若取尝味则劣，以合中知故。而取言说则胜，能宣扬世间法，尽俗谛智慧；能宣出世间法，尽真谛智慧。言有方分，理无穷尽者：或局于方言，如印度法师至中国，不通语言，而所说佛理，无有穷尽；或限于分量，乃以一偈而摄无边妙义。又一解："粗言及细语，皆归第一义。"《法华经》云："治世语言，资生事业，皆与实相，不相违背。"此能尽出世间智也；孔子听孺歌而警心，此能尽世间智也。当知舌根圆满，一千二百功德，为优。

　　如身觉触，识于违顺，合时能觉，离中不知，离一合双。验于身根，三分阙一，当知身唯八百功德。

此明身根觉性功德。如身根对所觉之触尘，识知是违情之触，或顺情之触。违情如夏穿棉衣，冬着单衣；顺情如饥餐美食，渴饮甘露。但合时能觉违顺，离中即便不知，离是一分功德，合是双分功德，故曰："离一合双。"每分四百功德，验于身根，三分功德，缺了一分，当知身根唯有八百功德，为劣。

　　如意默容，十方三世，一切世间，出世间法，惟圣与凡，无不包容，尽其涯际，当知意根，圆满一千二百功德。

此明意根知性功德。默容，即知性功德，口不言而心自知，谓之默；容者包容。十方三世下，举时处人法，以显包容之范围。约处则包容十方，即横遍义；约时，则包容三世，即竖穷义，此时处一对；一切世间，六凡染法，一切出世间，四圣净法，此人法一对。无有哪一法不包容，若人若法，一一皆能尽其涯量边际。当知意根，圆照无遗，故能圆满，一千二百功德为优。

楞严经讲义第十二卷

阿难，汝今欲逆生死欲流，返穷流根，至不生灭。

此正示选根解结。初心下手修行，最切要处。上文已指，虚妄结处在根，复告六根优劣功德，正宜拣选圆根，解除结相，故先令验六根，悟取圆根，一门直入。此段原其能发增上胜心。上一欲字，即指发心乐欲，下一欲字，乃是五尘欲境。逆者不顺之意。流有二种：约因称欲流，即根性不流逸奔尘，不顺五尘欲境之流（法尘是五尘落谢之影）；约果称生死流，即由根缘尘，识生分别，起惑造业，依因感果，流转生死。逆生死流，即旋根脱尘，根尘不偶，惑、业、苦三，无自而生，乃不循尘，自然不流转，合之能逆欲流，生死流自然不顺矣。

返穷流根：即返本穷源，穷生死流之根源，做逆流照性工夫。同观世音，初于闻中，入流亡所，渐次深入，解六结，破五阴，识阴一破，则返穷流根之功成，妄穷真露。至不生灭：即"生灭既灭，寂灭现前"是也。此种发心，即前欲令见、闻、觉、知，远契如来常、乐、我、净；又即发菩提心，于菩萨乘，生大勇猛。至不生灭，则分证如来常、乐、我、净，登圆教初住，得念不退，任运进修，自可圆成无上果觉也。

当验此等，六受用根：谁合谁离？谁深谁浅？谁为圆通？谁不圆满？

当验二字，佛为叮嘱，因心不可不慎。欲求不生灭果，当依不生灭因。六根之性，虽不生灭，既有优劣之分，不得不慎拣选。有欲拣选，先当勘验，此等六受用根，以根能领受诸尘境界，发作见等功用，故名六受用根。谁字正令考察勘验，六根受用尘境，谁是合知？谁为离知？鼻、舌、身三根，为合中知；眼、耳、意三根，为离中知。合知难修，离知易入；就离知三根，再勘验谁是浅显易明？谁为深隐莫测？意根深隐难修，眼耳浅显易入；再就眼耳二根，勘验谁为圆通？谁不圆满？圆通、圆满义同。具千二百功德为圆通，八百功德即不圆满。照上三番勘验，求其离知浅显圆通，唯耳根当之。此文即如来密示耳根，为圆通根，不与阿难明言，令其自验自悟，悟圆之后，但一门深入，自可解结脱缠矣！

　　若能于此，悟圆通根，逆彼无始织妄业流，得循圆通，与不圆根，日劫相倍。

此文承接上段，若能于此六根之中，悟得圆通本根，但依一根，做逆流工夫。彼指根，即识精元明，无始以来，带一分妄，妄心与妄境，互相交织，则成业流，依业受报，流浪生死，故曰业流。果欲逆彼业流，须择圆根。循者顺也，得顺圆根而修，如风帆扬于顺水，与彼不圆之根修之，迟速不同，几有日劫相倍之势。下云"弹指超无学"者，即循圆根也。

　　我今备显，六湛圆明，本所功德，数量如是。随汝详择，其可入者，吾当发明，令汝增进。

备显即全显。上四句指前，谓我现今已为汝完全显示，六根中本来各具一千二百功德，而在迷位中，为根所局，为境所限，不无优劣。又与汝全显，所有差别功德数量，如前文所说者是也。湛圆明，乃六根之义相。前云："分汝湛圆，妙觉明性，为视、为听、为觉、为察。"故知六根中性，即湛圆明性，随汝详细选择，六根之中，何根最圆，可为从入之门，而起修证者，吾当为汝发明，次第解结，渐次深入，令汝得以增进。此中其可入者，亦密指耳根，佛不与明言，但教详择，与前教悟同一用意，要阿难自悟自择，自修自证。悟之与择，不无分别，朗然无疑谓之悟，决定取用谓之择，下即明选择所以。

　　十方如来，于十八界，一一修行，皆得圆满，无上菩提，于其中间，亦无优劣。

十方如来，因地发心，得圆自在慧，故于十八界，兼摄七大：六尘摄五大，空亦色法，为眼根所对；六根摄见大，六识摄识大，二十五门头头是道，一一依之修行，皆得圆满无上菩提，究竟极果。于十八界七大之中间，圣性无不通，顺逆皆方便，亦无优劣之可分。

但汝下劣，未能于中，圆自在慧，故我宣扬，令汝但于一门深入。

此出拣选之由。上段诸佛根器超胜，诸法平等，故门门可入，但汝根器下劣，思惑尚在，未能于诸法之中，得圆融自在之慧，悟明法法唯心，本无优劣。故我宣扬，根有优劣，令汝验证分明，但择一最圆之根，做逆流解结工夫，一门深入。此正如来特为初机，别开方便，故交光法师，判前妙奢摩他科，悟圆理，为最初方便；本科妙三摩，起圆修，为初方便；下科妙禅那，得圆证，为方便，甚得佛之本意。

入一无妄，彼六知根，一时清净。"

此承上一门深入。即从一根，而解六结，入到一真无妄之地，不是横指六根为六结，乃是竖说根根有六结。此结，即从真所起之妄结，六结即是五阴，生则识阴先起，由微至著，一、二、三、四、五、六，色阴具五、六两结；解时从粗至细，六、五、四、三、二、一，色阴先破。深入即次第解结，如观世音菩萨，初于闻中，入流亡所。渐次深入，解除动结、静结、根结、觉结、空结、灭结，六结尽解，方入一真无妄之地。彼六知根，根根根结，随此所入之根，一解一切解。即下文所云：诸余五黏，应拔圆脱，故六根一时，俱得清净。六根清净，即六根开合，开一根作六根用，合六用在一根中，互用清净。亦即下偈所云："一根既返元，六根成解脱。"以上由悟而修，依修得证。

阿难白佛言："世尊！云何逆流，深入一门，能令六根，一时清净？"

此阿难蹑前，验六悟圆，入一解六，两科佛语，领解未彻，重申请问。问意有三：一、前佛云，若能于此，悟圆通根，逆彼无始织妄业流，毕竟云何逆流？二、前佛云，故我宣扬，令汝但于一门深入，云何深入一门？三、前佛云，入一无妄，彼六知根，一时清净，云何一根入流，能令六根一时清净？此中三义，皆领解未彻，故重申请问也。云何二字，贯下作三用。

> 佛告阿难："汝今已得，须陀洹果，已灭三界，众生世间，见所断惑。然犹未知，根中积生，无始虚习，彼习要因修所断得。何况此中，生、住、异、灭，分剂头数？

此佛就问重申前义，但令增加详明而已。一、以阿难我执分别虽破，我执俱生全在，正随逐欲流，决当逆之。汝今五句，先扬见惑已灭；中间五句，抑其思惑未断；末后三句，况显无明分剂。佛告阿难：汝现今已得须陀洹果，即初果。梵语须陀洹，此云预流，初见真谛之理，初预圣人之流，入见道位，亦云入流。《金刚经》云："须陀洹名为入流。"佛自释云："不入色声香味触法，"即背五尘欲境；法尘为五尘之影，不入诸尘，即不入欲流，而入法流也。上文云："欲逆生死欲流。"阿难已灭三界之内，有情众生世间，见道位中，所断我执分别之惑。台宗谓断三界见惑，八十八使，是能逆欲流。以思惑八十一品未断，不能逆分段生死流也。

中五句，即抑云：然犹未知，现前根中，积生无始虚习。积生即历生；无始指从最初一念妄动，由根本而成枝末；虚妄习气，即指我执俱生之惑，经历多生，与生俱生故。台宗谓三界九地思惑，九九八十一品是也。彼习即指此惑，要因修道位中，所能断得也。

阿难位居初果，天上人间，尚要七返受生，方能断欲界九品思惑。上上品，经两生断此一品；上中品、上下品、中上品，三生各断一品；中中品、中下品，一生断此二品，共经六生。断欲界六品思惑，证二果名斯陀含；此云一往来，天上人间，尚要一返受生。断下上品，下中品，下下品三品，证三果名阿那含；此云不来，欲界九品思惑断尽，无因不感果，出离欲界，不再还来欲界受生，寄居四禅天中，五不还天，进断上八地思惑，七十二品尽，成四果阿罗汉；阿难望阿罗汉位尚远。何况此中，生、住、异、灭，分剂头数者：此指法执分别、俱生与无明，台宗谓尘沙无明也。何况反显之词。以我执俱生，尚犹未知，何况法执无明耶？生、住、异、灭，为四相无明。按《起信论》，三细中业相为生相，以不觉心动，最初生起故。转、现二相，及六粗中智相、相续相，皆为住相，以能所对待，法执坚住故。执取、计名二相为异相，以执我、我所，人我执异故。起业相为灭相，以周尽终极故。分剂：即四相分际剂限。头数：约细推之，四相中各有四相，头绪纷烦，数量无尽。故四弘中曰："烦恼无尽誓愿断"也。此分剂头数，非二乘所知。本科即答，汝问云何逆流，汝所未断之我执俱生惑，及法执无明，即是分段、变易，二生死流，汝所当逆断者也。

今汝且观：现前六根，为一为六？阿难，若言一者，耳何不见？目何不闻？头奚不履？足奚无语？

此下乃答阿难第二、第三两问：云何于六根中，只选一门深入？云何入一无妄，能令六根俱净？此皆一六情见未亡，不能彻底明了。故佛令审观，现前六根，为定一耶？为定六耶？此先以双征。阿难下破计一是妄。故呼阿难，而告之曰：若言六根定一者，则用当相通，耳何以不见？目何以不闻？头奚（亦何也）为不履行？足奚为无语言？既不能互相为用，则知计一者非也。

若此六根，决定成六，如我今会，与汝宣扬，微妙法门，汝之六根，谁来领受？"

阿难言："我用耳闻。"

佛言："汝耳自闻，何关身口？口来问义，身起钦承？

此破计六是妄。若此六根，其体决定成六，即当用不相随。如我今会，与汝宣扬，微妙法门，即指本经了义教法，汝之六根，谁一根来领受？阿难答言：我用耳根，闻佛妙教。佛言：汝耳自闻，何关身口之事？何以现见口来问义，身起钦承？既是彼此互通，则知计六者亦非也。

是故应知：非一终六，非六终一，终不汝根，元一元六。

是一六二计俱妄之故，此承上义。应知非一则终六，终字毕竟义，既非是一则毕竟是六；自当用不相随，何以耳闻佛法，口来问义？下句既非是六，则毕竟是一；自当用乃相通，何以耳不能见，目不能闻。终不应言，汝之六根，本来是一，本来是六，元即本义。

阿难当知：是根非一非六，由无始来，颠倒沦替，故于圆湛，一六义生。汝须陀洹，虽得六销，犹未亡一。

　　此根，既不可说是一是六，又不可说非一非六，其故何也？当知是根未结以前，本无数量，故曰非一非六。正由非一非六，所以不许说一说六，由无始来，从真起妄，依惑造业，是谓颠倒；依业受报，是谓沦替；沦溺苦海，生死交替，生而死，死而生，交替不已。既有受生，则有六根，故于圆满湛然，常无一六性中，而有一六义生，元依一精明，分为六和合。又不能说非一非六。汝须陀洹：谓阿难已证初果之人，不入色、声、香、味、触、法，故曰虽得六销。观虽得二字，但是六用不行，六尘脱离，非根结之体全销，故曰犹未亡一。依孤山法师释，执有涅槃是也。

　　如太虚空，参合群器，由器形异，名之异空；除器观空，说空为一。

　　此以喻明。上四句喻从一成六，下二句喻除六说一。虚空喻圆湛之性，群器喻六根之相。太虚空本来无相，不可说同说异，以参合群器之中，由器之形，有长、短、方、圆、大、小，六种之异相，空亦随器而立名，立出方空、圆空等异名。虚空虽随缘现相，体本不变，除异器之形以观空，说空为一，一者同也。不仅说异是妄，即说同亦何尝是真？乃对异立同，犹下偈云："言妄显诸真，妄真同二妄"也。

　　彼太虚空，云何为汝，成同不同？何况更名，是一非一？

　　此喻同异与真体无干。彼太虚空，除器时观同（是一），参器时观不同（是异是非一），安器除器，与虚空无干，故曰：云何为汝成同不同？如是则见同见异（不同也），已属妄见，何况更为安立名言，是一非一，岂不妄上加妄耶？

　　则汝了知，六受用根，亦复如是。

　　此则法合。则汝了了常知，六受用根，亦复如上所立之喻。根中圆湛不生灭性，合太虚空喻；根性本无一六，合虚空本无同异。由结滞为根，因根异故，则说性为六，合参合群器，乃名异空喻。解除根结，说性为一，合除器观空，说空为一喻。当知滞根说性为六固妄，解根说性为一，亦复非真，岂圆湛之性，为汝成一成六耶？合彼太虚空，云何为汝，成同不同喻。根性一六既不可说，岂可更说非一非六，合何况更名，是一非一喻。

由明、暗等，二种相形，于妙圆中，黏湛发见。见精映色，结色成根；根元目为，清净四大，因名眼体；如蒲萄朵，浮根四尘，流逸奔色。

此明揽尘结根，即明成六之由。前四句初成见精。于一根中，有三差别：一见精，二胜义根，三浮尘根，余五根同此。惟以见精见字，换闻、嗅、尝、觉、知也。此推眼根之由，乃由明、暗等，二种色尘，互相形显，于妙觉圆湛性中；此性即真性，圆满湛然，由此明、暗二尘相引。当知明暗之相，因无明妄动，将妙明真空，变成晦昧空，如日被云遮。虽暗不是全暗，明暗参杂，是为晦昧，即真妄和合，由黏起湛然之体，发为见精，属八识见分。见精映色，结色成根者：此四句成胜义眼根，由此见精，对映色尘，遂揽取色尘，结外色而成内四大之胜义眼根也。根元目（名也）为清净四大者：此根为浮尘根之本元，名为清净四大所成，以其相虽属四大，但极微细，圣眼、天眼，方能见之，常眼所不能见也。

因名眼体，如蒲萄朵：此四句成浮尘根。因者依也，依胜义根，而成浮尘根，名为肉眼之体。形如蒲萄朵，即眼珠子。此浮根乃四尘所成，实则浮、胜二根，皆地、水、火、风四大，及色、香、味、触四尘，八法所成。今胜义但言四大，浮尘但言四尘者，彼此互影也。流逸奔色者：以浮根既成，众生聚见于眼，见精托根而出，日与色尘相对，根随尘转，循色流转，纵逸无度，日奔驰于色尘之境，根为尘局，不能超越色尘，自此与耳等诸根，永成相背耳。前云由器形异，名之异空，即喻此也。流逸奔色：《宝镜》立三喻：流如怒涛之赴壑，逸若纵火之烧山，奔犹骏马之驰坡。其顺而莫遏之势如此，若欲销尘解结，非有截流之机，其何以制之者哉？

由动、静等，二种相击，于妙圆中，黏湛发听。听精映声，卷声成根，根元目为，清净四大。因名耳体，如新卷叶，浮根四尘，流逸奔声。

此推耳根之由，乃由动、静等，二种声尘，互相攻击，以动击静则静亡，以静击动则动灭。在妙觉圆湛性中，引起湛然之体，发为闻精，此四句初成闻精也。闻精对映声尘，卷（收摄也）声成根，此根为浮尘根之根元，名为清净四大，其相极微细，此四句卷外声，而成内四大，胜义耳根也。因名耳体四句，成浮尘根。因者，依也，此根依胜义根而成，名为肉耳之体，如亲卷荷叶之形，此浮根乃四尘所成，与四大互影同前说。此根循尘流转，终日流逸，奔逐于声尘之境。

由通、塞等，二种相发，于妙圆中，黏湛发嗅。嗅精映香，纳香成根，根元目为，清净四大。因名鼻体，如双垂爪，浮根四尘，流逸奔香。

此推鼻根之由，乃由通、塞等，二种香尘，互相显发，因通显其非塞，因塞显其非通，于妙觉圆湛性中，黏起湛然之体，发为嗅精；此四句初成嗅精也。嗅精对映香尘，纳（吸取也）香成根，根元名为清净四大，其相极微细。此四句纳外香，而成内四大，胜义鼻根也。

因名鼻体四句，成浮尘根。因者依也，此根依胜义根而成，名为肉鼻之体，如双爪下垂之形，此浮根乃四尘所成，与上四大互影耳。终日流逸，奔逐于香尘之境。

由恬、变等，二种相参，于妙圆中，黏湛发尝。尝精映味，绞味成根，根元目为，清净四大。因名舌体，如初偃月，浮根四尘，流逸奔味。

此推舌根之由，乃由恬变等，恬指恬（安也）然无味，变指变迁（苦去甜来）有味，二种妄尘，互相参对，对恬知变，对变知恬，于妙觉圆湛性中，黏引湛然之体，发为尝精，此四句初成尝精也。尝精映对味尘，绞（旋取也）味成根，根元名为，清净四大。此四句绞外味，而成内四大，胜义舌根也。因名舌体四句，成浮尘根。此根依胜义根而成，名为肉舌之体。如初偃月之形，舌相圆形，同月初之月，半个圆形，此浮根亦四大四尘，八法合成，单言四尘者，与上胜义根，四大相互影耳。终日流逸，奔逐于味尘之境。

> 由离、合等，二种相摩，于妙圆中，黏湛发觉。觉精映触，抟触成根，根元目为，清净四大。因名身体，如腰鼓颡，浮根四尘，流逸奔触。

此推身根之由，乃由离合等。身根有离知合知，二种妄尘，相摩交际也。于妙觉圆湛性中，黏起湛然之体，发为觉精，此四句初成觉精也。觉精映触，抟取触尘，以成胜义身根。根元二字，以能为浮尘根之元，名为清净四大，其相极微细。因名身体四句，成浮尘根，此根依胜义根而成，名为肉身之体。如腰鼓颡之形，腰鼓俗名杖鼓，腰细以皮革瞒其两头。状如人身，颡鼓腔也。浮根亦四大四尘，八法所成。终日流逸，奔逐于触尘之境。

> 由生、灭等，二种相续，于妙圆中，黏湛发知。知精映法，揽法成根，根元目为，清净四大。因名意思，如幽室见，浮根四尘，流逸奔法。

此推意根之由，乃由生灭等，二种妄尘，生而继以灭，灭复继以生，生灭相续，于妙觉圆湛性中，黏起湛然之体，发为知精，此四句初成知精也。知精映对法尘，揽取法尘，以成胜义意根。根元者，为浮尘之本源，名为清净四大，其相极微细。因名意思四句，成浮尘根，不云意体，而言意思，以意之浮尘根，即肉团心。孤山法师，引《正法念经》，状如莲华，昼开夜合。在人身中不可见，故用思字。以明有思量处，即意根所在也。如幽室见者：意根在内，如人在幽室中见物，意根内照法尘，亦复如是。浮根四尘同上解，终日流逸，奔逐于法尘之境。上乃别明，下则总结。

> 阿难，如是六根，由彼觉明，有明明觉，失彼精了，黏妄发光。

此总结根结由妄，仍指六根中性。阿难，如是六根之性，本来是真，由彼觉明，即性觉妙明，乃真觉真明。有明明觉：上一明字，即最初一念，于性觉必欲加明，因此一念妄动，转妙明而成无明，转性觉而为妄觉。明觉二字，即妄明妄觉。此二句，即性觉必明，妄为明觉，从真起妄，妄起真隐，故云失彼真精，了明之性；成此妄明，不得称为妙精明，即第八识见分。体虽本真，用终常妄,前如来十番显见,但显其真,二妄重剖,即破其妄。黏妄发光者:前黏湛发见等,是妄尘黏湛然真性,而发见等六精,此是真性黏妄尘,而发见分之光。元是一精明,复因揽尘结根,六根既成,分一精而为见等六用,即分成六和合也。此黏妄二字为成根之本也。

是以汝今,离暗、离明,无有见体;离动、离静,元无听质;无通、无塞,嗅性不生;非变、非恬,尝无所出;不离、不合,觉触本无;无灭、无生,了知安寄?

上科分论,揽尘结根,此科统论,离尘无结。皆上句离尘,下句无结。又上科正所逆之流,此科即能逆之法。良以奔尘,即为出流,亡尘正是逆流。是以汝今,若能双离明暗二尘,自然无有聚见于眼,结滞为根之妄体。此体因结色所成者,非是照用自在之常体。余五准此可知。元无听质,质亦体也。此文无体句,须研究明白透彻,真妄二体,以揽尘结根,聚见于眼是妄体,以元明照用,常光独耀是真体,免同阿难之错解谬难也。

汝但不循,动、静、合、离、恬、变、通、塞、生、灭、明、暗,如是十二诸有为相。

循者顺也。不循十二诸有为相,即不顺流奔尘。以动、静二尘列首者,密示当用耳根也。此正教离尘工夫,必要从根解结。如何解法?汝但要旋根,自可离尘。此不循即前不随分别,世界、业果、众生三种相续,亦即欲逆生死欲流。逆字之义,亦即观世音菩萨,入流解结之功,至简要,最圆顿,乃为一乘修法。凡有志楞严者,于此不循二字,宜究心焉!此即华屋之门径,下文所选之耳根,即入华屋之正门也。

随拔一根,脱黏内伏,伏归元真,发本明耀。耀性发明,诸余五黏,应拔圆脱。

拔者选拔,即应前文。若能于此,悟圆通根,逆彼无始织妄业流,得循圆根,与不圆根,日劫相倍。随拔一根:即随汝选拔一根,要圆通根,但依此而修,不必六根齐修。脱黏内伏,伏归元真者:脱黏即离尘,内伏即照性,脱所黏之妄尘,回本有之常光,内伏反照照自性,但从一门,逆流深入,解结破阴，伏归本元一真之心，妄惑既尽，本明自发，故曰发本明耀，即所谓净极光通达矣！

又此段正从根解结，次第修证之功，提起自己本有心光，离尘照性，乃是无修之修；得入圆通，乃是无证之证，亦题中修证了义。今以观世音，从闻、思、修，初、中、后节次合之：脱黏即初于闻中，入流亡所，所入既寂，动静二相，了然不生，解动、静二结，破色阴；内伏即如是渐增，闻所闻尽，解根结，破受阴；伏归元真，即尽闻不住，渐次深入，乃至生灭既灭，解觉空灭三结，破想、行、识三阴；发本明耀，即寂灭现前，发本有妙明光耀之性。此耀性一发明，通天彻地，耀古腾今，非外尘所能碍，内根所能局，所谓灵光独耀，迥脱根尘，体露真常，无一非寂灭真境，故诸余五根黏尘之妄，皆应（随也，响应也）此选拔之一根，圆满而齐脱矣！即答前但于一门深入，能令六根一时清净，亦即下文偈云："一根既返源，六根成解脱。"

不由前尘，所起知见，明不循根，寄根明发；由是六根，互相为用。

此承明诸余五黏，应拔圆脱之相，亦即答前入一无妄，彼六知根，一时清净之义。上科是明修法，此科是明证境。二妙即结解之后，所发自在用：一情界脱缠，二器界超越。因前佛哀愍会中，声闻、缘觉，于菩提心未自在者，故示一门深入之法，令得六根清净，得大自在也。又释阿难伏疑，六根净后，有何利益，故示二妙。不由前尘，所起知见者：明外不由尘，此脱尘也；前尘指现前，明、暗等十二尘，知、见举二，该括六精。众生聚见于眼，聚闻于耳，是由前尘，所起知见，乃属妄知妄见。今发本明耀，心光遍照，不假外尘，窥天鉴地，是不由前尘，所起知见，乃属真知真见，即众生本具之佛知见。明不循根，寄根明发者：明内不循根，此脱根也；今耀性发明，照用遍现，不用浮、胜二根，但是寄托于根，而发照明之用，实不全由于根也。故佛菩萨不俯仰，不回转，圆见十方，可为明证。

由是六根，互相为用者：正由根尘双脱，灵光独耀，方成六根互用之妙。互用即根隔合开，自在成就，合见、闻等六用，于一根中（如眼不独能见，亦具闻、嗅、尝、觉、知等六用也），开一根作六根之用。此即诸黏圆脱，六根清净，自在无碍之妙用，位当在信满入住，同观世音菩萨，寂灭现前，忽然超越，世出世间之境。正由选拔一根，脱黏内伏，伏归元真，发本明耀，方能有此妙用。有人以六根清净，指解第三根结，即能证此，余意非之，请俟高明审之！工夫至此，于众生世界（有情世间），不复生缠缚矣！

　　阿难，汝岂不知，今此会中，阿那律陀，无目而见？跋难陀龙，无耳而听？殑伽神女，非鼻闻香？骄梵钵提，异舌知味？舜若多神，无身觉触？如来光中，映令暂现，既为风质，其体元无。诸灭尽定，得寂声闻，如此会中，摩诃迦叶，久灭意根，圆明了知，不因心念？

　　《正脉》云：此恐凡、小，久执六用，必循六根，骤闻明不循根，疑而不信，故引现会以证，令得除疑。汝岂不知者：反问之词，今此楞严法会之中，阿那律陀，此云无贫，九十一劫，不受贫穷果报。白饭王之子，从佛出家，多好睡眠，被佛呵责，精进失目，佛怜而教之，令修乐见照明，金刚三昧，遂得半头天眼，观见三千大千世界，如观掌果，无目而见，此见不循眼，寄头明发，是一证也。他如跋难陀龙，此云善欢喜，护摩竭陀国，风雨以时，人民欢喜，故以名焉。它虽有耳而失聪不能闻声，乃用角而听；此听不循耳，寄角明发。殑伽神女，殑伽是河名，此云天堂来，发源于雪山之顶，阿耨达池，流出四河，此其一也，神女是主河神，非鼻而能闻香。骄梵钵提，此云牛呞，食后恒呞虚哨，异舌而能知味。舜若多神，此云虚空神，以历劫无身为苦，佛放拔苦光，映令暂现身触，乐不可言，其质如风，其体元无，无身亦能觉触。

　　诸灭尽定，得寂声闻者：灭尽定，亦云灭受想定，前五与第六识，受想皆不起现行，即第九次第定。前八属有漏，此一属无漏。得寂：寂即灭谛，得证灭谛涅槃，成阿罗汉，故曰得寂声闻。如此会中，摩诃迦叶尊者，久灭意根，不特六识不起现行，即七识粗分亦灭，故曰久灭意根；而能圆明了知，一切诸法，不因第七第六之心念。今在鸡足山，待弥勒下生传衣，即入此定。孤山曰：以上六人，或是凡夫业报，或是小圣修得，斯皆妄力，尚不依根，何况圆脱，岂无互用？

　　阿难，汝今诸根，若圆拔已，内莹发光，如是浮尘，及器世间，诸变化相，如汤销冰，应念化成，无上知觉。

　　此中一根返源，六根清净，情界脱缠，器界超越，同在一时，因言不顿彰，文分先后。故重牒曰：汝今诸根，若圆拔已，内莹发光，即耀性发明，体净用现也。此拔字，不作选拔解，乃是脱义。如是浮尘至虚浮之尘境，如阳焰空华等，及器世界，似实有法，山河大地，万象森罗，诸变化相，无而忽有谓之变，有而倏无谓之化。应念化成，无上知觉者：应念即随心之谓也，以一切诸法，染、净、苦、乐等相，皆随心光之所镕化，还成本觉真体，如汤销冰，冰即成水；众生迷时，如水成冰，无碍而碍，遂成器世间诸相。今已修证，故如汤销冰，碍即无碍，汤喻心光，故曰应念化成，无上知觉。交光法师曰：夫山河大地，皆自心纯觉之体，则翻苦作乐，变秽为净，乃至大小互融，一多不碍，无所不可，如后观音三十二应等，得大自在也。是知六根未解，非惟器界，不得自在，虽根身亦不得自在；六根既解，非惟根身得大自在，虽器界亦得大自在矣！此学者，但当解根，无劳出界也。

　　阿难，如彼世人，聚见于眼，若令急合，暗相现前，六根黯然，头足相类。彼人以手，循体外绕，彼虽不见，头足一辨，知觉是同。

　　上科由不循根，为根身自在之本，故举人以证，不循根不无知见。此科由不藉缘，是器界自在之本，故即事以验，不藉缘不无知觉。故呼阿难之名，如彼世间之人，但聚见于眼，见性本来，廓周法界，只因众生，黏湛发见，结色成根，遂聚见必依于眼，离眼无别有见。

　　若令急合下，举事以验。若令世人，急合其眼，遂成暗相现前，设有一人，立于合眼人前，六根黯然莫辨，头之与足相类，无可分别。彼人以手，循体外绕者：彼合眼之人，以其手循所立之人身体，外绕一匝，即以手摸其全体，彼虽合眼，不见其形，头足一辨，摸头则知为头，摸足则知是足，此之知觉，同而不异。

　　缘见因明，暗成无见；不明自发，则诸暗相，永不能昏。

　　世人皆谓能缘之见，必因于明，有明方成有见，暗时即成无见。不明下，指前合眼之人，对彼前立之人，黯然不明，自然能发知觉，则诸暗相，永不能昏。谓虽灭明尘之缘，亦复何碍于见？此正验不藉缘。对彼凡、小，过虑圆妙未发，先销根尘，恐致落空，故举此以验，令其进销无畏也。

根尘既销，云何觉明，不成圆妙？"

上科举验，凡夫根尘未销之人，见性尚不藉缘，况显进修之士，根尘既销，云何本觉胜净明心，而不成圆通妙用哉？根尘既销三句，合前文。根谓根身，即情世间；尘谓尘境，即器世间。既销者，即内莹发光，所有诸相，如汤销冰。云何觉明不成圆妙者：即应念化成无上知觉也。文从阿难请修至此，佛为说二决定义，前义略示因心须择，令圆成果地修证，后义详示初心方便，令切晓下手工夫。解根方法，发明详尽，但未显指何根，为证入华屋之门，佛虽密示，而学者于此，宜当反覆潜玩，庶几有得。

阿难白佛言："世尊！如佛说言：因地觉心，欲求常住，要与果位，名目相应。

如佛说言：指佛先所说，汝等决定，发菩提心，应当先明，发觉初心，二决定义。此发觉初心即因地心，故曰因地觉心。欲求常住，不生不灭之佛果，即上文所云：汝今欲令，见、闻、觉、知，远契如来，常、乐、我、净，应当先择生死根本，依不生灭圆湛性，成为因地心，然后圆成果地修证。此分明说因地心，要与果位名目之义相应，不是名目皆同，必要其义相应，若以生灭心为因，而求佛乘，不生不灭，即义不相应也。

世尊！如果位中，菩提、涅槃，真如、佛性、庵摩罗识、空如来藏、大圆镜智，是七种名，称谓虽别，清净圆满，体性坚凝，如金刚王，常住不坏。

此引果常住。七果皆取如来果地所证，不取在缠因地所具。菩提：是究竟智德，离烦恼所知二障所成故。涅槃：是究竟断德，出分段、变易二死所证故。真如者：天然性德，无妄曰真，一真一切真，无有一法不真，若真外有妄可遣，则非纯真；不异曰如，一如一切如，无有何法不如，若法中有如可立，则非本如。众生迷时若失，诸佛证后，称真如体，起自在用，不变随缘，随缘不变。佛性：即本觉真心，本来是佛，众生皆具，但在迷位，佛性埋没于五蕴身中，诸佛修证，本觉出缠，即妙而明，即明而妙也。庵摩罗识：此云无垢识，亦云白净识，迷位之中，名阿赖耶，佛果位中，号庵摩罗，善能分别一切诸法，而无染著。空如来藏：诸佛因中，返妄归真，复本心源，究竟清净，惟一真心，更无他物。大圆镜智：转第八识所成，与庵摩罗识，转阿赖耶所成无异，亦同照万法。《八识规矩颂》云："大圆无垢同时发，普照十方尘刹中。"二者有何分别？而无垢识，分别一切，而无染著，故名无垢；大圆镜智，圆照万法，而无分别，如圆镜照物，平等普照，不起分别，故称大圆镜智。问："此二与菩提智果，有何差别？"答："此二惟照俗谛，一有分别，一无分别，而菩提智果，即一切种智，乃三谛圆照也。"

是七种名，称谓虽别：是七种佛之果德，名称虽别，体性无殊，本来清净，纤尘不立，本来圆满，万德具足，其体坚固，不可破坏；其性凝然，本不动摇；喻如金刚王宝，最为坚固，能坏一切，一切无能坏者。称之以王，表其最尊最胜，惟佛独证。喻上七种，同一常住，不生不灭，不变不坏，一成永成也。是知欲获常住果，必要常住之因，方能契合。

若此见听，离于明、暗、动、静、通、塞，毕竟无体，犹如念心，离于前尘，本无所有。

前四句疑因断灭，后三句疑同妄识。若此见听：根惟举二摄六；若离明暗等，尘则举六以摄十二。阿难因闻佛说，离明、离暗，无有见体；离动、离静，元无听质等，不知佛说，揽尘所结之根，离尘无有结体，并非无有性体。前喻由器形异，名之异空，除器观空，说空为一。法合离尘无有结根之体，惟一精明之体，如除器观空，说空为一也，非言毕竟断灭。阿难错解佛语，疑根性为断灭，故曰：毕竟无体。仍复谬证，乃云犹如念心，即第六意识心，离于前尘，本无所有。此是佛第三番破识心无体，说识心乃前尘分别影事，离尘毕竟无体。阿难疑根性同念心。

云何将此毕竟断灭，以为修因，欲获如来，七常住果？

此谬疑因果相违。阿难以佛于第一决定义中，所示必定以因同果，若以生灭心为本修因，而求佛乘，不生不灭，无有是处。故惊疑难问：云何将此毕竟断灭之根，以为本修因，欲获得如来果地，七种常住之果耶？此阿难因闻佛示，拣选圆根，一门深入，故起斯难。

世尊！若离明、暗，见毕竟空；如无前尘，念自

性灭。

此牒前语，指根同识，单举一根，例余五根。意言此根性，离尘无体，与佛所破识心，离尘无性，有何差别。

> 进退循环，微细推求，本无我心，及我心所，将谁立因，求无上觉？

进退循环者：进前而思，退后而想，前后反复，循环不断。微细推求者：精微详细，推究研求，本来无我因心之体，及我因心所在之处。此二语，阿难以根性同念心，故作是语，即同第一卷，佛破识心无体无处也。根性既是无体无处，则将谁立真因，以求无上觉道？以根性既是断灭，同佛前云："则汝法身，同于断灭，其谁修证，无生法忍？"交师所云：既惑根性，全同识心，则全将前破识之意，而转以破根矣！

> 如来先说：湛精圆常。违越诚言，终成戏论！云何如来，真实语者？

此举佛前言，证以后先异说。前二句举显见之文，是佛先说。湛者湛然不动，即第二显见不动；精者精一不杂，则第六显见不杂；圆者圆满周遍，则第七显见无碍、第八显见不分；常者常住不灭，则第三、第四、第五显见不灭、不失、无还。今说离明、离暗，无有见体，岂不违越（背也）诚信之言，终成戏论？即自语相违也。前佛说无上法王，是真实语，若此后先异说，云何如来，是真实语？

> 惟垂大慈，开我蒙吝！"

阿难前虽疑因果相违，后先异说，终未能彻底明白，佛之所说，故更求开示。惟愿垂大慈悲，开发我之蒙吝。蒙者蒙昧，昏于后说；吝者执吝，泥于先闻；是非莫决，取舍无由，故不得不求示也。

> 佛告阿难："汝学多闻，未尽诸漏。心中徒知，颠倒所因，真倒现前，实未能识！

阿难疑根性为断灭，此佛许以即事验常，以除其疑。汝学多闻者：学乃笃志专求，偏于多闻，不勤定力，所以但断见惑，而思惑全在，故曰："未尽诸漏。"心中徒知：徒者但也，但知颠倒所因，因于迷真执妄，号为颠倒，而真倒现前，实未能识。迷真执妄，固为颠倒，而疑常为断，乃真颠倒，以其执真同妄，颠倒更甚。汝实未识，亦如真药现前，不能分别也。

恐汝诚心，犹未信伏。吾今试将尘俗诸事，当除汝疑。"

首二句，佛意以为我若直说，根性真常，不假方便，恐汝虽似信伏，未必出于诚（真也）心信伏。吾今试将尘俗之事，当除汝疑；击钟引梦，皆俗事也。以尘俗易晓之事，以验闻性不灭，当可断除汝疑。

即时如来，敕罗睺罗，击钟一声，问阿难言："汝今闻不？"

阿难、大众俱言："我闻。"

此第一番问闻之有无，阿难即以闻之有无为答。文分三次致审，佛有深意存焉。若无第二次审，不足以见阿难之错谬；若无第三次审，不足以验闻性之真常；此审有闻，二闻字上，该加有字方显。

钟歇无声，佛又问言："汝今闻不？"
阿难、大众俱言："不闻。"

今下仍应加有字，不闻即无闻。钟歇但是无声，不是无闻，俱答无闻，错谬在此，若实无闻，谁知无声？乃是声于闻中，有生有灭，实非闻性，或有或无。此第二次审，已得其谬耳。

时罗睺罗，又击一声。佛又问言："汝今闻不？"
阿难、大众又言："俱闻。"

前佛敕罗睺击钟，此第三次审，佛并未敕罗睺更击，此一声至关重要，足见罗睺与佛，合拍成令，有此一声，方验闻性，本不生灭。若闻性已灭，此声又何能闻？既又能闻，足显闻性真常。末句应是：俱言有闻。

佛问阿难："汝云何闻？云何不闻？"

阿难大众，俱白佛言："钟声若击，则我得闻；击久声销，音响双绝，则名无闻。"

此佛与确定，有无属谁，要阿难大众，亲口说出，或有或无，但惟是声，音即声也。响者音之余也。闻性真常，不随缘起，岂彼声无，遂谓闻无也。

如来又敕罗睺击钟，问阿难言，"汝今声不？"

阿难、大众俱言："有声。"

《正脉》云：汝今二字，不如今有二字为妙。此第二番问，亦分三次致审，此第一次审答声之有无。汝今声不，问以汝今有声不？欲令悟知有闻，方知有声，俱言有声者，但知有声，未悟有闻也。

少选声销，佛又问言："尔今声不？"

阿难、大众答言："无声。"

少选即少顷，时之不久也。钟声已销，佛又问言：尔（汝也）今有声不？阿难大众，俱言：无声。此第二次审，但知无声，未悟有闻。

有顷罗睺，更来撞钟。佛又问言："尔今声不？"

阿难、大众俱言："有声。"

有顷亦少时也。此第三次审，以验声有生灭，闻性真常，于声无之时，闻性非灭，今声有之时，闻性非生。

佛问阿难："汝云何声？云何无声？"

阿难、大众俱白佛言："钟声若击，则名有声；击久声销，音响双绝，则名无声。"

第二句，问以汝云何有声？此段亦是佛与确定，此声何以或有或无，令知从缘所生，闻性不属缘生，故不随声为有无也。

佛语阿难，及诸大众："汝今云何自语矫乱？"

大众、阿难,俱时问佛:"我今云何,名为矫乱?"

佛言:"我问汝闻,汝则言闻?又问汝声,汝则言声?惟闻与声,报答无定,如是云何,不名矫乱?

佛语阿难:以上告下谓之语;并及大众,汝现今云何自语矫乱?分明是声之有无,汝混答闻之有无,闻性本无生灭,岂属有无;汝混淆而答,讵非矫乱耶?大众阿难,心未信伏,俱时问佛:今我据实而答,声有则闻,声无无闻;又钟击有声,不击无声。并无乱答,云何名为矫乱?佛言:钟声一击,我问汝有闻不?汝答有闻,钟歇无声,我问汝有闻不?汝说无闻。钟声再击,我问汝有声不?汝答有声;少选声销,汝说无声。声闻虽复双审,有无只归一边。究竟还是有闻无闻?还是有声无声?报答无有一定,如是答话,云何不名矫乱?

阿难,声销无响,汝说无闻;若实无闻,闻性已灭,同于枯木,钟声更击,汝云何知?

此破谬误之惑,以申正义。声尘生灭,闻性真常,乃为正义。此段取更击,以验闻性常存。声销无响:即上击久,音响双绝,此但无声,汝说无闻。若实在无闻,闻性已灭,即应同于枯木,无有知觉,钟声更击之时,应当不闻。汝云何更击之时,仍复有闻,而知有声耶?既更击仍闻,可以验知闻性常存。

知有知无,自是声尘,或无或有;岂波闻性,为汝有无?闻实云无,谁知无者?

此取知无以验不灭。此段共有五个无字,一、二、五皆约声说,三、四约闻说。上三句明生灭惟声,不关闻性,知有声知无声,自是声尘在闻性之中,或时有或时无(即上钟声若击,则名有声。击久声销,则名无声)。岂彼闻性,为汝声之生灭,而成有闻无闻耶?闻性若无声之时,实在随声以俱无,是谁又知其无声乎?既知无声,则非无闻性者,明矣。

是故阿难,声于闻中,自有生灭;非为汝闻,声生声灭,令汝闻性,为有为无。

上破谬误，此申正义，断定尘有生灭，根无生灭。是故，是知无声，非无闻性之故，声尘在闻性之中，自现生灭之相，与闻性无干。非为汝之闻性，因声生声灭，能令汝之闻性，为或有或无也。闻性常存，一切时有，岂随声尘生灭，为有无哉？

汝尚颠倒，惑声为闻，何怪昏迷，以常为断？终不应言：离诸动静、闭塞、开通，说闻无性。

上四句责迷，下四句戒谬。尘性断灭，根性常住，断常纵使难辨，根尘自属易分。颠倒者，执常为断是颠倒，将尘作根亦是颠倒，故曰：汝尚且颠倒，惑此声尘之有无，以为即是闻性之有无。故前无声，问汝有闻否？汝答无闻。此即是根尘不分之颠倒，根尘尚且不能分别，何怪昏迷，断常莫辨，以常住之闻性，认为断灭。前言，云何将此毕竟断灭，以为修因，即汝断常莫辨之颠倒。终不应言：戒止之词；动、静指声尘，有声曰动，无声曰静。闭塞、开通，指浮尘根肉耳，耳聋曰闭塞，耳聪曰开通。意谓闻性灵光独耀，迥脱根尘，不但声之有无，不关闻性之事，即耳之聋聪，亦不关闻性之事。汝终不应当做如是言：离却动、静之声尘，离却闭塞、开通之耳根，说无闻性。闻性是常住，圆满周遍，岂属断灭耶？

如重睡人，眠熟床枕。其家有人，于彼睡时，捣练舂米，其人梦中，闻舂捣声，别作他物：或为击鼓，或为撞钟，即于梦时，自怪其钟，为木石响。

此科与上科，同验闻性常住，意有差别，不可不知。上科有声验之于动，闻性不生；无声验之于静，闻性不灭，不生不灭，闻性常住。此科引梦为验，是动静双离，根尘并舍，较前更深。如重睡人，非轻睡者，眠熟即重睡，身依床枕，其家有人，于彼睡眠熟时，捣练槌布也，舂米碓米也。其重睡人，闻舂米杵声，闻捣练砧声，梦中别作他物之声，或为击鼓声，或为撞钟声，此中能闻砧杵声，是闻性功能；别作他物，是梦中独头，分别梦外之境，误作钟鼓之声；即于梦时，自怪其钟，为木石响，此亦梦中独头，展转计度，怪钟声为木响，杵也。怪鼓声为石响，砧也。分别错误，均属意识，不关闻性之事。

于时忽寤，遄知舂音。自告家人，我正梦时，惑此

春音,将为鼓响。

忽寤:忽然梦醒。遗者速也,一醒即知是春捣音。自告家人,我正在梦时,惑此春捣声,将为钟鼓响。上梦中怪钟,醒时说鼓,语乃互影,故须双举。上验梦中,闻性不昧,下乃决定,根性常住。

阿难,是梦中人,岂忆静摇,开闭通塞?其形虽寐,闻性不昏。

是梦中重睡之人,在睡之时,岂忆想尘之动静耶?摇即动也。以睡梦之人,举身皆忘,又岂忆想肉耳之根,开闭通塞耶?是则根尘并舍,闻性常存,其形虽寐,闻性不昏,堪为明验,云何汝自疑闻性断灭,反谓我非实语耶?我前所谓,离动离静,元无听质者,乃谓离却动静二尘,本无黏湛发听,听精映声,卷声成根,听闻体质。但云无此聚闻于耳之听质,并非无有廓周法界之闻性,汝多闻之人,何乃循名昧义于此!

纵汝形销,命光迁谢,此性云何,为汝销灭?

此明岂独生前,梦中不昧,乃至死后,纵使汝形骸已经销灭,命光(即是命根也)迁谢,迁变代谢,其命已尽也。此之闻性,亦不为汝之形销命谢,便随之俱销俱谢也。云何二字,反显身灭,闻性不灭之义。《正脉》问云:"既此根性,动静无关,生死不碍,如来何言,离动离静,元无听质耶?"答云:"我言离尘无听质者,为无聚闻于耳,结滞为根之听质。此质若亡,则遍周法界之闻性,方以全彰,岂令翻成断灭乎?此方明出元无听质之故,显其自是阿难谬解,非佛自语相违也。不然则佛前言,离尘无质,后言离尘有体,终无以解自语相违之难矣!"吴兴曰:"前阿难通疑六根无体,如来所以别显闻性为常,诚欲发耳圆通之机也。故后偈云:'声无既无灭,声有亦非生。'乃至'纵令在梦想,不为不思无。'皆取于此也。"

以诸众生,从无始来,循诸色声,逐念流转,曾不开悟,性净妙常。

上四句明逐妄,下二句明迷真。以因也,因诸众生,从无始无明妄动以来,根尘对偶,随顺诸尘境界,举色声以摄余四,逐念分别,起憎爱惑。流转者，循尘出流，为物所转。流转勿作生死解，以此段但属于惑，下段流转，方是苦果。曾不开悟，性净妙常：性即六根之性，诸尘不染曰净，浮根不缚曰妙，生死不碍曰常，即上所验，根尘双脱，生死无干。因既逐妄，所以迷真，若能合觉，自可返妄归真也。

不遁所常，逐诸生灭，由是生生，杂染流转。

此明迷真逐妄之失。不随顺所具，净妙常之根性，反随逐诸生灭识心，此指舍根用识，背觉合尘，内摇外奔，依惑造业，为生死因。由是妄因既成，妄果难脱，生生世世，在于六道，杂染法中，迁流转变，俄而天上人间，俄而地狱鬼畜。不言修罗者，以修罗四类受生，摄在天人鬼畜之内也。

若弃生灭，守于真常，常光现前，根、尘、识心，应时销落。

首句是舍识，识心生灭无常，是妄本，非菩提因，应当舍弃；二句是用根，根性真实常住，是真本，为楞严体，应当守之。守字即下手工夫，守住一根之门，不许出流缘尘，但令入流照性，即前文所谓，脱黏内伏，亦即观音圆通，入流亡所也。常光现前：即常住真心，本有大智慧光明发现。如临济祖师所云："有一无位真人，在汝诸人六根门头，放光动地"是也。亦即前文所谓，伏归元真，发本明耀。根、尘、识心，应时销落者：谓常光既已现前，遍融诸法，唯一真心，故根、尘、识心，三六十八界，应时销落，悉不可得。前文所谓，耀性发明，一切浮尘，及器世间，诸变化相，如汤销冰（不言识者，以识无自体故）。

想相为尘，识情为垢。二俱远离，则汝法眼，应时清明，云何不成，无上知觉？"

此处尘垢，乃指微细法执无明。以根、尘、识心，既已销落，则粗尘粗垢已除，此想相，即所想湛一之境，更是一种最细难除之尘，识情即能想湛一之心，仍属心境对待。即此能想之心，不舍湛一之境，即是法爱情念，更是一种难刮之细垢。若能如此二俱远离，则垢尽明生，则汝法眼，应时可以清明，当得六根清净。因六结已解，五浊已除，如观音圆通，生灭既灭，寂灭现前，忽然超越，十方圆明，故曰法眼清明。破一分无明，证一分法身，登圆教初住，入圣种性，从此进修，带果行因，中中流入，萨婆若海，云何不成，无上知觉？

楞严经正文卷第四终

阿难白佛言："世尊！如来虽说，第二义门。今观世间解结之人，若不知其所结之元，我信是人，终不能解。

阿难仰白佛言：世尊！如来前虽说第二决定义门，要我等从根解结，不知根中，何者是结？从何名解？今观世间解结之人，必定要知其所结之根元，方能得解；设若不知其所结之元，我信是人，虽欲解而究竟不能解。阿难意中妄拟，离此六根，别有结之本元也。

世尊！我及会中，有学声闻，亦复如是。从无始际，与诸无明，俱灭俱生，虽得如是多闻善根，名为出家，犹隔日疟！

此举有学，述其迷情。无学深位，不敢谓其不知，故曰我及在会之中，一类有学声闻，三果以下，皆称有学；亦复如解结之人，不知结元，终不能解也。从无始际即（时也），与诸无明，即独头生相无明。《起信论》云：不觉心动时也，本经所谓性觉必明，妄为明觉时也。不生不灭之真心，与生灭妄心和合，真堕妄中，成阿赖耶识，此识具有能见见分，即六根中见、闻、嗅、尝、觉、知，谓之一精明之体，与生俱生与众生日用最亲切者。下文十方诸佛，异口同音，告知阿难，俱生无明即此也。虽得如是多闻善根，名为出家者：以阿难虽得历劫多闻，熏习之善根，今生依然多闻，但未及从闻、思、修，尚滞小果，不过名字出家而已！未得无学，未出三界之家，何况五住究尽，所出烦恼之家耶？喻如隔日疟，以得果时，暂似解脱，而入生死时，依然被缚。初果之人，天上人间，尚须七返受生，方断欲界九品思惑，故喻隔日疟。《正脉》云：理实不止有学，虽彼无学罗汉，不涉生死则已，涉则成缚，正由不达结处也。

惟愿大慈，哀愍沦溺，今日身心，云何是结？从何

名解？亦令未来苦难众生，得免轮回，不落三有。"

此求佛示以结元，令其知解。惟愿大圣真慈，哀怜愍念，我等沦溺。真心堕在无明之中，谓之沦溺，非佛安能拔济？前佛教我从根解结，不知今日现前身心（即六根），何者是结？又是结所起，必有起结之元，不知结元，在于何处；要从何处下手，方得名解？亦令未来，苦难众生四句，意谓若得如来明示，不惟现前有学，得免沦溺，亦将传示末法，能令未来苦难众生，既知结元，并识解结方法，不受缠缚，得免生死轮回，不落三有（即三界）六道矣！

作是语已，普及大众，五体投地，雨泪翘诚！伫佛如来，无上开示。

作如是请法语已，普及在会三乘大众，五体投地，表其殷勤恳切；雨泪翘诚，见其悲感诚敬。此从根解结，修证了义之法，不特有学二乘当求，即大乘菩萨亦所乐闻也。故伫待如来，无上开示。此即"十方婆伽梵，一路涅槃门"，故称无上。

尔时世尊，怜愍阿难，及诸会中，诸有学者；亦为未来，一切众生，为出世因，作将来眼。

上阿难为有学，及末世众生，请示结元，及解结方法。佛以六根既是结缚之元，复为解脱之本，此法甚深难了，虽与显示，恐难确信，故垂怜愍念，阿难与会中有学，及末世众生，为示出世，修证一乘之因心，不至错乱修习，以作将来，修行大乘之眼目，自可有所遵循。此眼即见道之眼，得见华屋之门，则修证有凭，不至错入歧路矣！故摩顶动界，感现诸佛同以证信。

以阎浮檀，紫金光手，摩阿难顶，即时十方，普佛世界，六种震动。

先则摩顶安慰，表授无上顶法。即时十方诸佛世界，由佛威神所感，同时六种震动。形则动、涌、起，声则震、吼、击，以表六结将解。

微尘如来，住世界者，各有宝光，从其顶出。

宝表圆湛不生灭心之体性，光表称体所起之妙用，即诸根圆拔，内莹发光，光从顶出，表最胜最妙之法。

> 其光同时，于彼世界，来祗陀林，灌如来顶。是诸大众，得未曾有！

上三句，诸佛顶光，同在一时，于彼十方世界，来此祗陀林中，灌释迦如来之顶。表此顶法，诸佛共证，所谓十方如来，一门超出妙庄严路。是诸大众，于所表之法，虽复未明，于所现之瑞，亦复罕见，故曰得未曾有！

> 于是阿难，及诸大众，俱闻十方，微尘如来，异口同音，告阿难言：

阿难大众，于大光明藏中，俱闻十方，微尘数如来，异口同音，即众口一词也，齐宣妙教，足可深信。

> "善哉阿难，汝欲识知，俱生无明，使汝轮转，生死结根。唯汝六根，更无他物。

诸佛欲示难信难解之法，先赞善哉者，以阿难既开圆解，继请圆修，饶益今后，堪为诸佛共赞。谓言汝欲识知，俱生无明，即是根结之元，前云性觉必明，妄为明觉，无始与俱，故曰俱生。由无明力，转本有之智光，为能见之见分，托根缘尘，顺流而出，引起六识，为烦恼根本，使汝轮转生死，而生死结之根元，唯是汝六根，更无他物，此证前所问，云何是结义也。

> 汝复欲知，无上菩提，令汝速证，安乐解脱，寂静妙常。亦汝六根，更非他物。"

上言结唯六根，此言解唯六根。又曰汝复欲知，无上菩提；梵语菩提，此译为觉，即根中所具不生不灭，本觉真心，无有何法，能在其上，称为无上，不要作所证之果解说。此心为真因地心，依之澄浊解结，一门深入，自可令汝速证涅槃四德，安乐即乐德，解脱即我德（我以自在为义，解脱方能自在），寂静即净德（寂然宴静，清净无染），妙常即常德。亦汝六根，更无他物；若离六根，亦别无真元矣！此根是真妄和合之故，约妄边说，是生死结根；约真边说,是涅槃四德。下云迷晦即无明,发明便解脱,结解唯根,岂有他物哉?此证前所问,从何名解义也。

> 阿难虽闻,如是法音,心犹未明,稽首白佛:"云何令我生死轮回,安乐妙常,同是六根,更非他物?"

如是法音:指上诸佛所说,闻虽亲闻,心未明了。稽首白佛:云何令我生死、涅槃,同是六根,而尘、识不预焉?

> 佛告阿难:"根、尘同源,缚脱无二,识性虚妄,犹如空华。

此文详释伏疑,何以诸佛同言,结解惟在六根。佛告阿难:汝疑诸佛所说,结解惟指六根,不指尘、识,又六根既为结缚之元,何以复为解脱之本?汝今当知:根、尘二者,本是同源,而无异体。若以执相而观,似有内外之分,根为内之根身,而属有情;尘为外之尘境,而属无情;若在明理而谈,只是见相之别,根为八识见分,属心法;尘乃八识相分,属色法。相宗云:相、见皆依自证起故。喻如蜗牛两角,出则成双,收则唯一,唯是一头,并无两角,根尘同一本源,举根即摄于尘,故不言尘。缚、脱无二者:缚脱即是结解,六根若缚,六结重叠生起,则为凡夫,而受沦溺之苦,此六根即是结缚之元。故诸佛云:生死结根,唯汝六根,更无他物。六根若脱,六结次第解除,则成圣人,而得寂灭之乐,此六根即是解脱之本。故诸佛云:安乐解脱,寂静妙常,亦汝六根,更非他物。故曰:缚脱无二。识性虚妄,犹如空华:此佛复释诸佛惟指六根,为结解之要,而不言六识之故。识性是前尘虚妄相上,所起之妄想,全无实体,故曰:"虚妄。"犹如瞖眼,所见空华,瞖观似有,究竟全无,诸佛乃以六尘既无别体,六识又极虚无,是以不言尘、识,同言结解,惟是六根也。诸佛之言,如来上释,其义已尽,下更重释颂者,以其理隐微,标文简略,恐未彻了,故重释所标之文,欲令义理增明而已。

> 阿难,由尘发知,因根有相,相、见无性,同于交芦。

此重释根、尘同源。根为能缘,尘为所缘,能所不相舍离。由有六尘,方发六根之知，是根要托尘立；因有六根，方显六尘之相，是尘要托根有。相、见无性，同于交芦者：相即六尘之相，见即六根之见，首句说知，此句说见，乃互影言耳。六尘之相，离根固无独立之自性，六根之见，离尘亦无独立之自性。同于交芦，此芦异于常芦，生必二茎交并而立，二根盘结而连，单则扑地，不能自立，外实中虚。此喻有三义存焉：一喻相依，各无自立之性；二喻同源，本是一体不分；三喻根、尘、空、有，二者俱非。

是故汝今，知见立知，即无明本；知见无见，斯即涅槃，无漏真净，云何是中更容他物？"

此重释缚脱无二。是故者：是根、尘一体之故，汝等今者，知见立知见，立字即是缚；知见指根性，即性本二觉，本具妙明明妙，真知真见也。不必更立知见，若一立知见，其犹性觉本明之上，再加明而明之，则妄为能明之无明，所明之妄觉，故曰即无明本。若了本具真知真见，无容更立知见，斯即清净本心，本觉常住，故曰斯即涅槃。无漏真净涅槃，此云不生不灭，一念不生曰无漏，一尘不染曰真净，复本心源，究竟清净是也。无字即是脱，是知缚脱，皆不离六根，云何于是结解之中，更容他物哉？

《正脉》云：是故二字，虽显承上言。根、尘既无两体，是以缚、脱但惟在根，然亦暗承空有俱非而来。更有意味：知见，则该六根之性，立知者，立空有二知也。凡夫迷六根之性为有，二乘晦六根之性为空，俱不达空有俱非之旨也。即无明本者：凡夫即具足五住，而长沦分段，皆迷有以为之本也。二乘尚余第五，而未出变易，皆晦空以为之本也。无见者：无空有二见也，凡夫于根性，除执有之见；二乘于根性，除执空之见也。涅槃：即翻上二种生死，无漏真净，即离上五住无明。斯即者：盖凡夫除前四住，先得有余涅槃，无漏真净；二乘除第五住，究竟无余涅槃，无漏真净也。

云何是中更容他物：此即结归诸佛语也。是中，即结中与解中也，言结中惟是根结，更无他物，能为结元；解中惟是根解，更无他物，以为解元。此诸佛所以同言，更无他物也。

楞嚴經講義

【下】

圓瑛法師 著

华东师范大学出版社

目录

楞严经讲义

《归元文库》总序

楞严经讲义序

自序

楞严经讲义第一卷 /003

楞严经讲义第二卷 /041

楞严经讲义第三卷 /078

楞严经讲义第四卷 /108

楞严经讲义第五卷 /137

楞严经讲义第六卷 /167

楞严经讲义第七卷 /190

楞严经讲义第八卷 /213

楞严经讲义第九卷 /243

楞严经讲义第十卷 /270

楞严经讲义第十一卷 /296

楞严经讲义第十二卷 /322

楞严经讲义第十三卷 /349

楞严经讲义第十四卷 /378

楞严经讲义第十五卷 /410

楞严经讲义第十六卷 /438

楞严经讲义第十七卷 /468

楞严经讲义第十八卷 /496

楞严经讲义第十九卷 /524

楞严经讲义第二十卷 /568

楞严经讲义第二十一卷 /602

楞严经讲义第二十二卷 /631

楞严经讲义第二十三卷 /657

楞严经讲义第二十四卷 /697

楞严经讲义第十三卷

尔时世尊，欲重宣此义，而说偈言：

尔时，如来详释长行已竟之时，世尊更欲重宣，此结解惟在六根之义，中有三意存焉：一长行义未尽故，二别为乐略机故，三乃为后来众故。而说偈颂，令其得益也。

"真性有为空，缘生故如幻；无为无起灭，不实如空华。"

此超颂识性虚妄，犹如空华。《唯识》五位百法，前九十四种，是有为法，后六种是无为法。此无为法，是对有为法而立，故今颂首标真性二字，是一切法所依之体，有为、无为，皆依真性。此二字不可连有为解释，有说有为真性空，其义未当。细察如来说法，本经每大段，皆从所依之真说起，此颂亦复如是。真性者：真如自性也，其体绝待，离名字相，离言说相，离心缘相，不属有为，不属无为。能为有为、无为所依，如前喻太虚空，体非群相，而不拒彼诸相发挥。有为空下，经意别指第六意识，有为、无为，即六识有漏、无漏，不独有为空，即无为亦复不实，此与《掌珍论》偈意全同。彼云："真性有为空，如幻缘生故。"因喻颠倒，此经不倒。下半偈："无为、无有实，不起如空华。"彼偈不倒，此经宗因颠倒，此有二量，按立量格式，先标举有法，次立宗，再以因解释宗义，后设喻以显宗、因，谓之宗、因、喻，三支比量，无论何法，皆可以比量智释明，如三支犯过，则成非量，三支无过，为真比量。

立量云：有为是有法，空为宗；因云：缘生故，同喻如幻，异喻如虚空。

有为之法，有生有灭，不但灭后空，实在当体即空，故空为宗。因即解释空之所以，云因缘所生之法故，因缘和合，虚妄有生，因缘别离，虚妄名灭。既曰虚妄，则空无自体，所以同喻如幻，异喻如虚空。《正脉》云："幻法从缘生，幻法空无性；有为从缘生，有为空无性。"

无为无起灭，不实如空华：立量云：无为是有法，不实宗；因云：无起灭故，同喻如空华，异喻如真如。无为之法，亦复不实为宗，因对有为法有起（生也）灭，立无为法无起灭故，若无有有为法，何得有无为法耶？所以同喻如空华，良以空华无有起，空华本不实，无为无起灭，无为亦不实。《正脉》云：末当结云，识之有为，与识之无为，二皆非实。我故曰识性虚妄，犹如空华也。问："佛破识，何以知其并无为亦破？"答："经初佛破识心，破至深处，则曰：现前虽成九次第定，不得漏尽，皆由执此妄想，误为真实。"谁谓但破有为，不破无为乎？

言妄显诸真，妄真同二妄；犹非真非真，云何见所见？

此追颂根、尘同源。上半偈答难，难云：权教小乘，率以有为为妄，无为为真。今何以并无为，亦斥其不实耶？答云：言有为是妄，以显无为是真，分明对妄立真，真外有妄可对，真固非真，故曰合妄与真，同为二妄矣！《中论》云："若法因待成，是法还成待。"足证此义。犹非真非真，云何见所见：此半偈况显，上一非字，双贯真与非真，非真即一妄字，真指无为，妄指有为，真性绝待，双非真、妄，故曰犹非真与非真，云何是能见与所见耶？能见即根，举眼根以摄余五；所见即尘，举色尘以摄余五；又见即见分，所见即相分，见、相同依自证，况显根、尘见相，岂有异源乎？

中间无实性，是故若交芦。

此结定。根、尘中间，无有各自独立，真实之性，是不能独立之故，势必互相依倚，有若交芦，虽有二相，实无二体。

结解同所因，圣凡无二路。

此追颂缚、脱无二，结解惟在六根。六根结缚，则为凡；六根解脱，而成圣。同所因，因即依也。若结若解，同依六根更无他物。无二路者，六根结则为凡，趣生死路；六结解则成圣，趣涅槃路；生死、涅槃惟在六根，结解更无别路，故圣凡亦惟在六根，向背无二路也。

汝观交中性，空、有二俱非。

此重释根、尘同源。谓汝且观察交芦中性，为有耶？为空耶？若言其空，芦相宛然；若言其有，中无实体，故曰空、有二俱非，即非空非有也。根、尘、见、相二分之性，亦复如是。若言其空，能所对待宛然；若言其有，实无自性可得，故曰空、有二俱非。又当知根结，则非真空之涅槃；根解，则非有为之生死，若空若有，二者俱非矣！

迷晦即无明；发明便解脱。

此重释缚脱无二。迷晦即无明：迷即迷之为有，晦即晦之为空，此句乃知见立知，即无明本。若立空有二种知见，即为迷晦，为结缚，为凡夫，为生死。发明便解脱：发明非有非空之理，此句乃知见无见，斯即涅槃，无漏真净。若不立空有二种知见，即是发明，是解脱，是圣人，是涅槃。因是之故，所以诸佛同言，生死结根，涅槃安乐，惟汝六根，更无他物。

解结因次第，六解一亦亡；根选择圆通，入流成正觉。

前祇夜（从"真性有为空"至"发明便解脱"十六句），是重颂前文，长行之义；此伽陀（即上文四句），是孤起颂，突然而起，以开后文之义。上二句，开后绾巾以示伦次科，下二句，开后冥授以选本根科，前来已示结元，说结解同所因，结之与解，同因六根，今欲解结，必因次第而解，以是结本次第结成，从真起妄，妄有六结。六结即是五阴，从微至著，识阴先起，不生不灭，与生灭和合，成阿赖识；次成行阴（即第七识），次成想阴（即第六识），次成受阴（即前五识），次成色阴（即内之根身，外之世界）。前四阴，每阴为一结，色阴有二结，喻如穿衣，从内向外，若欲解结，必须从粗向细，次第而解，六结解尽，五阴破除，五浊澄清矣！喻脱衣，从外向内，脱了第一件，方见第二件，故云因次第。六解一亦亡者：对结相之六，而说结元之一，六结既解，则六结之相不有，一巾之名，亦不复立，此正开后文，六解一亡之义。根选择圆通，入流成正觉者：解结当于六根之中，选择圆通本根，如前所云：

得循圆根，与不圆根，日劫相倍。故须选择，但依一根下手，做入流工夫，不许出流，出流是背觉合尘，此根即结缚之本；入流是回光照性，此根即解脱之元；如观世音菩萨，修耳根圆通，初于闻中，入流亡所，乃至生灭既灭，寂灭现前，证入圆通，自可速成正觉。

　　陀那微细识，习气成暴流；真非真恐迷，我常不开演。

此彰显体胜。前示从根解结，根性即是识性，识性亲依如来藏，不生不灭，与生灭和合，成阿赖耶识，此云含藏识，含藏根身器界种子；亦名阿陀那识，此云执持，以能执持一切染净种子，以及根身器界，令不散失。此识即如来藏，受无明熏，转如来藏，而成识藏，即第一卷，佛判二根本中之真本，为无始菩提、涅槃，元清净体，其体渊深莫测，微细难知，二乘不能究其源，等觉未能窥其际，故曰微细。习气成暴流者：《深密经》云：阿陀那识甚微细，一切种子成暴流。"习气即无明种子，展转熏变，妄上加妄，渐起诸结，而成生死暴流，以习气种子熏变，能引生诸趣，生死流转，故如暴流。

真非真恐迷，我常不开演者：因此识是真妄和合，其体全真，不过参杂无明习气之妄，如经初十番显见，极显其真，二见重剖，乃破其妄。若说是真，恐其迷妄为真，而起增上慢心，无量劫来生死本，痴人唤作本来人；若说是妄，恐其迷真为妄，反致向外驰求，骑牛枉自去寻牛，终日行之不自觉。故我于权小教中，不轻为人开示演说者此也。《深密经》云："我于凡愚不开演，恐彼分别执为我。"二经偈语，虽有五字七字之别，其义全同。

　　自心取自心，非幻成幻法；不取无非幻，非幻尚不生，幻法云何立？

此彰显宗胜。宗具因果，即下手起修，由因至果，最简要，最巧妙，根性法门，但从一门深入，其修巧，其效速也。自心取自心者：良由一切众生，不悟见、相二分，惟一自心，妄以能见之见分，妄取所见之相分，名曰自心取自心。取字，即结缚之源，遂于本来无幻法中，妄成一切幻法；幻者虚幻不实，如现前身心世界，人相法相，纷然杂陈，凡所有相，皆是虚幻，无有真实，苟能达此，则返妄归真，亦复无难，但要不取便是。不取二字，即是下手工夫，亦即解脱之本，不起能取之心，不取外尘之境，旋转六根，脱黏内伏，伏归元真，非幻之法，尚且不生，一切幻法，云何而得安立耶？此中取字，即结缚之元，不取即解脱之本。

不取二字，即是最简要，最巧妙之下手工夫。亦即前文，不随分别，世间、业果、众生，三种相续。不随二字，圆顿修法；又即知见无见，无字工夫；又即欲逆生死欲流，逆流之功；又即下文观世音入流照性方法。此不取工夫，即从根解结工夫。此根初解，先得人空，空性圆明，成法解脱，解脱法已，俱空不生，非幻之境，尚且不生，而人相法相之幻法，岂能立乎？是则以不取为宗，以了幻为趣，简要巧妙，无复以加矣！

是名妙莲华，金刚王宝觉。

此彰显名胜。是字指根性法门，名为妙法门。妙者不可思议之谓也。此圆顿法，因该果海，果彻因源。以此根性，为因地心，根性即本觉佛性，本来是佛，此即因该果海；无奈佛性，埋没在五阴妄法之中，今则旋根脱尘，返妄归真，证得妙觉极果，亦不过成此本来之佛，此即果彻因源。因果该彻，不可思议，喻如莲华，方华即果，因果不相舍离，又莲华出污泥而不染，根性随缘不变如之，此喻根性法身德。

金刚者，金中之刚也，最坚利，能坏一切，一切不能坏他。喻此根性，无动无坏，灵光独露，以如如智，照如如理，根境结惑，触之则销；无始无明，击之则破；断尽诸惑，圆成果地修证，此喻根性般若德。王者自在之义，处染不染，不落于有为；在净非净，不泥于无为；染净一如，空有不滞，此喻根性解脱德。宝觉，即真心之异名，前云宝觉圆明，真净妙心，此心即圆湛不生灭之根性，犹如摩尼宝珠，圆满湛然，寂照具足，乃自性天然之本定。

如幻三摩提，弹指超无学。

此彰显用胜。即修证之力用。三摩提此云等持，定慧平等任持，入流照性，全凭慧力，澄浊还清，乃由定力，又知真心本具，幻惑本空，此亦慧力；于本无修证，而起无修之幻修，无证之幻证，此亦定力；由此定慧等持，次第解结，生灭既灭，寂灭现前，正所谓诸幻灭尽，觉心不动，证入圆通，得住首楞严三昧。弹指超无学者：即明修巧而效速也。亦即前文所云：得循圆根，与不圆根，日劫相倍。故能于弹指顷，超过无学之位。但解三结，已齐无学，何况寂灭现前，乃至得成无上知觉乎？

此阿毗达磨，十方薄伽梵，一路涅槃门。"

此彰显教胜。此字指根性法门，阿毗达磨：此云无比法，谓此从根解结之教法，是最胜顶法，非其他教法所可比。十方薄伽梵：即十方诸佛，薄伽梵，有云婆伽梵，是佛之别称，具足六义：谓自在、炽盛、端严、名称、吉祥、尊贵，乃五不翻中，多含不翻。一路者，三世诸佛，共由之妙修行路，涅槃独取，万德毕备，二死永亡，无余大般涅槃。此门字，但指修门。前第四卷，大开圆解，是悟门；此所示圆修，是修门；第八卷得成圆证，是证门。文殊拣选圆通偈云：过去诸如来，斯门已成就。即指此一路之修门，彼则明指耳门，此则密示耳门，即一门深入之门也。

于是阿难，及诸大众，闻佛如来，无上慈诲，祇夜伽陀，杂糅精莹，妙理清彻，心目开明，叹未曾有！

此亦经家叙悟。于是阿难及诸大众，闻佛指十方诸佛，同言结解唯根，更无他物。如来指本师释迦，重为详释。皆是无上大慈心中，流出了义教诲。祇夜此云重颂，又云应颂，应长行而颂也。伽陀此云孤起颂，又云讽颂，讽美而颂也。入流成正觉，及彰显五胜之义，皆讽美意。杂糅精莹，妙理清彻：上句指能诠之偈，下句谓所诠之理。杂者和杂，糅者糅合，即应讽和合，前后照应，文回织锦，义走盘珠，精谓文华精彩，莹谓句法莹明。妙理者，圆湛不生灭之理性也。空有双非，真妄不立，缚脱无二，因果该彻，故谓之妙。其理清净，纤尘不染，如莲华；其用明彻，五阴顿破，如金刚。谛聆之下，心目开明，即心眼洞开，彻见根性，即如来藏性，依此根性修证，即是了义，已不复疑。以后但请示伦次，选择一门，以便起修，更无疑贰也。

阿难合掌，顶礼白佛："我今闻佛，无遮大悲，性净妙常，真实法句。

此叙阿难谢前。合掌顶礼，仰白于佛：我今闻佛，以平等无遮大悲心；无遮有二：一、人无遮，不弃下机，同施上法；二、法无遮，不吝秘密，和盘托出。性净妙常者：性即根性，根性为众生本觉真性，此性不属于有为，不属于无为，离相清净，曰净；结解同所因，圣凡无二路，其用微妙，曰妙；根选择圆通，入流成正觉，法身常住，曰常。此约所诠言之，真实法句，乃指能诠，长行偈颂，皆是如来真语实语，所说妙法章句，此句与第四卷阿难谬疑根性断灭，反怪如来违越诚言，终成戏论，后经击钟引梦，以验其常，复经诸佛如来，宣释其义，始悉如来，一向皆真实语也。

心犹未达，六解一亡，舒结伦次。惟垂大慈，再愍斯会，及与将来，施以法音，洗涤沉垢。"

此承上，虽闻如来真实法句，心中犹未能通达，如何是六解一亡之义？如何是舒（解也）结伦次之义？伦者伦类，次者次第。以此二义，犹未彻底明了，惟愿如来，垂大慈悲，再愍现前斯会，及与将来众生，施以甘露法音，洗涤根中积生虚习，以及无明，深沉细垢。

即时如来，于师子座，整涅槃僧，敛僧伽梨，揽七宝几，引手于几，取劫波罗天，所奉华巾。

阿难求示六解一亡，舒结伦次二义。佛先答后义，举事辩答，言相并彰，善巧说法，令人易了。即时即阿难求示之时，如来在师子座，整理涅槃僧，此云里衣。敛者收也，僧伽梨，此云大衣。揽七宝几：此几有七宝所嵌，引手于几，取劫婆天此云时分天，即夜摩天；所奉华巾，乃宝叠华，织成之巾。

于大众前，绾成一结，示阿难言："此名何等？"

阿难大众，俱白佛言："此名为结。"

于是如来，绾叠华巾，又成一结，重问阿难："此名何等？"

阿难大众，又白佛言："此亦名结。"

如是伦次，绾叠华巾，总成六结。一一结成，皆取手中，所成之结，持问阿难："此名何等？"

阿难大众，亦复如是，次第酬佛，此名为结。

叠华，西域贵重之物，织以成巾，价值无量。又为天人所奉，更足宝贵，佛以叠华，喻如来藏性，巾喻藏性随缘，成阿赖耶识，从真起妄，辗转相依，妄成六结，喻一巾绾成六结。一一结成，皆问阿难，要自审自答，自明结之伦次,虽同是结,不无次第,即伦类次序也。如前太虚空,由器形异,名之异空,此六结既是次第绾成,自是竖论六结,不是横喻六根。

佛告阿难:"我初绾巾,汝名为结。此叠华巾,先实一条,第二、第三,云何汝曹,复名为结?"

阿难白佛言:"世尊!此宝叠华,缉织成巾,虽本一体,如我思惟:如来一绾,得一结名;若百绾成,终名百结;何况此巾,只有六结,终不至七,亦不停五,云何如来,只许初时,第二、第三,不名为结?"

上段历问,以显次第;此段故问,以示结同。佛告阿难下,应将此叠华巾,先实一条,此二句提前,我初绾时,汝名为结,二句放后,再第二、第三云何汝曹,复名为结,文意相贯,谅系抄写之误。此段之文,似淡无味;《正脉》云:细详实有关要,按后圆通,所解六重结相,一动、二静、三闻、四觉、五空、六灭,由前而后,则疏亲有异;由后而前,则细粗不同。若不与之显示结同,初心者,或忽于疏,而始无入门,中途者,或住于细,而终无究竟,启示一六结同,正欲始终解尽矣。诚哉须信佛语深也!然不直说,而乃故意反问,以激阿难自说者,将使因喻以详法矣。

佛告阿难:"此宝华巾,汝知此巾,元只一条,我六绾时,名有六结。汝审观察:巾体是同,因结有异?

此宝华巾,未结之先,一之名尚不可得,岂得有六?是谓至同;既结之后,六之相已定,不复见一,是谓至异。佛令谛审观察,既知由同成异,自可除异还同。

于意云何?初绾结成,名为第一;如是乃至,第六结生,吾今欲将第六结名,成第一不?"

前五句示有次第,后三句故意难问,令辨可否。谓吾今欲将第六名,首尾相换,成第一得否?佛意以性中相知,故诘其能互换否?

"不也,世尊!六结若存,斯第六名,终非第一。纵我历生，尽其明辩，如何令是，六结乱名？"

六结未解，次第分明，故第六终非第一。佛欲将六作一，问我定其可否？纵使我历生多闻，尽其聪明慧辩，如何能令有次第者，而成无次第，一六乱名也？阿难以用中相背，故答不能互换也。

佛言："如是！六结不同，循顾本因，一巾所造，令其杂乱，终不得成。

此佛印证。六结次序不同，循者顺也，顺顾结之本因，元因一巾所成，欲令次序杂乱，终不得成，而一相岂能复见哉？

则汝六根，亦复如是。毕竟同中，生毕竟异。"

此法合。则汝六根，亦复如巾结者是也。根性本体，未结之先，一相尚不可得，何处有六？此毕竟同也。及其从真起妄，既结之后，六相分明，不可少乱，此毕竟异也。

佛告阿难："汝必嫌此，六结不成，愿乐一成，复云何得？"

阿难言："此结无存，是非锋起，于中自生，此结非彼，彼结非此。如来今日，若总解除，结若不生，则无彼此，尚不名一，六云何成？"

此复审明六解一亡，欲令当机自悟解结之法。故告之曰：我绾巾已成六结，汝必嫌此六结各异，不欲其成，愿乐一巾元同，依旧成一，复云何得？此句明明必须解结，故意设问，令其自悟。阿难言：此六结设若存在，彼此各有定位，一六亦有定名，若以六作一，则是非锋起，如刀兵相斗也。于中自然生起，此结非彼结，彼结非此结，彼此二字，即一六也。如来今日，若将六结，从六至一，总为解除，结全不生，则无彼此。尚不名一者：尚不名一巾，何以故？一巾原对六结立名，六结既解，一亦不立。一既不立，六云何成？此即六解一亡义也。

佛言："六解一亡，亦复如是。

此法合。佛言我先说解结因次第，六解一亦亡，亦复如此巾结无异。根中六结，若总解除，真体自显，一亡二字，非真体亦亡，真体本来，非一非六，所亡者，乃对六说一之一，此一六俱妄，乃属对待法故可亡，真体绝待，故不可亡也。

由汝无始，心性狂乱，知见妄发，发妄不息，劳见发尘。

此先示从真起妄，妄成六结，从细向粗。由汝自从无始，心性狂乱：心即清净本心，性即妙真如性；狂指无明，一念妄动，犹演若达多，狂怖妄出；乱指三细，扰乱于真净心中，此第一结成。知见妄发者：即黏妄所发之知见，属智相，见境界相，不了心现，妄执心外实有，能所二俱成妄，妄上加妄，念念相续不断，故曰发妄不息，属相续相。此二属法执，第二、第三两结成。劳见发尘者：劳虑转深，执取相、计名字相，此二属我执，妄见我及我所，发现尘劳，有世间相，此即身、心、世界，属后三结成。六结伦次如此，历历可辨，次第相生也。

如劳目睛，则有狂华，于湛精明，无因乱起。

劳目睛：譬如有人，以目直视虚空，瞪之既久，眼目发劳，为劳见，则有狂华为劳相，于澄湛空中，精明见中，无因乱起，能见所见，二俱成妄。能见指心法，所见指色法，劳目睛喻从真起妄，净眼喻妙心，发劳喻无明，狂华喻十界，生死、涅槃、染、净境界，以涅槃生死等空华。湛精明喻真理真智，一念未动以前，唯真智照真理，本来无一物。一念既动，如六入文云：兼目与劳，同是菩提心中，瞪发劳相。六结斯起，五阴具足。

一切世间，山河大地，生死涅槃，皆即狂劳，颠倒华相。"

前则顺次成结，从细至粗，法喻皆然；此则逆次合喻，由粗至细。前欲令明生起次第，此欲令识还元次第。一切世间，山河大地：即尘中六、五两结。生死，有身根方有生死，此当第四根结。以上均属界内，人执范围。涅槃属界外,法执范围,此当第三、第二两结。皆即狂劳:狂劳指无明业相,属第一结。此世出世间,皆是从真起妄,一念颠倒所起之华相。六结生起,乃从一至六,此约解除,乃从六至一,故科为逆次合喻。此虽逆于生起之伦次,而实顺于解结之伦次。

阿难言:"此劳同结,云何解除?"

此劳,即指狂劳,颠倒所起之华相,由一至六,同名为结,自当解除。同结二字,寓有伦类序次义,但未知云何是解除方法。

如来以手,将所结巾,偏牵其左,问阿难言:"如是解不?"

"不也,世尊。"

旋复以手,偏牵右边,又问阿难:"如是解不?"

"不也,世尊。"

此引悟二边不解,如来将所结巾,左右各牵,俱问阿难,如是解不?阿难俱答佛言:不也,世尊。左右喻空有二边,凡夫著有,长沦生死,固不能解除诸结;二乘滞空,永晦涅槃,又安能得证圆通?

佛告阿难:"吾今以手,左右各牵,竟不能解,汝设方便,云何解成?"

阿难白佛言:"世尊!当于结心,解即分散。"

此引悟中道方解。左右各牵,竟不能解,汝且设想方便,云何可令解除成功?阿难白佛言:世尊!当于结之中心,一解即便分散。结心喻中道,须依中道了义之修法,六结可除也。

佛告阿难:"如是!如是!若欲解除,当于结心。

此印证必用中道。《正脉》云:结心虽譬中道,然非兼彼空有,合成中道,亦非离彼空有,别立中道,乃是悟此根性,体自在而无系,本不属有,不迷为有而已,更不劳于观空破有也;达此根性,用遍现而互融,本不属空,不晦为空而已，更不劳于观有破空也。如后耳根圆通，既不执有，亦不观空，惟一反闻，亡尘顿入，由是二空渐证，妙体现而有自破也；俱空不生，大用起，而空自离也。是则反闻自性，即是结心，双超空有之中道也。前人不达，强以别安三观，其说支离，真蛇足也。又二边不解，合前知见立（空有二）知，即无明本；中道方解，合前知见无（空有二）见，斯即涅槃；以此双非空有之中道，故即无见之谓也。问："双非而不双即，恐非极中？"答："佛既但言空、有俱非，故当惟奉佛语，且体既非有，何尝不即空？用既非空，何尝不即有乎？"

阿难，我说佛法，从因缘生，非取世间和合粗相；如来发明，世出世法，知其本因，随所缘出。

以上我说，选拔圆根，一门深入，从根解结，直至成佛之法，此亦从因缘而生。惟是此种因缘，是微细因缘，但不循外境，返照内心，即以圆湛不生灭性为因，次第解结修证为缘，复本心源，究竟清净，非取世间，四大和合，发明诸变化相之粗因缘也。如来发明下，显佛语可信。世出世法，法字双用，世间六凡染法，出世间四圣净法，皆不出因缘。世间法以业识中，本具有漏种子为因，宿世所造善、恶、不动，业行为缘；出世法，以自性本具，无漏种子为因，今生所修谛、缘、度等为缘。如来一一知其本有之因，各随所遇之缘。出生染、净十界诸法，此即随心应量，循业发现也。

如是乃至，恒沙界外，一滴之雨，亦知头数；现前种种，松直棘曲，鹄白乌玄，皆了元由。

此文承上，不惟能知十界总相，如是乃至，情与无情，微细别相，即恒沙界外，甚远之处，天上所下，一滴一滴之雨，亦知若干头数（即多少滴数）；现前种种植物，松何以直？棘何以曲？举二该余，以及动物，鹄何以生来是白？乌何以生来是玄（黑也）？一一皆了元由，即知其各命由绪。

是故阿难，随汝心中，选择六根，根结若除，尘相自灭，诸妄销亡，不真何待？

是佛智圆照法界，无法不知之故，则所说解结之法，决不差谬；所许取证之事，决不赚误；随汝心中详察，选择六根，最圆之根，依之解结，以初心下手，心无二用，力当专一，故前敕选一根，但能于此一根中，六结若能尽除，则粗之尘相，自然先灭，即细之诸妄，亦自销亡。妄净真纯，惟一绝待真心，到此则彻法底源，一真一切真，无妄可对；不真即是妄，故曰不真何待？

阿难，我今问汝：此劫波罗巾，六结现前，同时解萦，得同除不？"

"不也，世尊。是结本以次第绾生，今日当须次第而解，六结同体，结不同时，则结解时，云何同除？"

此如来故问阿难，引悟次第，以免后人迷误。佛问阿难：此巾六结现前存在，同时解萦，萦即结也，能得同时解除不？阿难言：不也，世尊。六结虽然同是一巾之体，结时乃有先后次第，不是同时，则此结欲解之时，亦须次第而解，云何可以同时而除？佛意原要阿难，悟明次第，所以故问，今者所答不谬。

佛言："六根解除，亦复如是。此根初解，先得人空；空性圆明，成法解脱；解脱法已，俱空不生。

此正显示根结俱解，当下即是自性真定，此定即大佛顶首楞严王，如幻三摩提，弹指超无学者。今见阿难于喻，已知次第不可逾越，佛即印证之曰：喻既如是，次第解结可以还巾，六根解结之法，亦复如是。此根初解，先得人空者：此按逆流解结次第，于此根中，先解三结，尘亡根尽，根结已解，一根解除，其余五根，三结皆除，所谓一解一切解。解二结离尘，破我执分别，得与初果齐；解三结尽根，破我执俱生，与四果齐，得证我空之理，人空即我空也。三空之中，此空居前，故曰先得人空。即解前劳见发尘，根尘三结，而出分段生死。空性圆明，成法解脱者：此中含二结，以前虽得人空，尚未得法空，空性未臻圆明，法执未得解脱，若能先舍智爱，破法执分别，解一结；再舍理爱，破法执俱生，又解一结，则空性而得圆明，便成法解脱，反观涅槃，亦复如幻。此解前知见妄发，发妄不息，不住出世涅槃。解脱法已，俱空不生者：上句即已破法执，不为法缚，此法即所修证人、法二空，涅槃之法。若住此法，名为顶堕细障，无量不思议妙境，不得现前，今既不住，名法解脱。解脱法已，依旧回光照性，俱空之境，亦复不生，解除最初生起之第一结，生灭既灭，寂灭现前，此即解前心性狂乱，而尽狂劳，颠倒华相。

> 是名菩萨，从三摩地，得无生忍。"

此出所证之名。以上所说，从根解结修证，六结解尽，是名菩萨，从三摩地，即偈云："如幻三摩提，弹指超无学"者，是也。得无生忍，登圆教初住，即得此忍，于三界内外，不见有少法生灭之相，迷者见法实有，修证至此，根结尽解，三摩已入，妙心已悟，道眼已开，故见诸法无生，如显见不分科中所云："十方如来，及大菩萨，于其自住三摩地中，见与见缘，并所想相，如虚空华，本无所有。"不特生死染法，犹如空华，即涅槃净法，亦复如是。空华即喻无生之义，翳眼观之似有，好眼观之实无，空华本不生，一切诸法无生，亦复如是。如此之理，忍可印定于心，名得无生忍。

> 阿难及诸大众，蒙佛开示，慧觉圆通，得无疑惑。

阿难及在会大众，承蒙我佛，开导指示，选根逆流，六解一亡，舒结伦次，已得慧觉圆通。慧觉，即照根性之妙智；圆通，即证法忍之妙理。虽未真修亲证，今已决定明了，得无疑惑。

> 一时合掌，顶礼双足，而白佛言："我等今日，身心皎然，快得无碍！

皎然，即心目开明，照了无疑。前佛说破妄显真周，叙悟则曰：身心荡然；说无生无碍周，叙悟则曰：身意轻安；今教从根解结，则曰：身心皎然，快得无碍，快者畅快，明白通达，故得无碍。

> 吾复悟知，一六亡义，然犹未达，圆通本根。

前阿难答佛，解结之文，有云：若总解除，则无彼此，尚不名一，六云何成，是已悟知，一六亡义。虽复二字，意以此义虽复悟知，然犹未能了达圆通本根，无从起修，虽知无益。

本根有二义：一、对方说："此方真教体，清净在音闻。"则耳根为此方本根；二、对人说：阿难多闻，惯用耳根，文殊偈云："方便易成就，堪以教阿难。"是耳根又为阿难本根。如来前云：随汝详择，其可入者，吾当发明，令汝增进。阿难初果浅智，故不能了达何根是圆通本根。

　　世尊！我辈飘零，积劫孤露，何心何虑，预佛天伦，如失乳儿，忽遇慈母？

　　此庆幸遭遇如来。我辈：是阿难指一类有学之机。飘流生死，零落诸趣。积劫孤露：谓过去历劫之久，舍父逃逝，犹如孤儿，无倚无靠，飘流生死，不得涅槃，何异露宿，无托无归。今得人身，未堕恶趣，已属可幸！何心何虑，预佛天伦者：何敢心思，何敢念虑，与佛为兄弟，今则参预佛之天伦，实出望外，父、子、兄、弟，以天合者，曰天伦；君、臣、朋、友，以义合者，曰人伦。阿难为佛堂弟，得预佛之天伦，此更可庆幸也！如失乳儿，忽遇慈母者：久在飘零，未沾法乳，以失乳之儿，命若悬丝，今已从佛出家，常随不离，饱尝法乳，则慧命可续，如遇慈母。

　　若复因此，际会道成；所得密言，还同本悟，则与未闻，无有差别？

　　此文翻译润文时，文字太略，意义不显。上二句之意，意谓：若复因此，奇逢幸遇，师资际会，果能依教修习，菩提道果克成，可谓无忝所生，不负所遇耳。所得密言：即常不开演之法，佛为演说，今亦得闻，果能从闻、思、修，由根解结，则三摩可入，法忍可证；倘若还同昔日，本以文字会悟，徒守知解，不加行证，则徒闻无功，与未闻者，无有差别也。

　　惟垂大悲，惠我秘严，成就如来，最后开示。"
作是语已，五体投地，退藏密机，冀佛冥授。

　　惟愿如来，垂大悲心，惠施我等，秘密严净之法，此即求示圆通本根。秘严：密指耳根，如来不肯明言，是秘密。耳根逆流断惑，了义修证，非著相之染修，故严净。佛前但要阿难，心中详择，阿难无慧详择，求佛开示，佛肯分明指示，则成如来最后开示。最后者，即究竟开示之全功也。前示选根解结，六解一亡，舒结伦次，修证名目，虽皆备悉，若不知圆通本根，华屋之门，何自得入？

作是语已，五体投地，退藏密机者：退即退归本位，藏者藏诸心，而不形于口，心中默祷，是谓密机，望佛冥授，亦不必显说，此属意请；而佛大智鉴机，应其密请，故不自说，遂敕二十五圣，各说法门。交师所云：大权施设之宜，师资簧鼓之意，于兹备见之矣！

尔时世尊，普告众中，诸大菩萨，及诸漏尽，大阿罗汉："汝等菩萨，及阿罗汉，生我法中，得成无学。吾今问汝：最初发心，悟十八界，谁为圆通？从何方便，入三摩地？"

尔时，即阿难意请之时，世尊知其但求冥授，故不显说。普告众中，诸大菩萨，及诸漏尽，已回心大阿罗汉，非定性声闻之众。佛语之曰：汝等菩萨及阿罗汉，生我佛法之中，是谓从佛口生，从法化生，在我佛法之中，得成无学之位，此无学，非独指罗汉，菩萨亦称无学。《正脉》云："正以地上，既通罗汉之名，菩萨岂避无学之号，菩萨知真本有，达妄本空，修即无修。"永嘉云："绝学无为闲道人，不除妄想不求真"，此即菩萨无学之明证也。吾今问汝，最初发心者：佛不问各人所证，但问最初发心者，以因地心，为起修之根本故。悟十八界，谁为圆通？而不言七大者，以地、水、火、风、空五大，合六尘中，见大合六根中，识大合六识中，则问十八界，二十五门，皆在其中。问谁为圆通，此是一意；又问从何法，为最初下手，起修之方便，然后得入三摩地，此又是一意。

初问：二十五门，谁为圆通？意以二十五门，遍该诸法，头头是道，法法皆通，故诸圣依之而修，皆证圆通。二问：从何方便？意以归元无二，方便多门。必要诸圣各说，因地依修之法，亲证实到，并非空谈无验也。足显圣性无不通，非唯通一门也。我先要阿难，详择一根者，因对机故作是说耳。

时憍陈那五比丘，即从座起，顶礼佛足，而白佛言："我在鹿苑及于鸡园，观见如来，最初成道，于佛音声，悟明四谛。

陈那五比丘与鹿苑，解见第一卷，显见不动科中。鸡园，《智论》云：昔因野火烧林，林中有雉鸡，以羽渍水，以救其焚，因是命名。其地钟灵，依此而修，道业易成。或五比丘，有在此修道，效与鹿苑并举之。观见如来，最初成道之后，说法度生，为我等三转四谛法轮，我于佛音声之中，悟明四谛之理，即悟苦是生死苦果，有迫逼性；集是烦恼苦因，是招感性；灭是涅槃乐果，为可证性；道是出世乐因，为可修性。佛借音声以作佛事，我于音声而得开解。六尘应以色尘为首，今以声尘居先，后以耳根殿后者，以此方真教体，清净在音闻故也，又别对阿难之机。

佛问比丘，我初称解，如来印我，名阿若多。妙音密圆。我于音声，得阿罗汉。

此述悟圆得证。佛问比丘解不？我初称解。如来印证我，最初解，即命名为阿若多，此云最初解。我所解非他，即佛微妙法音。音之所以称妙者，悟声尘乃是缘生之法，其相虽妄，其性恒真，为妙觉明体。其体秘密，无形无相；其用周圆，遍照法界。我于音声，为本修因，悟明真理，得阿罗汉道。

佛问圆通，如我所证，音声为上。"

此结答圆通，从声尘得证，即以音声为上。

优波尼沙陀，即从座起，顶礼佛足，而白佛言："我亦观佛，最初成道，观不净相，生大厌离，悟诸色性，以从不净，白骨微尘，归于虚空，空、色二无，成无学道。

优波尼沙陀，此云色性空。我亦观佛最初成道：以遇佛之早故。观不净相：乃四念处之一，观身不净也。优波虽属利根，烦恼障重，性多贪欲，故佛教修不净观，以对治之，遂于此身，生大厌离。悟诸色性者：以其根利，修观之后，非但离障，且能悟性。以从不净：指此色身，以从种子不净，乃至死后，作九想观：一、胖胀想，二、青淤想，三、坏想，四、血涂想，五、脓烂想，六、虫啖想，七、分散想，八、白骨想，九、烧想。此中但云白骨微尘者：微尘即是烧想，烧骨成灰，化为微尘，微尘遇风，一吹即散，终归于空，即色不可得，无色不能显空，非但色无，并空亦无，故曰空、色二无，因此得成无学之道。

如来印我，名尼沙陀，尘色既尽，妙色密圆。我从色相，得阿罗汉。

如来印证我名色性空。尘色既尽：即上空、色二无，妄相既尽，真性斯显。妙色：即是性色，全性成色，全色皆性，不必析色归空，色色皆如来藏。此理秘密曰密，周遍法界大用圆满曰圆。我从色相，为本修因，得成阿罗汉道。

佛问圆通，如我所证，色因为上。"

此结答圆通。如我所证圆通，以观色尘为因地心，即此色尘为上。

香严童子，即从座起，顶礼佛足，而白佛言："我闻如来，教我谛观，诸有为相。

香严童子，观香尘而得道，以自性真香，庄严法身。童子者：童真入道，并非年龄幼稚也。起座礼佛，白佛言：我闻如来，教我谛观，诸有为相。谛观者：以智照观察，世间一切，有相有为之法，即因缘所生法也。如《金刚经》所云："凡所有相"也。此所有相，皆是虚妄，非真实常住法。

我时辞佛，宴晦清斋，见诸比丘，烧沉水香，香气寂然，来入鼻中。我观此气，非木、非空、非烟、非火，去无所著，来无所从，由是意销，发明无漏。

我当时闻教辞佛，退而自修。宴晦者：宴然安处，晦迹韬光。清斋者：清净斋室，即斋心洁己，清修观行之室。今人宴居之室，亦多名斋。见诸比丘，烧沉水香：此香乃斫香树，著地经久，外朽心坚，置水则沉，故以名焉。《华严》云：阿耨达池边，出沉水香，名莲华藏，若烧一丸，普熏阎浮，据此则鼻不蒙烟可知。香气寂然者：无形无声。来入鼻中：我则即境修观，以香气为所观境，观此香气，非从木来，以徒木不烧，香气安能远达；亦非从空出，以空性常恒，香气不常有故；亦非从烟有，以寂然来入，其鼻并不蒙烟；亦非从火生，以世间诸火，本不出生香气。不闻之时，香气去无所著，正闻之时，香气来无所从，当体空寂，由是香既不缘，鼻无所偶，根尘双泯，意识亦销，根尘识空，发明无漏。

如来印我，得香严号，尘气倏灭，妙香密圆。我从香严，得阿罗汉。

如来印证我，得香严号。尘气即香尘之气，倏然（时之短也）消灭。妙香者，自性真香，体不可见曰密，用乃遍现曰圆，我从香严，得阿罗汉道。

佛问圆通，如我所证，香严为上。"

此结答圆通，如我所证，以香尘为本修因，证入圆通，乃以香尘为上。

药王、药上，二法王子，并在会中，五百梵天，即从座起，顶礼佛足，而白佛言："我无始劫，为世良医，口中尝此娑婆世界，草、木、金、石，名数凡有十万八千，如是悉知，苦、酢、咸、淡、甘、辛等味，并诸和合，俱生变异，是冷、是热，有毒、无毒，悉能遍知。

药王、药上俱称法王子者，以能绍隆佛种，堪承法王家业故。若究远因，过去有佛，号琉璃光，比丘日藏，宣布正法。时有长者，名星宿光，闻说法故，将阿梨勒诸药，奉日藏大众，愿我来世能治众生身、心两病，举世欢喜，立名药王；其弟名电光明，以醍醐上味之药，供养佛僧，立名药上，此得名之深因也。五百梵天，是其同行眷属。

我无始劫下，自陈夙因。为世良医：善识病源，善能治病，药到病除，方称良医。遍尝诸药，口中尝此娑婆世界，显尝药济众，即在此土。种种之药虽多，不出草、木、金、石四类，名数凡有十万八千，如是悉（尽也）知，何者为苦，何者为酢，乃至何者为辛等，并知孰为和合性，以多药共治一病；孰为俱生性，如甘草生来是甜，黄连生来便苦，一药可治一病；孰为变异，如修炼炮炙，方有功效；谁是冷性，能治热病；谁是热性，能治寒症，孰为有毒、无毒，可用不可用，悉能遍知。如是则世无难医之病，人无不活之命，此善治身病也。至于善治心病，则宏宣佛法，化导人心，改恶迁善，返迷归悟也。

承事如来，了知味性，非空、非有，非即身心，非

离身心，分别味因，从是开悟。

承事如来，即本师释迦，二法王子，久于此界，修大乘因，如来成佛以来，久经无量劫数，来此娑婆世界，已八千返，师资夙缘所在，故得承事。因宿习不忘之故，故仍以味尘为观，而能了知味性，非空有即离也。舌与药触，炽然味现，故非空；虽然味现，实无体性，故非有，此初起觉心，了其无体也。身、心，即指舌根与舌识，诸药不来，舌之与识，不自现苦等诸味。故非即身心；舌与舌识不尝，诸药不能自知苦等诸味，故非离身心，此后观察，知其无从也。分别味因，从是开悟者：由是分别味尘之因，既无定体，又无从来，惟是幻妄名相，其相虽妄，其性恒真，从是开悟，味尘本如来藏，妙真如性。

蒙佛如来，印我昆季，药王、药上二菩萨名。今于会中，为法王子，因味觉明，位登菩萨。

观行已成，圆解又开，得蒙如来，印证我昆季（兄弟也），药王、药上二菩萨名。此乃如来鉴机，因其愿行，立其嘉号。菩萨是自、他两利之人，解行相应之称，上指过去蒙佛，下指现在得果，今于如来法会之中，为法王真子，权乘是庶子，二乘乃外子。因味觉明者：因观味尘，从浅至深，圆悟本觉妙明之真性，蹑解起行，由行而证，位登菩萨，此是真修实证也。

佛问圆通，如我所证，味因为上。"

此结答圆通。据我所修所证，以味尘为本修因，即此为上。

跋陀婆罗，并其同伴，十六开士，即从座起，顶礼佛足，而白佛言：

跋陀婆罗，此云贤守，以贤德自守，此自利也；又云贤护，以贤德普护众生，此利他也；又名贤首，位居等觉，是众贤之首。并其同行道伴，十六开士，开士即菩萨异称，谓自能开悟，复能开悟众生之大士。同时起座，礼佛自陈圆通。

"我等先于威音王佛，闻法出家，于浴僧时，随例入室，忽悟水因，既不洗尘，亦不洗体，中间安然，得无所有。

我等，等其同伴。先于过去，威音王佛之时。佛称威音王者，《法华》云：神智无量，将导一切。要解云：以大音声，普遍世界，为大法王，说法无畏也。准《法华经》，有二万亿威音王佛，相继出世，跋陀当在初佛像法之中，以与常不轻菩萨同时也。跋陀等初为慢众，常轻慢诽骂常不轻菩萨，后见不轻神力，自悔前非，又复信从，故得闻佛遗传教法，发心出世俗家也。文中直言，先于威音王佛闻法出家，此从略也。《法华》云：尔时常不轻菩萨者，则我身是；尔时四众，常轻是菩萨者，今此会中，跋陀婆罗菩萨等是。

于浴僧时，随例入室者：佛制七众净浴律仪，半月僧众用浴一次，随例入于浴室，正浴之时，以水触身，觉有冷暖涩滑之触，由是穷究此水，还是因洗尘，而现触耶？还是因洗体，而现触耶？若谓洗尘而现，尘本无知，何能成触；若谓洗体而现，四大假合之体，本属无情，何能觉触？故忽悟水因，水为导悟之因，既不洗尘，又不洗体，根尘悉泯，能所双亡，中间安然，得无所有，欲觅触尘之相，了不可得，相尽性显，观行成就。

宿习无忘，乃至今时，从佛出家，令得无学，彼佛名我，跋陀婆罗，妙触宣明，成佛子住。

宿习：即指过去观行熏习成种，在八识中，历劫无忘。按跋陀先于威音王佛，像法出家，因嗔恚意，轻贱不轻，二百亿劫，常不值佛，不闻法，不见僧，千劫为阿鼻地狱，受大苦恼，犹能宿习无忘，守护善根，乃至今时，从佛出家。此佛是本师，昔缘复遇，承教断惑，出三界之家，令得无学之道，此非小乘无学，乃是证于深位。彼佛命我之名，名曰跋陀婆罗。妙触宣明者：妙触对妄触而言，妄触有能触之根，与所触之尘，发生知觉，是名为触；今既不洗尘，亦不洗体，妄触既尽，妙触宣明，微妙触尘，非有非空，惟一藏性，随心应量，循业发现而已，宣明即发现也。成佛子住者：即证菩萨位，位居等觉，是佛真子，堪绍佛位也。

佛问圆通，如我所证，触因为上。"

此结答圆通。佛问我圆通，如我所证，乃以触尘为导悟之因，昔以触尘观行薰习，后得妙触宣明，故以触因为上。

摩诃迦叶，及紫金光比丘尼等，即从座起，顶礼佛足，而白佛言：

摩诃迦叶，此云大龟氏，姓也，拣异余迦叶。又云大饮光，以尊者身光，映蔽余光故。本名毕钵罗，乃是树名，父母祷此树而生，故以名焉。紫金光比丘尼，即其妇也，同时发心出家。

"我于往劫，于此界中，有佛出世，名日月灯，我得亲近，闻法修学；佛灭度后，供养舍利，然灯续明，以紫金光，涂佛形像，自尔以来，世世生生，身常圆满紫金光聚；此紫金光比丘尼等，即我眷属，同时发心。

此自述往因。我在往昔，于此娑婆世界之中，当时有佛，应机出现于世，名日月灯明佛。此佛以三智立名：日能照昼，令人作务，喻俗智照事；月能照夜，令人清凉，喻真智照理；灯能昼、夜并照，真、俗无碍，喻中智双照理事。佛三智圆具，故号日月灯明。我得亲近，为佛常随众，闻法修学，佛灭度后，感佛深恩，供养舍利。梵语舍利，此云灵骨，由佛大悲愿功，碎金刚不坏之身，而为舍利，流布天上人间，为世福田，令恭敬礼拜供养者，皆获福故。然灯续明者：然灯供养，以续日光之明，并以紫金光，涂佛形像。《灌顶疏》引《付法藏》云：毗婆尸佛灭后，塔像金坏，时有贫女，对像感伤，有欲修治，愧无资财，后丐得金钱，倩匠为薄，同成功德。金师欢喜，治莹佛毕，誓为夫妇，九十一劫，人中天上，身恒金色，心恒爱乐，据此则紫金涂像，另一因缘，或翻译脱漏毗婆尸世之文。

自尔以来：即自尔时，涂像以来。世世生生，身常圆满紫金光聚：依因感果，不违所愿。此紫金光比丘尼，亦随愿感报，与迦叶为夫妇，故曰即我眷属。同时发心，有二意：一指过去同时发心，修治佛像；一指今生同时发心，从佛出家。

我观世间六尘变坏，唯以空寂修于灭尽，身心乃能，度百千劫，犹如弹指。

迦叶正观法尘。而言观六尘者，以法尘是前五尘落卸影子，故并言之。变坏者：法尘托意识而现，念念迁变坏灭，刹那刹那，不得停住。唯以空寂者：既变坏无常，当体空寂。修灭尽定：此定能灭六识，不起分别，能空法尘，故曰灭；能尽七识，半分染末那，亦复不起，故曰尽；唯留七识半分净末那，以持定故，入此定者，身心乃能，度百千劫，犹如一弹指顷。迦叶现在鸡足山中，待弥勒下生传衣，即入此定。

我以空法，成阿罗汉。世尊说我，头陀为最，妙法开明，销灭诸漏。

我以空观，销灭法尘，即上我观六尘变坏，唯以空寂，此但结言而已，非另有别法也。法尘既销，根识亦尽，结使随断，故得成阿罗汉道。世尊说我，头陀为最。梵语头陀，此云抖擞，以能抖擞法尘故。由我生灭法尘既灭，微妙法性现前，故能开悟法性，了明藏心，销灭诸漏；约罗汉之迹，只破我执，约证圆通，法执亦亡。

佛问圆通，如我所证，法因为上。"

此结答圆通。如我所修所证无他，惟以法尘为本修因，最为其上。

阿那津陀，即从座起，顶礼佛足，而白佛言："我初出家，常乐睡眠，如来诃我，为畜生类。我闻佛诃，啼泣自责，七日不眠，失其双目。

阿那律陀亦云阿冕楼陀，或云阿泥楼豆，此云无贫，又译如意。过去劫以稗饭，供养辟支佛，感九十一劫，不受贫穷果报，得如意乐，是佛堂弟。起座礼佛，陈白本因，言我初出家时，每于听法之时，常乐睡眠，如来诃责我为畜生类。偈曰："咄咄何为睡，螺狮蚌蛤类，一睡一千年，不闻佛名字。"我闻佛诃，啼泣自责，业障深重，七日七夜，不许睡眠，遂双目失明；目以睡为食，七日不眠，所以失明。

世尊示我，乐见照明，金刚三昧。我不因眼，观见十方，精真洞然，如观掌果。如来印我，成阿罗汉。

佛见阿那律陀，闻诃自责，精进失目，喜为可教之机，示以明不循根之修法，曰乐见照明金刚三昧。乐字去声，好也，见有见性见尘之别，若见尘，是出流循尘，故有流转，若见性，是入流旋根，获得无妄。故佛教以好乐见性之法，旋本有之心光，照能见之见性，照之又照，照到本明自性，无动无坏，突开金刚正眼，名得金刚三昧。阿那律陀，依教勤修，遂发半头天眼，故曰我不因（由也）浮、胜二种眼根，而能观见十方世界，此即灵光独耀，脱离内根也。

精真洞然，如观掌果者：此明半头天眼之功能，精即乐见之见精，旋妄复真，洞达无碍，故喻观大千，如观掌中之果。阿那律陀，于净名会下告螺髻梵王曰：我得天眼，观见三千大千世界，如观掌中，庵摩罗果，则天人报得天眼，岂能与尊者，较左右耶？如来印证，我成阿罗汉道。

"佛问圆通，如我所证，旋见循元，斯为第一。"

此结答圆通。如我所修所证，即是旋彼出流之见精，远离尘累，此背尘也；循彼元明之真见，脱黏内伏，此合觉也。此中佛所授之三昧，因阿那律陀，正忧根坏，不能见尘，世尊教以旋见亡尘，不必见尘，循元脱根，不必用根，正对机设教，因病与药也。

周利槃特伽，即从座起，顶礼佛足，而白佛言：

周利，此云道生，槃特伽此云继道，其母两度随夫出国，西域国风，女人若要生产，当回母家，第一次欲产，回家时促，行至半路，于大路边生子，遂名道生。第二次要分娩，应当早归，又是仓卒不及，于小路边生子，名曰继道，相继乃兄，于道路而生，故名继道。从座而起，顶礼白佛。

"我阙诵持，无多闻性，最初值佛，闻法出家，忆持如来，一句伽陀，于一百日，得前遗后，得后遗前。"

我阙少讽诵忆持，无有广学多闻之性。《譬喻经》云：槃特于迦叶佛时，为三藏沙门，有五百弟子，三藏吝惜经义，不肯训导，因此故感愚钝之报。以宿善故，与佛同生一世，最初值佛，闻法出家。佛制出家，先学伽陀四句："身语意业不作恶，莫恼世间诸有情，正念观知欲境空，无益之苦当远离。"此偈之意，出家须要修持三业，莫恼众生，看破五欲，勿学外道，空修无益之苦行。槃特忆持如来,一句伽陀,即第一句,于一百日之久,记得前四字,遗忘后三字,记得后三字,遗忘前四字,五百罗汉,同教一偈,不能成诵。其兄先出家入道,见其弟如是愚钝,出家亦复无用,遣令还俗。槃特闻已,遂持绳至后园树下,欲寻自尽。佛化树神,而斥之曰,迦叶佛时,卿作三藏,弟子五百,吝法不诲,故获斯报,但当自责,何为自残?仍现佛身,而语之曰勿怖,成无上觉,不由汝兄,佛乃以手,牵至静室,指扫帚云:"此是甚么?"答曰:"扫帚"。又问曰:"扫帚二字能忘记不?"答言:"不也"。佛即教日夜诵扫帚,既久佛将"扫帚"二字,更名"除垢"。槃特思念,灰土扫除,其地清净,日夜将这一把无相扫帚,扫来扫去,将心地尘垢,扫除尽净。

> 佛愍我愚,教我安居,调出入息,我时观息,微细穷尽,生住异灭,诸行刹那。

此奉教调息。佛愍我愚钝,教我安居静处,调息摄心,愚钝虽由吝法远因,阙诵亦属散乱所致,故佛授以调息之定,调鼻中出息与入息也。鼻中气息,有四种相:有声曰风,结滞曰气,出入不尽曰喘,不声不滞出入俱尽曰息。按天台止观,调息当离风、气、喘三相,而幽绵自在,此似《六妙门》,前三门数随止也。我时观息,微细穷尽四句,我于尔时,秉教观息,工夫纯熟,心渐微细,先唯调其出入,后便穷其生灭,定深更能穷尽,生、住、异、灭四相,初起曰生,不断曰住,渐微曰异,已断曰灭。诸行,即四相迁流不住;刹那,时之最短也。一念有九十刹那,一刹那有九百生灭。穷息至此,可谓极微细矣!此似《六妙门》,后三门观还净也。

> 其心豁然,得大无碍,乃至漏尽,成阿罗汉。住佛座下,印成无学,

此开悟得果。其心豁然者:即穷尽鼻息处,诸行惟在刹那,刹那无体,惟在一念,念性本空,豁然开悟,贯通诸法,得大无碍,乃至界内欲有无明三漏先尽,成阿罗汉。住佛座下,蒙佛印证,成无学道。

> 佛问圆通,如我所证,反息循空,斯为第一。"

此结答圆通。如我所证,即奉教调出入息。反息:即鼻根不缘外尘,反观

息相；循空：即穷诸行空，循顺空理，此背尘合觉也。所谓出息不涉众缘，入息不住阴、界，前则阙诵，后竟得果，斯鼻根为本修因，最为第一。

憍梵钵提，即从座起，顶礼佛足，而白佛言："我有口业，于过去劫，轻弄沙门，世世生生，有牛呞病。

憍钵提，此云牛呞，牛食之后，恒常虚嚼，口则磨来磨去，尊者之口如之，此乃宿业之报，故白佛言："我有口业，于过去劫，轻弄沙门。"因见老比丘，无齿而食，笑其如牛吃草，此老比丘，即告之曰："我证阿罗汉道，汝犯口过，应当忏悔。"自亦知非，虽经忏悔，世世生生，犹感牛舌之报。故曰："有牛呞病。"佛以憍梵钵提有此舌病，敕居天上，免人讥诮遭堕。来入法会时，令含念珠，可以遮谤，天人有宿命通，知其感报之因，不敢谤毁，故令居焉。

如来示我，一味清净，心地法门，我得灭心，入三摩地，观味之知，非体非物，应念得超，世间诸漏。

此如来因机施教，欲令就路还家，故示以一味清净，心地法门，从舌根入也。一味者，非甜苦有味之味，非淡然无味之味，但令反观根性，不观甜淡等尘，惟观双离空有，中道妙味，是为一味。清净心地，离尘脱根，反尝自性，一味清净，即本元心地，依之修习，可成三昧，故称法门。我得灭心，入三摩地者：我因不循甜、淡、味尘，而起分别，得灭攀缘识心，尘既不缘，根无所偶，识心已灭，此即弃生灭也。入三摩地，有修证之分，此是修中三摩。如何修法？但用根性，本有智光，观照尝味知性，非生于舌根自体，以外物不来，舌不成知；又非出于甜苦等物，以舌若不尝，物不自知；由悟根性，脱根离尘，所以应念得超世间诸漏。此即守于真常，常光现前，根尘识心，应时销落也。

内脱身心，外遗世界，远离三有，如鸟出笼，离垢销尘，法眼清净，成阿罗汉，如来亲印，登无学道。

内脱身心：由上观味之知非体，故悟舌性，非关舌根自体，故能情界脱缠。外遗世界：由上观味之知非物，悟舌性非干味尘等物，故能器界超越。又由前应念得超，世间诸漏，故得远离三有（即三界）。上既根尘俱脱，情器双超，如鸟出笼，鸟喻迷时真堕妄中，笼喻三界五阴，今既解行相应，离妄证真，故如鸟出笼。此按圆通，已解根尘粗三结；离垢销尘，法眼清净，解后细三结。即四卷末云："想相为尘，识情为垢；二俱远离，则汝法眼，应时清明。"成大阿罗汉，破无明，证法身，如来亲自印证，登大乘无学之道。

"佛问圆通，如我所证，还味旋知，斯为第一。"

此结答圆通，如我所修所证，以舌根为本修因，还复一味，清净之心，旋转循尘，黏妄之知，以斯舌根，最为第一。

毕陵伽婆蹉，即从座起，顶礼佛足，而白佛言：

毕陵伽婆蹉，此云余习。过去五百世，为婆罗门，性多骄慢，每过恒河，呼河神小婢断流，神虽为断，怀嗔白佛。佛令向神道歉，遂合掌向曰：小婢莫嗔！众皆失笑。佛言：实无慢心，因河神过去为其婢女，乃余习耳。

"我初发心，从佛入道，数闻如来，说诸世间，不可乐事。乞食城中，心思法门，不觉路中，毒刺伤足，举身疼痛！我念有知，知此深痛，虽觉觉痛，觉清净心，无痛痛觉。

我初发心出家，从佛剃落，得入出世之道。数闻如来，宣说世间，不可乐事，即四谛中苦谛，如来对小机众生常说，故得数闻，闻已依教修观。乞食城中，心思法门：即观苦谛，行、住、坐、卧，不离观法。只顾作观，不觉路中有毒刺，信步行走，致伤其足，毒入身中，举身（即全身）疼痛，正观苦谛，忽遇苦事，乃是发悟之好机缘也。我念有知，知此深痛者：正当毒发，疼痛之时，我念身中，有个能知觉者，知此深痛，遂即立定脚跟，观察此知痛者是谁？由是而知，身根之中，虽有能觉之心，觉此深痛，此乃有痛之妄觉，而我本觉清净之心，实无有痛，能痛着此觉心，此为无痛之真觉。后三句，交师云："虽有能觉之心，与所觉之痛，而身根中无分别清净觉心，本无所觉之痛，与能觉之痛觉也。"

"我又思惟：如是一身，宁有双觉？摄念未久，身、心忽空，三七日中，诸漏虚尽，成阿罗汉，得亲印记，发明无学。

此思惟非识，乃属于智，即八正道之正思惟。一人一身，应只一觉，为何现身，有知痛之觉，又有清净觉心之觉，如是一身，宁有双觉耶？摄念者，收摄知痛之妄念结成疑团，随顺无痛之真觉，未久之间，身心忽空。身是疼痛之身根，心是觉痛之身识。忽空者，由真觉之力所镕，疑团打破，真纯妄绝，如汤消冰，故曰忽空。经三七日之久，诸漏悉皆虚尽，纯一本觉，清净真心，永离虚妄，成阿罗汉。得亲印记，发明无学，同上所释。

佛问圆通，如我所证，纯觉遗身，斯为第一。"

此结答圆通。如我所修所证，纯一本觉，遗妄身心，以斯身根，为本修因，最为第一。

须菩提，即从座起，顶礼佛足，而白佛言："我旷劫来，心得无碍，自忆受生，如恒河沙，初在母胎，即知空寂，如是乃至，十方成空，亦令众生，证得空性。

须菩提译空生，初生之时，其家宝藏忽空，其父大惊！为卜吉凶，得一卦，既善且吉，遂名善吉，未久宝藏复现，又名善现。起座顶礼白佛：我旷（远也）劫来，心得无碍；心即意根，无碍即空也。自忆受生，如恒河沙：极言多生，喻如恒沙，此得宿命通，无有隔胎之迷，此叙远本也。初在母胎，即知空寂：此生随相受生，初在母胎之中，即知四大本空，五蕴非有，当体空寂。如是乃至，出胎之后，由人空，而悟法空，十方世界，森罗万法，悉皆空寂，同深心菩萨，人法双空境界，此属自利；从佛出家后，自行化他，广为众生，宣说人、法二空真如，亦令众生，证得空性，即人空、法空，真如自性，此属利他。

蒙如来发，性觉真空，空性圆明，得阿罗汉，顿入如来，宝明空海，同佛知见，印成无学，解脱性空，我为无上。

空生虽悟人、法二空，尚未了达，空性即是如来藏性，乃蒙如来显发，性觉真空，性空真觉（解见空大文中），悟得全空全觉，全觉全空。空性圆明者：谓此真空妙性，不同偏空故圆；不落断空故明，乘此妙悟，得证大阿罗汉。顿入如来，宝明空海，同佛知见三句：承上虽得人、法二空，尚有空在，故重观空性，并空亦空。即上文俱空不生，故能顿入如来，第一义空，宝明妙性，真空性海，既已顿同佛空，其知见自应同佛。佛知无知，无所不知；佛见无见，无所不见。印成无学者：如来印证，已成大乘无学之道。解脱性空者：虽证空性，不住于空，不为空缚，是为解脱，非同二乘，沉空滞寂，被空所缚，非真解脱也。如来印我，所证真空，不碍妙有，故为无上。

佛问圆通，如我所证，诸相入非，非所非尽，旋法归无，斯为第一。"

此结答圆通。如我所修所证，诸相入非：诸相即人相、法相，悉入于空，非即空也。此句人、法双空。非所非尽：非，即能空之空；所非，即所空之人、法二相；尽，亦空也。即能所俱空，所谓空、所空灭，痛愈药除也。人、法未空，须假空智，人、法双空，空智亦泯。

旋法归无，斯为第一者：此法非法尘之法，乃人相、法相、非法（空也）相之法，以意根无分别性，旋其虚妄生灭诸法，复归本元觉性，第一义空，无字即第一义空，欲证第一义空，惟斯意根，最为第一。

楞严经讲义第十四卷

舍利弗，即从座起，顶礼佛足，而白佛言："我旷劫来，心见清净，如是受生，如恒河沙，世、出世间，种种变化，一见则通，获无障碍。

舍利弗，此云鹙子，起座顶礼白佛：我旷劫来，心见清净。心见即眼识，不染色尘曰清净。如是指眼识清净。受生如恒河沙劫之久，世、出世间，凡圣染净诸法，六凡法界，善恶攸分，苦乐不等，四圣法界，大小差殊，权实有异，故曰种种变化。一见则通者：只要眼识一见，随念分别，则能通达，了然明白，获无障碍，不必意识，计度分别，此显多劫，眼识明利也。

我于中路，逢迦叶波，兄弟相逐，宣说因缘，悟心无际。

舍利弗，初事沙然梵志。沙然殁后，无师可事，一日于中路，逢三迦叶波，兄弟相逐（即相随），宣说因缘深义，偈云："因缘所生法，我说即是空；亦名为假名，亦名中道义。"此四句，即大乘因缘，天台宗，藏、通、别、圆四教，即依此偈而立，四句依次立四教。鹙子一闻，便悟圆理，圆理即是藏心，故曰悟心；周遍法界，故曰无际。有云舍利弗，路逢马胜比丘，威仪庠序，即趋问汝师是谁？答曰："我师释迦牟尼。"又问："汝师授汝何法，可得闻乎？"答曰："我初入道，只记得因缘之法：诸法从缘生，诸法从缘灭，我佛大沙门，常作如是说。"舍利闻已，即得初果。归告目连亦悟，二人率领徒众，投佛出家，今云逢迦叶波者，或同时所遇，非独一人，彼此互出耳。

> 从佛出家，见觉明圆，得大无畏，成阿罗汉，为佛长子，从佛口生，从法化生。

既闻胜法，乃知师亦非常，遂从佛出家。见觉亦眼识也，向者眼识，虽得无碍，尚未明圆，今则更承佛诲，识精明圆，得大自在，具四无畏，为接乐小之俦，权取四果，成阿罗汉；欲伏邪外之众，示居智魁，为佛长子，乃以智德居长也。从佛口生，从法化生者：非说色身，乃指法身，从佛闻法，而得悟证法身，如从佛口生也。在教法中，常承法乳，长养之力，是从法化生也。

> 佛问圆通，如我所证，心见发光，光极知见，斯为第一。"

此结答圆通。如我所修所证，心见发光，即由眼识，而成无障碍智，光即智也。智光极处，彻佛知见，斯眼识最为第一。他经云："鹙子过去，已成金龙如来，乃不舍大悲，倒驾慈航。"则知七日通达佛法，半月得证圣果，皆示现耳。

> 普贤菩萨，即从座起。顶礼佛足，而白佛言："我已曾与恒沙如来，为法王子，十方如来，教其弟子菩萨根者，修普贤行，从我立名。

此自述远因。普贤菩萨：行弥法界曰普，位邻极圣曰贤。起座顶礼白佛言：我已曾与恒沙如来，为法王子。此显事佛之多，恒沙如来，悉皆承事，无空过者，故得证位之深，以为法王真子，位当等觉，可以承绍法王家业也。《行愿品》云："一切如来有长子，彼名号曰普贤尊。"十方诸佛如来，教其弟子，有大乘菩萨根器者，即圆顿一类之机，修普贤行，即大乘法界行，十大愿王是也。此行从我立名者有二意：一、令行人有所效法，二、令普贤有所加被也。

> 世尊！我用心闻，分别众生，所有知见，若于他方恒沙界外，有一众生，心中发明普贤行者，我于尔时，乘六牙象，分身百千，皆至其处，纵彼障深，未得见我，我与其人，暗中摩顶，拥护安慰，令其成就。

世尊我用心闻：心闻即耳识。惟用耳识，随念分别，不假五俱意，及独头意识，计度分别，便能分别众生，所有知见。然众生知见不一，有邪、正、大、小、权、实，种种差别，但用心闻，即能了知。若于他方，恒河沙界之外，极言其处之远。有一众生，心中发明，普贤行者：先悟毗卢性海，次入普贤行门，虽然在远不遗，如十方世界，有无量众生，发明普贤行者，我于尔时，乘六牙象，分身百千，皆至其处；此菩萨利生念切，及时而应。准《法华》象是白象，表清白梵行之相，六牙表六度，乘此为因，而到如来果地也。分身百千：极言其多，非定数也。有无量众生，发明普贤行，菩萨即现无量身，而遍应之，此不思议之力用也。一身不分而普现，群机咸应以无违，如一月当空，影临众水，纵彼惑重障深，能障遇圣善根，我与其人，暗中摩顶，消其惑业，除其障难，冥中拥护，令不退转。如无障者，现身安慰，令其增进。成就双指有障无障，皆得成就，普贤广大行愿心也。

    佛问圆通，我说本因，心闻发明，分别自在，斯为第一。"

  此结答圆通。我上来所说，最初本因，但用耳识，随念分别。能发智慧光明，普照群机，得大自在，现前诸行，莫不资始乎此，故曰斯为第一。

    孙陀罗难陀，即从座起，顶礼佛足，而白佛言："我初出家，从佛入道，虽具戒律，于三摩地，心常散动，未获无漏。世尊教我，及拘絺罗，观鼻端白。

  孙陀罗，此云艳，是妻名，难陀是本名，此云喜，连妻为名曰艳喜。因佛会下，难陀多人，加艳以别之。是佛胞弟，具三十相，短佛四指，身亦金色，若入众中，有不识者，谓是佛来。起座顶礼白佛言：我初出世俗家，从佛而入出世道。虽具戒律：言于戒虽然无缺，于定尚未时入，故曰于三摩地，心常散动。散者心摄不起，动者心定不下，因无定不能发慧，无慧不能断惑，故未获无漏。世尊教我：乃因机施教。及拘絺罗，此云大膝，是舍利弗母舅，同为散心之机。故佛教观鼻端白，两目注视，鼻尖微有白相，令其注心一处，收摄散动也。

    我初谛观，经三七日，见鼻中气，出入如烟，身心内明，圆洞世界，遍成虚净，犹如琉璃，烟相渐销，鼻息成白。

我初秉教谛观，经三七日，见鼻中气，出入如烟：当知此气，由风火而起，鼓烦恼浊，故其状如烟，昧者不觉。惟谛观能见，视微若著。烟相渐销，鼻息成白两句：应接如烟下，观之既久，烦恼垂尽，烟相渐销，出入鼻息，竟成白相。身心内明者：身心即鼻识，以肉鼻同身，内明即定成之相，定功既成，便能发慧，明即智慧光明，烦恼既销，慧光迭发。圆满洞彻，依报世界，遍成虚净。虚则无碍，净则无染，皆慧光遍镕所致，故得内明外虚，犹如琉璃，内外明彻。

心开漏尽，诸出入息，化为光明，照十方界，得阿罗汉，世尊记我，当得菩提。

首句藏心开显，诸漏俱尽，诸出入气息，皆化为智慧光明，普照十方世界，得成大阿罗汉，此转烦恼成菩提之先声。故世尊记我，当得菩提，即当来成佛也。

佛问圆通，我以销息，息久发明，明圆灭漏，斯为第一。"

此结答圆通，不取嗅、闻、鼻识，而取观息之功。我以销息者：始而观鼻摄心，见气如烟；继而烟相渐销，鼻息成白，故曰销息。销息乃销如烟之气，而成白净之息也。息久发明者：销息既久，定力愈深，并息亦销，诸出入息，称性发化，成为智慧光明。明圆灭漏者：光明圆照十方，销灭诸漏，不仅见思，并灭尘沙无明，惟斯鼻观，最为第一。

富楼那弥多罗尼子，即从座起，顶礼佛足，而白佛言："我旷劫来，辩才无碍，宣说苦空，深达实相，如是乃至，恒沙如来，秘密法门，我于众中，微妙开示，得无所畏。

满慈子，起座顶礼白佛，自述远因。我旷劫来，辩才无碍：此由宿命通，能忆远劫之事。辩才有四：一、法无碍辩，能说世出世法，一一名相，无不了知；二、义无碍辩，能说诸法，差别之义，通达无碍；三、辞无碍辩，能以一言，而含无边妙义，能收广义，纳在数语之中；四、乐说无碍辩，随顺众生好乐,善巧方便,而为说法。宣说苦空:对小机说小法;深达实相:对大机说大法;又正说苦空之时,深达实相之理,了知苦本无苦,苦即法身,法身即实相也。了知真空不碍妙有,妙有不碍真空,权实诸法,随宜能说。

如是乃至,恒沙如来,秘密法门:即大乘了义秘密深奥法门。我于大众之中,将精微之义理,用巧妙之言词,对众开示,人众既多,根器不等。开示曰微妙者,自必三根普利,一雨均沾也。得无所畏者,分得如来,四无所畏:一、一切智无畏,二、漏尽无畏,三、说障道无畏,四、说尽苦道无畏。能于众中,作师子吼,心无所畏,于法而得自在也。

世尊知我,有大辩才,以音声轮,教我发扬。我于佛前,助佛转轮,因狮子吼,成阿罗汉。世尊印我,说法无上。

此叙现迹。本师世尊,知我有大辩才,诚为知弟莫若师,因才而教育。以音声轮:即口轮说法,亦即法轮。教我发扬者:教我观机发扬,慎勿不净错施于炉鞴,数息竟授于冢人。我于佛前,助佛转轮者;助扬佛化,代转法轮。因狮子吼:即说法无畏也。狮子一吼,群兽皆伏,妙法一宣,邪、外归化。以此舌识,上辅佛化,下度众生,成阿罗汉。世尊印证我,说法人中,为无有上。

佛问圆通,我以法音,降伏魔怨,销灭诸漏,斯为第一。"

此结答圆通。我以舌识,说法无畏,即以法音,降伏三界诸魔,五阴怨贼,销灭结使,以及诸漏,以斯舌识,最为第一。

优波离,即从座起,顶礼佛足,而白佛言:"我亲随佛,逾城出家;亲观如来,六年勤苦;亲见如来,降伏诸魔,制诸外道,解脱世间,贪欲诸漏。

优波离,此云上首,严持净戒,为众纲纪故。起座顶礼,而白佛言:我亲随佛,逾城出家者,据传说,佛为太子时,优婆离为东宫执事之臣。及佛背父出家,彼优婆离亦有失职之咎,当然不安于位,且无职可供矣,故即随佛出家。但非国王所派遣,不在五比丘之列耳。

亲观如来，六年勤苦者：太子剃除须发已，将宝冠宝衣等，交车匿持回，告禀父王母后，不必忧念。净饭王派遣五臣，同车匿往请太子回国，太子曰："不成佛道，不回本国。"于是与太子随行。《普曜经》云：至伽阇山，苦行林，天献麻米，日食一颗。五臣同波离，与太子伴修，五臣先后离去，惟波离始终不离，故曰亲观如来，六年勤苦。亲见如来，降伏诸魔，制诸外道者：佛在雪山苦行，本可成道，只恐贻误众生，以苦为道，故不在雪山成道。遂起诣菩提树下安坐，誓曰："不成佛道，不起此坐。"经四十八日，波旬魔王，梦见三十二变，觉已恐怖，观察阎浮提菩萨坐树下，将成正觉。敕四魔女，令坏禅定，现三十二媚相，菩萨身心，寂然不动，令女自见九孔三藏，八万虫尸，污秽不净，呕吐而去。魔怒亲率魔兵，有欲加害，亦无可奈何，此亦波离目睹之事，故曰亲见。

制诸外道：此佛成道以后。佛未出世，印度只有外道婆罗门教，佛成道已，人多信仰，外道嫉妒，屡欲害佛，如申日以毒饭害佛，佛自念我心无毒，自不受毒，食已安然。如以醉象害佛，佛伸五指，现五狮子，醉象伏地不动。又度优楼频螺迦叶等，皆亲见制诸外道也。解脱世间，贪欲诸漏者：此波离自叙悟证有由，因亲观苦行，亲见降魔制外，信出世之有益，厌世间之无常，深知贪欲，为诸漏根本，既已深知，自然不著，故曰解脱。

承佛教戒，如是乃至，三千威仪，八万微细，性业、遮业，悉皆清净，身心寂灭，成阿罗汉。

此述秉教得果。承佛教戒：即授以二百五十条比丘戒，此小乘戒也。如是乃至，渐次增进，大乘菩萨戒法。三千威仪：以行、住、坐、卧四威仪，各具二百五十成一千，对三聚净戒，各一千则成三千。八万微细者：以三千威仪，配身口七支，则成二万一千，复配贪、瞋、痴、等分，合成八万四千细行。性业、遮业者：谓所戒之法，体性即恶，不待制止，犯则成业，如杀盗淫妄等，是为性业。若所戒之法，体性非恶，以能引令作恶，佛故遮止；如饮酒食荤垦土等，是为遮业。由是大、小两乘之戒，悉皆能持，清净无犯。身心寂灭，成阿罗汉者：小乘制身，故身识寂然；大乘制心，故意识亦灭。此即由戒生定，定力既成，慧光斯发，乃得人空慧，成阿罗汉道。

我是如来众中纲纪。亲印我心，持戒修身，众推

为上。

我是如来律中首领，于大众中，能以戒律，整纲肃纪。统领曰纲，维持曰纪，佛令稽查持犯，处断重轻，统领僧众，维持律宗，故曰我是众中纲纪。亲印我心者：此云大乘制心之戒，是我密行，无念总持，蒙佛亲印我心戒清净。小乘制身之学，持戒修身，是我显迹，蒙佛于大众之中，推为无上。如《智论》云："长老优波离，于五百罗汉中，持律第一"是也。

佛问圆通，我以执身，身得自在；次第执心，心得通达，然后身心一切通利，斯为第一。"

此结答圆通。佛问圆通，我以（用也）身识，执持小乘身戒，身识不起，于触尘中，并无违顺俱非等相，身得自在；由外及内，次第以身识，执持大乘心戒。心得通达者：即悟明无作妙戒，既无所持之戒，亦无能持之心，然后若身若心，不待执持，自然无犯。故曰："一切通利。"得入圆通，以斯身识，最为第一。

大目犍连，即从座起，顶礼佛足，而白佛言："我初于路乞食，逢遇优楼频螺、伽耶、那提三迦叶波，宣说如来，因缘深义，我顿发心，得大通达。

大目犍连，此云大采菽氏。起座顶礼白佛：我当初于路乞食，逢遇三迦叶波，兄弟三人；优楼频螺此云木瓜林，依此林而修；伽耶山名，即象头山，依此山修故；那提江名，近此江修故。宣说如来，因缘深义：即"因缘所生法，我说即是空，亦名为假名，亦名中道义"，非取世间和合粗因缘相。有云舍利，闻说因缘之法，归告目连，此目连自述，亲闻所说。我顿发心有二义：一、发心从佛出家；二、发明意识心，即如来藏。故曰："得大通达。"所谓穷源彻底，了知全识全性也。

如来惠我，袈裟着身，须发自落，我游十方，得无挂碍，神通发明，推为无上，成阿罗汉。

既闻法已，仰慕于佛。闻舍利弗归投于佛，佛呼善来比丘四字，袈裟着身，须发自落，顿成比丘之相。我游十方，得无挂碍，去住自由。神通发明者：由此神通，发明意识即藏性，不变随缘，自在无碍，故于众中，神通推为无上，成阿罗汉道。

宁惟世尊，十方如来，叹我神力，圆明清净，自在无畏。

此言我之神通，岂独本师世尊，于阿含会上，许我神通第一。即十方如来，亦皆叹我神力，具有四义：一、遍游十方，作诸佛事，故曰圆明；二、一真不动，纤尘不染，故曰清净；三、任运示现，无碍解脱，故曰自在；四、无魔不降，有怨皆伏，故曰无畏。

佛问圆通，我以旋湛，心光发宣。如澄浊流，久成清莹，斯为第一。"

此结答圆通。佛今问我，悟十八界，谁为圆通？从何方便入三摩地？我以（用也）意识，旋转虚妄分别之意识，复归圆湛常住之心性，心地光明，由此显发宣流，现为神通，如澄浊水，流即水也。妄识种种分别如浊水，旋字即澄浊之功，旋之既久，而成湛然澄清，莹净皎洁之藏性，惟斯意识，最为第一。

乌刍瑟摩，于如来前，合掌顶礼佛之双足，而白佛言："我常先忆，久远劫前，性多贪欲。有佛出世，名曰空王，说多淫人，成猛火聚，教我遍观，百骸四肢，诸冷暖气。

乌刍瑟摩，此云火头，即火头金刚。七大本以地大为首，兹以火大居先者，以淫欲属火，淫为坏定之冤贼，当首戒之，故以火大居先。乌刍起座，顶礼白佛：我常先忆，久远劫前，身居凡位，性多贪欲，以宿生淫习，积习成性。于时有佛出世，名曰空王，佛名空王，证第一义空也。《法华经》佛云：我与阿难，同于空王佛所发心，则乌刍亦与佛，同在空王会下同学，今为护佛法，乃现力士之身。空王善能观机施教，说多淫人，生为欲火，死为业火，淫多火亦多，故成猛火聚。欲火非惟烧诸善根，并能烧灭智种。乃教我遍观百骸四肢：百骸是周身骨节，四支即两手、两足。诸冷暖气者：于欲心未动之时，全身本自清冷，迨欲念既萌之后，举体便觉暖热，自信火聚之言不虚，心生怖畏，专心修观。

　　神光内凝，化多淫心，成智慧火。从是诸佛，皆呼召我，名为火头。

禅观之中，遍观周身暖触，厌畏心生，淫欲心歇，遂成正定。一段神光，内凝不动，能化多淫之心，转欲火，而成智慧之火，因得火光三昧。从是诸佛，以我善观火性，皆呼召我，名为火头。

　　我以火光三昧力故，成阿罗汉。心发大愿，诸佛成道，我为力士，亲伏魔怨。

我以观火成定，名为火光三昧，由此三昧力故，断诸结缚，证入圆通，成大阿罗汉。心发大愿：即护法之愿，诸佛成道，我为力士，拥护佛法，亲伏魔怨，决不姑容。《正法念经》云：昔有国王，第一夫人生千子，欲试当来成佛次第，以千筹令抽验之，拘留孙抽第一，释迦第四，弥勒第五，乃至楼至当一千；第二夫人生二子，一愿为梵王，请千兄转法轮，一愿为密迹，金刚神王，护千兄法。今诸佛成道乌刍为力士，诸佛或指贤劫千佛，释迦正当为四也。

　　佛问圆通，我以谛观身心暖触，无碍流通，诸漏既销，生大宝焰，登无上觉，斯为第一。"

我以谛观，因谛观火大，得成三昧。初观百骸四肢，是观身之欲火；后神光内凝，是观心之欲火。暖触即火大，观行成就，则化淫心为道心，转欲火成智火，淫心既化，智火已成，不为惑业所碍，故曰无碍。复以神光智火，流贯十方，融通藏性，而成性火真空，性空真火，诸漏既已销除，生大宝焰之智火，此即火光三昧。转凡成圣，登无上觉，此则显明，大本齐佛，示居因位，辅扬佛化矣！我证圆通，即以谛观火大，斯为第一。

　　持地菩萨，即从座起，顶礼佛足，而白佛言："我念往昔，普光如来，出现于世，我为比丘，常于一切要路、津口、田地、险隘，有不如法，妨损车马，我皆平填，

> 或作桥梁，或负沙土。

因积平地行，后持平心教，依教修证，故名持地。起座顶礼白佛：此自述远因，我念往昔，普光如来，出现于世。佛名普光者，以身光智光，普照法界，乃五十三佛之首。我于彼佛，发心出家，而为比丘，勤修苦行，常于一切往来必经之要路，水陆交通之津口，田地险隘之处所。险者高深不平，隘者迫窄不宽。所有不如法，不便行走之道路，必至妨害于车，损伤其马，车有折轴之危，马有失足之患，我皆平填，高者夷之使平，深者填之使满，或作桥梁，以利津口，或负沙土，以修要路。

> 如是勤苦，经无量佛，出现于世。或有众生，于闤闠处，要人擎物，我先为擎至其所诣，放物即行，不取其直。

首句指上平填道路，或作桥梁，或负沙土，皆勤劳苦行。经无量佛出现于世：经时之久，常行不退。此结平地行，下叙效力行。或有众生：指老弱乏力者，于市垣曰闤，市门曰闠，商场贸易，要人擎物，我先为擎，至其所诣之处，放物即行，不论亲疏贵贱，悉皆不取其直，直即工价，非但不索，即物主与之，亦复不取。此以效劳，布施身力，以为其行，此中具足施度三施：一、财施，身为内财，以身力施故；二、法施，广结善缘，感化于人故；三、无畏施，人知其善，不生怖畏故。又不取其直，并以外财布施也。

> 毗舍浮佛，现在世时。世多饥荒，我为负人，无问远近，唯取一钱，或有车牛，被于泥溺，我有神力，为其推轮，拔其苦恼。

梵语毗舍浮，此云遍一切自在。此佛是庄严劫之末，最后一尊佛，住世之时，众生同业所感，世多饥荒，即饥馑荒年，五谷不熟，粮食不足，乞食为难。我为荷负之人，与人负物，无论路途远近，人面生熟，平等为怀，唯取一钱之直，节取活命，更不多贪也。

或有车牛，被于泥溺者：前云饥荒，饥荒有二：一、旱荒，二、水荒；此云泥溺，当是久雨之水荒。又前云饥荒，或是旱荒，其地必燥，何以泥溺？俗语有云：久晴必有久雨，旱时土地晒干，雨后成泥，此车牛被于泥溺，当是旱后时事也。我有神力三句：上负物属利人，此拔苦兼利物，由积劫苦行，福报所感，故得神力。车牛或指牛车，或车与牛，被污泥之所陷溺，人牛俱受苦恼；我有神力，为其推轮，拔除苦恼。

时国大王，延佛设斋。我于尔时，平地待佛，毗舍如来摩顶谓我，当平心地，则世界地，一切皆平。

交光法师云：夫平地之行，志在普利，效力之行，不检亲疏，其心亦久平矣，何至此而方蒙平心之教乎？盖前属事相平心，未能悟理，今令悟知，内心外地，本惟一体，故惟平心，不分情、器，则境随心转，安有不平，较前岂不天渊乎？时即国王请佛设斋之时，延即请也。我在尔时，知佛必由此路，而至王宫，王既为国修福，屈九五之尊，而迓万德之圣，我则平地待佛，以表敬佛之意，此待佛，即所以待教也。毗舍如来摩顶者，愍其事行久劳，慈悲摄受也。谓我当平心地，则世界地，一切皆平：此佛欲令以理融事，故谓之曰，当平心地，以心为诸法之本，地由心造，内心既平，外相斯夷，沧桑变易，常自如如，故曰则世界地，一切皆平。《净名经》云："欲得净土，当净其心，随其心净，则佛土净。"换言之，欲平大地，当平心地，随其心平，则世界地平。毗舍、金粟二佛之言，若合符节。

我即心开，见身微尘，与造世界，所有微尘，等无差别，微尘自性，不相触摩，乃至刀兵，亦无所触。

前修二行，属权渐，此则心开，入圆顿。心开者：即藏心开发显现，始知藏心随缘成事，心歧则千差竟起；此心返妄归真，心平则法界坦然，了达内色外色，地大平等。到此则超过声闻之智，非但不执内四大为我，亦复洞明外四大唯心矣！见自身中，地大微尘，与能造世界，所有微尘，唯是藏心平等，无有差别。微尘自性，不相触摩者：微尘，指内外地大色法，自性，即如来藏性心法，色、心不二，性色真空，内身外界，所有微尘，悉皆自性，不相抵触，不相擦摩，如空合空，似水投水，不相妨碍。乃至外地大之刀兵，与内地大之身根，以刀触身，亦无所触伤，如空合空，似水投水也。持地所修，具四法界：初修平地效力，事相之行，属事法界；蒙平心教，心平地平，以理夺事，属理法界；心开见尘，色心不碍，属理事无碍法界；刀兵触身，亦无所伤，属事事无碍法界。肇法师曰："将头临白刃，犹若斩春风。"彼但证性无伤，如六祖延颈，刺客三挥利刃，俱如斩影，此则到事事无碍矣！

> 我于法性，悟无生忍，成阿罗汉，回心今入菩萨位中闻诸如来，宣妙莲华，佛知见地，我先证明，而为上首。

《指掌》云：身界二尘，该一切法，彼既同一自性，则一切法，皆同一自性，谁为能生？谁为所生？由此于一切法，悟无生理，忍信不疑。按悟处已齐八地，但以伏断分齐，分尽见思，故云成阿罗汉。悟大证小其故何也？以所知障轻，故得悟大，烦恼障重，故但证小。由其悟处既深，不住浅位，故回小乘心，今入大乘菩萨位中。闻诸如来：当指贤劫中四佛，非独指释迦。以前毗舍浮佛时，悟明圆理，回小入大，故闻诸如来，宣说妙莲华，佛知见地，先为证明。妙莲华，即指本经，是名妙莲华，金刚王宝觉；佛知见：即根中不生灭性，一乘寂灭场地，为诸佛之因地心，依此进修，可获果地觉，我先证明，率众依修，而为上首。

> 佛问圆通，我以谛观，身、界二尘，等无差别，本如来藏，虚妄发尘，尘销智圆，成无上道，斯为第一。"

此结答圆通。我因谛观，身界二地大，内尘外尘，平等无差。此由蒙平心教，藏心开显，以无分别智，谛审观察，相妄性真，故曰本如来藏。所有地大，无非藏性随缘，循业发现而已；既属循业，虚妄显现，故曰虚妄发尘。今既悟全相即性，万法唯心，则尘相销除，智光圆满，能成无上觉道，以斯地大进修，最为第一。

> 月光童子，即从座起，顶礼佛足，而白佛言："我忆往昔，恒河沙劫，有佛出世，名为水天。教诸菩萨，修习水观，入三摩地。

童子乃童真入道，月光具童真德，故得是名。起座顶礼白佛：我回忆往昔，恒河沙劫，有佛出世，名为水天；此佛因修水观，得悟性天，乃三十五佛之一。教诸菩萨者：乃为一类之机，非专为月光一人也。修习水观：以水为观行，观成得入三摩地。

观于身中，水性无夺：初从涕唾，如是穷尽，津液精血，大小便利，身中旋复，水性一同。见水身中，与世界外，浮幢王刹，诸香水海，等无差别。

此依观久修。上八句观内水，下五句观外水，先观自身中水性，无相倾夺，此为总标；下释无夺之义。初从涕唾：在鼻曰涕，在口曰唾，此水在外易见者；在咽下咽曰津，在喉外溢曰液，此水近内可觉者；在骨髓曰精，在筋肉曰血，此水幽隐难知者。饮食茹退，曰大小便利。其中津液，水之清相，余皆水之浊相，在一身之中，旋环往复，清浊虽异，水性一同，性既相同，故无倾夺。见水身中者：见水在一身之中，旋环往复，内观既熟，引令扩充，观世界水。《乳峰摘脉》云：按华藏庄严世界海，名普光摩尼香水海，海中有一大莲华，名种种光明芷香幢，华中有十佛刹，微尘数香水海。一一海中，各有一刹种；每一刹种，皆有二十重佛刹；累高如幢，为佛刹之王，故曰浮幢王刹。诸香水海，即指总别诸香水海。观身内水，与世界外香水海水，虽有远近大小，水性亦复一同，平等无有差别。又同者通也，内水外水互通，不相留碍也。

我于是时，初成此观，但见其水，未得无身。

此则依教修习。是时即修习时，能观之智，与所观之境，初得相应，是为初成。此观即水观，观行成就，入观之时，不见其人，但见其水，即以水为身，尚未得无相，不能无身。

当为比丘，室中安禅。我有弟子，窥窗观室，惟见清水，遍在室中，了无所见。

此举事以证，尚为身累。当时我为比丘，在静室之中，安心禅观，即修水观。我有弟子，乃巾瓶执侍之人，因见久在室中，遂乃窥其窗缝，观其室中，以探情形，唯见满室清水，了无他物所见，此即心境相应，观水现水，是谓定果色，定境现前也。但定果色，寻常入观之时，唯自见之，此月光水观，与乌刍火观，皆能令他人见者，实观力殊胜也。

后梁汉州绵竹县，水观和尚，时寇作乱，欲入绵竹。水观和尚，即作水观，观绵竹县，全县皆水，寇至惟见汪洋泽国，不见县境，全县人民，皆免于难，可证此义。

童稚无知，取一瓦砾，投于水内，激水作声，顾盼而去。我出定后，顿觉心痛，如舍利弗，遭违害鬼。

童子幼稚，无有知识，心怀疑虑：一、疑此室何故有水，遍满其中？二、疑师在室中安禅，何以不见其人？不知此水是水非水，乃取一瓦砾，投于水中，激水作声。激是激动，水既作声，信知是水，乃顾视盼望而去。我出定后，忽然觉着心痛，就如舍利弗，遭违害鬼之事。舍利弗于耆阇崛山，入定之时，有二鬼从虚空过，一名违害，一名复害。复害谓违害言：我欲以拳打此沙门。违害劝云：勿兴此意。复害不听，违害即去。复害以拳，便打舍利弗之头，出定后顿觉头痛。白世尊言：体素无患，今何头痛？佛告之曰：有伽罗鬼，手打汝头，彼鬼大力，打须弥山，便成二分，汝若无定，身应粉碎，此鬼受报，身已陷入阿鼻地狱矣！今云违害者，乃同时所遇，错举其名耳。

我自思惟：今我已得阿罗汉道，久离病缘，云何今日，忽生心痛，将无退失？

我自心思量惟忖，疑虑莫释：今我已得阿罗汉道，久离病缘，应当无有现业，云何今日，忽生心痛之病？将无退失句，且作二解：一、心痛之病，出定将无退失？二、阿罗汉，久离病缘，今得心痛之病，将无退失果位耶？《正脉》云：罗汉有病无病，当明子、果二缚。夫宿种今种，应召来果，而尚未受身者，谓之子缚；今已受身，即身应受，谓之果缚；若实行新证四果，已将子缚见思二惑断尽，不受后有，不要再来受生，然现身尚未灰灭，则果缚犹存，所有病苦，即身应受，故舍利头痛，毕陵足痛，皆斯类也。

尔时童子，捷来我前，说如上事。我即告言：汝更见水，可即开门，入此水中，除去瓦砾。童子奉教，后入定时，还复见水，瓦砾宛然，开门除出，我后出定，身质如初。

捷来者：月光出定，童子速来我前，说如上事。我则料知，心痛必是瓦砾投水之故。遂告童子言：汝更见水，可即开门，入此水中，除去瓦砾。童子奉教，后月光复至室中入定，童子还复窥见，水中瓦砾宛然，开门除出。我后出定，身质（体也）如初无恙。自觉心痛者，未得亡身之故也。

> 逢无量佛，如是至于山海自在通王如来，方得亡身，与十方界，诸香水海，性合真空，无二无别。今于如来，得童真名，预菩萨会。

逢佛无量，经劫必久，至于山海自在通王如来，此佛亦从水大圆通，成无上觉，若山若海，水性自在流通。山属地大，俗云山高水更高，水大地大，自在无碍。王即自在之义。先修内观，后修外观，由浅及深，至此佛时，逢佛既多，观力愈深，方得亡身合界，与十方世界，诸香水海之水，一味流通，性合真空者：即悟明藏性，性水真空，性空真水，无二无别，全相全性，即体即用。今于如来座下，得童真名，预入大乘菩萨之会。

> 佛问圆通，我以水性，一味流通，得无生忍，圆满菩提，斯为第一。"

此结答圆通。我因修水观，观内水外水，同一气分，一味流通，等无差别，了悟水性空寂，本自无生，得无生忍，证入圆通。如欲圆满无上菩提，惟斯水大，最为第一。

> 琉璃光法王子，即从座起，顶礼佛足，而白佛言："我忆往昔，经恒沙劫，有佛出世，名无量声。开示菩萨，本觉妙明，观此世界，及众生身，皆是妄缘，风力所转。

琉璃光依观得名，取后身心发光，洞彻无碍，故得是号。梵语具云吠琉璃，此云青色宝。此法王子，常放青色光明，同彼琉璃，即《涅槃经》琉璃光菩萨，放青色光，至释迦座前者。今在楞严会上，自述圆通，起座顶礼白佛：我回忆往昔，经恒河沙劫之前，有佛出世，名无量声，此佛亦由观风大所成之佛。由观一切音声，因风而生，声既无量，风亦无量，即声观风，在在可成观境，故知此佛，亦由观风大所成也。开示菩萨，本觉妙明二句，有机教体用两对：开示是教，菩萨是机，对大机说大教，故说本觉妙明，最上一乘之理。本觉即天然本具，灵觉之性，寂然不动，有感则通，在众生分上，为本来佛性。妙是体，明是用，称体起用，全用即体，体用不相舍离，即妙而明，即明而妙；又妙是不变义，明是随缘义，不变常随缘，随缘常不变，而风性不变，常随众缘，而成声也。

观此世界，及众生身下，示修观法，观即能观之智，世界指无情依报之世界，众生身指有情正报之众生，为所观境。此依正之境，皆是无明妄缘，风力所转变而有也。本觉即真如，真如界内，本来不立一尘，岂有世界众生？皆由最初一念无明妄动，动则有风，风大即一念心中动相耳，情器世间，一切诸风，莫不资始乎此，故曰皆是妄缘，风力（指无明）所转变也。欲细释此二语，可将第四卷首，佛答三种忽生之文，从性觉必明起，至彼无同异，真有为法止，可作此注脚。

我于尔时，观界安立，观世动时，观身动止，观心动念，诸动无二，等无差别。

我于尔时：即彼佛授观时，指示风大发源时，风大由于本觉妙明，随缘起念，一念妄动，自蔽妙明，妄循无明风力所转，故有世界众生。但能观得风性本空，动相非有，便可旋妄复真，还归本觉妙明之真心矣！故我依教修观，观察界之安立，十方界相，皆由风力执持；世之流动，三世推迁，皆由风力密移；身之动止（静也），行、住、坐、卧，莫非风力所使；心之动念，生、住、异、灭，莫非风力所推。如此观察，外而世界，内而身心，诸动虽多，其体无二，唯一风性，故曰等无差别。

我时觉了，此群动性，来无所从，去无所至，十方微尘，颠倒众生，同一虚妄。

先观世界身心，诸动虽多，唯一风性；我此时觉了，此群动之风性，无所从来，亦无所去，当体全空，无有实体，可跟究故。十方微尘世界：此指无情之器界；以及颠倒众生：此指有情之根身，同一虚妄，皆妄缘风力所转耳。

如是乃至，三千大千，一世界内，所有众生；如一器中，贮百蚊蚋，啾啾乱鸣，于分寸中，鼓发狂闹，逢佛未几，得无生忍。

如是乃至：是从广至狭，从微尘数世界，乃至三千大千，一世界内，所有一切众生，上是法，下举喻。喻如一器皿之中，贮百蚊蚋，啾啾（小鸟之声）乱鸣，在分寸小器之中，鼓发狂闹：鼓动也，狂乱也。一器喻一界，蚊蚋喻众生；一界众生，如小器中，贮百蚊蚋，于分寸中，乱鸣鼓动狂闹，喻各为妄缘风力所转，于世界中，争人竞我，称王图霸，求名谋利，此皆狂闹。由观力故，观大同小，观妄非真，即妄缘风力，亦皆虚妄无体。逢佛未几者：逢遇无量声佛授观，经时未久，速得悟证；先悟风大，来无所从，去无所至，当体性空。风大如是，诸大皆然，本无生灭之相可得，即得无生法忍，获证圆通。

尔时心开，乃见东方，不动佛国，为法王子。事十方佛，身心发光，洞彻无碍。

心开：乃本觉真心开显。东方属震，为群动之首，乃见动中有不动佛，即阿閦佛。梵语阿閦，此云不动。此乃于风性妄缘动中，亲见本觉不动之真体；即于不动佛会下，为法王子，乃能遍事十方诸佛，即如观世音，在弥陀会下，为法王子，而能游化诸国，遍事诸佛。身心发光者：既了妄身妄心，皆属妄缘，风力所转，亲见法身真心，乃是当人自性本具，内外洞彻，如净琉璃，映现诸法，此即得名所以。

佛问圆通，我以观察，风力无依，悟菩提心，入三摩地，合十方佛，传一妙心，斯为第一。"

此结答圆通。我以（因也）观察风力无依，即是无体，此了妄也；悟明本觉菩提真心，此悟真也。又观风大，来无所从，去无所至，则风大无依，当体即空；则由妄缘风力所转，身心世界，岂不亦空？此句即前所云，诸妄销亡。悟菩提心，妄穷真显，即前所云，不真何待？从此得入三摩地，合十方诸佛，所传微妙心印：如第二卷，显见不分科中，文殊代问，佛告文殊，十方如来，及大菩萨，于其自住三摩地中，见与见缘，并所想相，如虚空华，本无所有；此见及缘，元是菩提，妙净明体，即诸佛所传妙心。琉璃光，因观风大证此，故曰斯为第一。

虚空藏菩萨，即从座起，顶礼佛足，而白佛言："我与如来，定光佛所，得无边身。

清凉云：混虚空为体性，故名虚空藏，以虚空为身，又名无边身，因虚空无边故。藏字之义，如《宗镜》云：大集会中，虚空藏来时，纯现虚空相，谓阿难言：我以自身证知，是故如所证知，能如是说，何以故？我身即是虚空，以虚空证知一切法，为虚空印所印。尔时五百声闻，各以所著，郁多罗僧，奉虚空藏，一时同声说如是言。智法藏中，不堕其外。所奉之衣，即便不现，诸声闻问：衣何至耶？虚空藏言：入我藏中。又此菩萨，以虚空为库藏，雨十方无量阿僧祇世界，所有宝物，衣服饮食故。偈云：虚空藏菩萨，得虚空库藏，充足诸有情，此藏无穷尽，因是名为虚空藏。即从座起，顶礼白佛。

我与如来：指释迦如来，定光佛即然灯佛。《大论》云：太子生时，身光如灯，后发心出家，直至成佛，故名然灯。是释迦如来，第二僧祇，授记本师。虚空藏与释迦，但同事然灯，得无边身，乃菩萨自述所证，非与释迦同得也。

尔时手执，四大宝珠，照明十方，微尘佛刹，化成虚空。

菩萨既以空性为身，应以空慧为手。四大宝珠：即照空四大之智珠，菩萨已得虚空身，则内四大之我已空，若外四大之法不空，则身相不纯，大用不遍；故复以空智，照明十方微尘数佛刹，所有外四大，一一化成虚空。此空非断灭空，乃空诸妄相，妄尽真纯，以真空妙智，智光所融，一一化成真空妙理；为此得体，证法身德。

又于自心，现大圆镜，内放十种微妙宝光，流灌十方，尽虚空际。

自心：即自己本觉真心。现出大圆镜智：此智是佛转第八识所成。因虚空藏，分证如来三德秘藏，故能现此智，且能于此总智，更现十种别智。十种微妙宝光，即十智，如《华严》三世智，乃至无边诸佛智。智光流灌十方，尽虚空边际：则空中所有世界，无一不在智光所照之中，色空无碍。或以一智，而现十智，照彻十法界，穷尽真空妙有，此属现相，全事即理，而成理事无碍法界，证般若德。

诸幢王刹，来入镜内；涉入我身，身同虚空，不相妨碍。

此摄刹入身,及下分身入刹,依正互相摄入,圆融自在,乃事事无碍法界,不思议业用。诸幢王刹:即无量香水海中,诸浮幢王刹,乃依报广大之境,摄入我正报身中,身同虚空,彼此不相妨碍,此广陕自在无碍门。

身能善入微尘国土,广作佛事,得大随顺。

此以正报入依报。身能善入者:以一身而入一国,或多身而入多国,皆不得称为善入;今能善入者,以一身而分无量身,同时遍入微尘国,广作无边佛事。得大随顺:即大自在。此乃起用,证解脱德。

此大神力,由我谛观:四大无依,妄想生灭,虚空无二,佛国本同,于同发明,得无生忍。

此大神力:即指色空无碍,依正摄入。由我下:出神力之来由,由我观空所致,我则谛观四大,本非心外实有,唯心所现,无体可得;无依,即无体也。乃随妄想以生灭,念起则非有似有,念息则当体即空,故曰虚空无二。四大既同虚空,无有差别,佛国亦以四大为能成,故佛国亦自本空;同,即空也,以虚空为同故。于同发明,得无生忍者:即于空性,发明藏性,悟明性觉真空,性空真觉,清净本然,周遍法界。空性生即无生,诸大亦然,自不见有少法生灭之相,故曰得无生忍。前所发大自在用,皆此忍之力也。

佛问圆通,我以观察,虚空无边,入三摩地,妙力圆明,斯为第一。"

此结答圆通。我因修空观,观察虚空无边,观成得定,入三摩地。妙力圆明者:即前色空无碍,依正互融,十方圆明,得大自在,以斯空观,最为第一。

弥勒菩萨,即从座起,顶礼佛足,而白佛言:"我忆往昔,经微尘劫,有佛出世,名日月灯明。我从彼佛,而得出家,心重世名,好游族姓。

弥勒,梵语具云梅怛利曳,此云慈氏,姓也,名阿逸多,此云无能胜,今称慈氏,由得慈心三昧故,慈无能胜。起座顶礼白佛:我忆往昔,经微尘劫,有佛出世,名日月灯明,此佛以三智立名。我从彼佛,而得出家;此但出世俗之家，心重世间名闻利养，名与利相因，则身为利役，好奔走于贵族，交游乎大姓，有名利可图，故曰好游族姓。《法华经》云："贪著于名利，求名利无厌，好游族姓家，弃舍所习诵"是也。

尔时世尊，教我修习，唯心识定，入三摩地。历劫以来，以此三昧，事恒沙佛，求世名心，歇灭无有。

尔时世尊，观机授教，因我重世名，心驰散故，教我修唯心识定，观察三界唯心，万法唯识。通达一切外境，无非心识之所变现，如梦如幻，无一真实。因修此定，心不驰散，而不外求，得入三摩地。此唯心识定成，自日月灯明佛起，历劫以来，以此三昧，奉事恒沙诸佛。唯识定深，观"人间富贵花间露，世上功名水上沤"。但修内观，无复外求，故求世名心，歇灭无有。

至然灯佛，出现于世。我乃得成，无上妙圆，识心三昧。

然灯佛乃释迦如来，第二僧祇授记本师。出现世时，我乃得成无上妙圆，识心三昧。前虽得三昧，未臻妙圆，不能称为无上，然积行虽经多劫，入理在一刹那，如瓜熟蒂落，一刹那间，顿悟性识明知，觉明真识，全识全性，全性全识，本如来藏。妙真如性曰妙，圆满周遍曰圆，此即由相宗之权，而入圆教之实。

乃至尽空如来国土，净、秽有无，皆是我心，变化所现。

上科成定得体，此科称体起用。此现国土，为所依处，后现如来为教化主；所现如来国土有三：净秽有无，即对三土。或法性土，法身所依，无净无秽，即常寂光土；次现受用土，报身所依，有净无秽，即实报庄严土；三现变化土，应身所依，有净有秽，即凡圣同居土。一一皆我识心，变化所现。既云所现，体本自空，既曰变化，相非实有，真空不碍妙有，故现国土；妙有不碍真空，故唯变现。

世尊，我了如是，唯心识故。识性流出，无量如来，今得授记，次补佛处。

我既了达如是，净秽国土，唯是心识所现之故，识性又复流出，无量如来，我虽未成佛，已能现土现佛，成办诸佛所应作事，广度无量众生。今佛知我已证无上妙圆识心三昧，故得蒙授记，候补作佛，以为贤劫第五尊佛，于当来下生，龙华三会，说法度生。

  佛问圆通，我以谛观，十方唯识，识心圆明，入圆成实，远离依他，及遍计执，得无生忍，斯为第一。"

此结答圆通。我以识大，谛观十方，一切依、正，染、净，唯是识心之所变现，了知三界唯心，万法唯识，识心无二，一体圆明。又一解：识心具足一切法，普照一切法，法法无非识心，故曰圆明。是以能入，圆满成就，真实之性；既入圆成实性，自可远离，依他起性，遍计执性。

圆成实性是真体，能为诸法所依，喻如麻；依他起性，依圆成实性所起，虚妄之相，相有性无，此约依真，喻如绳；绳依麻所成故。遍计执性，于依他起性，周遍计度，分别妄执，情有理无，喻如蛇（如夜间见绳，妄认为蛇）。今既远离二种情执，如佛所言，若离妄想，则无师智，自然智，一切显现，便得无生法忍，即入圆成实性，我即以斯谛观唯识，最为第一。

《三性唯识》云：一、遍计执性，颂曰："由彼彼遍计，遍计种种物，此遍计所执，自性无所有。"论曰：周遍计度，故名遍计；品类众多，说为彼彼。以六、七二识，遍于一切染、净法上，计有实我实法，名遍计所执。遍计本空，如绳上蛇。二、依他起性，颂曰："依他起自性，分别缘所生。"论曰：众缘所生，心心所体，及相、见分，皆依众缘，而得起故。以依他众缘，和合互起，犹如幻事，如麻上绳。三、圆成实性，颂曰："圆成实于彼，常远离前性。"论曰：于依他起上，常远离前遍计所执，内不执实我，外不执实法，我、法二空，所显真如为性，故云：圆成实性，此则如麻。故《摄论》云："分别性如蛇，依他性如绳，圆成性如麻。"麻上生绳犹是妄，何况绳上更生蛇。

  大势至法王子，与其同伦，五十二菩萨，即从座起，顶礼佛足，而白佛言：

此根大圆通，乃都摄六根，非单修一根。若单修则与六根同，七大中根大，在识大前。今此菩萨，说在弥勒之后，为对机故。如观世音不预六根之列，而独殿后者，中有三意：一、知佛密意，于前教令悟圆入一科中，已密示耳根为最优。二、知此方众生，耳根最利，易于修证，如文殊云："此方真教体，清净在音闻。"三、知若对多闻之阿难，一向惯用耳根，但令不顺流闻声，而逆流照性，便可就路还家；顺流闻声，即是结缚之元，乃为生死本。逆流照性，即是解脱之要，可入涅槃门。故观音殿后，叙述解结修证，广谈利生大用，以启阿难羡慕之心。大势至，亦知佛之密意，若对此方机宜，修证楞严大定，固是耳根为最，若论普被三根，横超生死，惟有念佛法门，最简易、最圆顿，堪称第一，故说在识大之后。

大势至，《观经》云："以智慧光，普照一切，令离三途，得无上力，是故名大势至。"《思益经》云："我投足处，震动大千，及魔宫殿，故名大势至。"又名得大势，以能成办一切所应作事故，得大势力也。《悲华经》云：往昔因中，弥陀作轮王时，观音为长子，势至为次子，今在极乐，居弥陀左右，辅弼佛化，候补作佛。

阿弥陀名无量寿，乃有量之无量，亦有涅槃。弥陀涅槃之后，正法住世，亦复无量劫，正法于上半夜灭尽，下半夜观世音菩萨成佛，名普光功德山王如来。佛寿与正法，亦皆无量，正法住世时，大势至菩萨，教化众生，候补作佛，至正法于上半夜灭，大势至菩萨于下半夜成佛，名善住功德宝王如来。法王子，是菩萨别称，法王指佛，佛为法王，于法自在。法王子，能发四种心：一、发广大心：誓度无边众生，于十方世界，摄念佛人，归于净土。二、发第一心：誓成无上佛道，虽已分证三德，仍求究竟二严。三、发常时心：辅助弥陀观音，久经劫数，不生厌倦。四、发不颠倒心：历劫度生，不著度生之相，无度而度，度即无度，能荷担如来重担，能承绍法王家业，为法王真子，故称法王子。与其同伦，五十二菩萨：与者共也，伦者类也。要分自行与化他二类：一、自行，同以念佛心，得入无生忍，虽同修念佛法门，功行浅深不等，或有住干慧地者，或有住十信、十住、十行、十回向、十地、等觉者，合计五十二位，故曰五十二菩萨，非局定数也。二、化他，同以念佛法门，教化众生，今于此界，摄念佛人，归于净土，功行浅深，所化之众，亦有五十二位差别。

菩萨具云菩提萨埵，梵语菩提，此翻为觉，萨埵，翻为有情，有情即是九界众生之通称。六凡众生，爱情未断，三乘众生，识情未尽，故同称有情。觉有情乃指大势至菩萨，有三义解释：一、自利，是已经觉悟之有情，自身本来是佛，若肯念佛，必得成佛。二、利他，能以自觉之道，觉悟一切有情，教化众生，同心念佛，齐成佛道。三、运智，上求佛觉以自利；运悲，下度有情以利他。有此三义，名觉有情。即从本座而起，顶礼佛之双足，以至尊之首，顶礼我佛至卑之足，以表至敬，而白佛言：此是请法之仪，乃是结集经家所叙。

> "我忆往昔，恒河沙劫，有佛出世，名无量光，十二
> 如来，相继一劫，其最后佛，名超日月光，彼佛教我，
> 念佛三昧。

菩萨自称曰我，乃是菩萨假我，及法身真我，不妨随顺世人，同称为我，非同凡夫妄执之我。凡夫妄执四大妄身，以为实我，不了诸法本无我，我执既起，贪、瞋、痴，无不从此而生。或贪财为我受用，或贪色为我娱乐，或贪名为我荣耀，或贪食为我滋养，或贪睡为我安息；是我所贪之财、色、名、食、睡，设若为他人之所妨碍，以及剥夺，则瞋怒之心，勃然而起，此因贪起瞋，即愚痴。是知我执，为诸恶根本。身心因此不得安乐，世界由此不得和平。

又非同外道妄计之我。外道有二十五谛，最初为冥谛，冥谛生觉大，觉大生我心，我心生五微，五微生五大，五大生十一根，最后曰神我，计有神我为万能，此属邪知邪见。菩萨已得我空，故非妄执与邪计，凡、外二种我也。我忆往昔，恒河沙劫：我字已如上释，忆者忆念，明记不忘也。过去称为往昔。恒河亦云殑伽河，此云天堂来，状其来处之高。此河在印度雪山之顶，无热恼池流出，无热恼是龙王名，此池以龙为名，池有四口，流出四河：东银牛口，流出殑伽河，此云天堂来（状其来处之高），即恒河，阔四十里，河底银沙，沙细如面。南金象口，流出信度河，此云验河，河底金沙。西琉璃马口，流出缚刍河，此云青河，河底琉璃沙。北玻璃师子口，流出徙多河，此云冷河，河底玻璃沙，中国黄河源。佛所住祇园，相近恒河，凡言数目之多，常取河沙为喻。此言恒河沙劫，以显经时之久也。劫具云劫波，此云长时分。

有佛出世，名无量光者：于时有佛，出现于世间，佛梵语具云佛陀，此言觉者，乃大觉悟之人，具本觉之妙理，发始觉之妙智，证究竟觉之妙果，方名为佛。佛在因地之中，亦是人道一众生，修成为佛。本觉者，即众生本有之佛性，人人本具，个个不无，此性即众生六根之中，不生不灭之真性，亦即真如妙理，随众生之染缘，其体不变。前云："纵汝形销，命光迁谢，此性云何，为汝销灭？"随缘不变，故谓之妙。本觉妙理，虽人人本具，多皆迷而不觉，故为众生，或遇知识开导，或阅经教开悟，了知众生，具有佛性，本来是佛，是为始觉，由不觉而方始觉悟也。此始觉即属妙智，依此妙智，返照妙理，照彻心源，而成究竟觉之佛果，是谓三觉圆，万德具，为大觉悟之人。超九界以

独尊,为三界之导师,作四生之慈父,故出现于世间。名无量光者:此佛以光明而立号,因光明胜故,名无量光。然光有身光、智光之别,智光,诸佛同得一切种智,智光相同;身光,有照一由旬,十由旬,百千由旬,或照一世界,十世界,百千世界者。今称无量者,则普照十方国土,无所障碍,乃至铁围山间,日月神光照不到,亦得大明,此无量光佛名,与弥陀名同,因在恒河沙劫之前,当非弥陀,乃同名佛也。同名诸佛甚多,如释迦古释迦之类。

十二如来,相继一劫者:据《大弥陀经》云:无量光佛、无边光佛、无碍光佛、无对光佛、炎王光佛、清净光佛、欢喜光佛、智慧光佛、不断光佛、难思光佛、无称光佛、超日月光佛。一、无量光佛,实智照理,无限量故。二、无边光佛,权智照事,无边际故。三、无碍光佛,慈光与乐,无障碍故。四、无对光佛,悲光拔苦,无对敌故。五、炎王光佛,光音应化,得自在故。六、清净光佛,惑垢既离,发净光故。七、欢喜光佛,令他受用,生大喜故。八、智慧光佛,以大智慧,破诸惑故。九、不断光佛,常放身光,不断绝故。十、难思光佛,妙用无尽,难思议故。十一、无称光佛,具足众德,不可称故。十二、超日月光佛,窥天鉴地,超一切故。此十二如来,相继一劫,出现世间。

其最后佛,名超日月光:日月虽光,不照覆盆,此佛光明,耀古腾今常自若,逾于千日放光明。彼佛教我,念佛三昧:彼佛就本经文意看来,当指最后一佛,若据大本之意,十二佛名,乃无量寿佛之别号,唯一佛身,此言十二佛相继出世,则非一体明矣。彼佛教我:言语指示谓之教,教即佛度众生,方便之法,教以修因克果,教以离苦得乐。

念佛三昧:即修因克果,离苦得乐之胜方便。念佛是修行(清净三业之行),三昧是得定(事理一心不乱),果能念佛,必得三昧,欲得三昧,只要念佛。念佛有四:一、持名念佛,闻说佛名,一心称念。二、观像念佛,设立佛像,注目观瞻。三、观想念佛,以我心眼,观彼如来。四、实相念佛,即念自性,法身真佛。此四种念佛,名字有差别,义理有浅深。今本章念佛,乃是持名念佛,有事念理念之分:事念者,有能念之心,所念佛号,一心系念于佛,心佛不相舍离。余常示人:事念之法,心中惟有佛,佛外更无心,口念心念,心念口念,字字从心起,字字从口出,字字从耳入。如是念法,不至昏散,念念相继,无有间断。设若念久口燥,心念口不念则可,口念心不念则不可。更有二喻,以喻念佛之法:一、当如猫捕鼠,提起全副精神,身毛皆竖。又当如鸡抱卵,放下一切思想,饮啄浑忘。果能如是念佛,虽为事念,不但往生可必,而悟理亦自可期。如空谷禅师云:"不必参念佛是谁,直尔纯一念去，亦自有悟日"是也。理念者不必别举话头，只须把一句阿弥陀佛，即念反观，能念心外，无有佛为我所念（心即是佛），所念佛外，无有心能念于佛（佛即是心），能所双亡，心佛一致，此即中道，理性念佛。终日念佛，终日无佛可念，终日无念，终日念念念佛；若言其有，则能念之心，了不可得，所念之佛，离相绝名；若言其空，则能念之心，灵灵不昧，所念之佛，历历分明。如是念佛，空、有不立，心、佛一如，则持名念佛，通乎实相。虽然四种念佛，后后深于前前，而理念功成，亦前前彻于后后也。

三昧：是梵语，此云正定，即一心不乱，念佛功成也。亦有事一心念佛三昧，理一心念佛三昧。何谓事一心念佛三昧？闻说念佛法门，可以横超三界，疾出生死，即深信不疑，愿生净土，专心系念，句句分明，念念相续，行、住、坐、卧，惟此一念，更无二念，即是以一念，而除众念，不为内惑外境，之所杂乱。如《成具光明定意经》云："空闲寂寞，而一其心；在众烦恼，而一其心；乃至讪谤利失，善恶等处，而一其心"者是也。此于事上即得，理上未彻，惟得信力成就，未见道故；但属定门，无有慧故；只能伏妄，不能破妄；往生净土，九品莲华之中，则在中三品。以功力之浅深，而分上、中、下；而下品三品，乃未得事理一心，念佛三昧者之所生也。

何谓理一心念佛三昧？闻说念佛法门，即是无上深妙禅，即于念佛之时，谛实观察，念佛即所以念心，心佛一如，能所不二，寂而常照，是无念而念，照而常寂，是念即无念，了知佛即是心，心即是佛，心佛见泯，能所情亡，寂然不动，湛然常住。此不专事相，纯修理观，而得观力成就，能见谛故，属慧门摄；兼得定故，安住唯心净土，亲见自性弥陀。往生净土，当在上三品。生则决定生，去则实不去。以十万亿程外之极乐，亦不出一心之外故也。

三昧是禅观通名，如《智论》云："一切禅定摄心，皆名三昧"是也。此曰念佛三昧，亦名一行三昧。《文殊般若经》，佛告文殊：欲入一行三昧者，应处空闲，舍诸乱意，不取相貌，系心一佛，专称名字，随彼方所，端身正向，能于一佛，念念相续。即是念中，能见过去、未来、现在诸佛，念一佛功德，与念无量佛，功德无二。若得一行三昧者，诸经法门，皆悉了知。

问："此教念佛，为念十方佛耶？为念阿弥陀佛耶？"答："为念阿弥陀佛。"普广菩萨问佛：十方俱有佛土，何以独赞西方？佛言：阎浮提人，心多杂乱，令其专心一境，乃得往生，若念十方诸佛，境繁意散，不成三昧，况诸佛同一法身，念一佛，即念一切佛故。又称念弥陀名号，随佛本愿，愿云：十方众生，闻我名号，乃至十念，若不生者，不取正觉。十念尚得往生，况一心忆念耶？念佛法门，古称径中径，但能净念相继，便得往生，如骥骤虽超群马，未及龙飞；鹤冲已过凡禽，争如鹏举。骥骤鹤冲，譬余门念佛；群马凡禽，譬其他法门；龙飞鹏举，譬持名念佛。惟此持名念佛法门，但持六字洪名，便得往生净土，圆证三不退，其功简，其效速。

譬如有人：一专为忆，一人专忘，如是二人，若逢不逢，或见非见，

此明单忆无益。譬如现在世间，有二人，指亲友之属，一人专心为忆，忆念此亲友，一人专忆他务，忘其亲友。如是指上一忆一忘，由此二人，若逢不逢，或见非见：若逢或见，对专忆者言；不逢非见，对专忘者言。二人，譬喻佛与众生，忆即忆念，记持不忘曰忆，系缘不舍曰念。一专为忆，喻佛念众生也；一人专忘，喻众生不念佛也。佛专忆众生，有二种意：一、佛具大悲愿故，观见一切众生，与我本来同体，我今已成正觉，已得涅槃，众生尚在轮回，不了生死，故运大悲愿，专忆众生。二、佛具平等心故，佛在因地，为菩萨时，尚念念不舍众生，况今成佛，视大地众生，皆如一子，故以平等心，专忆众生。

众生不念佛，亦有二种意：一、众生障重故，为惑、业、苦三，缠缚不脱，于人天因果，尚不肯修，何况念佛法门，故不念佛。二、众生智暗故，于此念佛，殊胜妙法，可以断烦恼，了生死，成佛道，现生念佛，能断一切烦恼妄念，临终往生，横超三界轮回生死，既生彼国，圆证不退，疾成佛道，不生信心，不愿往生，故不肯念佛。

是如二人，若逢不逢，或见非见：如是二人，即喻上佛念众生，众生不念佛也。佛以大悲愿力，常念众生，游化娑婆，乃令众生，若逢或见，如弥陀化身为丰干禅师，在浙江台州，天台山为比丘，人皆不识，此即若逢等于不逢，或见成为非见，都由无念佛之力，及求见弥陀之愿故也。

丰干禅师是弥陀化身，出自寒山之口。丰干，在天台山国清寺，住在碾米房，常骑虎出入，众不知其为何许人。一日，丰干邀寒山、拾得，同朝五台。曰：与我同行，是我同流，不与我同行，不是我同流。寒山问曰：汝朝五台作甚么？干曰：朝礼文殊。山曰：汝不是我同流，我不同去。于是干独行，至杭州，适有闾邱胤，候补多年，家贫破产，是时省府，派任台州府知府，忽患头痛之病，调治罔效。丰干特为造访，阍人拒绝不见。干曰：我特来救他命，为何不见？阍人入报，闾即延见。干曰：汝何病？闾曰：头痛欲裂。干曰：取水一杯，吾为汝治。乃为持咒讫，以水置手心，向其头三扑，即时痛止。遂即感谢，叩询大师法号？住何寺庙？答曰：名丰干，住台州天台山国清寺。闾曰：寺中如大师道行有几人？干曰：我无道行。寺中高僧，如文殊化身之寒山子、普贤化身之拾得，皆在国清寺内，游化我国。闾即备礼酬谢，干不受而去。闾到任三天，即到国清寺进香。问知客僧，寒山、拾得二大士何在？烦陪往拜见。知客曰：此二人是疯僧，大人有何吩咐？闾曰：有欲礼拜。知客曰：可唤之前来。闾曰：不可！自当往拜。遂陪至厨房，寒山、拾得，正在灶门烘火，二人且语且笑，人皆不识，所语何义。知客呼寒山、拾得起来，大人与汝说话。闾一见即就地顶礼，二人即奔走。闾追之，至寒山岩二人入，寒山回首曰："贼！贼！贼！丰干饶舌（多话也），弥陀不事，礼我何为？"闾趋视岩中不见。寒山、拾得，自此遂不复出焉。丰干亦从此不回国清，圣人应化人间，既经泄露，不能再留。闾在山中，检查事迹，乃于山上石岩竹木，及乡间墙壁上，抄录二大士诗多首，皆是佛法，讽世之意，现刊行于世。录此因缘，以证佛念众生，众生不念佛，若逢不逢，或见非见之事实耳。

> 二人相忆，二忆念深。如是乃至，从生至生，同于形影，不相乖异。

此明双忆不离。二人相忆，二忆念深：自可相见相亲，不相舍离，乃至生生同于形影；喻生佛念同，众生念佛，如佛念众生相同，久忆不忘，一切时，一切处，佛不离心，乃至尽形寿，亦所不忘也。如是乃至，从今生以至他生，同如形影，不相乖违离异。乃至，超略词，不但今生常得见佛，乃至往生之后，常随佛学，同于形之与影，不相违，不相离也。此形影不离之喻，有二意存焉：一、喻众生念佛，必得见佛，生佛不相舍离，合下忆佛念佛，现前当来，必定见佛也。二、喻众生念佛，必得成佛。因果不相舍离，念佛是因，成佛是果，如大势至菩萨，以念佛心，入无生忍，在极乐国中，辅助弥陀弘化，及辅助普光功德山王佛，次补佛处，即念佛必得成佛，因果不相舍离也。

> 十方如来，怜念众生，如母忆子。若子逃逝，虽忆何为？子若忆母，如母忆时，母子历生，不相违远。

上科二人之喻，亲友犹疏；此科母子之喻，骨肉更亲。上五句同前，喻单忆无益，下四句同前，喻双忆不离。又首三句，合前一专为忆，次二句合前一人专忘。如来母也，众生子也；世间慈爱最切者，莫过于母亲，子不听教，犹复念念不舍。子若悖逆，忘恩负德，种种不孝，母念或衰，心生悔恨，佛念众生，更过于母，逆恶重者，佛念更深。又母念子，慈止一世，佛念众生，慈心无尽，世世相随，无有退转。此云十方如来，怜念众生：怜者哀怜，念者护念，众生久在轮回，备受诸苦，故为佛之所哀怜；虽在生死，佛性不失，又为佛之所护念。《三昧经》云：诸佛心者，大慈悲是。慈悲所缘，缘苦众生，若见众生受苦恼时，如箭入心，欲拔其苦。如母亲见子受苦，忆念之心更无有异也。

问：前二人一专为忆，喻弥陀念众生；一人专忘，喻众生不念佛；云何此云十方如来耶？答：此有二意：一、即指弥陀一佛。以三世十方，有无量弥陀故。《观经》云：从下方金光佛刹，乃至上方，光明王佛刹，于其中间，无量尘数，分身无量寿佛，故曰十方如来。二、通指十方诸佛。谓不唯弥陀一佛，悲愿如是，即十方如来，怜念亦然，正显佛佛道同故。

若子逃逝：喻众生不念佛，堕恶趣，受极苦。虽忆何为：喻佛念众生，单忆无用，不能成益。问："逃逝与上专忘，同耶？异耶？"答：不念佛不能见佛，虽遇佛若逢不逢，或见非见，不蒙法益则同；而异者，此人专忘，但是不肯念佛，佛若忆念，或可发心，而能成益。此逃逝，非唯专忘，或且谤佛，以不信招愆，堕落三途，佛虽忆念，亦复何为，即言无益也。如城东老母，佛有意往度，彼不信佛，不愿见佛，逃入房中。佛以手指壁，壁如玻璃，复以二手遮其眼，还不愿见佛。此足证单忆无益也。

子若忆母，如母忆时，母子历生，不相违远：上二句合前，二人相忆，二忆念深；下二句合上，生生不离，此则双忆成益。子若忆念母亲，能如母亲念子之心，心心相契，母为慈母，子成孝子，不但今生，母子不离，乃至经历多生，母子之缘未尽，不相违背远离。子是众生，母是佛，众生若能忆念如来，犹如如来怜念众生一样，则生佛感应道交，自然生生世世，常得见佛，常随佛学，不至远离。彼佛既教念佛三昧，又举疏、亲二喻，盖欲念佛众生，念佛之功，渐次增进，日亲日近，非特见佛可必，而且成佛有望矣！

若众生心，忆佛念佛，现前当来，必定见佛。

此下法合。但合双忆不离成益，不合单忆无益。上二句重在心字，必要心忆心念，以拣口念心不念也。忆则记持不忘，有时间断，忆即暂念；念则系缘不散，念念相续，念即常忆。若众生心常忆佛，心常念佛，将佛印在心中，念兹在兹，时刻不忘。慈云忏主云：凡涉历缘务，而内心不忘于佛，谓之忆念。譬如世人，切事系心，虽经历语言，去来坐卧，种种作务，而不妨密忆，前事宛然。念佛之心，亦应如是。若或失念，速速摄还，久久成性，任运忆念，不劳作意。又复心起妄念，即便念佛，以真念而敌妄念，妄念自消。若见他人受苦，以念佛心，怜愍于他，愿其离苦，如是相续，念佛系心，能办一切净土功德。此忆佛念佛，有事有理，前虽已明，此更略说：若事忆念，则专心注意，毫无杂缘，能念所念，心佛分明，唯此一念，更无余念，念念相续，成就定力，《起信》所谓：以专意念佛因缘是也。若理忆念，则以妙明心光，圆照自性，能所一如，心佛不二，唯此一缘，更无他缘，湛寂灵明，成就慧力。《起信》所谓：虽念亦无能念可念是也。如上所释，事理二种忆念，普被三根：若是上智，则专修理忆念；或有钝根，则专修事忆念；或有中人，则先修事，然后入理，皆随机宜，未可一概而论。

现前当来，必见定佛：现前见佛者，于现在生中，念佛功纯，或于梦中见佛。《法华经》云：若于梦中，见诸如来，坐狮子座，围绕说法等。或于定中见佛，《大集经》，克期取证，定四十九日，文云：若人专念一方佛，或行或坐，至七七日，现身见佛，即得往生。又《般舟三昧经》定九十日，文云：若人自誓九十日，常行常立，一心系念，于三昧中，得见阿弥陀佛。《观经》云：无量寿佛，相好光明，遍十方界，念佛众生，摄取不舍，故禅观中，皆得见也。庐山初祖，远公大师，一生三睹圣相，至第三次，见佛身遍满虚空，自知往生时至，遂集众告知，前后见佛之事，乃谢绝诸缘，精进念佛。果至其时，告别诸弟子，跏趺念佛往生。亦有现前念佛声中见佛者，如《往生集》云：昔葛济之夫人，一心念佛，家贫终日织布，机梭一掷，一声佛号，频年行之不倦，其夫信道教，劝修金丹之术；他劝夫学佛，其夫不从，遂各修其道。一日正在织布，念佛声中，见弥陀现全身于空中，遂即礼拜，乃唤济之来看，济之只见佛上半身，庄严光耀，亦即礼拜，由是信从，夫妻同修净业，同生净土。

当来见佛者，或报尽命终，见佛来迎。《佛说阿弥陀经》云："执持名号，若一日，乃至若七日，一心不乱。其人临命终时，阿弥陀佛，与诸圣众，现在其前，是人终时，心不颠倒，即得往生阿弥陀佛极乐国土。"或托质莲胞，华开见佛，如一生念佛为因，必得往生之果，第八识从顶门而出，化佛来迎，托生九品莲华，以莲华为父母。品位高下，乃由一生念佛，勤惰之分，宝池莲华，并非弥陀变化所作，乃是念佛众生，自己心力愿力所种。十方世界众生，今天闻说念佛法门，发心念佛，求生净土，七宝池中，即结一莲芷，标名其上。念佛精进，华大甚速，光色亦好；念佛懈怠，华大亦缓；退心不念，华即枯矣。勤惰才分，荣枯立见，是为感应冥符妙。命终往生，即生自己之华；往生者众，不相错谬，是为胜劣分明妙。此华是为脱凡壳之灵宫，安慧命之神宅。九品华开，随品位为迟速；莲华一开，即得见佛闻法，圆证三不退。所受之身，纯黄金色，具三十二相，寿命同佛无量。必定者有三意：一、因果相应：以念佛因，得见佛果，如若往生，早迟必得成佛。二、感应道交：以念力为能感，现身为能应，感应之道，必定不差。三、始本契合：专以理念，念本性佛，始觉功深，本觉显现，于自心中，见法身佛。此皆一定不易之理，故曰必定见佛。

去佛不远，不假方便，自得心开。

上科事念，梦中空中，乃至临终，皆见他佛；理念本觉显现，见法身佛，乃见自佛。去佛不远有二释：一、既得见佛（或梦中、空中、日中），则此去往生彼国，华开见佛，事在不远，前见佛是化身，此见佛是真身。二、既得理念，见本性佛，从此进修，往生上上品莲华，经宿即开，面礼弥陀，亲闻妙法，顿证无生法忍，则去究竟佛地不远矣！不假方便，自得心开者：约事念，则念佛法门，即胜异方便，不假诸余方便门，以助显我本性也。尚不假观像、观想、参究，何况其他法门。约理念，则念佛即是念心，心佛一如，自他不二；岂离惟心自佛，而假心外他佛作方便耶？自得心开：即理念功成。古德所云："一念相应一念佛，念念相应念念佛。"自得心佛开发显现，得成自佛，以念佛心，始本合一，成究竟佛也。

如染香人，身有香气，此则名曰：香光庄严。

此喻忆佛念佛，必定成佛。如染香之人，身上即有香气；法中，念之人，即得佛之气分：念佛名即染佛名香，近佛身即染佛身香，开佛心即染佛心香。念佛之人，身心皆染佛香，喻上、中、下三根：上根染佛心香，中根染佛身香，下根染佛名香。下二句出三昧名，亦即法门名。以佛法身香，智慧光，庄严自己本觉佛。念佛之心，无相无形，不生不灭，即是法身。此心具足灵觉之性，即是智慧。今则念佛，以佛法身香，智慧光，庄严自己本觉心佛，故曰香光庄严。《起信论》云："如世间衣服，实无于香，若人以香，而熏习故，则有香气；无明染法，实无净业，但以真如而熏习故，则有净用。"无明染法者，本觉心佛，藏在无明壳也。彼论明在缠如来藏心，今经喻出缠如来藏心，故云："心开"，即本觉心佛开显也。

> 我本因地，以念佛心，入无生忍。今于此界，摄念佛人，归于净土。

上三句初句因也，二句该因彻果，三句果也，均属自利，下三句属利他。我本因地：即自述因地修行；以念佛心，为本修因地心。佛是所念，心为能念，此心非第六意识心。世人有谓念佛是口念，非也；即说是意识心念，亦非也。能念之心，是不生灭，圆湛根性真心。以大势至菩萨，明言都摄六根，净念相继，不但说识心念者，非也；即单说意根念者，亦非也。此章是根大法门，若单说意根，则与须菩提，意根法门相滥。都摄六根解在下，此念佛即第一决定义所云："得元明觉，无生灭性，为因地心，然后圆成，果地修证"是也。入无生忍者：即依因所感之果也。入，是证入；无生，是所入之理；忍，以慧心安住此理，亦即慧之定也。念佛为能入，此忍为所入。无生之理，始终不异，即不生不灭；迷悟无差，即不垢不净；生佛平等，即不增不减；证入法忍，地位有殊。如本经第三渐次文云："一切如来，密圆净妙，皆现其中。"是人即得无生法忍，谓圆教初住，即得无生法忍，破一品无明，证一分三德，分身百界，八相成道。《仁王经》云：无生忍菩萨，所谓远不动观慧。远即第七远地行，不动即第八不动地，观慧即第九善慧地。以此而观，前后所证之理是一，能证之功行，不无浅深。喻如象、马、兔，三兽渡河，所渡之河不异，而入水浅深，非无差别。兔子则水面渡过，脚入水中；马则头伸水上，身入水中渡过；象则全身入水，由河底行过。后后胜于前前，实教大菩萨，彻法流之源底，大势至位居等觉，所证法忍，当非浅浅，上述自利，即以自利者，转以利他。

今于此界，摄念佛人，归于净土者：此界指本土娑婆五浊恶世，净土指西方极乐五清净土。摄者摄受，通于能所，能摄是大势至，所摄是念佛人；生前则以慈力摄受，令行人念佛之心，坚固不退；临终则以愿力摄受，令行人正念昭彰，接引往生。此界如旅舍，彼土是家乡。犹如有人，舍父逃逝，驰走他乡，飘零孤露；菩萨如亲友，劝令念佛，即指示归家道路，并赠以资粮，方能得归家乡，亲见本生父母。念佛即具信、愿、行三资粮，信则念，不信则不念，念具信资；以念佛为因，愿求往生之果，念具愿资；念念念佛，力行不倦，念具行资。以此念佛，所具信、愿、行，即赠以归家三资粮也。能具信、愿、行三资粮者，始名念佛人，始得归于净土也。又念佛，即具三资粮，闻说念佛法门，心不疑贰，谓之信；信已而解，心起乐欲，谓之愿；愿已而念，心勤精进，谓之行。《弥陀经》云："若有信者，应当发愿"，"执持名号"是也。又念佛，即具闻、思、修三慧，闻说佛名，谛信不疑，为闻慧；记忆在怀，恒不忘失，为思慧；持念不辍，无有间断，为修慧。《佛地论》云：菩萨履三妙慧，净土往还，是念佛人，必具三慧，方归净土。

佛问圆通，我无选择，都摄六根，净念相继，得三摩地，斯为第一。"

首句牒所问，第五卷前，佛问言："我今问汝，最初发心，悟十八界，谁为圆通？从何方便，入三摩地？"故此牒所问。次三句叙本因，后二句明所证。我无选择者：佛前备显六根功德，嘱令详择其可入者，吾当发明，令汝增进。我于本因，亦是从根修证，但无选择。都摄六根：外不择眼耳等六根之相，内不择见闻等六根之用；都摄者：唯摄一精明，不令托根缘尘，则一精既摄，六用不行，而六根都摄矣！净念相继者：众念不生曰净，一心系佛曰念，念念相继（续也），无有间断；一念相应，一念佛，念念相应，念念佛；相应乃心佛一如，即心是佛，即佛是心，念而无念，无念而念，不落空有二边，全归中道，即是理一心也。

得三摩地：乃依因感果，由本修因，证圆通果。梵语三摩地，此云等持，又云等至，等持即定慧均等任持，双离昏沉掉举也；至即是到，由定慧平等，能到胜定故。斯为第一者：斯指都摄六根，念佛法门，最为第一。问："文殊拣选圆通，乃选观音耳根，偈曰：成就涅槃心，观世音为最。今念佛法门，何得称为第一？"答："若对此方之机，娑婆众生，耳根利故，所以观音当选。若对十方通论，念佛法门，都摄六根，横超三界，直截生死，速证菩提，无有何门可及，故称第一。"

楞严经讲义第十五卷

尔时观世音菩萨，即从座起，顶礼佛足，而白佛言：

尔时，乃大势至菩萨，陈述根大念佛圆通已竟之时。以上诸圣，但皆略说，惟有观音，殿后广陈者，有三意存焉：一、以此方众生，耳根最利。如文殊选根偈云："此方真教体，清净在音闻，欲取三摩提，实以闻中入。"二、因闻佛教示悟圆入一科中，已密选耳根为圆通本根，故引古观世音佛，教示从闻、思、修法门，正是从耳根下手；三、以阿难偏于多闻，不勤定力，故详谈修证，次第解结之法，令阿难得以就路还家，下偈文云："将闻持佛佛，何不自闻闻？"是以从容陈述也。观世音是以能观之智，观所观之境，得名因缘有二：一、约因中修行自利释，依耳根本觉闻性理体，起始觉观照智用，不出流缘尘，但入流照性，观照能闻世间音声者是谁？此以能闻闻性，为所观境，下结圆通文云："我从耳门，圆照三昧，因入流相，得三摩提。故彼佛如来，叹我善得圆通法门，于大会中，授记我为观世音号。"二、约果上应机利他释：如《法华经·普门品》，佛答无尽意菩萨所问：观世音菩萨，以何因缘，名观世音？佛答：十方无量众生，受诸苦恼，一心称念观世音菩萨名者，菩萨即时观其音声，皆得解脱。此所观者，世间众生，念菩萨名号音声，而菩萨则寻声救苦，故名观世音。能观之智是一，所观之境有殊，乃继大势至之后，即从本座而起，顶礼佛足，仰白佛言：

世尊！忆念我昔，无数恒河沙劫，于时有佛，出现于世，名观世音。我于彼佛，发菩提心，彼佛教我，从闻、思、修入三摩地。

忆即记忆，念即思念，乃回忆追念，过去无数劫前之事。此是菩萨所得，三明中宿命智明，劫以恒河沙称，极言过去时之久远也。于即在义，在彼之时，有一佛出现于世间。佛为一大事因缘故出现于世：为欲开示众生，本具佛之知见故，出现于世；为欲令众生，悟入佛之知见故，出现于世。彼佛亦名观世音，或因中亦由耳根修证故，或鉴机宜，当从耳根得入故，以是立名，将自行之法，辗转以化他也。佛教从闻、思、修，入三摩地，即开示悟入佛之知见，开示众生，耳根闻性，即是不生不灭之佛性，此佛性即本具佛之知见。令众生从闻、思、修；闻即闻佛开示，悟明本有佛性，为因地心，依悟而起思修，而得证入。本有佛性是正因，悟明为了因，思修属缘因。缘了有功，正因方显，得入佛之知见，此为彼佛出世之大因缘也。我于彼佛，发菩提心：此菩萨自述，最初发心。彼佛即观世音佛，梵语菩提，此翻为道。发菩提心：即发大道心，不求人天福报，声闻缘觉，乃至权乘诸位菩萨，惟依最上乘，发菩提心，即上求无上菩提道之心也。

　　梵语菩提，又翻为觉，觉有三义：本觉、始觉、究竟觉。本觉即众生本有之佛性，一切众生，本来是佛，迷而不觉，将本觉佛性，埋没于五阴烦恼之中。今始觉悟，虽迷不失，依此始觉智，发心勤求究竟觉之佛道，是谓发无上菩提心。菩提心为心中之王，菩萨修行，此心为先，若不发菩提心，一切万行，无从建立，《华严经》云：忘失菩提心，修诸善法，是名魔业。昔有菩萨，往昔遇佛，已发菩提心，后在世间修行，将前所发菩提心忘失，并不记忆，如是所修世出世善，皆名魔业。问：出世善法，何以亦为魔业？答：本经五十种阴魔，声闻、缘觉，亦列其中，即此可知，皆由不发菩提心故；忘失尚尔，况不发乎？菩提心亦即《起信论》三心：一者直心，正念真如法故。此念之所以为正者，不著二边，起智观照真如正理，即契菩提心体。二者深心，乐修一切诸善行故，好乐修习世出世间自利利他诸善行。三者大悲心，欲拔一切众生苦故，以平等大悲心，拔除一切众生分段变易二生死苦，此二皆发菩提心用，今发此心，为求无上菩提也。菩提心最为贵重，初发即如王子处胎，贵压群臣，诸佛护念，万圣加被。《华严》、《百喻》，未足以尽其盛德，故我于彼佛，先发此心，以为因地心也。

　　彼佛教我，从闻、思、修者：此明秉受法门，既发大心，须求佛示，彼佛即指观世音佛，教我从闻、思、修三慧下手；此之三慧，不同常途，常途则以闻经解义为闻慧，其体即耳识，与耳家同时意识，所发之胜解；思修亦即独头意识，将所闻之声教，思惟修习。此皆不离生灭识心，识心为圆通之障碍。本经以舍识用根为要旨，故三慧不同常途。

今此闻慧，即从耳根闻性妙理，所起始觉妙智，不闻所闻之声尘，但闻能闻之闻性；思慧即正智观察，能闻者是谁，不著空、有二边，一味反闻闻自性；修慧即如幻闻熏闻修，念念旋元自归，伏归元真，发本明耀，解六结越三空，破五阴超五浊，全凭无分别智，反闻之功。

入三摩地：此即即慧之定，由闻教信解，而起修证。有修中三摩地，即从根解结工夫；有证中三摩地，即寂灭现前境界。此有入字，乃六结尽解，证入圆通之三摩地；亦即阿难所请三名中之妙三摩，经题中了义修证也。

　　初于闻中，入流亡所，所入既寂，动静二相，了然不生。如是渐增，闻所闻尽；尽闻不住，觉所觉空；空觉极圆，空所空灭；生灭既灭，寂灭现前。

此是妙三摩，从根解结之正行，一门深入之次第。前佛令选择圆根，已密示耳门，于解结次第中，但列三空，意含六结，故观世音，陈述圆通，具示从浅至深，层次分明；解六结，破五阴，以彰修证了义。上发菩提心是愿，此是依愿所起之行；上秉受法门是教，此即依教所起之修也。

初于闻中者：即最初乃于耳根闻性之中，下手起修；以耳根为所入之妙门，以闻性为所照之理境。从根中本觉妙理，起如幻始觉妙智；以智照理，闻熏闻修也。此闻中二字，首宜拣别分明，不可错用因心。一非肉耳之中，以肉耳浮尘色法，不合决定义门。二非耳识之中，以耳识随念分别，固非菩提正因。三非意识之中，以意识生死根本，正是圆通障碍。故阿难请求佛定，佛即三番破识，欲令舍而去之；十番显见，欲令取而用之。眼耳虽别，其性则同。今此闻中，即佛所显之见中也；又即如来，广会四科，遍融七大，所显三如来藏性之中也；又即如来所显，圆湛不生灭性，朗照万法，不偏空有，中道之中也。若能于此体察分明，依之为本修因，自可圆成果地修证。

入流亡所者：古观世音佛，教示从闻、思、修，入三摩地，观世音菩萨，依教起修，初从闻中下手，即闻慧。此句至生灭既灭，即思、修二慧；寂灭现前，即入三摩地。入流是对出流为言，耳根顺闻出流奔声，即结缚之元，反闻入流照性，即解脱之本。故诸佛异口同音，告阿难言：使汝轮转，生死结根，唯汝六根，更非他物，令汝速证，安乐解脱，寂静妙常，亦汝六根，更非他物。观世音秉教所修之法门，正合本师释迦，十方诸佛之意旨。入流：以观智为能入，耳门为所入，入即旋反闻机，不出流缘声，而入流照性也。又即逆彼无始织妄业流,随顺耳根闻性真流,入流即是思慧,更兼修慧。用观智思惟修(非识心分别思惟),能闻世间音声者是谁?亦即参究工夫,同前不随分别,世间、业果、众生三种相续,而断三缘。但提起一段疑情,蓦直参去,能闻者是谁,绵绵密密,无有间断。声动时,参闻声者是谁?声静时,参闻静者是谁?即同宗门下,参看话头,一切时,一切处,不离一句话头。但彼多用意根,此专用耳根,为稍异耳。同是智光内照,如佛所言,汝但不循动静等尘,脱黏内伏,伏归元真,则智光不外泄,所有声尘,不期亡而自亡耳,故曰:入流亡所。入流即是合觉,亡所即是背尘,背尘合觉,为本经妙修行路,至简要、至巧妙之修法也。

亡所:但于六结中,先解声尘之动结(**有声为动**),只是初步工夫,而得相应。此之亡所,并非声尘销灭,惟定功得力,而得离尘工夫,则声尘不亡而自亡矣!入流,是修证圆通总诀,亡所,是但得初步效验;如永嘉禅师所云:流非亡所而不入,所非入流而不亡,亡所则入流而亡,入流则亡所而入,凡修禅功者,贵在入流耳。余二十一岁,由闽航海来苏,参常州天宁开和尚学习禅功,参"如何是我本来面目"一句话头,放下一切思想,提起一段疑情,连参三年,誓见自己本来面目,了明生死大事。至二十四岁冬,在禅七之中,专切参究,乃至饮食不知其味,一切时处,心光皆照一句话头,至第十日下午,二板香止静后,参究得力,身心忽空,内外虚融,定境法乐,非言语所能形容,一动喜心,定境即失。后于别枝香,欲求定境再现,皆不可得。禅七考功时,将是事陈白冶公和尚。则曰:"汝自后有求定境复现否?"答曰:"有"。乃警之曰:"切不可求,若求则魔得其便,汝将为魔眷矣!"复问:"如是境界好否?"公曰:"不作圣证之心,名善境界,若作圣解,即受群邪,此不过用心得力,暂得轻安,从此进修,不著不求,悟证有望。"后阅本经,五十种阴魔所述,知善知识,不可不亲近也。至二十八岁,参浙江宁波天童寺寄禅和尚,亦在冬月禅七之中,勇猛精进,生死心切,于第八日晚,定境复现,较胜于前,其乐亦胜。自此深信,宗门中自有奇特事在,后阅《楞严经》,于向所未通者,无不明了,又信本经为禅门关钥,更复悉心研究,定能发慧,其语亦有征矣!余惜后为丛林供职,重兴道场,办理慈善,主持佛教会务,以致自误禅功,未明本分上事,虽承缁素群推,《楞严》独步,何异说食不饱,数宝常贫也。

又入流亡所,实非闻性断灭,但以专切反闻,回光返照,心光内注,所有动尘,一一皆亡,闻性不灭。前佛有云:声于闻中,自有生灭,非为汝闻,声生声灭,令汝闻性,为有为无也。然动尘已灭,静尘方现,终日惟闻静尘之境，当知静尘亦是结，亦宜解除，仍旧不舍思、修二慧，不缘所闻静尘，参究能闻静尘者是谁？静尘是境，闻性是心，若闻静尘，还是出流，反闻能闻是谁？方是旋闻与声脱也。所入既寂，动静二相，了然不生者：上亡所，是解"动结"，此三句乃解"静结"，动相不过并言而已。首句所字，即牒上亡所；入字，即仍旧入流。谓所有动尘虽亡，仍是反闻入流，不舍本修，不住静境；此静境即是色阴区宇，如明目人，处大暗室。既寂之寂，非是境静之寂，乃是动静二尘，到此俱寂之境。然所入既寂，则动结与静结俱解，声尘全泯，故曰：动、静二相，了然不生。此了然不生，即动、静二种尘相，了不可得也；此二句亦即既寂之注脚也。而工夫到此，声尘动静二结俱解，则色阴破矣！如是渐增，闻所闻尽者：此解"根结"。如是，指法之词，指上反闻离尘，思修二慧，尘中二结已解，根结斯现，此根乃聚闻于耳，结滞为根之根，亦复是结，亦当解除。仍照如是本修之法，渐次增进，加功用行，定力转深，所闻动静二尘，既已了然不生，能闻之根，亦随所闻以俱尽。尘既不缘，根无所偶，到此则根结亦解，无有能受所受，则受阴破矣！根尘既销，识无从生，则想阴亦于此破矣！即佛前云：此根初解，先得人空，正齐于此；以尘亡根尽识泯，人无所依故。此中三结，亦即佛示，六结生起次第中所云，劳见发尘，今粗三结已解，则尘不复发，见不复劳矣！

尽闻不住，觉所觉空者：此解"觉结"。尽闻二字，是牒上能闻与所闻俱尽，根尘双泯之境，六用不行，惟余一觉。若住此境，但得我空，未得法空，则永堕无为深坑。不住者，仍复加功用行，进观闻性。下句为新证之境，《正脉》云：尽闻之后，根尘迥脱，湛一无边之境现前；故今言觉者，即照此境之智也；所觉者，即此湛一之境也。尽闻若住，则境智恒对，能所仍存，终为胜进之障，即沩山所谓"具足心境"也。今言觉所觉空者，谓能觉之智，与所觉之境，二俱空寂，泯然无复对待也。觉是智分，乃属般若，智能契理，如何亦空？当知此破法执，若吝惜此智，不肯放舍，即是一种爱智之法爱，亦复是结，亦当解除。《圆觉经》云："幻尘灭故，幻心亦灭；幻心灭故，幻智亦灭；幻智灭故，幻灭亦灭；幻灭灭故，非幻不灭。"彼文全同此之解结工夫。今此觉结，即彼幻智，亦即佛示，六结生起次第，智见妄发，发妄不息。今觉结已解，则知见不发，妄不相续矣！空觉极圆，空所空灭者：此解"空结"。空即觉所觉空之空，觉即能觉之与所觉，由有此空，空彼能所二觉，则觉结虽解，空亦是结，亦当解除；以能空所空，二俱宛在，空性未圆，若吝惜空理，不肯放舍，即是爱理之法爱，还要入流照性，加功用行，参究空何所依？究而极之，以求圆满空性。

　　空所空灭者：非惟所空之智境灭，即能空之空亦灭。如以木钻木，火出木烧，二俱灭矣。今空结已解，则行阴破矣！亦即佛言，空性圆明，成法解脱，正齐于此，已得俱空之境。

　　生灭既灭，寂灭现前者：此解"灭结"。生灭二字，总指诸结而言。动灭静生，静灭根生，根灭觉生，觉灭空生，空灭灭生，六结皆生灭法，故灭结亦当解除。此结不解，恒住俱空之境，犹为圆通细障，即同"百尺竿头坐的人，虽然得法未为真。百尺竿头重进步，十方刹土现全身。"惟是此结，最难解除，禅门谓之末后牢关，到此境界，不肯进步，又谓之贴肉布衫难脱，此结一解，则可亲见本来面目矣。同《圆觉经》，迷智四相之寿者相。一我相，心所证者，以所证涅槃，认为我体。二人相，心所悟者，悟知所证之非。三众生相，心所了者，了前悟证俱非。四寿者相，心所觉者，觉前前非，认己为是，即住此相中，深生法爱。譬如有人，不肯断命，祖师门下，谓之命根不断也。故仍须入流照性，返穷流根，灭相迥脱，至不生灭，方是到家时节。既灭者，即观智还元，一切生灭，悉皆灭已，此去更无可灭。此灭结，即佛前示，六结次第生起之第一结，由汝无始，心性狂乱；今六结尽解，五阴全破，狂心已歇，歇即菩提。亦即佛云：解脱法已，俱空不生，妄穷真露，寂灭真理现前。所谓寂灭者，此寂非对动之寂，从无始来，本自不动之寂也；此灭非对生之灭，从无始来，本自无生之灭也。虚心绝待，妙体孤圆，即如来藏，妙真如性，亦即一乘，寂灭场地，为真心之全体。前佛云：是名菩萨，从三摩地，得无生忍。上解六结，是从闻、思、修，此寂灭现前，是入三摩地，得证圆通。古观世音佛，所授之法，与释迦如来，解结修证，无二无别。既得寂灭现前，亲证藏性，而入首楞严三昧，当登圆教初住之位。下忽然超越之下，皆称全体所起之大用也。

　　《正脉》云：通前次第解结一科，会于四卷末节：入流，即守于真常；亡所，即弃诸生灭；尽闻即根尘识心，应念销落；觉所觉空，与空所空灭，即想相为尘，识情为垢，二俱远离；寂灭现前，即法眼清明，毫无差爽矣！若会永嘉奢摩他文，入流即息念，亡所即亡尘，亦应仿其文云："流非亡所而不入，所非入流而不亡，亡所则入流而亡，入流则亡所而入。"此四句可齐动静不生。又云："亡所而入，则入无能入；入流而亡，则亡无所亡。"此四句根尘俱泯，可齐于闻所闻尽。又云："亡无所亡，则尘遗非对；入无能入，则念灭非知。"此四句无对无知，可齐于觉所觉空。又云："知灭对遗，一向冥寂。"此二句可齐于空所空灭。又云："阒尔无寄，妙性天然。"此二句可齐于生灭既灭，寂灭现前，亦似吻合，而无闻矣！但永嘉似乎都摄六根，或专摄意根，此经乃专摄耳根为异耳。又永嘉方谈最初销显，向后更有修治，斯经已谈深证高位，向后惟彰发用，今与合会而观，节文宛似，令知圆顿初后，无有异心，行者不可委为高位，视为不切己也。

忽然超越，世、出世间，十方圆明，获二殊胜。

上是菩萨修证圆通，自利之因行；下是菩萨称体起用，利他之妙行。自利之行，言之甚略，利他之行，演之甚详；中有二意：一、从根解结，佛于第二决定义门，已令选择圆根，一门深入，脱黏内伏，并示解结次第，入三摩地，至为明晰，何劳多述。二、详演果用，无作妙力，自在成就，乃为激发回小向大之机，令起羡慕，立志欣修，不得不为广陈也。忽然超越者：即从闻、思、修，最后一刹那，证圆通体，发自在用时也。超越乃解脱无碍之义，寂灭真体，本自圆明，六凡为我执所碍，不能超越世间；三乘为法执所碍，不能超越出世间；菩萨入三摩地，我法双空，俱空亦复不生，故得超越世、出世间。十方圆明：即四卷佛云："我以不灭不生，合如来藏，而如来藏，惟妙觉明，圆照法界。"菩萨亦复如是，《指掌》云："十方所有诸法，无非自性光明，周遍圆满。"古德云：尽大地是自己光明，无一法不在光明里者。获二殊胜：此总标大用，即上合下同之二，权、小莫及，故称殊胜。

一者，上合十方诸佛，本妙觉心，与佛如来，同一慈力。

此下二节，别明大用。菩萨已证心佛众生，三无差别之理，故得上合十方诸佛，所证本来妙觉真心，此心佛与菩萨众生，无二无别，即《金刚经》所云："是法平等，无有高下"者是也。上合即与佛同其体；同一慈力，即与佛同其用；佛运无缘（无所不缘）慈，度有情界，下三十二应，即同其用也。

二者，下合十方一切，六道众生，与诸众生，同一悲仰。

下合众生，亦应有本妙觉心一句，文略例上可知。此亦与生同其体；生佛虽殊，其体一致。同一悲仰：即与众生同其用；众生与佛，其体虽同，其用则异。悲者悲哀，仰者仰望，众生身罹苦难，哀求拔苦，希望与乐；菩萨同其用，故施无畏力，下十四无畏，即同其用也。

　　世尊！由我供养观音如来，蒙彼如来，授我如幻，闻熏闻修，金刚三昧。与佛如来，同慈力故，令我身成三十二应，入诸国土。

　　此为妙应体用洪源。世尊，乃称呼释迦，为六凡有情世间，三乘正觉世间，九法界之所共尊也，又即超九界以独尊之称。观音如来，即菩萨因地本师。由我供养，不出二种：一、供养佛身，侍奉左右，执劳服役。二、供养佛心，依教起修，畅佛本怀。蒙彼如来：即观音如来，传授耳根修证法门。如幻闻熏闻修，金刚三昧者：如幻是喻，闻熏闻修是法，金刚三昧亦然。上闻字，指本觉闻性内熏，熏起始觉之智；下闻修，即始觉反闻修习，入流照性之功。此种修法，无修而修，修即无修，喻如幻事，从无而有，有即非有；修成而得三昧，名曰金刚三昧。修即入流照性，照破五阴，解除六结，返穷流根，至不生灭，澈法底源，无动无坏，究竟坚固，喻如金刚，坚固不坏。三昧是梵语，此云正定，即首楞严大定，证此定为得圆通。与佛如来，同慈力故：既证圆通，与佛同其体，故能与佛如来同其用。下令我身成三十二应，入诸国土：即应机所起之妙用也。此用，即菩萨所得，三轮不思议业用：一、身轮不思议，一身能现无量身，应以何身得度，即现何身。温陵曰："三十二应者，现十法界身，圆应群机也。"二、口轮不思议，一口能说无量法，应以何法得度，即说何法，说皆契理契机也。三、意轮不思议，一意能鉴无量机，一切众生，根性不等，乐欲不同，或乐有为，或乐无为，或乐入世，或乐出世，菩萨鉴机既定，乃为现身说法，善巧方便。轮有运载之义，以此三轮，入诸国土，即十方诸国土，无刹不现身，普载迷伦，同跻觉地也。

　　世尊！若诸菩萨，入三摩地，进修无漏，胜解现圆，我现佛身，而为说法，令其解脱。

　　此应菩萨所求，以菩萨志在菩提，故现佛身；其余前三，则现圣身；下皆现同类身。若诸菩萨：诸是助语词，若作多解亦可；菩萨则该权实诸位，权实虽复不同，而希望成佛，则一而已。三摩地：即所修法门之正定，有相似位、分证位差别，无漏、胜解亦然。胜解现圆：各随所修法门，无闲道，因行已满，将入解脱道，所起殊胜之解，将现圆满，而未满之时。以下诸位，胜解之字虽同，其义有异；即本科亦当作二种解：若相似位菩萨，入相似三摩地，进修中道无漏，则分证胜解现圆。若分证位菩萨，入分证三摩地，进修金刚无漏，则究竟胜解现圆。大士即现佛身，为说顿入佛乘之法，令得分证解脱，或究竟解脱。

问："大士证入圆通，但登圆教初住之位，如何能现佛身，而为等觉菩萨说法？"答："初住能分身百界，八相成道，岂不能为等觉说法？又大士近迹，虽在初住，约其远本，早成正法明如来，是为等觉说法，理无可疑。"

若诸有学，寂静妙明，胜妙现圆，我于彼前，现独觉身，而为说法，令其解脱。

此现独觉身。三科皆云，有学者，以未证无学位故。独觉者，出无佛世，观物变化，自觉无生，故号独觉。若诸有学，志求独觉者，寂静妙明：即在修道位中，乐独善寂，曰寂静，求自然慧，曰妙明。胜妙现圆者：殊胜妙慧（即自然慧）将现圆满之相，如钻木取火，已得暖相，其火将出未出之时。我于彼有学之前，现独觉身；应其所求，令易信从，为说无生之法，令其解脱，见思烦恼，而证无学之位。此非天然外道，以多生熏习小教，今出无佛世，览物荣枯，触境悟道也。

若诸有学，断十二缘，缘断胜性，胜妙现圆，我于彼前，现缘觉身，而为说法，令其解脱。

此现缘觉身。秉佛十二因缘之教，觉悟无生之理，故称缘觉。十二因缘，有流转还灭二门：一流转门，谓迁流不息，轮转生死；二还灭门，谓复还本性，灭诸生死。顺观流转门，乃知生起次第，有十二支，又名十二有支，不出惑、业、苦三，而成三世因果：无明缘行（行即业行，由无明惑而来。此是过去世惑业二支因），行缘识（即投胎时第八识），识缘名色（胎中心色和合，名即是心，以心无形相，但名而已，心即投胎之想爱，色投胎中父精母血），名色缘六入（即一身所具六根，而能入尘），六入缘触（孩童时，六根触对于六尘），触缘受（稍长根尘相对，便知领受，此现在世五支果），受缘爱（成人时，对顺境则生爱，逆境则生憎，说爱憎含其中，此是现在世之惑），爱缘取，取缘有（此二支，是现在世之业，取是业之初，有是业之成），有缘生（即未来世受生），生缘老死（即来生由少而老，由老而死）。此二支，乃未来世之苦果。此十二支，连环钩锁，相续不断，从因感果，果上再造因，由因再感果，惑、业、苦三，循环无已，生死不息，故曰流转门。逆观还灭门，得悟无生之理，无明灭，则行灭，乃至生灭，则老死灭。今云断十二缘，乃约还灭门说。缘断胜性者：胜性即无生理性，以超世间法故称胜，此性必由缘断而显，故曰：缘断胜性。胜妙，以悟因缘性空，故称胜妙。正在胜妙将现圆满，未满之时，我于彼有学之前，现缘觉身，慰其所求，而为说缘生无性之法，令其解脱分段生死，而证缘觉之果。

若诸有学，得四谛空，修道入灭，胜性现圆，我于彼前，现声闻身，而为说法，令其解脱。

此现声闻身。若诸有学，在见道位中，以八忍八智十六心，断四谛下惑，见惑已断，曰得四谛空，而入修道位，断三界思惑，八十一品，品品皆证一分择灭无为，故曰修道入灭。胜性，即灭谛无生之性，将现圆满之时，如未雨已先得云。我即于有学之前，现声闻身，投其所好，为说灭谛无生之法，令其解脱，世间诸漏，超出三界，而入方便有余土涅槃。

若诸众生，欲心明悟，不犯欲尘，欲身清净，我于彼前，现梵王身，而为说法，令其解脱。

此现梵王身。若诸众生，指在欲界之众生。欲心明悟者：对淫欲一事，心得明悟，了知欲为招苦之本，欲由爱生，身因欲有，身为众苦所集，无非淫欲之所招致，故持戒修身，不犯欲尘，令此欲身，而得清净。清净乃是生梵之因，故我于彼众生之前，现梵王身，为说四无量心，及出欲论，教修离欲定。此定若成，可以超出欲界，上生色界，不由胎生，乃是化生，身相庄严清净，令得解脱欲界苦粗障，而得色界净妙离也。

若诸众生，欲为天主，统领诸天，我于彼前，现帝释身，而为说法，令其成就。

此现帝释身。若诸众生，或为人道，或是初二天天人，愿为忉利天主。梵语忉利，此云三十三，为六欲天第二天，在须弥山顶，东西南北各八天，帝释天主，住善见城，居中一天，合成三十三天，不惟统领忉利诸天，兼统四天王。我则应其所求,故于彼前,现帝释身,即忉利天主,释提桓因,此云能为主。而为说法者,说上品十善,及种种善论,令其成就帝释之果。

若诸众生,欲身自在,游行十方,我于彼前,现自在天身,而为说法,令其成就。

此现自在天身。若诸众生,指人伦及欲界诸天;欲得此身,逍遥自在,游行十方,而无阻碍。我于彼前,现他化自在天身(谓此天乐具,他天化作,自在受用,福报超胜,居欲界顶),而为说上品十善等法,令其成就自在天福报。或云六天别有魔王宫,亦自在摄。

若诸众生,欲身自在,飞行虚空,我于彼前,现大自在天身,而为说法,令其成就。

此现大自在天身。若诸众生,指欲界天人,欲得此身自在,而能飞行虚空,上云游行十方,不过六欲四洲之十方;此云飞行虚空,飞行较游行为胜。此虚空,乃大千世界之虚空,因大千世界,上覆以四禅天,大自在天,即色界顶天,世间福报最胜,得大自在也。我应其所求,即现大自在天身,而为说上上品十善,四禅四无量心,令其成就最胜果报。有谓此天,即摩醯首罗天王,有三目八臂,骑白牛,执白拂,能飞行虚空者。

若诸众生,爱统鬼神,救护国土,我于彼前,现天大将军身,而为说法,令其成就。

此现天大将军身。若诸众生:指人道及八部,心爱统领鬼神,乃八部鬼神。无福德曰鬼,有福德曰神。《正脉》云:"四王主帅,各有八将,韦驮为上首。《金光明经》,散脂为大将,统领二十八部,巡游世间。"今云爱统鬼神,即欲求天大将军身也。救护国土者:即巡视世间一切国土,除妖降福,赏善罚恶耳。我则应其所求,即于彼前,现天大将军身,而为说五戒十善,及秘密神咒,呼召鬼神之法,令其成就威勇,保护苍生也。

若诸众生,爱统世界,保护众生,我于彼前,现四天王身,而为说法,令其成就。

此现四天王身。若诸众生，指人类众生，及四天天众，爱统世间四大部洲，保护各国众生；我则应其所求，即于彼前，现四天王身，为说上品十善，及护国安民之法，令其成就，统领世界之愿。四王居须弥山腰，为帝释外臣，故列天臣。东方持国天王居黄金埵，领乾闼婆、富单那二部；南方增长天王居琉璃埵，领鸠槃茶、薜荔多二部；西方广目天王居白银埵，领比舍阇、莫呼落伽二部；北方多闻天王居水晶埵，领药叉、罗刹二部。

若诸众生，爱生天宫，驱使鬼神，我于彼前，现四天王国太子身，而为说法，令其成就。

此现天王太子身。若诸众生，指人伦及四天人民，有志爱生四天王宫，为太子，能驱遣使令一切鬼神。鬼即八部，神即四王，各八大将军之属；或有鬼神作祟，扰乱人间，四王太子，而能制止。设有违制，则遣大力鬼神，或天大将军，而降伏之。辅助天王，保护众生。我则应其所求，即现四天王国太子身，而为说皈依斋戒，十善符咒之法，令得成就其志愿也。

《大吉义经》云："护世四王，各有九十一子，姿貌端正，有大势力，即那吒之类。"《灌顶疏》云："唐天宝间，西番五国，来寇西安，国军莫能御，玄宗诏不空三藏入内，持念《护国仁王陀罗尼》。方二七遍，忽见神将五百，荷戈殿前。对曰：北方天王，第二子独健，往救西安；寇进攻，仰见无数天兵天将，布陈空中，寇畏叹曰：中国有圣人，未可犯也！即退兵。随即表奏，帝喜，因敕诸道府州，各建天王殿以祀之。"海内大刹，皆有天王，即此由来矣。

若诸众生，乐为人王，我于彼前，现人王身，而为说法，令其成就。

此现王身。温陵戒环法师曰：自金轮以至粟散，皆为人王。释曰，世间人王有五：一、金轮王，即转轮圣王，亦具三十二相，有七宝随身，人中最上，无能胜者。即王位时，有金轮宝，从空飞下，而至其前。乘此轮宝，一日能游行东西南北四大部洲，各国莫不服从，以十善化世，得王（去声）一四天下。二、象宝，有白象王。三、马宝，名勇疾风。四、将军宝，又称主兵臣宝，名离垢眼。五、主藏臣宝，财宝随身，同轮王出游，不必带诸财宝，王欲布施时，但有土地，藏臣令掘，取用不尽。六、宝藏瓶，王随身携带，欲要何物，能如轮王之意，一一出生。七、女宝，即轮王第一夫人，名净妙德，能辅王化,各国人民,受王之化,悉修十善,世无恶人,此亦福报所感也。二、银轮王,即王位时,有银轮宝,从空飞至,乘之一日能游行东西南三洲,除北洲,王三天下,各国悉皆服从。三、铜轮王,有铜轮宝,能游行东南二洲,各国归其统领。四、铁轮王,有铁轮宝,能游行南洲一洲,所有各国,皆归统辖,如阿育王者是也。五、粟散王,即各国小王,如散布其粟,遍地皆是。若诸众生:指人伦。乐为人王:王者往也,怀仁布德,四方归往,欲为有道之君,治理邦国者也。我于彼前,现人王身,为说五戒十善,以为生贵之因;及说帝王德业,熏成隔生之种,令其成就善因,而获福果。问:"心怀篡逆,窥窃神器,未知菩萨亦为现身说法否?"答:"菩萨志在利生,岂肯助逆。"

若诸众生,爱主族姓,世间推让,我于彼前,现长者身,而为说法,令其成就。

此现长者身。我国年高德重,称为长者,西域长者,颇不易称,须具十德:一、姓贵,谓刹利尊姓,贵族大家。二、位高,谓宰辅丞相,朝中老臣。三、大富,谓丰饶财宝,充裕仓廪。四、威猛,谓霜威严重,望之可畏。五、智深,谓心如日月,慧灿珠玑。六、年耆,谓耆年宿德,老当益壮。七、行净,谓矩范堪亲,楷模足式。八、礼备,谓威仪庠序,接物和光。九、上叹,谓上为王者之所称叹。十、下归,谓下为人民之所依归。具此十德,方称长者,故列宰官之前。若诸众生,爱主一族同姓,并愿为世间所推重,到处让居上首者,我于彼前,现长者身,为说博施济众,仁民爱物之法,令其成就。

若诸众生,爱谈名言,清净自居,我于彼前,现居士身,而为说法,令其成就。

此现居士身。若诸众生,爱谈古今名人,嘉言典章,可以垂范作则,以训于世。清净自居者:身处尘劳,心恒清净,不染世欲,以道自居。我于彼前,现居士身,为说清心寡欲,洁己修身之法,令其成就。居士乃以道自居之士,即在俗修行者,有有德有位者,如苏东坡之类;有有德无位者,如王通、邵雍之流,隐沦不仕者。

若诸众生,爱治国土,剖断邦邑,我于彼前,现宰官身,而为说法,令其成就。

此现宰官身。若诸众生，爱治理国家领土，辅佐政治。温陵谓：三台辅相是也。能为朝廷，整纲立纪，能为民间，易俗移风。剖断邦邑者：大者为邦（如省），小者为邑（即县），剖乃剖雪冤屈，断则决断是非，如片言折狱，讼简刑清者也。我于彼前，现宰官身：宰者治也，官者公也，上自三台辅相，下至州牧县长，皆名宰官；菩萨现身，为说修齐治平，护国爱民之法，令其成就。

若诸众生，爱诸数术，摄卫自居，我于彼前，现婆罗门身，而为说法，令其成就。

此现婆罗门身。若诸众生，爱诸数术，摄卫自居者：谓有一类众生，爱好天文地理，阴阳度数，曰数；医卜命相，咒水书符，曰术；调摄身心，节劳静神，曰摄；保卫生命，固精养气，曰卫。如前文所云：求太阴精，用和幻药，可以益寿，可以修世。以此数术，摄卫自居，不求他学也。

我于彼前，现婆罗门身：婆罗门，此云净裔，谓此是劫初梵天苗裔，苗裔即后裔。梵者净也，又云梵志，以彼志在梵天故，菩萨现身，为说世智，调气炼神之法，令其成就，数术摄卫之学也。

若有男子，好学出家，持诸戒律，我于彼前，现比丘身，而为说法，令其成就。

此现比丘身。若有男子，好学出家：此是在俗男子，心厌尘劳，好学佛法，是以割爱辞亲，舍俗出家。持诸戒律：初出家所受之沙弥十戒，进受比丘，二百五十戒。比丘名含三义，即五不翻中多含不翻。三义者：一、乞士，谓内乞法以资慧命，外乞食以养身命。二、怖魔，谓受比丘戒，登坛白四羯磨时，地行夜叉赞善，空行夜叉，天行夜叉，亦复赞善，辗转声传六天，魔王闻之生怖，怖惧魔界减少，佛界增多。三、破恶，修持净戒，能破身口七支之恶。我即现比丘身，为说戒、定、慧学，清白梵行之法，令其成就。

若有女人，好学出家，持诸禁戒，我于彼前，现比丘尼身，而为说法，令其成就。

此现比丘尼身。若有女人，既厌尘劳之累，复嫌五障之躯：一者不得作梵天王，二者不得作帝释，三者不得作魔王，四者不得作转轮圣王，五者不得作佛。好乐学道修行,出离世俗之家。持诸禁戒者:诸字包括之辞,尼有三百四十八戒,余诸八敬等法,皆为佛所制禁戒。尼此云女,比丘尼,女人出家,受具戒者。我现比丘尼身,合其所慕。而为说法:即离染清净,精修梵行之法,令其具足三学,成就五德也。上现出家,秉教二众。

若有男子,乐持五戒,我于彼前,现优婆塞身,而为说法,令其成就。若有女子,五戒自居,我于彼前,现优婆夷身,而为说法,令其成就。

此现在家秉教二众。设若有男子,志慕佛教,不能舍俗出家,但好乐受持五戒。五戒为出家、在家通修之戒,即杀、盗、淫、妄、酒:一不杀害生命,恒存仁爱慈心;二不偷盗财物,见利自当思义;三不奸淫男女(在家之众,惟戒邪淫,夫妻正淫,仍当节欲),恪守世间礼教;四不虚妄语言,履践信实之道。上四杀、盗、淫、妄是根本戒,又为性业,本性即是罪业,不特受戒者犯之有罪,不受之人犯之,国法亦皆治罪。五不饮酒昏迷,而失本有智性。酒本无罪,饮之昏迷失性,醉后糊涂,能为造罪之因,是为遮业,故佛遮止,不许饮酒。经中具说,饮酒有三十六种过失。

古时夏禹王,有臣名仪狄,制酒佳味,进贡于禹王,禹王饮之,知此酒能误害于人,遂将仪狄贬于苏海。又古有优婆塞,因酒而破五戒:因酒戒不能持,一日有酒无肴,邻舍走来一鸡,遂将盗藏。邻舍觅鸡,问曰见否?妄言不见,少顷杀而烹之,以酒炖鸡,邻妇闻气味生疑,故来探视,遂留同饮同食,醉后调戏成奸,是则因酒,而五戒全破也。

此之男女,身处尘劳,乐持五戒:欲以五戒自居(即自守也),以修其身。我于彼前,现优婆塞身:此云近事男,可以亲近承事三宝之男子;现优婆夷身:即近事女。为说五戒,为人道因,五戒全持,则为上等人,若持四戒,未免美中不足,若持三戒,则为中等之人,如持二戒,则为中人以下。但持一戒,亦可不失人身,此人前生,持戒太少,虽得人身,极为愚痴苦恼,应当持满分戒(即五戒全持)。此五戒,即儒教仁、义、礼、智、信五常。不杀仁也,不盗义也,不邪淫礼也,不妄语信也,不饮酒智也。为说五戒,令其成就清信士女之身。

若有女人,内政立身,以修家国,我于彼前,现女主身,及国夫人,命妇大家(音姑),而为说法,令其成就。

此现妇女身。内政立身者：女正位乎内，故曰内政。家门以内之事，女人主之，孝敬翁姑，教育子女，是为内政。贵而能勤，富而能俭，贞静幽娴，以修女德，名曰立身。闺门为万化之源，关于国家之治乱兴衰，旷观自古及今，上自朝廷，下至家庭，无不皆然。女人又为教育之所系，母教更有力于师教，孟母即其证也。以修家国者：即内政立身，而身修矣。感化家庭，关系国政，如岳武穆之母教，以成精忠报国之志。家通大夫以上，国通诸侯以上。女人如能内政立身，修身，即为齐家治国之本。我于彼前，观其志愿，或现女主身，即天子之后；或现国夫人身，即邦君之妻。君称之曰夫人，国人称之曰君夫人，一国主君之妇也。命妇，谓受朝廷诰命之妇，妻因夫荣，丈夫为官，女人受诰封也。大家，家训姑，才德兼备，能为女主之师，如汉扶风（县名）曹世叔之妻，乃同郡班彪之女，和帝常召入宫，令皇后贵人师事之，世称曹大家也。为说三从四德，端庄淑慎之法，令其成就。

若有众生，不坏男根，我于彼前，现童男身，而为说法，令其成就。

此现童男身。若有保守天真，不染欲尘之男子，天真未泄，男根不坏，有志终身持守，是谓童真。我于彼前，现童男身，为说守真抱璞，固精保元之法，令其成就童真也。

若有处女，爱乐处身，不求侵暴，我于彼前，现童女身，而为说法，令其成就。

此现童女身。若有处女，亦名处子，乃未出闺门，未嫁之女子，爱乐（去声，好也）处女之身，白圭无玷，不求婚嫁。纵有强施侵暴，迫之令嫁，亦誓所不从，愿终身不字，永为处女之身。我于彼前，即现处女身，为说坚贞美德，清净自居之法，令其成就。上自天主至此，乃是大士以如幻三昧之力，应众生希求之心，竿木随身，逢场作戏，同事摄化之妙也。

若有诸天，乐出天伦，我现天身，而为说法，令其成就。

以上诸科，皆应希求，令得成就，出世入世之愿望。以下诸科，皆应厌离，令得成就，出离本位，得生人道。问："余趣求生人道，是事不疑，天本胜人，何以反求，转入人道？"答："天道虽乐，乐有终尽，五衰相现，毕竟无常。又则天人著乐，不肯修行。裴相国云：整心虑趣菩提，惟人道为能耳。所以诸佛皆从人中得道，三乘圣人，亦皆人身修证。"故诸天乐出天伦，得生人道，既得人身，可成四圣也。我现天身，为说无常、苦、空、无我之法，令得成就也。

若有诸龙，乐出龙伦，我现龙身，而为说法，令其成就。

《灌顶》云：梵语那伽，此云龙。龙有四类：一守天宫殿，二兴云降雨，三开渎决江，四守护伏藏。其类不一，故曰诸龙。过去亦曾修福，所住宫殿，亦为宝成，身能变化，多化人形，惟五时不免蛇形：生时、眠时、淫时、瞋时、死时。《长阿含经》明龙有三患：一热沙炙身，二风坏宫衣，三金翅鸟啖。因有多苦，故乐出离。《阿含经》又云：就因先世多瞋，心曲不端，犯戒斗诤，故堕龙中，由大行布施福力，故七宝为殿。我现龙身，为说布施持戒，正直柔和，仁慈谦让等法，令其成就。

若有药叉，乐度本伦，我于彼前，现药叉身，而为说法，令其成就。

梵语药叉，此云捷疾，其行捷疾故；亦名勇健，勇猛强健故；或云暴恶，其形暴恶故。有地行、空行、飞行三种。《最胜王经》云：是等药叉悉皆爱乐如来正法，深心护持。乐度本伦者：因受佛法熏习之力，知暴恶为堕缘，故乐度脱本伦。我现药叉身，为说持戒修福，柔和善顺之法，令其成就人伦；若能兼修慧业，亦可成就圣伦也。

若乾闼婆，乐脱其伦，我于彼前，现乾闼婆身，而为说法，令其成就。

乾闼婆，此云香阴，在须弥山南，金刚窟住。此神不啖酒肉，惟食诸香，以资五阴，是帝释乐神。帝释须乐，烧沉水香，此神寻香而至。好乐脱离本伦，我于彼前，现乾闼婆身，为说离于放逸，及五戒、中品十善之法，令其成就。

若阿修罗，乐脱其伦，我于彼前，现阿修罗身，而为说法，令其成就。

阿修罗此云非天，有天福无天德故，此指化生阿修罗，是天趣摄。更有胎生人趣摄，卵生鬼趣摄，湿生畜趣摄。亦云无端正，男丑女美，无端正男故。《长阿含经》云：南洲金刚山，有修罗宫，六千由旬，栏楯行树，每日三时，苦具自至，刀枪剑戟，从空飞入宫中，修罗若不躲避，必受杀伤，故生厌离，乐脱其伦。《名义集》云：由在因时，虽行五常，怀猜忌心，欲胜他故，作下品十善，感修罗身。我于彼前现阿修罗身，为说慈忍谦恭，虚心受教，及中品十善之法，令其成就。

按《法华经·普门品》，此部之后有迦楼罗，此云金翅鸟，以龙为食，龙求佛救，佛授袈裟，俾缠龙角，乃至缠袈裟一缕者，金翅鸟皆不敢食。鸟亦往佛求救，佛曰：汝无人食汝，何为求救？鸟曰：我无龙食，则必饿死，佛安可不救？佛曰：汝遵吾教，不可食龙，我每日受食时，布施汝食。现在侍者施食，偈云："大鹏金翅鸟，旷野鬼神众，罗刹鬼子母，甘露悉充满。"故亦乐脱其伦。大士现同类身，为说仁慈爱物之法，令其成就。此经无此部，谅系抄写之脱漏也。

若紧那罗，乐脱其伦，我于彼前，现紧那罗身，而为说法，令其成就。

紧那罗此云疑神，其形似人，头有一角，见者生疑，唐翻歌神，是帝释唱歌之神，貌丑而音美。《菩萨处胎经》云：须弥山北，十宝山间，有紧那罗，于中治化，由昔布施之力，居七宝殿，寿命极长，天欲奏乐，腋下汗流，便自上天。帝释请佛，诸天弦歌而颂法门者，即是此神。今乐脱其伦者，大士为现同类身，为说歌咏乱心，欲乐无常，及中品十善之法，令其成就。

若摩呼罗伽，乐脱其伦，我于彼前，现摩呼罗伽身，而为说法，令其成就。

摩呼罗伽此云大蟒神，亦云地龙，而无神通，乃属腹行，较之天龙，其苦自倍。此类因心中多痴恚，故所感之报，聋騃无知，常含毒伤生，必更堕落。今乐脱本类，求生人道，大士为现同类身，为说修慧、修慈，忍辱柔和，及中品十善之法，令其成就。

若诸众生，乐人修人，我现人身，而为说法，令其成就。

若诸众生：众生之名，本是六道通称。此对下句，乐人修人，即是人道，好乐生生世世为人。经云：人身难得，今生既得，好乐修持人道，来生不失人身，故曰乐人修人。六道之中，诸天著乐，余道多苦，故乐得人身；又以人身，方值佛法，诸佛皆于人中成道故。又人道易于修证，出世四圣，皆人道修成，所以八部，皆乐脱本伦，转生人道。人者仁也，恻隐之心，人皆有之，恻隐即是仁。孟子曰：无恻隐之心非人也。是则内教外教，皆重人伦。我于彼前，即现人身，为说五戒，中品十善，令其成就。

若诸非人，有形无形，有想无想，乐脱其伦，我于彼前，皆现其身，而为说法，令其成就。

《指掌》云：上科人伦，统收人王宰官等不尽之机。此科非人，统收天龙八部等不尽之类。以彼所不摄者，皆此摄故。长水子璇法师云：有形有色蕴，如休咎精明等；无形无色蕴，如空散销沉等；有想有四蕴，如鬼神精灵等；无想无四蕴，如精神化为土木金石等。有好乐度其本伦，转生人道者，我于彼等之前，一一各随其类而现身，各应其机以说法，令其成就。

是名妙净，三十二应，入国土身；皆以三昧，闻熏闻修，无作妙力，自在成就。

上三句指所现之身，下四句出起用之本。是字即应九界机，普门示现身相。上结列总标之名，名为妙净三十二应，入国土身：一时顿现，随类各应曰妙；所现身相，不著于相曰净；又妙者不可思议，净者无所染著，即大士证圆通已，而得三轮不思议之明证也。先由意轮鉴机既定，应以何身得度，即现何身，应以何法得度，即说何法；身、口、意三轮，皆不思议，曰妙，一一皆无染著曰净，是为妙净三十二应。入国土身：即十方诸国土，无刹不现身，以一身普入一切刹，一切刹中作佛事。如是妙用，乃称圆通体所起，皆由耳门修证三昧之力也。闻熏闻修者：由本觉闻性内熏，熏起始觉妙智，作反闻修习之工夫，时时反闻自性，熏变执习，解六结，破五阴，妄穷真露，生灭既灭，寂灭现前。得成无作妙力：即不假作意，不可思议之用力；一身不分而普现，万机咸应以无违，如一月在天,影临众水,月岂作意而临水耶?千江有水千江月,世间之物尚然,何况大士,圆通妙力?自在成就者:即任运而应,有感斯通,千处祈求千处应,苦海常作渡人舟。以上所现三十二应之身,与《法华·普门品》,互为出没,如天趣,此有四天王国太子,人趣此有女主及国夫人,彼经则无。八部中彼有迦楼罗,八部外彼有执金刚神,此并不列。大士妙应无方,神化莫测,三十二应,亦不过略言而已,实则应化无尽,故两经随意取舍,以成三十二数也。

　　世尊!我复以此,闻熏闻修,金刚三昧,无作妙力,与诸十方三世,六道一切众生,同悲仰故。令诸众生,于我身心,获十四种,无畏功德。

　　此标自证圆通妙力,能与众生同悲仰也。亦由大士返闻证性,下合众生,本妙觉心,既同其体,遂运同体大悲心,故能与众生同悲仰。乃称呼世尊,自述我又因此,闻性内熏,熏起始觉之智:智光不外泄,反闻修习,以照能闻之性,是谓回光返照;照彻心源,无动无坏,是名金刚三昧。此二句乃证体,下则起用,用不离体也。无作妙力者:称性无作,任运成益,故曰妙力。由此不思议力用,所以得与十方三世,六道一切众生,同其悲哀拔苦,仰望与乐也。故字即大士与众生,同悲仰之故,以为无畏之本。众生悲仰之心,即大士之心,大士悲愍之心,亦即众生之心,凡圣体同,交相感应也。故能令众生,于大士身心,获(得也)十四种无畏功德;身即大士妙应身,心即大士妙观心。若众生在苦恼厄难之中,一心称名,感应道交,正在怖畏之中,蒙救得脱,即获无畏。无畏,约众生说;功德,约大士言。由大士圆通妙力,功能德用,故令众生脱苦无畏。《普门品》云:"众生被困厄,无量苦逼身,观音妙智力,能救世间苦。"

　　一者:由我不自观音,以观观者,令彼十方苦恼众生,观其音声,即得解脱。

　　此苦恼难无畏。八难中此一为总,余七为别。逼迫外身曰苦,逼迫内心曰恼。上三句出自修之本,下四句彰利他之用。一者由我不自观音以观观者:观为能观之智,智光不外照,即不自观世间之音声,以观能观者是谁?上句是离尘,下句为照性,亦即脱黏内伏,背尘合觉,由此闻熏闻修,金刚三昧,无作妙力,加被众生;故能令十方苦恼众生,但能一心称我名号,我则观其称念音声,寻声救苦,令其即得解脱苦恼,则苦恼无畏矣!

此即观世音菩萨,果上得名之因缘。《法华经·普门品》,无尽意菩萨问佛:观世音菩萨以何因缘,名观世音?佛告无尽意菩萨:善男子,若有无量百千万亿众生,受诸苦恼,闻是观世音菩萨,一心称名(即称念菩萨名号),观世音菩萨,即时观其音声,皆得解脱(观世间称念菩萨名号音声,故名观世音)。彼经但约菩萨,果上利他而立名,故不说菩萨因中所修自利之行。此经双约两利,由得自利行成,方能利他也。或有以观其音声句,作众生受苦恼时,自己观其音声。交师非之当矣!因此经苦恼众生下,略去一心称名等字,致有如是错解,交师加蒙我二字,意即显矣!众生在苦恼难中,能有几人解作观?即使能作观得脱,与总标之文,于我身心,获十四种无畏功德,亦不能合。试详察焉。

二者:知见旋复,令诸众生,设入大火,火不能烧。

此大火难无畏。知见二字,包括六根见、闻、嗅、尝、觉、知。旋复:即旋妄复真,旋转缘尘之妄知妄见,复归自性之真知真见。大士用耳根,反闻入流工夫,旋闻与声脱,既旋彼妄闻,而与声尘脱离,则根尘不偶,一根既返源,六根成解脱,故诸根一一皆能旋妄复真。知见旋复,则内见觉之大火既息,而外世间之火,不能为害。温陵曰:内外四大,常相交感,见觉属火,故见业交,则见猛火。今知见旋复,则无见业,是以火不能烧。令诸众生,入火不烧,此即大士,自证之力,加被众生。《普门品》言:"由是菩萨威神力故"。《正脉》云:"证极法界,威神无量,故令一心称名者,即为大悲威光所摄,不堕火难,如入山阴,暑不能侵也。"此能令众生,大火不烧,则大火难无畏矣!大火不烧,是事难信,特为引证。《应验传》云:祝长舒,晋元康中,于洛阳住草屋,为大火延烧将及,邻舍几家,皆忙搬移物件,他在草屋中,一心称念菩萨圣号,乃为菩萨威神加被,风回火转,至邻舍而灭,人皆奇之,草屋飞一火星,亦当烧灭,何以安然无恙?乃询其故,答曰:惟念观世音圣号。里中有一人,不信称名所致,特因风燥之时,夜间掷火烧之,一次不烧,连掷三夜,皆不能烧,方信菩萨神力冥加,乃向直言忏悔。

三者:观听旋复,令诸众生,大水所漂,水不能溺。

此大水难无畏。观听旋复:此句是妙力,下是大用。谓由反观听闻之性,旋彼妄闻,复归真闻,听闻属水,故闻业交,则见大水,今既旋闻复性,则无闻业,是以水不能溺。令诸众生,大水所漂,水不能溺:亦即大士自证之力,加被众生,故大水难无畏矣!唐岑文本,字景仁,棘阳人,少信佛,尝诵《普门品》,一日往吴江舟覆,文本亦溺水中,俄闻有人云:能诵《普门品》,水难应免。如是者三,遂浮水面,须臾水浪漂送岸边,为人所救,得免于难。

四者:断灭妄想,心无杀害,令诸众生,入诸鬼国,鬼不能害。

此罗刹难无畏。妄想乃是第六意识,前佛破识非心文云:此非汝心,乃是前尘,虚妄相想。喻之如贼,能杀害众生法身慧命,如同罗刹能食人,深可怖畏。大士反闻入流,外不缘尘,内不循根,根尘不偶,识心亦灭,故曰断灭妄想。妄想既灭,心无杀害,全超鬼神心行;以此威力,加被众生,故能令众生,诸罗刹鬼国,但能一心称名,鬼不能害,则罗刹难无畏矣!传云:师子国有入商贾,一百余人,航海而来,忽遇恶风(即鬼风),将船飘堕罗刹鬼国,许多罗刹女来欢迎。内有一商人多智,知入罗刹鬼国,乃号召于众曰:今者船入鬼国,汝等当一心称念观世音菩萨名号,得免于难。众即依言称念,忽起大风,将船吹出,速达我国,足证圣言之不虚也。

五者:熏闻成闻,六根销复,同于声听,能令众生,临当被害,刀段段坏,使其兵戈,犹如割水,亦如吹光,性无摇动。

此刀兵难无畏。熏闻成闻者:大士反闻照性,本觉内熏,熏彼妄闻,而成真闻,耳根如是,销妄复真,六根悉皆销复。后偈云:一根既返源,六根成解脱;同于声尘听闻之性,一一复归元真,尘亡根尽;根尘既销,云何觉明,不成圆妙。大士以此自证,金刚三昧,不动不坏之本,加被众生,能令众生,临当被害,刀段段坏,即大士金刚三昧之力,加被被害众生,身同金刚,故其刀触身,刀即段段坏。纵然其刀不坏,其身亦无所损。使其兵戈,犹如刀割水,水无断痕,如风吹光(日光也),光不息灭。以能触之刀,色尘即藏性;所触之身,身根亦藏性;藏性合藏性,即同以空合空,性无摇动,则刀兵难无畏矣!《齐书》:孙敬德,防守北陲,造观音像,每日礼事,后为贼横引,判处死刑。有一梵僧,教诵《观音经》千遍(即《普门品》),后临刑刀成三段,其首无伤。丞相为奏免。又如六祖,刺客三挥利刃,犹如斩影,刃从头过,头无所伤,此乃六祖,自证之力耳。

六者：闻熏精明，明遍法界，则诸幽暗，性不能全，能令众生，药叉罗刹，鸠槃茶鬼，及毗舍遮，富单那等，虽近其旁，目不能视。

此诸鬼难无畏。闻熏精明，明遍法界者：反闻熏修，伏归本元真精之性。发本明耀，耀性发明，遍周法界，则诸幽隐暗昧为性之鬼神，皆不以自全矣！此明能破暗故。大士以此威光，加被众生，能令众生，仗承威光，诸鬼虽近其旁，目不能视，以彼背明向暗，反不堪于光耀。如枭鸟昼盲夜视，罗刹向日不见，视尚不能视，何能加害耶？药叉，此云轻捷，有地行、空行、天行三种，是男鬼；罗刹，此云可畏，是女鬼。此二皆食人之鬼，人尸若臭，咒养令鲜食之，乃北方多闻天王管辖。鸠槃茶，此云瓮形，是魇魅鬼，能魇魅于人者，乃南方增长天王管辖。毗舍遮，此云啖精气鬼，能啖人及五谷精气，乃东方持国天王管辖。富单那，此云主热病鬼，乃西方广目天王管辖。等者，以该其余诸鬼。皆以阴隐为性，故虽近其旁，目不能视，如土地不见洞山者，既不能视，则诸鬼难无畏矣！

七者：音性圆销，观听返入，离诸尘妄，能令众生，禁系枷锁，所不能著。

此枷锁难无畏。音性圆销者：音声动静二性，悉皆销灭，即动静二相，了然不生，故曰圆销。观听返入者：即观照能听闻之性，逆流而入，故曰返入。如是，则入一无妄，不但声尘销灭，则色等诸尘，亦随声尘以俱灭，故曰离诸尘妄。尘既不缘，根无所偶，见等诸根，亦随闻以旋复，根尘双泯。以此妙力，加被众生，故能令被难人民，而能称名即成感应，禁系枷锁，所不能著其身。因妄尘既离，妄身亦空，故禁闭囹圄，系缚身体；在颈曰枷，练脚曰锁，此皆治罪人之刑法；或误入宪网，或屈遭陷害，若能一心称念圣号，皆得解脱，则枷锁难无畏矣！晋窦传河内人，永和七年，为高昌步卒，吕护所俘。同伴七人，共系狱中，不久将杀，僧道山时在护营中，与传相识，乃往视之。传曰：命在旦夕，能相救乎？山曰："尔至心念观世音菩萨，必有感应。"传遂至心默念三昼夜，械锁忽然自解（械锁，即脚栲之锁）。传念同伴桎梏，何忍遽舍，复求菩萨神力普济，乃劝同伴，同心称念圣号，诸人刑具亦解，遂同遁回乡里，自是笃信奉法，一乡之人，莫不敬事观音也。

八者：灭音圆闻，遍生慈力，能令众生，经过险路，贼不能劫。

　　此劫贼难无畏。灭音圆闻者：即大士反闻入流时，灭音而解脱声尘，圆闻而证极根性，尘灭则外无敌对，根圆则咸归一心，故能遍生慈力。乃至磣心毒人，亦不能起恶，悉化为慈悲眷属矣！《法华》云：念彼观音力，咸即起慈心是也。大士以此慈力，加被众生，能令众生，经过危险之路途，或旷野山隘之间，或盗贼冲出之处，皆险路也。但能称念圣号，贼不能劫，则劫贼难无畏矣！昔尼宗本，高平金乡人，幼有清信，日诵《普门品》，乡党称之。后出家为尼，被虏所拘，急诵《普门品》，旋即得释，归路出冀州，复遇贼所逐，攀上枯树，诚念观音圣号，贼寻索不见，得免贼难。

　　九者：熏闻离尘，色所不劫，能令一切多淫众生，远离贪欲。

　　贪、瞋、痴名为三毒，以能毒害法身慧命，故名三毒，甚可怖畏！又贪、瞋、痴，是三途因：多贪众生堕地狱，多瞋众生堕饿鬼（瞋心属火，饿鬼则受饥火烧然之报），多痴堕畜生，亦可怖畏！今言三毒无畏者，非纵恶无所畏，乃由持名离毒，大威神力，得无畏也。此离贪毒无畏，诸贪之中，贪欲为首。惟此淫欲一事，人最易犯，见色动心，必落爱欲深坑，且最难断，为害最大。若要离欲，《法华·普门品》云：常念恭敬观世音菩萨，便得离欲。由仗菩萨威神之力，及自己持名念力，以念力对治淫心，仗威神销除业障也。

　　熏闻离尘者：此乃反闻照性之功，熏彼出流之妄闻，而成入流之真闻，入流则必亡所。声尘之结既解，诸尘之结齐解，而色尘岂能劫于家宝乎？能令一切多淫众生：淫而言多者，乃是夙习深重，数数现起淫念，发为淫行，轻则损身失德，重则倾家丧命。其尤甚者，淫欲属火，菩萨见欲，如避火坑。宝莲香比丘尼，持菩萨戒私行淫欲，妄言行淫非杀非偷，无有业报。发是语已，先于女根，生大猛火，后于节节，猛火烧燃，堕无间狱。多淫众生，能常念菩萨圣号，由菩萨威力加被，即能远离贪欲，则离贪毒，自可无畏矣！

　　十者：纯音无尘，根境圆融，无对所对，能令一切忿恨众生，离诸瞋恚。

此离瞋毒无畏。纯音无尘者：纯一闻音妙性，别无所对声尘。此句，即动静二相，了然不生。既无所对之境，亦无能对之根，根境双泯，惟一圆融，清净宝觉，内外一如，无能对之与所对；以瞋恚生于对待违拒，大士自证境界，圆融一体，无对无碍；以此加被众生，能令一切有忿怒瞋恨之众生，但能常念恭敬观世音，以念力而伏瞋机，仗慈风扫除恚热，便得离诸瞋恚，则离瞋毒，自可无畏矣！

十一者：销尘旋明，法界身心，犹如琉璃，朗彻无碍，能令一切，昏钝性障，诸阿颠迦，永离痴暗。

痴由妄尘所蔽，无明所障。销尘旋明者：销除所缘之妄尘，旋复自性之本明，此即前文所云：脱黏内伏，伏归元真，发本明耀。所以外之法界，内之身心，犹如琉璃宝，洞然朗照，内外明彻，无所障碍。大士以此自证智力，加被众生，能令一切，昏钝性障，诸阿颠迦，永离痴暗。昏钝性，即是愚痴，愚痴以昏迷暗钝为性。能障智慧，故曰昏钝性障。阿颠迦此云无善心，皆由痴习偏重，迷正知见，邪见炽盛，拨无因果。若能常念恭敬观世音，以正念而祛邪执，仗智日以破昏蒙，便得永离痴暗，则离痴毒，自可无畏矣！

十二者：融形复闻，不动道场，涉入世间，不坏世界，能遍十方，供养微尘诸佛如来；各各佛边，为法王子。能令法界，无子众生，欲求男者，诞生福德智慧之男。

此应求男无畏。世人无有男子，其畏有三：一、年老无人服事，二、后事无可嘱咐，三、宗嗣必至断绝。故必求生男。《普门品》云："设欲求男，礼拜供养观世音菩萨，便生福德智慧之男。"彼经但说求男之法，未说菩萨加被之力，此经但说加被，未说求男之法，两经会合解释，其义则全。融形复闻，不动道场：此二句，指修行证理，销融四大之幻形（即如是渐增，闻所闻尽），旋复一真之闻性（即生灭既灭，寂灭现前），证入不动摇不生灭之理体。亦即佛所云：皆获一乘，寂灭场地也。涉入世间，不坏世界七句，乃称体所起之大用。菩萨身能善入微尘佛刹，以一身而现无量身，涉入三世间（器世间，有情世间，及正觉世间），随类现身，不坏世间之相，依理成事，从真涉俗，即方便智，方便属权，权能干事，有生男义。能遍十方，供养微尘如来，各各佛边，为法王子：供养有二：一、身供养，执侍巾瓶，效劳服役，此求福足。

二、心供养，常随佛学，代转法轮，心能善顺佛心，令佛畅慰本怀，各各佛边，为法王真子，此求慧足。以此余福余慧，加被众生，能令法界，无子众生，礼拜供养观世音菩萨，便生福德智慧之男。有福德，则富而且贵；有智慧，则廉而能明。若有福无慧，则识庸见浅。若有慧无福，则家贫力薄。凡有求者，菩萨令生福慧双美之男，则求男无畏矣！

余亦父母向观世音菩萨所求而生。余籍福建，古田县吴氏，父为木商，年三十五岁，生二女而无男子，余父同母，即向观音大士求男，家供奉大士像，余母每日礼拜，后有孕，礼拜益力，一夜梦见大士，抱一孩儿，授余母曰：此孩与汝作子。余母接之喜而醒，乃告余父，及余祖母。即日设供，供养大士，虔诚礼拜，越三日生余，加意抚育，不幸五岁父母双亡，由祖母及叔父教养，至七岁入私塾，师及乡党，目余为神童，至十岁，好武力，与同里儿童角力，将他打伤，其童哭而归告其母。其母与余祖母交涉，祖母对其再三道歉，乃骂余曰：哪里晓得观音大士，送汝这一个顽皮儿到我家里来。当时闻之，不知其意。待祖母喜时，向询其事，乃将父母求男相告。祖母曰：我以为大士送来，必是好子，哪知汝乃顽皮儿，余即思念，倘若不立志学好，菩萨都要受累，乃跪向祖母言：望勿忧虑，必定学好。从此即专心求学，十四岁入考，至十五六，常思入山修行，当时亦不知为僧。十七岁祖母逝世，十八岁欲出家为僧，为叔父所觉，不许。至十九，方入佛门，二十岁，受具足戒，即出外参学。廿四岁，听通智老法师讲《楞严经》，即发愿为法师，以利生为事业，弘法作家务，弘扬《楞严》大法，令得久住世间，前曾创办圆明《楞严》专宗学院，亦本此志愿也。

十三者：六根圆通，明照无二，含十方界，立大圆镜，空如来藏，承顺十方，微尘如来，秘密法门，受领无失，能令法界无子众生，欲求女者，诞生端正，福德柔顺，众人爱敬，有相之女。

此应求女无畏。《指掌》云：男承内嗣，女结外亲，有男无女，亦非全美，故半子亦有求者。《法华·普门品》，约女人欲求生女，以是同类为亲，故欲求之；求之之法，亦不外礼拜供养而已。六根圆通：圆者圆融，六根互相为用，随举一根，皆具见、闻、嗅、尝、觉、知。通者通达，六根根隔无碍。圆通二字，贯下诸句。由通达故，明照无二，六根灵明照用，无二无别，所以立大圆镜，能承顺十方，微尘如来，一切秘密法门。由圆融故，含十方界，而能含裹十方，诸佛世界，所以立空如来藏，能领受诸佛法门，大小权实，完全无失。《正脉》云：承顺即坤仪柔德，受领即阃门能事，故能应求女也。能令法界，无子众生，欲求女者：大士以此自在妙力，加被众生，能令法界，无有女子之众生，欲求生女者，果能礼拜供养观世音菩萨，便得诞生，端正福德，柔顺之女，外则品貌端正，窈窕庄重，则有福；内则性情柔顺，贞静幽娴，则有德。有福众人见之生爱，有德众人见之生敬，有相即福相与德相也。若但端正，而不柔顺，则可爱，而不可敬；若但柔顺，而不端正，则可敬，而不可爱。福德二字，福字连上，德字连下，福德兼备，故得众人爱敬，则求女无畏矣！

十四者：此三千大千世界，百亿日月，现住世间。诸法王子，有六十二恒河沙数，修法垂范，教化众生，随顺众生，方便智慧，各各不同。

此明持名无畏。以但持观世音菩萨名，不持诸菩萨名，恐一名不及多名，而生怖畏也。此三千大千世界：指娑婆世界，共有百亿须弥山，百亿日月，百亿四天下。现住世间：即现住三界六道，随类化身，乘愿利生；诸法王子，有六十二恒河沙数之多，此为圣人现量，所知所见。修法垂范下：显诸法王子，行化不一，有修实行，自利之法，亦可垂范众生，以为众生模范。教化众生者：有修权行利他之法，随顺众生根性，示现四摄（布施、爱语、利行、同事），用方便权智者，各各则有不同。

由我所得，圆通本根，发妙耳门，然后身心，微妙含容，周遍法界，能令众生，持我名号，与彼共持六十二恒河沙诸法王子，二人福德，正等无异。

此明一名能敌多名。其故何也？由我所得耳根圆通，即是圆通本根。本根有二义：一、为娑婆本利之根，欲取三摩提，实以闻中入；二、为诸圆通中之本根，此是微尘佛，一路涅槃门。上但标名，下出体相，谓此圆通本根，发自妙耳门之中。耳门所以称妙者，即古观世音佛，所授从闻、思、修之法，依根中闻性，不生不灭之妙理，起反闻照性之妙智，照破五阴，解除六结，生灭既灭，寂灭现前，证圆通体，发自在用。然后身心，微妙含容，周遍法界者：然后称体起用，应化无方，身之微妙也；鉴机不谬，心之微妙也。含容，指妙心，谓心含十方无量世界众生；周遍，指妙身，谓身遍圣、凡、染、净十界。故能令众生，持我观世音一名，与彼共持六十二恒河沙数诸法王子名号，二人福德，正等无有别异也。

世尊！我一名号，与彼众多名号无异；由我修习，得真圆通。

《指掌》云：一名多名，单持共持，以二人之行迹论之，有类霄壤；以二人之福德论之，不异丝毫。其故何也？大士曰：单持我一名号，与彼共持众多名号，福德无异，则持名无畏矣！此实由我修习耳门三昧，乃得真实圆通故也。以具足圆通常三真实，故能超二十四圣而独妙，当敌诸法王子以勿疑矣！观后二句，菩萨密意，已将诸圣圆通，选已为独最也。后佛敕文殊更选者，为不了佛与观音密意者，添此葛藤也。

是名十四施无畏力，福备众生。

此结名。前总标文云："令诸众生，于我身心，获十四种无畏功德。"是即指上十四种，乃名十四施无畏力。菩萨以身心为能施，无畏力为所施，十四种众生，是受施者。菩萨三轮体空，不住于相，无能施之身心，无所施之无畏力，无受施之众生，生住相布施，其福德不可思量，故能周遍普及十方众生，令得离苦受益也。以上十四种众生，机遍十方，八难众生，身罹苦难，畏其性命不保，但能持圣号，即蒙大士以无畏力，福德周备，而全性命。三毒众生，惑业深重，畏其将来堕落，但能持圣号，即蒙大士以无畏力，福德周备，令得离毒。二求众生，无有后嗣，畏其老死无靠，但能持圣号，即蒙大士以无畏力，福德周备，令生男女。持名众生，持念一名，畏其福德缺少，但能得一心，即蒙大士以无畏力，福德周备，令等无异。故十方世界众生，皆称观世音为施无畏菩萨也。

楞严经讲义第十六卷

世尊！我又获是圆通，修证无上道故，又能善获四不思议无作妙德。

此重标自证圆通体用。上三句证体，下三句起用；前上合下同，带果行因，历位进修，皆标从三昧。此重标，我又得是真实圆通：获者得也。修证无上道故：当是功行渐深，修证将满，得成无上之佛道故，温陵多约等觉释之。又能善获下，称体起用；而言善获者，即不假作意，任运自在，至妙至神，不可思惟，不可拟议，言思所不能及，口欲谈而辞丧，心欲缘而虑亡也。四种皆是无作无为不可思议之德用，妙即不可思议之谓也。

一者：由我初获，妙妙闻心，心精遗闻，见、闻、觉、知，不能分隔，成一圆融，清净宝觉，故我能现，众多妙容，能说无边，秘密神咒。

此叙得体现用之来由。一者，四种居首，即第一不思议。推其原由，即由我蒙彼观世音如来，教我从闻、思、修入三摩地，初于闻中，入流照性，从本觉妙理，起始觉妙智，以妙智，照妙理，理智双妙，故曰妙妙闻心。又六根之性，为妙性耳根超诸根而独妙，是谓妙中之妙。初得此心，为本修因地，故曰初获妙妙闻心。心精遗闻：遗者脱也，即闻所闻尽，惟一心精，根尘双脱也。见、闻、觉、知：即六精，举四摄六故。不能分隔者：见等不为六根分离隔碍，以尘亡根尽，反流全一，六用不行，即属此根初解，先得人空。成一圆融，清净宝觉者：即不住化城，渐次增进，而得法空，俱空。直透末后牢关，生灭既灭，寂灭现前，伏归本元真体，成一圆融无碍，清净本然，宝觉真心。六根互用曰圆融，诸尘不染曰清净。证入三如来藏心，本觉理体，犹如摩尼宝珠，故曰宝觉。宝觉真心，由来清净，本无一法可得，即空如来藏，如摩尼珠之体，清净无染；真心随缘，而成十界诸法，如摩尼珠，随方现色；真心虽随缘，而本体不变，如摩尼珠，虽现众色，珠体不变。故我能现，众多妙容下：大用现前，一身能现多容，即现首、现臂、现目。能说无边秘密神咒：咒而称秘密者，乃诸圣密言，下位不知，上位密咒。持之得益，具有神妙力用，故又称神咒也。

其中或现：一首、三首、五首、七首、九首、十一首，如是乃至一百八首、千首、万首、八万四千烁迦罗首。

此明现首。其中即众多妙容之中。首为五根都聚之处，一身以首为尊，以首为贵，菩萨故先现之。首以一数为本数，递加至八万四千，以应法门之数，对治尘劳烦恼。六祖曰："我此法门，从一般若，生八万四千智慧。何以故？为世有八万四千尘劳烦恼，若无尘劳，智慧常现，何用转染成净？"烁迦罗此云坚固不坏也。或问："菩萨现八万四千首，是事奚足信？"答："此是菩萨不思议境界，讵可以凡情测度哉？普贤菩萨，于一毛孔，不可说佛刹次第入，则现首更无足疑，即如人之一身，有八万四千毛孔，无足异也。"

二臂、四臂、六臂、八臂、十臂、十二臂、十四、十六、十八、二十至二十四，如是乃至一百八臂、千臂、万臂、八万四千母多罗臂。

此明现臂。臂即手臂。一身二臂为本数，递增至八万四千，以表法门如前说。母多罗：此云印，谓臂各有手，手各结印故。

二目、三目、四目、九目，如是乃至一百八目、千目、万目、八万四千清净宝目。

此明现目。人但二目，摩醯首罗天王，则有三目，故以双数单数，互增至八万四千。清净宝目：即法眼圆明清净，无碍无染，如佛绀目澄清是也。

或慈、或威、或定、或慧，救护众生，得大自在。

　　此之慈、威、定、慧，对上首、臂、目言。或是不定之意，或现慈容可亲，或现威容可畏；或垂臂提携则慈，或擎拳勇健则威；或慈眼眷顾为慈，或怒目狰狞为威；或结印安静则定，或摩顶授记则慧。慈是爱念相，威是雄勇相，定是寂静相，慧是开朗相。所现诸相，皆为救护众生，救是救拔，令其离苦，护是护念，令其得乐。又慈以护其善根，威以救其恶性，定以护其散乱，慧以救其昏迷。得大自在：即由不思议妙德，不劳作意，任运示现，自在成就，无往而不适其宜也。形既如是，咒可例知，亦必救护自在矣！

　　二者：由我闻思，脱出六尘，如声度垣，不能为碍，故我妙能现一一形，诵一一咒，其形其咒，能以无畏，施诸众生。是故十方，微尘国土，皆名我为施无畏者。

　　上科同体形咒，一身能现众多妙容，能说无边神咒。此科异体形咒，鉴机不一，现形亦多，应现何形，一一现之，各为说咒，故不同上科。亦不同三十二应，各随所求，各应同类，此不拘类求，此能施无畏；亦不同十四无畏，彼但冥加，此则显应。

　　前四句明证体，中明起用，是故下述得名。二者，由我闻思脱出六尘：即从闻、思、修，入三摩地，诸根圆拔，六尘迥脱，所以尘不能碍。此二句是法，下二句是喻：如音声能度垣墙之外，虽有垣墙，不能为碍。因是证体，故我能现妙用，任运随缘，能现一一身形，能诵一一神咒。诵者，即诵古佛所说之咒，如过去千光王静住佛，所说《广大圆满无碍大悲心大陀罗尼》等，所现之形，所说之咒，皆能以无畏力，布施于众生，是由实德咸孚，令闻广誉，十方世界，微尘国土众生，皆名我为能施无畏者。

　　三者：由我修习，本妙圆通，清净本根，所游世界，皆令众生，舍身珍宝，求我哀愍。

　　前三句为能感，后四句为所感。由我修习本妙圆通者：圆通乃众生人人本具，迷而不发，虽处迷位，依然不失，故曰本妙圆通。清净本根：是指耳根，根性即是如来藏性，清净本然，为此方对机之根，是为本根。上句在迷本具，此句修证离染，故得清净。由证清净之体，一切无有染著，故令众生，能舍悭吝执著之心。而我所游化世界，皆能令众生，破除悭贪，发心喜舍，舍自身所有珍珠宝物，求我哀愍，受之而为施作佛事也。《正脉》云：众生悭（不舍也）心最难破，舍心最难发，求心不可强致。今所过之处，即感众生，破悭施舍哀求，是诚不可思议，威神所使然也。孰知其洪源，但由修习耳根，清净无著，故能类感如此。此事《法华·普门品》可证，无尽意菩萨闻佛所说观世音菩萨，游化诸国，利益娑婆，即白佛言："世尊！我今当供养观世音菩萨。"即解颈众宝珠璎珞，价值百千两金，而以与之，作是言："仁者！受此法施，珍宝璎珞（璎珞虽然贵重，本是财施，而曰法施者，一解供之时，了达三轮体空；二不为己施，乃为众施，求作佛事，饶益众生，故成法施）。"时观世音菩萨，不肯受之。无尽意复白观世音菩萨言："仁者！愍我等故，受此璎珞（观世音不受有二意：一不供佛，而供我，佛不命受，故不敢受；二现从颈解，受之非义，故不宜受。无尽意重请，亦有二意：一表诚恳，望佛转致，令其必受；二为众而施，为众而受，乃无伤于义）。"尔时，佛告观世音菩萨，当愍此无尽意菩萨，及四众八部，受此璎珞。即时观世音菩萨，愍诸四众八部，受其璎珞，分作二分，一分奉释迦牟尼佛，一分奉多宝佛塔（既为众而受，亦为众而供，奉供二尊，佛为无上福田，以此转供，回施一切众生，令植佛因，旁引《法华》，以见菩萨，言之有征也）。

四者：我得佛心，证于究竟，能以珍宝，种种供养，十方如来，傍及法界，六道众生。

前二句述所证体，下明所起用。我得佛心者：即得诸佛如来，秘密之因地心。依此因心，而起了义修证，从妙耳门，反闻照性，证得一切事究竟坚固首楞严定，即证入如来藏，则世出世法，一一无不含藏其中，故能具足珍宝，供养佛生，以见佛生不二，等与供养也。证于究竟：莫作妙觉极果解，以菩萨示居等觉因位故也。

求妻得妻，求子得子，求三昧得三昧，求长寿得长寿，如是乃至，求大涅槃得大涅槃。

上则佛、生等供，此则财、法二施。求妻得妻，求子得子：此对人道，以外财布施，国城妻子，皆外财也；求长寿得长寿：此对人道天仙，以内财布施，寿命色力，皆内财也。此应在三昧前。人间有求长年益寿；仙道有求坚固形骸，寿千万岁；天道亦有长寿天，有求皆得，上皆以财布施。求三昧得三昧：此对上二界诸天，及三乘圣众，或求四禅、四空，有漏禅定，或求声闻、缘觉、三贤、十圣，无漏三昧，皆能令得三昧；或求无余大涅槃，究竟断德，即令得大涅槃，此皆以法布施。盖由大士，证得藏心，一真法界，平等真如，故能生佛等供，财法二施，其无作妙力，岂可得而思议哉？

佛问圆通，我从耳门，圆照三昧，缘心自在，因入流相，得三摩地，成就菩提，斯为第一。

佛前问我等，悟十八界，谁为圆通，从何方便，入三摩地？我观世音乃从妙耳门，依本根圆湛不生灭性，起智观照，是谓圆照，即反闻照性，照到一心本源，即得三昧，是首楞严王三昧。此圆照三昧四字，上二修因，下二证果。缘心自在句，即果后修因，又曰带果行因，包括上三科。缘字，即三十二应，十四无畏，四不思议，随缘应化，所起妙用，心得自在。上结答佛问悟十八界谁为圆通，我悟妙耳门，即是圆通根。因入流相，得三摩地者：此结答佛问从何方便，入三摩地，我因入流相，得三摩地。因入流相四字，即从闻、思、修，解六结，破五阴，所有行相。因者依也，依耳根，最优胜，最圆满之根；又因者由也，由耳根闻性，起始觉智。入流者，逆生死流，入涅槃流，由浅入深，入到生灭既灭，寂灭现前，得三摩地，即如幻闻薰闻修，金刚三昧，名得耳根圆通。此上所答五句，该摄一经总题，亦即该摄全经要义。我从妙耳门，圆湛不生灭性，为因地心，即如来密因。照字是起智观照，做入流照性，背尘合觉之工夫，即修证了义。缘心自在，随缘普应，或冥应，或显应；心得自在，任运利生，即诸菩萨万行。得三摩地，即得首楞严大定。成就菩提者：此成无上极果之菩提，圆得三菩提也。证真性菩提之妙理，满实智菩提之妙智，起方便菩提之妙用，故曰成就菩提。上我从耳门圆照，即得元明觉，无生灭性，为因地心。此句即然后圆成果地修证。斯为第一者：斯者此也，此耳根圆通，最为第一，即结答法门殊胜。此耳根一门，即佛首告阿难，有三摩提，名大佛顶，首楞严王，具足万行，十方如来，一门超出，妙庄严路之一门；亦即阿难请入华屋之门；亦即十方薄伽梵，一路涅槃门，故为第一。又此成就菩提，斯为第一者：即观世音代佛明答阿难所问，十方如来得成菩提，妙奢摩他、三摩、禅那，最初方便。谓我从耳门，悟圆湛不生灭性，大开圆解，即妙奢摩他；起智观照，依耳根，为本修因，反闻照性，而起圆修，即妙三摩；随缘应化，心得自在，安住圆定，万行繁兴，即妙禅那。具足三定，圆成首楞严大定，成就无上菩提，惟此耳根第一。悟根性为因地心，是最初方便；从根修证，是初方便（为入初发心住之方便）；获二胜、发三用，随缘利生，是方便。阿难能问耳根圆通，悟彻得成菩提之法，改偏闻之辙，向耳根门头，旋妄复真，即是具足三慧，速证圆通，何待佛敕文殊再选也。

　　世尊！彼佛如来，叹我善得，圆通法门，于大会中，授记我为观世音号。

　　此结自利殊胜。彼佛如来，即古观世音如来，教我从闻、思、修入三摩地，我即秉教修习，而得圆通。叹我善得圆通法门，即赞叹于我；善得者，费力少，而收效速，得循圆根，与不圆根，日劫相倍也。于大会中，授记我为观世音号，此即依修证自利行，而授因位之名，应在证圆通时授之，由其师资道合，故授同名之记。

　　由我观听，十方圆明，故观音名，遍十方界。"

　　上约人得名，此约法得名。法即修证之法，由我观照耳根，听闻之性，圆照法界，惟妙觉明，十方众生，念我名号，无不圆明了知，不因心念，不假作意，与乐拔苦，自在成就，由是十方众生，皆称我名，故观音名，遍十方界。十方众生，皆与菩萨有缘，礼念供养，甲于其他菩萨也。

　　尔时世尊，于狮子座，从其五体，同放宝光，远灌十方，微尘如来及法王子，诸菩萨顶。

　　此因诸圣各说圆通，二十五门悉启，虽门门皆可证入圆通，而以观音耳根为最。尔时，即诸圣各说已竟之时，佛现瑞应。世尊，指本师释迦，于狮子座上：狮子为兽中王，游行无所畏，佛为法中王，说法无所畏，故以狮子名座。从其五体：乃从佛全身，一首两手两脚为五体，同放宝光。其光远灌十方，微尘数如来之顶，及法王子，诸菩萨顶：此则表显圆通总相，圆通妙理，自他因果交彻；诸佛表果，诸圣表因，光明互相灌注，正显自他因果交彻也。今佛光灌诸佛顶，乃以自果彻他果；灌菩萨顶，以自果彻他因。然必灌其顶者，表圆通妙理，为最胜顶法也。

波诸如来，亦于五体，同放宝光，从微尘方，来灌佛顶，并灌会中，诸大菩萨，及阿罗汉。

此他佛光灌我佛，主伴之顶。正显佛佛道同，顶法无二，唯一藏心。诸佛以之为密因，菩萨依之兴万行，皆不离乎此者也。

林木池沼，皆演法音，交光相罗，如宝丝网。是诸大众，得未曾有，一切普获金刚三昧。

上彰圆通总相，即圆通妙理，诸佛同证；此显圆通别相，色声诸法，法法圆融。林木池沼（聚水处大者为池，小者为沼）。属无情，皆演法音成有情，如极乐世界，水流花间，风吹行树，皆演法音，此即情与无情共一体。交光相罗，如宝丝网者：我佛光灌他佛，他佛光灌我佛，光光相交，彼此罗织，犹如宝丝网相似，同体不分，不杂不乱。此即处处皆同真法界，以表诸圣法门，即同而异，即异而同，互遍互严，天地呈祥，满目瑞相，而成圆通真境。是诸大众，眼观瑞相，耳闻法音，身居法会，顶灌佛光，各各得未曾有。一切普获金刚三昧者：乃由事明理，因相悟性，悟明一切事究竟坚固之理性，即普获大士所证金刚三昧，是谓彻法底源，无动无坏。此显同悟，阴、入、处、界、七大，本如来藏，妙真如性，诸圣入门，虽各不同，所证圆通，则一而已。

即时天雨（落也）百宝莲华，青、黄、赤、白，间错纷糅，十方虚空，成七宝色。

即时，即于诸佛放光现瑞之时。诸天雨华，供养海会佛生，所雨之华，乃是百宝莲华，而分青、黄、赤、白四色，相间错综，纷然糅合；一时十方虚空，宝华盈满，成七宝色。华分四色以表行，宝具光明以表智；莲华因果同时，方华即果以表因心具足果觉，果觉不离因心；百宝四色，表智行纷敷；间错糅合，表智行相即；空成宝色，表理智互严也。

此娑婆界，大地山河，俱时不现。唯见十方，微尘国土，合成一界，梵呗咏歌，自然敷奏。

正当诸佛放光，而成种种瑞相之时，此娑婆世界，依报之大地山河，俱同

（同时也）不现，唯见十方，微尘诸佛国土，合成一个世界，自他不隔，一体圆融。此文上三句，表诸妄销亡，中三句表一真独露。妄空真显，即生灭既灭，寂灭现前，正是圆通真境，到此则梵呗咏歌，自然敷奏。梵者净也，呗为赞颂，西域之呗，犹东土之赞，即歌咏赞叹。自然敷扬节奏，无异天乐鸣空也。此表圆通法乐，任运而成。

于是如来，告文殊师利法王子："汝今观此二十五无学，诸大菩萨，及阿罗汉，各说最初成道方便，皆言修习，真实圆通，彼等修行，实无优劣，前后差别。

此佛敕文殊拣选。因前悟圆入一科中曾云："得循圆通，与不圆根，日劫相倍。"又云："随汝详择，其可入者，吾当发明，令汝增进。"因阿难不知最圆之根，佛虽密示耳根，阿难仍未领悟，故请如来，最后开示，退藏密机，冀佛冥授。故佛敕诸圣各说因地修证法门，皆曰斯为第一。阿难亦复罔知所措，故敕文殊拣选圆通根，文殊为根本大智，过去乃七佛之师，承命拣选有二意：一者，佛前虽令一门深入，究竟未曾显说，何门即是；况今诸门并陈，理宜决定一门也。二者，诸圣所说，各皆方便，惜不对根智，惟观音曲合机宜，惟此一选，决定舍诸门，而独取耳门也。于是如来，特告文殊师利法王子，汝现今观此二十五位菩萨罗汉，皆称无学者，以圆人修同无修故。各说最初，成道方便，皆言修习，真实圆通者：各说最初发心，乃至成道，无非根、尘、识十八界，以及七大，以为下手，权巧方便，皆言依此修习，究竟俱得真实圆通，各称第一也。彼等修行，实无优劣，前后差别者：彼诸圣等，所修之行，所证圆通，毕竟无二，实无优劣之分，与差别之异也。此虽归元无二，其实方便多门，而其所入之门，不无巧拙迟速之不同耳；是犹千径九逵，共会王城之意。据此，则二十五门，应无所拣矣！

我今欲令，阿难开悟，二十五行，谁当其根；兼我灭后，此界众生，入菩萨乘，求无上道，何方便门，得易成就？"

上正为阿难。以证处虽皆平等，而从入之门，岂尽对此方之机，岂尽可常时修学耶？我今欲令阿难开悟，于二十五行，谁当其根？阿难多闻第一，惯用耳根，故下文殊选出："将闻持佛佛，何不自闻闻？"下兼为未来，兼我灭后，此界末世众生，根机愈钝，开悟愈难，若不选对方之根，则纵入菩萨乘，舍小慕大，求无上道，亦难究竟。故佛命文殊选择，先授意云：一对阿难一类之机，次对末法此界众生，三修真因，四得极果，乃曰何方便门，能得容易成就也。

文殊师利法王子，奉佛慈旨，即从座起，顶礼佛足，承佛威神，说偈对佛：

此经家叙仪。文殊师利法王子，奉佛慈旨者：钦奉我佛慈悲之法旨，即所授意拣选之事，故后偈云："堪以教阿难，及末劫沉沦，但以此根（指耳根）修，圆通超余者。"即从座起，顶礼佛足者：果后大人，受命常仪，尚且如是。承佛威神者：仗佛威德神力，加被于我，以二十五圣，与文殊齐肩者，实有其人，非仗佛威神，焉敢自行品量也。而以偈对，不以文对者，贯华易持，令闻已而思修也。

"觉海性澄圆，圆澄觉元妙。元明照生所，所立照性亡。

上二句，所依真源，即是本有真心，亦即如来藏性。此犹前文，将问明与不明，先标性本二觉，将破有为无为，先标真性二字也。觉海不作法喻解，乃直称觉性为海，如《华严》所谓刹海，劫海等是也。若取水海，犹堕法喻不齐之过。以觉海横无边涯，竖无底蕴，非若水海，尚有边底也。觉海性，性字指体大，澄圆圆澄约相大，元妙元明谓用大。澄圆谓觉海澄湛不动，圆含万有，此即寂而照，不变常随缘也。圆澄，谓觉海虽然圆含万有，究竟澄湛不动，此即照而寂，随缘常不变也。元妙，本来自妙，不由造作；元明，本来自明，不假功用，既曰元妙元明，则一念不生，法尔具足。此中元妙二字，即含有元明之意，对上澄圆，即元妙义，圆澄即元明义也。元明照生所，所立照性亡：此二句能依妄源，即最初根本不觉，亦即独头生相无明，一切妄法，皆依他而生，故此句元明二字，蹑上文而来。元明，不妄生照用，则是本明，毫无一物，今于彼元明性上，妄生照用，此照是妄照，即经前所云："性觉必明，妄为明觉。"生所者，因妄照而妄所生，即前所云："觉非所明，因明立所"。以所照之妄境既立，而真照之性遂亡，即所谓有相当情，无相即隐，如迷云起，必障蔽于慧日也。遂将本有如来藏，转成无明藏识也。

迷妄有虚空，依空立世界。想澄成国土，知觉乃众生。

此明从真起妄，妄成世界、众生并业果，三种相续之相。以其妄所既已成立，则转本有之智光，而成能见之妄见，欲见本识，不知本识，卒不可见，遂迷性空，而妄成顽空，故曰迷妄有虚空，即前晦昧为空是也；亲依无明，虚空先现耳。次句依空立世界者：以本识既不可见，而定欲见之，空见相对，坚执欲缘，如瞪目发劳，依虚空晦昧，结暗境而成四大之色法，故曰，依空立世界；即前空晦暗中，结暗为色是也。想澄成国土，知觉乃众生者：上句即温陵所谓：妄想凝结，成无情国土也；下句谓妄想知觉，成有情众生也。此依无明藏识，生起依、正二报，而有见、相二分。《指掌疏》云：且约本识中细相言之，而不言粗相者，以其示迷途未远，见归源之易也。

空生大觉中，如海一沤发。有漏微尘国，皆依空所生。沤灭空本无，况复诸三有？

前四句，明诸法忽生；后二句，明诸法还灭，即返妄归真之意。前迷妄有虚空，则虚空生于大觉心中，仅如海之一沤发现而已。以觉心，喻之如海；虚空，喻之如沤，其大小为何如耶？有漏微尘国，皆依空所生者：有漏，即前之有情世界，具足欲漏、有漏、无明漏也。微尘国，即前之器世界，皆依虚空之所生，不出空外，益见其微劣与虚妄矣！此四句，即前引起尘劳烦恼，起为世界，静成虚空，虚空为同，世界为异，彼无同异，真有为法。沤灭空本无，况复诸三有者：空性如沤，有生必灭，究之生灭，亦属妄见；沤灭，虚空本无所有，况复空中，诸三有世间耶？三有即三界，谓欲有、色有、无色有也。妙理无端，妄成三界，如水结成冰，物而不化，故谓之曰有。又取中三界九地，则为九有：广开四洲四恶趣，六欲并梵天，四禅四空定，无想阿那含，则为二十五有也。又依空同体，安危事一，故灭则俱灭。是知沤性不实，灭之仍归于海，则知空性本无，灭之仍归如来藏性也。

归元性无二，方便有多门。圣性无不通，顺逆皆方便。初心入三昧，迟速不同伦。

上明可以还灭，已引归元之路；此明圆通顺逆之意，意谓：但能灭除妄识境界，自可复归本来元有如来藏性；既归藏性，其理则无有二。设若欲入此无二之理，其方便自有多门；如京畿是一，入路多歧也。圣性无不通，顺逆皆方便者：诸圣证入此性，则无有不通；以三科七大，或顺修而入，或逆修而入，二十五门，皆为方便之门，如千迳九逵，皆达帝京也。孤山曰："观音耳根则顺，余圣诸根则逆。对此方之机为顺，不对此方之机为逆也。"《正脉》云："顺尘识流，宛转达道曰顺入，则六尘六识，火大至识大圆通也。如顺背京之路，绕远方到者也。逆根性之外流，而旋返入性曰逆入，即六根及根大圆通也。如逆背京之路，回身即到者也。请观诸根圆通，俱有旋反字面可见矣！初心入三昧，迟速不同伦者：此二句，正见须选；以上所云，顺逆皆方便，所谓十方如来，于一切法门，皆能证得，何须选择！但初发心人，欲入三昧，指楞严大定，得循圆根，与不圆根，日劫相倍。以不得圆根，则艰难而迟，虽修数劫，不及一日，以得圆根则容易而速，但修一日，可当数劫。因此迟速难易，自不同伦，又不可以不选也。

色想结成尘，精了不能彻。如何不明彻，于是获圆通。

前来佛说，彼等修行，实无优劣，乃据诸圣，证得藏性而言。今欲初心，修证三昧，有迟速难易之殊，故不得不拣耳！此拣六尘圆通。一、优婆尼沙陀色尘，因观色性空而悟入者。言色惟凭妄想凝结而成，为障蔽之尘，若以心精了之，终不能使之明彻；良以色尘之体，元本结暗所成，如何以此不了明，不透彻之物，而欲初心依此，而速获圆通者哉！

音声杂语言，但伊名句味。一非含一切，云何获圆通？

二、憍陈那声尘，因闻法音而悟入者。音声即径直声，语言即屈曲声，即此音声一法，未免杂于语言文字。但伊名句味：伊者彼也，名诠自性，以一字直目为名，如言瓶等，并不言何瓶；句诠差别，如言花瓶二字，带表为句；文诠联合，以多字联合为文；今言味者，即文理所诠之义味也，惟以彼之名句义味而已。且一名非能遍含一切名，一句非能遍含一切句，一义非能遍含一切义；云何初心，依此不通之物，而速获圆通者哉？

> 香以合中知，离则元无有。不恒其所觉，云何获圆通？

三、香严童子香尘，因香尘而悟入者。香尘必以鼻根，合中方知其有香，如若离而不合，则元无有香。且能觉之根，不能恒常与所觉之尘相合，以尘合时，则有能觉，尘离时，并无所觉；云何初心，依此不恒之物，而速获圆通者哉？

> 味性非本然，要以味时有。其觉不恒一，云何获圆通？

四、药王、药上味尘，因味尘而悟入者。然此味尘体性非本然，而自知有味也。本然即自然，要以味尘合舌根时，方知其有味。其舌根能觉之性，不能恒常与所觉合而为一；云何初心，依此不恒之物，而欲速获圆通者哉？

> 触以所触明，无所不明触。合离性非定，云何获圆通？

五、跋陀波罗触尘，因触尘而悟入者。然触尘本无自性，要以有知之身根，与无知之外物合，而觉知冷暖涩滑，违顺等相，方名为触。此上触字指触尘，下触字指身根所对之物，故云触尘必以身根所对之物，乃得发明显现。无所不明触者：若无有所触之物，则不能发明触尘之相。合离之性，本非一定；云何初心，依此不常之物，而欲速获圆通者哉？

> 法称为内尘，凭尘必有所。能所非遍涉，云何获圆通？

六、摩诃迦叶法尘，因法尘而悟入者。法尘非同外五尘之实质，乃是五尘落谢影子，谢在意地之中，惟意中独缘；合外五尘，俱属法尘，为独影境，故称为内尘。凭尘必有所者：凭外五尘落谢，必有所落谢之影，是则外尘为能谢，内尘为所谢；但外尘有五，落谢必有先后，内尘亦五，影子非无甲乙。起意缘时，惟专一境，舍一缘一，能所非能互遍互涉；云何初心依此不遍之物，而速获圆通者哉？

> 见性虽洞然，明前不明后。四维亏一半，云何获

圆通?

六根,今言五根者,惟留耳根为当选也。一、阿那律眼根,因见性而悟入者。然见根之性即眼根,虽洞然明彻,若四方论,但明前一方,及左右两方,不明后一方,故曰明前不明后。若以四维论,只见前两维,不见后两维,故言四维亏了一半,则三分言功,一分无德;云何初心依此不圆之根,而速获圆通者哉?

　　鼻息出入通,现前无交气。支离匪涉入,云何获圆通?

二、周利槃特迦鼻息,因观鼻根而悟入者。鼻息者,鼻中之气息也。出而通于外,入而通于内,故曰出入通。即前云,有出有入是也。现前无交气者:出息尽时,不能即入,入息尽时,不能即出,即此出入少停之时,名为现前,无有交接之气,则无功德,即前云,而缺中交是也。据此,则三分论功,而缺一分。支离匪涉入者:而且支分离异,各有所据,有出无入,有入无出,即此支离处,匪能互相涉入;云何初心,依此不圆之根,而速获圆通者哉?

　　舌非入无端,因味生觉了。味亡了无有,云何获圆通?

三、憍梵钵提舌根,因舌根而悟入者。温陵曰:舌不因味,而即能觉了,乃为无端。无端,即无因也。谓舌入非无因,而能知味,因有味尘,合到舌根之时,方生觉了之知。设或味尘销亡,则觉了之知,本无所有;云何初心,依此不常之根,而速获圆通者哉!

《正脉》问:耳离声而闻静,说为本性,何不舌离味而尝淡,亦说为常耶?耳为离知,恒常普遍,离声闻静,更比声圆,人所易晓。经云:动若迩遥,静无边际是也。今舌根觉味之知,不过三寸,合知尚劣,而离知淡相,更为眇昧,岂能同耳之常性彰显乎?

　　身与所触同,各非圆觉观。涯量不冥会,云何获圆通?

四、毕陵伽婆蹉身根，因观身根苦谛而悟入者。此之身根，与彼所有触尘相同，前云：触以所触明，无所不明触。今身正与相同，谓身之觉性，亦因所触而得发明；若无所触之尘，不得发明。各非圆觉观者：以圆之一字，双贯觉、观二字，圆觉者，独立之全体也，圆观者，绝待之全智也。此身根与前触尘，各非圆觉之与圆观也。良以合中之知，根尘相待而显，故前触尘，离此身根，其相即隐，固无独立之全体，与夫绝待之全智也。而此身根，离前触尘，其知亦泯，亦无独立绝待，全体全智也。此二句总明合而后有知也。涯量不冥会者：且身根之与触尘，一属有知，一属无知，各有边涯，各有分量，不能于离时，而得冥知契会；此句乃明离而后无知也。合有离无，其性不定，云何初心依此不常之根，而速获圆通者哉？

> 知根杂乱思，湛了终无见，想念不可脱，云何获圆通？

五、须菩提意根，因意根而悟入者。知根谓意知根，即意根也。意根，乃第七末那识；第六依第七为根，故曰意根。杂者夹杂，乱思是意识，此识于诸识中，最乱最强，最难调伏。湛了终无见者：言脱尽意识，湛然了知之境，终不可见：如是则想念，不可一时顿脱之故；云何初心依此杂乱不离之根，而速获圆通者哉？

> 识见杂三和，诘本称非相。自体先无定，云何获圆通？

此拣六识。经初以六识为生死根本，不可依之错误修习，故以舍识用根为经旨。而诸圣自陈圆通，仍备六识者，见圣性无不通，顺逆皆方便也。此处文殊复拣去者，正以初心入三昧，迟速不同伦也。一、舍利弗眼识，因眼识而悟入者。识见：应云见识，见属眼，即眼识也。杂三和者：根尘相对，识生其中，能所合说也。乃眼家随念分别，外对色尘，内对眼根，中间诈现，随念粗略分别，是为眼识。以能依自体，所依根、尘，故曰杂三和。诘本称非相者：即所生之识，诘其根本，无所从来。一者，不从根生，惟根无尘，不自生故。二者，不从尘生，色尘无知，非生识因故。三者，非根、尘和合共生，根是有知，尘属无知，应所生之识，一半有知，一半无知，今则不然。故举体虚妄不实，称为非相。自体先无定，云何初心，依此不常之识，而速获圆通者哉？

心闻洞十方，生于大因力。初心不能入，云何获圆通？

二、普贤菩萨耳识，因耳识而得悟入者。心闻：即耳识，能洞彻十方，圆闻无碍者；此皆生于修法界行，大因威力之所成就，非耳识自能有如是功能，须是深位菩萨方可。云何初心依此久远之因，而速获圆通者哉？

鼻想本权机，只令摄心住。住成心所住，云何获圆通？

三、孙陀罗难陀鼻识，因鼻识而悟入者。鼻想者：于鼻端作观白之想也。本权机者：本来权巧方便，随顺机宜而设，非鼻识本有也；鼻识以分别香臭为用。次句，即其权施之意，只令收摄其散乱心，令得暂住而已。三句云：既有能住之心，则鼻端白，即成所住之境。盖真心无住，云何初心依此有住之心，而速获圆通者哉？

说法弄音文，开悟先成者。名句非无漏，云何获圆通？

四、富楼那舌识，因舌识而悟入者。舌识说法，惟是播弄音声，及以语言文字。而富楼那得大开悟，成阿罗汉者，乃是先所成，旷劫辩才之力，故能如是耳，非一时舌识之功能。以名身、句身及文身，乃不相应行，有为法所摄，非无漏法。云何初心，依此有为法，而速获圆通者哉？

持犯但束身，非身无所束。元非遍一切，云何获圆通？

五、优波离身识，因身识而悟入者。持犯者：持淫、杀、盗戒，欲令清净，不使有犯，但能约束身识而已。非身识之范围；如妄言、绮语、恶口、两舌，则身识无所从束，是尚不遍于口、意二业；况夫菩萨，清净律仪，乃至八万细行，一切法门耶？故曰元非遍一切。云何初心，依此不遍法门，而速获圆通者哉？

《指掌疏》"问云：波离执身，次第执心，俱得通利，今何但云束身？答曰：此约初心言之，大凡初心持戒，先断淫、杀、盗、妄，妄犹可缓，而最所宜急者，唯淫、杀、盗耳。但执心诚难，故先以身识束身。如身识不起邪觉，离于恶触，自然无复淫、杀、盗事，是为束身。至若心动淫、杀、盗机，口出妄言、绮语等，非不欲断，但非身识能持，人不尽皆然。波离岂能依此入圆哉？"

神通本宿因，何关法分别？念缘非离物，云何获圆通？

六、大目犍连意识，因意识而悟入者。不可测度，谓之神，自在无碍谓之通。大目连神通，虽由旋识复湛，心光发宣，究其深本，乃宿因久修。故遇佛闻法，即得成就，是知其有由来矣，何关意识之事！法分别：即意识也。因对法尘上，所起分别，念念攀缘；即合法尘则有，离法尘则无，故曰念缘非离物；物即法尘也。云何初心，依此攀缘妄识，而速获圆通者哉？

若以地性观，坚碍非通达。有为非圣性，云何获圆通？

此拣七大圆通，前五大同尘，第六同识，第七同根。今一、持地菩萨地大，因平地而悟入者。若以地大之性而为观察，境则是坚凝障碍之物，而非通达之相。持地平填道路，尚涉有为，而非无漏之正性耳，圣者正也；后遇平心之教方归圣性。云何初心，依此有为之法，而速获圆通者哉？

若以水性观，想念非真实。如如非觉观，云何获圆通？

二、月光童子水大，因观水大而悟入者。若以水大之性，而为观境。皆由想念而成，非真如实际，如如不动之理。凡欲契如如不动之理，须得如如不动之智；而起心分别觉观，皆不与相应，故曰如如，非六识觉观所能契入也。云何初心依此觉观之心，速获圆通者哉？

若以火性观，厌有非真离。非初心方便，云何获圆通？

三、乌刍瑟摩火大，因观火大而悟入者。若以火大之性，而为观境。乌刍厌有欲火，而求离欲，非到身心俱断，断性亦无，乃非真离欲也。然初心不尽多淫之机，有少欲无欲者，岂必藉此，以为方便？云何初心依此不通之法，而速获圆通者哉？

若以风性观，动寂非无对。对非无上觉，云何获圆通？

四、琉璃光法王子风大，因观风大而悟入者。若以风大之性，而为观境，彼虽遍观内外，皆是妄缘风力所转，然风大有动有寂，便属循环生灭，无常之法，非无对待。既有对待，自非无上觉体。云何初心，依此不常之法，而速获圆通者哉？《正脉》"问：反闻法门，亦从动静而入，何殊于此？答：彼乃渐脱动静二尘，以取无动静之闻性，为初心方便。此即取有动寂之风性为入门，所以大不同也，岂可以此难彼？"

若以空性观，昏钝先非觉。无觉异菩提，云何获圆通？

五、虚空藏菩萨空大，因观空大而悟入者。若以空大之性，而为观境，谛观四大无依，妄想生灭，虚空无二，佛国本同。虚空，乃晦昧所为，昏即冥也，钝即顽也。乃以冥顽为相，自体先非灵明觉知之用。无觉异菩提者：既无灵明觉知之用，自与菩提相异。梵语菩提，此翻觉道，即圆通所证之无上觉道也。今欲以昏钝之因，而取灵明之果，何异钻冰取火也；云何初心依此无觉之物，而速获圆通者哉？

若以识性观，观识非常住。存心乃虚妄，云何获圆通？

六、弥勒菩萨识大，因观识大而悟入者。若以识性，为所观境，谛观十方唯识。然此识性，念念生灭不停，实非常住之性；且存心观之，已是虚妄，何况所观之识大，而不虚妄耶？云何初心依此不常之心，而速获圆通者哉？

诸行是无常，念性元生灭。因果今殊感，云何获圆通？

七、大势至法王子根大。按根大应当在第六，今弥勒识大超前，势至根大居此者，足见菩萨明知欲修楞严大定，独让观音殿后，而求其普被三根，利钝兼收者，惟此念佛一门。凡有动作迁流，全属诸行，皆是无常。而势至则曰，都摄六根，净念相继；既是都摄，则属根大，可见念佛，不是口念，不是第六意识心念，乃是意根都摄六根而念佛。虽曰净念，终成有念；既曰相继，难免生灭，故曰念性元生灭也。以此念佛为因，往生净土为果，因果相孚，则万修万人去。若以此生灭之因，而求现证，不生灭之圆通，则因果相背，感应咸殊，故曰因果今殊感。云何初心依此生灭之心，而速获圆通者哉？《正脉》云：通论二十四圣，约其所证，必等观音；而原其入门，不从本根，略有四缘，所以当拣：一者，不对方宜；二者，不便初心；三者，别有资藉；四者，非常修学。反显耳根，对方宜、便初心、不劳资藉，通常可修也。意在后偈，预此明之。

我今白世尊：佛出娑婆界，此方真教体，清净在音闻。欲取三摩提，实以闻中入。

上来余门，既经拣去，此则应选耳根，故云：我现今重白世尊言：佛出娑婆世界，此云堪忍，以娑婆众苦具足，众生堪能忍受诸苦故。如来必随一方机宜，而立教体。设教不应机，化则不胜。准《维摩经》云：或有佛土，以光明而作佛事；或有佛土，以佛菩提树而作佛事；乃至或以园林台观，或以虚空影响，或以音声语言，或以寂无言说，各随机宜，教体不同。今佛世闻声得益者多，即末世亦从此方众生耳根偏利，能由闻性，遍达无量差别理事。故对此一方机宜，以音声施作佛事，所以透彼闻根之利也。如来在世，闻教得益者多，即末世亦从开示，而得悟入者众；意言常途但以音声为教体，是随相假体。而此方真实教体，清净本然，周遍法界者，惟在听音之闻性而已。欲取三摩提，实以闻中入者：良以教诠藏性，而闻性最切近藏性者也。然领悟虽以双托音闻，而修定但宜单取闻性，故凡欲取证三摩提，即楞严大定，实在要以耳根闻性得入。如观音自叙：彼佛教我，从闻、思、修，入三摩地。于是依教，初于闻中，做入流照性工夫，解六结而越三空，破五阴而获二胜，是则从说选根以来，直至此处，方以决定指出耳根，为圆通本根，至妙之法门矣！

> 离苦得解脱，良哉观世音！

此科以耳根圆通之法，因为观音之人殊胜故，其法必堪珍重也。此二句，略赞自利功德。离苦者：离分段、变易二种生死之苦，即解六结而越三空也。得解脱者：得离系自在，二种解脱之乐，即破五阴，而获二用也。此乃言自备利他体用故，判属自利也；良有二义：一、诚实义，如云：离苦得解脱，诚哉观世音之人耳。二、赞善义，如云：离苦得解脱，善哉观世音之法耳。

> 于恒沙劫中，入微尘佛国。得大自在力，无畏施众生。

此科广显利他功德。第一句，明竖穷三际，于恒沙劫，显化导时长也。第二句，明横遍十方，入微尘国，显现身处广也。第三句，显三十二应，有无作妙力，自在成就之语。第四句，显十四无畏，有施无畏力，福备众生之语。又以此三四两句，总显四不思议科：第一不思议科后，有救护众生，得大自在；第二不思议科后，有能以无畏，施诸众生也。且连上两句，贯成四句。总显此等妙用，皆极尽沙劫之常，皆穷尽尘刹之遍；总显常遍二义，诚为巧妙也。

> 妙音观世音，梵音海潮音，救世悉安宁，出世获常住。

温陵曰：以说法不滞为妙音，寻声救苦为观音，音性无著为梵音，应不失时为海潮音。今三十二应中说法，四不思议中说咒，由菩萨妙观察智，观定应说何法而得度，即为说法，或说咒，此皆妙音之力也。十四无畏中之救八难，四不思议中之施无畏，由菩萨以观智，观世间称念菩萨名号音声，皆得解脱，此皆观世音之力也。十四无畏之除三毒，四不思议之破悭贪，由菩萨音性清净无著，此皆梵音之力也。三十二应中之赴遍求，十四无畏中之赴二求，四不思议中之赴广求，由菩萨及时说法，应不失时，此皆海潮音之力也。然《法华》，有胜彼世间音，此中独缺，以致持名一科，无所收属。以菩萨一名，与彼六十二恒河沙，法王子名号，正等无异；以彼一名，正属胜彼世间音，如是则五音具足矣！救世二句，义摄后不思议。以世人悭贪积聚，患得患失，皆不安宁；而第三不思议中，破贪感求，正救此病，令悉安宁。以修行欲求出世，错用因心，不得究竟；而第四不思议中，有求大涅槃，得大涅槃，证出世无上觉道，而得不生不灭，无去无来，常住快乐也。

我今启如来，如观音所说。譬如人静居，十方俱击鼓。十处一时闻，此则圆真实。

此显示耳根，具足三种真实，诚正定之真修也。决定速证圆通，不劳资藉。我者文殊自称，现今启白如来，所以拣去诸圣，独选耳根者，如观音所说：我从耳门，圆照三昧，所以速证圆通也。非指下偈为观音所说，偈中仍是文殊取前六根数量，并击钟验常等科中，佛说语意，而加发挥，见耳根之本妙也。譬如人静居者：假设闻鼓一事，以例闻一切声皆然，故云：譬如静居；寂静居处，拣非闹时也，以闹时闻性，虽则常圆，殊不自觉。《正脉》云：十方俱击鼓者：一时同击也。十处一时闻者：闻无先后也。此见耳根闻性，人人本来自圆，喻如最大圆珠悬于空中，周辉普照；诸声如影，乱映齐现，丝毫不昧。此则圆真实者：本来圆满周遍十方，真而无妄，实而不虚之妙义也。

目非观障外，口鼻亦复然。身以合方知，心念纷无绪。

此以耳根超胜五根。二、三句语倒，且口字是舌字，以舌在口中，故以代之。目能观障内之色，非能观见遮障之外所有诸物；其犹隔窗外，不见外物，隔皮肤不见脏腑。是近而薄者，尚障隔不通，况远厚乎？身以合方知者：即身根，亦必以尘合身，方有知触之用。口、鼻二根，之与味、香，二尘亦复然，稍离尺寸，便不觉知。心是意根，又杂意识，想念纷乱，无有头绪，如是则想念尚不能脱，况能通乎？

隔垣听音响，遐迩俱可闻。五根所不齐，是则通真实。

此言耳根在动用中，现具灵通之相，隔垣墙而听音响，尚无隔碍。不知者，谓声能透入；其知者，以闻性湛然，周遍圆满。无线电话，可以验知，并非声来耳边，亦非耳往声处，如隔数千里之遥，问答如在目前，因闻性周遍故。遐迩俱可闻者：遐远也，迩近也，所有一切声音皆可得闻。五根所不齐者：则隔垣能听，非若眼根之不观障外也。遐迩俱闻，非若三根之离尘不知也。于静中闻鼓时，则俱击齐闻，非若意根之杂乱无绪也。以是而观，则五根功能，所不能与耳根齐等，况尘识与诸大，非根之类者，岂能齐哉？此见耳根闻性，人人本来自通，喻如洪水普为淹没，草舍竹篱，悉皆通透，一无隔碍。是则通真实者：本来通达，周遍无碍，真而无妄，实而不虚之妙义也。

音声性动静，闻中为有无。无声号无闻，非实闻无性。

此对声尘以显闻性常住。初四句，动静无关，音声是总相，动静是别相，此取击钟验常科中义。前罗睺正击之时，则音声之性属动；击久声销，音响双绝，则对动说静。闻中为有无者：言动静二相，常于闻性湛然体中，循环代谢。时罗睺更击，动则音声历然现有；击久声销，静则音声寂然现无。世人颠倒，尚且惑声为闻，因于无声之际，号为无闻，殊不知无声之时，闻性愈觉无有边际，故曰非实闻无性也。

声无即无灭，声有亦非生。生灭二圆离，是则常真实。

此四句，生灭双离。如上所说，无声之时，闻性既无有灭，以此例知有声之时，闻性亦非有生。是知闻性，湛然常住，一任其中，声有则闻动，声无则闻静。而自体了无生灭之相，故曰生灭二圆离。以见闻性，人人本来自常，喻如太虚空，恒无起灭。是则常真实者：岂非常住真心，性净明体，真而无妄，实而不虚之妙义也！

纵令在梦想，不为不思无。觉观出思惟，身心不能及。

此离思惟，以显闻性常住。思惟，乃是第六散位意识所为，而梦想亦第六独头意识所现。今云纵令在梦想之中，完全忘却梦外动静之境，而了无所思；而此闻性，亦不为彼无思而即便灭无。如前熟睡之人，闻舂捣声，惑为钟鼓响，可见闻性，不为彼不思而便成无耶。觉观出思惟，身心不能及者：上觉字即闻性本体，下观字指闻性照用；而此照用，乃是寂而常照，不假思惟，超出思惟之外。身根兼眼、鼻、舌三根，心是意根，如是五根对此，皆不能接梦外五尘之境，而有觉耶？惟独耳根，能通梦外之声，一呼便觉，超彼心身，所不能及也。然此圆通常三种真实，皆吾人寻常日用所现具者，不待修习而后有也。若能依之反闻自性，修证圆通，犹风帆行于顺水，必至易而至速也。

今此娑婆国，声论得宣明。

此明耳根行门，正对此方之机。今此娑婆国：译为堪忍，以此方具足苦境，堪能成就行人忍力故。此虽约处，实则因对此方众生，耳根偏利故，佛以音声，而作佛事，立诸声、名、句、文，一切经论，义理得以宣畅，心性得以了明。《正脉》谓：含蓄所宣明者，无非皆为诠显圆湛妙明之性。而此妙性，又只在于能闻本根之中。众生当可由所闻声论，而反闻能闻之本根，方为得旨矣！若是则下科之意，自有来历矣。

众生迷本闻，循声故流转。阿难从强记，不免落邪思。岂非随所沦，旋流获无妄？

此明病在循声。此方众生，耳根既利，如来既以音声为佛事，凡闻声者，皆当免于流转矣！无奈众生迷本闻，此众生乃指狂慧学者，迷而不悟，不能因言会道，闻教观心。能闻之本闻，是为妙明心性；而但循顺所闻之声教，增益戏论，故自取于流转也。阿难纵强记，不免落邪思者：乃举事证验，即如阿难，纵能强记，十方如来，十二部经，清净妙理，如恒河沙，犹尚不免落于邪思，为物所转，溺于淫舍，不得自由也。岂非随所沦，旋流获无妄者：岂非二字，乃承上文决定之辞，下八字病药相当，即在迷本闻，不迷本闻而已。迷则随所沦，随即循也，所即声尘，沦即流转，言循声必至流转，即如诸佛，异口同音告曰："阿难汝欲识知，俱生无明，使汝轮转，生死结根，唯汝六根，更无他物。"若不迷则旋流，旋彼闻根，反闻闻性。获无妄者：获得真实常住，不流转之性，即如诸佛告言："汝复欲知，无上菩提，令汝速证，安乐解脱，寂静妙常，亦汝六根，更无他物。"此两句又如偈云："迷晦即无明，发明便解脱。"若能发明，旋流反闻，便得无碍大解脱也。但初心之人，于一切时处，独向耳根，反闻自性，别无他事，自有到家消息，岂不速而易修耶？

阿难汝谛听：我承佛威力，宣说金刚王，如幻不思议，佛母真三昧。

此呼阿难之名而告之曰：汝果欲旋流反闻，应当谛听我语。我今仗承我佛威神之力，所以为汝宣说观音所证之三昧，汝当生珍重之心。金刚王者：具体、相、用三大，其体坚固，不可破坏；其相光明，照了一切；其用锐利，能断无明，亦即三德秘藏。王者，自在无碍义，前五卷有宝觉二字，此则俱含三字中。如幻不思议者：幻是譬喻，无而忽有，虽有若无。谓所修三昧，无修而修，修即无修也。不思议者，不可以心思口议，谓所修速疾，超乎世出世间之意，前偈有："如幻三摩提，弹指超无学"，故知然也。佛母真三昧者：第一卷告示阿难，及诸大众，有三摩提，名大佛顶首楞严王，具足万行，十方如来，一门超出。妙庄严路。五卷偈云："十方婆伽梵，一路涅槃门。"可见十方诸佛，都从此一门超出，趣入涅槃之门，所以称为佛母，出生诸佛故。所证之三昧，是真三昧，乃天然自性本定，非同工夫引起之定，有入住出也。此出名中，已示修巧之意，且简要易速四义为巧。但依耳根，一门深入，此则为简；入一无妄，彼六知根，一时清净，此则为要；但向根中，旋流反闻，此则为易；自入流亡所，而至寂灭现前，此则为速。具此四义，故成此真三昧也。

汝闻微尘佛，一切秘密门。欲漏不先除，蓄闻成过误。

此抑多闻而显过。汝阿难是多闻第一之人，与我同于空王佛所发心，我常勤精进，汝常乐多闻，据此则所遇之佛，数等微尘，皆以多闻之力，护持法藏，凡一切秘密深奥之法门，悉皆得闻。欲漏不先除者：惟务多闻，不勤定力，欲漏种习，不先除却。蓄闻成过误者：因欲漏不先除，故蓄积多闻，反成过误；非但闻于普通佛法，乃至闻于秘密深法，皆为循尘流转矣！

将闻持佛佛，何不自闻闻？

此决取舍而反闻。决定舍于循尘之闻，而取反闻之闻也。首句上佛字，指佛身，下佛字指佛法，次句上闻字属闻根，下闻字属闻性。故以警之曰：将自己之闻根，受持诸佛所说之佛法，何不识取本闻，而旋倒闻根，以闻闻性乎？此科是教反闻之正文也。观此但闻一闻性，便胜无量多闻，亦见其至简，而最要矣！

闻非自然生，因声有名字。旋闻与声脱，能脱欲

谁名？

此科法说。当修反闻，如何修、如何证？先明超越情界，次示超越器界。闻非自然生者：闻指妄闻，乃揽尘所结之根，非是自然而生也。因声有名字者：因于动、静二种妄尘，黏起湛然一精明之体，发为听精，听精映声，卷声成根，由此无始来，遂有耳根之名字，即根元；目为清净四大，因名耳体，乃聚闻结滞为根之体。旋闻二句，言既因揽声而结，必待脱声而解。旋观能闻之闻性，而与所闻之声尘脱离，即入流亡所。乃至动静二相，了然不生，旋倒闻根，反闻自性，而与声尘脱离也。能脱即指闻根，前因揽尘而结，兹因旋根而脱；欲谁名者，言尘已脱，而根随尽，更有谁名为根也？此二句即当如是渐增闻所闻尽，并能闻耳根之名亦失，惟一妙性而已。《正脉》云：此四句喻水本因寒而结冰，故冰须脱寒而还水矣！

一根既返源，六根成解脱。

此如后三渐文云：" 尘既不缘，根无所偶。" 亦即返流全一，六用不行，人疑但解一根，余根尚结，不知根虽有六，体本是一；此横论六根，结则同结，解则齐解，六根同一成坏也。正同竖论六结，每一根，约迷真起妄，从性至尘。由细向粗，皆有次第六结。约返妄归真，从尘至性，由粗向细，亦有次第六结。如一结成时，六根同成一结，乃至六结皆然；或一结解时，六根齐解，一结乃至六结皆然。解结者，但从耳根，逆流而入。六结：一动、二静、三根、四觉、五空、六灭。此处，一根既已返本还源，觉性现前，不复循尘结根，于六结，但解动、静、根三结，则六根俱成解脱。是则一根返源，岂不至简耶？六根齐脱，岂不至要耶？夫至六根皆脱，则众生世界，已自不能缠缚矣！

见闻如幻翳，三界若空华。闻复翳根除，尘销觉圆净。

此科明器界超越，不是情器根尘平言。盖言尘界，全倚情根而立，今情根解脱，而尘界自必随销。见闻等四句，乃重明上文之意，以起下净极光通之义。本一精明之体，起于见、闻、嗅、尝、觉、知六用，如依净眼，起于幻翳相似，三界依正，犹翳眼所见空华，翳病若除，华于空灭；闻根今已旋妄复真，则翳根之病除矣！幻翳既除，而尘界应念随销，如空华灭于虚空。觉圆净者：由是本觉之体，根除为圆而不碍，尘销为净而不染，所谓迥脱根尘，灵光独耀矣！夫根身解，而器界随销，其亦至易，而甚速者乎！

　　净极光通达，寂照含虚空。却来观世间，犹如梦中事。摩登伽在梦，谁能留汝形？

　　上言觉圆净者，似未至极圆极净也。盖必觉所觉空，乃至寂灭现前，乃为净极；而心光自然通达，遍照尘刹，乃为圆极。夫净极即寂，光通即照、此光寂而常照，称性含裹虚空。虚空，乃世界之最大者，今以大觉海中比之，其犹一沤之小，何况空中，所有世界耶？却来观世间，犹如梦中事者：乃涉世无碍之意；既得全体，复获大用，却来涉世利生，以含空之寂照，觉察世间，悉皆如梦，了无挂碍，即所谓超越世界，得大自在也。摩登伽在梦，谁能留汝形者：乃激发阿难之语，汝昔之所以被邪术所制，无自由分者，正由不能解根超界，得大解脱也。亦由不知根中圆湛妙心，寂照含空，无可拘制，而但取缘尘影事为心，妄认身中，是以受制莫脱。若能以此观世，则摩登伽女，乃是梦中之人，以梦中之人，不能牵梦外之身，故曰：谁能留汝之形乎？

　　如世巧幻师，幻作诸男女。虽见诸根动，要以一机抽。息机归寂然，诸幻成无性。

　　此喻，明从真起妄，返妄归真也。巧幻师，即能作之人，喻真如能随缘也。幻作，即所作幻术，喻成事无明也。诸男女，即幻作之人，喻六根也。一机抽，即抽男女之机关也，喻一精明之体也。元依一精，分成六用，在眼曰见，乃至在意曰知，所谓虽见诸根动，喻六根之用差殊。要以一机抽者：喻惟一精明之体，随缘异用也。息机：休息机关而不抽，喻旋一根精明之体，令其还源也。归寂然者：男女诸根皆不动，六根俱解脱也。诸幻成无性者：所依幻处，亦成无性，全泯于无也，即器界亦得超越也。

　　六根亦如是，元依一精明，分成六和合。一处成休复，六用皆不成。尘垢应念销，成圆明净妙。

　　此法合，言六根中性，亦如幻人之诸根是也。一精明，是依真妄和合而起，而为六精之总相，即本经所称，陀那微细识。六根是能依，一精是所依，故曰元依一精明，分成六和合。依此分为六性，和合根尘，性虽有六，体本是一。合上幻师，幻作男女，虽见诸根动，要以一机抽也。《正脉》云：当补两句，虽见六用殊，惟一精明转，合喻中虽见诸根动二句方全。一处成休复：即指耳根反闻照性，合喻中息机。六用皆不成：指见闻嗅尝觉知；一精既转，六用不成，合喻中归寂然。齐此，喻明情界脱缠。末二句，合诸幻成无性；尘垢即指器世间，六尘垢染世界。应念销者：如前经云：山河大地，应念化成无上知觉是也。成圆明净妙者：无情器之分曰圆，无无明之蔽曰明，无根尘之污曰净，无结缚之碍而互用变现曰妙，此更喻明，器界超越。

余尘尚诸学，明极即如来。

余尘者：断无明未尽，谓之有余微细之尘；如等觉菩萨，尚有一分生相无明未尽，尚在诸学地。明极即如来者：谓本明证极，无明尽净，即是究竟如来。夫法门既妙，修证又巧，乃至成佛无难，所以惟选于耳门也。

大众及阿难，旋汝倒闻机，反闻闻自性。性成无上道，圆通实如是。

此以文殊选定耳根圆通，劝众普修。意谓反闻之功，易而且速，实效如此，故呼大众，勿迷本闻，及汝阿难勿再强记，真实圆通，别无他法，惟在旋转循尘之颠倒闻机，反闻以闻自己之闻性。此性，即是圆湛不生灭性，亦即菩提涅槃元清净体，实成佛之真因。故判决此性，定成无上之佛道，即究竟极果也。末句谓圆通法门虽多，若克定真实，便于初心，惟修如是闻性而已。

此是微尘佛，一路涅槃门。过去诸如来，斯门已成就；现在诸菩萨，今各入圆明；未来修学人，当依如是法；我亦从中证，非惟观世音。

此是十方三世，微尘诸佛，到菩提家，入涅槃门，一条妙修行之大路。过去诸如来，已得成佛，是斯门已成就；现在诸菩萨，虽未成佛，今依此各入圆明，圆明，即净极光通之意；未来修学人，必当依此耳根反闻之法，如是而修也。不唯诸佛菩萨，由斯而入，即我文殊，亦从耳根反闻之中，而得修证也，非唯观世音一人为然。则知此法，为三世通修之路，是诸佛共入之门，汝等当从妙耳门而入焉。《正脉》云：盖自不修，惟劝人修，人或不从，先身入，而率众同入，人皆乐与，故文殊明己亦从耳根修证，所以启人之必信从也。

诚如佛世尊，询我诸方便，以救诸末劫；求出世间人，成就涅槃心，观世音为最。

此结答。即观世音为最一句覆命，因前佛敕，拣选圆通，今当覆命。诚者真也，如佛言，真真如佛所命，表信从佛旨也。次四句，牒前敕选授意之文。我今欲令阿难开悟，二十五行，谁当其根，兼我灭后，此界众生，入菩萨乘，求无上道，何方便门，得易成就。询我诸方便者：即问我诸二十五圣，方便行门，哪一门最当阿难之根机，拣取一门，为通常可修法也。而阿难多闻，一向惯用耳根，此答第一旨。以救诸末劫者：即前兼我灭后，此界众生，而欲令其出离生死；盖此界众生，耳根最利，循声故流转，旋流获无妄也，此答第二旨。求出世间人，成就涅槃心二句：即前入菩萨乘，求无上道，三、四二旨。求出世间人，即先厌离，声闻、缘觉诸小乘法，发心勤求无上菩提，即此令回小向大，得成就究竟涅槃心也。

观世音为最者：《正脉》云：能于佛之前旨，四义全顺者，惟观音耳门最为第一也。盖耳根圆通，即多闻者之闻根，故能独当阿难之根，即顺第一旨也。人人现具，浅深均修，故能普救诸末劫，即顺第二旨也。先得人空，次脱法执，故能应求出世，即顺第三旨也。生灭既灭，寂灭现前，故能成就涅槃心，即顺第四旨也。又前二显契机，后二显契理，机理双契，圣旨全孚，此观之门，所以独超诸门矣！

自余诸方便，皆是佛威神。即事舍尘劳，非是常修学，浅深同说法。

自观音耳根圆通之外，其余诸二十四圣，所修方便法门，皆佛之威德神力，令其即遇之事，而能舍脱尘劳也。非是二字，双贯下句，非是通常可修之法；若通常可修学，不须仗佛威神加被，但任运进修，自能入圆。亦非是浅位与深位，同时可以说法，若浅深可同说，不须即事而舍尘劳，但三根普利，无机不收也。然就诸门中，明佛威加被者，如那律失明，佛示乐见照明；盘特阙诵，佛教调息摄心。明即事舍尘者，如乌刍多淫，佛教观欲火；难陀心散，佛教观鼻端。人不皆然，岂寻常可以通修乎？且此等，唯对于浅位，深位则不相宜。如普贤之大因，满慈之宿辩，善现之解空，舍利之净见，皆属深心。岂浅智初心，可得入乎？若观音之耳根法门，则是浅深可以同说，久长可以共修，而最初入门方便，更无过于此矣！

  顶礼如来藏，无漏不思议。愿加被未来，于此门无惑，方便易成就。堪以教阿难，及末劫沉沦，但以此根修，圆通超余者，真实心如是。"

  初二句有二解：一、敬礼尊法也。以此耳根一门，修证定体，即前佛说，三如来藏自性清净之理体也。所证定用，乃属无漏无为，不思议之事用也。此正如来，真如法身，全体大用也，故顶礼求加。二、敬礼三宝也。如来藏，如来即佛宝也。藏，谓藏心法宝也。无漏不思议，意指圆通诸圣，僧宝也，无漏，指大阿罗汉，已断见思故。不思议，指诸菩萨，神用莫测故。故我顶礼，愿求加被未来学者。于此一门无惑：无惑当作两解：一、无生疑惑，加被众生，于此法门，必信从而无疑惑也。二、无生迷惑，加被众生，于此法门，必解悟而无迷惑也。此正初心方便，不迟而速，容易成就也。何以故？因未修之先，本来现具圆通之相，由是加修，一反闻间，弹指可超无学，乃至入住成佛，不劳多劫，岂不容易成就哉？

  堪以教阿难，及末劫沉沦者：自阿难以至末劫群生，俱是当机。以阿难多闻，耳根偏利故堪教，此即答佛敕选时，嘱云：欲令阿难开悟，二十五行谁当其根？娑婆世界，声论得以宣明，虽至末劫沉沦，亦耳门堪教，此即答前兼我灭后，此界众生，何方便门，得易成就也。但以此根修二句：明其但以此耳根，一门修习，而所证圆通，便超其余二十四圣，凡欲修楞严大定者，真实修心要诀，不过如是而已。此文殊奉命拣选，乃至求加总结，唯此耳根反闻，独当其选矣！

  于是阿难，及诸大众，身心了然，得大开示，观佛菩提，及大涅槃，犹如有人，因事远游，未得归还，明了其家，所归道路。

  此阿难一类之机，所知障轻，故能顿悟；而烦恼障重，故未能顿证。且圆顿教旨，惟重彻悟，不愁不证。阿难既是大权示现，虽不证亦复何碍？于是，即指文殊偈选之后，于是时也；阿难及诸大众，一类之机，各各身心了然。此与五卷偈后，身心皎然不同。彼以身心，结之次第，与解之次第，皎然明白矣。尚未知所入一门，是何门，当以何修法。此了然者，豁然贯通义。由闻文殊偈选，分明指出，将闻持佛佛，何不自闻闻，及成就涅槃心，观世音为最，是了知从入之门，独在耳根，而修证唯在旋流。又明得耳根解，而六处之根齐解，是身了然，以根即身也。明得闻性复，以六处之性齐复，是心了然以性即心也。得大开示：因前未知，从入之门，冀佛冥授，于是如来敕令诸圣各说本门，再令文殊，分明拣选，傍敲侧击，借口传言，到此始得豁然贯通，功由得大开示也。

观佛菩提及大涅槃者：解见在前不覆。今得大开示，观佛智断二果，修证之法，了然不昧，故以喻明之。犹如有人者：喻阿难及诸大众，一念未动以前，安住菩提涅槃家乡；俄而无明不觉，忽动一念，三细勃兴，六粗竞作。背觉合尘，流而忘返，即同因事远游，六道往返，日久月深，不唯未得归还，即家乡之道路，亦几忘失。今者幸遇如来，种种开示，及闻文殊敕选，虽未即得圆通，而相似解发，已知耳根解结次第，旋流即获无妄，即同明了其家所归道路。虽未俶装锦旋，然已了知归家道路，即无上乘，妙修行路矣！

普会大众，天龙八部，有学二乘，及诸一切，新发心菩萨，其数凡有十恒河沙，皆得本心，远尘离垢，获法眼净。

此约登伽一类，烦恼障轻，故能顿证。然圆顿行人，悟即彻底，证分浅深。而登伽前闻神咒，不思议力加持，顿证三果，此以闻偈开悟，乘悟顿断残思，故与此等列作一类。凡经叙证，多从深至浅，此中三段，但约圆位：一初住，二七信，三初信也。普会大众，总标在会之机。天龙八部，应是利根凡夫；有学二乘，应是不定初心；发心菩萨，应是圆人初机。此等宿因实深，现位虽浅，皆属烦恼障轻，故得乘悟证入；其数有十恒河沙，可谓机熟者众！皆得本心者：咸皆悟得本有真心，此心即六根门头，圆湛不生灭性也；与第三卷末，阿难等获本妙心，同一心相，但彼悟得，此则证得也。良以圆人，初后二心究竟不别，故初住即证得本有真心矣！远尘离垢，得法眼净者：《正脉》云：即四卷想相为尘，识情为垢，二俱远离也。觉所觉空，则尘远；空所空灭,则垢离矣。得法眼净者:《庄严论》解法眼净,初地见道位,若依圆教,即十住初心也。盖生灭既灭,寂灭现前,即法眼净矣。此位是证彻圆通因地心,成果地初步,四卷末云:"则汝法眼,应时清明"是也。

性比丘尼,闻说偈已,成阿罗汉。

性是登伽,华言出家,名比丘尼,尼即女也。闻文殊说偈已,增进成阿罗汉,即圆之七信,借小圣名,称大凡位。按圆通即此根初解,先得人空,而文齐于闻所闻尽也。

无量众生,皆发无等等,阿耨多罗三藐三菩提心。

此初发心菩萨,即圆教初信位。数以无量称者,愈见其不可思议也。《智论》云:阿婆磨,此翻无等等,以佛果菩提乃为无等,谓无有何法可与齐等也。今既皆能发成佛之心,谓于无可等者,今已能等,故曰无等等也。阿耨多罗三藐三菩提,合之即一佛字,此名乃超九界以独尊之号。从下释上:三菩提此云正觉,超过六凡众生之不觉;三藐此云正等,超过二乘人自他不能平等,但求己利不肯利他;阿耨多罗此云无上,超过菩萨之有上,虽为等觉菩萨,犹有妙觉,尚称有上士,唯佛一人,独当此称。《宝镜疏》云:当机所求,唯曰路、曰门,乃至赐屋,是尚未知有本家也。今闻耳根圆通之后,经家直叙曰家者,正显当机大众,了明自心,不从人得,义如本家,非赐屋之可比也。然即以此耳根返闻,为还涅槃乡,归菩提家之门路也。

楞严经讲义第十七卷

阿难整衣服，于大众中，合掌顶礼，心迹圆明，悲欣交集，欲益未来诸众生故，稽首白佛："大悲世尊！我今已悟，成佛法门，是中修行，得无疑惑。

此道场加行科，乃为圆根近下者设也。然上科为初方便，此科更为最初方便，亦助修圆通而已。阿难整理衣服，于大众中，合十指爪，顶礼于佛。心迹圆明，悲欣交集者：心即根中圆湛不生不灭之真心；迹即旋流反闻，次第解结之事迹；不达本有之心，则旷劫积行，徒劳无益；不达修证之事，则尘埋宝藏，莫救贫穷。今性修毕达，故曰圆明，即上明了其家所归道路之义；得路未归故悲，到家有望故欣，一时悲欣交集于一心也。自解已圆，愍后未悟，现欲利益未来末法诸众生等。稽首白佛，称曰大悲世尊：因如来悲心无尽故。我今已悟，成佛法门者：言我求成菩提最初方便，而今相似解发，已悟成佛法门。是中修行，得无疑惑者：是中指耳根之中，修行即离尘照性，旋流反闻工夫，得无有疑惑，不劳重建道场也。

常闻如来，说如是言：自未得度，先度人者，菩萨发心；自觉已圆，能觉他者，如来应世。我虽未度，愿度末劫，一切众生。

此显道场，专为心迹，未得圆明者请也。常闻如来所说如是言，即指下之所说：无论因人果人，皆以利他为事业。自未得度先度人者：此指因人，无明未尽，犹非得度，但舍己利他，此是菩萨发心，以度人为先，先尽生界，后取菩提也。自觉已圆，能觉他者：此指果人，自心三觉已经圆满，万德毕备，而能觉悟法界众生，此如来十号，以应世为本，倒驾慈航果后兴悲也。我虽未度三句，愿学菩萨，发利他之心，我虽未度，愿度末劫，一切众生；此为地藏菩萨，众生度尽方证菩提是也。

世尊！此诸众生，去佛渐远，邪师说法，如恒河沙，欲摄其心，入三摩地，云何令其安立道场，远诸魔事？于菩提心，得无退屈？"

此请道场，远离魔事。复称世尊，此诸众生，指末劫时候，去佛渐远，根机愈薄，邪说竞兴，鱼目难辨，蛊惑初心，彼彼皆是，如恒河沙之多。且邪必乱正，有欲初心后学，收摄其心，从闻、思、修，入三摩地，岂不难哉？敢请如来，云何令其初心后学，安立道场，使诸魔事，自然远离，不能惑乱，于菩提心，念念增长，得无有退屈也？

尔时世尊，于大众中，称赞阿难："善哉！善哉！如汝所问，安立道场，救护众生，末劫沉溺。汝今谛听：当为汝说。"阿难大众，唯然奉教。

此赞其请问之当，而许说也。《正脉》云：善哉有二意：一、善其发利他心，得菩萨正行。二、善其请道场意，得利他法要也。意谓如汝所问，只恐邪师说法，扰乱定心，必须安立道场，方可远离魔事；此诚救度一切众生，末劫之时，免于沉沦陷溺，极要之法也。汝今谛听，吾当为汝分别解说。阿难大众唯然奉教者：唯然应诺之辞，奉命承教，而谛听也。

佛告阿难："汝常闻我毗奈耶中，宣说修行，三决定义，所谓：摄心为戒，因戒生定，因定发慧。是则名为，三无漏学。

此佛正说道场助行。《宝镜疏》云：以持戒诵咒，为助修之行也。盖前佛对当机，一往发明如来藏心，由耳根圆通，悟理直入者，乃为正修也。今当机怜愍末劫，恐多障难，故远魔辩异，设立道场，所以如来，有带事兼修之说，名为助行，谓助正修之行也。然助有二：一、惑重者，先持禁戒，以制断发业无明；二、习重者，兼持秘咒，令熏断俱生无明。故知末世修禅定者，非此助行，则不免于邪说所惑，而成魔魅也。

佛告阿难：汝寻常岂不闻我所宣说，毗奈耶中，有三种修行，决定义耶？毗奈耶，大小乘律藏之通名，故佛常说，阿难常闻。毗尼，此翻善治，谓自治淫、怒、痴，亦能治人淫、怒、痴，亦云调伏，谓调练三业，制伏过非也。毗奈耶，正诠戒学，兼诠定、慧，故成三决定义，谓决定依此修证也。摄心为戒者：检异权小，多约身、口事相为戒；今约大乘，但收摄其心，一念不生，众戒具足，所以摄心，便名为戒。因戒生定者：心既摄已，寂然不动，渐生于定，如风止息，波浪自停。《圆觉经》云："尸罗不清净，三昧不现前。"因定发慧者：定心成就，本明渐发，照涵万象，如风停水湛，自体生光。《圆觉经》云："无碍清净慧，皆从禅定生。"则名为三无漏学：以能修三无漏学，不漏落于生死轮回故。《正脉》云：今此所修，仍是耳根圆通，但为最初近下之根，特加戒律、道场、持咒之三事，故大科云加行也。至于因戒所生之定慧，仍是亡尘尽根妙定，及彼定所得三空慧耳。观经文但惟详戒，而略于定慧可见也。问："前门何不用此？"答："中根烦恼轻微，无自起淫等四念，且彼于亡尘时，防护有力，世俗曲屈声，已不容入，安有自起四念，何况道理径直等声，一并止绝哉？至于阿难初果，已能不入色声等六尘，但加反闻，尚不多费亡尘之力，安有自起淫等之念耶？故知斯门，特为尘劳素重，不待声引而频举，自发淫等四念，乃至身口，亦所未免者，加四戒以为反闻之前方便；加道场持咒，以为正反闻时之助行也。旧解全不知此，杳无一字，岂自此后，别为一法门哉？此非一小失，故特为警示学人珍重。"结名三无漏者，戒中已自不容一念漏于诸非，何况定慧？然此非但不漏落于三有而已，以注心反闻，兼不漏落空有二边，所以为真无漏，而非小乘比也。

阿难，云何摄心，我名为戒？

心为戒本，若摄之则名持戒，若放之则为破戒，故以摄心，名为戒也。

若诸世界，六道众生，其心不淫，则不随其生死相续。

此明戒为三学之首。以初卷至四卷半，皆明生信开解，即是慧学。自举喻华屋，请示修门，至此乃是定学。以故向下为根机稍下者，正明戒学。则知此经，俱诠三学。然唯说四重，以是大小二乘，共具之根本戒也。温陵曰：诸经戒杀居首，谓设化以慈悲为先；此经淫戒居首，为真修以离欲为本。盖欲气粗浊，染污妙明，欲习狂迷，易失正受，续生死丧真常，莫甚于此，故须首戒也。若诸世界，六道众生：皆因淫欲，而正性命，是以缠缚生死。其心不淫，则不随其生死相续者：而于淫欲一事，非但不动身口，亦不生一念思想之心，方为不犯，方与摄心为戒相应。余三仿此，既心戒清净，则树倒根断，枝叶不生，自不随其生死相续。如后干慧地文云："欲爱干枯，根境不偶，现前残质，不复续生。"可证斯义。

汝修三昧，本出尘劳，淫心不除，尘不可出。

汝修耳根三昧，本思出离尘劳，尘劳即界内见思二惑。淫心不除，尘劳必不能出，淫欲为尘劳上首故。

纵有多智，禅定现前，如不断淫，必落魔道：上品魔王，中品魔民，下品魔女。

此承上文，带淫修禅，尘不可出。纵有多智者：世智辩聪，善说诸法。禅定现前者：世间禅定，善入住出，而得现前。纵有二字，双贯多智、禅定二种。如不断淫者：于修三昧时，不舍绝淫念，皆为魔业，必落魔道，魔乐欲境。今既不断淫欲，上品则堕魔王，以魔界欲胜、福强、心灵，非禅智不能便生；今以禅智而助淫心，使淫增炽。如阴魔中，行空禅者，却留尘劳，广化七珍，多增宝媛是也。设无世智禅定，则直堕地狱无疑矣！中品则堕魔民，下品则堕魔女，上、中、下三品，则随福厚薄，以为阶降耳。

彼等诸魔，亦有徒众，各各自谓，成无上道。

彼等诸魔，其徒实繁；以淫欲为传法，递相传授，令不断绝，各各自谓成无上道。我慢成习，非果计果。如受魔文云：其人亦不觉知魔著，自言谓得无上涅槃是也。

我灭度后，末法之中，多此魔民，炽盛世间，广行贪淫，为善知识，令诸众生，落爱见坑，失菩提路。

我者佛自称。灭五住烦恼，度二种生死，即去世之别称也。正像已过，末法之中，去圣时遥，魔强法弱，故云多此魔民，炽盛世间。此多魔教，生受其惑，死为魔眷，如后受魔文云："命终之后，必为魔民"是也。如火炽然盛发，世间尽受其焚，如后想魔文云："如是邪精，魅其心腑，近则九生，多逾百世，令真修行，总成魔眷"是也。广行贪淫者：即先世带淫修禅之辈，来为教师，现通现慧，密教行淫，以为佛事，递相传授。为善知识者：自以为善知行淫之事，善识行淫之理，如后想魔文云："赞叹行淫，不毁粗行，将诸猥媒，以为传法"是也。令诸众生，落爱见坑，失菩提路：爱即思惑，见即见惑，而以淫欲，为教化之端，则堕爱坑；而以淫欲，为真修之法，则堕见坑；不能自出，而失菩提正路矣！

汝教世人，修三摩地，先断心淫。是名如来，先佛世尊，第一决定，清净明诲。

此嘱阿难，转教末世。初心修三摩地者：即耳根圆通。淫欲为大定冤贼，不唯身不行淫事，且要心不起淫念方可。此正防微杜渐，临深履薄之诫。果能如是，方名如来，先佛世尊，第一决定，清净明诲。如来指今佛，先佛世尊，指过去诸佛，今昔之佛，皆作是说，定可信从也。第一者，居四重之首，决定断除心淫，清净修学，究竟明诲也。

是故阿难，若不断淫，修禅定者，如蒸沙石，欲其成饭，经百千劫，只名热沙。何以故？此非饭本，沙石成故。

此承上是佛教断淫之故。阿难，若不断淫心，修禅定者，如蒸沙石，欲其成饭，经百千劫，只名热沙，此非饭本。而以禅定薰修，喻之以蒸；以不生灭心，为本修因，然后圆成果地修证，喻如蒸米成饭。

汝以淫身，求佛妙果，纵得妙悟，皆是淫根，根本成淫，轮转三途，必不能出；如来涅槃，何路修证？

设汝不断淫欲，是以淫身，求佛所证妙觉极果；此因果不孚，如蒸沙成饭相似。纵得妙悟者：谓纵经多劫修习，得开妙悟，合上经百千劫，只名热沙，经劫修习如蒸，得开妙悟如热相。皆是淫根五句：合上此非饭本，沙石成故。根本成淫者：有淫欲种子，触处便发，由此恶业日臻，必至轮转三途，必不能出；人身尚不可得，况欲修佛果耶？如来涅槃者：佛所证之如如理。何路修证者：沙石成故，决难成饭也。

　　必使淫机，身心俱断，断性亦无，于佛菩提，斯可希冀。

　　机者，发动之由，如弩牙也。谓身之淫机，由心使作，心之淫机，由念弛放，必使一念不生，身心二途，方得俱断。若使能断之性犹存，而所断缘影仍在，终非杜绝，必使断性亦无，方称药病双除，始为无病人也。正如息机归寂然，诸幻成无性矣！即此无幻之性，方合于佛果菩提，菩提佛所证之如如智，斯可希冀矣！此与上科涅槃，乃理智一如，互影说故。《宝镜疏》云：身断淫，律仪戒也；心断淫，定共戒也；断性亦无，道共戒也。

　　如我此说，名为佛说；不如此说，即波旬说。

　　此判决邪正。以当机深防，未来邪说乱正，魔佛难辨，而求说辨魔规则，佛则以四根本戒，以辨验之，令末世修学，永为龟鉴。如我此说，修三摩地，先断心淫者，是则名为佛说，急宜从之。不如此说，或行淫不碍真修，是即波旬说，速当绝之。波旬讹也，正云波卑夜，此云恶者。能伤法身，而害慧命者也，此释迦出世，魔王名也。魔字从石，梁武帝谓，此恼害于人，易之为鬼，今从梁易也。

　　阿难，又诸世界，六道众生，其心不杀，则不随其生死相续。

　　此杀戒，亦注重在心，非但身不行杀，乃至其心，亦不起杀念。杀念尚且不起，何况身临杀事！是则可为真持戒者，可以真修三昧也。其心苟无杀念，则不负他命，不欠他债，自然不随其生死相续。何以故？如本经云：汝负我命，我还汝债，以是因缘，经百千劫，常在生死，今命债既无，生死自离矣！

　　汝修三昧，本出尘劳，杀心不除，尘不可出。

汝修三昧，本来求出尘劳生死，如若杀心不能除去，则与众生结怨连祸，尘劳不可出矣！

纵有多智，禅定现前，如不断杀，必落神道：上品之人，为大力鬼；中品则为飞行夜叉，诸鬼帅等；下品当为地行罗刹。

《指掌疏》云：恐谬辨云，多智之人，了知杀性本空，禅定得力，杀过纵使现前，似无关于尘劳；聪明长者，作家居士，吃得肉已饱，来寻僧说禅者，类多此计，故如来以纵有多智等防之。有多智，指多世智辩聪；禅定，谓有漏禅定；现前，谓智能通达，善说诸法，禅能出入三昧境界。今以禅智助杀，必定堕落神道。鬼神福报，虽分胜劣，均为恶趣；故从人道而入者，谓之堕落也。上品之人，禅智胜于杀业，神通既大，福德又胜，故为大力之鬼，应是天行夜叉，及诸鬼主，如川岳等，人间尊奉，称帝称天者。中品之人，禅智与杀业正等，神通福德，既次于上，则为飞行夜叉，诸鬼帅等，应是空行夜叉，如山林城隍等。下品之人，禅智劣于杀业，神通既微，福德亦劣，则为地行罗刹，啖人精气，亦如大海边，罗刹鬼国是也。

彼诸鬼神，亦有徒众，各各自谓，成无上道。

未证谓证，未得谓得，各各自己谬称成无上道。

我灭度后，末法之中，多此鬼神，炽盛世间，自言食肉得菩提路。

此言灭后，末法之中，世衰道微，邪魔恶鬼，盛行世间；倡言食肉，当得菩提正路。乃云："酒肉穿肠过，佛在心头坐。"真鬼语也。

阿难，我令比丘，食五净肉，此肉皆我神力化生，本无命根。汝婆罗门，地多蒸湿，加以沙石，草菜不生，我以大悲神力所加，因大慈悲，假名为肉，汝得其味。奈何如来灭度之后，食众生肉，名为释子！

此预防问难。食肉既是鬼教，佛应严戒，何故如来亦许比丘食五净肉耶？故呼阿难而告之曰：我令比丘食五净肉者，不见杀、不闻杀、不疑为我杀及自死、鸟残，此为五净肉。此肉皆我神力之所化生，本无命根；命根者，识、暖、息三，连持色心者，以为命根。下又预防问难，既是如来神力，何不化谷菜，而乃化净肉，反令后之食肉者，得以借口，岂慈悲者之所为耶？乃曰：汝婆罗门国，地多蒸湿，过炕谓之蒸，过润谓之湿，加以沙石，不唯不产五谷，且草菜亦不能生；设若不化五净肉，而化稻粱蔬菜，事出反常，人以为怪，我以大悲神力所加，愍其饥虚，而化成五种净肉。因大慈悲，假名为肉，令汝暂得其味，聊以支身，非有心性命根之真肉也。奈何如来灭后，有实食众生肉者，而更欲名为释子耶？西域四姓出家，同称释子。《涅槃经》云："善男子！从今日始，不听食肉，应观是食，如子肉想，夫食肉者，断大悲种。"

汝等当知，是食肉人，纵得心开，似三摩地，皆大罗刹，报终必沉生死苦海，非佛弟子。如是之人，相杀相吞，相食未已，云何是人得出三界？

此令知必堕。汝等当知者：欲其将如来语，传示末法，急为救正也。当以智知，是食肉人，纵使修学，暂得心开，亦不过相似三摩地，终非真实三昧也。夫杀贪不除，现生皆大罗刹，报尽寿终，必沉生死苦海，永为鬼类，非佛弟子。如是之人，命债不了，互相杀害，互相吞嗜，互相食啖，未有已时，无由解脱，云何得出三界？

汝教世人，修三摩地，次断杀生。是名如来，先佛世尊，第二决定，清净明诲。

此佛敕转教末世之人。修三摩地，即耳根圆通。次断杀生者：对淫能障定，杀乃违慈，故次断之。是名先佛世尊，第二种决定，清净修学之明诲也。

是故阿难，若不断杀，修禅定者，譬如有人，自塞其耳，高声大叫，求人不闻，此等名为欲隐弥露。

此承上是佛教断杀之故。阿难，若不断杀，修禅定者，不得解脱。譬如有人，喻带杀修禅之人。自塞其耳者：谓以手塞耳，避人听闻，而复高声大叫，谓杀生食肉，无有罪报，求人不闻者，此正欲隐而弥露也。

清净比丘，及诸菩萨，于歧路行，不踏生草，况以手拔？云何大悲，取诸众生，血肉充食。

首二句，指二乘持戒人。歧路者，分歧小路也。生草易长，清净二乘之众经行，足倘不踏，况以手拔耶？仁慈之心，犹及草木，云何大悲，取众生血肉，以充滋养，任意食啖耶？

若诸比丘，不服东方，丝、绵、绢、帛，及是此土，靴、履、裘、毳、乳、酪、醍醐，如是比丘，于世真脱，酬还宿债，不游三界。

此劝断杀，必须深断，方可脱离生死。若诸比丘六句，明服有二种：一服用，如东方丝、绵、绢、帛，及是此土靴履裘毳。二服食，如乳、酪、醍醐。然虽此中，一概遮止，唯经律论所明，不无轻重。如丝绵绢帛，则大小乘，并皆严禁，以其害多命也。靴履裘毳，小乘一向听许，大乘亦不全遮，以其非专为此而害命也。乳、酪、醍醐，大小并许。今云不服者，以能不服，则弥善耳。如是比丘，子缚已断，于诸世间，真得解脱；然果缚尚存，不过酬还宿债而已。现前残质既尽，无复续生，故不再游三界。

何以故？服其身分，皆为彼缘；如人食其地中百谷，足不离地。必使身心，于诸众生，若身身分，身心二途，不服不食，我说是人真解脱者。

何以故，于世真脱？服众生身分，指丝绵等。虽非身肉，然亦是彼身之一分，用之皆为彼结不离之缘。如劫初之人，体有飞光，足有蹑云，因食地肥，不能轻举，然后食其地中百谷，足不离地。百谷者，《物理论》云：粱者黍稷之总名，稻者粳糯之总名，菽者众豆之总名，三谷各二十，合为六十；蔬果之实，各二十种，为百谷也。必使身心，于诸众生，若身身分：必使身心，指比丘之身心；于诸众生，指有情众生；若身，谓肌肉骨髓；身分，谓裘毳乳酪等。身心二途，不服不食者：谓非但身之于众生身，及身分，不服不食，而心亦无一念贪求服食而已，是身心二途俱断。我说是人，真解脱者：既无负命索债，则三界之生缘断绝，故说是人，真解脱者。

如我此说，名为佛说；不如此说，即波旬说。

如我此说，修三摩提，次断杀生者，是则名为佛说，急宜从之。不如此说，食肉不碍菩提，是即波旬说，速当远之。

阿难，又复世界，六道众生，其心不偷，则不随其生死相续。

此断偷盗。非但盗人财物，乃至言行诈异，炫惑无识，恐令失心，以及一念，希取利养者，皆是也。不唯身无偷盗，要且心无偷盗之念，方为真持戒者，可以修三昧也。此中不言身不偷盗者，以心且不动，何况身耶？不断，则往复征偿，续诸生死，断故不随也。

汝修三昧，本出尘劳，偷心不除，尘不可出。

《正脉》云："厌尘者，方可以出尘；贪世者，岂能以越世？"

纵有多智，禅定现前，如不断偷，必落邪道：上品精灵，中品妖魅，下品邪人，诸魅所著。

此防谬云：多智之人，了知尘劳本空，禅定现前，弹指可超无学，虽不断偷，尘劳莫系，时节既至，要出便出，何言不可出耶？无耻禅流，往往以此饰非，故以纵有多智，禅定现前警之。谓纵有世智辩聪，有漏禅定现前，如若不断偷心，必定落于邪道。

《指掌疏》云：邪道潜取，以偷心为堕缘，邪通炫世，非禅智不能发，今以禅智助偷，必当堕落。其类上品精灵者：盗日月之精华，窃天地之灵秀，附山托水，惑人祭祀者，是也。中品妖魅者：盗人物之津液，窃山林之气润，为魍为魉，伺便作孽者是也。下品邪人者：赋性险曲，居心邪僻。诸魅所著者：为精灵之所附，被妖魅之所迷，妄言欺世，诡异惑俗之类。此等亦由禅智盗业，互相胜劣，而感上、中、下异。

彼等群邪，亦有徒众，各各自谓，成无上道。

此指带偷修禅,其类不一,故曰彼等群邪。亦有徒众,咸慢不归,邪知邪见,不自觉知,端坐受供,居然如佛,故云各各自谓,成无上道,亦非果计果矣!

我灭度后,末法之中,多此妖邪,炽盛世间,潜匿奸欺,称善知识,各自谓已,得上人法,炫惑无识,恐令失心,所过之处,其家耗散。

此预言灭后末法之中,佛教陵夷,妖邪得便,故言其多。炽盛世间,潜匿奸欺者:炽然惑众,盛行世间,潜踪诡秘,匿诈藏奸,欺世盗名。如想魔文云:潜行贪欲,口中好言灾祥变异,即潜匿奸欺也。信其教化,摇荡其心,妖言妖行,或现妖通,诈称得道善知识。各自谓已,得上人法者:上人即是菩萨,以居声闻上故。此未得谓得,未证谓证,各谓自己,已得菩萨法,此邪师自负也。炫惑无识,恐令失心者:吓诈诱乱,世间无识者,恐令其人,失于本心,亡其知见。如想魔文云:或言如来,某处出世,或言劫火,或说刀兵,即炫惑无识之事。所过之处,其家耗散者:闻某处佛出,则求其接引,闻劫火刀兵,则望其救济,倾家奉之,所至之处,令其家财耗散无余。

我教比丘,循方乞食,令其舍贪,成菩提道。诸比丘等,不自熟食,寄于残生,旅泊三界,示一往还,去已无返。

此先以己教相形显。循者顺也,方者处也,我教比丘,循顺地方处所,而行乞食之法,趣得支身,不妄求不多求,令其舍贪,为菩提道。贪为烦恼根本,根本既舍,枝末自枯,烦恼离而菩提可成。岂同妖邪,炫异惑众,贪他利养,造生死业耶!诸比丘等下,释出舍贪之故。我教比丘,不自炊爨熟食者:令其知身是幻,悟世无常,不过寄居于此,以了残生而已。旅泊三界者:陆宿曰旅,水宿曰泊;无非借此三界,为旅店客船,以示一度往还,自此已去,无复再返,如此行持,方为佛子。

云何贼人,假我衣服,裨贩如来,造种种业,皆言佛法?却非出家,具戒比丘,为小乘道,由是疑误,无

量众生，堕无间狱。

云何是痛斥语，贼人谓内心窃取利养，外貌假借僧仪。稗贩如来者：稗者助也，贩即贩卖。谓着如来衣服，以助贩卖也。良以不着佛衣，不能取信于人，贩法为难故。造种种业，皆言佛法者：谓非法说法也，诡言异行，炫惑人心，造种种业，无所不至，皆言是最上一佛乘之正法。却非出家，具戒比丘，为小乘道者：谓法说非法也，若以前乞食，正教责之，彼必自是他非。却乃毁谤真实出家，具戒比丘，正修行人，为小乘道；反自妄称，我是大乘菩萨之行。由是疑误，无量众生，堕无间狱者：由是法说非法之故，疑惑无量众生。以正教为小乘道。而从妄谤，由是非法说法之故，赚误无量众生，以业因为真佛法，而遵妄行，一盲引众盲，皆堕五种无间地狱，则妖邪之害，可胜言哉？

若我灭后，其有比丘，发心决定，修三摩提，能于如来形像之前，身燃一灯，烧一指节，及于身上，爇一香炷。

此教舍身微因。若我灭后，其有比丘，发大乘心，决定弃捐诸有为相，修三摩提，即耳根圆通，如幻三摩提也。此句下义含虑有宿生盗业，为障胜修，故教修如是微因。能于如来，形像之前者：为供养佛故，亦为仗承佛力，销宿障故，又为求佛证明，除现执故。燃灯烧指，及爇香炷，此为舍行，一切难舍，无过己身，今则难舍能舍，信其定消宿业也。

我说是人无始宿债，一时酬毕，长揖世间，永脱诸漏，虽未即明无上觉路，是人于法，已决定心。

我说是燃灯烧指，及爇香炷之人，无始宿业盗债，一时酬毕。何以舍身微因，即获如是善果耶！盗者，取他身外之财物，利养此身，今则舍难舍之自身，供养于佛。一念舍心，即是大智慧光明，无始宿债，即是黑暗，明能破暗，理固然也。长揖即永辞也，世间即有漏三界。永脱诸漏者：谓永远脱离，见思诸漏，而出生死。无上觉路者：正谓无上妙觉，菩提之路，即五十五位圆通已后事，此人虽未即明圆通法门，信知必得，决知无有疑心也。

若不为此，舍身微因，纵成无为，必还生人，酬其宿债，如我马麦，正等无异。

设若不为此舍身酬债微因，以求忏悔灭罪，则纵成佛，虽得无漏无为，必定还来生于人间，酬其宿债，以其宿业未尽故。如我在毗兰邑中食马麦之报，无有异也。按《兴起经》：昔舍卫国毗兰邑，阿耆达王，请佛与五百比丘，三月供斋，时有魔惑王心，入宫耽荒五欲，供六日止。又值邑内饥馑，乞食不得。时有马师，减马麦半，供佛及僧，至九十日，王乃醒悟，向佛求忏。舍利询问因缘，佛言：过去毗婆尸佛时，有王请佛及僧，佛僧食已，为病比丘请，一分食。过梵志山，梵志闻香，诟曰：此髡头沙门，应食马麦，何与甘馔，所教五百童子，亦如是说。尔时梵志者，今我身是，五百童子者，今五百罗汉是。然此但因宿诟佛僧，尚不免报，何况盗他财物，侵彼身分，自应酬债。要知化佛不属业生，真佛离诸根量，唤谁受报，盖为造业众生，示有果报，令生恐惧，故今引之，以证宿债必酬，抑亦因此，以见舍行之不可不修也。

汝教世人，修三摩地，后断偷盗。是名如来，先佛世尊，第三决定，清净明诲。

此敕转教末世之人，修三摩地，即耳根圆通。后断偷盗者：对淫能障定，杀乃违慈，理应先断故，此居后也。是名如来，先佛世尊，第三种决定，清净修学之明诲也。

是故阿难，若不断偷，修禅定者，譬如有人，水灌漏卮，欲求其满，纵经尘劫，终无平复。

此承上是佛教断偷之故。阿难，若不断除偷盗之心，修禅定者，譬如有人，带偷修禅人；卮是酒器，漏卮喻带偷之心；水喻定慧，注水入于带偷心中，望其成就圆通，如以水灌漏卮，欲求其满，随灌随漏，纵经尘劫，终无平复。

若诸比丘，衣钵之余，分寸不蓄，乞食余分，施饿众生。

若诸末世，清净比丘，三衣一钵之外，分寸不许蓄积，此止持不贪也。循方乞食，趣得支身，设有余分，尽施饥饿众生，此作持不悭吝也。合之，则断贪吝心。

于大集会，合掌礼众，有人捶詈，同于称赞。

上句断慢心，于大集会之中，合掌礼拜四众；以必观实相平等，见人是佛故。下二句断瞋心，有人嫌其烦渎，捶打骂詈，欢喜领受，同于称赞；以必观怨亲一相，荣辱无关故。

必使身心，二俱捐舍；身肉骨血，与众生共。

上二句断痴心，必使若身若心二者，俱能捐舍，则断我、法二执，即断痴心。下二句，转贪、瞋、痴、慢，而成同体大悲。身肉骨血，俱皆可舍，则身心宁复有遗哉？以必观此苦、空、无常、无我、不净之物，施作佛事耳。此皆成就无偷之心，以上则于依正二报，断除偷心矣！

不将如来，不了义说，回为己解，以误初学，佛印是人，得真三昧。

此于佛法上，亦除去偷心。不了义说，如《阿含》云：蓄物可以资身进道；如《婆多》论，许百物各可蓄一，但禁余二者是也。不将如来权乘不了义说，以此回护过犯，以为自己解释。因其自己，不能奉行大乘，反曲引权小教中，不了义事，以自误误人，皆偷心不死之故。果能如是，偷心尽绝，一念纯真，即证圆通体。以是而修，名真三昧，佛印是人即得者，良有以也。

如我所说，名为佛说，不如此说，即波旬说。

阿难，如是世界，六道众生，虽则身心，无杀、盗、淫，三行已圆，若大妄语，即三摩地，不得清净，成爱见魔，失如来种。

此明妄语戒。《正脉》云妄语有二：发言不实，为小妄语；妄称证果，为大妄语。此中所断大妄语也。不唯口不出小大妄语，乃至其心亦无妄语之念，方名持戒清净，可修三昧也。故呼阿难，如是世界，六道众生，虽然身心无杀，则慈行成就；身心无盗，则舍行成就；身心无淫，则梵行成就，故曰三行已圆。前皆许其出离生死，若大妄语，即夺其不出生死。三摩地不得清净者：以其犹有贪供心故。成爱见魔者：温陵曰：贪其供养，求己尊胜，名爱魔；妄起邪见，谓己齐圣，名见魔。既已成魔，自不觉知，生同醉梦，死从沦溺，以众生本有如来藏心，为成佛之种，今为爱见二魔所劫，故曰失如来种也。

所谓：未得谓得，未证言证。或求世间尊胜第一，谓前人言：我今已得须陀洹果，斯陀含果，阿那含果，阿罗汉道，辟支佛乘，十地地前，诸位菩萨。求彼礼忏，贪其供养。

此指述妄语之意，惟在贪其供养，故作大妄语。所谓未得菩提，谓为已得，未证涅槃，言为已证。后云：况复法王，如何妄窃，乃斥乎此。此或求世间尊为殊胜第一者：谓或复有人，不敢以菩提涅槃妄称，但求世间，尊为殊胜第一；以是之故，谓现前之人，作如是言：凡夫人中，初果为上，故自谓已得须陀洹果；次于初果，又见二果为上，故自谓已得斯陀含果；次于二果，又见三果为上，故自谓已得阿那含果；次于三果，又见四果为上，故自谓已得阿罗汉道；次于出世小乘中，又见缘觉、独觉中乘为上，故自谓已得；十地圣人，及地前十住、十行、十回向，三贤诸位菩萨。后说云何自称得上人法，盖指乎此。末二句，即述大妄语意，言此人，作如是等大妄语者，为求彼前人，向自己礼拜忏悔，贪其供养。

是一颠迦，消灭佛种，如人以刀，断多罗木，佛记是人，永殒善根，无复知见，沉三苦海，不成三昧。

此作大妄语，希图利养。妄罪兼盗，永失善根。是一颠迦，亦云一阐提，此翻断善根人。善根既断，是为消灭成佛之种。如人以刀，断多罗木者：南印度建那补罗国之北，有贝多罗树木，三十余里，树叶长广光润，诸国书写，莫不采用；其树以刀断，则不复活。佛记是人，永殒善根，无复正知正见，沉沦三途苦海，纵有禅智，咸资魔业，不成真三昧。

我灭度后，敕诸菩萨，及阿罗汉，应身生彼末法之中，作种种形，度诸轮转。

《指掌疏》云：佛灭度后，魔强法弱，故敕菩萨、罗汉，应身生彼，挽末法而扶正教，摧邪宗而救众生也。作种种形，随类现化。度诸轮转者：令出生死，所谓应以何身得度者，即现何身而说法也。

> 或作沙门，白衣居士，人王、宰官，童男、童女，如是乃至淫女寡妇，奸、偷、屠、贩，与其同事，称赞佛乘，令其身心，入三摩地。

初四句现顺行，下诸句现逆行，如佛所敕，作种种形也。或作不定辞，以妙观察智，观机现形，沙门至童女等，如三十二应说。如是乃至淫女、寡妇、奸偷屠贩者：乃菩萨涉俗利生，四摄法中之同事摄也。若不同其事，未免矫拂其心，不相顺从，若与其同事，意在得其欢心，以便与其称赞最上一佛乘，能令众生，返迷归悟，离苦得乐，转彼邪心，令得正定，故曰令其身心，入三摩地。

> 终不自言：我真菩萨，真阿罗汉，泄佛密因，轻言末学。

究竟不肯自言，我真菩萨，真阿罗汉，泄漏佛旨，秘密之因。轻言末学者：轻易泄言，于晚学之人也。

> 惟除命终，阴有遗付。云何是人，惑乱众生，成大妄语？

惟除命终者，示现舍报也。阴有遗付者：暗中有遗言付嘱也。住则不泄，泄则不住，如杜顺和尚偈云："游子漫奔波，登山礼土坡。文殊只这是，何处觅弥陀。"云何是斥责辞，是人指爱见魔人，以如是未得谓得，未证谓证之魔说，惑乱后世末学众生，成大妄语。

> 汝教世人，修三摩地，后复断除，诸大妄语。是名如来，先佛世尊，第四决定，清净明诲。

佛敕菩萨、罗汉，现身如是；汝教后世初心之人，欲修三摩地者，先虽能断淫、杀、盗三，后复要断除如是诸大妄语。是则名为，今昔如来，第四决定，断妄语戒，清净修学之明诲也。

是故阿难，若不断其大妄语者，如刻人粪，为旃檀形，欲求香气，无有是处。

此承上，是如来以断大妄语之故。又呼阿难，若不断其大妄语者，喻如刻人之干粪，而为旃檀之形（像也），因果不类。以妄语心行，喻干粪，禅定真修，喻旃檀佛像，正以妄语粪秽之因，欲求禅定法身之果，岂可得乎？故曰欲求香气，无有是处。

我教比丘，直心道场，于四威仪，一切行中，尚无虚假，云何自称，得上人法？

所以我教比丘，不断妄语，不成菩提；但依正直之心，即成道之场。《华严经》云："菩提妙法树，生于直心地。"《净名经》云："直心是道场"。无虚假故。于行、住、坐、卧四种威仪，乃至语默，云为一切行中，尚要正直，无得虚假，云何妄自称尊，谓得大小诸乘，及上人之法耶？

譬如穷人，妄号帝王，自取诛灭。况复法王，如何妄窃？因地不真，果招迂曲，求佛菩提，如噬脐人，欲谁成就？

穷人，以喻三摩未成，性德未显。妄称帝王者：即大妄语，未得谓得，未证谓证。帝王者，一国之主，妄号之，自取赤族之诛，灭门之祸也。况复二句，乃以轻况重之意，言三乘贤圣，尚不可窃，况佛为出世法王，如何妄窃？因地不真，果招迂曲者：以大妄语为因故不真，则果地之事，难免迂回屈曲，求进反退，求升反坠，而求佛果菩提，自不能成。如噬脐人：噬以口咬也。脐即肚脐，谓口脐相远，终不能及，以是自作妄语，消灭佛种，更欲望谁而成就耶？

若诸比丘，心如直弦，一切真实，入三摩地，永无魔事。我印是人，成就菩萨，无上知觉。

此深许能断大妄语，必成无上菩提。若诸比丘，心如弓弦之直，无有诌曲之相。心是四威仪之主；心直，则四威仪中，一切行门，皆悉真实，永无虚假，则能直入三摩地中。永无魔事：魔行邪险，今心直行真，魔不得便；故我印是人，成就菩萨，无上知觉。《正脉》云：菩萨无上知觉，即圆通真因地心；然以因定果，亦是无上菩提矣！

如我所说，名为佛说；不如此说，即波旬说。

如我所说，断除淫、杀、盗之后，复更断除大妄语者，是则为正，即名佛说，急当从之。若不如此说，谓前三已断，大妄语无碍真修者，是即为邪，即波旬说，宜深绝之。此如来欲令阿难，将如来语传示末法，保护初心真修习者，令识天魔，不被所惑也。

楞严经正文卷第六终

阿难，汝问摄心，我今先说，入三摩地，修学妙门，求菩萨道，要先持此四种律仪，皎如冰霜，自不能生一切枝叶。心三口四，生必无因。

阿难先问，欲摄其心，入三摩地，云何令其安立道场，远诸魔事？佛按定其意，总结云：阿难，汝问我摄心之法，我今先说四重律仪，即是入三摩地，指耳根圆通，初心修学，至妙之门。此妙门即四重律仪，是故求菩萨道者，要先持此四种律仪；身心皎洁，丝毫无犯，如冰如霜，如是则根本已除，以淫、杀、盗、妄四种是根本戒故，拔本必不滋末，自然不能发生一切枝叶。心三者，指贪、瞋、痴；口四者，指妄言、绮语、两舌、恶口，皆为枝叶。然贪、瞋、痴，属大烦恼。今淫、杀、盗、妄，从心止绝，乃至一念不生故也。根本既除，则枝末无所从生，故曰生必无因，是则严持四重，称为修学妙门者宜矣！

阿难，如是四事，若不遗失，心尚不缘色、香、味、触，一切魔事，云何发生？

此绝尘决定远魔。如是四事，若能持守，不令一念，漏落于四重中，则心常住戒，尚不缘色、香、味、触诸尘事业，六尘举四，可以例知。《正脉》云："尘依念住，念绝而尘何所依？魔托尘入，尘亡而魔何所托？故曰一切魔事，云何发生。"

若有宿习，不能灭除，汝教是人，一心诵我，佛顶

光明，摩诃萨怛哆，般怛啰，无上神咒。

此正劝持咒。宿是宿生，习是惑业，习气种子。温陵曰：现业已制，自行可违，宿习难除，必假神力。今夫行人，好正而固邪，欲洁而偏染，隐然若有驱策，而不能已，宿习之使也。惟有神咒，不思议力，乃可灭除，故云汝教是人，一心诵我，佛顶光明神咒。诵咒而曰一心者，有事有理：事一心者，以能持之心，持所持之咒，能所分明，相续不断；理一心者，能持之心，全心是咒；所持之咒，全咒是心，能所双亡，心咒不二，咒则是心，心则是咒。咒是顶光化佛所说，正以表尊中之尊，密中之密。佛本是世间最尊，今是佛顶之化佛，固是尊中之尊。顶是无见，是世间最密，今是化佛，从顶发辉所说，乃是密中密也，亦借此以表除习义故。摩诃萨怛哆，般怛啰，此云大白伞盖，大表如来藏心之体，绝诸对待故；白表如来藏心之相，离诸妄染故；伞盖表如来藏心之用，普覆一切故。既即藏心，故称无上，神妙莫测之咒。

斯是如来，无见顶相，无为心佛，从顶发辉，坐宝莲华，所说神咒。

斯指神咒，谓此咒是如来无见顶相，即佛三十二相之第一相，曰肉髻顶相。而称无见者，华严九地菩萨，为佛乳母，捧持谛观，不见其顶，示顶法不可以见见也。无为心佛：乃从世尊肉髻顶相，涌百宝光，故曰从顶发辉。光中涌出，千叶宝莲，有化如来，坐宝华中，故曰坐宝莲华。佛称无为者，以系如来入定，从无为心中现故。重放光明，所说心咒，以是诸佛心印，其体即是如来藏故。

且汝宿世，与摩登伽，历劫因缘，恩爱习气，非是一生，及与一劫，我一宣扬，爱心永脱，成阿罗汉。

此显咒力，不可思议。姑就近事论之，且汝与摩登伽女，宿世因缘，恩情爱恋，习气种子，非是一生，及与一劫，由来远矣！难以解脱，如前云：汝爱我心，我怜汝色，以是因缘，经百千劫，常在缠缚。按《登伽经》云：阿难既返，女啼不止，续念阿难。随至祇桓，佛使追呼。而问之曰：汝逐阿难，欲何所索？女言：我闻阿难无妇，我又无夫。佛言：阿难无发，汝能剃头否？女归白母，已许剃发。佛问：汝爱阿难何等？答曰：我爱阿难眼、耳、口、鼻，以至身形等。佛言：阿难眼中但有泪，耳中但有垢，口中但有涎，鼻中但有涕，身中但有屎、尿。有夫妻者，便有恶露，有恶露则生子，有子则有死，既有死丧，便有啼哭，是身何益，汝何所爱？女闻是语，便自正心，即得入道。我一宣扬，爱心永脱者：指佛才一宣扬，敕文殊将咒往护，恶咒销灭，一闻神咒，冥熏加被之力，宿习灭除；及见佛闻法，爱河干枯，顿证三果，故曰爱心永脱。成阿罗汉者：指前闻文殊选圆通后，证四果也。良以先蒙咒力，销除宿习，复藉法音，悟证圣果，设非咒力，除此宿习，安得淫心速灭，契无为法耶？

　　波尚淫女，无心修行，神力冥资，速证无学。云何汝等，在会声闻，求最上乘，决定成佛，譬如以尘，扬于顺风，有何艰险？

　　且登伽习厚，尚属淫女，无心修行，但由神咒，不测之力，资熏之功，尚能速证无学果位。云何，深怪之辞，谓云何汝等，惑习微薄。在会声闻者，兼有学及无学也：有学断见惑，无学断思惑，非同登伽，尚为淫女耶。且其所求，惟是最上一乘，决定自信，成佛之道，亦非同登伽之无心修行耶。譬如以尘，尘喻习气，顺风喻神咒。以微尘扬于顺风，尘无不尽；喻习气遇于神咒，习无不除，有何艰难险阻之事哉？

　　若有末世，欲坐道场，先持比丘，清净禁戒，要当选择戒清净者，第一沙门，以为其师。若其不遇真清净僧，汝戒律仪，必不成就。

　　此明因戒生定，精修律仪，以为其本。设若末世，有修耳根圆通者，发心欲坐修道之场，必先持此比丘根本四重清净禁戒。清谓清其源，净谓净其流，如上所云：先持四重律仪，皎如冰霜，自不能生，一切枝叶是也。受戒之时，须选授戒之师，盖师是学人之模范，模范不正，鲜能依之成正器故。必宜选择戒根清净，第一沙门，以为其师。第一者法腊俱长，为众所推，如此沙门，能和合成事；用以为师，羯磨乃得成故。若其不遇真实清净大僧，汝虽受戒律，不过虚名，其实无漏戒体，必定不能成就也。若遇真僧，戒律清净，德腊俱长，戒方成就。

　　戒成已后，着新净衣，燃香闲居，诵此心佛所说神咒，一百八遍，然后结界，建立道场。

戒成已后，道器成就，魔不得便，随力厚薄，或着新衣，或洗令净，而着此衣，表里俱洁。燃香以熏其室，闲居以摄其心，心处交熏，如此诵咒，神效易致，宿习易除也。咒诵一百八遍者，表所治烦恼之数。一切众生，烦恼有百八，故以戒违现业，咒除宿习，魔不得其便也。然后可以择日建立修道之场。《指掌》云：结坛必先诵咒者，有二义：一、谓治习净根，坛仪乃现；二、谓仗咒神功，远诸魔事。有志行道者，不可不知也。

求于十方，现住国土，无上如来，放大悲光，来灌其顶。

此定中求佛。上二科是用戒意，此方是所生之定。良以众生心水净，诸佛影现中，心水澄清即定也，故知此已在定中。求于十方，现住国土者：即现坐道场，无上如来，谓超九界以独尊，此属所感也。放大悲光者：光从大悲心中放出，来灌其顶，身心受益，此属所应也。感应道交，行道无虑矣！

阿难，如是末世，清净比丘，若比丘尼，白衣檀越，心灭贪淫，持佛净戒，于道场中，发菩萨愿。

上科因戒生定，此科因定发慧。《正脉》云：前不兼后，后必兼前。前科但牒戒而生定，此科总标因定，而文中双牒，戒定为因也。阿难，如是末世，结界建坛，唯许清净比丘，若坛仪已成，修习不拘四众，故云若比丘尼，白衣檀越。出家二众，持戒有素，故通称清净，在家二众，故通称白衣檀越，是华梵合称，檀是檀那，此云布施；越以布施能超越贫穷苦海故。今通许者，以一切众生，皆有佛性，皆可修习。虽四众同坛，必各从其类，如优婆塞，随比丘后，优婆夷随比丘尼后，此一定之序也。心灭贪淫：指白衣言，心灭贪、痴、淫、爱等念。持佛净戒：指出家言，严持诸佛所制清净戒律，身心勿犯，方为可耳。设或不然，勿许滥从，以妨道业。而于修道场中，一向发菩萨四弘誓愿，以为感佛机也。

出入澡浴，六时行道，如是不寐，经三七日，我自现身，至其人前，摩顶安慰，令其开悟。"

《正脉》云：凡出道场而复入，则必澡浴，外洁其身也。六时行道，即专注反闻，经行排遣，内摄其心也。昼夜十二时，六时行道，六时静坐，均调昏散矣。如子时行道，丑时静坐，寅时行道，卯时静坐是也。然行中，坐中，所习皆反闻自性，入流亡所而已。余二句结成克期入定。不寐有二意；一除昏睡不觉，二戒忘失反闻。此科正牒定，而明因定二字。下科乃生慧也。定心，为生慧之亲因。我自现身，至其人前，摩顶表摄授之意，安慰施无畏之力，此为助缘。因缘既备，令其豁然贯通，朗然大悟也。《正脉》云：然开悟浑含，浅深诸相，不可一定，若得动静不生，发须陀洹见道慧；若得闻所闻尽，发阿罗汉人空慧；若得空所空灭，成法空慧；若得寂灭现前，发圆通无上知觉慧也。孤山曰：若见此像，当观空寂，是佛显然，是魔则灭。

阿难白佛言："世尊！我蒙如来无上悲诲，心已开悟，自知修证，无学道成。末法修行，建立道场，云何结界，合佛世尊，清净轨则？"

此阿难重请说道场。前虽言入道场，而未说道场如何建设，故重请之。阿难承教持戒远魔，又令诵咒除习，复示结坛行道；我蒙此等训诲，皆出如来至极悲心之所流出，故曰无上悲诲。心已开悟者：谓如佛所说，云散长空，心同皎月，已获开悟，自知从此但习反闻修证，不须道场，可成无学之道。无学，不仅四果，当指圆通，三空诸果位也。末法修行，道高一尺，魔高一丈，建立道场，自非小事，究竟如何结界，方合佛制，不违世尊，清净轨则？

佛告阿难："若末世人，愿立道场，先取雪山，大力白牛，食其山中肥腻香草，此牛唯饮雪山清水，其粪微细，可取其粪，和合旃檀，以泥其地。

此示道场之建设。盖圣人施设，理事双彰；事依理成，理得事显，非是坛仪，徒壮观瞻也。佛告阿难：末世众生，障深业重，非建道场，难以修习，故曰愿立也。立坛之地，恐有不净，故须另涂也。表法诸家，各有所长，惟《宝镜疏》，始终表显，方合圆通修法，故皆依之。雪山者，表真如法性，不变理体也。大力白牛者：表自性清净，根本正智也。先取之者，因其饮食如法，乃取粪和香，以泥其地也。食其山中肥腻香草者：雪山有草，名曰忍辱，食之可得醍醐，丰肥油腻，其粪清香。此牛唯饮雪山清水，香草表三慧，清水表正定也。惟以水草饲牛者，正如行人熏修，定、慧均等也。其粪精微细妙者：表因戒生定，因定发慧也。可取其粪，和合旃檀，以泥其地者：除其旧地，覆以新泥也。表三无漏学，能熏法身，成真因地也。

　　若非雪山，其牛臭秽，不堪涂地。别于平原，穿去地皮，五尺已下，取其黄土。

别于平原者：另于平原，以高阜恐堆积不净，拗下恐流聚污秽；穿去地皮五尺以下，取其本净黄土用之。若无雪山白牛者，表且取中根也。穿去地皮，五尺以下者：表蠲除外务，专修返闻，从解结破五阴也。取其黄土者：黄色居中，表六根之中，中道佛性也。

　　和上栴檀、沉水、苏合、薰陆、郁金、白胶、青木、零陵、甘松及鸡舌香，以此十种，细罗为粉，合土成泥，以涂场地，方圆丈六，为八角坛。

和上旃檀等十种香，表十波罗密也。细罗为粉者：表十波罗密，广为万行也。合土成泥者：表万行唯心也。以涂坛地者：表成真因也。方圆丈六，为八角坛者：此定坛相，表八正道，摄于八邪也。八角则方而复圆，圆而复方，表体用不二，事理同归也。盖上白牛，正表最上根人，以能不随分别，即三缘顿断，三因不生，狂性自歇，歇即菩提；喻如唯以牛粪，可和旃檀也。设或不能直下歇狂，须知修行，二决定义，就六根门头，破除五阴，得元明觉，无生灭性，为因地心，更加四种律仪，五会神咒，方成妙修者，喻和黄土，旃檀之外，加九香也。梵语旃檀，此翻与乐，即白檀香也。竺法真云，出外国罗山有白檀树。此经用以涂地，非《法华海》此岸旃檀，六铢价值娑婆者也。沉香，《异物志》云：出日南国，凡欲取者，斫树着地，积久朽烂，其心至坚，入水则沉。苏合，《续汉书》云：出大秦国，合诸香煎其汁，谓之苏合，或曰苏合国，人采花笮汁，煞以为膏，以卖贾客。薰陆，《南方草木》状云：出大秦国海边大树，生于沙中，盛夏树胶流涉沙上，性能止痛，采取卖之。郁金，《说文》云：郁鬯乃百草之华，远人所贡方物，郁人捣而煮之，和酒以降神也。白胶，《本草》云：商雒间多有，树如白杨，实大如鸟卵，能除恶气，去疮疹，即枫香脂也。青木，《南州异物志》云：是草根，能瘟魔寐，状如甘草，出交州。零陵，《南越志》云：一名燕草，又名熏草。出零陵郡山谷之间，叶如罗勒，能止精明目也。甘松，出凉州诸山，能和合众香，可除腹胀，亦能下气。鸡舌，《异物志》云：出薄州，云是草萎，乃汉时尚书郎，含之奏事者。设或久服，则能令人身口皆香，即丁香也。场地者：即密部所谓画地为场也。然欲修定，必须择日，结界建坛；修行既毕，即解界撤坛，不得留至明相出时，此定制也。古云：封土曰坛，除土曰埠，除扫也。《国语》云：坛之所除也，曰场。封土，即起土也。此中场地，可如其埠，今既名坛，必须起土，故先除地为场，后别取黄土和香，于其场上，以泥涂起，令成坛相，在室中央，此示楞严坛场之法式也。

坛心置一金、银、铜、木，所造莲华，华中安钵，钵中先盛八月露水，水中随安所有华叶。取八圆镜，各安其方，围绕华钵。镜外建立十六莲华，十六香炉。间华铺设，庄严香炉。纯烧沉水，无令见火。

此明坛中，所设庄严。金、银、铜、木所造莲华者：是随力为之，不必拘执也。然坛心者，乃表中道因心，真如本体也。莲华者：表因果同时，染净不二也。所造者：表真如位中，本无因、果、染、净；以能随缘，故成染净因果也。钵名应器，表如来藏，事理圆融，随众生心，应所知量也。八月露水：表中道纯真，首楞严妙定也。随安华叶：表如幻闻熏闻修，中道妙慧也。八镜安方者：表众生本有八识，大圆镜智，不离当处也。围绕华钵者：表妙慧恒依藏心也。镜外建立莲华香炉者：表依慧发行，从性起修也。各须十六者：表慧华戒香，自行八正，化他八正也。间华铺设，庄严香炉者：表戒慧互严，还修自性也。纯烧沉水，无令见火者：表无相妙戒，在惑业而不染惑业也。

取白牛乳，置十六器，乳为煎饼，并诸砂糖、油饼、乳糜、苏合、蜜姜、纯酥、纯蜜，于莲华外，各各十六，绕围华外，以奉诸佛，及大菩萨。

此明坛中，所献供养。取雪山白牛乳，置十六器，用以作供。一、乳为煎饼，谓煎乳成饼也。二、并诸沙糖，谓蔗汁熬糖，如沙而甘也。三、油饼，谓以油和面作饼，而腻脆也。四、乳糜，谓用乳和米作粥，而甘粘也。五、苏合，谓和合众香，煎汁成膏。六、蜜姜，谓以蜜浸姜，味辛而甘。七、纯酥，谓乳炼成酥。八、纯蜜，谓华蕊成蜜。各各十六，围绕华外。白牛乳饼，及余七物者：表称性所起，禅悦法喜，所谓八正道味也。各各十六，围绕华外者：表一一正道，各具自行化他，二种八正也。以奉诸佛，及大菩萨者：表以已证禅悦法喜正道之味，因心而向果德也。

每以食时，若在中夜，取蜜半升，用酥三合，坛前别安一小火炉，以兜楼婆香，煎取香水，沐浴其炭，然令猛炽，投是酥蜜，于炎炉内，烧令烟尽，享佛菩萨。

每以食时，即日中午食之时。温陵曰：佛以日中受食，故每日以日中致享。若在中夜，佛不受食，唯以酥蜜，烧令烟尽享之。盖午为日中，子为夜中，表诸圣位，必须中中流入也。蜜乃华之精，酥为乳之精，皆是味中上味，表耳根圆通，妙妙闻心也。半升中数，三合成数，表中道定心，能融五浊，会三空也。坛前别安小火炉者：正表耳根一门，从此深入也。兜楼婆香，《异物志》云：出海边国，如都梁香，又翻译云：出鬼神国，此方无故不翻。或翻香草，旧云白茅香。以之煎水浴炭者：表戒根清净，咒力除习，则正助皆具，而发正定之真修也。投酥炉内者，表从妙心，修耳根三昧也。烧令烟尽者：正表初于闻中，以至空觉极圆，空所空灭也。享佛菩萨者：乃表生灭既灭，寂灭现前，显上合下同二种殊胜也。

令其四外，遍悬幡华，于坛室中，四壁敷设十方如来，及诸菩萨，所有形像。

此外坛尊像也。令其四外：即八角坛之四外。遍悬幡华者：庄严坛室，即外坛也。外坛八角，于坛室中，但惟四壁，敷设十方如来，及诸菩萨，所有画像。令其四外者：表四种明诲之外，不妨诸行互严也。盖幡表密咒，有摧邪辅正之力；华表密因，为十度万行之宗。以坛室中，四壁敷设者：表一真法界，具四法界也。十方如来，表觉果也；菩萨像者，表因心也。

应于当阳，张卢舍那、释迦、弥勒、阿閦、弥陀，诸大变化，观音形像，兼金刚藏，安其左右。

应平声，应于当阳正位也。梵语卢舍那，具云毗卢遮那，翻有三义：一曰遍一切处，法身也；二曰净满，自受用身也；三曰光明遍照，他受用身也。三身一名者，同为真身故。为一真法界，寂场真主，乃报身智慧也。梵语释迦牟尼，此云能仁寂默，为三千大千娑婆教主，即应身慈悲也。梵语梅怛利曳，此云慈氏，正当来之教主也。梵语阿閦，此云不动，居东方群动之首，表动中有不动智也。梵语阿弥陀，此云无量寿，居西方极乐之邦，表与乐乃无缘慈也。诸大变化，观音像者：如前文所明，众首臂目等，此是显教圆通之主。金刚藏者，常领金刚，护持咒人，伏魔除障，乃是密教圆通之主。安其左右者，表显密齐彰也。

帝释、梵王、乌刍瑟摩，并蓝地迦，诸军荼利，与毗俱胝，四天王等，频那、夜伽，张于门侧，左右安置。

温陵曰：门侧左右，释梵等众，有力外护也。末法修行，凡类于此，一有阙焉，必不成就。帝释云能为主，即忉利天主。梵王不犯欲尘，即初禅天主。乌刍瑟摩，即火头金刚。蓝地迦，即青面金刚。军荼利，此云解怨结，亦金刚异名。毗俱胝，即毗卢神变。经云：右边毗俱胝，手垂数珠鬘，三目持发髻，尊形犹皓素，圆光色无比者是也。四天王者，即东、南、西、北，所谓持国、增长、广目、多闻也。频那即猪头使者，夜伽即象鼻使者。自帝释之下，此等外护，俱表摧邪显正之功用也。

又取八镜覆悬虚空，与坛场中，所安之镜，方面相对，使其形影，重重相涉。

又取八圆镜，覆悬虚空者：表诸佛果位，转八识成大圆镜智，从空如来藏，普照十方尘刹中也。与坛场中，所安之镜，围绕华钵，一方一个，而面向于外，外坛之镜，一方一个，而面向于内，故曰方面相对；表生心即是佛心，佛心不异生心也。使其形影，重重相涉者：表生佛互融，圣凡无异，乃不可思议之境也。盖坛中八镜，仰照空镜者，表因该果海也。设或行人，二六时中，于此坛仪苟一着眼，了明斯理，则知心、佛、众生，三无差别，而通身皆在事事无碍法界中矣！

于初七中，至诚顶礼，十方如来，诸大菩萨，阿罗汉号。恒于六时，诵咒围坛，至心行道，一时常行，一百八遍。

此修证节次。第一七中，礼诵行道。于初七中，至诚顶礼：顶礼而曰至诚者，专至其心，诚恳不二也。凡人之修道，必须皈敬三宝，以为最初方便也。十方如来，佛宝也；菩萨、罗汉，僧宝也；持诵心咒，法宝也。恒于六时之中，持诵佛顶心咒围坛，以至诚心，经行道场，每于一时围坛，常行一百八遍。此非指全咒，乃指心咒：跢侄他、唵、阿那隶、毗舍提、鞞啰跋阇啰陀唎、槃陀槃陀你、跋阇啰、谤尼泮、虎斜都卢瓮泮、娑婆诃。但要三业相应，自能成效，六时行道，六时顶礼，仗承不思议力加被，助道也。

第二七中，一向专心，发菩萨愿，心无间断，我毗奈耶，先有愿教。

此第二七中，一向发愿。既曰一向，不拘六时；既曰专心，不杂礼诵，唯有专心，发菩萨愿。务必心心相续，念念无间，而不断绝；此恐心生懈退，加以坚固之愿也。我毗奈耶，先有愿教者：如《梵网经》、十大愿王，及菩萨四弘誓愿，行愿坚强，得大勇猛也。

第三七中，于十二时，一向持佛，般怛啰咒，至第七日，十方如来，一时出现，镜交光处，承佛摩顶。

此第三七中，一向持咒。温陵曰：时无间歇，咒无遍限，一向诵持，遂能以精诚感格，进力克功也。至第三七末日，十方如来，一时出现，于坛室中，镜交光处，佛身既在镜现，我身亦在镜现。亲承诸佛，手摩其顶，圣凡不隔。重重无尽，则生佛智照，感应道交也。

即于道场，修三摩地。能令如是，末世修学，身心明净，犹如琉璃。

此定心成就。即于道场中，专修反闻工夫，故曰修三摩地，即首楞严，耳根圆通。不令一念，漏落于声尘境界；念念照性，心心在定，但一味反闻无间耳。此慧心成就。能令者，以定心为亲因，以道场持咒等为助缘，因缘力故，所以能令也。如是之人，虽在末世修学，亦能发慧开悟，则根、尘、识心，应念化成无上知觉，故曰身心明净。内外映澈，犹如琉璃。以一切诸法，无不形现其中矣！

阿难，若此比丘，本受戒师，及同会中，十比丘等，

其中有一不清净者，如是道场，多不成就。

此明坛仪虽立，设或师友不净，多不成就。及同会中，十比丘等，准《方等陀罗尼》云：行此法时，十人已还，既曰已还；六众、七众俱可。设无同志，未可勉强，宁可独行。其中不净，乃有二种：一受戒师不净，二同行侣不净，是二者中，有一不清净者，如是道场，多不成就，佛圣不临，龙天不护，正定难修，妙悟难发，故知师友不可不慎选择也。

从三七后，端坐安居，经一百日，有利根者，不起于座，得须陀洹。纵其身心，圣果未成，决定自知，成佛不谬。

此明三七修学，未克即成定慧。从三七后，端身正坐，寂然安居，经一百日，勇猛精进，修习亡尘照性工夫。有利根者，惑障俱轻，定功绵密，慧照分明，定慧双流，经一百日，不起于座。此一百日，不起于座，工夫相应，在定中并不知时长也。亦非同平时，坐一时行一时也，因文中明言，经一百日，不起于座，即得须陀洹果。梵语须陀洹，此云入流，不入色、声、香、味、触、法，断分别见惑，为见道位。借小果名，而论果证，实同圆教初信。阿难圆悟藏性，顿获法身也。《宝镜疏》云：纵其身心俱生细惑，一时难断；分别思惑，完全仍在；无学圣果，未得即成；然而决定自知，成佛之事，不虚谬也。所谓一信永信，信得自心是佛，自性即佛，更不再疑也。

汝问道场，建立如是。"

此总结答。前阿难问云："末法修行，建立道场，云何结界？"我已言结界建坛，种种方法，与夫修学证果。如是之法，一一详示，故酬其所请，而结答之曰："汝问道场，建立如是。"《指掌疏》云："如是者，谓如上所说是也。"然如上所说，建坛之法，末世行之，诚为不易；故下文诵咒，亦许不入道场。而上文有一不净，则云道场不成。是知有力者，固应如法建坛；无力者，只要持戒清净。设若有坛无戒，反不如有戒无坛之为愈也。

楞严经讲义第十八卷

阿难顶礼佛足，而白佛言："自我出家，恃佛憍爱，求多闻故，未证无为。

此重请说神咒。阿难虽蒙其益，未克亲闻；故顶礼佛足，而白佛言：自我舍俗出家，犹恃佛之怜怜宠爱，惟求多闻，不务真修，但得初果，所以道力微弱，故未证四果无为之道。

遭彼梵天，邪术所禁，心虽明了，力不自由。赖遇文殊，令我解脱。虽蒙如来，佛顶神咒，冥获其力，尚未亲闻。

遭者遇也，彼指摩登伽，为爱女之故，用先梵天咒，邪术之所禁制。然在彼时，心虽明了，而未全道力，无自由分。赖遇文殊，将咒往护，令我解脱淫难，始将归来。今但云赖遇文殊得脱者：举能持人，略所持咒，故虽蒙如来佛顶神咒，而文殊但是密诵，破邪除淫，而我冥获其力；真言密语，尚未亲闻。

惟愿大慈，重为宣说，悲救此会，诸修行辈，末及当来，在轮回者，承佛密音，身意解脱。"

此请重说，为利今后。惟愿世尊大慈，重为宣说，大悲救拔现住此会诸修行辈，此指三乘圣众，多学少成，难进易退者，均望咒力救拔也。不唯现会获益，末指当来，佛法展转流通，即在轮回者，亦得均沾法利，以承佛密咒音声，身意俱得解脱；以远离魔难，身得解脱，破惑证真，意得解脱也。

于时会中，一切大众，普皆作礼，伫闻如来秘密章句。

作是请已，于时会中，一切大众，普皆顶礼于佛。伫者待也，伫闻如来秘密神咒，微妙章句。

尔时世尊，从肉髻中，涌百宝光，光中涌出，千叶宝莲，有化如来，坐宝华中。

此将说神咒，先现化佛。然此科乃显中之密，以从如来自身所现也。尔时世尊，从肉髻中：准《无上依经》云：乃是顶骨涌起，自然成髻，其色红赤，在青螺绀发之中，即无见顶相；表如来藏，法身理体也。光从顶放，表般若妙智也；光涌百宝，表解脱大用也。光中涌出，千叶宝莲者：表依妙智，而发胜因也。有化如来，坐宝华中：表因果一契也。

顶放十道，百宝光明，一一光明，皆遍示现，十恒河沙，金刚密迹，擎山持杵，遍虚空界。

此乃密中之密，以从佛顶之佛顶，放宝光之宝光，表斯咒，尊中之尊，妙中之妙也。由一顶髻放十道光，具百宝色者，表如来藏性，圆含万法，其体清净本然，周遍法界也。金刚密迹，擎山持杵，遍虚空界者：内秘菩萨之德，外现金刚之迹，擎山制外，持杵降魔，密行化导，故曰金刚密迹。遍满空界，显现威力。金刚遍界者，表循业发现，生善灭恶，随缘妙用也。

大众仰观，畏爱兼抱，求佛哀佑，一心听佛，无见顶相，放光如来，宣说神咒。

法会大众，见佛从顶，放光之中化佛，化佛复从顶放光，光中示现，金刚密迹，事出希有，惟有景仰观察。畏者畏其威，爱者爱其德；既折、摄并行，而畏爱兼抱，谓二者兼具，令人不能去诸怀抱也。求佛哀佑者：哀怜而摄授之，护佑而骈幪之。一心听佛，无见顶相，放光如来，宣说神咒者：谓佛从无见顶相放光，光中化现如来，宣说神咒；正表无为心佛，无上心咒，以显藏心微妙，不可思议也。咒者咒愿，佛说此咒，正咒愿众生，令其断惑证真，革凡成圣,具诸不测之威神,而有难思之妙用。

南无萨怛他苏伽多耶阿啰诃帝三藐三菩陀写(1) 萨怛他佛陀俱知瑟尼钐(2) 南无萨婆勃陀勃地萨跢鞞弊(3) 南无萨多南三藐三菩陀俱知南(4) 娑舍啰婆迦僧伽喃(5) 南无卢鸡阿罗汉跢喃(6) 南无苏卢多波那喃(7) 南无娑羯唎陀伽弥喃(8) 南无卢鸡三藐伽跢喃(9) 三藐伽波啰底波多那喃(10) 南无提婆离瑟赧(11) 南无悉陀耶毗地耶陀啰离瑟赧(12) 舍波奴揭啰诃娑诃娑啰摩他喃(13) 南无跋啰诃摩泥(14) 南无因陀啰耶(15) 南无婆伽婆帝(16) 嚧陀啰耶(17) 乌摩般帝(18) 娑醯夜耶(19) 南无婆伽婆帝(20) 那啰野拏耶(21) 槃遮摩诃三慕陀啰(22) 南无悉羯唎多耶(23) 南无婆伽婆帝(24) 摩诃迦罗耶(25) 地唎般剌那伽啰(26) 毗陀啰波拏迦啰耶(27) 阿地目帝(28) 尸摩舍那泥婆悉泥(29) 摩怛唎伽拏(30) 南无悉羯唎多耶(31) 南无婆伽婆帝(32) 多他伽跢俱啰耶(33) 南无般头摩俱啰耶(34) 南无跋阇啰俱啰耶(35) 南无摩尼俱啰耶(36) 南无伽阇俱啰耶(37) 南无婆伽婆帝(38) 帝唎茶输啰西那(39) 波啰诃啰拏啰阇耶(40) 跢他伽多耶(41) 南无婆伽婆帝(42) 南无阿弥多婆耶(43) 跢他伽多耶(44) 阿啰诃帝(45) 三藐三菩陀耶(46) 南无婆伽婆帝(47) 阿刍毗耶(48) 跢他伽多耶(49) 阿啰诃帝(50) 三藐三菩陀耶(51) 南无婆伽婆帝(52) 鞞沙阇耶俱嚧吠柱唎耶(53) 般啰婆啰阇耶(54) 跢他伽多耶(55) 南无婆伽婆帝(56) 三补师毖多(57) 萨怜捺啰剌阇耶(58) 跢他伽多耶(59) 阿啰诃帝(60) 三藐三菩陀耶(61) 南无婆伽婆帝(62) 舍鸡野母那曳(63) 跢他伽多耶(64) 阿啰诃帝(65)

三藐三菩陀耶（66）　南无婆伽婆帝（67）　剌怛那鸡都啰阇耶（68）　跢他伽多耶（69）　阿啰诃帝（70）　三藐三菩陀耶（71）　帝瓢南无萨羯唎多（72）　翳昙婆伽婆多（73）　萨怛他伽都瑟尼钐（74）　萨怛多般怛嚂（75）　南无阿婆啰视耽（76）　般啰帝扬岐啰（77）　萨啰婆部多揭啰诃（78）　尼羯啰诃揭迦啰诃尼（79）　跋啰瑟地耶叱陀你（80）　阿迦啰蜜唎柱（81）　般唎怛啰耶儜揭唎（82）　萨啰婆槃陀那目义尼（83）　萨啰婆突瑟吒（84）　突悉乏般那你伐啰尼（85）　赭都啰失帝南（86）　羯啰诃娑诃萨啰若阇（87）　毗多崩萨那羯唎（88）　阿瑟吒冰舍帝南（89）　那义刹怛啰若阇（90）　波啰萨陀那羯唎（91）　阿瑟吒南（92）　摩诃羯啰诃若阇（93）　毗多崩萨那羯唎（94）　萨婆舍都噜你婆啰若阇（95）　呼蓝突悉乏难遮那舍尼（96）　毖沙舍悉怛啰（97）　阿吉尼乌陀迦啰若阇（98）　阿般啰视多具啰（99）　摩诃般啰战持（100）　百摩诃叠多（101）　摩诃帝阇（102）　摩诃税多阇婆啰（103）　摩诃跋啰槃陀啰婆悉你（104）　阿唎耶多啰（105）　毗唎俱知（106）　誓婆毗阇耶（107）　跋阇啰摩礼底（108）　毗舍噜多（109）　勃腾罔迦（110）　跋阇啰制喝那阿遮（111）　摩啰制婆般啰质多（112）　跋阇啰擅持（113）　毗舍啰遮（114）　扇多舍鞞提婆补视多（115）　苏摩噜波（116）　摩诃税多（117）　阿唎耶多啰（118）　摩诃婆啰阿般啰（119）　跋阇啰商羯啰制婆（120）　跋阇啰俱摩唎（121）　俱蓝陀唎（122）　跋阇啰喝萨多遮（123）　毗地耶乾遮那摩唎迦（124）　啒苏母婆羯啰跢那（125）　鞞噜遮那俱唎耶（126）　夜啰菟瑟尼钐（127）　毗折蓝婆摩尼遮（128）　跋阇啰迦那迦波啰婆（129）　噜阇那跋阇啰顿稚遮（130）　税多遮迦摩啰（131）　刹奢

尸波啰婆（132）翳帝夷帝（133）母陀啰羯拏（134）娑
鞞啰忏（135）掘梵都（136）印兔那么么写（137）

诵咒者至此句，称弟子某甲受持

　　　乌𤙖（138）唎瑟揭拏（139）般刺舍悉多（140）萨
怛他伽都瑟尼钐（141）虎𤙖（142）都卢雍（143）瞻婆
那（144）虎𤙖（145）都卢雍（146）悉耽婆那（147）虎
𤙖（148）都卢雍（149）波啰瑟地耶三般义拏羯啰（150）
虎𤙖（151）都卢雍（152）萨婆药叉喝啰刹娑（153）揭
啰诃若阇（154）毗腾崩萨那羯啰（155）虎𤙖（156）都卢
雍（157）者都啰尸底南（158）揭啰诃娑诃萨啰南（159）
毗腾崩萨那啰（160）虎𤙖（161）都卢雍（162）啰叉（163）
婆伽梵（164）萨怛他伽都瑟尼钐（165）波啰点阇吉
唎（166）摩诃娑诃萨啰（167）勃树娑诃萨啰室唎沙（168）
俱知娑诃萨泥帝㘑（169）阿弊提视婆唎多（170）吒吒
罂迦（171）摩诃跋阇卢陀啰（172）帝唎菩婆那（173）曼
茶啰（174）乌𤙖（175）莎悉帝薄婆都（176）么么（177）
印兔那么么写（178）

至此句准前称名，若俗人称弟子某甲

　　　啰阇婆夜（179）主啰婆夜（180）阿祇尼婆夜（181）
乌陀迦婆夜（182）毗沙婆夜（183）舍萨多啰婆夜（184）
婆啰斫羯啰婆夜（185）突瑟叉婆夜（186）阿舍你婆
夜（187）阿迦啰蜜唎柱婆夜（188）陀啰尼部弥剑波伽波陀
婆夜（189）乌啰迦婆多婆夜（190）剌阇坛茶婆夜（191）
那伽婆夜（192）毗条怛婆夜（193）苏波啰拏婆夜（194）
药叉揭啰诃（195）啰叉私揭啰诃（196）毕唎多揭啰诃（197）

毗舍遮揭啰诃（198）　部多揭啰诃（199）　鸠槃茶揭啰诃（200）补丹那揭啰诃（201）　迦吒补丹那揭啰诃（202）　悉乾度揭啰诃（203）　阿播悉摩啰揭啰诃（204）　乌檀摩陀揭啰诃（205）　车夜揭啰诃（206）　醯唎婆帝揭啰诃（207）　社多诃唎喃（208）　揭婆诃唎喃（209）　嚧地啰诃唎喃（210）忙娑诃唎喃（211）　谜陀诃唎喃（212）　摩阇诃唎喃（213）阇多诃唎女（214）　视比多诃唎喃（215）　毗多诃唎喃（216）婆多诃唎喃（217）　阿输遮诃唎女（218）　质多诃唎女（219）帝钐萨鞞钐（220）　萨婆揭啰诃南（221）　毗陀那阇瞋陀夜弥（222）　鸡啰夜弥（223）　波唎跋啰者迦讫唎担（224）毗陀夜阇瞋陀夜弥（225）　鸡啰夜弥（226）　茶演尼讫唎担（227）　毗陀夜阇瞋陀夜弥（228）　鸡啰夜弥（229）　摩诃般输般怛夜（230）　嚧陀啰讫唎担（231）　毗陀夜阇瞋陀夜弥（232）　鸡啰夜弥（233）　那啰夜拏讫唎担（234）毗陀夜阇瞋陀夜弥（235）　鸡啰夜弥（236）　怛埵伽嚧茶西讫唎担（237）　毗陀耶阇瞋陀夜弥（238）　鸡啰夜弥（239）　摩诃迦啰摩怛唎伽拏讫唎担（240）　毗陀夜阇瞋陀夜弥（241）鸡啰夜弥（242）　迦婆唎迦讫唎担（243）　毗陀夜阇瞋陀夜弥（244）　鸡啰夜弥（245）　阇耶羯啰摩度羯啰（246）萨婆啰他娑达那讫利担（247）　毗陀夜阇瞋陀夜弥（248）鸡啰夜弥（249）　赭咄啰婆耆你讫唎担（250）　毗陀夜阇瞋陀夜弥（251）　鸡啰夜弥（252）　毗唎羊讫唎知（253）难陀鸡沙啰伽拏般帝（254）　索醯夜讫唎担（255）　毗陀夜阇瞋陀夜弥（256）　鸡啰夜弥（257）　那揭那舍啰婆拏讫唎担（258）　毗陀夜阇瞋陀夜弥（259）　鸡啰夜弥（260）阿罗汉讫唎担毗陀夜阇瞋陀夜弥（261）　鸡啰夜弥（262）毗多啰伽讫唎担（263）　毗陀夜阇瞋陀夜弥（264）　鸡啰

夜弥跋阇啰波你（265） 具醯夜具醯夜（266） 迦地般帝
讫唎担（267） 毗陀夜闍瞋陀夜弥（268） 鸡啰夜弥（269）
啰叉罔（270） 婆伽梵（271） 印兔那么么写（272）

至此依前称弟子某甲

婆伽梵（273） 萨怛多般怛啰（274） 南无粹都帝（275）
阿悉多那啰剌迦（276） 婆啰婆悉普吒（277） 毗迦萨怛多钵
帝唎（278） 什佛啰什佛啰（279） 陀啰陀啰（280） 频陀啰频
陀啰瞋陀瞋陀（281） 虎䜈（282） 虎䜈（283） 泮吒（284）
泮吒泮吒泮吒泮吒（285） 娑诃（286） 醯醯泮（287） 阿牟
迦耶泮（288） 阿波啰提诃多泮（289） 婆啰波啰陀泮（290）
阿素啰毗陀啰波迦泮（291） 萨婆提鞞弊泮（292） 萨婆那伽
弊泮（293） 萨婆药叉弊泮（294） 萨婆乾闼婆弊泮（295）
萨婆补丹那弊泮（296） 迦吒补丹那弊泮（297） 萨婆突狼枳
帝弊泮（298） 萨婆突涩比犁讫瑟帝弊泮（299） 萨婆什婆唎
弊泮（300） 萨婆阿播悉摩唎弊泮（301） 萨婆舍啰婆拏弊
泮（302） 萨婆地帝鸡弊泮（303） 萨婆怛摩陀继弊泮（304）
萨婆毗陀耶啰誓遮唎弊泮（305） 阇夜羯啰摩度羯啰（306）
萨婆啰他娑陀鸡弊泮（307） 毗地夜遮唎弊泮（308） 者都
啰缚耆你弊泮（309） 跋阇啰俱摩唎（310） 毗陀夜啰誓弊
泮（311） 摩诃波啰丁羊叉耆唎弊泮（312） 跋阇啰商羯啰
夜（313） 波啰丈耆啰阇耶泮（314） 摩诃迦啰夜（315） 摩
诃末怛唎迦拏（316） 南无娑羯唎多夜泮（317） 毖瑟拏
婢曳泮（318） 勃啰诃牟尼曳泮（319） 阿耆尼曳泮（320） 摩
诃羯唎曳泮（321） 羯啰檀迟曳泮（322） 蔑怛唎曳泮（323）
唠怛唎曳泮（324） 遮文荼曳泮（325） 羯逻啰怛唎曳泮（326）
迦般唎曳泮（327） 阿地目质多迦尸摩舍那（328） 婆私

你曳泮（329） 演吉质（330） 萨埵婆写（331） 么么印兔那么么写（332）

至此句依前称弟子某甲

突瑟吒质多（333） 阿末怛唎质多（334） 乌阇诃啰（335） 伽婆诃啰（336） 卢地啰诃啰（337） 婆娑诃啰（338） 摩阇诃啰（339） 阇多诃啰（340） 视毖多诃啰（341） 跋略夜诃啰（342） 乾陀诃啰（343） 布史波诃啰（344） 颇啰诃啰（345） 婆写诃啰（346） 般波质多（347） 突瑟吒质多（348） 唠陀啰质多（349） 药叉揭啰诃（350） 啰刹娑揭啰诃（351） 闭嚟多揭啰诃（352） 毗舍遮揭啰诃（353） 部多揭啰诃（354） 鸠槃茶揭啰诃（355） 悉乾陀揭啰诃（356） 乌怛摩陀揭啰诃（357） 车夜揭啰诃（358） 阿播萨摩啰揭啰诃（359） 宅祛革茶耆尼揭啰诃（360） 唎佛帝揭啰诃（361） 阇弥迦揭啰诃（362） 舍俱尼揭啰诃（363） 姥陀啰难地迦揭啰诃（364） 阿蓝婆揭啰诃（365） 乾度波尼揭啰诃（366） 什伐啰堙迦醯迦（367） 坠帝药迦（368） 怛隶帝药迦（369） 者突托迦（370） 昵提什伐啰毖钐摩什伐啰（371） 薄底迦（372） 鼻底迦（373） 室隶瑟蜜迦（374） 娑你般帝迦（375） 萨婆什伐啰（376） 室卢吉帝（377） 末陀鞞达卢制剑（378） 阿绮卢钳（379） 目佉卢钳（380） 羯唎突卢钳（381） 揭啰诃揭蓝（382） 羯拏输蓝（383） 惮多输蓝（384） 迄唎夜输蓝（385） 末么输蓝（386） 跋唎室婆输蓝（387） 毖栗瑟吒输蓝（388） 乌陀啰输蓝（389） 羯知输蓝（390） 跋悉帝输蓝（391） 邬卢输蓝（392） 常伽输蓝（393） 喝悉多输蓝（394） 跋陀输蓝（395） 娑房盎伽般啰丈伽输蓝（396） 部多毖跢茶（397） 茶耆尼什婆啰（398） 陀突

嚧迦建咄嚧吉知婆路多毗（399） 萨般嚧诃凌伽（400） 输沙怛啰婆那羯啰（401） 毗沙喻迦（402） 阿耆尼乌陀迦（403） 末啰鞞啰建跢啰（404） 阿迦啰蜜唎咄怛敛部迦（405） 地栗剌吒（406） 毖唎瑟质迦（407） 萨婆那俱啰（408） 肆引伽弊揭啰唎药叉怛啰刍（409） 末啰视吠帝钐婆鞞钐（410） 悉怛多钵怛啰（411） 摩诃跋阇嚧瑟尼钐（412） 摩诃般赖丈耆蓝（413） 夜波突陀舍喻阇那（414） 辫怛隶拏（415） 毗陀耶槃昙迦嚧弥（416） 帝殊槃昙迦嚧弥（417） 般啰毗陀槃昙迦嚧弥（418） 跢侄他（419） 唵（420） 阿那隶（421） 毗舍提（422） 鞞啰跋阇啰陀唎（423） 槃陀槃陀你（424） 跋阇啰谤尼泮（425） 乌𤙖都嚧瓮泮（426） 莎婆诃（427）

上来神咒今依绍兴海眼诸古本勘对考正

以上神咒，凡有五会，至一百三十七句止，是毗卢真法会；至一百七十八句止，是释尊应化会；至二百七十二句止，是观音合同会；至三百三十二句止，是刚藏折摄会；至四百十八句止，是文殊弘传会。哆侄他起至咒终，共四百二十七句。长水云：哆侄他前，但是归命诸佛、菩萨圣贤等，及叙咒愿，加被、灭恶离难。至唵字下，方说咒心，即是秘密首楞严也。

此咒是如来藏心所成，故曰心咒；而全咒是如来藏心，又曰咒心。今五会并此，共计二千六百二十字。末三字娑婆诃，或云萨婆诃，唐翻速成，令我所作速成就也。然此段既称心咒，则是五会中，精要之义。如有力者，通前俱持，固为尽善；设或无力，则但持此段，确信功极，自收成效。然众生之机，显密不定，以有众生，应从显说，而获益者；亦有众生，应从密说，而获益者。虽显密互陈，然皆发明，大佛顶如来藏心，不思议体用也。诸经神咒，例皆不翻，即五种不翻中，秘密不翻。而于四例中，即翻字不翻音之例；字是华文，音是梵语，此方人不晓，而天竺之人，日用所共晓解者也。至于秘咒，非但常人不知，理应下位圣贤，不达上位之咒，故于显部之外，另曰密部也。然在西域秘密部，类分东、西、南、北、中，凡有五部，此咒正当中央，遮那灌顶部也。

天如曰：孤山所引天台四悉檀，悉遍也，檀施也。诸圣以四法，遍施众生也。初、世界悉檀者：随方异说，令生欢喜益也。二、为人悉檀者：生善益也。三、对治悉檀者：破恶益也。四、第一义悉檀者：入理益也。此四悉普益也。如上根之人，诵之可得入理益；其次以诵咒除恶习，得破恶益；其次以诵咒，远离杂念，得生善益；其次以诵咒，而能摧邪辅正，令生欢喜益也。《正脉》云：大端圣贤宏化，例有显密二教，如医疗病，率有二途：一者授方，则显说病源、药性，及炮治之法，如佛显教。二者授药，则都不显说，但惟与药，令服愈病而已，不必求知何药何治，如佛密教。故今授药，不必求解，若解生则咒丧矣。持咒之法，但当深信不疑，一味持之，身、口、意三密相应，不要起心求解，如参话头相似，只许参，不许解，一念不生，自能得益。如昔日有一浪人，远奔他国，诈称王子。彼国因以公主妻之，食时多瞋难事，其公主欲探其意，愿善顺之，一日往询彼国商人，能通语言者。彼商人多智，知彼诈称王子，未便与言，有关国耻。遂用本国语，作一偈曰：若当瞋时，则含笑念偈云：无亲往他国，欺诳一切人，粗食是常食，何劳复作瞋？嘱云：须学言音，不必求解。说是偈时，彼知事露，从此不敢生瞋。神咒之功，亦复如是。《正脉》云：秘咒少分应知，三义略尽：一者，理法力，谓以一字含无边妙理，而称陀罗尼，谓总一切法，持无量义，斯之威力，全具所诠之理；如此方元、亨、利、贞，亦可避凶致祥矣。二者，威德力，谓诸佛菩萨，一切权实圣贤，威德深重，具大势力，称其名号，随愿如意；如今世间，有势力人，亦可假其名声，伏恶脱难也。三者，实语力：佛菩萨，一切圣贤，起大悲心，愍众生故，出诚实语，咒愿众生，离苦得乐，革凡成圣，故诵之可以随言成益；如世之实修行人，尚可咒愿吉凶，随言成就，何况证理，入位圣贤，真慈誓愿，安可测度？略述由此三义，故持之得不测之神功。然须确信，专持功满，方收成效，若犹豫间断中辍，或坛戒不能如法，而谤斯咒无功者，招大罪苦也。须知放光如来，说此神咒，正为近下根机，最初方便，持之自可远魔脱难，断惑证真，转烦恼以得菩提，出生死而入涅槃也。

"阿难，是佛顶光聚，悉怛多般怛啰，秘密伽陀，微妙章句。

此示咒之全名。佛顶光聚者：以咒原从佛顶光中，化佛说故。光而言聚者，谓焰网交罗，如大火聚。顶表尊胜，光表威灵，聚即神用。悉怛多般怛啰，前有摩诃二字，此云大；悉怛多，此云白；般怛啰，此云伞盖，以是咒之名目耳。有谓哆侄他唵，下七句为咒心非也；以彼是五会神咒，都聚之处，结晶之义也。究之此咒，全如来藏心成咒，故曰心咒；全咒即是如来藏心，是名咒心。但此心不出体、相、用三义：体无对待曰大，即如来藏本妙圆心，如实空义；相离染垢曰白，即如来藏元明心妙，如实不空义；用覆一切曰伞盖，即如来藏妙明心元，如实空不空义。秘密伽陀，微妙章句者：隐秘深密，谓咒中亦有伽陀颂也，精微奥妙。章谓大段，如分五会是也；细分曰句，一一皆不可思议也。

出生十方，一切诸佛，十方如来，因此咒心，得成无上正遍知觉。

此明十方如来，自利利他，皆此秘密咒心之功用也。十方一切诸佛，所以出现于世，示生成佛者何也？皆由十方如来因此咒心，以为密因，修证了义，诸菩萨万行，然后圆成果地修证，所以得成无上菩提。正遍知觉：即是菩提智果。了知心生万法，为正知；万法唯心，为遍知。则诸佛因心果觉，始终无二也。

十方如来，执此咒心，降伏诸魔，制诸外道。

此明降魔制外用。十方如来，将欲证真，多为魔外所扰，不能速成，遂执此秘密咒心，以为金刚王宝剑，降伏一切五阴诸魔，制伏断常诸见外道。

十方如来，乘此咒心，坐宝莲华，应微尘国。

此明普现身云用。十方如来，既证真已，现卢舍那身遍游华藏世界，遂乘此秘密咒心，以此咒心，即是诸佛真法身，故坐宝莲华，遍游微尘国土，随类现身。

十方如来，含此咒心，于微尘国，转大法轮。

此明应机说法用。十方如来，欲转法轮，必于无碍智中，含此秘密咒心，以此咒心，即是正法眼藏，以为德本，故能于微尘国土，以八音四辩，转无上根本大法轮。

> 十方如来，持此咒心，能于十方，摩顶授记。自果未成，亦于十方，蒙佛授记。

此明授自他记用。十方如来，约由本垂迹，现应化身言之。持此秘密咒心，以此咒心，能为成佛之本，自成道后，能于十方，慈悲摄受，摩诸菩萨顶，授其当来成佛之记。设或自果未得圆成，亦能于彼十方，蒙佛亲授菩提之记。

> 十方如来，依此咒心，能于十方，拔济群苦。所谓地狱、饿鬼、畜生、盲、聋、喑、哑、冤憎会苦、爱别离苦、求不得苦、五阴炽盛、大小诸横，同时解脱。贼难、兵难、王难、狱难、风、火、水难、饥渴、贫穷，应念销散。

此明拔苦济难用。十方如来，依此秘密咒心，能于十方，拔济群苦。或教自持，或代咒愿。仗神咒威力，得离苦难。所谓，指释之辞，谓一地狱、二饿鬼、三畜生、四北洲、五盲聋喑哑、六佛前佛后、七世智辩聪、八长寿天。以此八种，不堪受教，难入佛法，故名为难。冤憎会苦，爱别离苦，求不得苦，五阴炽盛苦，并生、老、病、死四苦，合八苦。此中以难言之，则举前以摄后；以苦言之，则举后以该前，此苦难之所从分也。大小诸横者：据《药师经》言，大有九种，小无数量，难可具说。且九横者，一、病不服药，横杀众生，信邪祀鬼，本不当死，由不服药，伤生致死名为横；二、横被王法之所诛戮；三、非人夺其精气；四、横为火焚；五、横为水溺；六、横为恶兽所啖；七、横堕山崖；八、横为毒药，与夫厌祷咒诅，鬼害所中；九、横被饥渴所困，不得饮食。同时而得解脱。贼难，有劫财夺命等事；兵难，有冲锋冒刃等事；王难，有委身致命等事；狱难，有枷锁禁系等事；风难，有凛寒飞沙等事；火难，有焚烧炙热等事；水难，有冲陷漂沉等事；饥难，有绝粮枵腹等事；渴难，有喉干口燥等事；贫穷难，有困苦逼迫等事。如上诸难，应其所念，秘密咒心，而得销散也。

> 十方如来，随此咒心，能于十方，事善知识。四威仪中，供养如意。恒沙如来，会中推为，大法王子。

此明事师绍法用。十方如来，随此秘密咒心威力，能于十方世界，事善知识。以彼具正知正见，能为学者，抽钉拔楔故。若非咒力，岂能十方远到耶？四威仪中，供养如意者：行、住、坐、卧，一切时中，各有应供之物，各令随心，故曰供养如意。若非咒力，岂能如意出生耶？恒沙如来，法会之中，助佛转轮，弘扬法化，推为大法王子，承绍法王家业，若非咒力，岂能遍事诸佛耶？

十方如来，行此咒心，能于十方，摄授亲因，令诸小乘，闻秘密藏，不生惊怖。

此明摄授亲因用。十方如来，与历劫亲缘，互相因依。自虽成佛，念彼散在十方，亦常行此秘密咒心。行即持也，摄授护念，纵使堕在小乘，亦乘咒力加被，成就大志，堪受大法，如闻说秘密如来藏心，不生惊疑与怖畏也。

十方如来，诵此咒心，成无上觉；坐菩提树，入大涅槃。

此明智断二果用。十方如来，诵此秘密咒心，以为成佛之本，转烦恼而成智果，故曰成无上觉。坐菩提树，一期弘化，转生死而成断果，故曰入大涅槃。足知此咒，为成始成终之大用也。

十方如来，传此咒心，于灭度后，付佛法事，究竟住持。严净戒律，悉得清净。

此明付法护戒用。十方如来，传此秘密咒心，化缘既毕，将欲归真，于灭度时，最后遗言，付嘱佛法，绍继之事，令得究竟住持。至于护戒一事，佛虽临涅槃，犹复叮咛告诫，以戒为师，故曰严净戒律，悉得清净。严以治身，净以治心，身心皎洁，有若冰霜，如是能正法长存，毗尼久住也。

若我说是佛顶光聚，般怛啰咒，从旦至暮，音声相联，字句中间，亦不重叠，经恒沙劫，终不能尽。

此更明无尽。若我说是佛顶光聚，般怛啰咒者，此略牒全名。虽从清旦，以至薄暮，音声相联，炽然说，无间歇，于其中间，字句亦不重叠。如是纵经恒河沙劫，极显其字句之广，说日之长，终不能演说得尽此咒之功用也。如

《华严》所谓，一字法门，海墨书而不尽者也。《正脉》云：此无尽乃约诸佛要用，并非众生用也。

亦说此咒，名如来顶。

不唯此咒，但名如来藏心，亦说此咒，名如来顶。表其至尊至妙，故能为众生利赖也。

汝等有学，未尽轮回，发心至诚，取阿罗汉，不持此咒，而坐道场，令其身心，远诸魔事，无有是处。

汝等有学，未尽轮回者：三果以前，皆名有学。以未能尽分段生死，所以犹属轮回。若发至诚心，至极诚恳，取阿罗汉者，设若不持此佛顶神咒，而坐修道之场，欲令身心清净，远离诸魔事业者，断然无有此理也。不持下乃反显，然持方远魔耳。

阿难，若诸世界，随所国土，所有众生，随国所生，桦皮贝叶，纸素白氎，书写此咒。贮于香囊，是人心昏，未能诵忆，或带身上，或书宅中，当知是人，尽其生年，一切诸毒，所不能害。

阿难，若诸世界，随所有国土，所有众生，随属何国，所生桦皮：桦树皮，治令薄软，可以作书。贝叶，贝多罗树叶，广长可书；纸素，纸之素者，如此方抹竹为浆，而制成之；白氎，白氎花所织成，可作书写之用。《正脉》云：白氎天竺物，纸类也，有价值无量者，此土无之。

即用上桦皮等，书写此咒，贮于香囊，以便带持。是人心中昏昧，秉性暗钝，无闻持力，未能诵忆，或带身上，或书宅中，粉壁俱可。当知是人：即是身带宅书之人。尽其生年者：谓从生至死。一切诸毒，所不能害者：一切诸毒，当分内外，内则贪、瞋、痴，称为三毒，由持咒治习，渐以熏化；外则蚖、蛇、蝮、蝎，所有毒类，由神咒威灵，悉以远遁，故所不能害。

阿难，我今为汝，更说此咒，救护世间，得大无畏，成就众生，出世间智。

此详伸此咒，有护生助道之功勋。阿难，我前说此咒，为诸佛要用，今则为汝更说此咒，为众生利赖。一、救拔护念，世间众生，于一切怖畏之中，能诵此咒，令魔鬼不扰，得大无畏。二、或遇有志修学圆通定慧者，令烦恼不侵，断惑修证，成就出世间智，如观世音，救世悉安宁，出世获常住。

若我灭后，末世众生，有能自诵，若教他诵，当知如是诵持众生，火不能烧，水不能溺，大毒小毒，所不能害。

若我灭后，末法之世，魔强法弱，众生修行，未免多障，欲免自障，诵此秘密神咒；欲免他障，教他诵此秘密神咒。当知如是持诵众生，自行化他，均得其益。火不能烧，水不能溺者：火有内火、外火，水亦有内水、外水，内火如欲火等，外火则从缘而起，如天火等。内水如爱水等，外水如劫水等。仗此咒力，自然不致烧溺。大毒如瘟疫流行，小毒如蛇蚖等触。如此诸毒，皆以神咒之力能回，故曰所不能害。

如是乃至天龙鬼神，精祇魔魅，所有恶咒，皆不能着，心得正受。一切咒诅，厌蛊毒药，金毒银毒，草木虫蛇，万物毒气，入此人口，成甘露味。

如是乃至下，恶咒不着。天龙举八部之二。无福德曰鬼，有福德曰神，得天之灵曰精，得地之灵曰祇，专于障道曰魔，一于惑人曰魅，此等皆能用咒以害人，故云恶咒。如遇秘密神咒，则如以尘扬于顺风，皆不能着。心得正受者：持咒持成三昧也。持至能所双亡，不受诸受，名得正受。咒诅厌蛊毒药：厌蛊者，尸毒也，又西南夷所畜，有蛇鼠虾蟆等类；毒药者，物毒也，鸩毛沥酒，沾唇即死。如上厌蛊毒药，皆能毒害于人，加以咒诅之力，则百发百中矣！此以邪受不能动，恶咒不能着，即究竟坚固之三昧也。金毒银毒者：温陵曰：金银入药，便能发毒。草木虫蛇，举此四类，余以万物毒气该之。入此人口，成甘露味者：甘露为不死之神药，饮之者，得益良多。《宝镜疏》云：此如鼎有灵丹，而顽铜钝铁，入者成金也。

一切恶星，并诸鬼神，碜心毒人，于如是人，不能起恶，频那、夜迦，诸恶鬼王，并其眷属，皆领深恩，常加守护。

一切灾变恶星,并诸恶鬼恶神,碜心毒人,包藏祸心,常以暗箭伤人之辈,莫不睹德容而意销,被慈风而心化,不但不能起恶,而且转暴为良也。频那、夜迦,诸恶鬼王,以诵咒饶益彼类;并其眷属,皆领深恩者:谓素蒙佛化,领佛深恩,为报佛恩,故于是咒,常加守护,为护咒故,并护持咒之人也。

阿难当知:是咒常有八万四千那由他,恒河沙俱胝,金刚藏王菩萨种族,一一皆有诸金刚众,而为眷属,昼夜随侍。

此下至无生忍,皆明助道成智。前说离难远魔,固是神王之力所及,此明助道须假菩萨。咒是诸佛心印,咒在之处,即为佛在,故常有圣众随侍,故嘱当知:是佛顶神咒,常有八万四千那由他,恒河沙俱胝,金刚藏王菩萨:那由他,此云万亿,俱胝,此云百亿,言菩萨之数,百亿不足以尽之,复以恒河沙计之,恒河沙百亿不足以尽之,复以万亿计之。万亿恒河沙百亿,不足以尽之,复以八万四千计之,极言数目有如许之多。现威勇之形,具降魔之力,故名金刚。蕴秘密之德,摄金刚之众,故称藏王。种族者:谓此唯一类相聚,故曰种族。一一皆有诸金刚众,而为眷属,听其驱策,如火头金刚,青面金刚等。此诸圣众,为护持咒故,并护卫持咒之人,昼夜恭随侍卫,如慈母之护婴儿,时刻不离也。

设有众生,于散乱心,非三摩地,心忆口持,是金刚王,常随从彼诸善男子,何况决定菩提心者,此诸金刚菩萨藏王,精心阴速,发彼神识。

设若有众生,于散心乱心之时,非有正定,常住三摩地,但能散心思忆神咒,乱心口持神咒,虽非定心忆持,而金刚王亦常随从于彼,为报佛恩,格外施护也。通称男子者,以能忆神咒,即具善根故也。何况反显辞,彼邪定聚,及不定聚众生,尚蒙金刚随护,何况此等决定发菩提心者,是回小向大,修习耳根圆通,志在无上菩提也。此诸金刚菩萨藏王,执金刚杵,持秘密藏,或称金刚菩萨,或称菩萨藏王,或称金刚藏王菩萨,或称金刚菩萨藏王,或称金刚王,或称金刚藏,随称皆可。以此菩萨,既得如来藏心,去惑纯精,而与行人,现具藏心,本来无二。圣凡虽异,心精通吻,故能以同体心精。阴者冥也，速者疾也，冥冥之中，如两镜相对，以心印心，速疾启发彼持者之神识，应时得大开悟也。

> 是人应时，心能记忆，八万四千恒河沙劫，周遍了知，得无疑惑。

此神识通明。是人，即指精心阴速之人，应时心能记忆八万四千恒河沙劫前事。一切妙理，周遍了知，得无疑惑，似涉三明。况河沙纪劫，迥超小乘八万故能获宿命，而得天眼也。温陵曰：即所谓成就众生出世间智也。

> 从第一劫，乃至后身，生生不生，药叉罗刹，及富单那，迦吒富单那，鸠槃茶，毗舍遮等，并诸饿鬼，有形无形，有想无想，如是恶处。

此永离恶处。从第一劫：谓从初发心持咒时起，乃至超略中间，直至最后身。生生谓舍生趣生，不生下之诸趣，因得通明，有助道故。药叉或云夜叉，捷疾鬼也。罗刹此云可畏，食人鬼也。富单那此云臭恶鬼，主热病鬼也。迦吒富单那，此云奇臭恶鬼，主热病之甚者。鸠槃茶此云瓮形，魔魅鬼也。毗舍遮或云毗舍阇，此云啖精气，以能啖人精气，及啖五谷精气。并诸饿鬼：如大腹、臭毛、针咽、炬口等。有形：即是有色，如休咎精明。无形：即是无色，如空散销沉。有想：即灵通怪变，如鬼神精灵。无想：即凝滞坚顽，如精神化为土木金石等。如上诸处，各有自苦，遮障圣道，故曰恶处。然既生生不生，则圣道可修，宜乎因圆果满，而至最后身矣！

> 是善男子，若读若诵，若书若写，若带若藏，诸色供养，劫劫不生，贫穷下贱，不可乐处。

是善男子：指决定发菩提心人。不唯不生杂趣，即于人中，不可乐处，亦复不生。若果将此神咒：对本曰读，背本曰诵，敬写为书，便书为写，身佩名带，器贮名藏。诸色供养：如香、花、灯、涂、果之类。劫劫不生，贫穷下贱：贫贱皆妨道业，为不可乐处。既不生此，则定生可乐处。以持尊胜顶法，故感尊胜果报也。

> 此诸众生，纵其自身，不作福业，十方如来，所有功德，悉与此人。

此为生佛界之由。若果欲生佛界者，定必多修福德因缘方可。今此人自身不作福业，但能持咒，而十方如来，所有功德，悉与此人者，咒力使然也。

> 由是得于恒河沙阿僧祇，不可说不可说劫，常与诸佛同生一处。无量功德，如恶叉聚，同处熏修，永无分散。

由是下，得生佛前。且得于恒河沙阿僧祇，不可说不可说劫，与佛同生一处，所谓常在佛前是也。无量功德下，方是生后功德，既常在佛前，必常随佛学，了知诸佛为众生心内诸佛，众生乃诸佛心内众生，心佛及众生，是三无差别。如恶叉聚之果，三果一蒂，不相舍离，同处熏炼修习，永无分别离散矣！

> 是故能令破戒之人，戒根清净；未得戒者，令其得戒；未精进者，令其精进；无智慧者，令得智慧；不清净者，速得清净；不持斋戒，自成斋戒。

《指掌疏》云：承上神咒，以有如是利益，是故能令众行成就。破戒之人：如阿难八万行中，只毁一戒。戒根清净者：如阿难心清净故，尚未沦溺。未得戒者：如登伽宿为淫女。令其得戒者：如登伽今为性尼。未精进者：如阿难专好多闻，登伽偏于淫爱。令得精进者：如阿难殷勤请定，登伽成精进林。无智慧者：如登伽缠眠贪爱，不知为苦。令得智慧者：如登伽与罗睺母，同悟宿因。不清净者：如登伽未蒙咒前，欲焰飞扬。速得清净者：如登伽蒙咒后，淫心顿歇。设或此人，纵有宿愆，不能持斋与持戒者，但能持此咒，日久月深，消除业障，自然成就，能令斋戒圆成。如上破戒之人，能令戒根清净等，总指未持咒前，有种种诸事，自持咒之后，仗神咒功勋，自能成就。但举阿难登伽二人，为证甚善。末后不持斋戒，自成斋戒者：并非谓不要持斋戒，自然能成斋戒，此种恶习，自当诫之。须知戒为无上菩提本，斯言信不诬也。

> 阿难，是善男子，持此咒时，设犯禁戒，于未受时，持咒之后，众破戒罪，无问轻重，一时销灭。

此明持咒能灭现在诸罪也。阿难，是善男子，持此咒时，自应严持禁戒，以佛有明诲，故设有犯一切禁戒，于未受持此咒时，乃属往愆。今既持咒自新，誓不更犯，则从前所有众破戒罪，无问所犯轻重，一时消灭。重谓小乘初篇，大乘十重；轻谓小乘余篇，大乘四十八轻。《指掌》云：羯磨云"前心作恶，如云覆日，后心起善，似炬销暗"。今既似炬销暗，乃何罪不灭？故无问轻重也。

纵经饮酒，食啖五辛，种种不净，一切诸佛，菩萨金刚，天仙鬼神，不将为过。

纵使往日，曾经饮酒，酒虽非荤物，而无性命，然酒为起罪因缘，故宜禁戒。食啖五辛，如葱、蒜、韭、薤、兴渠，此五辛，熟食发淫，生啖增恚，以至种种荤腥，不净之物。今既持咒之后，则诸佛菩萨，金刚天仙鬼神，不将为过，以既往不咎也。

设着不净，破弊衣服，一行一住，悉同清净。纵不作坛，不入道场，亦不行道，诵持此咒，还同入坛，行道功德，无有异也。

准前文，佛教着新净衣，燃香诵咒，又教六时行道，三七不寐。今云设着不净者，则不局于净衣；又云破弊者，则不局于新衣；又云凡一行动者，则不局于六时行道也；凡一住此者，则不局于三七不寐也。此为行头陀行，清贫不备者，恐失诵咒利益，故特开许，悉同清净也。准前文，如法建坛，依教行道，方合如来清净轨则。今者此人既乏资财，纵不作坛，又不能入楞严道场，亦不能随众行道，所有功德，等无有异。

若造五逆，无间重罪，及诸比丘、比丘尼，四弃八弃，诵此咒已，如是重业，犹如猛风，吹散沙聚，悉皆灭除，更无毫发。

此极重罪灭。设若未诵咒前，造此五逆：杀父、杀母、杀阿罗汉、破和合僧、出佛身血，当堕五无间地狱，故云无间重罪。及诸比丘四弃：即杀、盗、淫、妄，四波罗夷罪。梵语波罗夷，此云弃，谓犯此罪者，永弃佛法海外，犹如大海，不纳死尸也。比丘尼八弃者，前四根本戒，与比丘同，再加触、八、覆、随。第五触，谓与染心男子，身相触；第六八，谓与染心男子，捉手捉衣，屏处共坐，共语、共行、相倚、相期等八事；第七覆，谓覆他重罪；第八随，谓随大僧供给衣食，即为僧所举，未作共住法者，不得随彼也。如是等罪，皆极重而不可忏者。若是知惭悔过，诵咒求忏，仗咒力故，应念消灭。如是重业，犹如沙聚，言沙已成聚，非猛风不能吹散。而密咒具不测之威神，故如猛风，一吹便散，悉皆消灭，更无毫发之少留也。

阿难，若有众生，从无量无数劫来，所有一切轻重罪障，从前世来，未及忏悔，若能读诵，书写此咒，身上带持，若安住处，庄宅园馆，如是积业，犹汤消雪。

此极远罪灭。阿难，若有众生，从于无量无数劫来，无量无数，乃西域十大数之一二。百洛叉百洛叉，为一无数；无数无数，为一无量。所有一切轻重罪障：罪之所以称障者，有碍正修故。从前世来，未及忏悔：忏具云忏摩，此翻悔过，忏是梵音，悔是华言，故称华梵兼举。忏者忏其前愆，悔者悔其后过，既未及忏悔，必障正修，欲修三摩，须假咒力。若能读诵，书写此咒，身上带持：读诵者，起坐不忘；书写者，触目惊心。若安住处，庄宅园馆：庄宅，常时安住处也；园馆，暂时游憩处也。如是积业，犹汤销雪：如是无量无数劫来，所有积聚罪业，仗神咒之功力，速能除灭，犹如沸汤销雪相似。

不久皆得，悟无生忍。

《正脉》云：圆实初住，便证此忍，别教当在地上，详前发通，乃是定心成就所发。今悟无生，乃是慧心成就所发。前但了知不昧，未必实证，万法无生，应知后位，深于前位，况得此忍之后，罪福皆空，圣凡情尽，可以魔佛一如，方能遍涉恶苦诸趣，而无碍无择。故知此科，超前诸科，而为助道之成功矣！又所谓出世间智者，发通成始，而无生成终也。按六科，前四即为人生善悉檀，第五对治破恶，第六第一义入理也。而前之救难，后之应求，乃世界欢喜悉檀也，余可类知。《指掌疏》云：宿障既销，三摩得成，故云不久得忍。准前俱空不生。按后乃当第三渐次，且不可作八地释之。

复次阿难，若有女人，未生男女，欲求孕者，若能至心，忆念斯咒，或能身上带此悉怛多般怛啰者，便生福德智慧男女。

此称遂愿求。因不谙佛法，但求世间福乐。设若有女人，未曾生男育女，欲求孕者，孕即怀胎。若能以至诚心，忆念斯咒。忆，则常时记忆；念，则常时持念，自应所求皆遂。设或秉性稍钝，不能忆念，只能身上带持此悉怛多般怛啰者，亦得同样功效。昔以未生男女，恐为丈夫所弃，今则便生福德智慧男女。有福德，富而仁；有智慧，聪而贤，此遂男女求也。

求长命者，即得长命；欲求果报，速圆满者，速得圆满；身命色力，亦复如是。

求长命者：贪生恶死，人之常情，无论富贵贫贱，皆求百年无病，永享遐龄。能持诵神咒者，即得长命。欲求果报，速圆满者：果报有福利修行，二种分别，此中似是福利。而修行，上科中资发通明，速得无生，修行已得圆满。身命色力，亦复如是：此福利果报。如谓身体健康，寿命延长，形色端正，筋力强壮。亦复如是者：指同上果报，速得圆满也。此钝根劣机，不知持咒，为当来成佛之因，惟求色身利益，故亦满其愿也。

命终之后，随愿往生十方国土，必定不生边地下贱，何况杂形？

此求身后往生。命终者，前阴已坏，后阴未成也。随愿往生十方诸佛净土，以持咒功力，得满所愿。决定不生边地下贱，边地下贱，尚且不生，何况地狱饿鬼等，杂形异报耶？《指掌疏》云：《大悲经》云：诵持大悲神咒，若不生诸佛国者，我誓不成正觉。盖彼兼菩萨愿力，此兼诸佛心力，以此咒是诸佛心咒，持此咒者，必为诸佛护念故。

阿难，若诸国土，州县聚落，饥荒疫疠，或复刀兵，贼难斗诤，兼余一切，厄难之地。

此正显此咒，能护国安民，转凶为吉也。若诸一国领土之内，州县者，国土之分治；聚落者，人烟聚集之村落，此又为州县所辖也。饥荒者：即五谷草菜不生，为饥馑难；疫疠者：疠乃四时不正之气，人得之而成疾疫，为疫疠难；刀兵者：边疆不靖；贼难者：家国不宁；斗诤者：群小为乱，皆刀兵难也。兼余一切厄难之地者：如久雨为患，旱魃成灾，蝗虫肆虐，风雹时至，凡有损于众生者皆是。

> 写此神咒，安城四门，并诸支提，或脱阇上，令其国土，所有众生，奉迎斯咒，礼拜恭敬，一心供养，令其人民，各各身佩，或各各安所居宅地，一切灾厄，悉皆销灭。

写此神咒，安城四门：众人往来，必经之处。并诸支提：此云可供养处，即清净佛刹之都称。或脱阇上，脱阇此云幢，如尊胜幢，陀罗尼幢之类。令其国土，所有众生，礼拜恭敬。皆同一心，至诚供养。令其人民，各各身上，佩带此咒，或各各安供于而居宅地；一切灾害危厄之事，悉皆销灭，自可化暴戾为祥和也。

> 阿难，在在处处，国土众生，随有此咒，天龙欢喜，风雨顺时，五谷丰殷，兆庶安乐。

随在随处，国土所有众生，皆宜有咒，随有此咒之地方，能信受奉持，方感天龙欢喜，则风雨顺时。如古之盛时，五风十雨也。由是则五谷收成，必丰盛而殷实也。兆，十亿为兆；庶，众也，儒典以民为庶。今云兆庶者，即指民众之多，非局定数也。安乐者，谓各安居乐业也。

> 亦复能镇，一切恶星，随方变怪，灾障不起，人无横夭，杻械枷锁，不著其身，昼夜安眠，常无恶梦。

镇者压也，以此神咒，亦复能镇压一切恶星。星各有方，故曰随方。变怪者，反常曰变，异余曰怪，如前彗孛飞流，随其所感之方而现；彼国众生，本所不见，亦复不闻；盖人事作于下，天道应乎上，然变怪既已不兴，灾障自然不起。灾不起，则各尽天年，故曰人无横夭；障不起，则相安无事，故杻械枷锁，不著其身。昼夜安眠，常无恶梦者：昼为觉时，夜为卧时，安眠者，无有梦想也，谓灾障既无，自然卧安觉安，梦想亦安矣！

> 阿难，是娑婆界，有八万四千，灾变恶星，二十八

大恶星，而为上首；复有八大恶星，以为其主。作种种形，出现世时，能生众生种种灾异。

娑婆界者，五浊恶世，故有恶星，净土无之。八万四千者，乃周列宿之总数，乃应众生烦恼之数。灾变恶星者，恶不自恶，因灾而变，故云灾变恶星。二十八者，为四方之经，八大星者，为循经之纬也。二十八星，佛经世典，大同小异，如东方七星，依《孔雀》，谓：昴、毕、觜、参、井、鬼、柳；而世典，则角、亢、氐、房、心、尾、箕也。南方七星，依《孔雀》，谓：星、张、翼、轸、角、亢、氐；而世典，则井、鬼、柳、星、张、翼、轸也。西方七星，依《孔雀》，谓：房、心、尾、箕、斗、牛、女；而世典，则奎、娄、胃、昴、毕、参、觜也。北方七星，依《孔雀》，谓：虚、危、室、壁、奎、娄、胃；而世典，则斗、牛、女、虚、危、室、壁也。或《孔雀》约灾变，而世典约常度；言地方清宁，则四七各住本位，若灾难将起，则四七递互交错，能统领八万四千，而为上首。复有八大恶星，长水谓：金、木、水、火、土、罗睺、计都、彗，有谓五星与罗、计、孛也。以为其主者：以为八万四千之主，二十八大恶星。以为其帅，上列天象，下应人事，顺则为福应，逆则为灾应。儒书所谓惠迪吉，从逆凶，作种种形，或商羊舞水，石燕飞风，如为小儿，幻出歌谣等。出现世时，能生一切众生种种患变灾异，非常不测之事。

有此咒地，悉皆消灭。十二由旬，成结界地，诸恶灾祥，永不能入。

温陵曰：以咒力叶乎百顺，故恶变悉灭于天，灾祥不入其境。有此秘咒之地，则能反凶为吉，所有灾象，悉皆消灭。由旬者，正云踰善那，此云合，犹此之驿站也。乃轮王巡狩，一停之舍。由旬有三种：大者八十里，中者六十里，小者四十里。成结界地者：百灵呵护。诸恶灾祥，永不能入：祥者，吉凶之先兆也；灾祥当是凶兆，不取吉祥之义。

是故如来，宣示此咒，于未来世，保护初学，诸修行者，入三摩地，身心泰然，得大安隐。

承上持咒，能获如上种种利益，由是之故，如来宣示此咒，留于未来之世，保护初心修学。而不言现在者，以现在佛世，魔不得便，故而不言。久修者，以久修之士，有力降魔故。入三摩地者：以从耳根圆通，入正定者。身心泰然：内外身心，解脱自在，得大安隐也。

> 更无一切，诸魔鬼神，及无始来，冤横宿殃，旧业陈债，来相恼害。

更无一切者：神咒保护之力。诸魔鬼神：如后阴魔中说。及无始劫而来，冤对横祸之宿殃，陈旧未了之业债，来相恼害身心，令三摩不成也。

> 汝及众中，诸有学人，及未来世，诸修行者，依我坛场，如法持戒，所受戒主，逢清净僧，持此咒心，不生疑悔。

汝及众中，诸有学人：指三果以前之众。及未来世，诸修行者：未来尚资保护，现会益当信受，依我坛场，所定仪轨，如法持戒，皎如冰霜。所受戒主，逢清净僧，持此咒心，不生疑悔。《正脉》云：不犯四过，一坛差，二戒缺，三师秽，四疑悔，犯一则难现生取证，惟种远因而已。

> 是善男子，于此父母，所生之身，不得心通，十方如来，便为妄语。"

是善男子，不犯四过，于此父母，现前所生五蕴之身，不待后身，若不能得心地，明了藏心，以获圆通者，则十方如来，所说之法，便为妄语。《指掌疏》云：心通者，即是心地开通，果能如上所说，不犯四过，自然心地开通；设或自力未充，亦必蒙佛现助。如前略示定慧云：我自现身，至其人前，摩顶安慰，令其开悟是也。余谓设或自力现证，必得圆解大开；如前三七定后云：端坐安居，经一百日，有利根者，不起于座，得须陀洹果。既证初果，能断见惑，如阿难位居初果，于本经三卷毕，大开圆解，谓不历僧祇获法身，即使其身心，圣果未成，决定自知成佛不谬矣！设或心精通吻，决定必得宿命，如前圆证通明云：是人应时，心能记忆，八万四千恒河沙劫，周遍了知，得无疑惑矣。

> 说是语已，会中无量百千金刚，一时佛前，合掌顶

礼，而白佛言："如佛所说，我当诚心，保护如是修菩提者。"

金刚者：即手执金刚杵，乃力士众也。无量百千，极言其多也。一时佛前，合掌顶礼，而白佛言：如佛所说神咒，有如是利益。我当至诚，保佑护持，如是修菩提者：谓修耳根圆通，乃得菩提之正定，由护咒所以护人，亦藏王眷属之类，非是后文之菩萨也。

尔时梵王，并天帝释，四天大王，亦于佛前，同时顶礼，而白佛言："审有如是，修学善人，我当尽心，至诚保护，令其一生，所作如愿。"

梵释二天统尊，四天王为帝释外臣，亦于佛前同时顶礼，而白佛言：审有，果有也。如是持咒修学耳根圆通者，即为纯善之人，我当尽心至诚保持卫护，令其一生之中，凡有所作，悉皆如愿也。《指掌疏》云：一生所作如愿者：即于现身圆满菩提，所谓不历僧祇获法身也。《正脉》云：一生如愿，谓令现生取证，及心通也。此入理悉檀。若作事事如愿，即余三悉檀矣。

复有无量，药叉大将，诸罗刹王，富单那王，鸠槃茶王，毗舍遮王，频那夜迦，诸大鬼王，及诸鬼帅，亦于佛前，合掌顶礼："我亦誓愿，护持是人，令菩提心，速得圆满。"

此曰大将、曰王，皆统尊之义。亦于佛前顶礼，而发誓愿，护持是诵咒修习之人。令菩提心速得圆满者：上求佛道之心，速得圆满成就也。

复有无量，日月天子，雨师、云师、雷师并电伯等，年岁巡官，诸星眷属，亦于会中，顶礼佛足，而白佛言："我亦保护是修行人，安立道场，得无所畏。"

日月为世界照临之主，一四天下，一对日月，故云无量。风、雨、云、雷而称师者，电称伯者：长也，即统尊之号。年岁巡官者：即司年值岁，监察人间所有善恶之巡官，如十二宫神之类。亦于会中，顶礼佛足，而白佛言：见贤思齐，亦愿保护是修行耳根圆通之人。安立楞严道场，令其克期取证，心安如海，得无所畏也。

> 复有无量，山神、海神，一切土地，水、陆、空行，万物精祇，并风神王，无色界天，于如来前，同时稽首，而白佛言："我亦保护是修行人，得成菩提，永无魔事。"

复有无量山神，即主山神，如五岳之类；水神，即主水神，如四渎之类；土地，即主地神，如坚牢地神之类。水陆空行者：此举三居，以该一切神祇也。万物精灵者：如药草树林，苗稼神等。以上乃有形之类，下属无形之类。风神王：即主风神也。无色界天：即四空天也。于如来前，同时稽首，而白佛言：或云风神王，无色界天，凭何稽首？答：舜若多神，如来光中，映令暂现，亦得受乐。如《涅槃》云：非想等天若无色者，云何得有去来进止？《阿含》云：舍利弗灭，无色界天，泪下如雨，是皆显其无粗色，有细色也。故《中阴经》云：无色界天，礼拜世尊，则今之稽首，即礼拜也。我亦保护，是修行人，得成无上菩提，中间永无魔事。

> 尔时，八万四千那由他，恒河沙俱胝，金刚藏王菩萨，在大会中，即从座起，顶礼佛足，而白佛言：

此明内圣，金刚藏王菩萨，发愿护咒。《正脉》云：证究竟坚固之理，故称金刚；秘迹护持，故称藏；慈威特胜，折摄并行，故称王。菩萨是其常仪，降魔则现持杵忿怒金刚之相。《宝镜疏》云：金刚藏王者，依究竟坚固，如来藏心，全体大用，以立名也。盖首楞严定，亦名金刚三昧，所以地上菩萨，破除无明，皆用金刚正智，以其根本无明，最细最坚，若非金刚正智，则不能破故。此咒心亦称金刚者，以从如来金刚心内，所流出也。故能除宿障，破无明，翻转尘劳，而成护法，即有八万四千，金刚正智，常随守护也。

> "世尊！如我等辈，所修功业，久成菩提，不取涅槃，常随此咒，救护末世，修三摩地，正修行者。

世尊！如我等辈，指同行菩萨，所修功业，历位断证久矣！当成菩提，现在不取菩提，而证涅槃，而实圆住三秘密藏，常随此咒，救护末世，修三摩提，指修习圆通之人。正修行者：谓持戒诵咒，方得远魔离障，为正修行。此表其不舍众生，带果行因，以酬护生之本愿也。

　　世尊！如是修心，求正定人，若在道场，及余经行，乃至散心，游戏聚落，我等徒众，常当随从，侍卫此人。

世尊！如是修心，修三摩提，求得楞严正定之人，若使在道场静坐，专修反闻工夫。及于余处经行，持诵秘密咒心，此是正定聚者。乃至散心，游戏聚落，谓欲求正定，不能摄心，乃至散心，虽然散心，不忘诵咒，此是不定聚者；闲游嬉戏，于人烟集聚，村落之中，此是邪定聚者。我等徒众，指所统领眷属，如前云：一一菩萨，皆有诸金刚众，而为眷属是也。又前云：设有众生，于散乱心，此不定聚也；非三摩地，此邪定聚也。心忆口持，是金刚王，常随于彼，何况决定菩提心者，此正定聚也。此则直言俱护耳，故曰常当随从侍卫此人，亦显为法为人之深心也。

　　纵令魔王，大自在天，求其方便，终不可得。诸小鬼神，去此善人，十由旬外；除彼发心，乐修禅者。

纵令魔王：欲界顶天。大自在天：即色界顶天。摩醯首罗天王，三目八臂，骑白牛，执白拂。此二魔王天，贪恋尘劳，恼乱正修。求其方便，终不可得者：无隙可乘也，有菩萨救护故。诸小鬼神者：指魔民魔女等，去者离也，离此善人，十由旬外；前云，有此咒地，十二由旬，成结界地。除彼发心，乐修禅者：诸魔鬼神，亦有发菩提心，好乐修禅之者，愿随行人，亲近修习，故不袪除，准许随从也。

　　世尊！如是恶魔，若魔眷属，欲来侵扰，是善人者，我以宝杵，殒碎其首，犹如微尘；恒令此人，所作如愿。"

世尊！如是恶魔：指上二魔王天，常欲恼害正修，故以恶魔称之。若魔眷属：指上诸小鬼神，是其伴侣，故以眷属称之。欲来侵恼扰害，修三摩提之善人者，我以宝杵，殒碎其首，犹如微尘：殒灭也，宝杵拟之，其首即碎，不待触击也。恒令此人，所作如愿者：恒者常也，常时救护此人，凡所修为，悉皆如意，离诸障难，故云如愿也。《指掌疏》云：问：菩萨以慈悲为本，十重以杀戒为先，况复四种明诲，言犹在耳，遽发是愿，应为佛呵，若果杵碎其首，犯杀违慈，其如菩萨行何？答：如父母之于儿女，笑骂皆为教道，菩萨之于众生，折摄俱属拔济。故孤山云：若涅槃杀阐提，仙预诛净行，皆住无缘慈，得一子地，乃能如是。是知此之杵碎其首，本无瞋怒，而其恒令如愿，亦非喜爱；必以如是之人，乃可发如是愿，如来不呵，非为无故，幸勿以大鹏比鸱鹗也。

《正脉》云：自初华屋请修，以至此文，当为巧修正助周。夫二修虽皆最初方便，而耳门深入，是为正修，而道场持咒，皆为助行。是知方便修人，自分利钝二根。根稍利者，固不必道场等助，而自脱缠以入圆通，如阿难是也。根稍钝，而不能促入者，方用后门助之。问："此既一周，何无证悟之人？"答："证悟在正行之末，此但助行，故无证悟。其于经题，四实法中，正属修证了义耳"。

楞严经讲义第十九卷

此文乃答阿难妙禅那之请。佛为说禅那证位，令住圆定，直趣菩提，即题中诸菩萨万行。因前阿难妙奢摩他之请，佛为说奢摩他路，令悟密因，大开圆解，即题中如来密因。次因阿难妙三摩之请，佛为说三摩修法，令依耳根，一门深入，即题中修证了义；佛敕文殊选择，偈云：此方真教体，清净在音闻，欲取三摩提，实以闻中入。又云：旋汝倒闻机，反闻闻自性，性成无上道，圆通实如是。而阿难心迹圆明，悲欣交集，是中修行，得无疑惑，复愍末世，请示道场加行。佛复为说四重律仪，道场定慧，并亲闻神咒，则巧修正助已周。

此下阿难请问位次，佛为说妙禅那，梵语禅那，此云静虑，静即是定，虑即是慧。双蹑前奢摩他，即定之慧，三摩中即慧之定，成一圆定；是已登圆教初住，令住在圆定之中，定慧均等，不偏空有二边，中中流入，萨婆若海，带果行因，经历五十五位，真菩提路，任运修证，直趣无上菩提，方为一期修证事毕。此亦无修之修，无证之证。前修证了义，乃自利行，此为两利行也。圆满菩提，归无所得。

阿难即从座起，顶礼佛足，而白佛言："我辈愚钝，好为多闻，于诸漏心，未求出离，蒙佛慈诲，得正熏修，身心快然，获大饶益。

既悟圆通本根，又闻道场修法，欲谢佛恩，故即从座起，顶礼仰白。智不胜曰愚，根不利曰钝，由智劣故，但好多闻，未能思修正定，得证圆通；由根钝故，于诸漏心，未能进断细惑，以求出离。现前蒙佛慈诲者：即选根加行，两重深诲，得正助熏修，楞严大定，故身心快然安乐，今日获大丰饶利益也。

世尊！如是修证，佛三摩提，未到涅槃，云何名为干慧之地？四十四心，至何渐次，得修行目？诣何方所，名入地中？云何名为等觉菩萨？"

此明当机已悟正助熏修之法，复请位次也。如是指法之词，发心修证，十方诸佛，最初所修三摩提，从始至终，但未到极证涅槃之前，云何名为干慧之地？四十四心，即十信、十住、十行、十回向、四加行也。《楞严》十信，与他经不同，因开初住为十信也。况后初住，明言发此十心，又云十用涉入，圆成一心也。至何渐次，得修行目：此二句应在三摩提下，后再接未到涅槃，云何名为干慧，与下正文，次序方合。渐次即三渐次：一者修习，除其助因；二者真修，刳其正性；三者增进，违其现业。得修行目者：即办道之眼目也。诣何方所者：以十地地地断障，地地证真，各有方所分剂，不相逾越，名为深入十地之中；云何修习，进断生相无明，名为等觉菩萨？

作是语已，五体投地，大众一心，伫佛慈音，瞪瞢瞻仰。

作是语已，五体投地者：请法之诚，五体并投于地。大众一心，伫佛慈音者：大众多人一心，伫待如来慈悲法音。瞪瞢瞻仰者：两目直视于佛，瞻仰待教也。

染净二缘，皆由心起。心迷，则依本觉，而起不觉，即染缘起，遍成十二类生，轮回诸趣。心悟，则依不觉，而起始觉，即净缘起，上历五十五位，究竟涅槃。

尔时世尊，赞阿难言："善哉善哉！汝等乃能，普为大众，及诸末世，一切众生，修三摩地，求大乘者，从于凡夫，终大涅槃，悬示无上正修行路。汝今谛听，当为汝说。"

阿难大众，合掌刳心，默然受教。

重赞阿难言，善哉，善哉者：一赞其自己，得正熏修；二复为大众，及末世众生，发利他心。凡修楞严正定，求大乘者，如前云，汝等若欲捐舍声闻，修菩萨乘，入佛知见，始从凡夫，由三渐次，终至妙觉，大涅槃果海，其间经历,所有五十五位,真菩提路,愿其预先,悬为指示,无上菩提,正修行路。三渐是凡,涅槃果海是圣,而非是路,正令现未,修正定者,中中流入。从始洎终,中间永无诸委曲相,汝今谛实而听,当为汝说。阿难与诸大众,合掌剋心:剋剔去也,如剋木为舟,剔去其实,而虚其中也。即剋剔缘虑分别之心,一念不生,默然领受教法矣!

佛言:"阿难当知,妙性圆明,离诸名相,本来无有,世界、众生。

此举所依之真,要阿难起智观察。真如为染净诸法所依之源,而不为诸法所变,以真如具有不变、随缘二义故。当知真如界内,绝生佛之假名,离染净之诸相。妙性圆明:即妙真如性,圆满十虚,明照无二,弥满清净,中不容他。其体本来离诸名相,名言未立,相状未彰,岂有世界众生,种种名相之可得?如四科总文云:性真常中,求于去来迷悟生死,了无所得。亦如六祖所云:本来无一物,何处惹尘埃。此说真如门,下说生灭门。

因妄有生,因生有灭,生灭名妄。

上约其体,清净不变,下约其用,随缘自在。随迷悟缘,循染净业,故有生佛之名相。此三句,略示染缘起。因妄,即因最初一念无明妄动,此生相无明,而为诸妄之根源。有生者,即三细俄兴,六粗竞作,遂有无情之世界发生,有情之众生受生。因有妄生,必有妄灭,生非真生,灭非真灭。故曰生灭皆名为妄。故有二种颠倒,乃至十二类生。此依染缘起,而立众生世界之名相也。

灭妄名真,是称如来,无上菩提,及大涅槃,二转依号。

此略示净缘起。由知生灭名妄,乃欲灭妄,方名为真,遂乃发心修行,故有三渐次,五十五位,正修行路,直趣妙觉果海,是称如来;此依净缘起,而立菩提涅槃之名相也。无上菩提:佛之智果,乃转烦恼而成;大涅槃:佛之断果,乃转生死而得。是知烦恼生死,菩提涅槃,乃生佛迷悟,辗转相依,二种名号而已。故曰二转依号,亦非实有体性,即所谓涅槃生死等空华是也。

阿难，汝今欲修，真三摩地，直诣如来大涅槃者，先当识此众生、世界，二颠倒因。颠倒不生，斯则如来真三摩地。

此明须识二倒之因。故呼阿难而告之曰：汝今欲修真三摩地者，但向耳门，反闻照性，即是首楞严王，如幻三摩提，全性起修，全修在性，故名为真。由耳门下手，可以直诣（往也，到也）如来大涅槃。从因至果，中间经历，五十五位，真菩提路，不落支歧。故此耳门，即十方婆伽梵，一路涅槃门也。欲修此门，先当识此众生、世界，二种颠倒，生起之因。此世界，是有情世界（即十二类生），非器世界也。二颠倒因：即有情世界，有情众生，分之为二，皆由最初一念颠倒，以为生起之因；倘若一念不生，即颠倒不生，斯则如来真三摩地。即所谓狂心若歇，歇即菩提，胜净明心，本周法界，不从人得。

阿难，云何名为众生颠倒？阿难，由性明心，性明圆故，因明发性，性妄见生，从毕竟无，成究竟有。

此明真如随染缘，从真起妄。初句征问，下释颠倒之因。由性觉妙明之真心，性本自明，圆照法界，此依性明体中，圆具十法界之故。下起随缘妄用。因明发性者：因妄加明于觉体之上，遂发生业识之性，此句即性觉必明，因明立所。明即能明之无明，性即所生之业相；亦即《论》云：依不觉故心动（即业相）。性妄见生者：业识之性，由无明力，转本有之智光，为能见之妄见生焉；即所既妄立，生汝妄能，亦即《论》云：依动故能见（即转相）。从毕竟无，成究竟有者：从毕竟无名无相之中，由妄见故，遂成究竟有相之境界，即无同异中，炽然成异；亦即《论》云：依能见故，境界妄现（即现相）。此妄相，惟以一念无明，虚妄而有也。

此有所有，非因所因，住所住相，了无根本。本此无住，建立世界，及诸众生。

首句，此有：即能有之无明；所有：即三细之诸相。二句，因者依也，无明为能有，似是所依，以能为三细诸相所依故；三细诸相为所有，似是能依，以依无明有故。其实无明，非真所依，诸相，非真能依，故曰：非因所因，以无明无自体故。住所住相者：以众生为能住，无明为所住，既所住之无明本空，而能住之众生，岂得实有哉？故曰：了无根本，以二皆虚妄故也。

本此无住，建立世界，及诸众生者：承上众生世界，既同一虚妄，则惟有性觉妙明之真心耳。此心为无住本，不但为众生之本，而山河大地之世界，及与一切之众生，皆依之而得建立也。若是，生先界后，方是说有情世间，今界先生后，方是说器界世间。本科唯明众生颠倒，世界二字，但顺便带言而已。

迷本圆明，是生虚妄。妄性无体，非有所依。

《正脉》云：妄业不能亏曰本圆，妄惑不能蔽曰本明，此本圆明，即不变之性体。众生特为迷此不变之性体，是生虚妄之惑业。而追穷妄性无体，亦无依据，总言真不变，而妄本空也。然妄既本空，则妄无可离；真既不变，则真无可复矣！圆顿行人，但要知真不变，达妄本空足矣！真不变则不须复，妄本空则不须离。如《圆觉》云：知幻即离，离幻即觉。一念回光，便同本得。

将欲复真，欲真已非；真真如性，非真求复，宛成非相，

首句，若久处轮回，心生疲厌，将欲离妄复真，有欲复真，已非真真如性矣！前云：菩提心生，生灭心灭，此亦生灭。以一真之性，不容起见，举心即错，动念即乖。如张拙《悟道偈》云：断除妄想重增病，趣向真如亦是邪。非真求复，宛成非相者：非真，即生灭妄心也，以生灭之心，求复真常之性，则真常亦成生灭矣。即前颂云：言妄显诸真，妄真同二妄，故曰：宛成非相，非相即妄也。以妄心起妄见，如《圆觉》云：未出轮回，而辨圆觉，彼圆觉性，即同流转。如云驶月运，舟行岸移矣。

非生、非住，非心、非法，展转发生，生力发明，熏以成业。同业相感，因有感业，相灭相生，由是故有，众生颠倒。

此明无明属生相，业识属住相，见分属心相，相分属法相，一一非真，故曰非生非住，非心非法，皆是虚妄。然妄上加妄，故曰展转发生。此句双贯上下，上则无明生三细，下则境界长六粗，由法相引起智相、相续相、执取相、

计名字相。生力发明者：发明即显著义，以展转发生之力，渐渐显著，生起七转识之粗相，则诸惑备矣！熏以成业者：诸惑熏习，能成诸业，即起业相。同业相感，即业系苦相。因彼业同，乃得相感润生之惑；于父母有缘处，正当交遘之时，见有明相发现，此即见明色发，明见想成，异见成憎，同想成爱。父母感子女，以受生应之；子女感父母，以生身应之。因有相感之业会合，则中阴之相灭，胎中后阴之相生，由是在胎十月，出胎成人，故有众生颠倒之相。

阿难，云何名为世界颠倒？是有所有，分段妄生，因此界立，非因所因，无住所住，迁流不住，因此世成。三世四方，和合相涉，变化众生，成十二类。

此别明世界颠倒，属有情之世界，亦从真起妄。初句征问，下释颠倒之因。应同上科，由性明心，性明圆故，因明发性，性妄见生，从毕竟无，成究竟有，下接是有所有。此略而不叙者，因此世界，即众生身中之世界，故以前妄因，双贯此文，可不重叙，以是有所有，接成究竟下自明。是有：指能有之无明；所有：指众生之根身，由无明妄力，揽尘结根，所以分段之妄身生焉。因此虚妄，前后左右之界相成立，究其所以，积妄相成故也。

非因所因，无住所住者：无明本空，非是真因，而为世界所因；世界亦空，本来无住，而有所住之相，皆由众生，妄执四大为身，从始洎终，念念生灭，所以过、现、未来，迁流不住，因此虚妄，而三世成矣。三世四方，和合相涉者：以三世涉入四方，四方各有三世，则四三成十二；以四方涉入三世，三世各有四方，则三四亦成十二；方世和合，即前云：身中贸迁，世界相涉。不思议熏，不思议变，故变化众生，亦应其数，成十二类。是知十二类生，皆由一念无明，妄心之所熏变也。

是故世界，因动有声，因声有色，因色有香，因香有触，因触有味，因味知法。六乱妄想，成业性故，十二区分，由此轮转。

此正示熏变之相，是由无明妄力之故，则有世界妄生。推原其故，因无明风动，动则有声，故曰因动有声。因此动念习气熏变，故有狂华，于湛精明，无因乱起，无而忽有，故曰因声有色。因此色境，返熏妄心，故曰因色有香。

以香有能熏之义。因此返熏气分，令心触境，故曰因香有触；触即对也。因此心境相触，而生爱著，故曰因触有味；以味即爱著之义。因此绵爱味著，揽为法尘，故曰因味知法。观知字属意根，以后例前，必有闻声见色等义。此总显一念妄想，由习气内熏，发为六尘，尘必对根，根尘相对，识生其中。六乱妄想，熏成业性；业性，即十二颠倒，以为十二类生，受生之因。业因既成，业果必随，故感十二区分，受生之果。所谓熏以成业，业必感果。由此轮转诸趣，生死不休，岂不可畏哉！

是故世间，声、香、味、触，穷十二变，为一旋复。

此明循尘旋复，是依因感果之故。世间声、香、味、触，略举四尘，仍具六尘。穷十二变，为一旋复，当作二释：一如一声尘，类之不同，对类变化，卵生声，胎生声，乃至非无想声，色等诸尘，亦复如是，穷十二变为一周，旋复即轮回义，亦十二类生，类类具十二颠倒，依最重者先感报，如想重，先感卵生果报。如是一一颠倒，依业种，先后成熟，先后感报，穷十二变，为一次旋复，再起第二旋复。然必约六尘变化者，以六尘为造业之缘，业性为轮回之因。因缘和合，虚妄有生，轮回不息，故类生所以常有也。

乘此轮转，颠倒相故，是有世界，卵生、胎生、湿生、化生、有色、无色、有想、无想、若非有色、若非无色、若非有想、若非无想。

此显染缘起，而遍成轮回。如能返迷归悟，则可成净缘起，而上历圣位。兹约迷位。乘此轮转：乃有世界颠倒亦成十二类之故，此不独惑现，并由业招。若无十二颠倒，则惑不起，业不作，十二轮转，何自而来？是有世界：即十二类有情世界。下列其名，每以四生为一聚，三四十二，不出情想合离，更相变易。卵因想生，想性轻举，故多能飞。胎因情有，情性沉重，故不离地。湿以合感，乃以业力，合湿成形。化以离应，但以业力，离异脱蜕。此四生以具缘多少，而为次第。卵生具四缘，父缘、母缘、自己业缘，与父母合，再加暖缘，而得受生。胎生具三缘与上同，不必暖缘。湿生二缘，但以业缘合湿，而得阳光暖相之缘，即便得生。化生只要业缘，厌故喜新，便得脱蜕。

下八生，有色、无色、有想、无想，为一聚；非有色、非无色、非有想、非无想，为一聚。《灌顶》云：有色情而合，是休咎精明；无色情而离，是空散销沉；有想想而合，是鬼神精灵；无想想而离，是土木金石；非有色情离而合，是水母等；非无色情合而离，是咒诅厌生；非有想想离而合，是蒲卢等；非无想想合而离，是土枭破镜等。此且总标，下详其相。

此十二类中，一一皆云，因世界者，以前文，世界颠倒文中云：三世四方，和合相涉，变化众生，成十二类。正明皆由世界颠倒，虚妄有生也。共有十二颠倒、十二乱想。下文云：一一类中，各各具足，十二颠倒。又云：具足虚妄乱想，今每一类中，乃从重者，感报受生，非只此一种颠倒乱想也。

> 阿难，由因世界，虚妄轮回，动颠倒故，和合气成，八万四千，飞沉乱想。如是故有，卵羯逻蓝，流转国土，鱼、鸟、龟、蛇，其类充塞。

此卵生一类，由因世界颠倒，虚妄有生。卵惟想生，虚妄即是想，由虚妄想，展转不息，故成轮回性。动颠倒属惑，以想性轻举为动，与不动真心相背，是名颠倒之惑，有惑必定起业。

和合气成，八万四千，飞沉乱想：此依惑起业。卵以气交，如雄鸣上风，雌鸣下风，故名和合，气即业也。八万四千：按尘劳之数。气有刚柔，刚者成飞扬之乱想，柔者成沉滞之乱想。

如是故有，卵羯逻蓝，流转国土：此依业受报之相。如是，指上惑业为因；故有，即有因有果。卵羯逻蓝：此云凝滑，在胎初位，胎卵未分之相，即所感之果，传流展转，遍诸国土。鱼、鸟、龟、蛇：此出本类之名；气刚飞扬者为鸟，气柔沉滞者为鱼等。其类充塞，极言其多也。

> 由因世界，杂染轮回，欲颠倒故，和合滋成，八万四千，横竖乱想。如是故有，胎遏蒲昙，流转国土，人、畜、龙、仙，其类充塞。

此胎生一类，亦因世界颠倒，虚妄有生。胎因情有，杂染即是情，由是杂染爱情，展转不息，故成轮回性。欲颠倒属惑，以色贪恋爱为欲，与清净真心相背，是名颠倒之惑，有惑必定起业。和合滋成，八万四千，横竖乱想：此依惑起业；胎以精交，故名和合滋成。滋即精交滋润，即业也。八万四千，亦按尘劳之数。情有偏正，竖者为正，成人仙之乱想；横者为偏，成龙畜之乱想。

如是故有，胎遏蒲昙，流转国土：此依业受报之相。如是，指上惑业为因；故有，即有因有果。胎遏蒲昙，此云疱，在胎二七，胎卵渐分之相。即所感之果，传流展转，遍诸国土。人畜龙仙：此出本类之名。情正而竖立者，为人仙；情偏而横行者，为龙畜，其类充塞。

由因世界，执著轮回，趣颠倒故，和合暖成，八万四千，翻覆乱想。如是故有，湿相蔽尸，流转国土。含蠢蠕动，其类充塞。

此湿生一类，由因世界颠倒，虚妄有生。湿以合感，执著即合也。由是执情贪著，展转不息，故成轮回性。趣颠倒属惑，以趋势附利为趣，与湛寂真心相背，是名颠倒之惑，有惑必定起业。和合暖成，八万四千，翻覆乱想：此依惑起业，湿以闻香趋附，藉阳气而生，故名和合暖成，即业也。趋势之辈，惟利是图，翻覆无定，故曰翻覆乱想。如是故有，湿相蔽尸，流转国土：此依业受报之相。如是：指上惑业为因；故有：即有因有果。湿相蔽尸：此云软肉，即湿生初相。既不入胎，故无前二位。即所感之果，传流展转，遍诸国土。含蠢蠕动，此出本类之名，覆为含蠢，翻为蠕动，其类充塞。

由因世界，变易轮回，假颠倒故，和合触成，八万四千，新故乱想。如是故有，化相羯南，流转国土。转蜕飞行，其类充塞。

此化生一类，由因世界颠倒，虚妄有生。化以离应，变易，即离也。由是变故易新，展转不息，故成轮回性。假颠倒属惑，以假托因依为假，与不变真如相背，是名颠倒之惑，有惑必定起业。和合触成，八万四千，新故乱想：此依惑起业，触以触类而变，朝秦暮楚。爱此忘彼，故名和合触成，即业也。随情任意，厌故喜新，是为新故乱想。如是故有，化相羯南，流转国土：此依业受报之相。如是：指上惑业为因；故有：即有因有果。化相羯南：此云硬肉，以蜕即成质，故无蠕相。自此以下，皆曰羯南，以是诸类通称也。此即所感之果。传流展转，遍诸国土。转蜕飞行：即脱故成新，此出本类之名，如蚕化为蛾，脱行为飞；雀化为蛤，脱飞为潜等，皆属转变，其类充塞。天、狱鬼等，亦皆化生，中阴趣果，速疾无难。

由因世界，留碍轮回，障颠倒故，和合著成，八万四千，精耀乱想。如是故有，色相羯南，流转国土，休咎精明，其类充塞。

此有色一类，由因世界颠倒，虚妄有生。色乃色质，性非通明，是为留碍，遂事日月水火，为求光明色相，展转不息，故成轮回性。障颠倒属惑，以其障碍难通，坚执求明，与妙明真性相背，是名颠倒之惑。和合著成，八万四千，精耀乱想：此依惑起业。著即显著，或服日月之精华，或事星辰为父母，以求感格，而获光明，故名和合著成，即业也。想托彼之光华，成己之精耀，是为精耀乱想。如是故有，色相羯南，流转国土：此依业受报之相。如是：指上惑业为因；故有：即有因有果。色相羯南，流转国土。休咎精明：此出本类之名，或为日月之精华，或作星辰之明耀。吉者曰休征，凶者曰咎征。在物而为萤火蚌珠，其类充塞。

　　由因世界，销散轮回，惑颠倒故，和合暗成，八万四千，阴隐乱想。如是故有，无色羯南，流转国土，空散销沉，其类充塞。

此无色一类，由因世界颠倒，虚妄有生。无色，乃灭色归空，是为销散。展转不息，故成轮回性。惑颠倒属惑，以色身障碍为患。有欲销碍入空，与性色真空相背，是名颠倒之惑。和合暗成，八万四千，阴隐乱想：此依惑起业。暗即晦昧心灵，幽潜神识，故名和合暗成，即业也。思欲灭色，暗昧阴隐，是为阴隐乱想。如是故有，无色羯南，流转国土：此依业感报之相。如是：指上惑业为因；故有：即有因有果。无色羯南，流转国土：此类既是无色，何谓羯南？以虽无业果色，不妨依定果色立名也。空散销沉：对四空天说，空指空处，灭色归空故；散指识处，遍缘散乱故；销指无所有处，销除七转识故；沉指非非想处，沉沦空海故。以至舜若多神，旋风魃鬼等，皆无色摄，其类充塞。

　　由因世界，罔象轮回，影颠倒故，和合忆成，八万四千，潜结乱想。如是故有，想相羯南，流转国土，神鬼精灵，其类充塞。

此名有想一类,谓但有想心,而无实色。罔象者:若有若无,仿佛不实。缘想不息,故成轮回性。影颠倒属惑,谬执影像,邪妄失真,与法身实相相背,是名颠倒之惑。和合忆成,八万四千,潜结乱想:此依惑起业。忆即爱念忆想,然后托阴,故名和合忆成,即业也。如此世间,志慕灵通,潜神圣迹,结想状貌,是为潜结乱想。如是故有,想相羯南,流转国土:此依业感报之相。神鬼精灵者:神鬼,如岳渎城隍,魑、魅、魍、魉;精灵,如山、海、风精,祠庙土地等,其类充塞。

由因世界,愚钝轮回,痴颠倒故,和合顽成,八万四千,枯槁乱想。如是故有,无想羯南,流转国土,精神化为土、木、金、石,其类充塞。

此无想一类,谓但有色,而无思想。愚昧暗钝,毁弃聪明,屏除知识,展转不息,故成轮回性。痴颠倒属惑,痴迷无智,谬计无情有命,金石坚牢,与妙明真心相背,是颠倒之惑。和合顽成,八万四千,枯槁乱想:此依惑起业。冥顽无知,以无想为真修,将愚顽为至道,于无知觉处,妄生和合,故名顽成,即业也。念若死灰,心同槁木,是为枯槁乱想。如是故有,无想羯南,流转国土:此依业感报之相。但有顽碍之色,而无思想之念,故有精化土木,神为金石,华表生精,望夫成石之类,充塞世界。当知此等,痴心凝结,但以顽念,化作顽物,如木枯槁,根性尚在。顽念力销,依然流转,如枯木逢春,依旧发芽,无想报尽入轮,亦此类摄。

由因世界,相待轮回,伪颠倒故,和合染成,八万四千,因依乱想。如是故有,非有色相,成色羯南,流转国土,诸水母等,以虾为目,其类充塞。

此非有色一类,谓本非有色,藉物以成色。互相假待,展转不休,故有轮回。伪颠倒属惑,以虚伪为心,假托形势,与真如实际相背,是颠倒之惑。和合染成,八万四千,因依乱想:此依惑起业,迷昧天真,假藉浮伪,任运耽染,依附成形,故名和合染成,即业也。此如世间倚权借势,屈己从他,是为因依乱想。如是故有,非有色相,成色羯南,流转国土:此依业感报之相。本来非色相,假借外物,成己之色,不能自用,待物有用。诸水母等,以水沫成身，体如豆粉，状类祒褥，则非无色，以虾为目，待他有用，不能自全，故非有色。又水母因虾而得行，虾因水母而有托，递互因依；蟯蛔依人，亦此类摄。

由因世界，相引轮回，性颠倒故，和合咒成，八万四千，呼召乱想。由是故有，非无色相，无色羯南，流转国土，咒咀厌生，其类充塞。

此非无色一类。谓本非有色，因声呼召，引发神识，则非无色相，引之不已，故有轮回。性颠倒属惑，以迷惑自性，因随符咒调遣，与不动真如相背，是颠倒之惑。和合咒成，八万四千，呼召乱想：此依惑起业。多由邪咒呼召，而显灵异，故名和合咒成，即业也。此如人间，不明正理，互相诱引，乃随呼召，听令从命，是为呼召乱想。由是故有，非无色相，无色羯南，流转国土：此依业感报之相。故有随咒咀而灵异者，称仙称道；随厌祷而作祟者，为妖为怪，斯皆邪物，听人驱役，报吉谈凶，如乩坛樟柳鬼等，其类充塞。

由因世界，合妄轮回，罔颠倒故，和合异成，八万四千，回互乱想。如是故有，非有想相，成想羯南，流转国土，波蒲卢等，异质相成，其类充塞。

此非有想一类。谓非同卵生，想中传命者，乃二妄相合，展转互取，故有轮回。罔颠倒属惑，以性情罔昧，与圆明妙性相背，是为颠倒之惑。和合异成，八万四千，回互乱想：此依惑起业。异者，将他作自，取异为同，故名和合异成，即业也。此如世间，背亲向义，谬袭他宗，纳彼从我，相承继嗣，本无有子，乃称有子，本非是父，竟认为父，同异难分。彼此回互，是为回互乱想。如是故有，非有想相，成想羯南，流转国土：此依业感果之相。非有想相，成想羯南者：谓彼此异质，本非有想，欲成其相，但以二妄相合，竟成其想，流转国土。彼蒲卢等，异质相成者：蒲卢，亦名踝蠃，细腰蜂也。《诗经》云：螟蛉有子，蜾蠃负之。螟蛉青桑虫，蜾蠃运泥作房，负桑虫纳其中，咒祝曰：类我类我，七日化为其子。桑虫本非有想，欲成蜾蠃之相，因其咒故，遂成其想，是为异质相成。此皆好为诬罔诱取他人财物，纳为己有之报，其类充塞。

由因世界，怨害轮回，杀颠倒故，和合怪成，八万四千，食父母想。如是故有，非无想相，无想羯南，流转国土。如土枭等，附块为儿，及破镜鸟，以毒树果，抱为其子。子成父母皆遭其食，其类充塞。

此非无想一类。原为怀怨抱恨。图害而来，怨结莫释，故有轮回。杀颠倒属惑，杀心不止，杀业俱生，反托至亲之父子，而行至怨之杀害，与慈悲忍辱之理相背，是颠倒之惑。和合怪成，八万四千，食父母想：此依惑起业。怪者，怪诞，出人意外，罕见罕闻之事。父母至亲，竟敢吞食，逆天背理，灭伦乱常，故名和合怪成，食父母想，即业也。如是故有，非无想相，无想羯南，流转国土：此依因感果之相，必由前世受人至恩至爱，反而负恩仇害，怨对相值，报此仇恨。故有此生，非无想相，无想羯南者：初抱为其子，非无恩爱之想，后父母竟遭其食，恩爱断绝，是为无想。出乎意外，流转国土，如土枭等，附土块以为儿，及破镜鸟，以毒树果，抱为其子，子成父母皆遭其食，此虽报怨，实属逆罪。按《史记·孝武本纪》云：祠黄帝用一枭，一破镜。孟康注曰：枭鸟名食母，破镜兽名食父。黄帝欲绝其类，使百祠皆用之。今云破镜鸟，恐译人之误。《述异记》云：破镜状如虎豹而小，始生还食其母，此兴孟康注，食父食母，又一不同也，录以待考。

是名众生，十二种类。

楞严经正文卷第七终

阿难，如是众生，一一类中，亦各各具十二颠倒。犹如捏目，乱华发生。

此明真如不变之体，能随缘成染成净。前约无明熏真如，而成染用，为颠倒十二类生；此约真如熏无明，而成净用，为单复六十圣位。故呼阿难，而告之曰：如是十二类众生，一一类中，亦各各具十二颠倒，此即互具也。以类生之众生，心中妄种皆具，一则现起，名事造，余则冥伏，名理具。总括种现互具，应有一百四十四颠倒。犹如捏目，乱华发生者：此举喻显妄，以真心喻目；一念妄动喻捏目；乱华发生，喻十二类生，各互具颠倒。然清净目观晴明空，本无空华，因捏成有，放手元真。

颠倒妙圆，真净明心，具足如斯，虚妄乱想。

颠倒二字，指喻中虚妄种现，一百四十四颠倒，但由一心本真，故即具足众妄。妙，指不变之体；圆，指随缘之用。虽随缘而不变，曰真净；虽不变而随缘，曰真明，此全体大用。本来妙圆真心，合喻中目字，颠倒，即是一念妄动，合喻中捏字。具足如斯，虚妄乱想者：由一念妄动，本无实体，虽无体本空，而迷位现有，故曰具足如斯，虚妄乱想；合喻中乱华发生。是则无边生死，毕竟妄想元空，而净明真心，体本自若；则返妄归真，转凡成圣，复何难哉？

汝今修证，佛三摩地，于是本因，元所乱想，立三渐次，方得除灭。

此法说。云：汝今要得真修实证，五十五位，直至妙觉，究竟成佛。所得之妙三摩地者，亦是不难之事。三摩地：指耳根三昧，圆教初住，分修分证。位位有果有因，有因有果；前位修因，此位证果；此位复修因，后位复证果。至此无功用道，中中流入，妙觉果海，为满修满证。《正脉》科为正答因果诸位。此云因果，有纵有夺，若纵之，则前前皆为后后之因，后后俱为前前之果；若夺之，则惟佛为果，而等觉以前皆因也。故知旧注于此判证，而不言修，非为确论矣！于是本因者：指最初一念妄动，为本来诸妄之因，如前文喻捏。元所乱想者：于本来所起之颠倒乱想，种现互具，如前乱华发生，空元无华，因捏妄现，所现非实。而颠倒妄想所起之处，究竟不离真常之心，故于此建立三种渐次，方得妄想销除，颠倒殒灭，翻染成净，则诸圣位，亦从此成立。不是说三渐次位，尽能除灭，必三渐次后，历位修断，方得种习俱尽耳。

如净器中，除去毒蜜，以诸汤水，并杂灰香，洗涤其器，后贮甘露。

净器者：本元净之器，喻根中所具，不生不灭，如来藏性，清净本然，全体大用也。除去毒蜜者：喻除助因、刳正性、违现业也。汤水，喻圆通中定。灰香，喻圆通中慧。洗涤其器者：喻毒蜜虽除，气息尚在，必以定慧洗涤，种习俱尽，然后方可贮甘露也。净器虽盛毒蜜，其体本来不变，故除毒洗涤，堪贮甘露；喻佛果清净心中，堪承最上法味也。

云何名为三种渐次：一者修习，除其助因；二者真修，刳其正性；三者增进，违其现业。

前二句征起，后乃列名。此总标三种渐次者，正明修三摩地，入道之先锋也。列名中六句，皆上修下断意。谓第一欲修习耳根圆通，必要先除助因。助因者：五辛乃助恶之因。第二欲决定真修者：必要先刳正性。正性者：淫、杀、盗、妄，正是性业之罪，当要刳而空之。第三欲增进圣位者：必要先违现业，现业者，以根奔尘，为现在惑业，又感将来生死苦报，当要违而离之。然此三者，前二惟戒，均属助行，后一定慧，乃为正修。所以从凡至圣，从因至果，莫不皆依正助熏修。则知三渐次，为能增进，五十五位，为所增进。故后结云：如是则以三增进故，善能成就五十五位真菩提路者是也。

云何助因？阿难，如是世界，十二类生，不能自全，依四食住。所谓：段食、触食、思食、识食。是故佛说：一切众生，皆依食住。

初句征起，下明类生，依食而住。求三摩提者，当断五辛，此别详助因，为助成恶业之因，下教依食而住。阿难，如是世界，十二类众生，不能自全形命，要依四食，方得住持，非同法性身人，则不须食也。是食为界内众生，身命与慧命，安危所系，而修习者，应知检择也。四食者：欲界人天、修罗及畜生段食，所餐饮食，必有形段故。鬼神触食，凡遇饮食，但触其气也。色界禅天思食，禅天无饮食，但以禅思为食，非思饮食。无色界，以识为食，既无形色，惟以识定续命，义言以识为食也。此约胜者言。劣如地狱饿鬼，历劫但以业识，不能断命，是亦识食类。他如望梅止渴，悬沙止饥，亦是思食类。是故佛说，一切众生，皆依食住。《灌顶》云：佛成道后，为除外道自饿苦行，说诸众生，皆依食住，此为正觉正说，余不能知。外道嗤曰：愚者亦知，何言正觉正说。佛返问曰：食有几种？外道不能对，因说此四食住。

阿难，一切众生，食甘故生，食毒故死。是诸众生，求三摩地，当断世间，五种辛菜。

世间食物，凡有益于身心者，皆名为甘，非局于甜味也；凡有害于身心者，总名为毒。食甘故生，食毒故死：正明饮食，不可不慎也。是诸众生，求三摩地：指修习耳根圆通者。当断世间，五种辛菜：辛菜虽非有毒，实有于毒也。以其正危害慧命之大毒，故应断绝。五辛，《楞伽经》云：葱、蒜、韭、薤、兴渠，应云兴宜，出乌荼婆他那国。慈愍三藏法师云：根如萝卜，出土辛臭。冬到彼国，不见其苗，此方所无，故不翻也。

是五种辛，熟食发淫，生啖增恚。

五辛过患不一，若熟食，则壮相火，发淫念；若生啖，则动肝气，增瞋恚。佛智所鉴，不爽毫厘，物性必然，宜敬信而戒之。

如是世界，食辛之人，纵能宣说，十二部经。十方天仙，嫌其臭秽，咸皆远离；诸饿鬼等，因彼食次，舐其唇吻，常与鬼住。福德日消，长无利益。

此天远鬼近过。如是世界，食辛之人，纵然善能宣说十二部经，十方天仙，虽乐闻法，因嫌其臭秽，不肯亲近，咸皆远离；诸饿鬼等，因彼食辛之次，冥中舐其唇吻，常与鬼同住。因天仙远故，福德日见消除，饿鬼近故，长无利益之事。

是食辛人，修三摩地，菩萨、天仙，十方善神，不来守护。大力魔王，得其方便，现作佛身，来为说法，非毁禁戒，赞淫、怒、痴。

此无护遭魔过。是食五辛之人，发心修三摩地，指耳根圆通。既要习定，不能断辛，菩萨、天仙、十方善神，不来守护。上招饿鬼，此引魔王，其过转深。大力魔王：指第六天魔王。得其方便：知修三摩，有志求佛故；现作佛身，来为说法：乃谤持戒，为小乘道，非（诽也）毁（犯也）禁戒。赞叹三毒无碍为大道，大雅不拘于小节，大象不行于兔径，说淫、怒、痴，即戒、定、慧。信是魔说，无恶不作。

命终自为魔王眷属，受魔福尽，堕无间狱。

此成魔堕狱过。上皆现在恶因，依因定必感果，命终之后，自为魔眷。中品魔民，下品魔女。所修三摩，咸资有漏，享受魔福，福尽祸生，直堕无间地狱。

阿难，修菩提者，永断五辛，是则名为，第一增进，修行渐次。

修习圆通，而求菩提道者，永断五辛；果能永远断除，是则名为从凡夫地，第一增进，初学修行渐次。问：五辛何以名为，第一增进，修行渐次？答：五辛为助恶之因，助淫、杀、盗、妄，四重律仪之因：熟食发淫，为淫欲助因；生啖增恚，为杀生助因；纵能宣说十二部经，无非贪求，名闻利养，妄谈般若，又为盗妄助因。是虽辛菜，能断不食，即除助恶之因宜矣！

云何正性？阿难，如是众生，入三摩地，要先严持清净戒律。

初句征正性。谓淫、杀、盗、妄等，上之五辛，但为助发之因，今此正是彼恶之业性；乃生死相续，正业之性也。阿难，如是众生，欲入三摩地，真修之位，须要将此正性，刳而空之。刳空之法，先要精严受持清净戒律，而后工夫，方能入手，得三摩地，所谓因戒生定也。

永断淫心，不餐酒肉，以火净食，无啖生气。阿难，是修行人，若不断淫，及与杀生，出三界者，无有是处。

然戒法虽多，淫杀为最，必须永断。不惟执身不行，要且执心不起，方为真断。此中特指淫心者，以一切众生，皆以淫欲，为正性命，又为修三摩地之大障碍故。永断者：种现俱尽，如枯木不萌，寒灰不焰也。不餐酒肉者：以酒能乱性，恐成助淫之阶，而肉必伤生，实为杀害之本。即虽素食，但遇生气之物，火净方食。不经火触，则为不净，不得便食。无啖生气，何况杀生？阿难下，显示应断。是修行人，原为超出三界，不断淫欲，及与杀生，而能超出三界者，断无是理也。

当观淫欲，犹如毒蛇，如见怨贼，先持声闻，四弃八弃，执身不动，后行菩萨清净律仪，执心不起。

如来常以淫欲过患示喻者，以淫欲之害大矣！故又嘱当观淫欲，犹如毒蛇，如见怨贼。毒蛇践之，则必遭其毒，乃至丧身失命；贼而曰怨，遇之则必报其仇，甚至劫财夺命；然其为害虽酷，但一身一死而已，而淫欲之害，则法身慧命，永劫沉沦无间。一日之中，而受万生万死之报，而修行之人，岂可忽哉！先持声闻四弃，杀、盗、淫、妄，四波罗夷罪。此云弃，犯之永不共住，永弃佛法海外。比丘尼四弃之外，再加四弃，触、八、覆、随，谓之八弃，以妨淫习也。执身不动者：身口七支，皆不许犯，非不执心，因力未充耳。譬如行远自迩，登高自卑。小既能持，更进于大。故云：后行菩萨，清净律仪。菩萨大乘人，力量大，清净律仪，乃大乘戒。从心止绝，一念不生，故曰执心不起。

禁戒成就，则于世间，永无相生相杀之业；偷劫不行，无相负累，亦于世间，不还宿债。

禁戒成就，则于世间，永远无有相生相杀之业。淫心断则不相生，杀心断则不相杀。偷谓窃取，劫谓强取，偷劫既已不行，而于世间，无有负债之业累。偷劫亦兼妄语，如矫现威仪，希求利养，妄言证圣，求彼礼忏，贪其供养，同于偷劫。还债因负累，既无负累，故不还债矣！

是清净人，修三摩地，父母肉身，不须天眼，自然观见，十方世界，睹佛闻法，亲奉圣旨，得大神通，游十方界，宿命清净，得无艰险。

首句蹑前持戒，是清净人。次句表彰大定，修三摩地。定是正行，戒为助行，以显因戒生定意耳。此科，文是圆教相似，又因定发通，是人修定，便能发相似五通。父母所生之身，即以肉眼，相似天眼通。不须天眼，不假作意，自然观见十方，周遍无遗，亲睹于佛。即以肉耳，相似天耳通，闻佛说法，而亲奉圣旨者：亲奉如来旨意也，相似他心通；得大神通，游十方界，相似神足；宿命清净，相似宿命通，却能三世无碍，故曰清净，因得宿命，永不堕三途，艰难险阻之处。《正脉》云：肉眼观见十方，即色阴尽相；后文云：十方洞开，无复幽暗是也。按位当在初信。齐小初果，旧判观行，于后违经，至阴魔中详辨。今并别判，勿泥旧闻。次四句受阴尽相。后文云：去住自由，无复留碍。又云：得意生身，随往勿碍。今言睹佛闻法，又言亲奉，则须亲到，非遥见闻，而下得通游界，则愈与后文合也。按位，当在二三两信，齐小二果。

末二句，想阴尽相。后文云：于觉明心，如去尘垢，一伦生死，首尾圆照。今言宿命清净，则明是去尘垢，而照生死也。又言：得无艰险者：既以彻通宿命，除己愿力，永不误入恶趣，所谓离诸生死，险难恶道也。按位，当在四五二信，对小三果，此之业报，略假戒为助行，全本耳闻，妙定修发，通该十信前五，备显六根清净。观见十方，则眼根清净；闻法亲奉，则耳根清净；得通游界，则鼻、舌、身根清净，以三皆合知，相依远到也；宿命无难，则意根清净。

是则名为，第二增进，修行渐次。

《正脉》云：此中前半，以诸戒助成正定，即观行位。后半即齐五信，并小三果。在圆通中，方至动静不生。是则第二增进，乃对上第一，故名第二。又对上初修不定，故以决定修行，渐次增进释之。

云何现业？阿难，如是清净，持禁戒人，心无贪淫，于外六尘，不多流逸。

此释违其现业。现前六根，所缘六尘境界，起惑造业也，故曰现业。而违者，即旋根脱尘之义也。然此三渐次中，前二皆蹑持戒，以为助行，是因戒生定。此蹑圆通本根，以成正修，是因定发慧。由是正助兼具，故能安立下之诸位也。此中违其现业者，即前第二决定义中，逆彼无始，织妄业流者，是也。即就耳根，不许出流闻尘，而使入流照性。如是清净，持禁戒人：即前科上半，所持诸戒。而特申心无贪淫者，以其为四重之首，坏定之魁，警人必除之意，因前持戒，故得离尘。于外六尘，不多流逸：即于外六尘境界，亦不随流放逸。然言不多，弗许绝无者，以根中虚习未尽除，而尘影犹存，但以无漏，而熏有漏，非全无漏也。

因不流逸，旋元自归，尘既不缘，根无所偶，反流全一，六用不行。

此正明尘亡根尽。首句承上云，不多流逸，足见亡尘之功未纯，此因不流逸，因之加功进步，反闻照性，而得不流逸，旋复本根，自归元明。尘既不缘：按耳根圆通，此当入流亡所，动静不生，根无所偶，偶即对也，既无对则根亦不立。按耳根圆通，此当闻所闻尽。至此六根反流，全归一闻性，无复见、闻、嗅、尝、觉、知，结根之用，故曰六用不行。此正入一亡六。所谓但得六销犹未亡一，小乘涅槃，正当此际。按位，当在七信，齐小乘四果。《指掌疏》违其现业即在此。现业有二：一、流逸是现业，不多则小违。二、六用是现业，不行则全违也。

十方国土，皎然清净，譬如琉璃，内悬明月。

《正脉》云：此即尽闻不住，所证境界。首二句，即山河大地，应念化为无上知觉，正由不住内自觉境，法执荡然，故融及世界，无有情器之分。皎然：洞开之貌。下喻但表明彻，盖明月在有碍物中，不能透彻，便如二乘明内境，不能与外法融通也。今菩萨觉所觉空，表里洞彻。故如月在琉璃，岂有不透彻者乎？此当八信，相似色自在也。

身心快然，妙圆平等，获大安隐。

《正脉》云：此即空觉极圆，所证境界。前方空智，此复空空，既不为智所劳，亦不为空所缚。故身心快然，极为洒脱，盖法身荡然，真心廓尔之意。妙圆者：无缚故妙，无碍故圆。平等有三：一、身量、心量，俱周法界。二、有情、无情，同体不分。三、自心、生、佛，吻无高下。获大安隐：此当九信，心自在也。以身心一如，身亦心也。

一切如来，密圆净妙，皆现其中。

《正脉》云：此则显然全同寂灭现前，但彼约自心，此约佛理，二义平等也。密谓秘密，深固幽远，无人能到之境也；圆谓圆融，交彻互摄，重重无尽之境也；净谓清净，明相精纯，纤尘不立之境也；妙谓神妙，一切变现，皆不为碍之境。此四佛境，现菩萨依正之中，此当十信，相似慈云，覆涅槃海也。盖圆顿理融，故令似位，全似分证耳。

是人即获，无生法忍。从是渐修，随所发行，安立圣位。

《正脉》云：此之结尾，是预许后之诸位，故言从是渐修。即者速也。即获者，犹言不久当证也。无生法忍：即初住所证圣位，通指彻于等觉也。温陵曰：《华严》十忍，第三曰无生法忍，谓不见有少法生，不见有少法灭，离此情垢，无作无愿，安住是道，名之曰忍。吴兴曰：此中别指初住以上，名为圣位。若下文云：以三增进故，能成五十五位，真菩提路。

是则名为第三增进，修行渐次。

此结名第三增进，实由前第二增进而来。前但得五信三果，未至无漏；今则由渐入顿，解除根觉空灭诸结。如前文云：此根初解，先得人空，空性圆明，成法解脱。解脱法已，俱空不生，而至得无生忍也。

阿难，是善男子，欲爱干枯，根境不偶，现前残质，不复续生。

此位分明，束前渐次中，所含十信，总成一位。而孤山说，合十信为干慧，理在不疑。但亦圆满成就之意，有人非之者，以见通教，干慧名同故也。不知此乃借通名圆，自应依之。阿难，如是，依三渐次，精勤修习之善男子，由二渐中，正性刳空，淫心永断。至此，则断性亦无，故曰欲爱干枯。由三渐中，现业违背，六用不行。至此，则根境不偶，心境绝待，种现俱销，三界生缘迥然不及也，故曰现前残质，不复续生。残质：谓最后之身。不续：谓后有永断。续生以欲爱为因，根境为缘，今既干枯不偶，因缘双绝，果报无托，故不续生。此束前七信，三渐前半止，但明干义。

执心虚明，纯是智慧，慧性明圆，蓥十方界。干有其慧，名干慧地。

此束后三信，而显其圆满成就也。执心虚明：即人、法二执之心，虚而无障，明而无碍，所以外无尘障，内无根碍。三渐后半，十方国土，皎然清净，即山河大地，应念化成无上知觉，此即虚明无障碍也。至此，则纯是人空智，与法空智。慧性明圆，蓥十方界者：人法双空之智，增明圆满，俱空之智，即三空之智现，而照用遍界，故曰蓥十方界，蓥犹饰也，以智慧庄严十方报土。如三渐中云：妙圆平等，获大安隐者。二句明慧义，因此干有其慧，故名干慧；依之住持，故名曰地。

欲习初干，未与如来法流水接。

此出其得名所以。现行、种子、习气三者，而习气最细。今言欲习初干者：指欲爱最细习气（即断性亦无），亦得干枯也。未与如来，真如法性，流水相接者：谓未破无明，未会亲见法身真理，是名未与如来法流水接。若至随分觉，破一分无明，证一分法身，则与法流水接，定慧均等，则中中流入萨婆若海矣！

即以此心，中中流入，圆妙开敷，从真妙圆，重发真妙，妙信常住，一切妄想，灭尽无余，中道纯真，名信心住。

此十信位，名与常途全同，论义则与常途迥别。今科名从十信，而义唯遵经，销归初住耳。后初住明言，发此十心，又云：十用涉入，圆成一心。故孤山说：为初住开出，理无可疑。

即以此心，中中流入者：此心指十信满心，因含十信于三渐，合三渐为干慧。此心，亦即干慧后心。中中流入有二释：一、于闻性之中，用中道观智，无功用道，逆法流水而深入，以后位位，皆不离中道故。二、即以此修证圆通之心，用中心如如妙智，观中道如如妙理，中中流入妙觉果海。圆妙开敷者：中中流入时，仍是圆通妙性，重重开发敷放，如莲华之层层渐开也。从真妙圆，重发真妙者：此两句明乘此心开意解，益加增进，且此圆通妙性，既到干慧后心，已发真妙圆，一登此位，是真妙者，益进于妙，真圆者益进于圆。第二妙字下，应有圆字略也。妙信常住，一切妄想，灭尽无余者：此位，破一分无明，证一分三德，已经亲证实到。信知心、佛、众生三无差别，故曰妙信常住，决定不退。一切我执、法执、空执，妄想荡涤，灭尽无余矣！中道纯真，名信心住：妄尽真纯，中道理彰，亲信此理，信心坚固，常住不退，故名信心住。

真信明了，一切圆通。阴、处、界三，不能为碍。如是乃至，过去、未来、无数劫中，舍身、受身，一切习气，皆现在前。是善男子，皆能忆念，得无遗忘，名念心住。

首二句全蹑前位。真信，即中道纯真之信，表非相似位之信。可证此信位，是初住开出。因妄想灭尽，智慧明了，故得一切圆通。下文方是本位念心，由前一切圆通故，五阴不能覆，十二处不能局，十八界不能碍。一切诸法，悉皆圆融通达，融会贯摄。如是乃至过去六句，明念心功用。念者忆念，不惟现在生中，应断之习气，忆念无忘，乃至过去未来，无数劫中，舍身、受身，应断之习气，皆现在前；是善男子，皆能忆念，得无遗忘。

《正脉》问：入住菩萨，何有舍受之事？答：圆顿人，不取变易，常于分段，得大自在故也。此属宿命、漏尽二通。五根中念根故，结名念心住。

妙圆纯真，真精发化，无始习气，通一精明，惟以精明，进趣真净，名精进心。

初二句摄信心住。从真妙圆，中道纯真，然未得真精发化。次二句以成就精字，合成精进二义。盖精明，即如如之智体，真净，即如如之理体。今言以精明，进趣真净，即纯以如如智，契如如理矣！《正脉》问：理智一如，何言进趣？答：体虽无二，而方便随顺，不无趣相，所谓不趣之趣，性不碍修之旨也，故名精进心。

心精现前，纯以智慧，名慧心住。

以前位以如智契如理，是双兼理智而成，此位别约智成。承上进趣真净，故得心精，时时现前，纯以智慧用事；以即用也。盖前干慧地有云：纯是智慧，正明初得相似，惑智尚未融化。至此则曰：纯以智慧者，乃精真发化，一切惑习，无非智慧。此随分觉所得之真智真慧也，故名慧心住。

执持智明，周遍寂湛，寂妙常凝，名定心住。

此位别约理成，首句蹑慧心住也。意谓虽执持智慧精明，若无定力以执持之，则妄念起，而寂湛不能周遍，正念失，而寂妙不能常凝。盖无寂之照，如风里之灯，无照之寂，如暗中之目；今以定力执持智明，故寂湛者得以周遍，寂妙者得以常凝。如《清凉》云：智周鉴而常静，用繁兴以恒如，此之谓也。然既曰常凝，无有不定时也，故名定心住。《正脉》云：以上五位，属五根，如果木之种植，根于地也。下五位属五力，如果木结根既久，自有不拔之力用也。

> 定光发明，明性深入，惟进无退，名不退心。

此进力也。首二句双蹑定慧，则定慧偏枯，多遭退失，故此则定慧相资。定光发明者：定功极而慧光发明，乃以定发慧也。明性深入者：慧性明而定力愈深，而以慧入定也。定慧等持，惟进无退，故名不退心。

> 心进安然，保持不失，十方如来，气分交接，名护法心。

此定力也。首句蹑前进力。心进安然者：显非事行，为有功用之进修也。乃是自心寂照双流，任运前进，故曰安然；不假用力之意。而能保护任持，不失定心。然保护任持何法，即如来藏，清净本然之法。十方如来，气分交接者：即十方法身如来，气分交相接续，正由定力冥周，故能与诸佛如来心精通吻，乃能内护心法，外护佛法，故名护法心。

> 觉明保持，能以妙力，回佛慈光，向佛安住，犹如双镜，光明相对，其中妙影，重重相入，名回向心。

此慧力也。首句即觉慧增明，而得保持不失。妙力，即妙慧之力用，能回他佛慈光，向自己心佛光中安住。他佛心佛，心光佛光，互相回向，究竟心佛不二，不妨自他历然。犹如两镜，光明相对。彼此光明，互相对照，光内现光，影中含影，故曰其中妙影，重重相入。佛光心光，自影他影，相摄相入，重重无尽。回向有二义：回向他佛，是向佛道；回向自佛，是向真如。证极真如，即成佛道，二而不二，故名回向心。

> 心光密回，获佛常凝，无上妙净，安住无为，得无遗失，名戒心住。

此信力也。首句蹑上位，明心光佛光，潜通冥应，故曰密回。他人看不见，乃属自己智境。到此位，即获心光佛光，常凝不动，而与无上妙净戒体，一同安住。无作无为，得无一念遗失，而漏落于有为。若一念漏落有为，即名破戒，所谓心地大戒，故名戒心住。

> 住戒自在，能游十方，所去随愿，名愿心住。

此念力也，愿即心念故。住戒，指上位安住无住戒体；自在，属本位。能从体起用，发大自在之用。所谓摄律仪戒，摄善法戒，饶益有情戒，自在成就，而能游化十方。所云随愿者，愿去何国，一念即能便至。所谓严净毗尼，弘范三界，应身无量，度脱众生。以戒根清净，所去之处，无不随心满愿也。故名愿心住。又通论十心，前六修自心，后四合佛德矣。

阿难，是善男子，以真方便，发此十心，心精发辉，十用涉入，圆成一心，名发心住。

此十住位，生佛家而为佛子，经中全显，生法王家，亦是安住华屋，依秘密藏，无住为住，乃名十住。阿难，是善男子：指前十信位已满之男子故称善。以真方便：即耳根圆通，文殊选根偈云：圆通超余者，真实心如是。真心中本具十心妙用，若不修耳根方便，则终不能发；因修证耳根圆通，方能发此十心妙用，此皆指前十信位也。十用涉入，圆成一心者：即前十用涉入本位，圆成一心，则十心一心，本无二体。前云十信位，是初住开出，此知初住位，是十信合成。名发心住者：元因发此十心，圆成一心故也。又此菩萨，三心圆发，万行繁兴，定慧均等，中中流入，如中阴揽先业，而初成阴体也。

心中发明，如净琉璃，内现精金。以前妙心，履以成地，名治地住。

首句心中，即十用涉入，圆成一心之中，谓依此妙心，发明妙智。以妙心，喻如琉璃，清净皎洁；以妙智，喻如精金，具足精华；智不离心，心不碍智，内外明彻。以前妙心，履以成地者：以者，用也；妙心，即十用涉入之一心，此心即系真如之理，既发明妙智，以真智契真理，依真理起真修，履践真如，以成进趣，后位之地。一切诸行，由斯履践；如建楼者，先平地基，治即平也，故名治地住。如中阴，乘彼业力，结为境界，于中妄成，依止之处。

心地涉知，俱得明了，游履十方，得无留碍，名修行住。

心地涉知者：即前履以成地之心，以心即智，亦即始觉；以地即理，亦即本觉。同一觉体，智照于理，理契于智；若智若理，互相鉴照，故曰涉知。俱得明了者：即理智俱得明了也；故能得游履十方，上求佛道，下度众生，自利利他，一切皆无留碍。广修妙行，大作佛事，故名修行住。如中阴见远如在目前，所去速疾，山壁不碍。

行与佛同，受佛气分，如中阴身，自求父母，阴信冥通，入如来种，名生贵住。

行与佛同者：指上位所修妙行，与佛行相同，故得领受佛之真如气分，将生佛家，而为佛子。此如中阴身，自求父母之义；必要自己业，与父母业同。则中阴心相体信，冥然相通，故曰阴信冥通。若以法说，以己智求佛智，佛之权智如父，实智如母，任运相合，名自求父母。密齐果德，谓阴信冥通。斯则秉佛遗体，初托圣胎，故曰：入如来种，名生贵住。

既游道胎，亲奉觉胤，如胎已成，人相不缺，名方便具足住。

上位入如来种，即是游诸佛正道之胎。永嘉云：潜幽灵于法界，即此义也。亲奉觉胤者：谓亲揽诸佛权实二智，则为得大觉法王之真胤矣！方便智慧，渐渐具足，喻如胎中，五位已成，人相完全不缺，名方便具足住。

容貌如佛，心相亦同，名正心住。

首句蹑上句，权智外现曰容貌；教化众生方便具足曰如佛。心相亦同者：以权资实，内照真如，为心相圆满，亦皆如佛，故曰亦同。成正知见，故名正心住。

身心合成，日益增长，名不退住。

首句蹑前外貌内心，皆已肖像。合成者，表里如一，同佛身心也。日益增长者：即道胎日益月增，渐渐长成，时刻无间，故名不退住。与前十信位之不退心住名同实异，彼但信心不退，此则住道不退也。

十身灵相，一时具足，名童真住。

前位身心，合成增长，十身灵相，自应具足。盖十身者，卢舍那也，谓：

声闻身、缘觉身、菩萨身、如来身、法身、智身、虚空身、业报身、众生身、国土身。又如来身，自具十种身。温陵曰：菩提身、愿身、化身、力身、庄严身、威势身、意生身、福身、法身、智身。十身中，菩提、法、智属于内身，余皆属于外身，此乃如来身中之所开出者。按《华严》八地方具十身。今经八住即具，二经皆属圆教，固应前后互融也。童真者：菩萨虽得是身，具体而微，未大显著，犹如胎满，初生六根，四体虽具，而纯璞未散，故名童真住。

形成出胎，亲为佛子，名法王子住。

首句蹑前：形已成，胎已出，亲得为佛之嫡子。从佛口出，从法化生，故名法王子住。

表以成人，如国大王，以诸国事，分委太子。波刹利王，世子长成，陈列灌顶，名灌顶住。

首句蹑前位。虽亲为佛子，年龄幼小；今渐长成，故曰表以成人，可当大任。如国大王，以诸国事，分委太子，恐其力不胜任，且先分少分，试其能力如何耳。此喻佛欲与菩萨授记，恐其智力不堪，且先令代佛宣扬，摄行佛事，若见智力增长，度生不怖，即与授记。盖大王者，即是金轮王，为四大部洲之主；刹利者，即粟散王，乃一国之君。故金轮王之子，称太子；刹利王之子，曰世子。若据金轮王灌顶者，《华严经》云：转轮圣王，所生太子，母是正后，身相具足，坐白象宝，妙金之座，张大罗缦，奏诸音乐，取大海水，置金瓶内，王执此瓶，灌太子顶。是时即名受王职位。菩萨受职，亦复如是。诸佛智水，灌其顶故，名为受大智职菩萨。彼第十法云地，方受是职，今十住位，亦名灌顶者，此约刹利王，世子长成，陈列灌顶，表以成人之道，亦分得此名耳。非同彼经十地之灌顶也。温陵曰：自发心至生贵，名入圣胎；自方便具足，至童真，名长养圣胎；至法王子住，名出胎；至此乃名灌顶王子。

阿难，是善男子，成佛子已，具足无量，如来妙德，十方随顺，名欢喜行。

此十行位。前十住，生佛家，而为佛子；今十行，广六度，而行佛事，摄物利生，所谓念念具足诸波罗密也。然行门虽多，约之不出十度；后五度，慧度开出。阿难，如是修习十住之善男子，既已灌顶受职，成为诸佛真子，且而具足无量无边如来藏中称性功德，而行施度。如《华严经》云：随诸方土，有贫之处，以愿力故，往生于彼，豪贵大富，财宝无尽，行财施，乃至身肉不吝；行法施，则与说三世平等，乃至菩提涅槃；是为十方随顺也。结名欢喜行有二：一者，见有求乞者，作福田想，作善友想，倍生欢喜；二者，随乞施与，令诸众生，悉皆满足，生欢喜心。所谓自他俱利，机应皆喜，名欢喜行。

善能利益，一切众生，名饶益行。

此戒度。乃以戒德感化，而善能利益者，戒德备于己，感化成于外，即所谓不言自信，不化自行，不劳费力，而利无不周矣！《华严》云：令一切众生，住无上戒，乃至菩提涅槃。又自得度，令他得度，乃至自快乐，令他快乐。凡有十句，皆双标二利，故名饶益行，以戒德而饶益也。

自觉觉他，得无违拒，名无嗔恨行。

此忍度。《正脉》云：《华严》首标，此菩萨常修法忍，彼名无违逆行，即无违拒也。凡有辱来，违拒不受，即是不忍，今无违拒，即是忍。《华严》谓：无量骂辱、打辱，皆能欢喜忍辱是。今言自觉觉他，得无违拒者，亦《华严》云：菩萨思惟，自身苦乐，皆无所有，即自觉也。又云：我当了解，广为人说，即觉他也。自觉觉他，他无违拒，瞋恨无从而生。自无违拒，甘受外辱，我、人、众生、寿者四相全空，亦不生瞋恨；是知无瞋恨，方为真忍辱也。

种类出生，穷未来际，三世平等，十方通达，名无尽行。

此进度。种类出生，谓十二种类，随类化身，处处出生，广行教化，菩萨行愿，精进无尽，故穷未来际。既能穷未来际，则三世平等普入；既能种类出生，则十方悉皆通达，是则竖穷横遍。夫种类出生，即第一心；尽未来际，即常心；三世平等，即不颠倒心；十方通达，即广大心。四皆无尽，故结名无尽行也。

一切合同，种种法门，得无差误，名离痴乱行。

此禅度。一切合同，种种法门者：以此菩萨心无散乱，坚固不动，即以一念定心，持种种法门。能知种种法门，悉皆会合，同为一体。得无差误者：故能随类说法，对机受益，千难交攻，其智不昏；万机并赴，其心不扰，故得无差错误谬。不能持诸法门，是为痴定，未免差误，是为乱心。今一念定心，寂而常照，故名离痴乱行也。

则于同中，显现群异，一一异相，各各见同，名善现行。

此慧度。下四度从此开出，合成十度。此一多无碍，同异俱成。一即是理，多即是事。同即是理，异即是事，以理能显事，则以一理之中，显现一切事相，即一能现多，理不碍于事也；以事能显理，则于一切事相，各见全理，即多能现一，事不碍于理也。名善现行者：明此菩萨，于一一行，皆能真俗互融，事理无碍矣！

如是乃至十方虚空，满足微尘，一一尘中，现十方界。现尘现界，不相留碍，名无著行。

此方度。即大方便力之所运用。如是指善现，理事无碍，固如是矣！此明事事无碍，即十玄门中，广狭无碍自在门也。十方虚空，满足微尘，大中现小；一一微尘，现十方界，小中现大。现尘现界，能现所现，二俱不坏其相；谓尘中现界，而界不小；界中现尘，而尘不大；同时俱现，不坏自相，互不留碍。《正脉》云：界入尘，而界不小，是小不留碍于大也；尘含界，而尘不大，是大不留碍于小也。结名无著行，一有执著，安能小大并融如此。三祖云："极大同小，永无边表；极小同大，亡绝境界。"永无与亡绝，即无著也。

种种现前，咸是第一波罗密多，名尊重行。

此愿度。《华严》云：此菩萨于大乘愿，不退转故。种种现前：蹑上不惟理事，与事事无碍，而菩萨妙行，无不具足，悉得现前。咸是第一波罗密多者：随举一行，咸（皆）到于最上究竟之处。言第一者，即最上义；波罗密者，即究竟义。又波罗密多，此云到彼岸，谓离生死此岸，度烦恼中流，到涅槃彼岸也。如《华严经》云：菩萨住此行时，不舍菩萨大愿，不住生死此岸，不住涅槃彼岸，不住烦恼中流，而能运此岸众生，至彼岸无忧恼处；而菩萨往返，无有休息。今经称第一者，即此义也。结名尊重行者：以行至于此，诚为可尊可重也。《华严》云：难得行，如世间尊重之物，甚为难得也。

　　　　如是圆融，能成十方，诸佛轨则，名善法行。

　　此力度。谓此菩萨善能身体力行。如是，指前种种法门，咸是第一波罗密多。于一行中，具足无边妙行，圆融无碍。能成十方诸佛轨则者：此明其建立利他之教法也；遍历十方，助佛转轮，教化众生，而一言一行，可为轨辙，可为法则，故名善法行也。

　　　　一一皆是，清净无漏。一真无为，性本然故，名真实行。

　　此智度，亦名不违实相智。一一皆是者：蹑前九行，一一自利利他，诸行究竟，皆是一真实相也。清净无漏者：谓非贪染于凡外，欲有无明，诸有漏法。一真无为者：谓非劬劳于权小，肯綮修证，有为功用。性本然故：作二句之由，意谓从性起修，不妨全修即性，其性由来清净，不待浣之而始净，元本一真，非待修后而始真；所以性本然故，名真实行。

　　　　阿难，是善男子，满足神通，成佛事已，纯洁精真，远诸留患。当度众生，灭除度相，回无为心，向涅槃路。名救一切众生，离众生相回向。

　　此回向十位，回佛事而向佛心，心、佛、众生，三无差别。佛心即真如，具足佛道众生，准《华严》回向，即是发愿。圭峰大师云：回向不出三处：一回向真如，二回向佛道，三回向众生。今经文简略，各有隐显。如众生显，余二则隐，佛道真如，隐显亦然。显者，正当发挥；隐者，亦以意含，非全无也。故此经与《华严》文虽不类，而旨无不合也。此位菩萨，以前十行，涉俗心多，今以愿济行；若有行无愿，行不究竟。阿难，是已修十行之善男子，自初行至八行，显同显异，现界现尘，则其神通，已满足矣！八行种种究竟，九行成佛轨则，已成佛事矣！十行清净无漏，则藏性之体，已纯洁矣！一真无为，则藏性之用，已精真矣！远诸留患：是总摄十行。以十行既备，圆成双超空有之行，界内不为著有留患，界外不为滞空留患，亦即双超世出世间也。以上皆属前文，此下方成本位。

当度众生，灭除度相者：以其正当度生时，即灭除度生之相，此即双超空有之中道。正当度生时，此不落于空；灭除度相，此不著于有，正同《金刚经》"应无所住，而生其心"之义。应无所住，即不住一切相，此灭除度相也；而生修行度生之心，此当度众生也。夫既度尽众生，不取度生之相，如《正脉》所云：回有为行，入无为心，是回入真因也；背生死途，向涅槃路，是趋向真果也。二句各说，同成趣真之意。《宝镜疏》云：度生之法，须识即相离相，中道妙义。不落二边，方为可耳。由其即相故，当度众生；以其离相故，须除度相；以其回无为心，则不著离相而落空，故能救护众生；以其向涅槃路，则不著即相而滞有，故能离众生相。此则第一，即相离相，以明中道，回向之义。

坏其可坏，远离诸离，名不坏回向。

次明有为无为，中道妙义。坏，即上灭除，可坏，即上度相；即坏其可坏，故能不著于生死有为法也。远离，即能离；诸离，即不见我为能离，亦不见他为所离，亦不见中间度生之法，是谓诸离。并此诸离，亦复远离，既远离诸离，故不滞守于涅槃无为法也。所谓涅槃不安，生死不立，善获中道；虽知一切法空寂，而不欲于空起心念。结名不坏者，不坏度生事业，依旧广行布施。此则第二，即有为无为，以明中道，回向之义。

本觉湛然，觉齐佛觉，名等一切佛回向。

次明本觉妙觉，中道妙义。本觉湛然者：本觉心佛，显现湛然，觉海澄停；如《华严》谓：广大清净也。觉齐佛觉者：觉指自己本觉，齐佛觉，谓与诸佛所证妙觉齐等，无有二相。结名等一切佛者：指自身本觉法身，与十方诸佛法身，无有高下。如前文所云：我与如来，宝觉真心，无二圆满也。此则第三，即本觉妙觉，以明中道，回向之义。

精真发明，地如佛地，名至一切处回向。

次明因地果地，中道妙义。精真者：因地心也；佛地者：果地觉也。发明：即开发了明。自己因地心中，所含无边境界，正如诸佛，果地理上，所现无量刹土也。结名至一切处者：即尽佛境界之意；《华严》此位菩萨，广修供养，遍至佛处，而后言三业普入一切世界，以作佛事。此则第四，即因地果地，以明中道，回向之义。

　　世界、如来，互相涉入，得无挂碍，名无尽功德藏回向。

次明依报正报，中道妙义。世界即所至之处，依报也；如来即所等之佛，正报也。前二位，虽觉齐佛觉，地如佛地，犹有自他之分；今称世界如来者，即自他融一不分也。互相涉入，得无挂碍者：如以依报，涉入正报，则一一毛孔中，有无量宝刹，庄严微妙；以正报涉入依报，则一一微尘内，有无量如来转大法轮。如帝网千珠，交光相映，一珠趣多珠，多珠含一珠，一多相摄，主伴交参，故得无挂碍也。

名无尽功德藏者：《华严经》云：住此回向时，得十无尽藏：一见佛、二闻法、三忆持、四决定慧、五解义趣、六无边悟、七福德、八勇猛智觉、九辩才、十力无所畏；以如是等，皆无尽故。此则第五，即依报正报，以明中道，回向之义也。

　　于同佛地，地中各各，生清净因，依因发辉，取涅槃道，名随顺平等善根回向。

次明理事一多，中道妙义。盖同佛地者：明理一也；各生净因者：明事多也。意谓于始觉本觉，同佛之理地，其理则一也；因而曰清净者，皆成真因也。依此真因，展转扩充，名曰发辉，从因克果，直取究竟涅槃之道。结名随顺平等善根回向者：随顺一理，而成多事，事理虽有异名，其体本来无二，故曰平等；能生无上道果（取涅槃道），故名善根。此则第六，即理事一多，以明中道，回向之义。

　　真根既成，十方众生，皆我本性。性圆成就，不失众生，名随顺等观，一切众生回向。

次明自身生身，中道妙义。真根既成：指前位，随顺平等善根；由此重起大悲心，等观众生，故云：十方众生，皆我本性。本性，即本觉之佛性。众生所具之佛性，与我本来同体，此即起同体大悲心，回他向自也。性圆成就，不失众生者：我性既已圆满成就，亦当成就众生，岂可遗失众生，而不度哉？此即回自向他也。是名随顺平等大悲心，观察众生回向。此则第七，即自身生身以明中道，回向之义也。

> 即一切法，离一切相。惟即与离，二无所著，名真如相回向。

次明真如变不变，中道妙义。上位不失众生，即一切法也，约真如随缘义；皆我本性，离一切相也，约真如不变义。下入本位。惟即与离，二无所著者：不著，即超有也；不离，即超空也。若言即一切法时，而复离一切相；若言离一切相时，而复即一切法；若言随缘时，而复不变；若言不变时，而复随缘。离即离非，是即非即，言语道断，心行处灭。此则第八，约真如变不变，以明中道，回向之义。

> 真得所如，十方无碍，名无缚解脱回向。

次明无缚无脱，中道妙义。首句即上位，惟即与离，二无所著，已得与真如一相。一真一切真，无法不真；一如一切如，无法不如。下入本文，然真如体遍十方，而其行既为真如所如，自应同彼，于十方界，得无障碍，成就普贤身、语、意业，精进自在力，乃至成就普贤行愿，弥满法界；前位住理无碍，此位理事与事事二无碍矣！结名无缚解脱，即入法界，不可思议解脱。此则第九，即无缚无脱，以明中道，回向之义。

> 性德圆成，法界量灭，名法界无量回向。

次明法界，有量无量，中道妙义。性德圆成者：承前二位而来，八无著，得性德之全体；九无碍，得性德之大用，体用备具，故曰性德圆成。孤山所谓：三德妙性圆成。无著，即般若德；无碍，即解脱德；无量，即法身德。法界量灭者：良由体无不遍，用无不周，随举一色一香，无非中道，一尘一毛，皆等法界，一一无有限量；是则量灭者，即无量也，故结名法界无量回向。此则第十，即法界有量无量，以明中道，回向之义。

通结前十回向，以三处区分，显有差别，而实位位圆满中道：一、悲不碍智，二、智不坏悲，此二回向众生；三、本妙合觉，四、因果同地，五、依正互融，六、性修双即，七、自他同根，此五回向佛道，八、即离双超，九、真俗自在，十、体用圆极，此三回向真如。

> 阿难，是善男子，尽是清净，四十一心。次成四种，妙圆加行。

阿难，是善男子，修习正定，始后干慧，终于十向，不住妙悟，有向上之心，并丈夫之气，虽炽然修行，不住于相，能起无修证之修证，位位备历，故曰：尽是清净，四十一心；此结前也。次成四种，妙圆加行：以余乘教中，皆有四加，而非妙非圆，故此佛以妙圆以简之。前于干慧，即以此心，中中流入，圆妙开敷，从真妙圆，重发真妙真圆。经历信、住、行、向，次成四种加行。妙者，愈增于妙，圆者益极于圆，自不可以寻常加行目之。盖此四种，名为加功用行，乃入道要门，始终地位，皆以增进，渐次深入；如下文所云：如是皆以三增进故，善能成就五十五位真菩提路。如渐次中，非加行莫入干慧，乃至等觉，非加行莫入妙觉。今独于十向之后，列四加者，以显十地之法尊胜，非此莫能进入，此开后也。

> 即以佛觉，用为己心，若出未出，犹如钻火，欲燃其木，名为暖地。

此别名四加，泯心、佛而灭数量，拣异唯识，位位各有能发定，所发观，及所观法。今经但以心佛对辨，而成四位。暖地犹云：佛即心；顶地：心即佛；忍地：即心即佛；世第一地：非心非佛。以心摄众生，佛摄真如，是总摄十回向三处也。即以佛觉，用为己心者：佛觉，指初地所具之佛觉，用为自己加行之因心，欲证佛即是心之境，而因心欲亡未亡，果用将发未发，故曰若出未出。喻如钻火燃木，火譬初地，本觉智火，本来在木中；木譬无明，今本觉智火，欲出未出，无明之木，将燃未燃。加功至此，喻如钻火，欲燃其木，先得暖相现前，名为暖地。龙牙禅师云："学道如钻火，逢烟且莫休，直待金星现，归家始到头。"

> 又以己心，成佛所履，若依非依，如登高山，身入虚空，下有微碍，名为顶地。

又以此自己加行之因心，成其初地，佛觉之所履，心为佛依，如足履地，体观自心，即佛境界。而心相未能全忘，为若依；心相垂尽，为非依，喻如登高山，其身已入虚空，不过脚跟未离山顶，下有微碍。今下有微碍，故曰若依，身入虚空，故曰非依。碍而至于微，而心相亦复无多也，故结名顶地。

心佛二同，善得中道，如忍事人，非怀非出，名为忍地。

暖地，即以佛觉，用为己心；顶地，又以己心，成佛所履。是心、佛犹存二相。加功至此，则心佛二同，所谓即心即佛也。佛觉泯为因心，因心泯同佛觉，虽心佛历然，而因果融即，常于加行心中，见佛业用，亦于诸佛行处，洞彻自心，故曰：善得中道。但将证未证，心中明了，吐露不出，喻如忍事之人，若欲怀之于心，便欲诉向于人，有欲出之于口，又非可以话会。故曰：非怀非出，名为忍地。

数量销灭，迷、觉中道，二无所目，名世第一地。

数量销灭者：暖地中，即以佛觉，用为己心，尚存己心数量，顶地中，虽以己心，成佛所履，尚存佛履数量，此二皆迷中道之数量也。忍地中，心佛二同，尚存二同数量，此乃是觉中道之数量也。迷觉二字，双贯中道之上。迷中道者：非谓迷了中道，乃因心中，所修之中道也。觉中道者：亦非觉了中道，乃果位中，所证之中道也。今则不但无迷，亦且无觉，下无己心，上无佛觉，若心若佛，二无所目，则数量俱销，心佛双泯，犹云非心非佛也。南泉云：莫认心认佛，认得亦是境，古人唤作所知愚。马大师云：不是心，不是佛，不是物。结名世第一位，此于世间法中，最为第一也。而于一念中，法尔亦具，此四加行。然此四加行，说虽次第，行在一时，所以名为妙圆也。

阿难，是善男子，于大菩提，善得通达，觉通如来，尽佛境界，名欢喜地。

地有多义，略约二种解释：一、成实义：谓地地皆以真如实相为体，坚固不坏。二、发生义：谓地地皆发生佛地功德，大用重重无尽。温陵曰：蕴积前法，至于成实，一切佛法，依此发生，故谓之地。问：四加行亦皆称地，与此同耶异耶？答：非同非异。何以谓之非同？功德超胜故；何以谓之非异？同为趣进妙觉之因地故。据前四卷末，如来但立因果二地，文云：得元明觉，无生灭性，为因地心，然后圆成果地修证。是则，但以修习圆通本根为因地，而以佛究竟妙觉为果地，中间皆圆成果地之位也。

阿难，是善男子，于世第一地，善能成就，则障初地，一分无明，豁然顿破，而如来三德秘藏，全然圆证。于大菩提：即无上菩提，不出三藏全体，十玄妙用。此菩萨位居分证，不云成就，但是通达。而善得者，即现量亲证，不离自心，通达佛觉故。觉通如来，尽佛境界二句，即释上二句，以自心本觉，与诸佛妙觉，融通无二，能尽诸佛，微妙境界。即前文所云：惟妙觉明，圆照法界也。此不但通达，而且尽佛境界，如三世诸佛，所应得者，我已得之，如一切众生，所本具者，我已证之；是故极生庆快，名为欢喜也。

异性入同，同性亦灭，名离垢地。

异性，指九界之性；前位觉通如来，即九界之异性，入于如来，平等之同性。虽同一佛境，而此境未亡，犹是清净心中之微垢。因对异说同，异固是垢，同亦是垢。所以于无间道中，无修而修，定慧双流；解脱道中，无证而证，并将此同性亦灭，是谓离垢清净，故名离垢地。

净极明生，名发光地。

净极者：前位同性亦灭，细垢已离，但未至离离；今将离垢之离复离，是为净极。明生者：譬如古镜重磨，垢尽之后，更加拂拭，则净极明生，真觉显露，灵鉴无碍，即所谓净极光通达也，是名发光地。

明极觉满，名焰慧地。

明极者：蹑前位。光明始生，未至明极，此位妙明极盛，觉智增长，如大火聚，能烧烦恼之薪。而言觉满者：明其称性故，所谓觉照，弥满清净，中不容他，即前云：寂照含虚空也。名焰慧者：表如焰之慧，有烁绝之胜用而已。

一切同异，所不能至，名难胜地。

地前智名异，地上智名同。初地觉通如来，异性灭，惟一佛境，即同也。

二地复经同性亦灭，由净而明，由明而满，再经两地之修证，则前之异同，至此则杳不相及。及尚不能及，况超胜乎？故名难胜地。唯识谓此地，真俗两智，行相违合，今令相应，极难胜故。

无为真如，性净明露，名现前地。

从初地至此，销异灭同，明生觉满，复超同异，凡情圣解，悉已铲除。有为功用至极，即契无为真如也。性净明露者：真如妙性，本来清净，分明显露，初得亲证。然而真如，全体大用，当在八九两地；而八地，真无功用，此地方到无为，始显真如，但约性显，而名现前也。

尽真如际，名远行地。

真如本来无际，望之不见其影，穷之无有分量；今言尽际者，即所谓尽其实际，于无际之际，迥超极造，故名远行地。

一真如心，名不动地。

承前既已尽际，乃得全体。一真凝然，湛寂不动。动即变动，而如理精真，无有变动，菩萨当住此地，遍观诸法，诸法皆真，法法皆如，一尘一毛，一一无非真如自心。即所谓彻法底源，无动无坏，故名不动地。

发真如用，名善慧地。

《正脉》云：前位，是得真如全体，此位，是发真如大用，称体起用，自然之理。《华严》、《金光明》，多指功行，而本经惟说本真，自体自用。前位，一尘一毛，皆清净本然，周遍法界。此位，则一一互摄互入，即遍即包，十玄业用，皆真如用也。结名善慧，即法界无障碍智也。问："七行之尘界互现，五向之依正互涉，与斯何异？"答："七行方有是愿，未说亲证本真，自体自用，法尔本具，显现发挥也。"《华严》、《唯识》、《金光明》，皆言此地，具四无碍辩，为大法师，最善说法。《华严》名此菩萨，具四无碍智，作大法师，演说无量，阿僧祇句义，无有穷尽，故名发真如用。余谓说法，固可以说为发用，然方是大用中一用耳，故明用，不遗说法，而说法，岂尽大用耶？余地既皆不尽同，此何必同乎？故须具十玄，方为称真之用，然亦岂遗说法哉！

阿难，是诸菩萨，从此已往，修习毕功，功德圆满。亦目此地，名修习位。

阿难，是诸菩萨：诸者，众也，近指四加以至于此，远指该前之四十一心。从此已往：往者去也，即自九地以去，后三位也。不可指前，若指前，应言已还，且下文意，亦复指后。修习毕功，功德圆满者：谓言修习之功行，于兹已毕，出世之功德，亦称圆满，此去只论证，不论修。亦目（名也）此地，为修习位：显修习之功，终极于此，故另结之，以清眉目焉。

慈阴妙云，覆涅槃海，名法云地。

慈妙是法，阴云是喻。谓真慈普被，弥满成阴，妙智大云，叆叇密布，理智齐彰，地上清凉。良以慈阴妙云，是十地圆满之因德，涅槃性海，是十地将证之果德。涅槃梵语，此翻多义，今略取圆寂之义，谓真无不圆，妄无不寂。即菩萨从最初发心修行，依不生灭之根性，定慧均等，中中流入，趣涅槃果海，到此将证未证故，但曰覆也。结名法云地，以慈智是法，云字该摄阴字，仍是双举法喻以结之。

如来逆流，如是菩萨，顺行而至，觉际入交，名为等觉。

此正明本位。《起信》等诸经论，十地后不开此位；在法云地，即谓方便满足，始觉还源，本始合一，得智净相，乃合入十地耳。此位，将明菩萨始觉，等于如来妙觉，齐佛际而破生相。如来逆流者：谓如来因圆果满，得证涅槃果海，因不舍众生，倒驾慈航，逆涅槃流而出，入生死海，修因克果，此就断果言之。若就智果言之，则如来出菩提觉际，而菩萨入菩提觉际，彼此正当相交，故云觉际入交。《正脉》云：觉际入交者，菩萨始觉，与佛妙觉，分剂正齐，但有顺逆之不同耳。譬如入海采宝，前商已得诸宝，逆流而出，到于海门；后商方以进取，顺流而入，亦到海门；是二船恰齐，但前商船头向外，后商船头向内，为不同耳。温陵曰：如来逆流，出同万物，菩萨顺流，入趣妙觉。已至觉际，故名入交，与佛相齐，故名等觉也。

阿难，从干慧心，至等觉已，是觉始获，金刚心中，

初干慧地。

阿难，从干慧初心，中间所历，信、住、行、向、四加、十地，而至等觉后心已。是觉，即指等觉；金刚心者，解脱道前，无间道一分，至坚利之慧，能破最初生相无明之惑体；是等觉位中，方始获得金刚心中，初干慧地。《宝镜疏》云：此经始终，有二干慧名，古来诸疏，议论纷纭，全无定准，致令后学，亦无可据，良由未悉本经之的旨耳！盖九界众生，咸因三种业流；致有五住烦恼，以感二种生死。五住者：所谓欲爱住、色爱住、无色爱住、见一切住、无明住也。三种流者：即欲流、有流、无明流也。以前四住为欲流；有流，感分段生死，此在初信已断；后一无明住地，即无明流，感变易生死，至佛果乃断。

以此论之，则前干慧，乃是金刚初心，先断欲有二流，出分段生死者也。以故经云：欲爱干枯，根境不偶，现前残质，不复续生。如澄浊水，沙土自沉，清水现前，名为初伏客尘烦恼。自初信之后，即志断无明，但其积习深厚，故历五十四位，至等觉，金刚后心，生相无明才干，以此定慧坚强，方始永断，故云是觉始获金刚心中，初干慧也。温陵曰：前名干慧，以未与如来法流水接；此名干慧，以未与如来妙庄严海水接。吴兴曰：以障妙觉，无明初干，未与究竟如来法流水接故也。

如是重重，单复十二，方尽妙觉，成无上道。

如是，指始从干慧，终至妙觉，重重单复十二，方能穷尽，妙觉果位。单七者，谓一名一位为单，如干、暖、顶、忍、世、等、妙之七者是也。复五者，谓一名十位为复，如信、住、行、向、地之五者是也。以其单有七重，复有五重，故言重重单复十二也。方尽妙觉，成无上道：尽者，穷极之义；众生迷真起妄，从此法界流，菩萨返妄归真，还归此法界，穷源极证，始本合一，能所双亡，方为尽妙，名究竟果觉，得成无上正真（菩提涅槃）之道。等觉，只但称齐，始本尚未合一，今于最后一刹那间，证入斯位；但惟本觉，无别始觉，寂照一如，理事相即，三如来藏性之体全彰，四无碍法界之用显现，穷玄极妙，不可思议。成无上道：成就三菩提，三涅槃，至极无上之道也。

是种种地，皆以金刚观察，如幻十种深喻，奢摩他中，用诸如来，毗婆舍那，清净修证，渐次深入。

是上来，耳根圆通，称性起修，所经之种种诸地，皆以金刚藏心，观察妙慧所建立也。盖金刚观察者，体用双举也。金刚，即藏性之体；观察，即藏性之用；此正藏性全体大用也，亦即首楞严定之体用也。如前所谓，金刚王宝觉自分证位中，破一品无明，证一分三德，由是位位，转入转深，而至等觉，金刚后心，完全皆是用此，金刚观察之力，内照之功所成也。如幻十种深喻：如观音自陈云：如幻闻熏闻修，金刚三昧。亦即文殊所谓：宣说金刚王，如幻不思议，佛母真三昧。故如来结云：是种种地，皆用金刚观察，如幻三昧也。十喻者：如《大品》云：观一切业如幻，一切法如焰，一切身如水月，妙色如空华，妙音如谷响。诸佛国土如乾闼婆城，佛事如梦，佛身如影，报身如像，法身如化，不可取，不可舍，一切空故。此中喻虽有十，所喻之法，不出度生、说法、严土、供佛而已。然既曰不可取，则无生可度，无法可说，无土可严，无佛可供。既曰不可舍，则任运度生，任运说法，任运严土，任运供佛。既曰一切空故，则取舍双忘，忘心亦寂，故云深也。古德有云：修习空华万行，宴坐水月道场，降伏镜里魔军，大作梦中佛事者此也。奢摩他中，用诸如来，毗婆舍那：奢摩他，是自性本具圆定，即根中不生灭，不动摇之性，是天然本具之定体，而能照见于此，是为微密观照，圆解大开，于是称性起修，于中用诸如来，毗婆舍那。前文问答，皆无是名。

如《庄严论》云：安心于正定，即名为止，所谓奢摩他。正住法分别，是名为观，所谓毗婆舍那。《起信论》云：所言止者，谓止一切境界相，随顺奢摩他义故；所言观者，谓分别因缘生灭相，随顺毗婆舍那义故。今详此经语气，似不全同彼意，毗婆舍那，全归修意，盖是不离自性本定之中，双用即定之慧，与即慧之定，亡尘照性，定慧双流。无修而修，拣彼凡外事相之染修；无证而证，拣彼权小新成之实证。故曰："清净修证。"从三渐次中，悟圆理，而起圆修，渐次深入，究竟宝所矣！

阿难，如是皆以三增进故，善能成就，五十五位，真菩提路。

此通结一经，大定之始终。自阿难启请十方如来得成菩提之定，妙奢摩他、三摩、禅那，最初方便，而如来首告之曰：有三摩提，名大佛顶首楞严王，具足万行，十方如来，一门超出妙庄严路。此初示佛定总名，令知诸佛，修因克果，然后逐答阿难所问三名。二说奢摩他路，令悟密因，大开圆解。三说三摩修法，令从耳根，一门深入，四说禅那证位，令住圆定，直趣菩提。文至此处，是禅那证位，故云如是种种位次，皆以三增进故。正助熏修，从始逮终，善能成就，五十五位，真菩提路；是三增进，乃为证楞严之最初方便矣！

善能成就者：先从大开圆解，悟明根中不生不灭之性，即是首楞严天然本具之定体。然后蹑解起行，依此不生灭性，为本修因。从耳根下手，一门深入，中间经历，信、住、行、向、地，四加等觉，五十五位；无修而修，不妨幻修，无证而证，不妨幻证，于本无渐次，深入之中，不妨幻立渐次，而深入之。真菩提路者：即上诸位，真实归菩提家之道路也。干慧非真，妙觉非路，以干慧相似觉，未发真信，犹未起程，故非是路，是以除之；以妙觉、究竟觉已经到家，亦非是路，故亦除之；则知五十五位，真菩提路者，即十方如来，一门超出，妙庄严路也。

　　　　作是观者，名为正观；若他观者，名为邪观。"

上云，是种种地，皆以金刚观察，如幻十种深喻；是知楞严正定，全体大用，不出金刚观察。始从因地，终于果地，先顿悟根性为因心，然后依悟修证。作是观者，名为正观：欲人舍邪，而归正也。此邪，不定指邪外，凡执六识为真因，以事行为真修者，皆名为他观。非自性之正定，即名为邪观也。如第一卷二种根本云："诸修行人，不能得成无上菩提，乃至别成声闻缘觉，及成外道，诸天魔王及魔眷属，皆由二种根本，错乱修习。"亦此意也。

　　　　尔时，文殊师利法王子，在大众中，即从座起，顶礼佛足，而白佛言："当何名是经？我及众生，云何奉持？"

此文殊请问经名。夫名者实之宾也，义者，名之实也。斯经自正宗以来，所诠经义略备，而能诠之名未彰；故以文殊，请问经名。此菩萨是根本大智，有欲如来，依义立名，即得总持之要。温陵曰：正宗未终，而遽结经名，由初示密因，次开修证，而卒乎极果，则经之正范毕矣！结经后文，尚属正宗，旧名助道者，特助道而已。尔时者：当总示逐答诸文，已竟之时。文殊师利法王子解见在前。在大众中，即从座起，顶礼佛足，而白佛言：当何名是经？正求佛因义立名，使现未众生，因名思义耳。云何奉持者：奉以自修，持以化世也。

佛告文殊师利："是经名大佛顶，悉怛多，般怛啰，无上宝印，十方如来，清净海眼。

文殊请名，如来具答，告文殊师利曰：是经二字，总贯下五名。此第一题，境智为名。上十三字为境，属密题；下八字为智，属显题。详玩五名，皆显密双彰。此密题境字，乃是理境，为显题智之所照也。大佛顶：大者，即众生之心，当体得名，横无边涯，竖无底蕴；佛顶，即佛之肉髻顶相，以表无上最尊，无见最妙，正以表一真法界也。

悉等六字，此云白伞盖，七卷中，元有摩诃二字，翻为大，此不列者，因上大佛顶，连用之意，即体大也。悉怛多，般怛啰：此云白伞盖，白为众色之本，纯净绝染，即相大也。伞盖为展覆之具，普被一切，即用大也。正表一心三大之义也。无上宝印者：总摄上一真法界，一心三大，圆融绝待，更无何法，能超过其上，故云无上宝印，即海印心印。《华严经》云：海印三昧威神力。《法句经》云：森罗及万象，一法之所印。一法，即一心之法；所印，则法法皆心，诸佛诸祖，递代相传之心印也。此上是密题，为理境。末八字是显题，为智照。十方如来：指过去诸如来，斯门已成就。清净者：离分别，绝能所；海眼者，海即心海，眼即智也，谓照心海之智眼也。如珠有光，还照珠体，故以境智为名。

亦名救护亲因，度脱阿难，及此会中，性比丘尼，得菩提心，入遍知海。

此第二题，机益为名。上十六字属机，下八字属益。前云五题，皆显密双彰，独此题惟显无密。细察其意，救护亲因，亦仗楞严秘密神咒之力。阿难性尼皆此经当机，凡务多闻，而未全定力者，皆准阿难；凡欲惑炽然，不思出要者，皆准性尼。救度阿难，脱离淫难，及护持会中性比丘尼，欲爱干枯，顿证三果。此二人皆大权示现，亦可谓之密，以上属机。下属益。得菩提心者：顿悟因心；根性，即是因心，依此而修，疾趣无上菩提之果觉。入遍知海：即得入正遍知海。正知，心生万法；遍知，万法唯心。得此圆智，是之谓益。

亦名如来密因，修证了义。

此第三题，性修为名。十方如来，必须先悟自己根性，本不生灭，是菩提因；然后依之起修，方能得菩提果。而谓密因者，乃秘密之因地心也。而凡、外、权、小，皆所不知。此四字属性具，为密题；下四字属修成，为显题。言性虽本有，修即不无，所谓无修而修，非同事相之染修，无证而证，非同新成之实证，故曰："了义修证"。

亦名大方广，妙莲华王，十方佛母，陀罗尼咒。

此第四题，要妙为名。上七字为最妙，属显题。大方广，以次为体、相、用三大之义。大者，直目性体，横竖无际故；方者，具足德相，恒沙称性故；广者，称体妙用，出生无尽故。《华严》具此三大，斯经亦具，益见与《华严》同旨矣！妙，名不可思议，莲华，喻如来藏心，因果交彻，染净一如，略取方华即果，处常、净二义。王者，自在之意，亦见斯经与《法华》同条共贯矣！下八字为最要，属密题。佛母，表其出生义；陀罗尼，此云总持，明其含摄义，十方一切诸佛，皆从此经之所出生故。前云：是佛顶光聚，悉怛多，般怛啰，秘密伽陀，微妙章句。出生十方，一切诸佛，故称佛母。陀罗尼：此云，总一切法，持无量义，即指佛顶神咒，能总持一切诸法，十方如来，因此咒心，得成无上正遍知觉，故冠以十方佛母，陀罗尼咒。

亦名灌顶章句，诸菩萨万行，首楞严。

此第五题，因果为名。上四字，及首楞严为果，属密题，诸菩萨万行为因，属显题。按此经原系中印度，那烂陀寺大道场，经于《灌顶部》，录出别行，故名《灌顶章句》。此依总彰别，意显此经，所有章句，皆属《灌顶部》出故。《灌顶疏》云：印度密部有五：东方阿閦佛，名金刚部；南方宝生佛，名灌顶部；西方弥陀佛，名莲华部；北方成就佛，名羯磨部；中央毗卢佛，名如来部。此经是《灌顶部》，诵此章句，仗其秘密之功能，而悟理起修，亡尘照性，遂得疾趣，五十五位，真菩提路。无修而修，无证而证，则为诸菩萨万行，是无作妙行，蒙如来智水灌顶，亦犹刹利之受职也，证入楞严究竟坚固之果。

汝当奉持。"

以上五名，汝当因名思义，敬奉受持。《正脉》云：盖必以智照境，随机受益，从性起修，尽其要妙，满其因果，方为能奉持也。夫既说全经，而又备陈经目,则如来所以应求而说者,可谓委悉尽矣!

说是语已,即时阿难,及诸大众,得蒙如来,开示密印,般怛啰义,兼闻此经,了义名目。

此出名总答。说是语已竟之时,阿难及诸有学大众,得蒙如来,开示密印,即指秘密心印,圆通妙体,得此为因地心,可以成佛曰印,众生不知曰密。又即摩诃悉怛多,般怛啰之义,此云大白伞盖,虽无前五字,文之略也。前文重宣神咒,述功劝持,并恳示进修,五十五位,真菩提路。及闻此经,文殊问名,如来备说,五种了义名目,此五名,皆诠尽理,直指之了义。《正脉》云:名标总相,义演别相,得其别相,可以开悟,得其总相,可以奉持。盖开悟宜详,而奉持宜简,然总别互收,利益齐等,故双述显益也。

顿悟禅那,修进圣位,增上妙理,心虑虚凝。

前叙闻并及大众。此悟,乃大众同悟也。顿悟禅那者:自如来逐答,三定别名,并未言禅那,独至此处,始一称之,下连修进圣位,足显谈圣位处,即是说禅那耳。文从信、住、行、向、四加、地等,顿悟渐修,经历五十五位,全性起修,全修在性。增上妙理:增上,殊胜也;妙理,即玄妙理体,迥超权渐,乃圆顿之极则焉。心虑虚凝者:《正脉》云:全经朗彻,万象一心,海印森罗,言思不及之境也。

断除三界,修心六品,微细烦恼。

前虽悟同大众,而证有分别,此阿难进位于二果,非大众同证也。断除三界修心:此断思惑,于修道位中断之,故曰修心。然全分八十一品。通三界九地,每地各九品,断欲界前六品,而证二果,断后三品,而证三果,断上二界八地七十二品,而证无学。今云六品,即欲界前六品也。阿难原是初果之人,自闻经至三卷终,大开圆解,顿获法身,然理虽顿悟,乘悟并消,事非顿除,因次第尽,故至此方证二果。微细烦恼者:即思惑,拣非见惑之粗耳。足见阿难烦恼障重,所知障轻故,虽证二果,决定自知,成佛不谬也。请位至此,名圆位因果周。

楞严经讲义第二十卷

即从座起，顶礼佛足，合掌恭敬，而白佛言："大威德世尊，慈音无遮，善开众生，微细沉惑，令我今日，身心快然，得大饶益！

此处仍属正宗分。然正宗未竟，遽结经名者，以前为正修，阿难问定，如来答定。总示别答，从因至果，言义俱周，理应结名。以后为助道，资助楞严大定之成功，故别详护定要法。初谈七趣劝离者，此以戒助定。二辨五魔令识者，此以慧助定而已。《正脉》云：自经初，每曰轮转，曰诸趣，曰轮回，曰沦溺，乃至十二类生，皆以谓此，而不及详言，故此委谈劝离，所以警淹留也。

此谢前述益，即从本座而起，顶礼佛之双足，合掌恭敬，而白佛言：大威德世尊；十二类生，颠倒妄想，一时顿销，故具折伏之大威。五十五位，增上妙理尽情吐露，故具摄受之大德。慈音无遮（遮者，限也，平等也），教不简乎亲疏，机不分乎胜劣。善开众生，微细沉惑者：善巧方便，开示众生，微细烦恼，以思惑修道位中所断，行相难了，故曰微细。无始俱生无明，故曰沉惑。此皆破妄也。妄既破，而真自显，喜菩提之有分，知涅槃之可修，从此生死无干，故得身心快然，得大饶益也。

世尊！若此妙明，真净妙心，本来遍圆，如是乃至，大地草木，蠕动含灵，本元真如，即是如来，成佛真体。

此总问诸趣。先据唯心真实。世尊，若此众生，所具如来藏性：其体不变曰妙,其用随缘曰明,从来无妄曰真,究竟不染曰净;具此四种德相,曰妙心,本来周遍圆满。妙心既已如是,乃至超略之词,超四大、五阴、根、尘、识法,以及虚空,乃至大地草木(器世间),蠕动含灵(有情世间),本来原具,真如自性,即是十方如来,成佛真体,无二无别。

佛体真实,云何复有:地狱、饿鬼、畜生、修罗、人、天等道?世尊!此道为复本来自有?为是众生妄习生起?

既是佛体,自应真实,云何复有七趣之虚妄耶?等道,即仙道。世尊此等诸道,因何而有?为复真如体中本来自有耶?为是众生心中妄习生起耶?若是真如体中,从本以来自有,则七趣不应虚妄;若是众生心中,妄想习气生起,则心外有法,与今现悟遍圆之义不符,所以未敢深领,而致问也。又前满慈所问:清净本然,云何忽生三种生续?此阿难所问,佛体真实,云何复有七趣虚妄?同耶异耶?答:前问三种生续,起于性觉必明,妄为明觉;今问七趣虚妄?由于情想差别,故见轮回。若悟后文,精研七趣,皆是昏沉,诸有为相,妄想受生,妄想随业,于妙圆明,无作本心,皆如空华,元无所著;但一虚妄,更无根绪,则二疑俱释矣!

世尊!如宝莲香比丘尼,持菩萨戒,私行淫欲,妄言行淫,非杀非偷,无有业报。发是语已,先于女根,生大猛火,后于节节,猛火烧燃,堕无间狱。

此淫报。举现事以问地狱之报也。称呼曰世尊!如宝莲香比丘尼,持菩萨大戒,而又私行淫欲,既已破戒,且以妄言谤戒。谓行淫,非同杀生害命,非比偷劫财物,但是彼此交欢,现前无业,将来亦无果报。盖私淫是破戒,妄言无报是破见,毁律误人,罪恶弥甚,故感华报、果报,一时俱受。发是语已,先于女根,生大猛火者:淫欲属火,故感女根生大猛火,业力增上,报不容缓也。后于节节,猛火烧燃者:《乌刍章》云:说多淫人,成猛火聚,信不诬矣!此华报不足以偿,故命终神识,径堕地狱,而受果报矣!《指掌疏》云:下云九情一想,下洞火轮,身入风火,二交过地,轻生有间,重生无间。今宝莲香,虽说淫欲无报,犹信杀偷有报,似是九情一想,受报应在风火二交过地。但以毁戒误人，罪恶极重，故云堕无间地狱。

　　琉璃大王，善星比丘，琉璃为诛瞿昙族姓，善星妄说一切法空，生身陷入，阿鼻地狱。

　　琉璃报复属怒，善星邪见属痴，亦举现事，以问地狱之报。合上宝莲香私行淫欲，总之淫、怒、痴三，为堕狱之因。为人在世，不可不慎；若复修行，更宜痛戒。琉璃王，是匿王太子，诛瞿昙族姓，以报一言之辱。惟以嗔怒增胜，杀戮太过，故致堕狱耳。琉璃王少时，定省外氏，适释种为佛新造讲堂，庄严灿烂，中设法座，佛尚未坐，而琉璃王竟坐其上。释氏骂曰：此婢生物，汝有何福，敢于中坐？催逐令出。太子出已，语侍臣好苦言：释种辱我至此，我绍位后，汝当告我，我起兵伐之。婢生物：因匿王求婚于释氏，若不许，恐挟嫌伐我；若许，又非所愿，后乃以婢女，充为释种女嫁之。太子是其所生，此次来外婆家。及至长成，废父自立，好苦来告大王，曾记释种一言之辱乎？遂起兵伐释种。目连请佛救度，佛乃默然。于是目连以钵盛诸释种，至于天上。大兵既至，恣行杀戮。琉璃王有欲害佛，入见佛已，毛骨悚然。佛记七日之后，当入地狱。王惧，率领军队，乘船入海；时至，水中自然出火烧灭。大兵既退，目连见佛曰：当时请佛救度，因佛默默无语，我乃以钵盛救，送到天上，今则持归。佛语之曰：定业不可转，非汝神力，所能奈何！启钵视之，皆化为血水矣！

　　远因者：佛言往昔罗阅城中，有池多鱼，天旱水干，人向池中捕鱼。内有鱼王，一名䵎，二名多舌，藏在泥中，池水既干，泥觉有动，遂为人捕。时有小儿，手持竹竿，戏敲其头三下。尔时捕鱼人，今释种是，䵎鱼琉璃王是，多舌好苦是，小儿即我身是。详出《涅槃》，及《琉璃王经》。善星，亦云善宿。《阿含经》云：是佛堂弟之子，或曰即调达之子。《涅槃》云：善星比丘，亲近恶友，退失四禅，生恶邪见，作是说言：无佛无有涅槃，如来虽复为我说法，而我真实，谓无因果。即妄说一切法空。

　　《指掌疏》云：琉璃嗔怒杀人，已属重罪，且所杀又非常人，乃瞿昙族姓。善星妄说法空，即是邪痴，若更为窃取利养，仍兼偷盗。二人之罪，俱为极重，故皆以生身陷狱。下云：纯情即沉，入阿鼻地狱，若沉心中，有谤大乘，毁佛禁戒，诳妄说法，虚贪信施，滥膺恭敬，更生十方阿鼻地狱。今琉璃恣杀，善星逞妄，似是纯情，固应沉于阿鼻地狱。且琉璃恣意杀戮，甚欲害佛，善星诳妄说法，虚贪信施，或亦更生十方阿鼻地狱。但生身陷入地狱，人所共见。陷后备受五无间报：一、趣果无间，不经中阴。二、形无间，一人亦满狱城，多人亦满。三、苦具无间，此种苦具用毕，再换他种。四、命无间，一日之中，万生万死，受罪死矣，巧风一吹，依旧复活。五、经劫无间，狱中具足一大劫，劫满寄生他方地狱，再一劫，其罪未毕，转寄他方。

此诸地狱，为有定处？为复自然，彼彼发业，各各私受？惟垂大慈，开发童蒙，令诸一切持戒众生，闻决定义，欢喜顶戴，谨洁无犯。"

敢问世尊，以上三人观之，此诸地狱，为有一定处所，虽造业不同，皆归此处，同受报耶？为复各自其然，而彼彼发业有异，各各私受其报耶？此问有二意：上问别业同受，后问别业别受，所以不明而疑也。惟愿垂大慈悲，开发我等，幼童蒙昧；此乃当机，愧无大智，有类童蒙，恳求开发，正知正见，令诸一切持戒众生，闻示决定义门，不致犹豫，自然心生欢喜，身则顶戴，益加谨洁奉持，而无犯戒之事矣！

佛告阿难："快哉此问！令诸众生，不入邪见。汝今谛听，当为汝说。

佛告阿难快哉者：合意之问，如上私行淫欲，恚怒恣杀，愚痴妄语，淫、怒、痴三，皆属邪见；今以此问，而得发明。普令众生，不入邪见，咸归正道，岂不庆快于心哉！汝今谛实而听，吾当为汝，分别解说，地狱同别之义也。

阿难，一切众生，实本真净，因彼妄见，有妄习生，因此分开，内分、外分。

此明真如，随缘起妄，妄有七趣。阿难，如彼七趣，一切众生，所具藏体，实是本来元具真如佛性，清净妙心，无诸杂染；因彼一念妄动，遂成妄见，即无明现行，故有妄习生焉；即杂染种子，由无明种习为因，致有七趣虚妄。汝疑佛体真实，何因有妄者，此也。下叹广释虚妄，发明情想。因此分开，内分外分：内分，即众生身分之内，深生耽著。外分，即众生身分之外，悬求胜应。此虽情想升坠，胜劣不同，总不出虚妄习气而已。

阿难，内分即是众生分内，因诸爱染，发起妄情，情积不休，能生爱水。

初标内分境，即是众生，身分之内。因诸爱染下，显内分心，因于内分境上，生诸爱染；爱染即情也。如世间所说，喜怒哀乐爱恶欲，是谓七情，爱居其一，总之七种皆爱也。喜则投合所爱，怒则侵犯所爱，哀则亡失所爱，爱则顺从所爱，恶则妨碍所爱，欲则纵恣所爱，皆爱情为本，故总属爱也。最初对境起为爱染，贪恋不舍为妄情，以妄情积久不休，则能发生贪爱之水。

是故众生，心忆珍羞，口中水出；心忆前人，或怜或恨，目中泪盈；贪求财宝，心发爱涎，举体光润；心著行淫，男女二根，自然流液。

此举事验证，情爱化水而已。是故者：是能生爱水之故。众生六根对境，生诸爱染，如鼻、舌二根，遇著珍羞美味，心忆香味，口中水出。如眼、耳二根，对着前人，即已故之人，或怜其色声可爱，或恨其世寿早亡，不见其形，不闻其声，心中回忆，目中泪盈。如意根贪求财宝，即是法尘，心中发生爱涎，财宝欲至，而爱涎资身，故举体光润。如身根贪著行淫，即是触尘，男女二根，未经交遘，自然流液，则爱能生水之义，显然可证。

阿难，诸爱虽别，流结是同，润湿不升，自然从坠，此名内分。

阿难，诸爱虽然六根各别，流结是同者：流是流通，口中水出，目中泪盈，男女二根，自然流液，此皆水之流通于外也。结是蕴结，举体光润，此则水之蕴结于内也。若流若结，总是润湿为性，故曰是同。因润湿，则不能上升；不升，势必从坠，此乃自然之理，故名内分。

阿难，外分即是众生分外，因诸渴仰，发明虚想，想积不休，能生胜气。

初标分外境，即是众生身分之外，胜妙境界。因诸渴仰，显外分心，不安本类，志求出离；以乍闻胜境，心生渴想仰慕。渴仰即想也，渴仰之极，发明种种清虚想念。想念积习而不休止，想极神飞，能生殊胜之气，脱离形累，必成超举之因。

　　是故众生，心持禁戒，举身轻清；心持咒印，顾盼雄毅；心欲生天，梦想飞举；心存佛国，圣境冥现；事善知识，自轻身命。

此举事验证，想必成飞而已。是故者：是能生胜气之故。下六念法门，依《指掌疏》释，心持禁戒，义该念戒、念施。以心持即念，念律仪戒，能净三业；念善法戒，能成胜因；念饶益戒，能利有情。律仪唯戒，余二皆兼于施故。举身轻清者：念前二戒，不以自修为累；念饶益戒，不以度生为扰故。心持咒印，即是念法；以咒为诸佛秘印，心持乎此，如佩诸佛秘印，纵遇魔外，无所畏惧，故曰：顾盼雄毅。心欲生天，即是念天，谓厌下苦粗障，欣上净妙离也。梦想飞举者：超胜之气，形于梦寐故。心存佛国，即是念佛，如《十六观经》，观想念佛之类。圣境冥现者：或于禅观之中，或于梦寐之际，得见阿弥陀佛，金色之身，得历阿弥陀佛，宝严之土；但以人所不见，而己独见，故云冥现。事善知识，即是念僧。自轻身命者：如百城烟水，不辞疲劳，皆超胜之气耳。

　　阿难，诸想虽别，轻举是同，飞动不沉，自然超越，此名外分。

阿难，诸想虽然有六念各别，轻举是同；如梦飞为举，余四皆轻。若轻若举，成以飞动为性，故曰是同。飞动则不至下沉，不沉势必超越，此乃自然之理，故名外分。

　　阿难，一切世间，生死相续，生从顺习，死从变流。临命终时，未舍暖触，一生善恶，俱时顿现，死逆生顺，二习相交。

此示所感之果。意谓诸趣不同，不出情想二因，由内外情想轻重，故有升沉差别也。阿难，一切有情，正报世间，生来死去，相续不断，如旋火轮，未有休息。生从顺习，死从变流者：一切众生，莫不贪生恶死。生则从其随顺习气，而造善恶等业；死则从其迁变流转，而受异类等身。故临命将终之时，六识皆已不行，而八识尚未离体，故未舍暖触。若八识离体，暖相自尽，寿命已终。今则将死未死，现阴欲谢，中阴未生；当此之时，正在畏死求生之际，谓以死为逆，而欲避之；以生为顺，而欲求之，则顺逆二习，交相并发。则一生所作，一切善恶之业，随其情想轻重，俱时感变而顿现焉。末二句，交光法师云：当在暖触之下为顺，恐是誊译之讹耳。

《华严经》云：譬如有人，将欲命终，见随其业，所受报相。行恶业者，即现地狱、饿鬼、畜生，所有一切众苦境界。作善业者，即现诸天宫殿，天众彩女，种种衣服，具足庄严，悉皆妙好。身虽未死，而由业力，见如是事。故知地狱天堂，本无定处；身虽未死，唯心妄见。

纯想即飞，必生天上；若飞心中，兼福兼慧，及与净愿，自然心开，见十方佛，一切净土，随愿往生。

想，是澄心观想，非乱想也。此与卵生之想有异，彼约受生之时，妄染之想；此约在世之时，惯习胜妙之想。纯想胜妙境界，神游分外，故即便能飞，不致坠落，必生天上，卜居于天也。下纯情，惟局极重阿鼻；此纯想，乃统三界诸天，可见三界诸天，皆心善业之所感也。设若纯想飞心中，平日或有兼修福慧者，如供佛为福业，闻法为慧业。及与净愿者：仍愿常随佛学，蒙佛授记，及与欲求往生，愿见于佛。凡寿命将终，神识昏暗，观见十方，犹如聚墨，杳杳冥冥，不知何往。今以纯想，及福慧力，与净愿力，自然心地开通，见十方佛，一切净土，如西方之弥陀乐邦，东方之药师琉璃等；十方俱现，胜劣攸分，故得随愿往生。可见此等，亦属纯想，但兼福慧，以及愿力，所以超胜诸天耳。

情少想多，轻举非远，即为飞仙，大力鬼王，飞行夜叉，地行罗刹，游于四天，所去无碍。

次正论杂想。情少想多者：谓胜想不纯，少杂微情，虽能轻举，而非远到，以其竖不越于四天，横不出乎轮围故耳。即为飞仙下，应分四类，此应是九想一情，如后文飞行仙类。大力鬼王：此应是八想二情，如岳神之类。飞行夜叉：此应是七想三情，如鬼帅之类。地行罗刹：此应是六想四情，如山野鬼神之类。然鬼神一道，有善有恶。恶者，专于为祸，正属鬼类；善者，兼能为福，旁通仙趣，大力鬼神等，约兼能为福者言之。皆能飞腾，游于四天，其所去来，俱无阻碍也。

其中若有善愿善心，护持我法，或护禁戒，随持戒人，或护神咒，随持咒者，或护禅定，保绥法忍。是等亲住，如来座下。

其中者：即上四类之中，若能发善愿，及存善心，愿护持我佛法。或护禁戒，随持戒人：如戒坛中，护戒善神之类。或护神咒，随持咒者：如本经中，百灵护咒之类。或护禅定，及修禅之者，保绥（安也）法忍，如禅堂中，护静善神之类；参禅遇魔，则所得法，不能忍可，今则保而安之。是等则亲住如来法座之下。此明带邪情，而有善愿者。故八部之众，皆以鬼神身，而得亲近于佛，蒙佛授记者也。

情想均等，不飞不坠，生于人间，想明斯聪，情幽斯钝。

此五情五想，正相平等。不飞不坠者：由有五情，不能飞升，故上不及天仙鬼神；由有五想，不至沉坠，故下不在地狱三途。参合两楹，故得生人世之间。想明斯聪，情幽斯钝者：谓于总报，由具五想，想体明达，所以有聪利；如觉观知识，推度事理，胜彼下趣也。由具五情，情体幽闭，所以有此暗钝；如不有神通，不能飞举，劣彼上趣也。

情多想少，流入横生，重为毛群，轻为羽族。

此坠畜生。情爱多，而胜想少者，是不均等。情多一分为六情，想少一分为四想，流入横生。然横生复有二类：若身之重者，则为毛群走兽，地行之类；若身之轻者，则为羽族，飞禽空行之类。

七情三想，沉下水轮，生于火际，受气猛火，身为饿鬼，常被焚烧。水能害己，无食无饮，经百千劫。

此为饿鬼。七情三想，则沉于水轮之下，生于火轮之际，受猛火之气分，结气成形。身为饿鬼常被焚烧者：因受气猛火之故。水能害己者：因见水变火之故，水反能加害于己也。此乃业力使然，随识迁变，如天人见水是玻璃，鱼龙见水是窟宅，人见水是水，饿鬼见水是火。由是无饮无食，经百千劫，常受饥虚之苦。

九情一想，下洞火轮，身入风火，二交过地，轻生有间，重生无间，二种地狱。

此为地狱。九情一想者：略轻取重，因重知轻故，文中少八情二想。想少于前，益不能飞；情多于前，愈沉于下。前在火际，今又透过火际，下洞火轮，以洞即透过义。身入风火，二交过地者：身即坠狱之身，入此风轮、火轮，二交过之地。此地有间无间，俱在其中，如八情二想，罪之轻者，生于有间；九情一想，罪之重者，生于无间；此二种地狱。然斯无间，但对在狱受苦言之，非对下之阿鼻地狱也。以既惟九情，罪恶未至极重；犹有一想，善根未至尽断故。

纯情即沉，入阿鼻地狱。若沉心中，有谤大乘，毁佛禁戒，诳妄说法，虚贪信施，滥膺恭敬，五逆十重，更生十方，阿鼻地狱。

纯情无想，唯坠不升，故临命终时，即沉入阿鼻地狱。梵语阿鼻，此云无间，与前有异，乃罪恶极重者，所坠之处也。依《成论》略明，五种无间：一、趣果无间，舍身即生彼故。二、受苦无间，中无乐故。三、经时无间，定一劫故。四、命无间，中无绝故。五、形无间，身形纵广八万由旬，一人多人，皆遍满故。若沉心中者：即纯情心中，以及兼罪。或有毁谤大乘，如大慢婆罗门等；毁犯禁戒，如宝莲香等；诳妄说法，如善星比丘等。以至无实行，而虚贪信施之资财；封无实德，而滥膺四众之恭敬，甚而五逆十重，无业不造，本狱不足以偿，故云更生十方阿鼻地狱。《法华经》云：其人命终，入阿鼻地狱，具足一劫；劫尽更生十方世界阿鼻地狱；如是辗转，至无数劫。《地藏经》云：堕无间狱，求出无期，此界坏时，寄生他界，皆此义也。

遁造恶业，虽则自招，众同分中，兼有元地。

此结答前问。谓此诸地狱，为有定处，为复自然，彼彼发业，各各私受？今答云：一切众生，循其自己所造恶业，虽则自业所感，还自来受；犹儒书所云：天作业犹可违，自作业不可活也。而众所感，同分狱中，兼有本元，一定处所，此结答别业同报，不可谓于我无分。如地狱既尔，诸趣皆然。

　　阿难，此等皆是，彼诸众生，自业所感，造十习因，受六交报。

　　上科略示情想，为升坠根由，此科详示升坠，有因果差别。故呼阿难，而告之曰：此等因情想所感升坠之报，皆是彼诸众生，自业之所感招，设无自业，虽本有地狱，谁能驱之入哉？此属蹑前，下乃标后，造十习之业因，受六交之果报。此虽因果各言，义实互具，以有因必有果，而果不离因也。

　　云何十因？阿难，一者，淫习交接，发于相磨，研磨不休，如是故有大猛火光，于中发动。如人以手，自相摩触，暖相现前。

　　首句总征，寄居于此。阿难，一者淫习下，则别释十因，以明感招十习，谓淫、贪、慢、嗔、诈、诳、怨、见、枉、讼。既云为习，即是业因。下之六报，即属苦果。而贪慢等，仍带惑名，应是兼惑业，故云习也。习有种习、现习，种习为种子属惑，现习为现行属业，由种子发生现行，故作诸业。阿难，一者，淫习交接者：淫为万恶之首，生死之根；一切众生，皆以淫欲，而正性命，故首列焉。宿世淫欲炽盛，犹有余习，发为现行，必须内根外境，男女交接，方得成业。发于相磨者：谓染心会合，彼此互相研磨，深求欲乐；研磨不休，则精血由是耗散。积淫成火，故有大猛火光，于自心中发动，预现地狱相也。则死后，招引业火，自可想而知矣。如人以手，自相摩触，暖相现前者：此以例验知，如有人以两手掌，无故自相摩触，由是故有暖相现前者，是也。

　　二习相然，故有铁床，铜柱诸事。

　　二习，谓种习现习之二，犹干柴遇火，种习犹存，现习重增，互相炽然。由此命终，故感铁床铜柱诸事。盖前之大猛火光发动，心中之狱相初萌，此之铁床铜柱，心中之业果成就矣。据《观佛三昧经》云：铜柱地狱者，有一铜柱,状如火山,高六百由旬,下有猛火,火上铁床,上有刀轮,间有铁嘴虫鸟。有灭伦伤化,非时非处,犯不净行者,命终则生铜柱之顶,猛火焰炽,焚烧其身,惊怖下视,见铁床上,有端正女,若是女人,见端正男;心生爱著,从铜柱下,至铁床上,男女二根,俱时火起,有铁嘴虫,从男女根入,自男女根出,一日一夜,九百亿生,九百亿死者是也。观此则知,淫报之苦,悉由心现也。

是故十方,一切如来,色目行淫,同名欲火。菩萨见欲,如避火坑。

是淫习为害之故,十方一切如来,向人形容谓之色,自己观察谓之目,异口同音,同名欲火。淫欲火害,甚于猛火,遭之者必至丧身失命。菩萨见此淫欲之境,远离回避,犹如火坑相似。《宝镜疏》云:以故,诸佛同诃,审宜刻骨;菩萨共避,宁不惊心!呜乎!欲之为火,其毒若此,惟愿有智士女,幸勿自效扑灯蛾也。

二者,贪习交计,发于相吸,吸揽不止,如是故有,积寒坚冰,于中冻冽。如人以口,吸缩风气,有冷触生。

贪,乃六种根本烦恼之一,本属于惑,今云习者,以前生多贪,犹有种习,发为现行,重加现习,互相交计,彼此筹算方得成业。发于相吸者:谓互相吸取,以济己私。吸揽不止者:由于贪得无厌,追求不息,如是故有积寒坚冰,于中冻冽。贪心属水,吸取属风,水若遇风,必至积寒,结为坚冰,于自心中,预现冻冽之相矣。如人以口,吸缩风气,有冷触生者:此以例验知,如人以口空张,吸缩风气,尚有冷触发生者是也。

二习相陵,故有吒吒、波波、罗罗、青赤白莲、寒冰等事。

二习,谓种习犹存,现习重增,贪吸更甚,故曰相陵。由此命终,神识故感吒吒、波波、罗罗、青、赤、白莲、寒冰等事。此吒吒、波波、罗罗、皆狱中寒逼罪人之苦声;青、赤、白莲,皆狱中冻冽罪人之形色,此乃八寒地狱之前六。准余经,更有阿浮他,谓冻冽成疮;泥罗浮他,谓肢节脱落,是八寒后二；以寒冰等事该之。前积坚冰，于中冻冽，心中之狱相初萌；此则寒逼之声色现前，是业果成就矣。

> 是故十方，一切如来，色目多求，同名贪水。菩萨见贪，如避瘴海。

是贪习为害之故，十方一切如来，向人形容谓之色，自己观察谓之目，异口同音，此贪吸多求，同名贪水。谓贪之为害，胜于毒水，饮之者，必至腐肠烂胃。菩萨见此贪爱之境，莫不远离，如避瘴海。瘴者疠气也，凡山海热处即有之，人若不知，误吸其气，便成疟疾，遂至殒命也。

> 三者，慢习交陵，发于相恃，驰流不息，如是故有，腾逸奔波。积波为水，如人口舌，自相绵味，因而水发。

慢，亦六种根本烦恼之一，本属于惑，今云习者，以前世多慢，犹有种习，发为现行，重加现习，互相交陵；彼此交相陵越，方得成业。发于相恃者：谓自恃豪姓大贵，有势多财等，尊己卑他，其性高举，驰心上流，不知止息。然我慢属山，驰流属水。山峙水驰，必致奔腾。如是故有，腾跃纵逸，奔驰之波，于自心中，预现积波为水之相矣！如人口舌，自相绵味，因而水发者：此以例验知，如人以口中之舌，舐于上腭，绵绞其舌上之味，因而遂有口水发生是也。

> 二习相鼓，故有血河、灰河、热砂、毒海、融铜、灌吞诸事。

二习，谓种习犹存，现习重增，慢流益甚，故曰相鼓，谓鼓荡陵越也；由此命终，故感血河等报。《灌顶疏》云：狱有两山，罪人走入，两山忽合，如磨盖压，血肉遍流，如大河海，血水涌沸，男女万数，出没其中。灰河者：经律异相云：灰河地狱，纵广深浅，五百由旬，灰汤涌沸，罪人入河，铁刺刺身，脓血流出，痛苦万状。热砂者：《灌顶》云：即黑砂地狱，热风暴起，吹热黑砂，来着罪人，烧皮彻骨。愚谓但言热砂，不合水义，或热砂连毒海为句；盖以海沸热砂，没溺罪人，苦毒无量故也。融铜灌吞者：《地藏经》云：烊铜灌口，热铁浇身，万死万生，动经亿劫；此皆以类相感，更有多事，故以诸字该之。前腾逸奔波，积波为水，心中之狱相初萌；此则血河灰河，融铜灌吞诸事，是业果成就矣。

是故十方，一切如来，色目我慢，名饮痴水。菩萨见慢，如避巨溺。

是慢习为害之故，十方一切如来，色目我慢一事，名饮痴水。西域有水，饮之则痴迷颠倒，犹岭海之贪泉，滇黔之哑泉相类。而菩萨见此自心之慢，非见他慢也，后皆仿此。如避巨溺：巨海洪涛，沉溺难出，有智之者，莫不严避也。

四者，嗔习交冲，发于相忤。忤结不息，心热发火，铸气为金。如是故有：刀山、铁橛、剑树、剑轮、斧、钺、枪、锯。如人衔冤，杀气飞动。

嗔，亦六种根本烦恼之一，本属于惑，今云习者，以宿生多嗔，犹余种习，发为现行，重加现习，互相交冲，彼此冲突，方得成业。发于相忤者：谓忤逆侵犯。忤犯结恨，而不休息，不得报复，遂起嗔心；嗔是心中火，故曰心热发火。铸肺气以为金，如是故有，刀山铁橛等事。刀山者：聚刀为山；铁橛者：《正脉》云：橛即棍也；剑树者：竖剑为树；剑轮者：团剑为轮；斧，劈属，黄金饰斧为钺；枪，刺属；锯，解属。于自心中，预现杀气之相矣。如人衔冤，杀气飞动者：此以例验知，如世人衔冤，有欲报复，观其形色，便有杀气飞动者，是也。

二习相击，故有宫割、斩斫、剉、刺、槌、击诸事。

二习，谓种习犹存，现习重增，嗔忤愈盛，益相攻击，念念在杀。由是命终，神识故感宫割、斩斫、剉、刺、槌、击诸事。《指掌疏》云：宫谓割其势，名为宫割；斩谓斫其首，名为斩斫；剉谓折其体；刺谓穿其身；槌谓笞其背；击谓杖其臀，此皆世刑引用耳。前之心热发火，铸气为金，故有刀山铁橛等，心中之狱相初萌；此则种种诸刑现前，是业果成就矣。

是故十方，一切如来，色目嗔恚，名利刀剑。菩萨见嗔，如避诛戮。

是嗔习为害之故，十方一切如来，色目此嗔恚一事，名利刀剑，触之即死。菩萨见此自心嗔恚之境，速宜远之，如逃避天诛大戮，不敢有犯也。

五者，诈习交诱，发于相调，引起不住，如是故有，绳木绞校，如水浸田，草木生长。

诈，乃小随烦恼之诳。今云习者，宿世惯行诳诈，犹有种习，发为现行，重加现习，交相哄诱，以成其业。发于相调者：谓诳诈不实，彼此欺瞒，发于相调，互为愚弄；由是引心令起，不肯止住，造业无休，则诳诈之术，愈出愈奇，能令人不觉不知，入其圈套。如是故有，绳木绞校：绞以绳引，谓绞而结之，令不得解；校以木局，谓校而匣之，令不得脱。此亦于自心，预现地狱之相矣。如水浸田，草木生长者：此以例验知，如世间以水浸田中，能令草木，不觉不知，而自生长是也。

二习相延，故有杻、械、枷、锁、鞭、杖、挝、棒，诸事。

二习，谓种习犹存，现习重增，诳诈愈甚，更相延引，由此命终，神识故感在手之杻，在足之械，在项曰枷，在颈曰锁，械枷即校。易曰：屦校灭趾，荷校灭耳，即此物也。在身则受鞭杖挝棒诸事。鞭策属，杖条属，挝棰属，棒棍属。前绳木绞校，心中之狱相初萌；此则杻械枷锁等，是业果成就矣。

是故十方，一切如来，色目奸伪，同名谗贼。菩萨见诈，如畏豺狼。

是诈习为害之故，十方一切如来，色目此奸诈虚伪，名为谗贼，以谗言哄诱，犹胜于贼，遇之者，莫不倾家荡产。菩萨见自心之诈，回避不及，如畏豺狼。豺狼恶兽，故当避之。且能卜事，出必有获。此如诳诈之徒，以术诱人，百发百中，亦犹是也。

六者，诳习交欺，发于相罔，诬罔不止，飞心造奸。如是故有，尘土、屎、尿，秽污不净。如尘随风，各无所见。

诳,乃小随烦恼之一,亦属于惑。今云习者:以宿世多诳,尚有种习,发为现行,重加现习,交相欺瞒,方得成业。发于相罔者:谓矫诳虚伪,发于诬罔。所以无者诬罔以为有,虚者诬罔以为实;诬罔不止,以为得计,遂飞动其心,造设奸谋,神出鬼没,令人不觉,堕其计中。由其用心如是,故有尘土屎尿,秽污不净,心中预现地狱之相矣。如尘随风,各无所见者:此以例验知,诬罔之计,令人迷惑;不知者,正如风卷尘沙,尘随风势,搅乱虚空,昏天黑地,令人对面各无所见是也。

二习相加,故有没溺、腾掷、飞堕、漂沦诸事。

二习,谓种习犹存,现习重增,诬罔愈甚,故曰相加。谓诳业倍造,如是故有,命终神识,见有没溺、腾掷、飞堕、飘沦诸事。前尘土屎尿,秽污不净,心中之狱相初萌;今见有没溺等,业果成就矣。《指掌疏》云:没溺者:似是沸屎地狱,谓屎尿沸溢,罪人没溺于其中也。腾掷者:似是黑砂地狱,谓风吹黑砂,罪人腾掷于其中也。飞坠者:随风上下之相;漂沦者:随沸浮沉之相。《正脉》云:诳能陷害于人,故受没溺;诳须飞心鼓扬,故受腾掷。前尘土屎尿,秽污不净,心中之狱相初萌;今则没溺腾掷等,是业果成就矣。

是故十方,一切如来,色目欺诳,同名劫杀。菩萨见诳,如践蛇虺。

是诳习为害之故,十方一切如来,色目此欺诳,害人自害,同于劫杀;谓劫财杀命,极言可畏也。菩萨见自心之诳,如践踏蛇虺,蛇虺时常含毒螫人,践之必受其害。问:诳之与诈,有何差别?答:诈谓诱他,期堕我术,明取其利,诳谓欺他,恐泄我机,暗取其利,皆属妄语,而举心不同也。

七者,怨习交嫌,发于衔恨。如是故有,飞石投砾,匣贮车槛,瓮盛囊扑。如阴毒人,怀抱畜恶。

怨即怨恨,以宿世有怨,种习仍存,发为现行,重加现习,交相憎嫌,彼此怀怨,以成其业。发于衔恨者:谓衔怨不舍,怀恨在心,誓其报复。如是故有,飞石投砾,匣贮车槛,瓮盛囊扑,于自心预形地狱之相矣。《指掌疏》

云：飞石者：飞以石块；投砾者：投以碎石；匣贮者：匣床盛贮；车槛者：车内槛禁；瓮盛者：盛人于瓮，而外以火灸，如昔人有请公入瓮者是也。囊扑者：收入于囊，而举以扑之，如秦始皇囊扑二弟之类是也。皆由衔怨害人，而害具即从自心中生也。如阴毒人，怀抱畜恶者：此以例验知，正如阴毒之人，怀抱奸谋，心畜恶念，暗算害人者是也。

二习相吞，故有投掷、擒捉、击射、抛撮诸事。

二习，谓种习犹存，现习更增，怨恨愈深，故曰相吞，即所谓恨不生啖也。如是故有，命终神识，见有投掷擒捉，击射抛撮诸事。投掷者：砾投石掷；擒捉者：擒拏捉取，入匣车入瓮囊也。击射者：砾则击其头，石则射其身；抛撮者：抛扑令死，所谓囊扑者是也。撮折其身，所谓匣贮、车槛、瓮盛者是也。始而心欲害人，究竟反为自害，怀怨者，宜知警矣。前飞石投砾等，心中之狱相初萌；今则投掷擒捉等，业果成就矣。

是故十方，一切如来，色目怨家，名违害鬼。菩萨见怨，如饮鸩酒。

是怨习为害之故，十方一切如来，色目怨恨之家，名违害鬼；违背正理，暗中害人，极恶之鬼。而菩萨见此怨恨之心，不敢有犯。如饮鸩酒：鸩鸟最毒，羽毛沥酒，饮之则肠寸寸断矣！

八者，见习交明，如萨迦耶，见戒禁取，邪悟诸业，发于违拒，出生相反。如是故有，王使主吏，证执文籍，如行路人，来往相见。

见：即恶见，于诸谛理，颠倒推求。见习者：以宿生诸见炽盛，犹有种习，发为现行，重加现习，彼此交相立破，欲明己见，故曰交明。此见行相差别有五：一、萨迦耶：此云有身：即是身见，执我我所。二、边见：执断执常。三、邪见：拨无因果。四、见取：非果计果，如以无想为涅槃之类。五、戒禁取：非因计因，如持牛戒狗戒，为生天因之类。然此五种，通称恶见。文中见戒禁取句，应是见取与戒禁取，取字双用。边见背中，邪见背正，皆为邪悟。如上五见，各有所作，故云诸业；由此异执，故云发于违拒；互相是非，故云出生相反；不唯与正违拒，即其自类，亦自违拒；不唯他出之见相反，即与自生之见，亦多相反；如自语相违，自教相违之类。且而不肯从人就正，如是故有，王使主吏等。王使者：琰魔罗王之使者；主吏者：主掌簿书之官吏，证其所执之文籍，于自心中，预现其相矣。如行路人，往来相见者：此以喻验知，如行路之人，彼此来往，互相看见，不可得避者是也。

二习相交，故有勘问，权诈考讯，推鞫察访，披究照明，善恶童子，手执文簿，辞辩诸事。

二习：谓种习犹存，现习重增，互相交对，辨别是非。由此命终，神识见有勘问权诈等，谓始而勘校审问，权称诈伪，此似王使事也。如不得其情，转启有司，逼考讯问，严推重鞫，从旁体察访问，此似主吏事也。仍复不得其情，再披究生前见业，照明神识习气，于时则有善恶童子，手执文簿，言辞辩别，载之甚详，证之甚确，如此诸事，直得无理可申，地狱重罪，乃甘心领受矣。前王使主吏，证执文籍，心中之狱相初萌；今勘问权诈等，是业果成就矣。

是故十方，一切如来，色目恶见，同名见坑。菩萨见诸虚妄偏执，如临毒壑。

是见习为害之故，十方一切如来，形容观察，同名见坑。谓此五种恶见，甚于深坑，一经误入，即不能出。菩萨见诸虚妄偏执者：见理不真曰虚妄，自是他非曰偏执。如临毒壑者：以丘壑中，有毒蛇等物，入之则必丧法身，伤慧命，急宜避之。

九者，枉习交加，发于诬谤。如是故有，合山合石，碾硙耕磨。如谗贼人，逼枉良善。

枉者：枉屈，谓驾祸逼人。今云习者，以宿世好枉，犹有种习，发为现行，再加现习，交相加逼，以成其业。发于诬谤者：所谓本无其事，诬之为有，谤以为实；如是故有，合山等物，已具自心。准《经律异相》云：合山：谓大石山，两山相对，罪人入中，山自然合，骨肉糜碎，山还故处；合石者：卧罪人大石之上，以石合之，如笮蒲萄相似。碾：即大热铁轮，轹诸罪人，令身破碎；硙：小磨也；耕：谓犁耕，破其舌也；磨：即石磨地狱，谓捉罪人扑热石，舒布手足，以大热石，压其身上，回旋而磨也。是有欲逼人，而逼己之具，先现自心，吁可畏也。如谗贼人，逼枉良善者：此以例验知，如谗贼人。谗：谮也；贼：害也。谗谮为害，名谗贼人；逼压无辜，枉害良善者是也。

　　二习相排，故有押捺槌按，蹙漉衡度诸事。

　　二习：谓种习犹存，现习重增，互相排挤，枉害不止；由此命终，神识故感押抑揉捺，令其服罪也。设不服罪，蹙其身于囊袋，压之而漉其血，名曰蹙漉；挂其身于权衡，秤称轻重，尺量短长，名曰衡度。诸事者：以总其余。前合山合石等，心中之狱相初萌；今押捺捶按等，是业果成就，自作自受矣。

　　是故十方，一切如来，色目怨谤，同名谗虎。菩萨见枉，如遭霹雳。

　　是枉习为害之故，十方一切如来，色目怨害诬谤，同名谗虎；谗言伤害，恶过于虎。菩萨见枉屈之事，如遭霹雳。霹雳是迅雷击物之声，遭之者，莫不魂飞魄散矣！

　　十者，讼习交喧，发于藏覆，如是故有，鉴见照烛。如于日中，不能藏影。

　　讼，乃诤讼；喧，即喧诉。今云习者：以宿生好讼，犹有种习，发为现行，重加现习，交相喧诉，以成其业。发于藏覆者：藏者，隐藏；覆者，盖覆。隐藏己罪，盖覆阴私。如是故有，鉴见照烛：谓镜鉴，以见其宿业；珠照，以烛其心曲，使其不得隐藏；于自心中，预现其相矣。此以例验知，如于日中，不能藏曲直之影者是也。

　　二习相陈，故有恶友，业镜火珠，披露宿业，对验诸事。

　　二习：谓种习犹存，现习重增，讼覆交陈，如是故于命终，神识见有恶友，宿世同造之恶友，现前作证。业镜者：能鉴宿业之镜；火珠者：能照心曲之珠。使其披露宿业，对验诸事，必显然发明，分毫不能隐藏者。前鉴见照烛,心中之狱相初萌;今则恶友业镜火珠等,是业果成就矣。

是故十方,一切如来,色目覆藏,同名阴贼。菩萨观覆,如戴高山,履于巨海。

是讼习为害之故,十方一切如来,色目覆藏一事,同名阴贼。谓家有阴贼,久必遭劫;喻覆藏已过,终必为害。此如来警惕于人者如此。菩萨观此覆过之境,如头戴高山,身履巨海,终不能出,故戴愈重,而溺愈深,以喻过愈覆,而罪愈重也。坠落极苦,无由得脱,此菩萨自相警惕者,又如此。盖诤讼一事,圣贤共惕,急宜避之。文中二习相然,相陵等,以显由因缘具足,而后事办耳。《正脉》云:下品往生者,虽具苦因,而火车相现,急急念佛,不成狱果;此所谓有因无缘,即不生也。但彼仗凭佛力,非己智分。则夫悟心之人,不但地狱,一切系缚事业,平日固当努力,突绝其因,更记临终,勿领其缘,有转身处,则阴境现前,不随他去,方于生死,少分得其自在,切须自忖!若也道力未充,未能作主,则念佛往生,更仗他力,万无一失矣!生死关头,故此详叙,智者宜究心焉。

云何六报?阿难,一切众生,六识造业,所招恶报,从六根出。

首句总征,阿难下略释。阿难,一切众生:此指极恶众生,须受地狱之报。六识造业,所招恶报,从六根出者:造业招报,根识不离;无根则识无所依,无识则根无所别。今分言之:六识造业者,以识有了别,故能造业;是则六识为能招,而恶报为所招矣。然业报从根出者,以此六根,元为贼媒,乃贼出入之所;既造业时从此入,受报时仍从此出也。

云何恶报从六根出?一者见报,招引恶果:此见业交,则临终时,先见猛火,满十方界,亡者神识,飞坠乘烟,入无间狱。

首二句蹑征。所招恶报,当分两种:一自业报,二交业报。自业报者,如见业所招,临终先见铁床铜柱等;交业报者:如见火烧听,能为镬汤洋铜等。见火既尔,听水亦然,故云从六根出。如一根之识造业,连带诸根之识,例如眼见娇娆之色，必令耳闻柔软之声，鼻嗅脂粉之香，舌谈情爱之语，身图细滑之触，意恋爱欲之乐。故受报时从一根重者为正，诸根随者为从，交相受报；如法律家，判罪而分首从，同时各有处分也。

一者见报，招引恶果者：此详释见报等。谓眼识造业，所招引之恶果，从眼根而出。然以果验因，是因中眼识，及眼家俱意识，造业偏多，故招引恶果，偏以眼根为正，余根为从。此见业交者：即见业与余业交作，故云此见业交，则地狱之因成矣。见觉属火，故当临终之时，先见猛火，遍满十方世界。亡者神识，飞坠乘烟，入无间狱：火性上腾，故或飞；诸情所坠，故或坠。落于烟中，乘此烟气，直入无间地狱。须知极善极恶，皆无中阴，故云直入也。

发明二相。一者明见，则能遍见，种种恶物，生无量畏；二者暗见，寂然不见，生无量恐。

发明二相者：既入狱中，仍依见业，发明二相。一者明见：由在世于明尘上，明目张胆造恶，了无忌惮；今则遍见恶物，火蛇火狗，牛头狱卒之类，生无量畏惧之心。二者暗见：由在世于暗尘中，瞒心昧己造恶，全不知羞；今则寂然不见，昏天黑地，寂无所见之境，生无量恐怖之心。

如是见火，烧听：能为镬汤、洋铜；烧息：能为黑烟、紫焰；烧味：能为焦丸、铁糜；烧触：能为热灰、炉炭；烧心：能生星火、迸洒，煽鼓空界。

如是上来所说，见报之火。按下诸科，当先有本根受报之文，今补之：烧见能为铁床铜柱。因中所见花容玉貌，今为见火所烧，眼中但见铁床铜柱之色。因中所闻娇声爱语，今为见火所烧，耳中但闻镬汤洋铜之声。因中所嗅龙涎麝香，今为见火所烧，鼻中但嗅黑烟紫焰之气。因中所尝资身补剂，今为见火所烧，舌中但尝焦丸铁糜之味。因中所触冰肌玉体，今为见火所烧，身中但受热灰炉炭之触。因中所思吴姬越艳，今为见火所烧，心中能生星火、迸洒，煽鼓空界。此皆流逸奔色之报，有如是等苦，可不戒哉！

二者闻报，招引恶果：此闻业交，则临终时，先见波涛，没溺天地，亡者神识，降注乘流，入无间狱。

二者闻报，招引恶果者：此闻报，谓耳识造业，所招引之恶果，从耳根而出。然以果验因，是因中耳识，及耳家之俱意识，造业偏多；故招引恶果，偏以耳根为正，余根为从。此闻业交者：即闻业与余业交作，故云此闻业交，则地狱之因成矣。闻听属水，故当临终之时，先见波涛，没溺天地。亡者神识，降注乘流，入无间狱：闻业殊胜，故感波涛没溺天地，心欲上升，奈为诸情所坠，故降注乘流，愈沉愈下，入无间狱。

发明二相。一者开听，听种种闹，精神愁乱；二者闭听，寂无所闻，幽魄沉没。

发明二相者：既入狱中，仍依闻业，发明二相。一者开听：即动尘，由在世于动尘上，闻一言相犯，即百般施设，欲害其身；今者听种种闹，精神愁（昏也）乱。二者闭听：即静尘，由在世于静尘中，不闻相犯之言，但心生疑虑，陷害于他；今则寂无所闻，幽魄沉没。

如是闻波，注闻：则能为责、为诘；注见：则能为雷、为吼、为恶毒气；注息：则能为雨、为雾，洒诸毒虫，周满身体；注味：则能为脓、为血、种种杂秽；注触：则能为畜、为鬼、为粪、为尿；注意：则能为电、为雹、摧碎心魄。

如是闻波，因中闻一言侮辱，即种种诘责，逾于常情。今则注闻，则能为责罪诘情之事。因中闻一言讥毁，即怒目裂眦，震声吐气；今则注见，则能为雷为吼，为恶毒气。因中闻说，花香酒气，鼻识妄生贪著；今则注息，水随气变，为雨为雾，洒诸毒虫，周满身体。因中闻说，山珍海错，舌识贪尝其味，百计网罗，以供口腹；今则听水注味，则能为脓为血，杂秽之物。因中闻说，娇娥美女，身识贪恋其触；今为听水所注，则能为畜为鬼，可畏之状，为粪为尿，不净之相。因中由闻声作恶，设计图谋，出其不意，而害人者；今为听水所注，化为电雹摧碎心魄。此皆流逸奔声之报，有如是等苦，可不戒哉！

三者嗅报，招引恶果：此嗅业交，则临终时，先见毒气，充塞远近，亡者神识，从地涌出，入无间狱。

三者嗅报，招引恶果者：此嗅报，谓鼻识造业，所招引之恶果，从鼻根而出。然以果验因，是因中鼻识，及鼻家之俱意识，造业偏多，故招引恶果，偏以鼻根为正，余根为从。此嗅业交者：即嗅业与余业交作，故云此嗅业交，则地狱之因成矣。嗅息属气，具出入息，吸则从外而入，呼则从内而出，故临终业感，先见毒气，充塞远近。以嗅业遍造，故亡者神识，从地涌出。谓初见毒气，入地避之，奈毒气充塞于地，故复从地涌出。九情所坠，不觉又沉，直入无间地狱。

发明二相：一者通闻，被诸恶气，熏极心扰；二者塞闻，气掩不通，闷绝于地。

发明二相者：既入狱中，仍依嗅业，发明二相。一者通闻：由在世于通尘上，嗅龙麝珍馐之香而造业；今则嗅气所冲，变诸恶气，熏极难忍，心神扰乱。二者，于塞尘中，不欲嗅臭秽之物，依之造业；今则嗅气所冲，气塞不通，闷极气绝，昏卧于地。

如是嗅气，冲息：则能为质、为履；冲见：则能为火、为炬；冲听：则能为没、为溺、为洋、为沸；冲味：则能为馁、为爽；冲触：则能为绽、为烂、为大肉山，有百千眼，无量咂食；冲思：则能为灰、为瘴，为飞沙砾，击碎身体。

如是嗅报之气，因中贪嗅色尘之香而造罪；今则冲息，则能为质为履，以鼻根属息，气见息而益恶，故为质证其罪，履践其形。因中贪视美女之色而造罪；今则冲见，以见觉属火，气见火而成烧，故为火为炬。因中贪闻娇娆之声而造罪；今则冲听，以听闻属水，气见水而成溺，故为没溺于洋汤沸屎之中。因中贪求厌饫之味而造罪；今则冲味，以气见味而成臭，故为鱼败之馁，羹败之爽。因中贪求情爱之触而造罪；今则冲触，以身根属触，气见触而成杀，故为绽裂烂坏，为大肉山，有百千眼，无量蛆虫咂食。因中贪求欲乐之思而造罪；今则冲思，以思动属风，气遇风而成扬，故为扬灰泼瘴，飞沙掷砾，击碎身体，皆带扬气。此皆流逸奔香之报，有如是等苦，可不戒哉！

四者味报，招引恶果：此味业交，则临终时，先见铁网，猛焰炽烈，周覆世界，亡者神识，下透挂网，倒悬其头，入无间狱。

四者味报，招引恶果者：准前眼、耳、鼻三根，既云见闻嗅报，此应云尝报；今云味报者，从所尝以为名也。此味报，谓舌识造业，所招引之恶果，从舌根而出。以根为贼媒，引识奔走，故招引恶果，唯舌根而出。此味业交者：即味业与余业交作，故云此味业交，则地狱之因成矣。盖舌属金，以在生时，为此舌根，贪尝滋味，网捕禽兽，鱼鳖之属，故当临终之时，先见铁网，猛焰炽烈，周覆世界，因味造杀，无处不到，故亡者神识，下透挂网。因见铁网，又见猛焰，欲身透过；不意下透挂网，倒悬其头，入无间狱。

发明二相：一者吸气，结成寒冰，冻冽肉身；二者吐气，飞为猛火，焦烂骨髓。

发明二相者：既入狱中，仍依味业，发明二相。一者吸气，从外而入，其气必寒，故结寒冰，而冻冽身肉。二者吐气，从内而出，其气必热，故飞猛火，而焦烂骨髓。此由因中，贪食众生身肉所感。

如是尝味，历尝：则能为承、为忍；历见：则能为然金石；历听：则能为利兵刃；历息：则能为大铁笼，弥覆国土；历触：则能为弓、为箭、为弩、为射；历思：则能为飞热铁，从空雨下。

如是尝味，所感之报。因中贪食众生身肉，令彼承当忍受，含冤莫诉；今则历于舌根之尝，亦令为承当，为忍受，伏罪无辞。因中见彼众生之被杀；今则历于眼根之见，为见火所烧，眼中但见然金烁石之色。因中听彼众生之受烹；今则历于耳根之听，为听水所荡，耳中但闻为利兵刃之声。因中嗅彼众生之香气；今则历于鼻根之息，为息气所蒸，鼻中但闻为大铁笼，弥覆国土之气。因中贪食众生之血肉；今则历于身根之触，为身根所对，能为弓箭弩射之触。因中贪食众生之脂膏；今则历于意根之思，意思属风，则能为飞热铁，从空雨下。此皆流逸奔味之报，有如是等苦，可不戒哉！

五者触报，招引恶果：此触业交，则临终时，先见大山，四面来合，无复出路。亡者神识，见大铁城，火蛇、火狗、虎、狼、狮子，牛头狱卒，马头罗刹，手执枪矟，驱入城门，向无间狱。

　　五者触报，招引恶果者：此触报，谓身识造业，所招引之恶果，从身根而出；以根为贼媒，引识奔走，故招引恶果，从身根而出。此触业交者：即触业与余业交作，故云此触业交，则地狱之因成矣。然触业最重者，莫如贪淫强逼令其丧志失节，无所逃避。故当临终之时，先见大山，四面来合，无复出路；盖自身地、水、火、风，即是四山。因中以此逼人，今则转为逼己也。亡者神识，见大铁城，方喜躲避有处，又见有火蛇火狗，虎狼狮子等，则不敢入；奈有牛头狱卒，马头罗刹，手执枪矟，驱逼使入，不得不入。既入城中，即无间地狱也。

　　发明二相。一者合触，合山逼体，骨肉血溃；二者离触，刀剑触身，心肝屠裂。

　　发明二相者：既入狱中，仍依触业，发明二相。一者合触，谓贪于合触造业，因中见他美貌如玉，强合成事；故感合山逼体，碎骨和肉，与血而俱溃也。二者离触，谓贪于离触造业，因中见他色衰爱弛，弃离不顾；故感刀剑触坏其身，令其心之与肝，俱受屠裂，而分碎也。

　　如是合触，历触：则能为道、为观、为厅、为案（疑是错简，应是为撞、为击、为剚、为射）；历见：则能为烧、为爇；历听：则能为撞、为击、为剚、为射（疑是与上互错，应换为道、为观、为厅、为案）；历息：则能为括、为袋、为考、为缚；历尝：则能为耕、为钳、为斩、为截；历思：则能为坠、为飞、为煎、为炙。

　　如是触业，所感之报。强合之触，历于身根，则能为撞为击，为剚为射。盖撞以杵触，击以杖触，剚以刃触（剚插刃于肉也），射以箭触，皆身触遇逼事也。《指掌疏》以此八字，与历听之文对换。甚属有理，故今依之。强合之触，历于眼根，眼见属火，火逼迫，则为爇为烧；逼住，则为爇；逼不住，则为烧。

此皆眼见遇逼迫事也。强合之触，历于耳根，耳根听闻，则为道为观，为厅为案。盖道为地狱之路，多叫苦声。观为狱主之宫（宫门两观），多传呼声。厅为理狱之所，多审罚声。案为判罪之据，多判结声。皆耳闻遇逼迫事也。强合之触，历于鼻根，以鼻息而遇逼迫，则能为括为袋，为考为缚。盖括以布缠，袋以囊闭，考谓括而复考，缚谓袋而复缚，务令气不得伸，皆鼻息遇逼迫事也。强合之触，历于舌根，以舌尝而遇逼迫，则能为耕为钳，为斩为截。耕谓犁其舌，钳谓拔其舌，斩谓斫其根，截谓断其半；此皆舌尝遇逼迫事也。强合之触，历于意根，以意思而遇逼迫，则能为坠为飞，忽上忽下之状，为煎为炙，时热时燥之苦，此皆意思遇逼迫事也。此皆流逸奔触之报，有如是等苦，可不戒哉！

  六者思报，招引恶果：此思业交，则临终时，先见恶风，吹坏国土。亡者神识，被吹上空，旋落乘风，坠无间狱。

六者思报，招引恶果者：此思报，谓意识造业，所招引之恶果，从意根而出；以根为贼媒，引识奔走，故招引恶果，唯意根而出。此思业交者：即思业，与余业交作，故云此思业交，则地狱之因成矣。盖思属风，有善有恶，善思则能成，恶思则能坏；今约恶业，故临终时，先见恶风，吹坏国土。亡者神识，无所依止，被吹上空，旋复为九情所坠，故从空落，乘于风力，不觉转入无间地狱。

  发明二相：一者不觉，迷极则荒，奔赴不息；二者不迷，觉知则苦，无量煎烧，痛深难忍。

发明二相者：既入狱中，仍依思业，发明二相。以思业有觉不觉，故感报亦然。一者不觉，即灭法尘，以其不觉故，迷闷之极，心神荒乱，奔走不息。二者不迷（即觉），即生法尘，觉知则是苦境，无量煎烧，痛深难可忍受。

  如是邪思，结思：则能为方、为所；结见：则能为鉴、为证；结听：则能为大合石、为冰、为霜、为土、为雾；结息：则能为大火车、火船、火槛；结尝：则能为大叫唤、为悔、为泣；结触：则能为大、为小、为一

日中，万生万死，为偃、为仰。

如是邪思，所感报风，结于现前意根。以意思而遇报风，则能为方隅，为处所，即是受罪处也。结见者：以思业报风，结于现前眼根。以眼见而遇报风，则能为业镜之鉴，为恶友之证，令其分明也。结听者：思业报风，结于现前耳根。以耳闻属水，若遇报风，二力俱胜，鼓激过分，则能为大合石，若风寒水冷，则能为冰、为霜，若水势劣风，风势劣水，则能为土为雾，如微旱起尘，带湿见雾等。结息者：思业报风，结于现前鼻根。鼻息属风，风遇风而磨荡，则能为大火车、火船、火槛，皆狱中苦具也。结尝者：思业报风，结于现前舌根。舌尝贪味，味遇风而便失，则能为大叫唤，为悔为泣，皆讥渴逼恼声也。结触者：思业报风，结于现前身根。身触从缘，风性无定，触遇风而展舒，则为大身；触遇风而局促，则为小身。触遇风而忽活，则能为生；触遇风而忽毙，则能为死。一日之中，巧风所吹，万生万死，或被风吹，而面俯于地，则能为偃，或被风吹，而面向于天，故能为仰。此皆流逸奔法之报，有如是等苦，可不戒哉！

阿难，是名地狱，十因六果，皆是众生，迷妄所造。

此结前地狱十种之习因，六交之果报，若因若果，一一皆是，不了自心，迷于妄见，不达众生相空；由此于诸众生，起于妄情，十因六果，靡不资始乎此，故云所造。若能了知，循业妄发，所有因果，皆如梦中境界，梦时非无，及至于醒，了无所得也。

若诸众生，恶业同造，入阿鼻狱，受无量苦，经无量劫。

上来所说地狱，因以习成，果以交报，大分因果，俱是如此。然地狱数有多少，苦有重轻，今略分析之。意谓若诸众生，六根对十因，如是恶业，无不同造。前之所谓纯情者，以此纯情即沉，入阿鼻狱，此极重无间，分明独为一狱，与下八无间有别，故留阿鼻不翻。入此狱中，诸苦备历，故云受无量苦。若沉心中，有谤大乘等，劫尽更生十方阿鼻，故云经无量劫。

六根各造，及彼所作，兼境兼根，是人则入八无间狱。

此六根具造十因，但不同时，故云各造。及彼所作，兼境兼根者：谓除当根各造外，复兼余境（即十因也）余根故。是人则入八无间狱：即前九情一想，下洞火轮，身入风火，二交过地，轻生有间，重生无间，此即重生无间者也。

身、口、意三，作杀、盗、淫，是人则入十八地狱。

此唯言身、口、意三，六根不交作故；唯言作杀、盗、淫，十因不圆造故。不交作、不圆造，各未尽其极，反显上之堕阿鼻狱者，必是十因圆造，六根交作耳。入无间狱者，必是六根各造，十因互犯；是知此科之罪，较上轻微，对下则重，故曰是人则入十八地狱。准《泥犁经》，火狱有八，寒狱有十者是也。

三业不兼，中间或为一杀一盗，是人则入三十六地狱。

三业不兼者：谓身、口、意三，不全具也。中间或为：或者不定之辞，若错落具陈，应有九句：一身口犯杀盗，二身口犯杀淫，三身口犯盗淫，四身意犯杀盗，五身意犯杀淫，六身意犯盗淫，七口意犯杀盗，八口意犯杀淫，九口意犯盗淫；方尽根境，各皆具二缺一之数也。是人则入三十六地狱：而受苦稍轻，劫数稍短矣。

见见一根，单犯一业，是人则入，一百八地狱。

见见一根者：于六根现见，止见一根。单犯一业者：于杀、盗、淫等，唯犯一业。是人则入一百八地狱：而受苦益轻，劫数益短矣。以上所论，因以圆兼者为重，单独者为轻；果以因重者狱少，因轻者狱多也。

由是众生，别作别造，于世界中，入同分地，妄想发生，非本来有。

由是众生，造业不同，受报亦别。如上五段，恶业不同，即别作别造也。所感果报，各从其类。于世界中，入差别同分地狱，以受其报也。此因前问，此诸地狱，为有定处，为复自然，彼彼发业，各各私受耶？故今答云：于世界中，入同分地，则非私受也明矣。前又疑问：此道为复本来自有，为是众生妄习生起耶？今答云：妄想发生，非本来有，则是妄生也明矣。《正脉》云：夫生之由己，应悟灭亦由己。灭之何如？绝其恶业而已！学人慎勿闻其虚幻，遂忽略而不绝其业。当知虚幻，不但地狱，即今目前苦事，亦是虚幻，由前业力，宛然坚实，卒难得脱，卒得堪忍，岂可不自忖乎？是知佛慧，不可不领；而佛戒，亦不可不遵矣！

复次，阿难，是诸众生，非破律仪，犯菩萨戒，毁佛涅槃，诸余杂业，历劫烧然，后还罪毕，受诸鬼形。

鬼者畏也，谓虚怯多畏，名之为鬼；此总标。地狱罪毕，入诸鬼趣，人皆错认，合中阴与地狱，悉谓之鬼。今与辨明：一者与中阴不同。盖人之初死，极善极恶，皆不受中阴；若罪福皆劣，未即受生，倏然有身，名中阴身，此属无而忽有之化生也。类多裸形三尺，自觉六根皆利，去来迅疾，无所隔碍，他观如影而已。七日死而复生，长寿者不过七七，短者于二三七，即受生矣；此非鬼也。二者与地狱不同。地狱纯是化生，而鬼趣则具胎、卵、湿、化四生，间有父母兄弟眷属。但其胜者称神，劣者为鬼，如下所列，十类是也。率皆不免饥虚，均属饿鬼趣摄，此非地狱也。但与前之七情三想，沉下水轮，生于火际者不同；彼则由恶业直堕，此则由地狱余报耳。复次，阿难，是诸地狱，受罪众生；非即谤也，破即犯也。不惟犯一切戒，而且谤一切戒为妄立，或言无罪无福，自陷陷人。律仪，通大小乘也。犯菩萨戒者：即大乘戒也，十重、四十八轻等；上二约毁戒言之。毁佛涅槃者：涅槃至理，大乘深教，今言毁者，或诃为虚妄，或斥为断灭，此约毁乘言之。夫乘、戒二法，乃出苦之津梁，实成佛之枢要，互为缓急，尚且不可，何况俱毁？真为断灭佛种矣！前云：若沉心中，有谤大乘，毁佛禁戒，即指此也。诸余杂业者：此总指十习因，六交报等；诸余杂业，堕在地狱，备婴众苦，如处猛火，故曰历劫烧然。烧尽宿业之后，则前之纯情无想，及九情一想等业，名为酬还罪毕。今重报虽毕，轻报当受，故受诸鬼形。

若于本因，贪物为罪，是人罪毕，遇物成形，名为怪鬼。

此详列诸鬼之趣。由前来造十习因，堕狱受报不同，上出为鬼，亦分十类：

若于本因句，总贯十科，寄居于此，谓若于根本原因，以何种习造罪，今依余习，成为何鬼。若于往昔，以贪求财物为罪者，是人受罪既毕，而出地狱，仍依贪习，遇物生贪，附之成形。故有依草附木，成精作怪之类，名为怪鬼。

贪色为罪，是人罪毕，遇风成形，名为魃鬼。

不言本因者，例上可知故。仍以贪名，贪为烦恼之首，冠一切业故，下皆准此。若于往昔，以贪求美色为罪者，是人受罪既毕，而出地狱，仍依淫习，心爱游荡，遇风成形，名为魃鬼。魃为女鬼，亦曰女妖，故呼女子之多淫者，为魃妇也。《神异经》云：魃鬼长二三尺，其行如风，所现之处必大旱。盖以酷淫，则致阴阳不合，妖风能令云雨不成也。

贪惑为罪，是人罪毕，遇畜成形，名为魅鬼。

若于往昔，以贪求诳惑为罪者，以是受罪既毕，而出地狱，仍依诳习，遇畜成形。故有狐狸野干，鸡鼠成精之类，名为魅鬼。

贪恨为罪，是人罪毕，遇虫成形，名蛊毒鬼。

若于往昔，贪求瞋恨为罪者，是人受罪既毕，而出地狱，仍依瞋习，怀恨在心，遇虫成形。虫谓毒虫，如蟒蛇蜈蚣之类；附之蛊害于人，名蛊毒鬼。《灌顶》云：两广习妖术，令人成蛊胀者，即此鬼也。

贪忆为罪，是人罪毕，遇衰成形，名为疠鬼。

若于往昔，以贪忆宿怨为罪者，是人受罪既毕，而出地狱，仍依怨习，蓄恶欲雪，乐为衰败，即遇衰成形。衰谓四时不正，阴阳衰败之气，散瘟行疫，名为疠鬼。

贪傲为罪，是人罪毕，遇气成形，名为饿鬼。

若于往昔，贪求傲慢为罪者，是人受罪既毕，而出地狱，仍依慢习，常怀高举，故遇气成形。气谓地上之气，下有水火二轮，蒸热发气，升于虚空，希望高举；故附之成形，无所主宰，不得祭祀，名为饿鬼。问：饿鬼，乃一趣总名，经云：腹大咽小，历劫不闻浆水之名，常被焚烧，水能害己，何于慢者，独受其苦耶？答：地狱十因，各随业习，今受报既毕，仍依慢习，感报受生，遇气成形，名为饿鬼。此乃总中之别，非独苦耶？

贪罔为罪，是人罪毕，遇幽为形，名为魇鬼。

若于往昔，以求贪诬枉为罪者，是人受罪既毕，而出地狱，仍依枉习，趣逐暗昧，故即遇幽成形。幽谓幽隐暗昧，阴阳不分之气，附此成形，乘睡魇人，令其气不得伸，名为魇鬼。

贪明为罪，是人罪毕，遇精为形，名魍魉鬼。

若于往昔，以贪求邪见，妄作聪明为罪者，是人受罪既毕，而出地狱，仍依见习，而无正慧，故即遇精为形。精，谓日月精华之气，附以成形，显灵异于川泽，为魍魉鬼。魍，谓其形暗昧；魉，谓其形不定也。抱朴子曰：魍魉山精，形如小儿，独足善犯人，又好学人声，迷惑于人也。

贪成为罪，是人罪毕，遇明为形，名役使鬼。

若于往昔，以谄诈诱人，贪成己私为罪者，是人受罪既毕，而出地狱，仍依诈习，遇明为形。明：谓咒术也，附以成形，听役使，以作祸福；不知因中，以诈成己，今为咒术之所役使也，名为役使鬼。

贪党为罪，是人罪毕，遇人为形，名传送鬼。

若于往昔，以贪求朋党，助恶兴讼，而为罪者，是人受罪既毕，而出地狱，仍依讼习，遇人为形。即环师所云，附巫祝而传吉凶者，是也。良以因中结党，传递隐暗之事，而讦露于人，今为鬼亦附人，发泄传说，吉凶等事，即名传送鬼。

阿难，是人皆以纯情坠落，业火烧干，上出为鬼。此等皆是自妄想业之所招引，若悟菩提，则妙圆明，本无所有。

此推究鬼趣之因果。阿难，是鬼趣十种人，皆以纯情无想，坠落阿鼻地狱；及以九情一想，坠落无间；八情二想，坠落有间；以业报苦火，烧得妄情之水，至此始干，由是上出为鬼。三途以地狱得出，则为上升，此推本也。此等下显妄：此诸鬼等，皆是自心妄想颠倒，循业发现之所招引耳。若悟得真性菩提，如从梦觉，无法可得。妙圆明者：苦不能羁曰妙，业不能碍曰圆，惑不能蔽曰明。则诸鬼之趣，本来无所有矣！

复次，阿难，鬼业既尽，则情与想，二俱成空，方于世间，与元负人，冤对相值，身为畜生，酬其宿债。

此总标畜生趣。以其秉性愚蠢，不能自立，多赖于人，畜养而生，故名畜生。又名旁生，此道多属覆身旁行，故曰旁生。复次，阿难，鬼业既尽者：诸鬼之业报，苦火之焚烧，烧得既尽，则情与想，二俱成空，即超出鬼趣情想，故曰二俱成空；此蹑前也。方于下，此起后：方于世间，与彼元有负欠财物，或形命之人，冤家对头，互相值遇，业债难逃，身为畜生，或被宰杀，或受驱使，偿命偿财，故曰酬其宿债。

物怪之鬼，物销报尽，生于世间，多为枭类。

物怪之鬼者：昔因贪习，遇物成形，名为怪鬼。今则所附之物已销，所受之报亦尽，形谢苦终，生于世间。因有贪物为怪余习，多为枭类。枭则附块成形，即贪物余习；以子食母，即怪鬼余习，大率如是，故云多为。以一例余，下则准此。

风魃之鬼，风销报尽；生于世间，多为咎征，一切异类。

风魃之鬼者：昔因淫习，遇风成形，名为魃鬼。今则所附之风已销，所受之报亦尽，形谢苦终，生于世间。因有贪色，为魃余习，多为咎征，一切异类。咎征者：乃凶事之前兆，如商羊舞水，石燕飞风等，即为魃鬼兆灾余习。异类者：或为色禽，或为淫兽，即贪色余习；一切异类句，当属此科。下第九科，多为休征，与此同。十科均以类字，结尾也。

畜魅之鬼，畜死报尽，生于世间，多为狐类。

畜魅之鬼者：昔因诳习，遇畜成形，名为魅鬼。今则所附之畜已死，所受之报亦尽，形谢苦终，生于世间。因有贪诳为魅余习，多为狐类。狐狸为妖兽，改形变幻，迷惑于人，即贪诳余习。千岁狐为淫妇，百岁狐为美女，即魅鬼余习。

虫蛊之鬼，蛊灭报尽，生于世间，多为毒类。

虫蛊之鬼者：昔因瞋习，遇虫成形，名蛊毒鬼。今则所附之虫已灭，所受之报亦尽。蛊灭，按诸科当是虫字。形谢苦终，生于世间。因有贪瞋，为蛊余习，多为毒类，如蚖蛇蝮蝎，蜈蚣蚰蜒等，时时蓄毒，即贪瞋余习；或无故便螫，或触之乃伤，皆蛊鬼余习。

衰疠之鬼，衰穷报尽，生于世间，多为蛔类。

衰疠之鬼者：昔因冤习，遇衰成形，名为疠鬼。今则所附之衰已穷，所受之报亦尽，形谢苦终，生于世间。因有贪忆，为疠余习，多为蛔类。蛔，谓肠胃中虫，因闭身中，即贪忆余习；乘癞而生，致结蛔症，即为疠鬼余习。

受气之鬼，气销报尽，生于世间，多为食类。

受气之鬼者：昔因慢习，遇气成形，名为饿鬼。今则所附之气已销，所受之报亦尽，形谢苦终，生于世间。因有贪慢，为饿余习，多为食类。食类者：世人不知，凡属有命，尽是贪生，以猪、羊、鸡、鸭、鱼、鳖之类，视为可食。由是傲慢，尊己陵他，恣意食啖，今亦以身肉，供人之食。斯则以报酬报，无怪其然也。

绵幽之鬼，幽销报尽，生于世间，多为服类。

绵幽之鬼者：缠绵幽暗，昔因枉习，遇幽为形，名为魇鬼。今则所附之幽已销，所受之报亦尽，形谢苦终，生于世间。因有贪枉，为魇余习，多为服类。《指掌疏》引《异物志》云：山鸮体有文色，土俗因形名之曰服，亦名只狐，昼伏夜出，亦名祸鸟，鸣则有祸。盖昼伏夜出，即贪枉余习；鸣则有祸，即魇鬼余习。又服类其义有二：一、为蚕虫貂鼠等类，供人衣服。二、为驴马骆驼等类，供人乘服。由其贪枉为罪，遇幽为魇之余习；今为服类，酬偿先债也。

和精之鬼，和销报尽，生于世间，多为应类。

和精之鬼者：昔因见习，遇精为形，名魍魉鬼。今者，所和之精既销，所受之报亦尽。和销准前后，应是精销。形谢苦终，生于世间。因有贪明魍魉余习，多为应类，如春燕秋鸿等，知时知节，即贪明余习，忽南忽北，即魍魉余习。

明灵之鬼，明灭报尽，生于世间，多为休征，一切诸类。

明灵之鬼者：藉明显灵之鬼，明即神咒，昔因诈习，遇明为形，名役使鬼。今则所附之明力已灭，所受之果报亦尽，形谢苦终，生于世间，多为休征，一切诸类。休征者：吉兆之前验也。因有诈习，贪成役使余习，如嘉凤祥麟等。兆休明，征圣治，即贪成余习。诸类者：如灵禽文兽等，识语言，随呼唤，即役使余习。

依人之鬼，人亡报尽，生于世间，多为循类。

依人之鬼者：昔因讼习，贪党为罪，遇人为形，名传送鬼。环师谓：附巫祝而传吉凶是也。今则所依之人既亡，所受之报亦尽，形谢苦终，生于世间。因有贪党传送余习，多为循类。循者顺也，为人畜养，循顺于人，如犬鸽之类。良以因中结党，泄露人之隐恶，次则为鬼，附巫传送，是其余习。今则为犬为鸽，党恶受教，传递消息，亦余习之使然也。问：如来总标，畜生原为酬债，窃观此中，多有萧散之物，如麟凤鸿燕等类，毕竟酬何债耶？答：或被网罗售卖，或被笼系玩好，或因捕而致命，或因闭而丧生，则何往而非酬债耶？

阿难，是等皆以业火干枯，酬其宿债，旁为畜生。此等亦皆自虚妄业之所招引，若悟菩提，则此妄缘，本无所有。

阿难，是等：是十类畜生等，皆以地狱、鬼趣，业报苦火烧尽，二趣妄情，今得干枯，生于世间，偿其宿债，披毛戴角，旁为畜生，亦为旁生，然旁生类宽，畜生类狭；以畜者养也，明其无力自活，待人畜养，不该有力自养者，故狭也。此等十类畜生，亦皆是虚妄惑业之所招引，自作自受也。若悟得菩提真心，本来无一物，而此业报，犹如空华，故谓妄缘，本无所有。清净心中，无能无所，譬若晴明空，如果眼中有翳，自觉空里华红，空本无华，病眼妄见，则见空华时，华本不曾生，翳病若除，则见华灭，生既无生，灭何所灭，即此不生不灭，是自性菩提。菩提人人本有，只因妄缘障之也。菩提如何悟得，只要能缘之心不起，所缘之境自无，所谓狂心若歇，歇即菩提，胜净明心，本周法界。

如汝所言：宝莲香等，及琉璃王，善星比丘，如是恶业，本自发明，非从天降，亦非地出，亦非人与。自妄所招，还自来受。菩提心中，皆为浮虚，妄想凝结。

此牒前问，如汝阿难所言，即问宝莲香等三人堕狱。如是恶业者：前阿难偏问地狱，今如来总答三途，明其同一罪罚之苦趣故也。《正脉疏》云：本自发明者：良以众生自心，如来藏中，无所不具，倘自循何等之业，即自发明何者之报。譬如米中，诸味皆具，成糖、成醋、成酒，随其造时，即自发明，不从外得。非从下乃至还自来受，正明不从外得也。此意，学人还须着眼，不同世间所说，自惹官刑之意。盖世间虽知祸是自招，而犹执官刑乃是外境。今表三途，皆是自心，变化妄境，全如梦中，并无外物；故云菩提心中，虚妄凝结。

《指掌疏》云：自妄所招，还自来受，显是我自致。菩提心中，浮想凝结，显本无实体。据前阿难有总别二问；初总问七趣云：此道为复本来自有，为是众生妄习生起？此云自妄所招，还自来受，是答以妄习生起。菩提心中，浮想凝结，是答以非本来有。次别问地狱云：此诸地狱，为有定处？为复自然？彼彼发业，各各私受？此云：自妄所招，还自来受，是答以自然，彼彼发业，各各私受。皆为浮虚，妄想凝结，是答以纵有定处，亦属浮想凝结。良以前云：众同分中，兼有元地，似有一定之处。故今并遣言，众生初以一念妄动，业识潜兴，名为浮想。次以见分俄兴，结为现境，是曰凝结。为七趣所共依，呼为同分，若众生之自招，乃称别业。一人发真归元，十方虚空，悉皆销殒；况诸地狱鬼畜等，又在虚空中耶？是菩提心中，都无所有，果其彻证，无劳更疑。若乃未悟先空，只恐误人自误。古德云：了即业障本来空，未了仍须还宿债，可弗慎欤！

楞严经讲义第二十一卷

复次，阿难，从是畜生，酬偿先债，若彼酬者，分越所酬，此等众生，还复为人，反征其剩。

《宝镜疏》云：人者忍也，谓于世间，违顺情境，能安忍故。若论人趣，亦有多种，约而言之，有三差别：一是五戒，及中品为因，直克其果。二是从胜类中来，如圣贤示现，天仙谪降之类。三是恶道中来，如地狱、鬼畜及阿修罗。今且单约从畜复形者，以详明之。《正脉》云：以人趣为修进通途，诸趣皆愿为之，求转身之速也。故诸佛但于人中成佛，裴公序《圆觉》云：整心虑，趣菩提，唯人道为能耳！且胜劣无量差别，富贵慈善者似天，聪明者似仙，刚暴者似修罗，愚痴者似畜，贫贱者似鬼，囚系者似狱。夫相似既多，则知来处必多。今亦顺序而谈，故偏取从畜来者。夫此文颇似畜生趣余文，再四研求，前趣之文已结，当是蹑前警起之文，故以复次阿难起之。观文中征剩索命二意，乃诸畜所以润生为人也。言警起者，是我佛欲人警悟，于诸畜生，不可鞭策，过用其力，瞋怒枉杀其身也。负债应分两种：一负物债，反复征偿。二负命债，杀食不已。从是畜生，酬偿先债者：此负物债也，酬偿先世物债，债毕即停，两不相干矣。若彼酬者，分越所酬：越，超过也，超过所应偿之分。此等众生，还复为人，反征其剩者：即乘此因缘，反复为人，索还其前生余剩之债矣。《正脉》问：酬满寿终，或转别生，则无可越。若酬满，而彼不死不转，则凡心何以知其当止乎？答：喂养不到，非礼苦役，鞭策过度，则必越分，于此切宜存心，至于死转，必有冥冥主宰，不足虑也。

如彼有力，兼有福德，则于人中，不舍人身，酬还彼力；若无福者，还为畜生，偿彼余直。

此偿物债，而分胜劣。胜者：人中偿还；劣者：为畜偿还。如彼有力，兼有福德者：彼指被征之人；有力指有善业之力，兼有福而仁，有德而贤，不必舍命，则于人趣之中，不舍人身，酬还彼索债者，前世过用之力也。如被盗贼劫夺，亲友负欠等皆是。此约胜者说。若无福者下：此约劣者说。若无善业之力，及无福德者，则难保人身，还为畜生，或被驱役，或被售卖，偿彼前世余剩之债，故曰余值。《指掌疏》云：则现前过用得意，即当来反偿之不得意，普愿举世仁人君子，当其得意时，须防有不得意时耳。

阿难当知：若用钱物，或役其力，偿足自停。

此重明剩债易偿，言反征可停。阿难当知者：借阿难以警世人也。若用钱物者：言被征之人，若有善业之力，不舍人身，而反征者，不过用其钱物而已。若无福者，则为畜生，而反征之人，或应役其身力，故曰或役其力。是皆可以偿足，自然停止，但不至分越所酬而已。

如其中间，杀彼身命，或食其肉，如是乃至，经微尘劫，相食相诛，犹如转轮，互为高下，无有休息。

此正明负命难解。设或为其中间，杀彼身命，食其血肉，如是生生世世，经微尘劫数，怨习难忘。以肉还肉，故互来相食；以命还命，故互来相诛。递相报复，无有已时；犹旋转车轮一般，互为人畜，循环高下，无有休息。

除奢摩他，及佛出世，不可停寝。

此唯许佛法能止。奢摩他，为自性本定，法也；佛出世，为照世明灯，佛也；除此佛法之外，不可停寝。奢摩他开解照了，此自性天然本定，返妄契真，能止生死业苦，明自力得解也。遇佛出世，为众生说法，能解历劫冤愆，明他力得解也。佛意警诫，不宜恣意杀生食肉也。

汝今应知：彼枭伦者，酬足复形，生人道中，参合顽类。

汝今应知者：此警告阿难，以及世人，应当以智而知，今畜报既尽，幸得为人，须及早省悟，不可仍依余习，旋得旋失；直贯诸科，寄居于此。彼枭伦者：昔因惑习，为怪为枭者，今虽酬债已足，恢复本形；可见原从人道，堕落三途，现三途罪毕，生于人道之中，犹带余习，参杂混合于顽类。顽谓恶而且愚，不可化为一毫之善者也。参合顽类者：非彼一类，皆枭所化也。余准此可知。

彼咎征者，酬足复形，生人道中，参合异类。

汝今应知，彼咎征者：昔因淫习，为风魃为咎征者，今虽酬债已足，恢复本形；可见原从人道，堕落三途，现三途罪毕，生于人道之中，犹带余习，参杂混合于异类。异类者，谓妖异之类，如身具二形，六根反常者是也。

彼狐伦者，酬足复形，生人道中，参于庸类。

汝今应知，彼狐伦者：昔因诳习，为魅为狐者，今虽酬债已足，恢复本形；可见原从人道，堕落三途，现三途罪毕，生于人道之中，犹带余习，参杂混合于庸类。庸类者：无超拔之气，媚世求荣，甘为庸鄙之类。

彼毒伦者，酬足复形，生人道中，参合狠类。

汝今应知，彼毒伦者：昔因瞋习，为蛊鬼为毒物者，今虽酬债已足，复形人道，犹带余习，参杂混合于狠类。狠类者，刚暴自用，毫无仁慈之行也。

彼蛔伦者，酬足复形，生人道中，参合微类。

汝今应知，彼蛔伦者：昔因冤习，为疠为蛔者，今虽酬债已足，复形人道，犹带余习，参合微类。微类者：卑微下贱，倡优婢仆，虽亲附人，人不介意是也。

彼食伦者，酬足复形，生人道中，参合柔类。

汝今应知，彼食伦者：昔因慢习，为饿鬼为食类者，今虽酬债已足，复形人道，犹带余习，参合柔类。柔类者：柔弱懦性，被世欺凌，不能卓立之类也。

彼服伦者，酬足复形，生人道中，参合劳类。

汝今应知，彼服伦者：昔因枉习，为魇为服者，今虽酬债已足，复形人道，犹带余习，参合劳类。劳类者：劳苦不息，碌碌营生者是也。

彼应伦者，酬足复形，生人道中，参于文类。

汝今应知，彼应伦者：昔因见习，为魍魉为应类者，今虽酬债已足，复形人道，犹带余习，参于文类。文类者：合辙云：小有才能，通文合礼，与人应接，不失其序，非经天纬地之大文也。

彼休征者，酬足复形，生人道中，参合明类。

汝今应知，彼休征者：昔因诈习，为役使鬼，为休征者，今虽酬债已足，复形人道，犹带余习，参合明类。明类者：乃世智辩聪，堪为世用，非仰观俯察之大明也。

彼诸循伦，酬足复形，生人道中，参于达类。

汝今应知，彼诸循伦者：昔因讼习，为传送鬼，为循类者，今虽酬债已足，复形人道，犹带余习，参于达类。达类者：《灌顶》云：谙练世故，了达人情，非博古穷今之大达也。

阿难，是等皆以宿债酬毕，复形人道，皆无始来，业计颠倒，相生相杀，不遇如来，不闻正法，于尘劳中，法尔轮转，此辈名为，可怜愍者。

此警示，既得为人，当念人身，难得而易失，切宜珍重爱惜！是等皆以宿债酬毕，复形人道者：是等，指上十类人伦，皆以宿生之债，酬偿已毕，恢复人道本形。皆无始来，业计颠倒，相生相杀者：此指多生，皆从无始以来，恶业妄计，种种颠倒，不忘债与命也。为征债而相生，如人死为羊，羊死为人也。为索命而相杀，如汝负我命，我还汝债也。

不遇如来出世，不闻诸佛正法，悔过自新，无缘解脱。于尘劳之中，法尔轮转者：然尘属惑，有惑必有业，有业必有苦，如恶叉聚，自然不离，故云法尔轮转。此辈名为可怜愍者：此辈幸得为人，凶多吉少，苦多乐少，若乃一念不慎，转眼便成堕落；仙天无路可升，佛道从兹永隔，故名为可怜愍者。

> 阿难，复有从人，不依正觉，修三摩地，别修妄念，存想固形，游于山林，人不及处，有十种仙。

梵语茂泥，此翻为仙，仙者迁也。故佛告阿难：复有从于人趣，非上之十类人伦，初得人身，犹带十习余习。《正脉》云：惟此仙趣以上，方与十习无干矣！欲求仙道，厌惧无常，想身常住，迁入山林。不依正觉，修三摩地者：不依本觉真心，发起始觉正智，而修楞严大定，以证究竟坚固之理，而反别修，虚妄之念，拨弄精魂，存想固形，以求长生不死。殊不知欲求长生则可，欲求不死，实是空言，纵使寿千万岁，亦不过后死而已。

《宝镜疏》云：但凡存想，便是妄认缘影；但曰固形，便是妄认色身，即佛所谓，错乱修习者此也。不依正觉，修三摩地者：此不依真本也。别修妄念，存想固形者：此别修妄本也。《正脉》云：山林人不及处者，即名山洞府，神仙隐迹之处。经中谓：七金山中有一山，乃神仙所居。道家所谓，昆仑倒景，以此山非须弥山也。夫人既不及，彼独能游，则神仙具五通矣。有十种仙者：但以其所修别之。

> 阿难，彼诸众生，坚固服饵，而不休息，食道圆成，名地行仙。

彼诸众生者：指别修妄本也。总冠十科，步居于此。前五科行字，作平声读之，约步履行走而言。后五科行字，作去声读之，约功行浅深而论。坚固服饵者：谓存想坚固形骸，由于服食药饵，以诸药物，炮炼修治，为丸作饼；服食不休，而得功效，谓食道圆成。不惟百体康壮，寿年延永，必至身轻行疾，名地行仙，不能升空。故此与下四科，为以步履轻重，远近高下，而分胜劣耳。

> 坚固草木，而不休息，药道圆成，名飞行仙。

坚固草木者：谓存想坚固形骸，由于服食草木。此与上科药饵，不过生熟之分，惟不餐烟火食，但服紫芝黄精、松枝柏叶；服食不休，而得功效，谓药道圆成。行步如飞，升高越壑，身轻胜前，故名飞行仙。

> 坚固金石，而不休息，化道圆成，名游行仙。

坚固金石者：谓存想坚固形骸，由于烹煎铅汞，炼养丹沙，而不休息。故能化形易骨，点石成金，各获其效，谓化道圆成。为超脱而游世外，因利济而游寰中，故名游行仙。

坚固动止，而不休息，气精圆成，名空行仙。

坚固动止者：谓存想坚固形骸，由于动止；动以运气调身，止以养精安神；动止以时，起居必慎。由是运养不息，初则练精还气，继则练气还神，终则练神还虚，故得气精两化，形神俱妙，谓气精圆成。乘云御龙，游于虚空，故名空行仙。

坚固津液，而不休息，润德圆成，名天行仙。

坚固津液者：谓存想坚固形骸，由于津液；上出为津，下咽为液；即所谓鼓天池，咽玉液，能令水升火降，久而不息，水火既济，而结内丹。内外融通，与物无累，谓润德圆成。乘正御气，游乎天上，故名天行仙。《指掌》云：此上五仙，前二似属彼之小乘，以只知存想圆形，全无利济之心，但以有烟火无烟火，分之为二。后三似属彼之大乘，以兼有利济之心，但游行未能忘身，不能远达高举。而空行，则形神俱妙，虽能高举远达，而犹有分齐。至于天行，则与天地合其德，与六气合其用，利万物而不宰，处寰中而无迹矣。

坚固精色，而不休息，吸粹圆成，名通行仙。

坚固精色者：谓坚固其心，以求精色。采日月之精华，餐云霞之彩色，久行不息，粹气潜通。粹即日月云霞之精粹，谓吸粹圆成。形与气化，神与物通，穿金石，蹈水火，任运无碍，而与造化交通，故名通行仙。《汉武内传》，东方朔遇黄眉翁曰：吾却食服精气，三千年一转，反骨洗髓，三千年一转，剥皮伐毛；吾生已三洗髓，三伐毛矣！所以视天地若蜉蝣，等古今犹旦暮也。

坚固咒禁，而不休息，术法圆成，名道行仙。

坚固咒禁者：谓坚固其心，以持咒禁。持咒，则延年益寿，护国佑民；禁戒，则止嗜戒欲，降妖祛魔。久行不息，而得功效，谓术法圆成。咒是咒术，法是禁法，咒枣书符，以愈疾病，禁毒驱魔，以利群生。将此道以养身，推此道以济世，故名道行仙。

坚固思念，而不休息，思忆圆成，名照行仙。

坚固思念者：谓坚固其心，沉思静念，存想顶门而出神，系心脐轮而练气，即系心脐轮下，透尾闾关，上升夹脊双关，以至直透泥洹宫，冲顶出神。久行不息，而得功效，谓思忆圆成。神出入而自在，气上下以交通，形神照应，故名照行仙。

坚固交遘，而不休息，感应圆成，名精行仙。

坚固交遘者：谓坚固其心，以成交遘。易云：乾道成男，坤道成女，男女遘精，万物化生。《灌顶》云：此以肾水为坎男，心火为离女，取坎填离，降火提水，令其交遘，以成仙胎。久行不息，而得功效，谓感应圆成。感应者，即交遘义，此以坎离，遘精成行，故名精行仙。《正脉》云：至于用女子为鼎器，而采助淫秽，内教固辟为魔论，而仙道亦鄙为下品。此为投人之欲，狂迷者多惑之，正人君子，绝口远之可也。

坚固变化，而不休息，觉悟圆成，名绝行仙。

坚固变化者：谓坚固其心，以穷变化，推求其术，深研化理，久行不息，而得功效。心存化理，久则觉悟，而与造化相通，谓觉悟圆成。移山倒海，翻易四时，故名绝行仙。

阿难，是等皆于人中练心，不修正觉，别得生理，寿千万岁，休止深山，或大海岛，绝于人境，斯亦轮回，妄想流转。不修三昧，报尽还来，散入诸趣。

此结示妄想，极劝真修。是等，指上十类仙人，皆于人中，怖惧生死无常，以求长生不死。《正脉》云：岂觉言长仅以胜短，说生终以待灭，讵识无生之至理，本常之妙体哉！练心者：即别修妄念，不修正觉真心也。别得生理者：即存想固形，别得延生，妄理相应，故能寿千万岁；但是后死，非真不死，如松柏后凋，非真不凋耳。休心依止，深山海岛，绝于人烟之境：即所谓蓬莱弱水，惟飞仙可度。七金山之外，其水甚弱，舟楫不能至，而羽毛皆沉，为神仙所居之处；并非不死之国，斯亦是轮回。以所依既未超乎三界，而能依岂能脱于生死？夫法身真常，形骸虚幻，怖速死而求长生，即属妄想，依妄想而堕生灭，正是流转。

不修三昧者：乃极劝真修，言欲免轮回，须断妄想，欲断妄想，须凭三昧。三昧者：即首楞严大定也。因中，依不生不灭，为本修因，然后圆成，果地修证；若因中，依生灭为因，欲求不生不灭，无有是处。设若不亟早修习楞严三昧，仙报一尽，依旧还要改头换面，而来散入于诸趣之中，可不痛哉！

《正脉》问：修仙者，妄谓释教修性不修命，万劫阴灵难入圣，惑此言者甚多，请此附辩，以觉深迷。答：彼所说性命，二俱非真，盖指身中，神魂为性，身中气结，命根为命。故说单修性者，但得阴魂鬼仙，无长生身形；兼修命者，方得轻妙长生之身，而夸形神俱妙。安知佛所说性，是人人本有，真如性海，乃无量天地，无量万物之本体。证此性者，岂但能现无量妙身，兼能现无量天地万物。其所现者，岂惟但能令住百千万岁，虽尘沙浩劫，亦可令住。且欲收即收，一尘不立，欲现即现，万法全彰，得大自在，得大受用，方谓真如佛性。斯言信不及者，请细阅前文显性处，自然悟彼无知而妄谤矣。

昔吕岩，三次晋京，求名不遂，乃郁郁而返。汉钟离欲度吕洞宾（即吕岩），在于中途，旅馆候之。时吕岩至，长吁短叹！韩曰：相公何为如是，莫非功名不遂乎？夫功名犹如梦境，得之不喜，失之不忧，何为怏怏于怀？吕岩闻之不语。汉又出枕子一个，语曰：子今路上辛苦，少憩一卧可也。吕岩受之即睡，梦至一家投胎，既生，聪明俊秀，母爱如掌上之珠，少读书，有过人之才，年既长成，所试皆捷，出仕为官，运途顺利，连升吏部尚书，为人忠直，竟遭奸臣奏害，令杀其身。一生所处皆顺境，忽罹杀身之祸，绑至刑场，利刀一砍，头落惊醒，出一身大汗。汉语之曰：功名富贵事如何？莫若及早从吾修道。吕岩一想，人世总是无常，遂从之，别修异道，易名洞宾。炼一双雌雄剑，斩妖祛魔，志在利生。一日路经黄龙山下，见有紫云盖顶，知有高人，于是入山参访。适黄龙禅师，上堂说法，洞宾旁听。说毕，黄龙禅师云：今日有人盗法。洞宾即出众云：囊有长生不死药，何用盗法？黄龙禅师斥云：汝这个守尸鬼。洞宾即飞出宝剑，要斩黄龙禅师之首。剑至项，鸣一声即坠地，插在地中，并不飞回。洞宾用尽心力，亦不飞回，黄首如故。于是相信道高，方向忏悔，请求开示，礼拜为师，有偈为证：蹩碎浮囊弃却琴，从今不弄汞中金，自从一见黄龙后，方悔从前错用心。是可见仙道不如佛道也。

阿难，诸世间人，不求常住，未能舍诸妻妾恩爱。

此标示生天之因。诸世间人，有欲离苦得乐，不求常住，不生不灭，圆湛之心，但依有为事相，而求有漏果报。是依妄本，而不依真本而修，为三界总因也。未能舍诸妻妾恩爱者：别为六欲天之因，以欲界未离三欲，皆有淫欲，饮食睡眠，今称欲界。以淫为诸贪之首，故未能舍诸妻妾，深恩重爱，以修出世，戒定之业，而证无漏之果也。梵语提婆，此翻为天。灌顶引论云：天者，清净光洁，最胜最尊；或谓天者，天然自在，首出庶物。以上品十善，及世间禅定为因。《正脉》云：天趣与仙趣不同，世人仙天不分，而学仙者，滥附于天，且谓诸天，皆彼祖仙。今略辩之：仙以人身，而恋长生，最怕舍身受身；诸天皆舍前身，而受天身。岂其类哉？又仙处海山，如蓬莱昆仑，皆非天上。四王忉利，曾无卜居，况上界乎？是知天趣，最为界内尊胜之流，迥非仙与鬼神之类也。

于邪淫中，心不流逸，澄莹生明，命终之后，邻于日月。如是一类，名四王天。

己色为正淫，他色为邪淫。此人遵守五戒，于邪淫中，不唯身无有犯，即心中亦无一念思想；是正淫虽有，邪淫已无，故不奔流纵逸，而得爱水，澄净莹洁，心地光明也。今独约淫欲一事，以是生死根本，故约之而分胜劣耳。此人命终之后，舍人身而受天身，生须弥山腰，邻于日月宫。如是一类，名四天王天，为帝释外臣：东持国天王，居黄金埵；南增长天王，居琉璃埵；西广目天王，居白银埵；北多闻天王，居水晶埵。此四天离人间地，四万二千由旬，身长拘卢舍四分之一，当此间周尺，七十五丈，寿五百岁。以人间五十年，为一昼夜，合计九百万年也。

于己妻房，淫爱微薄，于净居时，不得全味，命终之后，超日月明，居人间顶。如是一类，名忉利天。

此比前更进一步，不但无有邪淫，即于自己正妻，房帏之间，淫欲爱念，尚且微少淡薄，所谓有时有节也。然于清净独居之时，间有淫念生起，不得全其净味。命终之后，超日月之光明，生须弥之极顶（即人间顶）。再上，即空居天，与人间不接矣。如是一类，名忉利天。梵语利忉，此云三十三，在须弥山顶，四方各八天，中有一天，为善见城，乃帝释所居。此天离地，八万四千由旬。身长半卢舍，当周尺，一百五十丈；帝释身长，一拘卢舍，由其过去，遍修敬恭业故。以人间百年为一昼夜，寿命一千岁，合人间数，乃三十六万年也。以上二天，名地居天，以未离地故也。然此二天，形交成淫，与人间同；但风气一泄，欲漏便除，非有不净流溢也。《智论》云：昔有婆罗门，姓憍尸迦，与知友三十二人，发心修塔，以此功德，命终皆生须弥山顶。憍尸迦为天主，三十二人为辅臣。《净明疏》云：昔迦叶佛灭后，有一女人，发心起塔，报为天主；三十二人助修，报为辅臣。二缘不同者，以既在轮回，前后更易，各引一缘耳。

逢欲暂交，去无思忆，于人间世，动少静多，命终之后，于虚空中，朗然安住，日月光明，上照不及，是诸人等，自有光明。如是一类，名须焰摩天。

逢欲境现前，暂时相交，过去之后，竟无追思回忆；于人间世，非有深染，故曰动少静多。此于净居，而得全味，渐近清虚；故命终之后，于虚空中，朗然安住。《正脉》问：空居诸天，宫殿池树，皆何所踞？答：七宝琉璃，与大地无异，但欲下之时，即虚豁无碍，例如人间大地，贤圣天仙鬼神，皆能出入自在。当知万法本空，由业力转，虚实并现，而昧者未达也。

日月光明，上照不及者：前天虽超日月，光犹可及；此天复高，故云光明不及。是诸人等，自有光明者：依正二报，身殿光明互照，故不须日月。如是一类，名须焰摩天：此云善时分，以日月光明不及，无分昼夜。而此天，以莲华开合，善知时分，随时受乐，各得相应。诸经多称夜摩，故科名依之。惟执手成淫，无交遘事矣。此天离地，十六万由旬，有地如云，朗然安住。身长，周尺二百二十五丈。以人间二百年为一昼夜，寿二千岁也。

一切时静，有应触来，未能违戾，命终之后，上升精微，不接下界，诸人天境，乃至劫坏，三灾不及。如是一类，名兜率天。

此人于一切时，皆能静而不动，设有应行之触，来相逼迫，未能违拒，犹顺从之，此较胜于前也。命终之后，上升精细微妙，不接下界诸人天境。然此天，有内院外院。外院，属凡夫天，有小摩尼殿。内院，是菩萨所居，弥勒菩萨为天主，有大摩尼殿，常在其中，说法教化。菩萨有时至外院小摩尼殿，说法教化凡夫，倘若机熟领悟，则接引而入内院。且内院，尚非外院所能知处，故不接下界，诸人天境，故精；乃至劫坏三禅，而菩萨住处，水、火、风，三灾之所不及，故微。即《法华》所谓：我此土不毁，众见劫烧尽之意。细察文义，初四句，外院之因，而缺其果；上升精微下，内院之果，而缺其因；当时译者，过于省文也。如是一类，名兜率天，此云知足天，能于欲境，生知足故，但以一笑为淫，更不必执手矣。此天离地，三十二万由旬，有地如云，于上安住，身长周尺三百丈，以人间四百年，为一昼夜，寿四千岁。

我无欲心，应汝行事，于横陈时，味如嚼蜡，命终之后，生越化地。如是一类，名乐变化天。

我本无欲心，应汝而行房事，盖深拒之也。拒之不已，迫以大事，谓继承家业，故于是勉从其意。但遇欲境，横陈之时，味如嚼蜡相似，淡然无味。横陈者，司马相如赋云：花容自献，玉体横陈，谓横放其身，陈献于前也。命终之后，生越化地者：越，是超越下天；化，谓变化五欲乐具，自所受用。如是一类，名乐变化天。余经但称化乐，谓自化五尘，还自受乐也。今科名依之。但以熟视为淫，不必笑矣。此天离地，六十四万由旬，有地如云，于上安住。身长周尺三百七十五丈，以人间八百年，为一昼夜，寿八千岁。

无世间心，同世行事，于行事交，了然超越，命终之后，遍能出超，化无化境。如是一类，名他化自在天。

无世间心，同世行事者：厌离世间，淫欲不净，全无乐著，心希上界，权同世间。行夫妇事，于行事相交之际，不但无味，而且了然超越，神游境外，毫无欲想。命终之后，超出化无化境：化，即第五；无化，即下四天。如是一类，名他化自在天：凡五尘欲境，不劳自化，皆他天之所变化，自己得自在受用也。但此天，以眼暂视，便为淫事。《正脉》引偈云："四王忉利欲交抱，夜摩执手兜率笑，化乐熟视他暂视，此是六天真快乐"。离地一百二十八万由旬，有地如云，安住其上。身长周尺四百五十丈，以人间一千六百年为一昼夜，寿一万六千岁。

问：欲界顶天，为魔王天是否？答：《瑜伽论》云：第六天上，别有魔罗，所居天宫，即他化自在摄。是知魔天，别是一类，说摄或可；说即，则不可也。

阿难，如是六天，形虽出动，心迹尚交，自此已还，

名为欲界。

此结成欲界之名。欲性躁动，世人无有节制；其动也，若瀑流，若野火，莫能镇压。如是六天，渐能节制，而向于静，因中欲心渐渐轻，生天层层高。形虽出动，心迹尚交者：如初天，且止外动；二天，内动亦微；三天，遇境方动；四天，境迫不违；五天，交中无味；六天，形合心超。然此等形虽合，而心超出，似离于动，但其心迹，尚然犹交。如前四天，不唯迹交，尚兼心交，以有味故。后二天，虽无心交，犹有迹交，以应事故。此虽欲有重轻，总未离于男女爱情。自此已还，直至阿鼻地狱，皆欲界摄。以诸趣虽异，而欲是同，故名五趣杂居地也。

问：天台云：六天果报，十善为本。兼护法生四王；兼慈化生忉利；兼不恼众生，善巧纯熟，生夜摩；兼修禅定粗细，生兜率；兼欲界定，生化乐；兼未到地定，生他化。是知六天，通以十善为因。前三天，各兼功行；后三天，各兼禅定。今何惟约欲事轻重，分六天耶？答：功行禅定为缘，通修十善为因，但十善之中，断欲为要，设不断欲，十善何成？如来为人从要故，惟约欲轻欲重，而分胜劣。本经修楞严大定，以淫欲为生死冤家，故此中惟约欲。六天以寡欲而上升，四禅以绝欲而高蹈。故知，不断淫欲，上界犹不可望，况欲证无上菩提耶？所以欲修三摩地，而出生死海者，必须先斩此一关也。

楞严经正文卷第八终

阿难，世间一切，所修心人，不假禅那，无有智慧。但能执身，不行淫欲，若行若坐，想念俱无，爱染不生，无留欲界，是人应念，身为梵侣。如是一类，名梵众天。

前明六天，虽求离欲，未能绝无，以形虽出动，心迹尚交，故名欲界。而此上十八天，虽离欲染，尚有色质，貌如童子，身白银色，衣黄金衣，惟男无女，纯是化生，色身胜故，故名色界。又名梵世，梵者净也，已离欲染，而得清净，通号四禅，已离欲界散动也。非但离欲，并离食睡，三欲俱亡，稍涉饥倦，即入禅定，而出定时，则精神饱满，但以禅悦为食、为息，稍离粗重身心矣。略分四重，详分十八重，但疑有同处，而区分胜劣为类者，未必十八，皆上下为次也。此明色界，初禅三天；首言世间者，显非出世；而言一切，所修心人者，谓不知本有寂常心性，而错乱修习也。禅那，此云静虑。不假禅那，无有智慧者：谓不修首楞严大定，无漏之静虑，即无有出世间，真正之智慧。显彼惟有漏静虑，六事行耳！六行者：厌欲界是苦、是粗、是障，欣色界是净、是妙、是离。此则凡夫伏惑，超欲界道也；非无漏真三摩地，妙圆通矣！此是总论，应通下文。但能执身，不行淫欲，方入本天；此天独显戒德，未彰定慧。先言执身者：表异六欲，不免身犯。而此天非但执身不犯，若行若坐，想念之心，亦复俱无。由是身心，俱得清净，爱染不生，故欲界无可卜居，临终之时，应念化生上之色界，身为梵世伴侣。如是一类，乃是梵天之民，故名梵众天。寿二十小劫，身长半由旬。

> 欲习既除，离欲心现，于诸律仪，爱乐随顺，是人应时，能行梵德。如是一类，名梵辅天。

欲界淫习，既已伏除，离欲净心，已得显现。初二句，指前天，但显戒德；下谓本天，戒与定俱。于诸律仪，爱乐随顺者：于诸梵行戒品，爱乐则悦豫，随顺则轻安，即与定共之相；无有强行之苦，乃有安行之乐，自有不期然而然者矣。是人应时，能行梵德者：显是本天转升，故云应时，非同前天，离下生上，犹待异时，此不但清净身心，而且弘扬德化，已超梵众。如是一类，名梵辅天。《正脉》云：既辅化，即天臣矣，寿四十小劫，身长一由旬。

> 身心妙圆，威仪不缺，清净禁戒，加以明悟，是人应时，能统梵众，为大梵王。如是一类，名大梵天。

此天乃显戒与慧俱。初天，由执身而摄心；次天，由心现而行德；此天，身心得一如无二之妙，满足分量之圆。行、住、坐、卧，四威仪之中，悉皆不缺，有威可畏，有仪可仰，禁戒自然清净；不唯清净，加以明悟，此即戒与慧俱也。是人应时，能统梵众，犹体仁足以长人，君之道也。如是一类，名大梵天；位超梵辅，故称为大。寿六十小劫，身长一由旬半。

> 阿难，此三胜流，一切苦恼，所不能逼，虽非正修，真三摩地。清净心中，诸漏不动，名为初禅。

此上三天，称为胜流者：以身胜乐胜，能胜下界诸趣之流。一切苦恼，所不能逼者：指欲界八苦，所不能逼，虽非依真本，而起正修，得证真三摩地者，然于持戒清净心中，而欲界诸漏，所不能动，名为初禅；于九地中，第二名离生喜乐地，离欲界诸恶趣生，而得清净喜乐也。劫尽火灾得至，由其内有觉观火故。

阿难，其次梵天，统摄梵人，圆满梵行，澄心不动，寂湛生光。如是一类，名少光天。

此明色界，二禅三天也。前天定力，尚假戒扶，此则不假戒扶，而自不动；定深发光，以光之胜劣为次。阿难，其次梵天，统摄梵人：似是大梵所为；梵众天，戒德显著；梵辅天，戒与定俱；大梵天，戒与慧俱。具足戒、定、慧，故曰圆满梵行，而升此天。环师亦谓，蹑大梵之行，升进者是也。统摄既久，则化他功深，自行益纯。澄心下，方入此天。澄心不动，寂湛生光者：谓心水澄凝不动，寂然发用，湛然生光，但心光尚劣，未极其量，如是一类，名少光天。寿二大劫，身长二由旬。

光光相然，照耀无尽，映十方界，遍成琉璃。如是一类，名无量光天。

温陵曰：定力转明，妙光迭发，境随光发，遍成琉璃。由定力转更增明，身光心光，展转相然，如以火传火，光光迭发，照耀于无尽也。所有依报外境，随光而发，亦同正报身心，内外明彻，遍成琉璃。映十方界者：约其定光，随所受用十方言之，非遍一切十方也。按二禅覆以小千世界，遍小千之十方也。如是一类，名无量光天。寿四大劫，身长四由旬。

吸持圆光，成就教体，发化清净，应用无尽。如是一类，名光音天。

吸，即取也；持，即执持；圆光，谓前天依正，光明交映，至此定深，而至圆满，故曰圆光成就。教体者：《正脉》云：以此光明，代其言音，以宣彼梵行教化，如世间以文字，代其言音，而亦以宣诸教化，与用光明作佛事者，同也。有谓二禅以上，无有语言，恐未必然。《法华》云：光音及遍净，乃至有顶天，言语之音声，悉皆得闻之，此可为证。发化清净，应用无尽者：发宣梵行教化，清净无著，应用无有穷尽。如是一类，名光音天。寿八大劫，身长八由旬。

　　阿难，此三胜流，一切忧悬，所不能逼，虽非正修，真三摩地。清净心中，粗漏已伏，名为二禅。

此三胜流，非但胜于欲界，犹复胜于初禅，以后后胜于前前也。一切忧悬，所不能逼者：以初禅，乍离欲苦，恐其复坠，故一切忧愁悬挂，竟有不安之貌，时时以觉观拒之。今至二禅，离欲渐远，恐坠心息，故忧悬所不能逼，而入无觉无观矣。然虽无觉观，仍属有漏，而非依寂常之真心，而修实证真三摩地也。初禅方得漏心不动，而未能伏；此天于清净梵行心中，粗漏已伏。粗漏，指初禅爱，无所由起，故曰已伏。能以定力，伏前五识，不起现行，故名为二禅。于九地中第三，名定生喜乐地，以定力功德，发生喜乐也。火灾不到，而有水灾，由其内心有喜水故。

　　阿难，如是天人，圆光成音，披音露妙，发成精行，通寂灭乐。如是一类，名少净天。

此明色界，三禅三天也。《持地论》目第三禅为乐俱禅，此定功德，与遍身乐俱发故。前二禅虽有乐支，为喜支所障，今灭喜纯乐，故得其名。阿难，如是天人：蹑前光音天，圆满光明，成就音声，而为教体；披发音声，显露妙理。此天，即依妙理，发成精行，离前喜动，而生净乐，恬然安静，而通寂灭之乐。寂灭乐，亦定清心安所发，不可滥于本性寂体，以名同体异也。以初入此境，故言通，而未能成，名少净天。初伏第六意识，非真寂灭也。寿十六大劫，身长十六由旬。

　　净空现前，引发无际，身心轻安，成寂灭乐。如是一类，名无量净天。

净空现前者：前天通寂灭乐，以其净境未亡，至此定力转深，并净亦空，故曰净空现前。引发无际者：以空引净，净与空发，虚空无有边际，净境亦无边际。自觉正报之身心，犹若太虚，无累无碍，故曰轻安，成寂灭乐。如是一类，名无量净天，净空无际，故无有量也。寿三十二大劫，身长三十二由旬。

　　世界身心，一切圆净，净德成就，胜托现前，归寂灭乐。如是一类，名遍净天。

前天净境，只遍身心，至此定力转深，并依报之世界，正报之身心，泯同一体，皆得虚寂，故曰一切圆净。《正脉》云：此但定力所使，所谓境随定变而已，非唯心观力所使也。

净德成就：接上句，既一切圆净，则纯净之德成就，妙乐无穷；有漏之乐，至此已极。自觉殊胜归托之处现前，将谓真实安身立命处所，清净极乐家乡矣。不知尚属有漏，即便归托于此，故云归寂灭乐。如是一类，名遍净天，以其触处，皆成净乐，故名遍净天。寿六十四大劫，身长六十四由旬。

阿难，此三胜流，具大随顺，身心安隐，得无量乐，虽非正得，真三摩地。安隐心中，欢喜毕具，名为三禅。

阿难，此三天，又胜二禅之流。初禅，苦恼不逼，未得随顺；二禅，忧悬不逼，五识已伏，但得随顺；至此三禅，已得寂灭，六识已伏，名具大随顺。身心安隐，得无量乐者：前二禅，有喜心动念，故身心不得安隐，今喜心既离，身心安隐，自在受乐。乐称无量者，以所具妙乐，周遍无量故。界内，以三禅为极乐处也。虽非正得真修实证之三摩地，然安隐心中，欢喜毕具。安隐心，即三禅心。初、二禅离障增胜，故曰清净心。三禅得乐增胜，故曰安隐心。《正脉》云：仍言欢喜毕具者，以有安隐心中，四字拣之，良以喜是动心所发，乐是静心所融，若在飞动心，纵说乐，而仍是喜支；若在安隐心，纵说喜，而仍是乐支，故通名为三禅。于九地中第四，名为离喜妙乐地。以离前初、二禅之喜，得三禅之妙乐也。水火二灾不到，风灾得至，由其未离出入息故。

阿难，复次天人，不逼身心，苦因已尽，乐非常住，久必坏生。苦乐二心，俱时顿舍，粗重相灭，净福性生。如是一类，名福生天。

此四禅九天。温陵曰四禅报境，但有三天，第四无想，乃第三广果别开，此外复有五不还天，乃圣贤别修静虑，与凡夫不同。但以同入舍禅，故于舍心同分中，安立居处。阿难，复次天人：是指三禅中来者，谓初禅离苦恼，二禅尽忧悬，故云不逼身心。苦恼忧悬是苦因，既皆不逼，是已苦尽则乐生。三禅身心安隐，得无量乐；此天则明乐亦不当受，何以故？乐非常住之法，福业尽时，久必坏生，由是起双舍苦乐之行，苦乐二心，并已舍除，故曰俱时顿舍。正以二心俱舍，名粗重相灭，以坏则苦生，今苦坏双超，舍心不动，即净福性。此定既发，即名为生；故曰如是一类，名福生天。寿一百二十五大劫，身长一百二十五由旬。

> 舍心圆融，胜解清净，福无遮中，得妙随顺，穷未来际。如是一类，名福爱天。

前天苦乐二心，俱时顿舍，尚未圆融；至此舍定益深，功行纯熟，故曰舍心圆融。胜解清净者：即决定胜解，任持舍定，能所双亡，不为异缘所转，是为清净。然既舍心圆融，无有遮限，而所感净福，亦应无遮，于此无遮福中，得妙随顺，穷未来际。妙随顺者，大自在也；所有愿求，亦无遮限，得大自在，穷未来际，爱乐随顺也。如是一类，名福爱天，此天之福，于有为界中，最为可爱。寿二百五十大劫，身长二百五十由旬。

> 阿难，从是天中，有二歧路，若于先心，无量净光，福德圆明，修证而住。如是一类，名广果天。

阿难，从是天中，是福爱天中，有二种歧路：一直往道，趣广果天；一迂僻道，趣无想天，心念行业各别也。若于先心：即福爱天，妙随顺心，能令所求如意，今无量净光，即舍俱禅，定深而发光也。于此光中，以四无量心，熏禅福德，增盛圆明，离下地染，修证而住。如是一类，名广果天，谓广大福德，所感之果也。寿五百大劫，身长五百由旬，水火风三灾，皆不能到。于九地中，名舍念清净地，谓双舍苦乐二念，而得清净也。

> 若于先心，双厌苦乐，精研舍心，相续不断，圆穷舍道，身心俱灭，心虑灰凝，经五百劫。是人既以生灭为因，不能发明，不生灭性，初半劫灭，后半劫生。如是一类，名无想天。

先心是福爱天中，双厌苦乐之心，至广果天，增修福德，令得圆明；至无想天，增修舍定，令期究竟，此二天之分歧也。精研舍心三句，即指增修舍定，深搜细索，相续无有间断。圆穷者：圆满穷究，必求其究竟；舍道者：即以舍定，为涅槃道也。身心俱灭，心虑灰凝者：谓以舍定，灭除舍心，定中浑成一空，故心身俱成泯灭，令其心思缘虑，有若寒灰，凝然不动，但如夹冰之鱼。鱼譬六识，心心所法；冰譬舍定，冬天水结成冰，而鱼夹在冰中，而不能动。此定亦复如是，只伏六识现行，经五百大劫，定力摄持，报形不坏也。五百劫后，依旧散入轮回。然无想报尽，多皆堕狱，因其在定，未证谓证，以为证阿罗汉，已出生死。后出定毁谤三宝，以佛狂妄说法，说阿罗汉，所作已办，不受后有，以故堕入地狱。

是人既以生灭为因，不能发明，不生灭性者：《正脉》云：出其无常之故，正由向二种根本，错乱修习耳。前二句明其错依六识，生死根本，为本修因，强令灰凝。后二句明其反迷识精元明，圆湛不生灭性，而全不知用故也。初半劫灭者：初生此天，习定半劫，始得想灭，无想定成。后半劫生者：于四百九十九劫半，而想心复生，此定仍坏。有成有坏，终非究竟。如是一类，名无想天。此天依于舍禅，灭除六识，心心所法，令不起现行，故名无想天。但与广果，同修舍禅，故同一处，以是外道故，分二种名耳。

阿难，此四胜流，一切世间，诸苦乐境，所不能动。虽非无为，真不动地，有所得心，功用纯熟，名为四禅。

阿难，此四胜流者：并超下地故。一切世间：通指欲界至三禅也，欲界为苦乐所动；初禅苦恼不逼，二禅忧悬不逼，均不为苦动；三禅得无量乐，虽不为苦动，尚为乐动；至此四禅，苦乐双亡，而住舍定，故曰诸苦乐境，所不能动。温陵曰：四禅不为三灾所动，名不动地。然彼器非真常，情俱生灭，虽非无为真境，而有为功用，至此已纯熟矣。

问：不为三灾所动，何言器非真常，情俱生灭？答：他经明此天，天人生时，宫殿园林，随之而生；死时，随之而灭。器即器世间，宫殿园林，而非真常之境；情即有情世间，与之俱生俱灭。虽非无为真常之境：如十地之第八不动地。有所得心者：即修习舍定，认为涅槃，期其必得，名有所得心。正显有为功用纯熟，不加勉强，任运不动也。名为四禅。《正脉》云：初禅共戒，戒德增上；二禅喜俱，光明增上；三禅乐俱，净乐增上；四禅舍俱，于前三天，福德增上，后一天，舍定增上，此其别也。

阿难，此中复有，五不还天，于下界中，九品习气，俱时灭尽，苦乐双亡，下无卜居，故于舍心，众同分中，安立居处。

此中，即四禅天中，复有五种不还天。梵语阿那含，此云不还，三果圣人，寄居之处。以其于下界中，即欲界中，九品思惑习气，已经断尽，证三果圣位，再不还来欲界受生也。习气者，思惑种子也。乃贪、瞋、痴、慢，任运而起，微细之惑，与生俱生，非同分别中粗惑也。由彼惑难除，故分八十一品，于三界九地，地地各分九品。今断欲界，五趣杂居地中九品，于上、中、下，复各分三品，天上人间，七次往返受生断之，乃习气与现行皆灭，故云俱时灭尽，证三果也。此乃明圣人断惑之事，有异四禅伏惑不断也。

苦乐双亡，下无卜居者：断欲界地九品之惑尽，故苦亡，欲界无卜居；于初、二、三禅之乐，亦复不受，故乐亡，于色界三禅，亦无卜居，以非其同分也。而所入之定，乃苦乐双亡，舍俱禅故，于四禅舍心，众同分中，安立居处，住此以断七十二品思惑，求证阿罗汉果也。然安立居处，确在同分，而杂修静虑，另有别业。《俱舍》云：杂修静虑，有五品不同，故生五净居天。杂修者，初起无漏观，次起有漏观，后复起无漏观，以有漏无漏，间杂而修故。静虑者，定慧均等之谓；五品者，下、中、上、上胜、上极也。问：何故名为净居？答：三果圣人，于下界中，九品思惑，俱时灭尽，故名为净。净者，所居之处，故名净居也。

阿难，苦乐两灭，斗心不交。如是一类，名无烦天。

按五品，此应属下品。苦乐两灭，即双亡义。斗心即欣厌二心，当苦乐未灭时，则厌苦欣乐二心，交战胸中，互为胜负，故曰斗心。今既两灭，是以不交。如是一类，名无烦天。《正脉》云：盛热曰烦，亦状其内心，郁陶热中之象，有斗心者，所不能免，此方不交，初得清凉，故名无烦。寿一千大劫，身长一千由旬。

机括独行，研交无地。如是一类，名无热天。

此属中品。机，即发动之机，状念之放也。括，即收括之括，状念之收也。独行，言其唯一舍念，或放或收，更无余念间杂。研交无地者：若有一念，不可言无，今更以杂修静虑，研究此一念，了不可得，则不唯不交，即欲交亦无地矣。如是一类，名无热天。微烦曰热，并热亦无，故曰无热天。寿二千大劫，身长二千由旬。

十方世界，妙见圆澄，更无尘象，一切沉垢。如是一类，名善见天。

此属上品。由修静虑，发天眼通，既与四禅同分，亦应同见大千。十方世界：即大千之十方；妙见：即天眼通，此是修得，而非报得，更胜四禅；圆，即圆满大千；澄，即澄清朗彻；更无尘象，外境之障隔，故圆；亦无一切沉垢，内念之留滞，故澄。内外虚融，妙见无碍。如是一类，名善见天。体净用周，所见皆善也。寿四千大劫，身长四千由旬。

精见现前，陶铸无碍。如是一类，名善现天。

此属上胜品。精妙之见，既已现前，此句指前天，见体清净，见用周遍，此天增修静虑，体用兼胜。陶铸无碍者：如陶师之范土为瓦，铸匠之镕金造像，能以定慧力，任运成就，随心自在，变现无碍。如是一类，名善现天。寿八千大劫，身长八千由旬。

究竟群几，穷色性性，入无边际。如是一类，名色究竟天。

此属上极品。究竟，即研穷之义；群几，即群动之微也。《正脉》谓：研穷多念，至于一念，故曰究竟群几。以杂修五品，初用多念无漏，熏多念有漏，乃至最后，用一念无漏，熏一念有漏，名上极品。穷色性性者：性是体性，上性字指色体，下性字指空体，谓穷诸色之性，而至于空性也。又色依空现，空性即色性之性故；即所谓心既熏多至少，色亦穷粗至微是也。至此身虽尚在，而境界全空，故云入无边际，无边即虚空，际即界畔，入空无边处之界畔。如是一类，名色究竟天；色界至此，是为极顶，故称色究竟天。寿一万六千大劫，身长一万六千由旬。

阿难，此不还天，彼诸四禅，四位天王，独有钦闻，不能知见。如今世间，旷野深山，圣道场地，皆阿罗汉，

所住持故，世间粗人，所不能见。

此结示四天不见。阿难，此五不还天，彼诸第四禅天中，四位天王：指正天三，外道一，故成为四，不可指初、二、三、四禅也，因上中隔绝故。唯识谓：二禅以上，不称王臣，此言四王，或推尊上首，略似如王也。独有钦闻，不能知见者：以第四禅天，系有漏凡夫，但能伏惑；而五不还天，是无漏圣人，而能断惑，圣凡有异，伏断悬殊，故但仰嘉名，不知其受用，不见其依正也。问：彼之天王，是菩萨游三摩地，为何不能知见？答：惟其菩萨，示迹凡夫，当与凡夫，同其知见也。如今世间下，取例发明。旷野深山，皆绝无人烟之地，皆是罗汉别境，称为圣道场地。而世间粗人，所不能见，以不修无漏业故。

阿难，是十八天，独行无交，未尽形累，自此已还，名为色界。

孤山曰：独行无交，俱无情欲故。未尽形累，尚有色质故。以上是十八梵天，清净无侣，故曰独行无交。虽然离欲，依旧有化生身，未尽身形之累。自此色究竟天以还，至梵众天，同一色界。

复次，阿难，从是有顶，色边际中，其间复有，二种歧路，若于舍心，发明智慧，慧光圆通，便出尘界，成阿罗汉，入菩萨乘。如是一类，名为回心大阿罗汉。

温陵曰：自此而上，明无色界四天，无业果色，有定果色，依正皆然。四天皆依偏空修进：初，厌色依空；二，厌空依识；三，色空识三都灭，而依识性；四，依识性，以灭穷研，而不得真灭；是皆有为增上善果，未出轮回，不成圣道者也。此将明无色界四天，先简回心超出也。阿难，从是色究竟天，居色界之顶，是为有顶；与无色为邻，故云色边际中。其间上进，复有二种歧路。因三果人，根有利钝，其利根者，即于色究竟，舍定心中，发无漏人空智慧，慧光圆通（即圆满也），断尽思惑，即便超出尘界，离分段生，证偏空理，成阿罗汉；不以小果为足，进修大因，故云入菩萨乘。其钝根者，在色究竟天中，复由定心，欣上厌下，灭色归空，生无色界，此其差别也。如是一类，即利根一类。回心，即回其欣上厌下之心，顿出三界。大阿罗汉，即回其舍大取小心，速入大乘；但据迹犹在声闻，故仍称罗汉，而以大字拣之。

> 若在舍心，舍厌成就，觉身为碍，销碍入空。如是一类，名为空处。

此正示无色界，四空天也。若在舍心：长水曰：舍心有二：一者，若于有顶，用无漏道，断惑入空，即乐定那含也。二者，若于广果，用有漏道，伏惑入定，即凡夫外道也。舍厌成就者：即厌有趣空也。觉得有身，尚是有碍，于是销除形碍，以入于空也。温陵曰：厌已形碍，坚修空观。灭身归无，即厌色依空者也。名空处定，故报生空处也。如是一类，名为空处，寿二万大劫。四空天无业果色，故不言身形之长短也。

> 诸碍既销，无碍无灭，其中惟留阿赖耶识，全于末那，半分微细。如是一类，名为识处。

温陵曰：诸碍既销而无，则不依于色；无碍之喜亦灭，则不依于空。不依于色，蹑前天果相；不依于空，明本天功行与果相，即是双厌色空，惟依于识也。其中惟留阿赖耶识，全于末那，半分微细者：其中于所存识中，惟留第八阿赖耶识，于全分末那，第七识中，半分微细犹存，即是厌空依识也。阿赖耶，此云藏识，但是常言而已，意显末那识，言末那以阿赖耶为体故；末那，即第七识，此云染污依，为第六意识所依之根。末那托六识，缘六尘，行相粗显，托尘似有，离尘实无；今既色空俱灭，识已无托。外缘粗显者，半分已灭，唯留内缘八识。微细者，半分独存。如是一类，名为识处定，故报生识处也。以末那为能缘心，赖耶为所缘境耳。寿四万大劫。

> 空色既亡，识心都灭，十方寂然，迥无攸往。如是一类，名无所有处。

初天灭色归空，次天灭空归识，故曰空色既亡。识心，即指末那半分微细犹存。此天以缘识心散，反能破定故。凭深定力，将幽微精细之半分，亦伏不行，故谓都灭。是知此灭，非如罗汉，种现俱断也。下即定中所证境界，半分微细既尽，唯有赖耶独存；赖耶是无分别，惟觉十方，寂然冥然，迥无攸往，攸即所也，不复前进矣。此为外道，昧为冥谛之处也。如是一类，名无所有处，色、空、识三者，皆无所有也。寿六万大劫。

> 识性不动，以灭穷研，于无尽中，发宣尽性，如存不存，若尽非尽。如是一类，名为非想、非非想处。

赖耶独存，称为识性。识性即是藏性，藏性由来不动，如本经云：常住妙明，不动周圆是也。惜彼凡天，不达斯理，但见赖耶坚固，不可动摇，以灭定之力，深穷研习，于无尽中，强以发宣，欲尽其性，然识性不尽有二义：一者，识性即是藏性，凡圣皆无可尽之理。二者，若约种子，则凡外未秉如来，断种法门，终不可尽。那含，复是钝根，亦非尽时。

此天既欲尽其性，由定力所逼，识性虽存，而不起现行。故曰如存不存，似残灯之半灭也。虽见识性尽，其实未尽，故曰若尽非尽，似残灯之半明也。如是一类，名为非想，非非想处天。《正脉》云：末后环师，承如存不存，以结非想；承若尽非尽，以结非非想，得其语脉矣！盖非想，即非有想；非非想，即非无想耳。寿八万大劫。

> 此等穷空，不尽空理，从不还天，圣道穷者。如是一类，名不回心，钝阿罗汉。若从无想，诸外道天，穷空不归，迷漏无闻，便入轮转。

此辨圣凡，出坠各异。此等，指四空处。穷空者：正脉云：初天，穷色令销；二天，穷空令无；三天，穷识令灭；四天，穷性令尽。盖前二穷境，后二穷心；欲令心境俱空，故总谓穷空。不尽空理者：凡外未了人空之理，小圣不达法空之理，何况圆顿之旨，心境本空，岂待销灭哉？故总断其不了耳。此下方明圣凡出坠，今先明圣人超出三界，言彼住非想天中，若从五不还天，修习圣道，穷空而来者，以穷空力，经历四天，断四地惑，三十六品尽，证我空理，成阿罗汉，即出三界；如是一类，名不回心，钝阿罗汉。言不回心有二义：一者，于色界顶，不早回厌有趣空之心，速成罗汉。二者，沉空滞寂，不早回舍小取大之心，向菩萨乘。名为钝阿罗汉，乃对前利根而说。利根者，乃不经四天，少修二十万大劫也。

次明凡夫坠入轮回，言彼住非想天中。若从无想，诸外道天，穷空不归者：若从无想，广果诸天中，但惟修习有漏禅定。穷空来者，则迷有漏天，作无为想；无多闻性，不知三界之内，无有安身立命处。所以八万劫满，无所归托，即当下坠，而入轮回；随其宿业，依然流转诸趣；即所谓：饶经八万劫，终是落空亡。问：后经谓无想，妄执涅槃，而临终兴谤堕狱，何得而入四天耶？答：但兴谤堕狱，间或有之，无想同分，根性万殊，未必各各皆然，无想天中，寿五百大劫，初半劫灭，后半劫生，灭时似无，生时还有，以还有故，厌有趣空，所以修四空定，何足疑也。

阿难，是诸天上，各各天人，则是凡夫，业果酬答，答尽入轮。彼之天王，即是菩萨，游三摩地，渐次增进，回向圣伦，所修行路。

此明诸天，王民不同也。是诸天上者：通指六欲、四禅、四空，惟除五不还天，是圣人故。不还以外，各各天人，皆是凡夫。业果酬答，答尽入轮者：业果，对业因言，此等天人，因中唯修有漏善业，十善八定等，为实功业；而六欲、四禅、四空业果，以酬答之，纵获胜福，不过酬答前因而已。天福既尽，散入诸趣，如郁头蓝弗天人，因中在山中习定，众鸟争喧，嫌其闹闹，曾动一念嗔心，最好有一飞狸，将其食尽。因中起此一念，后修定生天，生到非想非非想天；天报既毕，堕落飞狸之身。问：上界无恶，何以堕落三途？答：藏识种子，历劫不亡，随彼熟种，任运而堕，岂拣三途，宁不可惜！所以如来苦劝：老实念佛，带业往生，横超三界，疾出生死也。彼之天王，即是菩萨，游三摩地者：彼等之天王，非是凡夫，即是大乘菩萨，住于三摩地，游戏神通，寄位天王之位，济物利生，成就己德。渐次增进，回向圣伦，所修行路者：行渐次而增，位渐次而进，无非借此天位，回向无上菩提之果，以是悟后之修，一一修行，悉皆回事向理，以入圣人之伦类。所修者，乃楞严大定，即所谓妙修行路者是也，所以不落轮回。

阿难，是四空天，身心灭尽，定性现前，无业果色，从此逮终，名无色界。

此结四空之名也。阿难，是四空天，前二天，身境全空，是身灭尽；后二天，识亦不起，是心灭尽；身心既已俱灭，定性现前，则在定时，所有定果色，定中随化依正身境，自在受用，《显扬论》说，为定自在所生色者，是也。无业果色者：约出定时，无欲色二界所感依正之业果色。《正脉》云：身心俱寂，依正皆空，圣眼观之，三尺识神，似中有也。从此逮终者：逮，到也，从初空处，而到非想处，是谓三界终极于此，名无色界。但凭定力，暂无依正，非真蕴空，永绝业果也。

　　此皆不了，妙觉明心，积妄发生，妄有三界，中间妄随，七趣沉溺，补特伽罗，各从其类。

　　此总结三界，皆是虚妄。自四王以至非想，皆由不了自己本妙觉性，本明真心，此性本来自妙，寸丝不挂，此心本来自明，灵光独耀，圆陀陀，光灼灼，清净本然，而觅三界依正，本不可得。由不了故，所以从迷积迷，以妄起妄，遂有业转现，三种细相发生；由三细，即有六粗；惑、业、苦三，悉皆俱备，故妄有三界。中间妄随七趣沉溺者：中间，即三界之中间，复随妄业，沉溺七趣，以受其报。八识田中，无量劫业种俱有，随何种业成熟，即趣何趣受报。补特伽罗：此翻有情，又云数取趣；谓诸有情，起惑造业，于三界中，数数取著，诸趣受生。各从其类者：谓各从自己之业因，而受同类之业果；故文中每言，如是一类也。

　　复次，阿难，是三界中，复有四种，阿修罗类。

　　梵语阿修罗，又云阿素洛，乃梵音楚夏耳。《瑜伽论》，译为非天，古德释云：有天福无天德故。旧译无端正，《长阿含》云，修罗生女端正，生男多丑，从男彰名也。按佛序谈七趣，皆从劣向胜，今修罗列入于此，因具有四趣故也。复次，阿难，是三界中，按诸经论，修罗所居，似惟局于欲界，今言三界中者，跟据上科，妄有三界，中间妄随七趣沉溺，故云三界中。复有四种者：种族而分有四，曰卵、胎、湿、化、受生，而分天人鬼畜者也。种族虽然有四，以性多瞋，行多妒，以性行多相类也。

　　若于鬼道，以护法力，乘通入空，此阿修罗，从卵而生，鬼趣所摄。

　　若于鬼道，是此类前因；言彼元从鬼趣，以善愿善心，护持佛法，或护经护咒，护戒护禅，及依法修行之人，皆得以护法称之。由此善业力故，舍彼鬼趣，来入其中，以护法为因，果中更胜，故能乘通入空界居之。此阿修罗，从卵而生；卵生飞空，因果类鬼，故鬼趣所摄。

　　若于天中，降德贬坠，其所卜居，邻于日月，此阿

修罗，从胎而出，人趣所摄。

若于天中，降德贬坠，是此类前因；言彼在天中，降德贬坠者：《指掌疏》云：色天以梵行持身，欲天以少欲为德，若梵行稍亏，情欲稍重者，皆为降德。贬谪天位，坠落修罗，福报似天，住处亦等。其所卜居，邻于日月宫，下接人间。《正法念》云：有阿修罗住须弥山侧，于欲界中化身大小，随意能作，即此类也。此阿修罗，从胎而出，人趣所摄，情重被贬，故感从胎而出，胎因情有故也。以情欲同人，故为人趣所摄。

有修罗王，执持世界，力洞无畏；能与梵王，及天帝释，四天争权。此阿修罗，因变化有，天趣所摄。

有修罗王者：拣异修罗之众，此类未说前因，以果详推，当从人趣而来。以人中有立业建功之绩，有争王图霸之谋，事不从心，瞋妒以起，故感为修罗王，福报一同天人。执持世界者：《正脉》云：亦能驱役鬼神，祸福人间，如《孔雀经》，有修罗所罚之语，其意可见。力洞无畏者：力即神通之力，洞者彻也，能洞彻诸天，而无所怖畏也。故能与梵王、及天帝释、四天争权。《灌顶》云：梵王小千之主，帝释三十三天中尊，四王四洲都统，各有专司；修罗不摄，妒心起净，欲窃其权，时来与战。本与帝释争权，而四王为先锋，四王战之不胜，方报帝释，帝释又复不胜，于是展转乞力诸天，乃至梵王，出力助战；此阿修罗，因变化而有。天趣所摄者：此阿修罗，福德力大，不受胞胎，乃因变化而有，能化身大小，大则化身，十六万八千由旬，手撼须弥，而竟摇动，帝释宫殿，在须弥顶，摇动不安，心生恐怖。后帝释兵出战，令各念摩诃般若波罗密多，而得大胜。而阿修罗，乃化小身，入于藕丝孔中；此乃明变化之事，系天趣所摄。

阿难，别有一分，下劣修罗，生大海心，沉水穴口，旦游虚空，暮归水宿，此阿修罗，因湿气有，畜生趣摄。

阿难，别有一分，下劣修罗者：另有一部分，即指福力不胜。属于下劣者，与上对论。化生者似王，胎生者似臣，卵生者似民，湿生者似奴婢。生在大海中心，沉下水穴之口，水穴或指尾闾，在碧海之东，其处有石，阔四万里，当百川之下尾，而为闾族，故曰尾闾；乃海之穴，泄水之口也。旦游虚空者：白昼游于虚空，以供驱使。暮归水宿者：黑夜归于水宿，以息劳役。此阿修罗，因湿气有，畜生趣摄者：生在大海之当中心，泄水之穴口，故因湿气而有，其福报下劣，思食虽然得食，初则味美，末后一口，竟变作青泥之味，此类畜生趣摄。

> 阿难，如是地狱、饿鬼、畜生，人及神仙，天泊修罗，精研七趣，皆是昏沉，诸有为相，妄想受生，妄想随业，于妙圆明，无作本心，皆如空华，元无所著，但一虚妄，更无根绪。

此总明七趣，虚妄因果。如是指前来所说，地狱鬼畜，人及神仙，天泊修罗，精细研究，升沉往返，若因若果，不出虚妄情想而已。皆是下：即指妄因妄果。昏沉惑也，有为业也，无非随妄想以受生，随妄业以受报苦也；即所谓惑、业、苦三，如恶叉聚也。于妙圆明下：欲明其妄，先举其真，以反显之。空有不羁曰妙，本来周遍曰圆，无所障蔽曰明，无作无为，本有真心。此七趣，皆如空华；以虚空喻真心，以狂华喻七趣，空原无华，病目妄见。原无所著下三句：正当见华时，当处出生，随处灭尽，岂有着落耶？是知七趣，但一虚妄名相而已，更无根本头绪，可研究也。《指掌疏》云：前阿难问云：此道为复本来自有，为是众生妄习生起？今云妄想受生，妄想随业，是答以妄习生起也。又云：但一虚妄，更无根绪，是答以非本来有也。

> 阿难，此等众生，不识本心，受此轮回，经无量劫，不得真净，皆由随顺，杀、盗、淫故。反此三种，又则出生，无杀、盗、淫，有名鬼伦，无名天趣，有无相倾，起轮回性。

温陵曰：前问妙心遍圆，何有狱鬼，人天等道？故此结示，由杀、盗、淫三为根本也。《正脉》云：上言更无根绪，而此又指病根者，盖妄虽无体，起固无因，而妄理相应，续非无故，故复指也。阿难，此等七趣，一切众生：据前阿难疑云：佛体真实，云何复有地狱、饿鬼、畜生、修罗、人、天等道？今如来以不识本心等释之；本心者，本有妙明真心，亦即佛体真实，由不识佛体真实，故受此七趣轮回，经无量劫，恶道固为不净，而善道净亦非真，以思惑种子，眠伏藏识之中，伏而不断，故非真净也。又不识即惑道，受此轮回，即业苦二道。皆由下：申明随业，言所以不得真净者，皆由随顺杀盗淫故，则成三恶；反此三种者，知其为恶道之因，而欲违之也。又则出生，无杀、盗、淫，则成四善，三恶固非可随，四善亦当舍离，以同为系缚三界之根本也。有名鬼伦，无名天趣者：有则成三恶，堕落三途，地狱亦饿鬼之伦类也。无则成四善，得生四善道。今名天趣，以天趣，摄仙人阿修罗故。有无相倾，起轮回性者：倾者夺也，夺有成无，从下升上，则成四善道；夺无成有，从上坠下，则成三恶道。由是互夺不已，颠倒轮回，譬如井轮之高下，无有休息，故称轮回性，是有为生灭性故。

> 若得妙发，三摩提者，则妙常寂，有无二无，无二亦灭，尚无不杀、不偷、不淫，云何更随杀盗淫事？

此劝修大定，以定药能除病之深根。若得妙发三摩提者：指妙耳门圆通也。从妙理发妙智，依妙智照妙理，即反闻闻自性，背尘合觉也。三摩提，本经佛告阿难，有三摩提，名大佛顶首楞严王，具足万行，十方如来，一门超出，妙庄严路，此劝修大定也。妙常寂者：闻性三种德相，无七趣之系缚曰妙，无七趣之生灭曰常，无七趣之流转曰寂，但能反闻如是闻性，则有之三恶，无之四善，二俱无有，故云有无二无。此则迥超凡外分段生死，先得人空，证有余涅槃，而出三界矣。若能将无二之性，亦皆销灭，正所谓断性亦无，故云无二亦灭。此则迥超权小变易生死，乃空性圆明，成法解脱，以至俱空不生，证无余涅槃，安住首楞严大定矣！当此之时，尚无权小不杀、不偷、不淫，云何更随凡外，作杀、盗、淫之事乎？是正道尚不屑为，况邪道岂肯为之耶？

> 阿难，不断三业，各各有私，因各各私，众私同分，非无定处，自妄发生，生妄无因，无可寻究。

此正答前问地狱，为有定处，为复自然。彼彼发业，各各私受。前阿难，但问地狱受果时，同受耶？私受耶？此通结七趣也。三业即杀、盗、淫，由不断此三种恶业，则各各有私造别业，因各各有私造别业，在众私同分之中，非无定处，即别业同报也。此前二句：佛结答造业各私也。次三句：结答受报，有同分地也。后三句：总结毕究虚妄也。而言七趣果报，但由一念妄动而发生，并非心外。妄之一字，即指最初一念生相无明，无明本空，如前所云，妄性无体，非有所依，故曰生妄无因，无可追寻穷究，如虚空华，本无所有也。

> 汝勖修行，欲得菩提，要除三惑。不尽三惑，纵得神通，皆是世间，有为功用，习气不灭，落于魔道。

此正劝须除三惑。勖是勉也，汝勉力真实修行，欲得无上菩提者，要渐次伏断三惑，即杀、盗、淫，因迷惑不了，是轮回根本，故即名为惑。不但只除三恶之有，亦复更除四善之无，是谓有无二无也，又不止此，甚至无二亦灭，无二之性，亦复灭除，此即断性亦无也。不尽三惑，但除世恶，而不除世善，则对待不尽，至若善恶皆除，而断性存在，犹未尽三惑种子，纵以禅定之力，得发相似神通，亦不能超出世间，成就无作妙力，究竟皆是世间有为功用，有漏而已。习气不灭，对境复发，纵能上升，终必落于天魔外道。

> 虽欲除妄，倍加虚伪，如来说为，可哀怜者，汝妄自造，非菩提咎。

此承接上文，既落天魔外道，虽欲修习，销除虚妄，倍加虚伪。《宝镜疏》云：以凡夫天人，不达真修，向外求心，已是虚伪。而况外道天魔全无正念，而欲除妄者，正是以暴易暴，以妄除妄，则虚伪中，更加一倍虚伪者矣。以故如来说此七趣，真为可哀而可怜者也。《正脉疏》云：倍加虚伪者，如各自谓得无上道，实假世智以妄研，乘神通而造业，违远圆通，背涅槃城，枉费功力，翻成恶因，故如来深悯之也。且汝前问，佛体真实，云何复有人天等道者，故答之曰：汝妄自造，非菩提咎。故明现前种种诸妄，皆由汝自心所造，实非菩提之过咎；菩提即佛体也。

> 作是说者，名为正说；若他说者，即魔王说。"

若使能作是说，劝人欲得菩提，要尽除三惑者，此人即是代佛宣扬，名为正说。若赞叹杀、盗、淫，不碍真修，无须断绝，此人即是魔王之邪说矣！亟宜着眼辨识，勿为所惑。古德云：修禅不持戒，即是魔罗业，以妄修于妄，真实可怜悯。是知我正说经毕，重说七趣，不但三恶当断，纵使四善，亦复要离，是以戒助定而已。

楞严经讲义第二十二卷

即时如来,将罢法座,于狮子床,揽七宝几,回紫金山,再来凭倚。普告大众及阿难言:

"汝等有学,缘觉、声闻,今日回心,趣大菩提,无上妙觉,我今已说,真修行法。

此无问自说之文,以阿难但知请定,而定中所发微细魔事,非己智力,所能发问。佛知欲修楞严大定,魔军必来阻挠,若不辨明,五阴魔境令识,以保护正修,免致堕落。故将罢法座,于师子床,揽七宝几,床以师子名者,表其无畏也,几以七宝称者,视其贵重也。回紫金山者:如来丈六金躯,圆光遍照,犹如金山。再来凭倚者:即最后真慈不尽,不待请而自说也。于是普告大众及阿难言:此乃经家叙述也。汝等有学,缘觉声闻者:乃曲为有学,是以特举耳。今日回心,趣大菩提,无上妙觉者:此叙过去,虽发回小向大之心,舍小乘法,趣大菩提,无上觉道,可谓出于幽谷,迁于乔木者矣。我今已说,真修行法者:吾现今已为汝演说,真实修行之法,即反闻工夫,闻性具足圆、通、常三真实故。依此而修,决定不谬,但其中未说魔事,不得不详为辨明令识也。

汝犹未识,修奢摩他,毗婆舍那,微细魔事,魔境现前,汝不能识,洗心非正,落于邪见。

问尚不知,何况能识?但恐汝等,犹未能识。修习楞严大定,乃双举性修二定合称。奢摩他,即自性本定;毗婆舍那,即微密观照而修。而此性修定中，有种种微细魔事，若不预知，其何能避？设或魔境，倏尔现前，汝不能识，难免以邪为正，将妄作真也。洗心非正，落于邪见者：谓修定原为以定水，洗除心垢，若魔境不识，纵欲洗心，亦不得其正矣；不得其正，则必落于邪见，如下之五阴魔境，总由认邪为正，皆邪见也。

或汝阴魔，或复天魔，或著鬼神，或遭魑魅，心中不明，认贼为子。

前则总标，此则详标一切魔境。或汝阴魔者：有通有别，通则五十种境界，皆名阴魔，并依五阴起故；别则色阴十种，但是初心自现，当无外魔。故云或汝阴魔也。受阴十种，已召外魔入心，而魔未现身也。想阴十种，方有天魔，及鬼神魑魅。此上二阴，皆由稍失正念，引起外魔；故云或复天魔，或著鬼神，或遭魑魅也。设使诸魔现起时，而心中若不明了辨识，或自认为圣，未得谓得；或认魔为圣，身命供养，皆是认贼为子，则丧法财，伤慧命，可不危哉！

又复于中，得少为足，如第四禅，无闻比丘，妄言证圣，天报已毕，衰相现前，谤阿罗汉，身遭后有，堕阿鼻狱。

又复明行识二阴。行阴所发，十种心魔；识阴所发，十种见魔，皆无外境，但是于自心中，妄生邪见，得少为足；且更自言，满足菩提，不免轮坠。如第四禅，无闻比丘等：举一为例，以发明之。如无闻比丘，但修无想，不务多闻；报得四禅，便自妄言，已证小圣，阿罗汉果。天报已毕，想心复起，衰相现前：不知自己本未证果，反起谤辞，言我今已证阿罗汉果，身遭后有，谓佛妄说罗汉不受后有。因此谤佛，堕阿鼻狱。其害若此，可不畏哉！

《智度论》云：有一比丘，师心自修，无广闻慧，不识诸禅，三界地位，修得初禅，统谓初果；乃至四禅，便谓四果。命欲尽时，见中阴相，便生邪见，谤无涅槃，罗汉有生。以是因缘，即堕泥犁狱中。盖经论一事，而详略异耳。

汝应谛听，吾今为汝，仔细分别。"

《正脉》云：不但分别，而更许仔细者：一以魔相，幽微难见；一以魔害，酷烈难堪，故劳真慈如此也。

> 阿难起立，并其会中，同有学者，欢喜顶礼，伏听慈诲。

定中魔事，非如来智力，安能分别？今蒙真慈，许以仔细分别，故阿难悚然起立，并其合会同有学者，咸生欢喜之心，至诚顶礼，谢前许说，俯伏谛听慈诲，亦足见敬佛尊法之至意也。

> 佛告阿难，及诸大众：
> "汝等当知，有漏世界，十二类生，本觉妙明，觉圆心体，与十方佛，无二无别。

佛见阿难，及诸大众，敬佛尊法之至意。遂告之曰：汝等当起慧照观察，了知有漏世界，依报也；十二类生，正报也；远由惑现，近由业招，故曰有漏，拣非无漏无为也。盖吾人自具如来藏性，乃本来自觉，即妙而明，即明而妙，不变随缘，随缘不变，觉性圆满，遍在诸佛心中，为生佛共依心体；故与十方，一切诸佛，无二无别也。

> 由汝妄想，迷理为咎，痴爱发生，生发遍迷，故有空性，化迷不息，有世界生，则此十方，微尘国土，非无漏者，皆是迷顽，妄想安立。

由汝无始妄想，迷本有之真理，以为过咎，此即无始无明。而无明妄想，各有本末；根本无明之性属痴，根本妄想之性属动，二者同时，故同称无始。下乃详释。《指掌疏》云：痴即无明，以不如实知，真如法一故，即名为痴。不觉心起（动也），而有其念，即名为爱；如前性觉必明，妄为明觉，盖即指欲明觉体之念，为爱也。由爱故真妄和合，变起赖耶本识，名曰发生；所谓以依不觉故心动，说名为业。如前云：觉非所明，因明立所，是乃以立所为发生也。生发者：谓依前所生业识，发起能见见分，所谓依动故能见；如前云所既妄立，生汝妄能，是乃以妄能为生发也。遍迷者：谓由能见，故于前本觉真心，全成晦昧，不见真觉，唯见顽虚，是曰故有空性；如前偈云，迷妄有虚空是也。化迷不息者：以见对空，转觉迷闷，复起化迷之心，遂于空中，见有色相，是曰有世界生；如前云，依空立世界是也。此空此界，且约细相中国土言之；不言众生，以动魔之由，唯在国土振裂，无关众生故。亦不言粗相者，以粗相业招，属别业境，迷事妄想所致。细相感现，属同分境，迷理无明所致。则此十方，微尘国土，非无漏者；十方，指同分境；微尘，喻数目之多，拣非无漏，乃明有漏；如前同分妄见文云：娑婆世界，并及十方，诸有漏国，同是觉明，无漏妙心，虚妄病缘。故云：皆是迷顽，妄想安立。迷是迷真，顽是起妄，谓由遍迷，遂有顽空；如上云，生发遍迷，故有空性，谓由化迷，遂有世界，如上云：化迷不息，有世界生。则此世界，无非妄想安立也，明矣。

当知虚空，生汝心内，犹如片云，点太清里；况诸世界，在虚空耶？

世间之大，莫大于虚空，然而虚空，犹未足为大，当知无边不动虚空，生汝本觉真心之内，犹如片云，点太清里。太清，即指天际，据儒典以气之轻清上浮者为天，故以太清称之。片云，指一片浮云，至虚至微，点在太清里，岂能久存耶？此以太清喻真心，以片云喻虚空，其渺小易坏；况诸世界，又在虚空之中，其虚幻之义，不益可见乎？

汝等一人，发真归元，此十方空，皆悉销殒，云何空中，所有国土，而不振裂？

设使汝等，能有一人，心光内照，发明本有真心，返本归元，归元则无迷，无迷则此十方晦昧，所成之顽空，皆悉销灭，而殒亡矣！以虚空原因迷妄而有，如前云生发遍迷，故有空性，无迷故无妄空，此真显妄破，应念化成无上知觉也。云何顽空之中，所有结暗为色之国土，而能保全，不形振裂耶？

问：一人发真归元，此十方空，皆悉销殒，现在十方诸佛，成道已久，何以仍见虚空？答：此虚空，是未归元之众生所见，非关诸佛之事。譬如眼中有翳，夜见灯光，别有五色圆影，诸佛翳病已除，全空全真，唯见一真法界也。

汝辈修禅，饰三摩地，十方菩萨，及诸无漏，大阿罗汉，心精通吻，当处湛然。

汝等修习禅定,要严饰三摩地者:即反闻工夫,时时无间,行、住、坐、卧,亡尘照理,住此理中,不昏不散;能与十方菩萨,及诸无漏,大阿罗汉,心精通同吻合。《正脉》云:圣凡元一法界,特凡迷驰扰,别成邪聚,不隔而隔。今一旦悟后归元,故不离当处,一念不生,与诸圣心泯同一际,湛然虚明,无别无二。

一切魔王,及与鬼神,诸凡夫天,见其宫殿,无故崩裂,大地振坼,水陆飞腾,无不惊慑,凡夫昏暗,不觉迁讹。

一切欲界顶天魔王,以及魔民、魔女,及与大力鬼神,亦兼夜叉罗刹。诸凡夫天:即六欲四禅,洎及外道,无想天等,见其宫殿,一旦无故,忽然崩坏破裂,乃并诸大地,亦皆振摇开坼。水陆飞腾:即是三居众生,见其大地振坼,无不惊怖慑惧不安也。凡夫昏暗者:独指人道,昏迷暗钝,谓未具五通。不觉,是行人入定,将证之故,无端被境所迁,甚至讹言,阴阳失度等,故曰不觉迁讹。

汝等咸得,五种神通,惟除漏尽,恋此尘劳,如何令汝,摧裂其处?是故鬼神,及诸天魔,魍魉妖精,于三昧时,佥来恼汝。

此魔等来恼。彼等,即指天魔、鬼神等。咸得五种神通者:此为报通,非是修通。于六通中,惟除漏尽通,是无漏禅定,断惑所发。既咸得五通,必知宫殿崩裂,是定力所为,留恋尘劳,自然不求出世,如何令汝,任运成道,而摧裂其处耶?如释迦如来,于菩提场,安坐之时,发一咒愿,而我不成佛道,不起此座,即时六变震动。尔时魔王,见其宫殿震动,以天眼遥观,知是悉达太子,于菩提树下,誓成佛道。即时下令,谁能领旨,破坏禅定?当时三位魔女,领旨前往,此即定能招魔之明证也。幸佛定力既深,愿力坚固,不为所动。后魔王亲自率领魔兵魔将,前往破坏,亦复无可如何。是故鬼神,及诸天魔,魍魉妖精,彼等所依,无非愚痴邪暗之境。行人修定,心光一发,与菩萨诸圣,通同吻合,能破愚痴邪暗。由是于汝静修三昧时,佥来恼乱于汝,佥即皆也。皆欲破坏禅定,彼等始安也。

> 然彼诸魔，虽有大怒，彼尘劳内，汝妙觉中，如风吹光，如刀断水，了不相触。汝如沸汤，彼如坚冰，暖气渐邻，不日消殒，徒恃神力，但为其客。

此示悟迷之得失也。然彼等诸魔，见其宫殿，无故崩裂，虽有大怒，而言虽有者，究竟与我无伤也。彼尘劳内者：谓彼犹在尘劳，生灭法中，所起邪行。汝妙觉中者：谓汝所修，妙觉真常心中，本具正定，邪不敌正，以生灭而欲坏真常，以怒气而欲恼定心，譬如以风吹日月之光，以刀断长流之水。了不相触者：日月之光如故，长流之水无痕，了不触伤也。

又汝修定者，观智增明，犹如沸汤；彼扰恼者，邪执正固，犹如坚冰，非但无损，且能破魔。沸汤之暖气，渐渐邻近于坚冰，而坚冰之冻结，不日消亡殒灭矣！彼虽徒恃五通神力，纵有大怒，亦不过但为其客，终不久住，不能成害矣！

> 成就破乱，由汝心中，五阴主人，主人若迷，客得其便。

成就破汝戒律，乱汝定心，其过在谁？实由汝之心中，五阴主人。五阴，即下所说，五重阴境；主人，即下所说，观照之智。如若阴境现前，观智得力，无论强软二魔，不生畏惧，彼之伎俩有尽，我之不眛无穷；若观智稍亏，迷失正念，则魔王乘间而入；故喻主人若迷，客得其便。《正脉》云：魔扰行人，如客贼劫主，主若深居不动，贼乃莫测，愈近愈恐。俗云：强贼怕弱主是也。主若自守不定，惊慌出走，为贼所执，方得其便；以法对喻，足知悉在主也。

> 当处禅那，觉悟无惑，则彼魔事，无奈汝何。阴消入明，则彼群邪，咸受幽气，明能破暗，近自消殒，如何敢留，扰乱禅定？

行人当此禅那正定之中，慧照观察，一念不生。觉悟无惑者：觉其是魔，悟非善境，不受其惑，则彼魔力，虽然强横，亦无所施其伎，故曰无奈汝何。阴消入明下，释无奈汝何之故，阴境消除，而入大光明藏。如前云：闻熏精明，明遍法界是也。则彼群邪，咸受幽气者：彼之群魔邪怪，咸禀受幽暗之气以成形，如罗刹向日不见，可以为证。以汝之智慧光明，能破彼之愚痴黑暗，故曰明能破暗，近自消殒。如前云：则诸幽暗，性不能全是也。如何敢留，扰乱禅定者：留尚不敢留，何能扰乱汝之禅定耶？

若不明悟，被阴所迷，则汝阿难，必为魔子，成就魔人。

若是五阴主人，不能明其是魔，悟非善境，必至误为圣证，被阴所迷矣！则汝阿难，既失正受，必为魔子，凡所修为，皆是魔业，而成就魔人之类矣！

如摩登伽，殊为眇劣，彼惟咒汝，破佛律仪，八万行中，只毁一戒，心清净故，尚未沦溺。

且如摩登伽女，殊为眇小，而复下劣，彼之初心，唯以先梵天咒，咒汝破佛所制律仪，八万细行之中，只能毁汝，与女人身相触，一戒而已。淫躬抚摩，将毁戒体，将毁者，而尚未毁也。此并非汝之故起淫爱，由汝心清净故，且有初果，道共戒力，自然无毁戒体，尚未至于沦溺也。孤山曰：以淫女比天魔，人眇劣也。以一戒比全身，事眇劣也。

此乃隳汝，宝觉全身，如宰臣家，忽逢籍没，宛转零落，无可哀救。

此指阴魔，隳坏也；此阴境现前，乃是要坏汝法身，丧汝慧命，故曰隳汝宝觉全身。法身慧命俱隳，故以全身称之。如宰臣家下，设喻警觉，宰臣贵邻天子，一人之下，万民之上，一旦有事，触犯天威，忽逢籍没，削除籍贯，没收财产，则不但丧尽官位，且难免刑律，是宜警惕，而觉察矣！设汝果隳宝觉全身，岂止道果不成，必致出没三途，所谓宛转飘零，堕落恶趣，无可依怙。当此之际，虽有诸佛，大哀旷济，怎奈邪见深入，亦难救矣！

阿难当知：汝坐道场，销落诸念，其念若尽，则诸离念，一切精明，动静不移，忆忘如一。

此通明色阴，始终之境也。上来所明，诸魔来扰，均由于定，而成就破乱，由汝五阴主人，主人若迷，客得其便，故嘱阿难，汝当以智知。汝坐道场者：修道之场，有事有理：一、理事双修之道场。即七卷中，严结坛场，三七日后，克期取证，即于此处，修三摩地，乃至端坐安居，经一百日，不起于坐，名为坐道场。二、惟理道场。不结坛仪，不拘身坐，但取前详释，闻中境界，以一切时中，行、住、坐、卧四威仪之内，专注反闻，为坐道场。

销落诸念者：即专注反闻照性，疑情不散，亡其所缘尘象，而诸念自然销落，不必更用别种工夫，此正耳根圆通云：初于闻中，入流亡所也。其念若尽，则诸离念，一切精明者：若工夫深造，其妄念自然销尽，即前所入既寂也。其念既尽，则诸离念，本具根性，即时显现，一切时，一切处，精而不杂，明而不昧。《正脉》云：正是念头入手之意，非发光之谓也。又销念即寂寂，精明即惺惺，注闻本不注境，故境之动静，安能移之？闻性无干意识，故识之忆忘，安能变之，且识忽起，而为忆也，如影现镜中，曾不障于镜；识忽灭，而为忘也，如影灭镜内，而镜体如故，此正禅家打成一片时节矣！即前动静二相，了然不生也。《指掌疏》云：动静不移，指耳根闻性；忆忘如一，指意根知性。六根举二，余可例知也。

当住此处，入三摩地，如明目人，处大幽暗，精性妙净，心未发光，此则名为，色阴区宇。

行人惺寂双流，当住心于根性之处，由上工夫入手，故此三昧现前，名为入三摩地，即耳门圆照三昧，是也。如明目人下，状其在定境界，然则定力未深，理境乍入，犹为色阴所覆，故如明目人，处大幽暗之室。虽然六精之性，妙净明心，本来周遍法界；无奈色阴未开，心光未发，故凡见处，惟是无边幽暗，绝无光明。此则名为色阴区宇：谓此根性，尚被色阴所拘局曰区，尚被色阴之所盖覆曰宇，区小屋也，宇屋之四垂也。此乃色阴未破之相。

若目明朗，十方洞开，无复幽黯，名色阴尽，是人则能，超越劫浊，观其所由，坚固妄想，以为其本。

若使定力功深，发本明耀，前之黑暗，悉化光明，若目之明白朗照，内彻五脏百骸，外彻山河大地，虽未能圆鉴大千，而眼前十方，所有之处，莫不洞达开通，悉皆无碍，复再有幽隐黑暗，妙净之相，自此则精性心光遍圆，故名为色阴尽也。如人身穿五重衣服，今初脱最上一重也。五阴生从识起，灭从色除，如人穿衣一般，先穿里衣，识阴乃至色阴，从细向粗；今破除则从粗向细，先色阴，乃至识阴，如脱衣相似也。《正脉》问：诸色尚见，何以言尽？答：圆融中道，岂尽色成空耶？但尽色阴，不盖覆而已。良由真心，元能随缘现色，而色不异心，本自明彻，如珠有光，还照珠体，但缘无始，迷己为物，遍成障隔，又认物为己，而聚见于眼，是以永沉黑暗，尽失其遍界之明，岂惟不知本明，兼亦不觉现暗，今缘奢摩他中，开示四科七大，元一藏心，各各自知，心遍十方，彼时有学，尚属比量而知，方以觉得现暗，未能现量而见，岂即亲证本明，到此蹑解成行，入三摩地，于幽暗中，忍住一番，功夫到日，忍尔色阴云开，亲证本明，一切坚顽，暗昧根尘，皆如琉璃，内外莹彻，且不聚见于眼，而心体周遍，无复远近，皆如目前，是谓色阴尽，岂坏色成空，可比其万一哉！

然色阴既尽，是人即能超越劫浊。《指掌疏》云：此经劫浊，以空见相织为体。如前劫浊文云：汝见虚空，空见不分，相织妄成，名为劫浊。是知上之如明目人，处大幽暗，不知是何境界，正是劫浊之相。今以定力转深，并空亦亡，见无所织，故能超越。超越之后，同观色阴之所由生，即是空见不分之际，坚执欲见，遂致结暗，以成色相。故云：坚固妄想，以为其本。前云：化迷不息，有世界生；化迷不息，正坚固妄想也。

　　阿难，当在此中，精研妙明，四大不织，少选之间，身能出碍，此名精明，流溢前境，斯但功用，暂得如是，非为圣证。不作圣心，名善境界；若作圣解，即受群邪。

此下别示，色阴十种魔境，此第一身能出碍。行人修定，当在此色阴未破将破之中，寂照并行时节。亦即前云：如明目人，处大幽暗，如散心时，对目前现境，惟觉一区光明，曾不觉知余处皆暗。今在定心，譬如黑夜，对一室灯光，而室外无边昏暗，皆所不知。一旦弃而不顾，目前现境，专注反闻，但觉无边法界，而现境都失，觉得十方，悉皆黑暗。譬如吹灭室灯，室也没了，通天彻地，浑成黑暗；如明目人，处大幽暗之中。龙潭吹灯，发明德山，即此境界也。后凡言此中者，皆即此中。精研妙明者：即精细研究，妙明闻性，寂照并行也。此妙明闻性，本周法界，曾无隔碍。只因众生，妄认四大为身，则内外尘相，交相组织，遂成质碍。今精研定力增胜，内外虚融，所有身境，如云如影，不复密织坚实也。

少选之间，身能出碍者：少选，即顷刻也，为时不久，此身如影，外境如云，豁然无碍；但暂时如是，非常能也。此名下判其名，令详其义。此名精明，流溢前境者：精明，即心精妙明；流溢，谓此心光，虚融发泄于现前根尘之境，故不相碍。斯但定中，精研妙明闻性，功用所现，暂得如是；功用稍亏，虚融便失。非为圣证，一证永证也。若行人遇此境界，不起住著，不生羡慕，一味平怀，依然照性，足证心妙非虚，可增信心，亦乃破色阴之先兆，诚是善祥境界，本无过咎也。若作圣解者：设若遇此境，无有闻慧，及缺涵养，辄作已证圣果之解，即落群邪圈缋，而受其惑，渐成大害，至不可救矣！

阿难，复以此心，精研妙明，其身内彻；是人忽然，于其身内，拾出蛲蛔，身相宛然，亦无伤毁，此名精明，流溢形体。斯但精行，暂得如是，非为圣证。不作圣心，名善境界；若作圣解，即受群邪。

此第二身内透彻。行人仍复以此禅定心中，精研妙明。精研，即能观智慧；妙明，即所观闻性。观久功深，不复外溢，自见其身，光明内彻。是人忽然，于其身内，拾出蛲蛔；蛲，即腹中短虫；蛔，即腹中长虫。拾出身相宛然，无有损伤毁坏；此名心精妙明，流溢形体，五脏虚融，四肢透彻。斯但定中，精研之行，逼拶之极，暂得如是，内身融彻，拾出蛲蛔，不久便失，非是圣人实证，一证永证也。不作圣证之心，诚是善祥境界，堪为破阴之前兆。设若稍无知识，若作证圣之解者，即落群邪坑堑，而受其惑乱之害矣！

又以此心，内外精研，其时魂魄，意志精神，除执受身，余皆涉入，互为宾主。忽于空中，闻说法声，或闻十方，同敷密义，此名精魄，递相离合，成就善种，暂得如是，非为圣证。不作圣心，名善境界；若作圣解，即受群邪。

此第三精魄离合。行人又以此禅定心中，精细研究，内身外境，悉皆虚融，较之第一只能外通，第二但能内彻，此次身境虚融，足见定力增胜耳。其时魂魄意志精神，医经谓：魂藏于肝，魄藏于肺，意藏于脾，志藏于胆，或曰左肾，再俟考证，精藏于肾，神藏于心，除彼能执受之身根，为一身之总，安然无改,此之魂魄意志精神,为所执受,故皆涉入。

《指掌疏》,以六气释之。良以人禀天地之气,天地之气有六,所谓阴、阳、晦、明、风、雨,人亦应有,所谓魂、魄、意、志、精、神。言气之上升者为魂,下沉者为魄,宛似阴阳二气;气之敛静者为志,气之散动者为意,宛似天地晦明之气;气之充和者为神,气之浸润者为精,宛似天地风雨二气。但唯一身言之。余皆涉入,互为宾主者:魂本上升,而竟下沉,则魂为宾,而魄为主;魄本下沉,而竟上升,则魄为宾,而魂为主;余四涉入,例此可知。若更约魂涉于五,则五皆为主,而魂为宾;魄等涉五亦然,故曰互为宾主。忽于空中,闻说法音者,此一处说也。或闻十方,同敷秘密了义者:此各处说也。夫根身内境,魂魄互相涉入,空与十方外境,说法竟能得闻,此正由精研妙明,定力增胜,故得内外虚融也。此名精魄,递相离合者:或精离本位,而合于魂,或魂离本位,而合于精等;离则出本位,合则入他位,此名精魄等递互离合之意。成就善种者:所谓夙昔闻熏,善因种习,自能发挥,有所闻也。暂得如是,非为圣人之实证,一证永证也。余准上可知。

又以此心,澄露皎彻,内光发明,十方遍作,阎浮檀色,一切种类,化为如来,于时忽见,毗卢遮那,踞天光台,千佛围绕,百亿国土,及与莲华,俱时出现。此名心魂,灵悟所染,心光研明,照诸世界,暂得如是,非为圣证。不作圣心,名善境界;若作圣解,即受群邪。

此第四境变佛现。行人又以此禅定心中,精研功胜,妙心益明,澄露皎彻,似始觉之智,定光融透也。内光发明,似本觉之理,心光显现也。十方无情世界,遍作阎浮檀紫金之色。一切有情种类,尽化诸佛如来,此则山河大地,应念化成无上知觉之先兆也。虽现此境,观照不息,功用增上,法、报、化三身圆显耳。于时忽见,毗卢遮那,此云遍一切处,即法身佛也。踞天光台,《梵网经》云:尔时莲华台藏世界,赫赫天光,狮子座上,卢舍那佛。此云光明遍照,即报身佛也。天光即赫赫天光狮子座,台即莲华台藏世界,座依于台,故云天光台也。千佛围绕者:偈云:周匝千华上,复现千释迦,一华百亿国,一国一释迦,即化身佛也。及与莲华,俱时出现者:莲华,即佛所坐之莲华,虽不言释迦,可以意会释迦与莲华,俱时出现,依正庄严,莫不具足,此上即圆显三身之先兆也。此名心魂灵悟所染者:此乃是心魂,夙昔曾闻

《华严》、《梵网》、《维摩》等经，闻熏灵悟所染，今于反闻妙定之中，心光研究发明，照诸世界，暂得如是，不久便失，非为圣证，一证永证，亘古常然也。余准上可知。

又以此心，精研妙明，观察不停，抑按降伏，制止超越，于时忽然十方虚空，成七宝色，或百宝色，同时遍满，不相留碍；青黄赤白，各各纯现，此名抑按，功力逾分，暂得如是，非为圣证。不作圣心，名善境界；若作圣解，即受群邪。

此第五空成宝色。行人又以此禅定心中，精细研究，妙明闻性，观察不停者：反闻照性，绵密无间，皆观察义，此属于慧。抑按降伏者：抑止自心，按令不动，即所谓降伏其心，皆抑按义，此属于定。制止超越者：制止，即为抑按；超越，恐定力超于慧力，故制止之，使得定慧均等，中中流入。如车之两轮，务必平均，不致倾覆也。于时忽然之间，十方虚空，成七宝色，或百宝色，虽然同时，各各遍满，而且诸色，不相留滞隔碍也。或青黄赤白，各各纯一而现，曾无混杂也。此名抑按，功力逾分，抑按即制止，功力逾于常分，即是超越，此为定力胜于慧力，逼拶之极，焕然而现，暂得如是，不久便息，非为圣证，一现永现也。《宝镜疏》云：前见金界，及如来者，乃为色变；此见空成宝色者，乃为空变。然此色空，俱属色法，皆眼对之境，今既云变，则知色阴，逮亦不久，而将破矣。余准上可知。

又以此心，研究澄彻，精光不乱，忽于夜半，在暗室内，见种种物，不殊白昼，而暗室物，亦不除灭，此名心细，密澄其见，所视洞幽，暂得如是，非为圣证。不作圣心，名善境界；若作圣解，即受群邪。

此第六暗中见物。行人又以此禅定心中，研究妙明，所谓心若沉没，以观起之，令定慧均等。澄彻者：澄静其心，照彻前境，所谓静极光露也。精光不乱者：心光凝定，不为明暗之所动乱。忽于夜半，在暗室内，见种种物，非室内之物，乃暗中出现之物，不殊白昼，分明显现，而暗室物，依然如故，亦不除灭。此名心光密澄其见，幽隐发露之时故得所视，洞彻幽暗，暂得如是，非为圣证。《正脉》云：曾闻有人，在静室中，忽见一人，自地而出，一人从壁中来，对语良久，各没原处。又有三五裸形人，高二尺许，窃室中米，傍若无人也。余准上可知。

　　又以此心，圆入虚融，四肢忽然，同于草木，火烧刀斫，曾无所觉。又则火光，不能烧爇，纵割其肉，犹如削木，此名尘并，排四大性，一向入纯，暂得如是，非为圣证。不作圣心，名善境界；若作圣解，即受群邪。

此第七身同草木。行人又以此禅定心中，反闻功胜，内身外境，无不虚融，是谓圆入，忘身如遗。四肢有情之体，草木无情之物，以有情者，同于无情故，虽经火之烧，刀之斫，曾无所觉知。又则火光，纵使焚烧，不能令爇，刀割其肉，犹如削木相似，此名诸尘并销，四大排遣。一向入纯者：即一向反闻专切，纯觉遗身，故曰入纯曾无伤触也。此不过暂得如是，非为圣证，一证永证也。余准上可知。

　　又以此心，成就清净，净心功极，忽见大地，十方山河，皆成佛国，具足七宝，光明遍满；又见恒沙，诸佛如来，遍满空界，楼殿华丽；下见地狱，上观天宫，得无障碍。此名欣厌，凝想日深，想久化成，非为圣证。不作圣心，名善境界；若作圣解，即受群邪。

此第八遍见无碍。行人又以此禅定心中，精研妙明，成就清净之心，纯一无杂，而净心观照功极，则净极光通，忽见同居净土也。大地十方山河，皆成佛国，具足七宝，光明遍满者：七宝交辉，自然朗彻。又见恒沙诸佛如来，遍满空界，楼殿华丽者：上国土为总报，既七宝交辉，此楼殿为别报，自应庄严华丽也。

下见地狱，上观天宫，得无障碍者：此忽见同居秽土，地狱天宫，一一亲见，无有障碍也。此名欣厌，凝想日深，非今定中，作是觉观，盖是平日，闻诸经教，或说净土、秽土，随起欣净厌秽之心，想久熏习成种。今于定中，反闻逼极，心光所灼，故悉发现。虽说化成，亦非虚境；虽是实境，亦同幻化耳，非为圣证，一得永得也。余准上可知。

又以此心，研究深远，忽于中夜，遥见远方，市井
街巷，亲族眷属，或闻其语。此名迫心，逼极飞出，故
多隔见，非为圣证。不作圣心，名善境界；若作圣解，
即受群邪。

此第九妄见妄闻。行人又以此禅定心中，研究深远者：《指掌疏》云：妄究妙明，以求深远之境也。中夜正暗，不应有见。今云忽于中夜能见者，显暗不能蔽。且遥见远方者：显境不能隔。此正色阴将开，见性将圆之兆。市井街巷者：交易之区曰市，汲水之处曰井，通衢正路曰街，旁通曲街曰巷。亲族眷属者：内外六亲，族姓男女等。或闻其语者：见闻虽异，同一精明，今见性将圆，闻性亦尔。

《正脉》云：言中夜者：偏取心境俱静时也。但多在此时，未必局定也。此则显然，是为实境，余亦亲见。河南常僧在潞，偶然静坐，忽见乡间市井宛然，见其兄于路，被官责打，此是白昼，计其时日。不久乡人至潞，问之乃分毫不爽。此必宿世，禅定善根故，偶遇如此，惜其僧不知自重也。此名禅定迫心，迫到极处，遂令心光飞出，故多隔见，于黑暗遥远之处，皆能见闻。非为圣证，不过偶尔如是，非同天眼、心闻之可比也。余准上可知。

又以此心，研究精极，见善知识，形体变移，少选
无端，种种迁改，此名邪心，含受魑魅，或遭天魔，入
其心腹，无端说法，通达妙义，非为圣证。不作圣心，
魔事销歇；若作圣解，即受群邪。

此第十妄见妄说。以上九科，皆行人反闻照性，于定心中，逼极所发，各种境界，不作圣心，名善境界；若作圣解，即受群邪。今第十科，是行人重重透过前之九科，方能到此。又以此心，研究到至精至极之处，正是与诸圣，心精通吻之时，而色阴将破，魔界振裂，而魔心动怒，故来扰乱耳。由此而始，见善知识者：乃行人静中，自见其身，作善知识。且自观形体，迁变改移，或变佛身，或化菩萨，或现天龙鬼神，男女等像。少选无端者：时之最短，不假因由，现神现通，种种迁改。此四句先示其相，后二句乃明其故。此名邪心，含受魑魅者：行人防心不密，领受妄境，或邪种含藏于心，定中发现，究属虚影非实。或遭天魔，入其心腹者：此二句先明其故，魔王暗入行人心腹，持其

心神。无端说法通达妙义者：此二句乃示其相，魔令行人，无端说法，发其狂慧，通达无边妙义，即行人自说，而魔力持之使然，非为真实心开，得其果证。不作证圣之心，魔事自然消散歇灭无有。如前文云：当处禅那，觉悟无惑，则彼魔事，无奈汝何，设或稍作证圣之解，即受群邪惑乱，而无可哀救矣！

《宝镜疏》云：然上十种，皆依境起：一、身能出碍者，由观照力，使心精流溢，故能出碍。二、内彻拾虫者，由心融内彻，故蛲蛔可舍。三、精魄离合者，承上外溢内彻之力，故神魂互涉，所以有闻。四、境变佛现者，由上精魄，互为宾主，染此灵悟，故见佛现。五、空成宝色者，观察过越，逼拶至极，是以虚空，忽现诸色。六、暗中见物者，由定心澄彻，精光不乱，故于暗中，能见诸物。七、身同草木者，由定力排并，故四大虚融，烧斫无觉。八、遍见无碍者，由欣厌日深，净心功极，故十方上下，见无障碍。九、遥见遥闻者，由观照力，迫心飞出，故多隔见。十、妄见妄说者，由邪心含魅遭魔，故有妄见妄说。则前九皆明定力，而此第十乃言魔事者，以定力欲成，色阴将破，此所以为动魔之端也。

阿难，如是十种，禅那现境，皆是色阴，用心交互，故现斯事。

初出由警惕。谓此禅那，所现十境，皆是行人，于色阴中，见理未彻，正定未纯，但以禅观与妄想，两相交战，互为胜负。若是禅观暂胜妄想，故得心光泄露，善境发现；若妄想复胜禅观，须臾即隐，境界如初，故现斯事。后皆仿此。

众生顽迷，不自忖量，逢此因缘，迷不自识，谓言登圣，大妄语成，堕无间狱。

众生秉性顽钝，遇事迷暗，不自己惟忖思量，而我博地凡夫，岂能忽获圣应？逢此十种因缘，暂现即隐，非同圣人实证。迷暗无知，不自觉识；但是禅那现境，谓言登圣，是未得谓得，未证言证，大妄语成，堕无间狱中，经无量劫，受害无已，以示警惕意耳。

汝等当依，如来灭后，于末法中，宣示斯义，无令

天魔，得其方便，保持覆护，成无上道。

汝等当依吾言，如来灭度之后，正像已过，于末法中，魔强法弱，道高一尺，魔高一丈，亟须宣示斯义，或结集流通，或现身说法，令末法修行，咸知预防，无令天魔得便，乘间而入，为害非细，故以无令嘱之。保持者，保持末法；覆护者，覆护正修，而得渐次证入，成无上菩提之道也。透过如上十境，色阴破，而根性显，进破受、想、行、识四阴，六结解而圆通证矣。

《宝镜疏》云：须知以上十境，乃至后文，四十种魔，皆是世尊，拈其大概，以示初心，非五阴定是此类，而不可变易也；亦非决有此定数，而不可增减也，但看行人之用心如何耳。

阿难，彼善男子，修三摩提，奢摩他中，色阴尽者，见诸佛心，如明镜中，显现其像。

此通明受阴始终之境。彼善男子，蹑前透过色阴十境之人，或备经，或不备经，总以不为所惑，透过前境，色阴破而根性显，仍复精研，故曰修三摩提，望色阴为终修，望受阴为始修也。奢摩他中者：微密观照，即动静二相，了然不生也。前如明目人，处大幽暗，到此遍成光明，名色阴尽，后皆仿此说之。见诸佛心，如明镜中，显现其像：环师谓：诸佛心，即我妙觉明心是也。众生迷暗，向外驰求，终不能见；今色阴云开，于自心显现，岂不亲切明白，故喻如镜中现像；妙觉明心，不从人得也。此判位，当在相似位，前色阴十境，是观行位，有判名字位者，非也。

若有所得，而未能用，犹如魇人，手足宛然，见闻不惑，心触客邪，而不能动，此则名为，受阴区宇。

若有所得者：即相似证也。意谓虽见本有，妙觉明心，若有所得其体，而未能发自在用也。若有所得：合上喻，虽见佛心，如镜中像。而未能用：合上喻镜像虽现，而不能动作自由也。恐犹未明，故复以魇人喻之。喻行人为受阴所覆也。手足宛然，见闻不惑者：合若有所得也，虽为受阴所覆，而自心本具佛心，所有德相宛然，智慧不惑。心触客邪，而不能动者：合未能用也。客邪，指魔魅鬼所著，心虽明了，力不自由。此则名为，受阴区宇：如才出一屋，又入一屋，故名受阴区宇也。

若魇咎歇，其心离身，反观其面，去住自由，无复留碍，名受阴尽；是人则能，超越见浊，观其所由，虚明妄想，以为其本。

　　前受阴所覆，如人被魇，今受阴既尽，若魇咎顿歇也。其心离身四句，即能发自在用也。良由众生，自从无始以来，一迷为心，决定惑为色身之内，心本不局身中，由迷执故，非局而局，生局现阴，死局中阴，无时不局于身，安有离身之自由分哉？今受阴才尽，其心便得离身，且能反观其面，而得意生身，去住自由，无复滞留隔碍也。《正脉》云：当知此不同坐脱，而不能复来者；彼但于前幽暗位中，凭定力以坐脱耳。所以九峰不许泰首座也。

　　名受阴尽者：此当圆通，闻所闻尽也。问：色阴先尽，云何复有身面？答：所言尽者，但尽其阴，非尽其色，若必令尽色，则色阴尽者，岂全同无色界耶？是人则能，超越见浊者：此经前见浊文云：汝身现抟四大为体，四性壅令留碍，四大旋令觉知，相织妄成，名为见浊；今受阴既尽，性大不织，身见亦亡，故能超越。观受阴之所由生，领纳前境，虚以发明，颠倒妄想，以为其本；纵具苦乐等名，曾无实体也。

　　阿难，彼善男子，当在此中，得大光耀，其心发明，内抑过分，忽于其处，发无穷悲，如是乃至，观见蚊虻，犹如赤子，心生怜愍，不觉流泪。

　　此下别示，受阴十种魔境。此第一抑己悲生，抑责自己，悲愍众生，行人修定，当在色阴已尽，受阴未破之中。得大光耀者：即指前十方洞开，无复幽暗，虚明体露，故以大光耀称之。其心发明者：即指见诸佛心，如镜现像，不知尚为受阴所覆，未能发自在用；谓心既同佛，悟得一切众生，本具光明妙心，枉受沦溺，却乃自责，不早发度生之心，故曰内抑；若一向如此，是为过分。忽于其处，发无穷悲者：谓忽于有众生之处，发同体大悲之心，悲哀不能自已；如是乃至，观见蚊虻，皆如赤子，小儿始生，赤色未退，咸生怜愍之心，不觉流泪，即堕爱见矣！如是展转过甚，未免招致魔附也。

　　此名功用，抑摧过越，悟则无咎，非为圣证；觉了不迷，久自消歇。

此名有功用心，抑责摧伤，过於越分，以致成悲。若能速悟，则无过咎，非是圣人，实证同体大悲境界；从此觉了不迷，渐悟渐止，还复正念，久自消歇矣。

若作圣解，则有悲魔，入其心腑，见人则悲，啼泣无限，失于正受，当从沦坠。

若作圣证之解，自谓同佛大悲，自以为是，悲愍不止，则有悲魔，入其心腑，见人则悲，啼泣无限，遂失正受，而成邪受，种种颠倒，非惟不能增进，定当从此沦坠矣。

阿难，又彼定中，诸善男子，见色阴消，受阴明白，胜相现前，感激过分，忽于其中，生无限勇，其心猛利，志齐诸佛，谓三僧祇，一念能越。

此第二扬己齐佛。誉扬自己，顿齐诸佛，又彼进修，禅定之中，诸善男子，见色阴已消，如脱去第五重衣服。受阴明白者：露出一种虚明境界，如现出第四重衣服也。胜相现前者；如见佛心，镜中现像。感激过分者：谓一向虽闻，心即是佛，尚未亲见，今色阴既尽，亲证实见，故生感激之心，虽属好念，然而过分，忽于其中，生无限勇气，其心猛而且利，其志顿齐诸佛，谓诸佛修成佛位，必经三大阿僧祇劫，我今一念，即能超越，一念不生，即如如佛也。

此名功用，陵率过越，悟则无咎，非为圣证；觉了不迷，久自消歇。

此名功用太锐，志欲陵跨佛乘，轻率自任，未免过分越理。若悟尚为受阴所覆，依旧逆流照性，则无过咎。非为圣人，实证境界，觉了不迷，渐悟渐止，还复正念，久自消歇矣。

若作圣解，则有狂魔，入其心腑，见人则夸，我慢无比，其心乃至，上不见佛，下不见人，失于正受，当从沦坠。

若使作为圣证之解,则有狂魔,得其方便,乘间而入其心腑,摄其神识。见人则矜夸已德,我慢无比,因我起慢,无有比伦,其心乃至,超略三乘贤圣。上不见佛者:纵使成佛,尚要经历三祇,何如我之一念顿超乎?下不见人者:下至一切众生,不悟本来是佛,岂能知我所证乎?由此失于正受,起诸邪见,当从沦坠矣。

又彼定中,诸善男子,见色阴消,受阴明白,前无新证,归失故居,智力衰微,入中隳地,迥无所见,心中忽然,生大枯渴,于一切时,沉忆不散,将此以为,勤精进相。

此第三定偏多忆。又彼进修禅定之中,诸善男子,见色阴已消,受阴明白,前无新证,归失故居者:向前,则受阴未破,无有新证之境;退归,则色阴已尽,而失故居之所。当此之时,但应定慧等持,方能无失。今则定强慧弱,故曰智力衰微。入中隳地者:在此色受两槛之中,进退两难之际,二念俱隳,进既不能,退亦不得,自是迥然一无所见,由此定心之中,无智慧相资也。所以忽然,生大枯渴,如枯待雨,如渴待水,于一切时,沉静其心,忆念中隳之境,时刻不敢散乱;意谓沉忆之久,必有所得。遂即以此为勤勇无间,乃是精进之相,可破受阴也。

此名修心,无慧自失,悟则无咎,非为圣证。

此名修心,偏用定力,无有智慧相资,自失方便,悟知定强慧弱,故改沉忆枯渴,一旦顿舍沉忆,定慧等持,则无过咎。非为圣人,实证境界,前后坐断,中亦不立也。文缺觉了不迷,久自消歇两句,谅抄写者之漏落也。

若作圣解,则众忆魔,入其心腑,旦夕撮心,悬在一处,失于正受,当从沦坠。

若以沉忆,作为证圣之解,则有忆魔,乘间而入心腑,拘其神识;故令旦夕撮心,悬在一处者:谓日夜撮取其心,悬挂在一处,即中隳地,沉忆不散,失于正受,无慧自济,当从沦坠矣。

又彼定中，诸善男子，见色阴消，受阴明白，慧力过定，失于猛利，以诸胜性，怀于心中，自心已疑，是卢舍那，得少为足。

此第四慧偏多狂。又彼进修，禅定之中，诸善男子，见色阴消，受阴明白。慧力过定，失于猛利者：谓慧强定弱，失于过猛过利。以诸胜性，怀于心中者：以见心佛一如，自性本来是佛，故曰胜性。恒作是念，怀于心中，此是过于尊重己灵；即古德所谓：太尊贵生也。自心已疑，是卢舍那者：自己心中，恒常怀疑，己身即是卢舍那，不假修成也。得少为足者：于五阴中，才透过色阴十境，色消受现，便以佛自任，讵非得少为足耶？

《正脉》问：宗门皆言，本来是佛，不待修证，何不为过？答：祖师为人，惟执修成，孤负己灵，故抑扬之耳。然亦有时令人，大死一番，竿头进步，极尽今时，如是一类之语，不可胜纪，何尝偏重己灵，全拨修证哉。

此名用心，忘失恒审，溺于知见，悟则无咎，非为圣证。

此名用心偏僻定力微弱，忘失恒常审察，自己分位。溺于知见者：一味过信身中，自有如来知见，执性碍修，故至于此。若能省悟，色阴才破，受阴方现，如镜现像，不能得用，依旧进修本定，则无过咎，非为圣证。

若作圣解，则有下劣，易知足魔，入其心腑，见人自言，我得无上，第一义谛，失于正受，当从沦坠。

设若作为圣证之解，以舍那自任，迷不知返，则有下劣易知足魔，乘间入其心腑，摄其神识。见人则言，我已得无上菩提，第一义谛之理。失于正受，心随魔变，当从沦坠矣。

又彼定中，诸善男子，见色阴消，受阴明白，所证未获，故心已亡，历览二际，自生艰险，于心忽然，生无尽忧，如坐铁床，如饮毒药，心不欲活，常求于人，令害其命，早取解脱。

此第五历险生忧。又彼进修，禅定之中，诸善男子，见色消受现，新进未获，故心已亡者：受阴显现，而未能用，故曰新进未获。色阴破尽，至此无余，故曰故心已亡。历览二际，自生艰险者：谓经历遍览前后二边际相，无所用心，自生怖畏，进退维艰，如临危险之处。于心忽然，生无尽忧愁。如坐铁床，如饮毒药者：譬如坐卧铁床，饮食俱各不安。心不欲活，恨不速死，以至求人害命，早取解脱也。

　　此名修行，失于方便，悟则无咎，非为圣证。

此名有心修行，恐惧过甚，失于智慧观照之方便。悟知改过忘忧，则无过咎，自可复归本修，非为圣证境界。

　　若作圣解，则有一分，常忧愁魔，入其心腑，手执刀剑，自割其肉，欣其舍寿；或常忧愁，走入山林，不耐见人，失于正受，当从沦坠。

设若作圣证之解，以舍命为解脱，魔得其便，则有一分，常忧愁魔，乘间入其心腑，增其忧愁，手执刀剑，自割其肉，欣其舍寿速死，早取解脱。或有轻微，常怀忧愁，走入山林，深厌世故，不耐见人。失于正受，妄起邪念，当从沦坠。

　　又彼定中，诸善男子，见色阴消，受阴明白，处清净中，心安隐后，忽然自有，无限喜生，心中欢悦，不能自止。

此第六觉安生喜。又彼进修，禅定之中，诸善男子，见色阴消，无有质碍，十方洞开，得大光耀，受阴已现，心地虚明，睹见佛心，如镜中像。处清净中者：一尘不染，恒常清净，处此境界，心安隐后，忽然自有，无限欢喜之心生。不能自止者：将谓得大自在，心中欢悦，不能自止。此宗门下之大忌也。祖云：设有悟证，快须吐却，即此之谓也。

　　此名轻安，无慧自禁，悟则无咎，非为圣证。

此名定心成就，暂发轻安，身心快乐，莫可言喻。无有智慧，不能自禁。

若能觉悟返悔，则无过咎。非为圣人，实证境界也。

若作圣解，则有一分，好喜乐魔，入其心腑，见人则笑，于衢路傍，自歌自舞，自谓已得，无碍解脱，失于正受，当从沦坠。

设若作为圣证之解，则有一分，好喜乐魔，乘间而入心腑，自谓圣心乐道，应当如是。见人则笑，恣情纵意，于衢路傍，歌舞自娱，将谓已得自在，无碍解脱。失于正受，妄起邪念，当从沦坠矣。

又彼定中，诸善男子，见色阴消，受阴明白，自谓已足，忽有无端，大我慢起，如是乃至，慢与过慢，及慢过慢，或增上慢，或卑劣慢，一时俱发，心中尚轻十方如来，何况下位声闻、缘觉。

此第七见胜成慢。又彼进修，禅定之中，诸善男子，见色消受现，以为诸妄已尽，一真已圆，故自谓已足，即自满自高之意，将必以我为胜，故致无端，忽有大我慢起。言我慢者，乃因我起慢，如言我即是佛，我得无上涅槃等，故称为大。若果有实证，是为有端，今未证言证，是为无端。依此我慢，恃己凌他，高举为性，以为七慢之总。

七慢者：《开蒙》云：单慢、过慢、慢过慢、增、邪、我、卑也。彼释云：于劣计己胜，于等计己等，为单慢。于胜计己等，于等计己胜，为过慢。于胜计己胜，为慢过慢。未得谓得，计劣已多，为增上慢。自全无德，谓己有德，为邪慢。对多胜者，自甘劣少，不敬不求，为卑劣慢也。七慢一时俱发，此比前慧偏多狂更甚；彼但谓本来同佛而已，此则更谓超越诸佛。心中尚轻十方一切如来，何况小乘声闻、缘觉，此即邪慢。尚轻如来，不礼佛寺也。

此名见胜，无慧自救，悟则无咎，非为圣证。

此名唯见己灵尊胜，慢气所使，起诸慢心，且无智慧，自救其病。设若能用慧照观察，观诸法性平等，尚不见有众生可慢，安敢慢诸十方圣贤哉？悟则无咎，非为圣人，实证境界。

若作圣解，则有一分，大我慢魔，入其心腑，不礼塔庙，摧毁经像，谓檀越言：此是金铜，或是土木，经是树叶，或是氎华，肉身真常，不自恭敬，却崇土木，实为颠倒。其深信者，从其毁碎，埋弃地中，疑误众生，入无间狱，失于正受，当从沦坠。

若终执迷，作为圣证之解者，则有一分大我慢魔，乘间而入心腑，摄其神识，恣其所为，不礼塔庙，摧毁经像。或谓檀越言：佛像是金、铜、土、木，肉身为活佛真常，经典是树叶氎华，自说为向上真宗，不自恭敬，却崇土木，实为颠倒，大言不惭，疑误一切。其深信者，从其毁碎埋弃地中，造无量罪，魔教害人，入无间狱。失于正受而起邪受，当从沦坠。《正脉》问：祖师门下，呵佛骂祖，何以异此？答：祖师极欲人悟一性平等，心外无佛，剿绝佛见而已，岂真增长高慢，反失平等哉？合辙问：临济不礼祖塔，丹霞之烧木佛，德山说一大藏教，如拭涕帛，岩头说祖师言句，是破草鞋，非大我慢乎？答：此为执外求，而不达自心，执言教而不肯进修者，故作峻厉之语，而激之，实一片真慈，谁曰慢心？若使祖师，真有慢心，则亦不免泥犁，况其他乎？

又彼定中，诸善男子，见色阴消，受阴明白，于精明中，圆悟精理，得大随顺。其心忽生，无量轻安，己言成圣，得大自在。

此第八慧安自足。又彼进修，禅定之中，诸善男子，色消受现，于精明中，圆悟精理者：精明即是自心，识精元明之中，圆悟至精之理，即是佛心；谓于自心中，亲见佛心是也。得大随顺者：既见佛心，则得大无碍，莫不随心顺意者矣。其心忽生，无量轻安者：回观色阴既消，超然无累，离诸粗重染垢故，忽生无量轻安也。己言成圣，得大自在者：因见受阴显现，如镜现像，莹然朗彻，己言自己成圣，自心佛心，无二无别，勿劳再修，得大解脱自在也。

此名因慧，获诸轻清，悟则无咎，非为圣证。

此名因慧：谓因于精明之中，圆悟精理之慧，获诸轻安清净之境，离诸粗重之相。此但一时豁悟，何足自满？受阴尚未曾破，还依本修，庶无过咎，非为圣人,实证境界矣。

若作圣解,则有一分,好轻清魔,入其心腑,自谓满足,更不求进,此等多作,无闻比丘,疑误众生,堕阿鼻狱,失于正受,当从沦坠。

若作圣证之解者,则有一分好轻清魔,乘间入其心腑。好轻清魔者:如世有不依正觉,修三摩提,一向摄念静坐,稍获轻清,生自足想,死而不化,年老成魔,入其心腑,持其神识。自谓功行已满,福慧已足,更不再求增进矣。此等众生,不肯亲近知识,请求开示,多作无想天中,无闻比丘,未证言证,及至命终,受生相现,毁谤佛法嫌人,或令人闻而生疑,从谤生误,以谤法因,断菩提种,故曰堕无间狱。失于正受,而起诸邪受,当从沦坠矣。

又彼定中,诸善男子,见色阴消,受阴明白,于明悟中,得虚明性,其中忽然,归向永灭,拨无因果,一向入空,空心现前,乃至心生,长断灭解。

此第九著空毁戒。又彼进修禅定之中,诸善男子,见色消受现,于明悟中,即十方洞开,豁然无碍,观受阴虚明之性,廓尔显现,无法可得,于其心中,忽然生起,空净之念,永沉断灭,遂致拨无因果,从此不假修为,上无佛道可成,下无众生可度,一向入空,断空之心现前,乃至心生长远断灭之解,即归向永灭也。

悟则无咎,非为圣证。

《指掌疏》云:按前后诸科,此处皆有此名等语,惟此科独缺,或是笔授脱漏,今准前后,撮略本科中意,而补足之,亦不敢自以为是,俟高明者更辨之。此名定心沉没,失于照应。此名定心,沉空滞寂,未免过于沉没,失于慧照观察。悟此断空非是,仍依本修,则无过咎,非是圣人实证真空境界。

若作圣解,则有空魔,入其心腑,乃谤持戒,名为小乘;菩萨悟空,有何持犯?其人常于,信心檀越,饮酒啖肉,广行淫秽,因魔力故,摄其前人,不生疑谤,鬼心久入，或食屎尿，与酒肉等，一种俱空，破佛津仪，误入人罪，失于正受，当从沦坠。

若以断灭空，作为圣证之解，则有空魔，乘间入其心腑，持其神识，乃谤持戒，名为小乘道。且以大乘菩萨自居，谓大象不行于兔径，大雅不拘于小节；而菩萨但得悟空，何须持戒？虽饮酒食肉，无非解脱之场，诈伪贪淫，总是菩提之道，更有何持何犯之可得哉？其人常于信心檀越之前，饮酒啖肉，谓酒肉穿肠过，佛在心头坐；又复广行淫秽之事，谓淫怒痴，即戒定慧，因其魔附之力，摄其现前之人，谓是逆行，不生疑谤。鬼心久入者：魔鬼之心，入之既久，熏染已深，或食屎尿，与酒肉等，一种净秽俱空，破佛所制戒律威仪，又以误言，入人于罪，失于正受，起诸邪受，当从沦坠。

又彼定中，诸善男子，见色阴消，受阴明白，味其虚明，深入心骨，其心忽有，无限爱生，爱极发狂，便为贪欲。

此第十著有恣淫。又彼进修，禅定之中，诸善男子，见色消受现，味其虚明者：由其虚明体性，深生味著，不能放舍，入于心骨，忽有无限爱心发生；以禅定中，自然妙乐，非世可比。爱极生润，情动发狂，欲境现前，不能自持，便成贪欲，不能自主。

此名定境，安顺入心，无慧自持，误入诸欲，悟则无咎，非为圣证。

此名定境。安顺深入心骨，无有慧力，以自执持，致令爱极发狂，误入诸欲也。若以慧照观察，此是妙触受用，不生耽著，一悟则无过咎，非为圣人，实证境界。

若作圣解，则有欲魔，入其心腑。一向说欲，为菩提道；化诸白衣，平等行欲，其行淫者，名持法子，鬼神力故，于末世中，摄其凡愚，其数至百，如是乃至，一百二百，或五六百，多满千万，魔心生厌，离其身体，威德既无，陷于王难，疑误众生，入无间狱，失于正受，当从沦坠。

此魔附恣淫，文皆易解。今当辨明，上来所现十境，与色阴十境不同。色境从前向后，次第相生，透过一层，又现一层。《灌顶》云：色阴竖发是也。此之受阴，各别现起，所谓境同见异，随见起执成魔，《灌顶》云：受阴横开是也。以上十科，皆言失于正受，正受属定，邪受属魔，既失正受，必起邪受，故属魔业。一以内抑过分，发无穷悲。二以感激太过，生无限勇。三以智力衰微，而为沉忆。四以慧强定弱，反成卑劣。五历览二际，故生其忧。六觉得轻安，生无限喜。七以见胜，生大我慢。八以轻清，自生满足。九以著空，因而毁戒。十以著有，由是贪淫。故皆不出受阴之中，苦、乐、忧、喜、舍之五相也。

阿难，如是十种，禅那现境，皆是受阴，用心交互，故现斯事。

乃呼当机，而告之曰：如是十种，禅那所现之境，皆是受阴未破，用心未善，理欲交战，互为胜负。如得大光耀，乃至得虚明性，皆观力胜妄想也。如发无穷悲，乃至无限爱生，皆妄想胜观力也，故现斯事。

众生顽迷，不自忖量，逢此因缘，迷不自识，谓言登圣，大妄语成，堕无间狱。

迷不自识者：如得大光耀，得虚明性等，不知何自而致。谓言登圣者：即未证言证，故曰大妄语成，堕无间狱。

汝等亦当，将如来语，于我灭后，传示末法，遍令众生，开悟斯义，无令天魔，得其方便，保持覆护，成无上道。

汝等须将如来之语，传示末法，遍令修定者，开悟了知斯义，不为魔惑，得其方便，使得保持末法，覆护正修，以便渐次修证，而成无上之佛道也。

楞严经讲义第二十三卷

　　阿难，彼善男子，修三摩地，受阴尽者，虽未漏尽，心离其形，如鸟出笼，已能成就，从是凡身，上历菩萨，六十圣位，得意生身，随往无碍。

此通明想阴始终之境。彼善男子：蹑前透过受阴十境之人，或备经，或不备经，总以不为所惑，透过前境，受阴破，仍复精研，故曰修三摩提；望受阴为终修，望想阴为始修也。受阴尽者：而于前境，一一透过，然犹为想阴所覆，故云虽未漏尽；而虽之云者，亦有似尽意耳。心离其形者：以真心周遍，本来不局于身，由无始迷执，非局而局，纵色阴尽，十方洞开，见闻周遍，亦无离身自在之用，此皆受阴覆之之故。今受阴既尽，方得心离其形，亲见离根之体；恐犹未明，故又以如鸟出笼喻之。鸟喻离根之体，笼喻所结之根。离根之体，即是第八本识，既得离根之体，似得漏尽胜用。故云已能成就，从是博地凡夫之身，上历诸位菩萨，乃至妙觉。六十圣位：此乃指圆顿最利之根，决定能以凡身，上历圣位也。非同别教，皆实取证故；经生累劫，证得一分，方到一位，岂能以凡身，顿历诸位哉？六十圣位者：于五十五位，前加三渐次，及干慧地，后加妙觉，恰成六十。今通名圣者：以从凡入圣，因果理同，以得圆悟故也。得意生身，随往无碍者：喻如意去，速疾无碍，而有三种：一、入三昧，乐意生身，谓心寂不动，即相似初信至七信，入空行也。二、觉法自性，性意生身，谓普入佛刹，以法为自性，即相似八信，出假位也。三、种类俱生，无作意生身，谓了佛所证法，即九信十信，修中位也。此三种意生身中，应是觉法自性，性意生身。以离根之体，即是第八本识，一切诸法，皆依此识变现，既得此识，即能觉了，一切诸法，自性如幻，以唯识变故。得此身已,不惟能现,且能普入诸刹,故云随往无碍。

譬如有人,熟寐寱言,是人虽则,无别所知,其言已成,音韵伦次,令不寐者,咸悟其语,此则名为,想阴区宇。

熟寐,深睡也;寱言,是自言自语也;非同醒人之言,以有想阴所覆故。是深睡人,昏昏不觉,而于所说之事,虽则无别所知,但其寱言,已成音韵可听,伦类次序可别,令不寐之人,咸皆明悟其语。是想阴未破之人,得意生身,上历六十圣位,随往无碍,而于上合下同,实未亲证故。虽未亲证,而所现不误;诸佛菩萨,悉知此人,所现之身相可见,位次不紊,如二渐中,言其得通游界,睹佛闻法,亲奉圣旨,则诸佛谁不亲知而见耶?此则名为,想阴未破之区宇。

若动念尽,浮想销除,于觉明心,如去尘垢,一伦生死,首尾圆照,名想阴尽。是人则能,超越烦恼浊,观其所由,融通妄想以为其本。

《指掌疏》云:动念者,即指第八识所含六识种子;以有微细动相,故以动念称之。动必有想,即是根本想阴,六识浮想,皆依此想起故。此想既尽,六识中枝末浮想,无所从起,故云浮想销除。觉明心,即第八本识;以带妄故,不言妙觉明心。动念既尽,浮想不生,故云如去尘垢,盖以性识觉明如镜,六识浮想如尘,微细动相如垢。一伦生死,首尾圆照者:谓三界十二类众生,一类一类,所有生死,首从卵生,尾至非无想生,皆能圆明照察,生从何来,死向何去,以尘垢既尽,觉心光明既显,生灭根元,从此披露;如后文所云:见诸十方,十二众生,毕殚其类是也。然类生,生灭根元,即是行阴;行阴既现,是则超出想阴,故曰名想阴尽。此当圆通,觉所觉空也。《指掌疏》云:前于闻所闻尽时,觉得有个闻所闻尽,宛然有个能觉之心,即是第八识中,六识种子,微细动相。今想既尽,微细动相亦无,故能觉与所觉,而俱空矣!所以不复真者,以犹为行阴所覆故。是人则能超烦恼浊者:如前烦恼浊文云,又汝心中,忆识诵习,离尘无相,离觉无性,相织妄成,名烦恼浊。今以动念既尽,浮想销除,想除识空,故能超越。回观想阴之所由生,元从融通妄想，交织妄成，以其想阴，能融通质碍，如心想醋梅，口中水出是也。

阿难，彼善男子，受阴虚妙，不遭邪虑，圆定发明，三摩地中，心爱圆明，锐其精思，贪求善巧。

此下别示，想阴十种魔境，此第一贪求善巧。彼指透过受阴之男子，是以称善。虚谓见闻遍周，妙谓离身作用，如鸟出笼，得意生身，随往无碍。不遭邪虑者：谓不遭遇，受阴邪虑所惑。圆定发明：即圆通妙定，得以发明。是受阴已尽境界，后皆仿此。三摩地中，心爱圆明者：于此禅定心中，忽起一念，爱著圆明，谓爱著圆满，发明一切妙用故。勇锐其志，精进思惟，贪求变化，更进善巧，将以悚动人心，以行教化，广作佛事也。

尔时天魔，候得其便，飞精附人，口说经法。

当尔之时，天魔，即六天魔王，候得其便，有隙可乘，即飞遣精魅，以附他人之身，素受邪惑者。飞精，如军门飞檄，官府之类。口说相似经法，由魔附之力，资其邪慧，以令听受，非真能说佛法；若真能说佛法，即非魔矣。盖受阴尽者，魔不得入其心腑。故假旁人惑之，转令自乱耳。

其人不觉，是其魔著，自言谓得，无上涅槃，来彼求巧善男子处，敷座说法，其形斯须，或作比丘，令彼人见，或为帝释，或为妇女，或比丘尼，或寝暗室，身有光明。

其人：即所附之人；不觉者：虽为魔著，不自觉知。自言谓得，无上涅槃者：以其人一向不能说法，今竟无端能说经法，自己疑成佛道，谓言得无上涅槃，来彼求巧善男子处，敷座说法，盖欲设计诱惑之耳。说法者：正说善巧方便，示现神通之法。其形斯须者：其形貌于斯须少顷之间，或现作比丘身，以现同类身，投其所好，令彼生信。或现帝释身，或现妇女身，及比丘尼者：此现异类身也。

《起信论》云：座中或现，端正男女等相。又云：或现天像、菩萨像，亦作如来像等。但彼乃魔自来现，此乃附人转现。又则彼但见所现之像，或可有疑，此则亲见其人，斯须变化；如此非有深定妙慧，鲜有不被其惑者。或寝暗室之中，身有种种光明，或时说法，或时现形，或时放光，广作善巧，鼓动其心，令其自乱耳。

是人愚迷，惑为菩萨，信其教化，摇荡其心，破佛律仪，潜行贪欲。

是人愚而无智，迷不自觉，惑为菩萨，三轮应机，身轮现通，口轮说法，意轮必定鉴机，自是倾心，信其教化，将所习定心，咸被摇荡，所秉戒律，咸被破坏。潜行贪欲者：是魔惑乱行人，彻底主意，凡行人著魔，欲心便起，以魔多贪欲，潜行毁戒，而不解脱者此也。然净行深，智慧强者，任其善巧莫测，但察诱淫毁戒，便知是魔，决非佛诲，何至迷惑，此反为验魔之一助耳。

口中好言，灾祥变异，或言如来，某处出世，或言劫火，或说刀兵，恐怖于人，令其家资，无故耗散。

口中常好说言：灾，是咎征，劫火刀兵等，恐怖于人；祥，是休征，如来某处出世等；变异，即怪诞反常之言。令其家资，无故耗散者：或说咎征，劫火大三灾起，刀兵小三灾至，则整家以求救脱；或说休征，某处有佛，倾资以求接引，故曰家资无故耗散。及至临时，了无其事。

此名怪鬼，年老成魔，恼乱是人，厌足心生，去彼人体，弟子与师，俱陷王难。

怪鬼：即遇物成形者。年老成魔者：以为鬼既久，魔王录为役使，得成魔王伴侣；前飞精附人，即此鬼也。恼乱是修定之人，定力既破，厌足心生，去彼所附人体。魔既不附，即无威德。弟子，即贪求善巧之人等；师，即魔附惑人者。俱陷王难：官厅坐以妖言惑众，败坏风俗之罪，此是华报，果报当在地狱。

汝当先觉，不入轮回；迷惑不知，堕无间狱。

汝当听言察理，预先觉知是魔，不为所惑，而超出生死，不入轮回。倘若迷惑不知，受其恼乱，必堕无间之狱，可不慎哉！

阿难，又善男子，受阴虚妙，不遭邪虑，圆定发明，三摩地中，心爱游荡，飞其精思，贪求经历。

　　此第二，贪求经历。又善男子，透过受阴十境；虚者，见闻遍周；妙者，离心作用，如鸟出笼，得意生身，随往无碍。不遭受阴，邪虑所惑，圆通妙定，得以发明，此皆色受已尽境界，不为形质所拘。于三摩禅定之中，忽起一念爱著。游荡者：谓游戏神通，放荡自在，如诸圣之游戏神通，遍周尘刹。飞其心思，贪求经历者：飞是奋起之意，飞奋其精神思虑，朝夕研究，贪求经历刹土，大作佛事，即此以为致魔之端。

　　尔时天魔，候得其便，飞精附人，口说经法。

　　讲解同前。

　　其人亦不觉知魔著，亦言自得无上涅槃，来彼求游善男子处，敷座说法，自形无变，其听法者，忽自见身，坐宝莲华，全体化成，紫金光聚，一众听人，各各如是，得未曾有。

　　其人至敷座说法同前。自形：指说法者，自己形貌，无有改变。其听者：忽自见身坐宝莲华，全体化成紫金光聚，俨成佛道。既能如是，则心爱游荡之志，何患不遂？一众听法之人，各各如是，得未曾有，正所以投其欲也。

　　是人愚迷，惑为菩萨，淫逸其心，破佛律仪，潜行贪欲。

　　是贪求经历之人，愚迷无智，惑为菩萨，身命皈依，恣淫纵逸其心，游戏放荡，无所忌惮，将自修圆定之心，破佛所制律仪，暗中潜行贪欲之事。惜乎昔为佛子，今为魔侣矣。

　　口中好言，诸佛应世，某处某人，当是某佛，化身来此；某人即是，某菩萨等，来化人间，其人见故，心生渴仰，邪见密兴，种智消灭。

前明自受其害，此明世受其惑。口中好言，诸佛某处应世，某人当是某佛，化身来此，有佛必有菩萨，某人即是某菩萨等，来教化人间，魔口所说，皆以眼前为佛国，因彼行人，意在不离当处，遍游尘刹，故作是说。其人，即贪求经历者，见魔附之人，故心生渴仰，日亲日近，时熏时染，故致邪见密兴，正见日晦，种智销灭，慧命断绝矣。

此名魅鬼，年老成魔，恼乱是人，厌足心生，去彼人体，弟子与师，俱陷王难。

魅鬼，即旱魅之鬼，遇风成形者。

汝当先觉，不入轮回；迷惑不知，堕无间狱。

准上可知。

又善男子，受阴虚妙，不遭邪虑，圆定发明，三摩地中，心爱绵吻，澄其精思，贪求契合。

此第三，贪求契合。首四句同前。心爱绵吻者：正以不遭受阴邪虑，自觉定心绵密，圆通妙定，得以发明，自觉妙用吻合，得意生身，上历菩萨，六十圣位，由是于三摩禅定心中，忽起爱慕，必至澄寂其精神，竭尽其思虑，贪求契合，密契至理，吻合妙用，豁然开悟也。

尔时天魔，候得其便，飞精附人，口说经法。

即此贪求契合一念，便为致魔之由。

其人实不觉知魔著，亦言自得，无上涅槃，来彼求合善男子处，敷座说法，其形及彼，听法之人，外无迁变，令其听者，未闻法前，心自开悟，念念移易，或得宿命，或有他心，或见地狱，或知人间，好恶诸事，或口说偈，或自诵经，各各欢娱，得未曾有。

其人至敷座说法同前。其形，即说法者身形，及彼听法者身形，外无迁移改变。令其在会闻法之人，未闻法前，心自然开悟，相似得圆通体，念念移易，相似得圆通用，或得宿命通，能知过去之事，或得他心通，能知他人心念，或见地狱，了极苦之状态，或知人间好恶之诸事，或口宣说偈语，或自背诵经文，以上皆密契之事，各各欢喜娱乐，得未曾有。

　　是人愚迷，惑为菩萨，绵爱其心，破佛津仪，潜行贪欲。

绵爱者：缠绵亲爱有欲密结其心，信其教化，破佛律仪，与其同事，潜行贪欲。

　　口中好言，佛有大小，某佛先佛，某佛后佛，其中亦有，真佛假佛，男佛女佛，菩萨亦然，其人见故，洗涤本心，易入邪悟。

上乃自受其害，下乃世受其惑。口中常好说言，佛有大小，某佛先佛，某佛后佛。三祇炼行，百劫修因，佛佛道同，古今一致，岂有先后之分？其中亦有，真佛假佛者：妄穷真极，乃名为佛，岂有真假之别？男佛女佛者：自古成佛，皆以男身得道，女人五漏之躯，焉得作佛？菩萨亦然：亦有男菩萨，女菩萨者，其意指魔附之人，盛行贪欲为男佛，受其欲者，承顺魔意为女佛，又以变化男女，仿行欲事，即是菩萨，故曰菩萨亦然。其人见故者：即指行人，见魔附之人，能令开悟，密契之事，并信其所说，遂认邪为正，将妄作真，洗涤本所修心，容易入于邪悟。

　　此名魅鬼，年老成魔，恼乱是人，厌足心生，去彼人体，弟子与师，俱陷王难。

魅鬼，即遇畜成形者，余准上可知。

　　汝当先觉，不入轮回；迷惑不知，堕无间狱。

此准上可知。

　　又善男子，受阴虚妙，不遭邪虑，圆定发明，三摩地中,心爱根本,穷览物化,性之终始,精爽其心,贪求辨析。

此第四,贪求辨析。首四句同前。行人于三摩禅定之中,心爱根本者:正以受阴既尽,露出微细动相,不知其是六识种子,根本想阴,谬谓其因动有生,而为万物根本。由是一味穷览万物变化,性之终始;一旦豁然贯通焉,则众物之表里精粗无不到,而吾心之全体大用无不明矣!如本经佛云:世出世法,知其本因。以故,现前种种,松直棘曲,鹄白乌玄,皆了元由,乃至恒沙界外,一滴之雨,尽知头数,此佛智边事;佛转第八识,成大圆镜智,故能如是;初心希求,真妄想也。精爽其心,贪求辨析者:犹言奋其精神,竭其心力,贪求辨别物理,分析化性,有欲现前,一一分明,即此一念,实为致魔之端。

尔时天魔,候得其便,飞精附人,口说经法。

准上可知。

其人先不觉知魔著,亦言自得,无上涅槃,来彼求元善男子处,敷座说法,身有威神,摧伏求者,令其座下,虽未闻法,自然心伏,是诸人等,将佛涅槃,菩提法身,即是现前,我肉身上,父父子子,递代相生,即是法身,常住不绝,都指现在,即为佛国,无别净居,及金色相。

其人至敷座说法易知。惟求元,是爱穷万化之本元。身有威神,摧伏求者:指魔附之身,亦有威严可畏之相,神通摄持之力,能摧伏求元之者,令其座下,虽未曾闻法,自然心悦神伏。是诸人等下:主伴同惑,将佛之三涅槃中,性净涅槃,三菩提中真性菩提,三德之中法身德,即是现前,我肉身上,父父子子,递代相生,以为根本,即是法身,常住不绝,不生不灭之性,不离生灭之中,都指现在,即为佛国,即染即净,无别净居,及金色相,即凡即圣也。

其人信受,亡失先心,身命归依,得未曾有。是等愚迷，惑为菩萨，推究其心，破佛律仪，潜行贪欲。

其人，即求元之人，信其邪师，受其魔教，亡失先前，本所修心，举其身命以归依。却以肉身相生，鄙贱之事，为化理元，得未曾有。是等愚迷，惑为菩萨，推究其心之所好，无不承顺，以缠缚为解脱，破佛律仪，以淫爱为佛性，潜行贪欲。

口中好言，眼、耳、鼻、舌，皆为净土；男女二根，即是菩提涅槃真处。彼无知者，信是秽言。

口中好言，眼耳鼻舌，皆为净土，若为对治权宗，荐取根性，于理或可；若一向好言，是则外道邪见，况以男女二根，污秽不净之本，以为万化根元，菩提涅槃真处，亵渎佛法，混乱真理。《正脉》云：大意无非诱人恣淫破戒，坏大定耳。彼无有知识之者，多信是秽言，沦入魔队。

此名蛊毒，魇胜恶鬼，年老成魔，恼乱是人，厌足心生，去彼人体，弟子与师，俱陷王难。

此名蛊毒鬼，即遇蛊成形者。魇胜，即魇寐鬼，遇幽成形者。世有厌胜之术，取能压伏故，又名魇胜，余可知。

汝当先觉，不入轮回；迷惑不知，堕无间狱。

又善男子，受阴虚妙，不遭邪虑，圆定发明，三摩地中，心爱悬应，周流精研，贪求冥感。

此第五，贪求冥感。首四句同前，彼行人于三摩禅定之中，心爱悬应者：悬者，远也；即指多生远劫，有缘诸圣，应其所求也。周流精研，贪求冥感者：谓其一心，周遍流历，精细研究，贪求冥相契合，以期感格圣应而已。

尔时天魔，候得其便，飞精附人，口说经法。

才起一念贪求，便是定心不密；尔时天魔，候得其便，有隙可乘，有法能陷，故即飞遣精魅附人，口说经法，以应其感也。

其人原不觉知魔著，亦言自得，无上涅槃，来彼求应善男子处，敷座说法，能令听众，暂见其身，如百千岁，心生爱染，不能舍离，身为奴仆，四事供养，不觉疲劳，各各令其，座下人心，知是先师，本善知识，别生法爱，粘如胶漆，得未曾有。

其人，魔附之人，原不觉知魔著，亦言自己得证，无上涅槃妙果，来彼求应善男子处，敷座为说，冥感悬应之法。能令听众下：诈现冥感，悬应之事，暂时看见，魔附之人，鹤发童颜，宛尔深修久证，如百千岁，心生爱染，不能舍离，且以身为奴仆，四事供养，而不觉疲乏劳累。各各令其，指魔摄之众；座下人心，指此众之徒；心知魔附之人，原是先世师承，本身之善知识，别生一种法爱之心，如胶似漆，粘不可解，得未曾有。

是人愚迷，惑为菩萨，亲近其心，破佛津仪，潜行贪欲。

是人愚迷无智，惑为菩萨，相亲相近其心，日熏日染其教，信其邪说，破佛律仪，学其邪行，潜行贪欲。

口中好言，我于前世，于某生中，先度某人，当时是我，妻妾兄弟，今来相度，与汝相随，归某世界，供养某佛；或言别有，大光明天，佛于中住，一切如来，所休居地。彼无知者，信是虚诳，遗失本心。

此诈陈冥感，悬应之言。口中好言，我前世于某生中，先度某人，当时是我妻妾兄弟，此诈述往昔之事，明以欲钩牵引。今者我与汝，亦是夙生前缘，特来相度，与汝相随，归某世界，供养某佛，乃顺其悬应之爱。或言别有大光明天者四句：谬指欲界顶天，魔宫为大光明天，谬称魔王为佛，于中止住，一切诸佛如来，所休止居住之处。彼无知之者，信是虚妄欺诳之言，遗失本修之心，顺从魔教。

此名疠鬼，年老成魔，恼乱是人，厌足心生，去彼人体，弟子与师，俱陷王难。

疠鬼，乃遇衰成形之疫疠鬼也。

汝当先觉，不入轮回，迷惑不知，堕无间狱。

又善男子，受阴虚妙，不遭邪虑，圆定发明，三摩地中，心爱深入，克己辛勤，乐处阴寂，贪求静谧。

此第六，贪求静谧。首四句同前。于三摩禅定之中，心爱深入者：谓三摩定境，心爱深穷契入，克己工夫，不计辛勤，惟望得以深入圆通。乐处阴隐寂寞之处，以求安静宁谧之修。

尔时天魔，候得其便，飞精附人，口说经法。

殊不知三摩地中，不容起心动念，一涉贪求，魔得其便，飞遣精灵，密附他人，口说经法。

其人本不觉知魔著，亦言自得无上涅槃，来彼求阴善男子处，敷座说法，令其听人，各知本业。或于其处，语一人言，汝今未死，已作畜生，敕使一人，于后蹋尾，顿令其人，起不能得，于是一众，倾心钦伏。有人起心，已知其肇。佛律仪外，重加精苦，诽谤比丘，骂詈徒众，讦露人事，不避讥嫌，口中好言，未然祸福，及至其时，毫发无失。

其人，指魔附之人，本不觉知是魔著，亦言自己证得无上涅槃，来彼求阴善男子处，敷座为说圆通之法。令其下：先现邪惑事，令其听法之人，各知本业，即宿业也；此显通过去世。或于其处者：即说法处，特语一人言，汝现今未死，已变作畜生，恐其心中不伏，敕使一人，于后蹋尾，魔力所持故，顿令其人，起不能得，如是证验故，一时听众，皆倾倒其心，而钦伏之；此显通未来世。设或有人起心，已知肇于何种因缘，肇即起始也；此显通现在世。魔意以为能通三世，即圆通胜用；殊不知，圆通胜用，实不止乎此耳。此中文皆宿命通，恐与下科，抄写之误也。于佛所制律仪外，重加精苦者：如断五味，裸四肢，拔发熏鼻，投灰卧棘等，乃故为诡异之行，以竦世也。诽谤比丘者：斥其不能精苦。骂詈徒众者：显其无有私心。讦露人事者：攻发人之阴私。不避讥嫌者：显己直心不讳也。口中好言未然祸福者：次说邪惑言，其口常好宣说未来祸福之事，及至其时，一一皆应，毫发无失，又故为诡异之言，以炫世也。

　　此大力鬼，年老成魔，恼乱是人，厌足心生，去彼人体，弟子与师，俱陷王难。

大力鬼，有大神通力之鬼，善能惑人者。余可知。

　　汝当先觉，不入轮回；迷惑不知，堕无间狱。

　　又善男子，受阴虚妙，不遭邪虑，圆定发明，三摩地中，心爱知见，勤苦研寻，贪求宿命。

此第七贪求宿命。首四句同前。于三摩禅定之中，心爱知见者：意谓世人不知者能知，世人不见者能见，所以不辞勤苦，研究寻思，贪求宿命，宿命二字，似与上科，静谧二字，抄写之误也。

　　尔时天魔，候得其便，飞精附人，口说经法。其人殊不觉知魔著，亦言自得无上涅槃，来彼求知善男子处，敷座说法。

文显易知。

　　是人无端，于说法处，得大宝珠。其魔或时，化为畜生。口衔其珠，及杂珍宝，简册符牍，诸奇异物，先授彼人，彼著其体。或诱听人，藏于地下，有明月珠，照耀其处，是诸听者，得未曾有。多食药草，不餐嘉馔，或时日餐一麻一麦，其形肥充，魔力持故，诽谤比丘，骂詈徒众，不避讥嫌。

是人即魔附之人，此先现邪惑之事。无端者，无故于说法处，得大宝珠，以为瑞应；其魔或有时，身化畜生，口衔其珠；及杂色珍宝，如宝印宝瓶之类；及简册符牍，竹削名简，韦编名册，竹刻为符，木片为牍，符为符信，汉制以竹为之，长六寸，刻约信于其中，二人各持其半，扶而合之，相符则可信也。诸奇异物，如龙光宝镜之类。先授彼人，后著其体者：显是魔力所为，或诱听法之人，藏于地下，有明月珠，照耀其处，是诸听者，目睹其事，心信其说，得未曾有。多食药草，不餐嘉馔者：因避烟火食，多食药草，如黄精菖蒲之类，或有时日餐一麻一麦，其形貌肥壮，血气充满，魔力所持之故。诽谤比丘，不修苦行，骂詈徒众，饱食终日。

口中好言，他方宝藏，十方贤圣，潜匿之处，随其后者，往往见有奇异之人。

此复说邪惑之言。口中常好说言，他方宝藏者：此以世间利益惑人。十方贤圣，潜藏隐匿之处者：此以出世利益惑人。随其后者往往见有奇异之人，此皆阴隐之事，似与静谧相合。

此名山林，土地城隍，川岳鬼神，年老成魔，或有宣淫，破佛戒律，与承事者，潜行五欲，或有精进，纯食草木，无定行事，恼乱是人。厌足心生，去彼人体，弟子与师，俱陷王难。

山林等，指掌管者，山神、林神，当方土地，当邑城隍，川即四渎，岳即五岳，各专其权，神为福德之鬼。年老成魔者：年代既久，魔录为使者，故曰成魔。或有宣淫八句：《指掌疏》云：附精惑人，略以三法：或有宣说淫秽，破佛清净戒律，与彼承事弟子，潜行世间五欲，此以欲破戒法也。或有无益精进，愚痴盲修，一味食草食木，令人效行，此以愚破慧法也。或有数瞋数喜，数勤数怠，数信数疑，无定行事，一味恼乱是人，令失本修，此以乱破定法也。厌足下准前可知。

汝当先觉，不入轮回；迷惑不知，堕无间狱。

又善男子，受阴虚妙，不遭邪虑，圆定发明，三摩地中，心爱神通，种种变化，研究化元，贪取神力。

此第八贪求神力，首四句同前。三摩禅定之中，心爱菩萨神通，神妙莫测，通达无碍，种种变化；由是研究变化之元，贪求取得，神通之力。温陵曰：化元万化之本也，欲乘之以发神变耳。

尔时天魔，候得其便，飞精附人，口说经法。

起心研究，即落邪思；著意贪取，便同有作。安得不为天魔，候得其便哉？

其人诚不觉知魔著，亦言自得无上涅槃，来彼求通善男子处，敷座说法。是人或复手执火光，手撮其光，分于所听，四众头上，是诸听人，顶上火光，皆长数尺，亦无热性，曾不焚烧；或水上行，如履平地；或于空中，安坐不动；或入瓶内，或处囊中，越牖透墙，曾无障碍；惟于刀兵，不得自在。自言是佛，身着白衣，受比丘礼，诽谤禅律，骂詈徒众，讦露人事，不避讥嫌。

其人至敷座说法文易知。其人手执火光下：先现邪惑事，若但说犹不足以取信，今特为现种种神变。是人或手执火光，以手撮取其光，分于所有听众头上，是诸听人，顶上火光，皆长数尺，不热不烧。或水上能行，犹如履践平地，此则水火二者，而得自在。或于空中，安坐不动，宛似空色一如，或入瓶内，或处囊中，几等大小相容，或牖闭之而可越，或垣隔之而能透，曾无障碍，此亦神异之事。惟于刀兵，不得自在者：以魔未离欲，身见犹存，故不能使刀兵触之不伤，如风吹光，如刀断水一样。

自言是佛者：佛为极圣，犹自僭称。但身着白衣，受比丘礼拜，诽谤禅律者：谤宗门为静坐狂参，自命顿超生死；谤律学为持戒修身，究竟不出小乘。禅、教、律三者，唯不谤说教，以自己敷座说法，谬称己说即是佛说，各宜信仰。盖自命为佛，是坏佛宝；诽谤禅律，是坏法宝；受比丘礼，是坏僧宝。信其邪说，断三宝种，布地狱苗矣！骂詈徒众者：以示无私；讦露人事者：以表正直；不避讥嫌者：发人阴私，讥谤憎嫌，所不避也。

口中常说，神通自在。或复令人，旁见佛土，鬼力惑人，非有真实。赞叹行淫，不毁粗行，将诸猥媟，以为传法。

此复说迷惑之言。口中时常宣说，神通变化，自在无碍，以慰爱求之心故。或复令人，旁见佛土，为证自己是佛，此皆鬼力要迷惑于人，故意妄现，非有真实。赞叹行淫者：以男女交遘，即是法身常住不绝。并不毁粗行，将诸鄙秽猥媟之事，以为传法，令得佛种不断故。此将地狱种，以为佛种，吁可叹也。

此名天地大力，山精、海精、风精、河精、土精，一切草木，积劫精魅，或复龙魅，或寿终仙，再活为魅，或仙期终，计年应死，其形不化，他怪所附，年老成魔，恼乱是人。厌足心生，去彼人体，弟子与师，多陷王难。

天地大力四字，通指下之五精，以是天地间，大力精故。五精各有统辖，威权自在，有正有邪，正者为神，邪者为精，以能与正神分权，其力最大。一切奇草异木，受天地之灵秀，盗日月之精华，积劫既久，成为精魅。或复龙魅：如守天宫殿之龙，及守护伏藏之龙，窃天之灵，盗物之精，而为妖魅。或寿终仙，再活为魅者：存想固形，本望长生不死，岂知仙寿，亦有终尽，再活为魅。或仙期终，计年应死，其形不化：以修仙者，烧铅炼汞，烹养丹砂，应享遐龄，仙期告终，计年应死，神识难留，形骸不化，为他怪所附，可惜已往功行，反资妖孽。不依正觉，修三摩提，而存想固形者，宜知猛省也。年老成魔下，准前可知。

汝当先觉，不入轮回；迷惑不知，堕无间狱。

又善男子，受阴虚妙，不遭邪虑，圆定发明，三摩地中，心爱入灭，研究化性，贪求深空。

此第九贪求深空。首四句同前。三摩禅定之中，心爱入灭者：《宝镜疏》云：由彼不知一切法相，本自寂灭，不待更灭，无故欲将有相之法，而入无相之空。非同小乘，灭色归空也。研究化性，贪求深空者：研究万化之体性，即是根本想阴，微细动相，精研穷究，欲期于尽，盖为贪求深空。言深空者，不唯身境俱空，并且存没自在也。

尔时天魔，候得其便，飞精附人，口说经法。

即此一念贪求，便是定心不密，天魔有隙可乘，飞精附人惑乱，固其宜矣。

其人终不觉知魔著，亦言自得无上涅槃，来彼求空善男子处，敷座说法。于大众内，其形忽空，众无所见，还从虚空，突然而出，存没自在。或现其身，洞如琉璃，或垂手足，作旃檀气，或大小便，如厚石蜜，诽毁戒律，轻贱出家。

其人至敷座说法，准上可知。于大众内，其形忽空者：先现邪惑事，虽说空法，恐犹不信，特为示现，坚固信仰耳。正于大众内，身形忽空，众无所见：显是即有而空；正当形空无见，还从虚空，突然而出，显是即空而有。如是或存或没，均得自在，略有似于妙有真空，真空妙有也。但魔力诈现，以遂贪求深空者之心也。或现其身，洞如琉璃者：身为众秽所集，能现洞澈，如琉璃宝。或垂手足，作旃檀气者：手足垢污不净，能垂作旃檀香气。或大小便，如厚石蜜者：大小便臭秽不堪，能现如厚石蜜之甜，石蜜冰糖也，显是即染而净。竟于现前身中，炫异惑众。诽谤戒律者：诽持戒为小乘，自行束缚。轻贱出家：不得身空，自解求脱。

口中常说，无因无果，一死永灭，无复后身，及诸凡圣。虽得空寂，潜行贪欲，受其欲者，亦得空心，拨无因果。

此复说邪惑之言以炫世。口中常好说言，无因无果，一死永灭：如波斯匿王，见迦旃延，毗罗胝子，咸言此身，死后断灭，正同此见。无复后身者：即一死永灭，无复舍生趣生，而受身后苦乐等报；及诸六凡四圣，迷悟差别；即使圣人修证，亦属无有。盖以断灭为得空寂，以行欲为无碍，故曰虽得空寂，潜行贪欲。受其欲者，名持法子，传授断灭之法，亦得心空。拨无因果，生大邪见。永嘉云：豁达空，拨因果，莽莽荡荡招殃祸，可不惧哉？

此名日月，薄蚀精气，金玉芝草，麟凤龟鹤，经千万年，不死为灵，出生国土，年老成魔，恼乱是人。厌足心生，去彼人体，弟子与师，多陷王难。

《指掌疏》云：日月薄蚀者：黑气相迫曰薄，蔽其精耀曰蚀，即今日月交食是也。然日为阳精，月为阴精，各有光华之气，周遍散注；当其薄蚀之际，不得散注，直贯于地。地上之金玉芝草，麟凤龟鹤，得之可以久生，可以毓秀，故云经千万年，不死为灵。出生国土者，为物仙，为禽仙，为兽仙，与前所称，积劫精魅者不同也。余准前可知。

汝当先觉，不入轮回；迷惑不知，堕无间狱。

又善男子，受阴虚妙，不遭邪虑，圆定发明，三摩地中，心爱长寿，辛苦研几，贪求永岁，弃分段生，顿希变易，细相常住。

此第十贪求永岁。首四句同前。于三摩禅定之中，心爱长寿，辛苦研究几微动相，即想阴根本。《指掌疏》云：然此微细动相，不可以有心研究，但依本修，定深自灭，如澄浊水，贮于静器，静深不动，沙土自沉。今以辛勤劳苦，研究几微，已为失计；而又贪求永岁，而弃分段之生，顿希变易，而望细相常住，是为重增妄想。分段生死者：三界内有形生死；六道众生，依此身根，有寿命长短之分剂，有体质大小之段落，故称分段。变易生死者：三界外无形生死；三乘圣人，断界内见思惑尽，生法性土，故受变易，但心念迁变移易而已。今弃分段之生死，顿希变易之生死，而得细相常住也。

尔时天魔，候得其便，飞精附人，口说经法。

其人竟不觉知魔著，亦言自得无上涅槃，来彼求生善男子处，敷座说法。好言他方，往还无滞，或经万里，瞬息再来。皆于彼方，取得其物；或于一处，在一宅中。数步之间，令其从东，诣至西壁，是人急行，累年不到。

因此心信，疑佛现前。

其人至敷座说法，解见在前。好言他方下：先现邪惑之事。他方万里之遥，或往或还，去来无滞（碍也）。瞬息时之短也，可以再来。皆于彼方，取得其物为证。此五通中神足通，魔力所为，以至远而成至近也。昔道教薛道光，修性不修命，但能出阴神，不能远方取物。张紫阳，性命双修，能出阳神，兼能远方取物。由此观之，纵能远方取物，仍不出天魔伎俩，又岂能与《法华》，普现色身三昧，及本经圆通殊胜妙用，论其浅深哉？

或于一处，在一宅中，不过数步之间，其量至近，令其从东，诣至西壁，是人急行，累年不到。然所明在己，则行远若近；而明在他，则令近如远，盖地之可缩可舒，时之或延或促，皆魔诈现，以惑乱人心。因此心信，疑为是佛现前矣。

口中常说，十方众生，皆是吾子，我生诸佛，我出世界，我是元佛，出世自然，不因修得。

此复出邪惑之言。口中常说，十方众生，皆是吾子者：显未有众生之前先有也；我生诸佛者：显未生诸佛之前先生也；我出世界者：显未出世界之前先出也；是依报正报，诸佛众生，我是元佛。既是根本元佛，今犹现在，而寿命之长，更无有过者矣；此投其爱求之本念也。出世自然，不因修得者：正显其徒修无益，拨无修证之事也。

此名住世，自在天魔，使其眷属，如遮文茶，及四天王，毗舍童子，未发心者，利其虚明，食彼精气，或不因师，其修行人，亲自观见，称执金刚，与汝长命。现美女身，盛行贪欲，未逾年岁，肝脑枯竭，口兼独言，听若妖魅，前人未详，多陷王难。未及遇刑，先已干死，恼乱彼人，以至殂殒。

住世自在天魔者：即欲界第六天上，别有魔王居处，亦他化自在天摄。使其眷属者：如飞遣精魅之类。遮文茶，云奴神，即役使鬼，亦云嫉妒女。毗舍童子，即毗舍遮鬼，此云啖精气，皆隶属四王天管辖。已发心则护人，未发心则害人，以取利彼行人，定心虚明，资发邪慧，食彼精气，助养魔躯也。或不因师者：不因魔附之师，其修行人，亲自观见，魔王现身，口称执金刚坚固之术，与汝长命，身等金刚也。然后现美女身，引诱迷惑，自恃身形强壮，与之盛行贪欲；未逾一年半岁，肝血脑膜，自告枯竭，殊不知长命之说，徒托空言，损身之害，成为实验。口兼独言者：乃谓行人，与魔对语，旁人不晓，以为独言，所言无定，听若妖魅。前人未详下：双明二俱是害。言前来因师，受惑之人，未详是魔精所附，以致弟子与师，多陷王难，若此之不因师，与美女盛行贪欲，未及遇刑，先已干死，其为害犹速也。此二者皆足以恼乱行人，以致殂丧殒亡也。

《宝镜疏》云：以上十种，皆由圆定心中，妄起贪求之念，以致然耳。若是如法精进，一念不生，如幻修证，则何善巧之不得？何法界之不历？何机理之不契？何根本之不析？何感应之不成？何静谧之不入？何宿命之不知？何神通之不具？何深空之不证？何常住之不获？而乃忽生心爱贪求。譬如鳞角未成，辄思飞跃；羽毛不足，便拟扶摇。所谓学未优而求仕，丹未成而先吞，其可乎哉？故知招魔成堕者，皆自心妄想之过也。

　　　　汝当先觉，不入轮回；迷惑不知，堕无间狱。

　　　　阿难当知：是十种魔，于末世时，在我法中，出家修道，或附人体，或自现形，皆言已成正遍知觉。

此结十种魔境。劝令当机，传示将来，令得咸知，勿为所惑。故呼当机，应当知觉，此十种邪魔，于末世时，在我佛法中，假示出家，名字修道，希图破坏佛法，现比丘身。昔佛在世，魔王欲坏法佛，佛有神力，故不能坏。佛将涅槃，召魔嘱咐，拥护佛法。有一魔作誓云：我待佛灭后，依教出家，着汝袈裟，坏汝佛法，其可能否？佛即堕泪曰：无奈汝何！譬如狮子身中虫，自食狮子身中肉。或附人体，或自现形，如第十境，亲自观见，称执金刚，与汝长命，现美女身，盛行贪欲。皆言已成正遍知觉者：此约智果说，已经成就，正遍知觉之佛果；了知心生万法为正知，了知法法唯心为遍知。行人当知，凡现通称佛，必魔无疑，以圣人应世，必不轻泄也。

　　　　赞叹淫欲，佛破津仪，先恶魔师，与魔弟子，淫淫相传，如是邪精，魅其心腑，近则九生，多逾百世，令真修行，总为魔眷。

温陵曰：《涅槃经》云：末世魔眷属，现比丘罗汉等像，混坏正法，诽毁戒律，其意同此。赞叹淫、怒、痴，即是戒、定、慧，破佛所制律仪。先恶魔师者：指前十种，魔附之人，与其座下弟子，以淫传淫，延害后世。如是邪精，魅其心腑，举世不觉，陷入魔网；故近则九生，多逾百世也。九生百世，皆约佛灭后言之，以百年为一生，九生九百年也。以三十年为一世，百世三千年也。去圣时遥，人根浅薄，本望真修，反成魔业，故曰令真修行，总为魔眷。

命终之后，必为魔民，失正遍知，堕无间狱。

既为魔眷，命终之后，必定以为魔民。邪见日深，正见日晦，亡失正遍知觉之佛性，堕无间狱。

汝今未须，先取寂灭，纵得无学，留愿入彼末法之中，起大慈悲，救度正心深信众生，令不著魔，得正知见，我今度汝，已出生死，汝遵佛语，名报佛恩。

此正劝当机，救度末世。阿难愿学菩萨久矣。自未得度，先度人者，菩萨发心，故教以未须先取寂灭，纵得成无学之道，还要留愿，入彼末法之中。阿难此时，已断三界修心，六品烦恼，自知修证，无学道成，故劝以留愿度生也。起大慈悲五句：时当末法，魔强法弱，邪说竞兴，真伪莫辨，发起大慈心，以与正知正见之乐；发起大悲心，以拔邪知邪见之苦。正心者，发无上菩提之心；深信者，信众生具有佛性。救度此等众生，慧眼圆明，修真三昧。令不著魔，得正知见者：能令不著魔王邪知邪见，而得佛法正知正见也。

我今度汝二句，阿难虽在二果，但为侍佛，故留残结，佛知分段不羁，故曰我今度汝，已出生死。既出生死，故嘱勿灭，当遵佛语，传示末法，救度众生，名报佛恩。假使顶戴恒沙劫，身为床座遍三千，若不说法度众生，是则不名报恩者。亦如当机偈云：将此深心奉尘刹，是则名为报佛恩也。

阿难，如是十种，禅那现境，皆是想阴，用心交互，故现斯事。

如是十种，禅那魔境，皆是想阴所覆。以故观力与妄想，交战心中，互为胜负；若妄想胜时，故现斯事。

众生顽迷，不自忖量，逢此因缘，迷不自识，谓言登圣，大妄语成，堕无间狱。

谓言登圣者：不惟惑魔为圣，兼亦自言登圣。佛为法王，如何妄窃？大妄语成，决定堕狱无疑也。

汝等必须，将如来语，于我灭后，传示末法，遍令众生，开悟斯义，无令天魔，得其方便，保持覆护，成无上道。

汝等，皆叮咛咐嘱之意。必须将如来所说之语，于如来灭后，传示末法，遍令一切众生，开悟斯义，勿堕魔网。故当机结集法藏，流通今后，为作人天眼目，以为救世慈航，普令行人，依之修习，保持真心，覆护禅定，成无上正等正觉之道也。

楞严经正文卷第九终

阿难，彼善男子，修三摩地，想阴尽者，是人平常，梦想消灭，寤寐恒一，觉明虚静，犹如晴空，无复粗重前尘影事。观诸世间，大地山河，如镜鉴明，来无所粘，过无踪迹，虚受照应，了罔陈习，惟一精真。

此通明行阴始终之境。彼善男子：摄前透过想阴十境之人；或始终不起爱求，常住性定；或魔来便能觉知，不坏本修。如是用心，想阴破，而仍复精研，故曰修三摩提。望想阴为终修，望行阴为始修；三摩增进，动念既尽，浮想销除，名为想阴尽者。是人平常，梦想消灭：如后云，寤即想心，寐为诸梦。今既无梦无想，则寤时无想，常同寐时之静；寐时无梦，常同寤时之觉，故曰寤寐恒一。觉明虚静者：本觉妙明真心，离诸梦想之扰乱，而得清虚寂静矣！犹如晴明之空，迥无所有。无复粗重前尘影事者：以粗重尘影，即是法尘，全依想阴为体；想尽，尘自无依，故言无复等。此以上，约心之自体妙，独影先虚也。观诸下，约心之照境妙，性境亦虚也。世间山河大地是性境，今心照山河等，如镜之光明洞鉴，应物而现，毫无分析。故物来影现镜中，而镜无所粘着；物过影灭镜中，而镜亦无踪迹。据此，则境识中，不过虚受照应而已。境灭，识中了然罔有陈习之可言。陈者旧也，即旧时习气也。惟一精真，惟是一个识精真体，即是第八本识，非究竟也。

生灭根元，从此披露，见诸十方，十二众生，毕殚其类，虽未通其各命由绪，见同生基，犹如野马。熠熠清扰，为浮根尘，究竟枢穴，此则名为，行阴区宇。

生灭根元者：一切生灭，根本元由，及第八识中，所含七识种子；以有微细生灭，为行阴根本，所有生灭，皆由此流出。前为想阴所覆，故不能见，今则想阴动念既尽，行阴生灭根元，从此披敷显露。故得见诸十方，十二种类，众生生灭，毕竟克殚其类。殚，犹尽也。各命由绪，为识阴；同分生基，为行阴；今为行阴所覆，故曰虽未得通达十二类生，各各受命元由头绪，而见七识种子，同分生基，犹如野马，熠熠清扰。野马非尘埃，即田间游气，春晴伏地可见，其状如水，其光如焰。庄生呼为野马，佛经多称阳焰，渴鹿逐阳焰，远望如水，至近则无。此阴前于二卷，五阴科中，彼约迷位，取其粗相，譬如瀑流；此约修位，取其细相，喻同野马。以喻行阴，幽隐微细动相。熠熠，小明也，以喻行阴动相，忽起忽灭也。

清扰者：拣异前后之辞。清是轻清，非同前阴之重浊；扰是扰动，非同后阴之澄湛。为浮根尘，究竟枢穴者：浮根四尘，乃众生根身，十二种类，各各不同；而究竟转变之机，尽在行阴。枢者，门之轴；穴者，门之臼。由枢穴故，门得开关；由行阴故，根尘得以生灭。此相不尽，生死难脱，是则名为行阴区宇。

若此清扰，熠熠元性，性入元澄，一澄元习，如波澜灭，化为澄水，名行阴尽。是人则能，超众生浊，观其所由，幽隐妄想，以为其本。

若此轻清扰动，熠熠生灭之根元体性，因定力转深，此体性一入于元本澄清之际；后文所谓，湛不摇处是也。元性：生灭根元体性，即第七识。元澄：水浪停息曰澄，即第八识。一澄本元习气，即第七识行阴。种习俱尽，而复还识精元明之体矣。故曰如波澜灭，化为澄水。以想阴如洪波，行阴如细浪，识阴如无浪流水，真觉体性如湛然止水；今化为澄水，名行阴尽。《指掌疏》云：按耳根圆通，此当空所空灭。言前于觉所觉空时，宛尔有个能空心生，所空觉灭，仍属细流，即是八识中，第七识种子，名为生灭根元。今于行阴尽时，性习都尽，故能空与所空，而俱灭矣。所以不能复真者，以犹为识阴所覆故。

是人则能超众生浊者：如前云，知见每欲留于世间，业运每常迁于国土，相织妄成，名众生浊。以行阴生灭不停，业运常迁，遂成众生知见，浑浊真性。今者，行阴既尽，则众生浊自然超越，超越之后，反观行阴之所由来，元从幽深隐微妄想，以为其本。

阿难当知：是得正知，奢摩他中，诸善男子，凝明正心，十类天魔，不得其便，方得精研，穷生类本。于本类中，生元露者，观彼幽清，圆扰动元，于圆元中，起计度者，是人坠入，二无因论。

此下别示，行阴十计，不言十境，而云十计者，但是想破行现，自缘定中所见，而生种种邪计，非有外境魔事之扰也。此第一、二种无因论。呼阿难而告之曰：当知，警令觉知也。是得正知者：即不遭邪虑也。奢摩他中者：即圆定发明也。凡能到此地位，俱有决定善根，故称善男子。凝明正心者：凝：不动也，于想阴十境，不起爱求。明：不惑也，于飞精附人，便能觉知。正心：双承不动（定也）不惑（慧也），定慧均等。十类天魔，不得其便，圆通妙行，乃可增修，方得精心研究，力破想阴。想阴既破，行阴即现，故得穷十二类生，生灭根本。此上历叙，想破行现。于本类中，生元露者：此下方明，邪解起计，并非外魔，惟是自心作孽，是谓心魔。先穷十二类生，行阴深本，欲于本类中，研求生灭根元显露者，即行阴显现也。

观彼幽清，圆扰动元者：乃正观行阴；彼即指行阴，幽隐轻清，非同前想阴，显明重浊也。圆者：遍十二类生，一一皆然；即观行阴迁流，微细动相，为圆扰群动之元，观同分生基之总相，不起妄计，一味精研，自可进破行阴。

今于圆元中，起计度者：于圆扰群动之元，为诸行之本，是生灭之元，如是观察，执为胜性，故起计度。并不知有不扰不动之真如，亡失本修，以是坠入二无因论。《正脉疏》云：二无因论，乃先世外道，修心邪解，所立违理背正之恶见耳。今行现之解，适与之同，故即坠彼论中，如后车蹈前车之覆辙，故即同堕一坑堑地。后文诸论，皆仿此意。

> 一者，是人见本无因。何以故？是人既得生机全破，乘于眼根，八百功德，见八万劫，所有众生，业流湾环，死此生彼，只见众生，轮回其处，八万劫外，冥无所观。

首二句标定，下征释。一者，是人：即于圆元中，起计度之人。计执此圆元为胜性，并不知此但行现，尚未至于尽；行阴尽后，还有识阴，识阴尽后，方是本觉。便谓此行阴，为生灭之元，本来无有因起，故曰见本无因。何以故征，下释。是人既得生机全破者：生机：即行阴。破：即显露义。前文所谓生灭根元，从此披露是也。乘于眼根清净，获得八百功德，极尽其见量，能见八万劫内，所有众生，业行迁流，湾转回环，莫能自止。死此生彼者：即舍生趣生也。亦即前文所谓，业运每常迁于国土是也。只见众生，随业行以迁流，轮回在八万劫中之处，八万劫外，冥然莫辨，毫无所观也。

> 便作是解：此等世间，十方众生，八万劫来，无因自有。

便作如是邪解妄计：此等世间，十方众生，八万劫来，无因自有。因八万劫外，冥然无有所观，遂计无因。拘舍离等，昧为冥谛，即同此见。儒宗所谓，鸿蒙混沌者，皆此类也。殊不知自己见量有限，未至圆极，若如来见量，竖穷三际，横遍十方，岂以八万劫为限哉？

> 由此计度，亡正遍知，堕落外道，惑菩提性。

由此邪计筹度，亡失正知，执八万劫，无因自有；亡失遍知，堕落外道邪见，惑乱菩提正觉之性矣。

> 二者，是人见末无因。何以故？是人于生，既见其

根，知人生人，悟鸟生鸟，乌从来黑，鹄从来白，人天本竖，畜生本横，白非洗成，黑非染造，从八万劫，无复改移。

首二句标定，下征释。二者，是人：于圆元中，起计度之人。计执此圆元为胜性，详推过去，见本无因，例知未来，见末无因也。何以故征，下释云：是人于生，既见其根者：谓是人于诸众生，既见劫前，本无其根，无因而有。盖即以无因，为十二类生本元，自然而然，由此转计，成为自然外道。知人还自然生人，悟鸟还自然生鸟，乌从来自然是黑，鹄从来自然是白。白非是洗成而白，黑非是染造而黑。人天二句，当在下，谅抄写之误。若是人天，本来是竖形而立，若是畜生，本来是横行而走，此皆自然而然，本无有因。从八万劫来，未尝更改变移。

今尽此形，亦复如是，而我本来，不见菩提，云何更有，成菩提事？当知今日，一切物象，皆本无因。

此下释成，上科全推过去，此科列定未来。今尽此形者：尽，即尽未来际，而此形亦复如是，无有改移。而我本来，八万劫前，不见十二类生，从菩提性起；云何更有，众生于劫后，成菩提事乎？当知今日，一切物象，既皆劫前，本无有因，以此验知劫后，末亦无因也。言八万劫尽，终成断灭，无有因果而已。盖以从无因而起者，还复无因，返于冥初之意而已。

由此计度，亡正遍知，堕落外道，惑菩提性。

由此邪计筹度，亡失正知，皆谓一切自然，亡失遍知，不达循业发现，以致堕落外道恶见，反惑乱菩提正觉之性矣。

是则名为，第一外道，立无因论。

阿难，是三摩中，诸善男子，凝明正心，魔不得便。穷生类本，观彼幽清，常扰动元，于圆常中，起计度者，是人坠入，四遍常论。

此第二，四种遍常论。是三摩中：正修定慧之中。凝明正心者：凝然不动，于想阴十境，始终不起爱求；明照不惑，于飞精附人，魔来便能觉知；正心即不动不惑，定慧均等之心。魔不得便：圆通妙行，自可增修。想阴既破，行阴现前，穷十二类生，生灭根本，即观察彼行阴幽隐轻清，常扰动元。于圆常中，起计度者：见周遍处，各之曰圆，见相续处，名之曰常；殊不知此周遍相续，乃行阴迁流，生灭之相。而于是中，妄起计度，圆遍常住者，是人坠入外道，四种遍常论矣。

一者，是人穷心境性，二处无因，修习能知，二万劫中，十方众生，所有生灭，咸皆循环，不曾散失，计以为常。

一者，是人欲穷行阴，但约心之与境二性，以求本元，何自而起。然穷之不远，以见心境二处，于二万劫前，无因自有。修习者：即穷心境之修习；能知者：以其见量有限，只见二万劫中，十方众生，所有心境生灭。以心境皆属行阴，皆有生灭；然生灭正是无常，而彼但见劫内，生灭灭生，咸皆循环，相续不断，不曾散失。遂计心境二性，以为遍常，不计劫外无因，以为断灭，与上科异也。

二者，是人穷四大元，四性常住，修习能知，四万劫中，十方众生，所有生灭，咸皆体恒，不曾散失，计以为常。

二者，是人欲穷行阴，乘己见解，研究四大，为变化之元。见一切万法，皆从四大和合而成，遂计四大种性，本来常住。殊不知四大，亦属唯识变现，其体本空，如虚空华。依之修习，能知四万劫中，四万劫外，则冥无所观矣。其见量比前，增加一倍，十方众生，所有生灭，皆从四大和合而成。而四大种性，既是常住，咸皆体性，周遍恒常，不曾散失，遂计四大之性为遍常。

三者，是人穷尽六根，末那执受，心意识中，本元由处，性常恒故。修习能知，八万劫中，一切众生，循环不失，本来常住，穷不失性，计以为常。

三者，是人穷尽六根之中，所具之六识，并及末那之七识，恒审思量故，执受之八识，执持根身、器界、种子故。此由行人，乘己见解，穷心（八识）意（七识）识（第六识）中，根本元由，生起之处。殊不知是乃行阴，相续之由，而反妄计识性恒常之故。依此修习，能观八万劫中，一切众生，死此生彼，展转循环，不曾散失。遂谓从本以来，周遍常住；即以穷此循环不失之性，计以为周遍常住。《正脉》谓：特以所穷八识，法门深广详切，倍前四大故，所知劫数，亦倍前人。

四者，是人既尽想元，生理更无，流止运转，生灭想心，今已永灭，理中自然，成不生灭，因心所度，计以为常。

四者，是人计想尽为常，以其既尽想阴根元，谓根本想阴，即第八识中动相。今想破动相已尽，露出行阴，生灭根元。生理：即生灭根元，犹如野马，熠熠清扰，非是无流，彼谬谓更无流止，运转施为，意以生灭想心，今已永灭，理中自然，成一种不生灭。殊不知行阴，正是第七种子，微细流注，实非真不生灭；不过因心路筹度，计为周遍常住。

由此计常，亡正遍知，堕落外道，惑菩提性。是则名为，第二外道，立圆常论。

由此之故，非是遍常，妄计遍常。亡正遍知者：不达行阴迁流，则亡正知；不悟万法生灭，则亡遍知。堕落外道，执此为常；不知别有真常，菩提正觉之性。是则名为第二常见外道，立圆常论。

又三摩中，诸善男子，坚凝正心，魔不得便，穷生类本，观彼幽清，常扰动元，于自他中，起计度者，是人坠入，四颠倒见，一分无常，一分常论。

此双计常与无常也。又三摩中，诸善男子坚凝正心者：前二科云凝明，足显定慧相资，此云坚凝，似偏属于定。然虽似偏属，乃是即慧之定，定力愈深，而坚固凝然不动。想阴十境，始终不起爱求，故曰正心。魔不得便，故得想破行现。研究众生，十二种类，生灭深本，深本既现，但依耳根妙修，一味反闻照性,自可进破行阴;而乃观察行阴,幽隐轻清,常时扰动;生灭之根元,既为诸动之根元,则自他依正,皆依之建立。由此于自他法中,起诸妄计筹度者,是人坠入,四颠倒见;颠倒见中,一分无常,一分常义。《合辙》云:平等性中,本无自他,而妄计自他;中道了义,迥绝二边,而谬执断常,非倒见而何哉?《正脉》云:四种颠倒,合前二计观之,二无因,似观劫外断处,而计无常;四遍常,似观劫内续处,而计是常,各皆单计而已。今此乃是双计,常与无常也。

一者,是人观妙明心,遍十方界,湛然以为,究竟神我。从是则计,我遍十方,凝明不动,一切众生,于我心中,自生自死。则我心性,名之为常;彼生灭者,真无常性。

一者,是人观彼幽清,常扰动元,此是行阴,生灭根元;而计为妙明真心,遍满十方世界。且以幽清常扰,不觉妄谓湛然,即不动义,自计最胜曰究竟,名为神我,此即外道二十五谛之最后一谛也。彼有定力,能观八万劫;八万劫外,则冥然莫辨,遂立为冥谛。从冥谛生觉大,觉大生我心,我心生五微,五微生五大,五大生十一根,最后立一神我。谬计冥谛为能生,中间二十三法为所生。神我为能受用,中间二十三法为所受用。如彼论云:神我有知,能思虑故,我以思为性,受用大等二十三法。盖是以第八识中,所含第七识种子,为神我也。既立神我,从是则计神我,遍满十方,凝明不动,无生无灭,以故是常。以一切众生,于我心中,自生自死,故是无常。此于自他处计常无常也。

二者,是人不观其心,遍观十方,恒沙国土。见劫坏处,名为究竟,无常种性;劫不坏处,名究竟常。

二者,是人前观自心,已知是常,故不复观。又前于众生,知是无常;而于国土,未知是否常住?故运心遍观,十方恒沙国土,成坏不一。彼但见劫坏之处,三灾起时,坏后见空;不知成住坏空,乃世界之劫运,空后还有成,便名为究竟无常种性。若见劫不坏处,不知暂时而住,不过二十小劫,便名为究竟真常种性。此以国土坏不坏,计为常无常也。《指掌疏》云:要知界性无二，成坏随缘，若因有坏，而执无常，则菩萨灰严土之心；若因不坏，而执真常，则凡夫增恋世之志。邪见误人，不可不知。

> 三者，是人别观我心，精细微密，犹如微尘，流转十方，性无移改，能令此身，即生即灭，其不坏性，名我性常；一切死生，从我流出，名无常性。

三者，是人舍他观自，于自己身心二途，分别而观。别观我心等：此观心也。能令此身等：此观身也。言精细微密者：此想破行现，指行阴根本也。别观我心，是七识种子故曰精，流注莫见故曰细，虚受照应故曰微，行相幽隐故曰密，犹如微尘，为十二类众生根本。此即外道所计之微细我也。第一科中神我，即广大我也。依此微细我，起惑造业，随业受报，流转十方，而性无移改，此即大小不定我也。所受之报，有大小不定故。以上观心，次观身；能令此身，即生即灭者：前云业运每常迁于国土，能令此身，刹那变灭，故云即生即灭，其不坏性，即无移改之心性，名我性常。至于一切生死之身，从我流出，名无常性。此以自己身心计为常无常也。

> 四者，是人知想阴尽，见行阴流，行阴常流，计为常性；色受想等，今已灭尽，名无常性。

四者，是人通观四阴，知色、受、想三阴已尽，见行阴现在迁流，以行阴相续，不断而常流者，便计以为常住性。色受想等三阴灭尽，而无有者，故计以为无常性。此于四阴中，计常无常也。

> 由此计度，一分无常，一分常故，堕落外道，惑菩提性，是则名为第三外道，一分常论。

由此计度，自他依正，及阴等。各执不同，总不出一分无常，一分常论。以此双计，故成颠倒。所以堕落外道，如僧佉论师等。《智论》云：诸法不应执常。常即无罪无福，无所伤杀，亦无施命，无缚无解，则无涅槃；若执无常，即是断灭，亦无罪福，亦无增损功业，因缘果报亦失。是皆足以惑菩提性，是则名为第三外道一分常论。此偏言一分者，以二分中，以常为胜，显独重故。

又三摩中，诸善男子，坚凝正心，魔不得便，穷生类本，观彼幽清，常扰动元，于分位中，生计度者，是人坠入，四有边论。

又三摩中，文同上可知。于分位中，生计度者：温陵曰：分位有四，谓三际分位，见闻分位，彼我分位，生灭分位。于四种分位中，生计度者，是人坠入四有边论。文虽双计，有边无边，理实但是邪计。边见而已，非真得无边理体，故以正教判之，但名有边。

一者，是人心计生元，流用不息。计过未者，名为有边；计相续心，名为无边。

一者，是人约分位计有边无边也。心计生元者：谓见行阴为十二类生，生灭根元，而现在迁流业用，循环不息。计过去已灭，未来未至，名为有边；计现在相续，曾无间断，名为无边。既取现心续处，为无限际者，为无边；则必以过未断处，有限际者，为有边。然心无限际者，以当念观心，浩渺无涯岸之谓也。

二者，是人观八万劫，则见众生，八万劫前，寂无闻见，无闻见处，名为无边；有众生处，名为有边。

二者，是人约见闻以计有边无边也。以定力能观八万劫，则见众生，生灭灭生，轮回其处，八万劫前，寂然无有闻见。彼但见无闻见处，冥然莫辨，邈无涯涘；不知惟是自己见闻不及，遂名为无边之性。又但见有众生处，生灭相续；不知惟是业缘，虚妄现起，遂名有边之性。

三者，是人计我遍知，得无边性。彼一切人，现我知中，我曾不知，彼之知性；名彼不得，无边之心，但有边性。

三者，是人约彼我以计有边无边也。此由行人，观己行阴，执为真我。遂计我能周遍了知，于诸法之中，得无边之性。而彼一切众生，皆现我知之中，我曾不知，彼知之性；名彼不得，无边心性，但名有边心性耳。

四者，是人穷行阴空，以其所见，心路筹度，一切众生，一身之中，计其咸皆半生半灭。明其世界，一切所有，一半有边，一半无边。

四者，是人约生灭以计有边无边也。穷行阴空者：谓想阴既尽，行阴迁流，今以定力研穷，欲求其空（即灭也）。以在定中，觉得行阴灭，出定之时，觉得行阴生，不知是定功未至，若定功至，则行阴自空。如波澜灭，化为澄水。今以其所见，用妄想心路筹度，谬谓一切众生，一身之中，咸皆半生半灭。以一例诸，明世界所有一切皆是一半有边，一半无边，以生时觉得有边，灭时觉得无边故。

　　由此计度，有边无边，堕落外道，惑菩提性，是则名为，第四外道，立有边论。

由此妄心计度，有边无边，堕落外道，成其伴侣，以其边则非中，故迷惑中道，菩提正性。是则名为第四外道，立有边论。

　　又三摩中，诸善男子，坚凝正心，魔不得便。穷生类本，观彼幽清，常扰动元，于知见中，生计度者，是人坠入，四种颠倒，不死矫乱，遍计虚论。

又三摩中，文同上可知。于知见中，生计度者：谓以彼定中，所知所见，不能决择明了，而妄生周遍计度也。是人坠入四种颠倒之见。不死者：外道计无想天，为不死天。一生不乱答人，死后当生彼天。若实不知，而辄答者，恐成矫乱；故有问时，答言秘密言词，不应皆说，或不定答。佛法诃云：此真矫乱。《灌顶》云：邪分别性，故名遍计；都无实义，故云虚论。

　　一者，是人观变化元，见迁流处，名之为变。见相续处，名之为恒。见所见处，名之为生。不见见处，名之为灭。相续之因，性不断处，名之为增。正相续中，中所离处，名之为减。各各生处，名之为有。互互亡处，名之为无。以理都观，用心别见。有求法人，来问其义，

> 答言我今，亦生亦灭，亦有亦无，亦增亦减，于一切时，皆乱其语，令彼前人，遗失章句。

一者，是人以生灭行阴分别，而成八种邪见。观变化元者：以想尽行现，进观行阴，为变化之根元，其体即是迁流。既有迁变流转，故即名为变。虽有迁变，而却前后相续，有相续则无断绝，故即名为恒（即常也）。此变恒一对也。见所见处，名之为生者：于八万劫内，能见所见之处，似为众生生，故即名为生。不见见处，名之为灭者：于八万劫外，不能见所见之处，似是众生灭，故即名为灭。此生灭一对也。相续之因，性不断处者：此又于生灭之中，别起有因之计，如前行阴已灭，后行阴未生，中间必有相续之因，然相续即中有身，其体即是识阴，以彼不知，行阴之外，别有识阴，但见其性不断处，似多出一法，名之为增。正相续中，必有缺乏之处，如出入之息，相续而缺中交是也，缺少即名为减。此增减一对也。又各各生处，名之为有者：因观众生，各各生处，以生为有，故遂名为有。见互互无处，以灭为无，故遂名为无。此有无一对也。如上八种，虽则以行阴之理，统而观之，而行人用心，差别而见，前后不一，无有正知正见。有求法人来问修证之义，答言我今亦生亦灭，亦有亦无，亦增亦减。盖亦者，两可之词，显其不堕偏执。殊不知，中无主宰，于一切时，皆乱其语。正堕矫乱论议，文少亦变亦恒一对。令彼前人，遗失章句者：指前来问话之人；答者既两可莫决，而听者自然遗失章句也。

> 二者，是人谛观其心，互互无处，因无得证。有人来问，惟答一字，但言其无，除无之余，无所言说。

二者，是人谛观其心者：于生类中，谛观行阴之心。互互无处，因无得证者：谓悟得一切法皆无也。有人来问，惟答其无，除无之外，无所言说也。

> 三者，是人谛观其心，各各有处，因有得证。有人来问，惟答一字，但言其是，除是之余，无所言说。

因有得证者：念生后必有灭相，灭后必有生相。从此证得，一切皆有；是即有也。余可知。

> 四者，是人有无俱见，其境枝故，其心亦乱。有人

来问，答言亦有，即是亦无，亦无之中，不是亦有，一切矫乱，无容穷诘。

四者，是人观察行阴，有无俱见。既见其念念生处，又见其念念灭处；其境如木分为两枝，其心亦复不定（乱也）。有人来问，即答，见亦有即是亦无者：以生者必归于灭。亦无之中不是亦有者：以灭者不定更生。一切矫乱，无容穷诘者：矫者，执拗不顺于理；乱者，心无主正。《宝镜疏》云：此中第一、第四，言皆两可，乱义为多，而终非顺理，亦兼于矫也。第二、第三，言惟一偏，矫义为多，而终非主正，同归于乱也。故总结云：一切矫乱，无容穷究诘问者也。

由此计度，矫乱虚无，堕落外道，惑菩提性。是则名为，第五外道，四颠倒性，不死矫乱，遍计虚论。

虚无者：虚妄邪计，无有实义。堕落外道，迷惑菩提真性，是则名为，第五外道。迷正知见，立邪知见，故曰四颠倒性。结名遍计虚论者：此人周遍计度，如执绳为蛇，皆至虚至妄之论也。

又三摩中，诸善男子，坚凝正心，魔不得便，穷生类本，观彼幽清，常扰动元，于无尽流，生计度者，是人坠入，死后有相，发心颠倒。

又三摩中，文同上可知。于无尽流者：行阴相续无尽，迁流不息。生计度者：即计此行阴，为诸动之元，将来能生诸动，遂计色、受、想三，即现前已灭，将来必生，故曰是人坠入，死后有相，发心颠倒。《正脉》云：真悟无生，了知初生即有灭，是知生尚空洞无相，何说死后，岂可妄计有相耶？

或自固身，云色是我。或见我圆，含遍国土，云我有色。或彼前缘，随我回复，云色属我。或复我依，行中相续，云我在色。

此即外道，六十二见中四计也。一者：或自坚持，固守此身形，云四大之色，皆是我故，此计即色是我也。二者：或见我性圆融，含遍十方国土，云我有色，此计我大色小，色在我中也。三者：或彼前缘，即谓眼前之色。随我回复者：咸皆随我回旋往复，即运用也。云色属我者：色既属我，显是我所，非即我矣，此计离色是我也。四者：或复我依行阴之中，迁流相续，云我即在色中；以行阴相续之相，即是色阴，此计色大我小，我在色中也。

皆计度言，死后有相，如是循环，有十六相。

谓色身虽死，我犹现在，色阴既尔，余三亦然。如是循环，四四共有十六相。

从此或计，毕竟烦恼，毕竟菩提，两性并驱，各不相触。

上因见行阴无尽，遂计前三阴，亦复无尽，同成有相。此更转计，一切诸法，无不皆然。烦恼摄尽染法，菩提摄尽净法，则烦恼菩提，理亦如是。烦恼毕竟是烦恼，菩提毕竟是菩提，决无更改。由是真妄两性并驱，即并行不悖，各各不相抵触也。

由此计度，死后有故，堕落外道，惑菩提性，是则名为，第六外道，立五阴中，死后有相，心颠倒论。

由此计度，死后有相，所以堕落外道，有十六相，真到底是真，妄到底是妄，真妄各立，无有转烦恼之妄法，成菩提之真性，故曰惑菩提性，是则名为，第六外道。立五阴中，死后有相：通结五阴，惟在前四；虽在前四，义惟行阴耳。依斯立论，从心颠倒，正所谓心魔作祟，其奈之何？

又三摩中，诸善男子，坚凝正心，魔不得便。穷生类本，观彼幽清，常扰动元，于先除灭，色受想中，生计度者，是人坠入，死后无相，发心颠倒。

又三魔中，文同上可知。于先除灭，色受想中者：见前三已灭，生妄计筹度，前三先有今无，例知行阴现有，将来亦应灭无。因计死后，终归断灭故，是人坠入，死后无相。《正脉》云：此与上敌体相翻，故变有成无，盖上睹未灭之行阴，见其无尽，而因前三，并万法，皆当无尽。此睹已灭之前三，见其无相，而因计行阴，并万法，皆当无相也。发心颠倒者：违佛教修因证果之诚言，成外道虚无断灭之妄论，故曰发心颠倒。

　　见其色灭，形无所因，观其想灭，心无所系，知其受灭，无复连缀，阴性销散，纵有生理，而无受想，与草木同。

色，四大之色；形，一身之形。形因色有，见其四大之色灭，则形无所因矣。想为意识之想，心为意根之心，心因想系，观其意识之想灭，则心无所系矣。色居受阴之前，心居受阴之后。有受居中，则色心可以连缀；知其受阴一灭，则色心无复连缀矣。据此前三阴之性，既已销亡散灭，纵有行阴，虽是生理，而无受想，则无知觉，与草木同。温陵曰：阴性销散，谓色、受、想灭也。生理即行，谓无受、想，则行亦灭也。

　　此质现前，犹不可得，死后云何，更有诸相？因之勘校，死后相无，如是循环，有八无相。

此质指现阴色心，非独指色阴也。今在定中，见四阴现在皆无相可得，死后云何更有诸相耶？因之勘验已灭，而知现在未灭，比校将来，死后阴相，一定是无。如是循环，往复推检，每一阴生前死后皆无相，而色、受、想、行四阴，共有八无相。

　　从此或计，涅槃因果，一切皆空，徒有名字，究竟断灭。

现前质空无修因，死后相空无证果，从此或计涅槃因果，世出世法，一切皆空。徒有名字，终无实体，究竟皆归于断灭也。断灭是大邪见，拨无因果。以一切诸法，皆不离因果。所谓豁达空，拨因果，莽莽荡荡招殃祸。

　　由此计度，死后无故，堕落外道，惑菩提性。是则名为，第七外道，立五阴中，死后无相，心颠倒论。

　　又三摩中，诸善男子，坚凝正心，魔不得便，穷生类本，观彼幽清，常扰动元，于行存中，兼受想灭，双计有无，自体相破，是人坠入，死后俱非，起颠倒论。

又三摩中，至常扰动元，同上可知。《正脉》云：于行存中者，见行阴未灭，区宇宛在也；兼受想灭者，见前三已灭，体相全空也；双计有无者，于存计有，于灭计无也；自体相破者，以行阴之有，破前三之无，以前三之无，破行阴之有也；末言坠俱非者，以破无则成非无，破有则成非有也，起颠倒之论矣。

色受想中，见有非有，行迁流内，观无不无。

此正释成自体相破之义。谓前三已灭，故色、受、想中，见行阴之有，亦即同灭，而非有矣。后一犹存，故行迁流内，观三阴之无，亦即同有，而非无矣。

如是循环，穷尽阴界，八俱非相，随得一缘，皆言死后，有相无相。

如是循环，穷尽阴界者：谓如是循环，由后观前，由前观后，穷尽色、受、想、行，四阴界限，有无俱非，成八俱非相；即非有色、受、想、行，非无色、受、想、行也。随得一缘者：随举一阴，为所缘时，皆言死后非有相非无相也。

又计诸行，性迁讹故，心发通悟，有无俱非，虚实失措。

诸行是指万法，非独指行阴，此下例成，万法之性，悉皆迁变淆讹，有既非有，无亦非无，于此尽知尽见。心发通悟者：非真通悟，增长邪知见解，有无俱非。设有人问曰：孰虚孰实？亦莫能施对，故曰：虚实失措。

由此计度，死后俱非，后际昏瞢，无可道故，堕落外道，惑菩提性。是则名为，第八外道，立五阴中，死后俱非，心颠倒论。

由此计度，以生前例之死后，皆是非有非无。后际昏瞢，即是杳冥，无正理之可说，道有不得，道无不得，此明有无俱非，皆不可道之故，堕落外道，惑菩提之正性，是则名为，第八外道。立五阴中，死后俱非，真是从心颠倒，而立论矣。

又三摩中，诸善男子，坚凝正心，魔不得便。穷生类本，观彼幽清，常扰动元，于后后无，生计度者，是人坠入，七断灭论。

又三摩中，至常扰动元，同上可知。于后后无，生计度者：温陵曰：见行阴念念灭处，名后后无；由是妄计，生人天七处，后皆断灭。此与第七无相，而起计不同。彼由前三，此由行阴；又彼推过去，以定死后，此观未来，念念成灭。故计处处，有断灭处也。

或计身灭，或欲尽灭，或苦尽灭，或极乐灭，或极舍灭。

七处断灭：或计身灭，即四洲、六欲二处。或欲尽灭，即初禅，离生喜乐地，已离欲界之生，欲染已尽故。或苦尽灭，即二禅，定生喜乐地，极喜无忧故。或极乐灭，即三禅，离喜妙乐地，乐有终尽故。或极舍灭，即四禅，舍念清净地，舍觉观喜乐故。并四空天，舍色质之碍故。

如是循环，穷尽七际，现前消灭，灭已无复。

如是循环，推穷极尽七际，现前悉归消灭，是七处皆现断灭，则知死后未来，更无复生之事。

由此计度，死后断灭，堕落外道，惑菩提性，是则名为，第九外道，立五阴中，死后断灭，心颠倒论。

又三摩中，诸善男子，坚凝正心，魔不得便。穷生类本，观彼幽清，常扰动元，于后后有，生计度者，是人坠入，五涅槃论。

又三摩中，至常扰动元，同上可知。于后后有者：此与上科相翻，前以行阴，念念迁流不住，因不住则后必有灭。此以行阴，念念相续无间，因无间，则后必是有，故曰于后后有。当有实果，必不灭无也。是人坠入，五涅槃论者：不待灰身泯智，而入涅槃，即于现在所计五处，即是涅槃。

或以欲界，为正转依，观见圆明，生爱慕故；或以初禅，性无忧故；或以二禅，心无苦故；或以三禅，极悦随故；或以四禅，苦乐二亡，不受轮回，生灭性故。

此计五处，现在生处，即为涅槃。显非一人，遍计五处，各随所见，或计一处而已。欲界指六欲天，非指一天也。为正转依者：妄计为真涅槃之境，以涅槃乃佛教，转生死依涅槃之号也。此如仙家，计六欲天上，无生死耳。此句应通后之四处，每处皆当有之。何以欲界，为正转依？观见圆明，生爱慕故。以前想阴既破，圆定发明，以初得天眼，普观天光，清净庄严，迥超日月之明，且离人间之秽浊，以故心生爱慕，遂计此境，为现在涅槃也。或以初禅，离生喜乐地，苦恼不逼，计为现在涅槃也。或以二禅，定生喜乐地，忧愁不逼，计为现在涅槃也。今谓初禅无忧，二禅无苦者，疑翻译之误倒耳。或以三禅，离喜妙乐地，极悦随者：谓极喜悦，得大随顺，计为现在涅槃也。或以四禅，舍念清净地，修舍定，双舍苦乐，二者皆亡。遂谓三灾不到，不受轮回，生灭性故，计为现在涅槃也。

迷有漏天，作无为解，五处安隐，为胜净依，如是循环，五处究竟。

五处，皆在有漏天中，今迷有漏天，竟作涅槃无为解。五处安隐者：以五处既误作涅槃无为，遂以为安隐之家乡矣！为胜净依者：为最胜清净者之所依处，最胜清净，即佛也，佛依涅槃故。如是自下向上，展转推观，有循环义。五处究竟者：推观五处，谬谓皆是无上极果也。《正脉》云：初于六欲，乍离人间之尘秽，而妄谓真净。次于初禅、二禅，乍离下界之忧苦，而妄谓真乐。次于三禅，乍得随顺自在，而妄谓真我。次于四禅，暂得三灾不坏，而妄谓真常，不生灭也。此正于无常、苦空、无我、不净中，而妄计常、乐、我、净也。

由此计度，五现涅槃，堕落外道，惑菩提性，是则名为，第十外道，立五阴中，五现涅槃，心颠倒论。

五现涅槃者：计此五处，皆现在涅槃，现受寂灭之乐，不待将来者也。堕落外道，惑菩提性者：菩提、涅槃二种，是如来智、断二果。今既认妄为真，将必以真为妄，故曰惑菩提性，是则名为，第十外道。立五阴中，五现涅槃，乃是从心颠倒，妄计而立论耳。

阿难，如是十种，禅那狂解，皆是行阴，用心交互，故现斯悟。

温陵曰：前云禅那现境，乃天魔候得其便；此云禅那狂解，乃心魔自起深孽。凡见道不真，多歧妄计，皆即狂解，是谓心魔，最宜深防也。皆是行阴，用心交互者：皆是想破行现，用定慧力，趣真断妄，正当真妄交攻之时，互为胜负，故现斯悟。斯悟：即狂解也。

《正脉疏》云：然通论十种狂解，不出断、常、空、有，四字而已。且前五属断、常，后五属空、有。第一断见，第二常见，第三双亦，第四、第五，皆充广双亦也。问：何无双非？答：断常皆过，若双非，则为离过正见，非外道也。第六执有，第七执空，第八双非。问：此何不为离过正见？答：有空不定是过，因偏方始生过，且此双非，盖指后阴昏瞀，不定有无，非是双遮之中道，故非正见。第九推广毕竟断空，第十推广毕竟滞有，若更以空有，摄入断常，仍惟断常二见而已。

众生顽迷，不自忖量，逢此现前，以迷为解，自言登圣，大妄语成，堕无间狱。

顽迷者：谓顽痴成性，难入正悟。迷惑覆心，易生狂解，由其不自己思忖量度，我何人斯，逢此现前，以迷惑为解悟，未证言证，自言登圣，僭称果位，大妄语之业既成，其必堕无间地狱矣，诚为可惜！夫修行而至想破行现，外魔无可奈何，不知几经岁月；如穿衣者，脱却面上三层，只剩二层，功已过半，而乃妄言，登圣致堕，岂不悲哉！

汝等必须，将如来语，于我灭后，传示末法，遍令众生，觉了斯义，无令心魔，自起深孽，保持覆护，消息邪见。

此嘱作摧邪知识，盖令未起者勿起，已起者速灭。嘱阿难云：汝及在会众等，必须将如来语，于我灭度之后，传示末法，以去圣时遥，魔强法弱。遍令众生，觉了斯义者：谓觉察了然明白斯十种狂解之义，既能觉了，自能辨识，邪正分明。妄念才萌，即当以正定拒之。无令者：禁止之辞。心魔自起深孽，心魔即十种狂解，谓外魔虽不能扰，无令自己心魔，自起深孽。孽者：祸之萌也，以能为地狱因故。《书》曰：天作孽，犹可违；自作孽，不可活。今云自起者，正是自作孽耳。上是教未起者勿起。保持覆护，消息邪见者：是教已起者速灭也。保持禅定，覆护进修，消息边邪之见矣。

教其身心，开觉真义，于无上道，不遭枝歧，勿令心祈，得少为足，作大觉王，清净标指。

此嘱作趣真导师，是教其未生正智令生也。身心体察，真如实义，迥然不属于断常空有；但一念不生，回光照性，中中流入，于无上佛道，不遭枝歧。木旁出曰枝，路曲分曰歧，皆非正直之本。勿令心中祈求，得少为足。盖遭枝歧，即堕外道；得少为足，便入小乘。故嘱当机，作大觉王，清净标指。一念不生曰清净，疾趣无上菩提，为大觉王，标榜人天，示作成佛指南而已。

楞严经讲义第二十四卷

　　阿难，彼善男子，修三摩地，行阴尽者，诸世间性，幽清扰动，同分生机，倏然隳裂，沉细纲纽，补特伽罗，酬业深脉，感应悬绝。

此通明识阴，始终之相。彼善男子：即是行阴已尽之人，或始终不起狂解，或妄念便能觉知，常住圆定，故仍称修三摩地；此中望行阴为终修，望识阴为始修也。行阴尽者，诸世间性，即行阴生灭性也；诸世间一切有为之法，无非流变生灭故。幽清扰动，同分生机者：观幽隐轻清，扰动之根元，即十二类生。同分生机，即同生基也。基：表生之处；机：明动之始，其意则一而已。倏然隳裂，沉细纲纽者：倏然即忽然也。隳坏裂破，沉细纲纽，沉是深沉，细即微细，纲为网上之大纲，纽为衣中之纽扣；此状生机之纲纽，为网衣之枢要也。功夫至此，忽然隳裂，沉细纲纽，则补特伽罗，此云数取趣，即中有身，众生由此，能数数取著于诸趣，而受生也。且受生，所以酬答宿业，而酬业之深潜脉络，即是行阴，为生灭根元也。感应悬绝者：感应即因果也，而言悬绝者，以行阴既尽，深潜脉络已断，因亡果丧，不复受生，故云悬绝。

　　于涅槃天，将大明悟，如鸡后鸣，瞻顾东方，已有精色。六根虚静，无复驰逸，内外湛明，入无所入。深达十方，十二种类，受命元由；观由执元，诸类不召，于十方界，已获其同；精色不沉，发现幽秘。此则名为，识阴区宇。

于涅槃性天，为五阴所覆，轮转生死，昏如长夜，将大明悟。言将者，谓才有明悟之前兆耳。故下以喻显之。前三阴尽，如鸡初、二、三鸣，未色见精。今行阴既尽，如鸡最后啼鸣，瞻顾性天，亦若东方已有精明之色，但未大明白，以其尚为识阴所覆故。工夫至此，行阴已尽，识阴已现时也。六根虚静，无复驰逸四句，《指掌疏》约前四阴尽相言之。以受尽故虚，无领纳故；想尽故静，离分别故；行尽故无复驰逸，绝迁流故。内之六性，既已湛然明净，况夫色阴先尽，而外之六尘，岂更昏扰乎？如是则内根外境，同归湛明之一体也。既唯一体，内外相尽，故曰：入无所入。《正脉》云：亦即渐次中，尘既不缘，根无所偶，反流全一，六用不行之时也。内外湛明：言根尘化为一味，湛明之境。入无所入者：谓初心亡所，故言入流；既尽根尘，更何所入？

深达十方，十二种类，受命元由者：至此根尘既销，纲纽自破，则第八识，从此显现。环师谓：受命元由，即是识阴，然亦即是类生别相；所谓各命由绪，显异前之总相而见，故曰深达也。十方世界，十二种类，众生投胎，受命根本元由，若知此是无明幻力所起，离于依他起性，则识阴自可顿超。其奈行人至此，观此受命元由，执此为本元真心，故曰观由执元，遂致识阴终不可破。虽不可破，而行阴已尽，果报不牵，故曰诸类不召，则尽十二类，皆不能牵引受生矣。唯见十方世界，同一识性，同是唯识，一体变现，更无别法之可得，故曰已获其同。此即已得六销，犹未亡一。精色不沉，发现幽秘者：谓识精元明，常得现前，如初见性天，已有精明之色，不复更沉。虽未大明，然已东方发白，显现幽暗隐秘之处，言其具见暗中之物也。即是行尽识现，如脱外衣，方见最内贴体汗衫，此则名为识阴，未破之区宇。

　　若于群召，已获同中，销磨六门，合开成就，见、闻通邻，互用清净。十方世界，及与身心，如吠琉璃，内外明彻，名识阴尽。是人则能，超越命浊，观其所由，罔象虚无，颠倒妄想，以为其本。

群召，谓群生果报，皆能牵召受生，故曰群召。已获其同者：行阴已破，诸类不召，识阴现前，故观十方唯识，一体变现，更无别法，是谓已获同中，同即一体也。销磨六门，合开成就者：即于同中，加功用行，销镕磨炼，六根门头，合之则一，开之则六。以六根为一根用，以眼能见，耳、鼻、舌、身、意皆能见，名合成就；以一根为六根用，以眼不独见色，而能闻、嗅、尝、触、觉、知,名为开成就;一根如是,根根合开皆然。见闻通邻,互用清净者:《正脉》云:不唯情界脱缠,亦以情器交彻也。见闻者:略举六根之二;通邻者:其结已解,其体不隔也;互用者:体既无隔,用可互通也;谓眼家,作耳家佛事等。以其迥脱浮尘、胜义,二种根结,无障无碍,故曰清净。此即情界脱缠。下则情器交彻。十方世界,此器世界;及与身心,此有情世界也。外器内根,全是自己心光,世界身心,荡然不复更有,故云如吠琉璃,内外明彻。即前所谓山河大地,应念化成无上知觉是也。至此一念不生,不生不灭,与生灭和合之相灭,故云名识阴尽。按耳圆通,此当寂灭现前。《指掌疏》云:前于空所空灭时,宛尔有个能灭心,即是第八本识,然此乃是对生言灭,灭非真灭,正是识阴,今于识阴尽处,对生言灭之灭,亦复俱灭,故是寂灭现前时也。是人则能超越命浊:此经命浊,以一性六用,同异相织为体,如前命浊文云:汝等见闻,元无异性(一性也),众尘隔越,无状异生(六用也)。性中相知,用中相背,同异失准,相织妄成,名为命浊。今以合开成就,一六俱亡,无复相织,故能超越。至此反观识阴之所由来,莫非幻妄,非有谓之罔;非无谓之象;体性空寂,故名虚无;迷背真性,名为颠倒;元无别法,惟此妄想,以为识阴之根本耳。但能达妄本空,则妄想尚无,识阴何有?故曰识阴虚妄,本如来藏也。

阿难当知:是善男子,穷诸行空,于识还元,已灭生灭,而于寂灭,精妙未圆。

此示识阴十种邪执,第一因所因执也。先教以当知,以示警觉之意。是修圆通之善男子,穷诸行空者,谓研穷行阴,而至于空,即行阴已尽。于识还元者:指行尽识现,如前云:熠熠元性,性入元澄,一澄元习,如波澜灭,化为澄水是也。于八识反本还元矣!已灭七识迁流生灭之性,而于识阴,寂灭之性,精妙未圆。《指掌疏》云:寂即常德,离生死故;灭即净德,灭烦恼故;精即我德,有真体故;妙即乐德,具神用故。总为一涅槃,盖必透过识阴,始得圆满也。《宝镜疏》云:而于识阴,寂灭之性,虽已现前,但其真精妙明,尚未发光,犹为识阴所覆,未能圆照于法界也。《正脉疏》云:所言寂灭者,即圆通中解结,末后之灭结也。不带纤毫生灭曰精,惟余一味寂常曰妙,始是纯真性体。此而未圆,正明识阴未破,尚为所覆,似一似常未精未妙也。

能令己身,根隔合开,亦与十方,诸类通觉,觉知

通吻，能入圆元。若于所归，立真常因，生胜解者，是人则堕，因所因执，娑毗迦罗，所归冥谛，成其伴侣，迷佛菩提，亡失知见。

《正脉疏》云：能令下，先举起执之由。大凡起执，必睹大定中，殊胜之象，以发端耳。首二句：能令自己之身，六根隔碍销镕，合六根为一根之用，开一根为六根之用，蹑前销六入一之境。次三句：亦与十方，十二类生，通一见闻觉知，此为群心，通同吻合之境。觉知既已通同吻合，能入圆元。圆元：即识阴也。圆表诸类遍含，元表万化托始。其言能入者，意明四阴荡尽，归宿于此而已。下方是所起法执。若于所归：即是能入圆元；由不达即是识阴，遂妄立真常，堪可依住，因即依也，以为极果，生殊胜之解者。是人则堕因所因执者：本非可依，而谬执能依之心，所依之境，故曰因所因执。《正脉》云：识乃无明幻影，罔象虚无，毕竟无实，如人梦见依归得托之地，妄生庆幸，岂有真实哉？下明所堕同类，娑毗迦罗，此云黄发外道，师事梵天，以我为能归，以冥谛为所归，前云非色非空，拘舍黎等，昧为冥谛；然计此非只一人，前后异出耳。成其伴侣者，即同类也。迷佛菩提，亡失知见者：迷了佛果菩提无得之真道，亡失自己因地知见之妙心矣。

是名第一，立所得心，成所归果，违远圆通，背涅槃城，生外道种。

识阴十相，此居其首，故名第一。前能令此身，根隔合开，遂立此识有所得之心；亦与诸类，觉知通吻，遂执此识成所归之果。殊不知，圆满菩提，归无所得。今以心有所得，果有所归，如人梦见拾得金宝，归于家中，所得所归，皆非真实也。违远圆通，背涅槃城，生外道种：《宝镜疏》云：向者，行尽识现，根隔合开，圆通将近；今立能立所，则违而远矣。向者，于涅槃性天，将大明悟；今则背之，而入生死路矣。向者，觉心欲发，堪为佛子，今则反生外道，断佛种矣，可不悲哉！后皆仿此。

阿难，又善男子，穷诸行空，已灭生灭，而于寂灭，精妙未圆。

此第二，能非能执也，准前可知。

若于所归，览为自体，尽虚空界，十二类内，所有众生，皆我身中，一类流出，生胜解者，是人则堕，能非能执，摩醯首罗，现无边身，成其伴侣。迷佛菩提，亡失知见。

若于所归者：蹑前章也。但前章，有乍现胜相之文，已将识阴，为所归之果。今仍蹑所归二字，前但执为归托之处，此则览为自体，是其差别也。览为自体者：即忘身观识，久久观成，唯见识体无边，不见有身故，即以识心为自体也；遂谓尽虚空界，十二种类，所有众生，皆我身中，一类流出。生殊胜解者，将必以我为能生彼，而彼非能生我，故曰是人则堕，能非能执。摩醯首罗，即色界顶天，乃三目八臂，骑白牛，执白拂，大自在天是也。竺法兰云：西域梵志，常修梵行，事首罗天，以为天尊。今云现无边身者：谓大自在天，自计于身中，能现无边众生之身；而此识阴行人，计我生彼十二类生，与彼计同，故云成其伴侣。不信别有因果，自应迷佛所证菩提之果觉，妄计彼天为胜，自应亡失正知正见之因心。

是名第二，立能为心，成能事果，违远圆通，背涅槃城，生大慢天，我遍圆种。

立能为心，成能事果者：因见识阴，能摄能生，遂立为能为因心，十方众生，皆我流出，遂谓成就能事之果。违远圆通者：则失因地心；背涅槃城者：则亡果地证也。生大慢天，即大自在天，自计能生一切，起祖先慢，故以大慢为名。又计自体，周遍虚空，圆含一切；今行人谬计，既同于彼，成彼种类，故曰我遍圆种也。《正脉》问：此计识为自体，流出一切，何异佛说，万法唯识？答：佛说万法唯识，缘生如幻，生即无生；此计实生，安得一辙？又唯识正明无他心外之法，此计能生他法，宛尔颠倒，何疑之有！

又善男子，穷诸行空，已灭生灭，而于寂灭，精妙未圆。

此第三，常非常执，准上可知。

若于所归，有所归依，自疑身心，从彼流出，十方虚空，咸其生起，即于都起，所宣流地，作真常身，无生灭解。在生灭中，早计常住，既惑不生，亦迷生灭，安住沉迷，生胜解者，是人则堕，常非常执；计自在天，成其伴侣。迷佛菩提，亡失知见。

若于所归，有所归依者：此与上科差别也。上科于所归识元，览为自体，此科于所归识元，为我所归依处。自疑我之身心，从彼流出。不仅彼能生我，即十方虚空，咸其生起，况空中所有一切耶？即于都起，所宣流地者：地即处也，然识阴即为虚空等，所都起处，为身心等，所宣流处也。作真常身，无生灭解者：于彼所归识阴，始终不见生灭，故即作真常之身，无有生灭解也。在生灭中，早计常住者：识阴，由真如不生不灭，与生灭和合，名和合识，非是不生不灭，要必破和合识，灭相续心，方为常住真心。今识阴未尽，在生灭中，早计常住者，不亦惑乎？此正不了真如为不生灭性，亦兼不了识阴犹属微细生灭，故曰既惑不生，犹迷生灭。且真妄双迷，安心住著，故曰沉迷。反生胜解者：是以识阴，而作常住解；我及万物，皆是非常，故曰则堕常非常执。计自在天，即欲界顶，魔王天。《涅槃经》迦旃延说：一切众生悉是自在天作。《楞伽经》涂灰外道说：计自在天，为万物因。今以识阴，为身心从彼流出，及虚空万物，皆其生起，正与此天相似，故曰成其伴侣。然既惑不生灭性，则必迷佛果菩提之道，亦迷生灭识阴，则必亡失，正知正见，而堕邪知邪见也。

是名第三，立因依心，成妄计果，违远圆通，背涅槃城，生倒圆种。

立因依心者：计识能生我身心为因，又计是我归依之处为依。成妄计果者：谓以生灭识阴，作真常身，成就妄计之果。亡失本修，自与圆通相违远，流入外道，正与涅槃，相反背矣。此与上科，同一识阴，而所执则异。前执我圆，能生万物；此执彼圆，生我身心，故曰倒圆种。

又善男子，穷诸行空，已灭生灭，而于寂灭，精妙未圆。

此第四，知无知执，准上可知。

> 若于所知，知遍圆故，因知立解，十方草木，皆称有情，与人无异。草木为人，人死还成十方草树，无择遍知，生胜解者，是人则堕，知无知执；婆吒、霰尼，执一切觉，成其伴侣。迷佛菩提，亡失知见。

温陵曰：所知，即所观识阴也。谓识有知，而一切法，由知变起，因计知体，圆遍诸法，遂立异解，谓无情皆有知也。十方草木，本属无情，以异解故，皆称有情，与人无异。草木为人，人死还成十方草树，互为轮转，无所拣择，有情无情，而遍皆有知也。《正脉》问：此与佛说，山河化为无上知觉，有何简别？答：今详内所明，见、相二分，本惟一心，迷之为二，故妄见无情，不通知觉，大悟复归一心，则通一知觉，更无外物，非谓各各有知，同他心量也。

今以无情有知，生胜解者，是人则堕，谬计无情有知，实本无知，故曰知无知执。婆吒、霰尼，二外道名；婆吒，《名义集》云：跋阇，此云避去，《善见律》云：初为牧童，毗舍离王，未登位时，共同游戏，童为王踢，泣诉父母。父母曰：汝应避去，因此立名。霰尼或云先尼，此翻有军，立名之意未详。执一切觉者：二外道执一切有情无情，皆有知觉，此计遍知，竟同于彼，故曰成其伴侣。迷佛菩提，亡失知见。

> 是名第四，计圆知心，成虚谬果，违远圆通，背涅槃城，生倒知种。

是名第四，计圆遍一切有知为因心，成虚无谬误之果，则违远圆通之因地心，迷背涅槃之果地觉，生倒知种；以无情无知为有知，谓倒知种。问：世有依草附木，以显灵异，讵非有知耶？答：是能依能附之精灵有知，非彼无情之草木有知也。

> 又善男子，穷诸行空，已灭生灭，而于寂灭，精妙未圆。

此第五生无生执，准上可知。

若于圆融，根互用中，已得随顺，便于圆化，一切发生，求火光明，乐水清净，爱风周流，观尘成就，各各崇事，以此群尘，发作本因，立常住解，是人则堕，生无生执。诸迦叶波，并婆罗门，勤心役身，事火崇水，求出生死，成其伴侣。迷佛菩提，亡失知见。

环师谓：识阴尽者，消磨六门，诸根互用，今识阴未尽，则才得随顺而已。若于圆满无碍，融通不隔，六根互用之中，观中一字，足见互用之妙，含而未发也。已得随顺者：虽然互用之妙，含而未发而已；得随心顺意，略无隔碍而已。即便于此，圆融化理，妄生计度，一切诸法，莫不由此四大发生。于是求火之光明，乐水之清净，爱风之周流，观尘之成就，尘即地大，以地大能成就诸事故。各各崇事：崇即尊崇，事即供事，或尊供于火，或尊供于水等，各随所见，而偏执也。为欲增进其圆化之妙，以此群尘，发作本因者，群尘即指四大，如前云：四大和合，发明世间，种种诸相，以此为发生造作本因。一切所作，皆属无常，惟此常住，故立常住解，以为常司造化之真宰也。并谬计能生圣果，一切圣凡因果，莫不由之而生；实则不能生，故曰生无生执。诸迦叶波，别姓也，如优楼频螺迦叶等，婆罗门总姓，共有十八，迦叶其一也，乃指一类，事四大之外道。勤劳其心，役使其身，供事于火，尊崇于水，事风崇土，可以例知。以此崇事，求出生死，以求真常之果，成其伴侣。所立既非真常，所修宁有实果？故曰迷佛菩提。崇事无情，立常住解，故曰亡失知见。

是名第五，计著崇事，迷心从物，立妄求因，求妄冀果，违远圆通，背涅槃城，生颠化种。

《正脉》云：计著：邪惑也。崇事：邪业也。迷心者：迷己一真灵觉之心；从物者：从四大无知之物。妄求因者：非因计因也；妄冀果者：非果望果也。认无情之物为真因，故曰违远圆通；将有漏之果为实证，故曰背涅槃城。生颠化种者：谓生颠倒化理之种类，佛说应观法界性，一切唯心造。是心为能造，而一切为所造，此是生物之正理。今既颠倒化理，故堕外道种类。

又善男子，穷诸行空，已灭生灭，而于寂灭，精妙未圆。

此第六归无归执,准上可知。

若于圆明,计明中虚,非灭群化,以永灭依,为所归依,生胜解者,是人则堕,归无归执,无想天中;诸舜若多,成其伴侣。迷佛菩提,亡失知见。

圆明,即是识阴,见前四阴皆尽,露出识阴,圆遍湛明,犹如止水,而不知仍是罔象,虚无妄想,即便计此,圆明中虚无体性,为究竟地。非灭群化者:非即毁也,要毁灭群尘所化,一切身土,即欲灰身灭土,纤尘不立。以永灭依,为所归依者:以永灭群化所依之空,为所归之处,常处虚空,永为依托,更不前进。岂知乃是虚无不实之境,非是实有可归之处也。以此生胜解者,是人则堕归无归执,以此为托之处,实无可归托也。无想天中,诸舜若多,成其伴侣者:《正脉》云:无想天,略举非非想,以该四空,非取四禅无想也。诸舜若多,总举趣空天众,为同类也。既以断灭为果,自应迷佛菩提,以虚无为因,自应亡失知见。

是名第六,圆虚无心,成空亡果,违远圆通,背涅槃城,生断灭种。

于圆明中,以虚无之心为因,成就空亡之果,谓纵使修到非非想天,八万劫终是落空亡。违远圆通,以不生不灭为因地心;背涅槃城,以不生不灭为果地觉也。现在既以断灭居心,将来必堕断灭之种。《正脉》问:此与后二何别?答:弃有取空,见解志愿皆同,但先心各别,此凡外种伏惑取空,彼圣性种断惑取空也。

又善男子,穷诸行空,已灭生灭,而于寂灭,精妙未圆。

此第七贪非贪执,准上可知。

若于圆常,固身常住,同于精圆,长不倾逝,生胜解者,是人则堕,贪非贪执;诸阿斯陀,求长命者,成其伴侣。迷佛菩提,亡失知见。

《正脉》云：圆常亦识阴区宇。历观上来，于此一境，称圆元、圆融、圆明、圆常，义各有表。元表诸法统归，融表万化含蓄，明表彻体虚朗，常表究竟坚牢。各与本文关涉，细寻可见。由彼观见，前四阴尽灭，而识阴现前，识体精明，湛不摇动，而妄计为圆满常住也。又见识为一身之主，有欲坚固此身，令得常住，同于识精圆明，长不倾逝。倾逝即死也，即所谓长生不死也。不知此身，终是无常生灭，妄生贪著。以此生胜解者，是人则堕，贪非贪执，谓妄生贪著长生，而实非可贪也。诸阿斯陀，此云无比，即长寿仙也。言诸者，以仙非一人，凡求长命者，成其伴侣。不知更求真常之果，故曰迷佛菩提；但知坚固幻妄之躯，故曰亡失知见。

是名第七，执著命元，立固妄因，趣长劳果，违远圆通，背涅槃城，生妄延种。

执著命元者：执著识阴，为受命之根元也。立固妄因者：立坚固幻妄之色身，以圆常识阴为因心。趣长劳果者：趣向长恋尘劳之果报，而不求出离之道也。亡失本修，故曰违远圆通；不出生死，故曰背涅槃城。生妄延种者：谓不达自性真实常住，存想固形，妄冀延长寿命，以成长寿仙之种类也。

又善男子，穷诸行空，已灭生灭，而于寂灭，精妙未圆。

此第八真无真执，准上可知。

观命互通，却留尘劳，恐其销尽，便于此际，坐莲华宫，广化七珍，多增宝媛，恣纵其心，生胜解者，是人则堕，真无真执；吒枳、迦罗，成其伴侣。迷佛菩提，亡失知见。

观命：即观受命元由，乃是识阴，与诸类通觉，故曰互通。是知一切身命，咸以识阴为本，一切尘劳，悉与命元有关；于是却留住世间尘劳，只恐其销尽，则我之身命，无所依托。且行尽识现，一切圆融变化，莫不随心自在。便于此际，正却留尘劳之相。尘劳以贪欲为本，即于此际，现坐莲华宫，取其庄严美丽，微妙香洁。广化七珍，多增宝媛者：七珍即七宝，媛是美女也。使七宝罗列于华宫，俾美女横陈于左右，穷奢极欲，恣纵其心，以为妙乐。生胜解者，是人则堕，真无真执，妄执业识，命元为真常，而实非真常。吒枳、迦罗，即天魔之异名，吒枳此云结缚，迦罗此云我所作，此魔自谓三界结缚，惟我所作，以能变化欲境，结缚众生故。今却留尘劳，略同彼计，故云成其伴侣。迷佛菩提，亡失知见，不知更有无上菩提，亡失正知正见也。

是名第八，发邪思因，立炽尘果，违远圆通，背涅槃城，生天魔种。

发邪思因者：谓发邪思纵欲，以为因心。立炽尘果者：谓立炽盛尘劳，以为果觉也。违远圆通，本修之因心；背涅槃城，寂灭之果觉也。不断欲而修禅，必落魔道，故曰天魔种。

又善男子，穷诸行空，已灭生灭，而于寂灭，精妙未圆。

此第九定性声闻，准上可知。

于命明中，分别精粗，疏决真伪，因果相酬，惟求感应，背清净道。所谓见苦断集，证灭修道，居灭已休，更不前进，生胜解者，是人则堕定性声闻；诸无闻僧，增上慢者，成其伴侣。迷佛菩提，亡失知见。

于命明中者：谓识阴显露，已能通达，各命由绪，了然明白也。便知此中，识阴遍含，漏无漏种子，为一切凡圣所依。由是分别精粗者：分析辨别，而圣位则精，谓变易精微故；凡位则粗，谓分段粗显故。疏决真伪者：疏通决择，而圣道则真，谓修证真实故；外道则伪，谓断常伪妄故。因果相酬者：世出世间，皆是依因感果，自相酬答。而欲易粗为精，舍伪从真，故惟求感应。感即是修，应即是证，惟求真修实证，速出三界也。

背清净道者：谓背弃一乘实相，清净之道，以双离二边垢故。所谓见苦、断集、证灭、修道者：蹑解惟求感应之事。苦、集，是世间因果。灭、道，是出世间因果。见世间苦谛苦果，皆由集谛烦恼苦因所招；见出世间灭谛乐果，皆由道谛乐因所感。厌苦断集，慕灭修道。居灭已休，更不前进者：居灭谛涅槃之乐，则心满意足，自谓所作已办，生死已了，更不求进大乘之道，中止化城，不求宝所，得少为足。生胜解者：于菩萨所修大乘，不生一念好乐之心，是人则堕，定性声闻。定性：即不发回小向大之心，钝阿罗汉是也。诸无闻僧者：四禅无闻比丘，及增上慢者，略同此计，故曰成其伴侣。沉空滞寂，故迷佛果，菩提之道，灰身泯智，是以亡失大乘知见。

是名第九，圆精应心，成趣寂果，违远圆通，背涅槃城，生缠空种。

圆精应心者：圆满易粗为精，求应之因心，成就沉空趣寂，定性之小果。不得圆通之因心，故曰违远。莫获涅槃之极果，故称迷背。生缠空种：谓永缠于空，而无超脱之志。

又善男子，穷诸行空，已灭生灭，而于寂灭，精妙未圆。

此第十定性辟支，准上可知。

若于圆融，清净觉明，发研深妙，即立涅槃，而不前进，生胜解者，是人则堕，定性辟支；诸缘独伦，不回心者，成其伴侣。迷佛菩提，亡失知见。

六根互用曰圆融，诸尘不染曰清净，照见命元曰觉明。发研深妙者，发心研究有二种：一独觉，寂居观化，无师自悟。二缘觉，观察因缘，悟明无性，此二人俱得深妙之悟，即以悟境，立为涅槃，以为归息之处。不知更求真如不动，寂灭场地，及性海圆融，缘起无碍，故云而不前进。以是生胜解者，是人则堕入定性辟支，辟支梵语，具含缘、独二觉义。定性，以不复前进，亦即不回心者，成其同伴等侣。迷佛菩提，亡失知见者：迷了佛果，无上菩提之道，此宝所也；亡失本修，正知正见之心，此因心也。

是名第十，圆觉吻心，成湛明果，违远圆通，背涅槃城，生觉圆明，不化圆种。

圆遍诸类，觉知通吻，此是识阴境界，即以悟境为因心，成湛明果。寂静名湛，成独觉，得自然慧之果；洞彻曰明，成缘觉，究竟无生之果。违远圆通，背涅槃城者：谓圆通依不生灭为因地心，然后圆成果地修证。今乃依识阴悟境，即立涅槃，得少为足，中止化城，故曰违远，曰背。生觉圆明，不化圆种者：觉，即独觉、缘觉，生此二种果位；圆明即悟证之境。独觉无师自悟，缘觉缘生无性，遂计其理圆，其智明，即认为涅槃真境；而不能融化透过，所悟所执，空净圆影，依然为一定性种耳。问：识阴十境，前八是外道、天、仙、魔王，错修妄本，贪恋尘劳，不出三界，枉受生死，判属为魔，固其宜矣；而声闻、缘觉，断惑证真，已出三界，而了生死，何亦判属魔境，令人不敢修习；倘遇钝根，有失接引，岂慈悲心者之所为耶？答：准《华严经》，忘失菩提心，修诸善法，皆为魔业。况此经乃修楞严大定，圆满无上菩提，声闻、缘觉，得少为足，中止化城，非魔业而何哉？

阿难，如是十种禅那，中途成狂，因依迷惑，于未足中，生满足证，皆是识阴，用心交互，故生斯位。

如是十种禅那：谓透过行阴十境，识阴未曾起执，总属禅那善境。中途成狂，因依迷惑者：未至圆通中间，或遭枝歧，如前八种各起狂解，因依颠狂见解，不自觉知，故曰迷惑。又于未足中，生满足证者：未至寂灭现前，即生满足证，保果不前，自谓已足；如后二种，定性声闻、辟支是也。然究其所以，实非外魔来扰，皆是识阴将破未破，用心不纯。妄念与正念，交互而起。若妄念胜时，故生斯位。斯位即前十执。

众生顽迷，不自忖量，逢此现前，各以所爱，先习迷心，而自休息，将为毕竟，所归宁地。自言满足，无上菩提，大妄语成。外道邪魔，所感业终，堕无间狱。声闻、缘觉，不成增进。

此警惕显害。众生顽而无知，迷而无识，不自思忖量度，逢此境界现前，各以所爱而取。先习迷心者：积劫熏习，偏爱邪种，迷暗自心。今于定中，所现境界，适与先心相似，投彼病根，发其痼疾，即便欣取，而自休息。前八种，于自所计果，拟是毕竟所归宁地，将谓即是安身立命之处，如第一所归果，第八炽尘果是也。后二种于自所证果，自言满足，无上菩提，妄言究竟极证,如第九趣寂果,第十湛明果是也。

然此等,未得言得,未证言证,故云大妄语成。虽皆为妄语,而害分轻重,外道邪魔八种,所感有漏,禅福之业终尽,必堕无间之狱,此约害之重者言之。声闻缘觉二种,现前所证,乃是无漏所感,必无堕狱之事。惟是不成增进,永闭化城,不达宝所,此约害之轻者言之。其害虽分轻重,而于圆通中,皆为魔障耳。

汝等存心,秉如来道,将此法门,于我灭后,传示末世,普令众生,觉了斯义。无令见魔,自作沉孽,保绥哀救,消息邪缘。令其身心,入佛知见,从始成就,不遭歧路。

汝等,存大悲救世之心,秉如来觉他之道,将此辨魔法门,于我灭度之后,正法寖衰,邪法增炽,传示末法之世,普令众生,觉了斯义。斯义:即中途成狂等,十种差别之义。既经觉了,颠狂知见自息。前七是见,第八具见爱,以却留尘劳故。二乘,于界内见爱虽尽,而界外见爱犹存。其于涅槃,则迷真执似;于谛理,则厌有著空,不达法空,但求自利等,皆颠倒分别见也。以上诸见不生,故云无令见魔,自作沉孽。自作者:显非外魔来扰,乃是心中见魔之自作耳。沉孽:谓沉重罪孽,如外道邪魔,报终堕狱;声闻辟支,永闭化城皆是也。

保绥哀救,消息邪缘者:绥安也,保绥禅定,哀救行人,消磨息灭邪见之缘。邪缘,即前颠倒分别见爱,全障真正知见。今既息灭,则障尽理现,令其身心,自然得入佛之知见,从此为始,成就圆通,中中流入萨婆若海,直至成佛,不遭歧路;所谓终始地位,中间永无诸委曲相也。

如是法门,先过去世,恒沙劫中,微尘如来,乘此心开,得无上道。

如是,指法之词。法门,近指识阴,辨魔法门,远该前四阴。先过去世,恒沙劫中:远指多劫也。微尘如来者:极言其佛之多也。前云:此是微尘佛,一路涅槃门。乘此心开者:每于一阴未开之时,须要依此法门,而辨别之,不为十种魔境所惑,方得透过。一阴如是,诸阴皆然,识阴若尽,则任运得成无上佛道矣!

> 识阴若尽，则汝现前，诸根互用，从互用中，能入菩萨，金刚干慧，圆明精心，于中发化。

识阴若尽者：将齐此以明超证也。则汝现前诸根互相为用，六根之体，固属圆融，六根之用，亦复不隔，每一根中，皆兼具五根之用，此当圆教初住，圆通之位；五阴既尽，解六结，越三空，生灭既灭，寂灭现前时也。从互用中者：此即从初住位中，便能入于菩萨金刚干慧，此干慧即前之干慧地，初住已证。耳根圆通，名为金刚三昧，干慧亲依而立，故特称金刚之名。此即一超直入，等觉后心，盖促举始终也。下圆明精心，于中发化者：略表中间，廓周法界曰圆，寂照无边曰明，前偈云：现在诸菩萨，今各入圆明，此即圆通体也，故号精心，谓纯真无妄之妙心。于中即于初住至等觉，两楹之中，发起神通变化。如观世音，获二种殊胜，发三种妙用也。

> 如净琉璃，内含宝月，如是乃超十信、十住、十行、十回向、四加行心，菩萨所行，金刚十地，等觉圆明。

首二句以喻明。琉璃：喻圆明精心；含月：喻于中发化。谓圆明精心，性具神化，不碍发挥运用，洞照近远。如论悟证，已齐佛果。如是乃超十信、十住等，意以初住为能超，中间诸位为所超，下入于如来，妙庄严海；亦即以初住为能入，妙庄严海为所入也。此中复超十信者：全显此经十信，乃初住开出。于地特言菩萨所行者：意表入地，乃真修圣位耳。皆以金刚利智修断，故言金刚十地，与前干慧位中，金刚不同，彼指耳根圆通，是诸位通依，故置诸位之初，此显地上金刚，坚利之智，能断微细无明，故标十地之首。

《正脉》云：于等觉复言圆明者：见始终惟此一心，但至等觉，则发化之极也。按天台言：圆教有利根者，一生超登十地。清凉言：解行在躬，一生圆旷劫之果，皆从初住超之。盖初住名发心住，以是义言，从初发心，即成正觉。旧注谓从七信超之，未敢闻命；大抵详究圆家，只有二位：一断前通惑，从满观行，一超直入初住，中间更不取证。二断后别惑，从入初住，一超直至等觉，中间亦不取证。而佛于圆家，仍列多位者，有二意：一者，为引渐机，令欣从圆顿也。二者，见佛眼明，极能于至迅速者，见而分析也。譬于飞隼上山，虽至迅疾，然亦自下历上；但眼钝者，终不能彻见，而分析之，故须佛眼也。

入于如来，妙庄严海，圆满菩提，归无所得。

入于究竟如来，圆极之果。妙庄严海者：以万德庄严果海，各尽其妙，是为福究竟。圆满菩提者：以证得一切种智，圆满无余，是智究竟。归无所得者：以契合性真本有，不从外得，是理究竟。上二句显修成，后一句显性具，盖从性起修，修还契性，离性真外，无有少法可得矣！前云狂性自歇，歇即菩提，胜净明心，不从人得也。

此是过去，先佛世尊，奢摩他中，毗婆舍那，觉明分析，微细魔事。

此是举古佛辨魔法门，先佛授受，修习大定，增进圣位之心要也。奢摩他止定之中，用毗婆舍那观慧，定慧均等，因中始觉智明，分析微细魔事。先佛是过来人，古语云：欲知山下路，须问过来人，自然不错。则今之所说，亦唯遵先佛仪范也。

魔境现前，汝能谙识，心垢洗除，不落邪见。

果能如我所说，则诸魔境，一切现前，汝便能谙识。致魔虽然由定，实乃由心。但要心中不生胜解，则心垢洗除。主人不迷，则彼魔事，无奈汝何，自不落于邪见网中。此正令谙识诸魔。

阴魔销灭，天魔摧碎，大力鬼神，褫魄逃逝，魑、魅、魍、魉，无复出生。

阴魔，即心见二魔；由心垢洗除，则阴魔销灭。内魔既销，则外之天魔，自应摧碎其胆。大力鬼神，见其王尚尔摧碎，自应褫（丧也）魄逃逝，于十二由旬之外；魑魅魍魉，诸小鬼神，自应潜踪匿迹，无复出生。

直至菩提，无诸少乏，下劣增进，于大涅槃，心不迷闷。

此上先举古佛辨魔法门，如是内魔外魔，一并潜销，故能超诸位，直至无上菩提智果。虽然能超，而于诸位功德，无诸少乏，所谓一悟一切悟，一证一切证也。纵是下劣二乘，亦能回小向大，励志增进。于如来所证，无余大涅槃断果，心不迷闷，于宝所矣！

若诸末世，愚钝众生，未识禅那，不知说法，乐修三昧，汝恐同邪，一心劝令，持我佛顶，陀罗尼咒，若未能诵，写于禅堂，或带身上，一切诸魔，所不能动。

此转令咒护众生。特约末法之世，去圣时遥，足深忧虑。况愚迷暗钝众生，智不明，而根不利。以智不明，未识禅那中，差别境相；根不利，不知佛所说，辨魔法要；自力法力，二缘俱缺。而乃乐修耳根三昧，直修反闻之定。汝恐同邪者：汝恐未能谙识魔境，误入邪网，即同于邪也。自当劝令，一心持我佛顶陀罗尼咒：毋庸他术，但专持咒，此咒既称佛顶，即最尊最胜之法，又称陀罗尼，即总一切法，持无量义，一切法义，皆在其中。设或无读诵性，而未能诵，写于禅堂，及其住处，或带身上，一切诸魔，所不能动者：以此咒常有，金刚藏王菩萨种族，并其眷属，昼夜随侍故也。

汝当恭钦，十方如来，究竟修进，最后垂范。"

《指掌疏》云：既示辨魔之法，又申结劝之义，末复教以，汝当恭钦，则如来反复叮咛之意，已深切矣！然教以恭钦者有二义：一者，此是十方如来，从始至终，究竟修进之法，当恭敬钦承，而修习之，此嘱以依法，成自利行也。二者，此是十方如来，怜愍最后末世，垂留仪范，当恭敬钦承，而宣传之，此嘱以依教，成利他行也。《宝镜疏》云：最后垂范者：以当机殷勤启请，十方如来，得成菩提，妙奢摩他，三摩、禅那，最初方便；是以如来，令其生信开解，乃至示以三如来藏，耳根圆通，正助双修，发行证入，则最初方便，能事毕矣。而更回身再来凭倚，重详七趣，以励精修，复辨五魔，而防惑乱，此于性定，垂示初心，修习仪范，乃在后之又后，故云：最后垂范，正与最初方便，相照应耳。

阿难即从座起，闻佛示诲，顶礼钦奉，忆持无失。于大众中，重复白佛：

"如佛所言，五阴相中，五种虚妄，为本想心，我等平常，未蒙如来，微妙开示。

当机即从座起，闻佛最后曲垂遗范，开示教诲，顶礼接受，钦敬奉承法旨，仰体慈悲圣意，记忆受持，而不忘失，传示于末法也。于大众中下：具陈三问，先问生起妄想，重复白佛，如佛所言，五阴相中，五种妄想，如色阴中坚固妄想，受阴中虚明妄想，想阴中融通妄想，行阴中幽隐妄想，识阴中虚无妄想，以为根本想心。我等平常，只知五阴相妄，当体全空；并未蒙如来，微细开示，五种妄想，以为根本。此第一问，请细说妄源也。

又此五阴，为并销除，为次第尽？如是五重，诣何为界？

此次问灭除顿渐。又此五阴，既总是妄想，今欲破除，为当一并顿除，为当次第渐尽耶？此第二问，请指示顿渐也。如是五重，诣何为界者：此三问阴界浅深，又如是五阴五重。若欲破除，须至何等界限，为色阴边际？何等界限，为识阴边际？此第三问，请因界浅深也。

惟愿如来，发宣大慈，为此大众，清明心目，以为末世，一切众生，作将来眼。"

如上三问，乃为进修法要。惟愿如来，大慈不倦，一一详示。不独为此现前大众，清明心目，心地清净，目光明朗，辨识前程，进修无碍；乘愿入彼末法，将如来语，传示后世，令一切修定众生，作将来正法眼也。

佛告阿难："精真妙明，本觉圆净，非留生死，及诸尘垢，乃至虚空，皆因妄想，之所生起。

此总明五阴，皆以妄想为本。佛告阿难：我说五阴，皆是妄想，以为其本者，岂无故哉？夫精真妙明，本觉圆净者：谓纯一无杂，至真无妄，此指纯真之心，体也。妙者寂义，明是照义，此指寂照双融，用也。名曰本觉者，拣非修成，特言圆净者，即弥满清净，中不容他也。非留生死者：即无界内分段生死。及诸尘垢者：即无界外所证涅槃。如前云：想相为尘，识为垢。二俱远离，则汝法眼，应时清明。乃至虚空者：乃至超略，世界众生，极于虚空。前云：沤灭空本无，况复诸三有，总之生死涅槃，及诸众生世界，而至虚空，皆因妄想之所生起。盖界内分段生死，即受、想、行三阴；界外变易涅槃，即是识阴；依正乃至虚空，即色阴也。但是本觉妙明心中，元无五阴，如《心经》云：空中无色，无受、想、行、识，真空实相中本无也。

斯元本觉，妙明精真，妄以发生，诸器世间，如演若达多，迷头认影。

此喻妄生非实。斯即指五阴，皆是妄想所生。元是本觉，即指本有觉性。妙明精真，即指一真法界，意显体用互融耳。既元是一真，何有五阴？盖以一念妄动，而成业识；依动故能见，发生见分；依能见故境界妄现，发生相分；既有见相二分，遂发生有情世间，及器界世间。如是空见不分，色阴与劫浊并起。性搏四大，受阴与见浊并起。根尘相识，想阴与烦恼浊并起。知见欲留，业运常迁，行阴与生浊并起。性中相知，用中相背，识阴与命浊并起。总以不了惟心，用诸妄想，展转妄成五阴。故曰如演若达多，迷头认影。以演若迷头，喻众生不了惟心；认影狂走，喻众生用诸妄想；究竟真本有，而妄本空。由众生不知真本有，而妄迷如失，如演若头本在，而妄惊其失也。不达妄本空，而误迷为有，如演若影非实，而认为真也。意表五阴，从本虚妄不实矣。

妄元无因，于妄想中，立因缘性，迷因缘者，称为自然，彼虚空性，犹实幻生，因缘、自然，皆是众生，妄心计度。

《正脉》云：此中所以必斥二计者：良以五阴，始从妄想而生，虽有恒无；终依倒计而住，虽无恒有；所谓从毕竟无，成究竟有。是故二计不亡，则五阴牢不可破矣。所以如来欲掘妄想之原，先斥所依之计也。妄元无因者：承上妄以发生而来，则本无所有，元无有因；如前云：若有所因，云何名妄？是知现前五阴，唯是妄想。以其展转相因，递相为种；内教学者，因立因缘，故云于妄想中，立因缘性，已是方便，非有实义，何况外道邪见，拨无因果；复迷因缘者，而称五阴，为自然性也。其实因缘、自然，皆为戏论，故举虚空之喻，以况显之。彼虚空之性，虽似不动不坏，犹实幻妄所生。前云：迷妄有虚空，依空立世界是也。何况因缘、自然，二计皆是众生妄心，颠倒分别，妄生计度，都无实义也。

阿难，知妄所起，说妄因缘。若妄元无，说妄因缘，元无所有。何况不知，推自然者？

　　又阿难，汝果能知妄想有所起处，可说妄想以为因缘，此纵许也。若妄想元无起处可得，当体全空，则说妄想因缘者，元无所有矣，此即夺也。因缘，乃内教小乘，以为不了义而非真，何况外宗，并不知因缘，而谬推自然者，则愈妄之甚也。

　　是故如来，与汝发明，五阴本因，同是妄想。

　　是因缘、自然，二计俱非之故，如来与汝发明，五阴五重盖覆，根本生因，虽有坚固，虚明等，五种差别，同是妄想，更无他物也。斯正如来，欲令众生，了妄无因，知真有本也。盖佛自第一卷，普判众生误认文云：一切众生，从无始来，皆由不知，常住真心，性净明体（此迷真也），用诸妄想（此认妄也），此想不真，故有轮转。遂将妄想二字，重重开示，至此五阴，说出五种妄想，以为其本，分作五重，一一详示，乃见为人一片婆心，成始成终之至意。亦见本经，十卷文字，起结脉络，势若回龙，首尾相顾也。

　　汝体先因，父母想生，汝心非想，则不能来，想中传命。

　　此别示五重妄想，先明色阴妄想，五根六尘，皆为色阴，今特显其与妄想相应者，且就内身五根而言。我虽然为汝发明，五阴本因，汝犹不知，色阴为坚固妄想。故云，汝之形体，有质碍可见者，先因父母，俱动爱欲妄想而生。爱欲妄想动，而后有赤白二渧，若汝中阴心中，非有憎爱之想，自不能揽为自体。前云流爱为种，纳想成胎，务必父母与己，三想感应和合，而来想中，传续命根也。

　　如我先言：心想醋味，口中涎生；心想登高，足心酸起。悬崖不有，醋物未来，汝体必非，虚妄通伦，口水如何，因谈醋出？

　　此引喻显妄。如我先于想阴文中，曾言二喻，今复引之也。心想醋味，口中涎生；心想登高，足心酸起。然悬崖不有，醋物未来，但凭虚想，而口水足酸，虚妄而应。而汝现前身体，必非与虚妄，通为一类者，口水如何因谈醋出？足酸如何因思崖生？此句影略也。是知口水足酸，既然由想而生，汝体虚妄，亦应同于口水足酸也。现前色阴既尔，而前之根本色阴，例此可知。

是故当知，汝现色身，名为坚固，第一妄想。

是故者：是汝体口水，虚妄通伦之故。应当得知，汝现在色身之体，名为坚固，第一妄想：谓取著有力，坚固而不可解也。如父母交遘，欲爱妄想，与自己投胎，流爱妄想，其坚固有力，自不待言矣！《正脉》问：内根固然，若兼外器，何关妄想？答：如前世界相续中，言坚明立碍，及坚觉宝成等，亦坚固妄想也。

即此所说，临高想心，能令汝形，真受酸涩。

此明受阴，即虚明妄想也。即此色阴中所说前喻，临高虚想之心，以发起受阴者。想以取像为义，受以领纳为义，前色阴即五根，此受阴即五识，而想阴即第六意识。临高想心，即六识，曾经悬崖险处，落卸影子，在想心中。今闻悬崖，则起临高虚想之心，能令汝之形体，真受酸涩。受酸涩处，即受阴，于三受中，是苦受，所谓转想成受也。悬崖不有，想虽无实，而酸涩忽形，受乃是真；如是诸受，皆可例知其妄也。

由因受生，能动色体，汝今现前，顺益违损，二现驱驰，名为虚明，第二妄想。

由想心为因，所以受阴生起，能动色阴之形体，真受酸涩之妄境。此由因受生句，合临高想心；能动色体之句，合能令汝形，真受酸涩。汝今现前，正示受阴也。所谓顺之则益，即乐受；违之则损，即苦受。二现驱驰者：即苦乐二者，现在能驱役自心，驰流不息。文中不言不苦不乐受者，因舍受不显，苦乐二受，现前分别，容易明白也。温陵曰：临高空想，而酸涩真发，违顺皆妄，而损益现驰，则受阴无体，虚有所明，故名为虚明，第二妄想。

由汝念虑，使汝色身，身非念伦，汝身何因，随念所使，种种取像，心生形取，与念相应。

此明想阴，即融通妄想，全以想阴之虚，能使色身之实，虚实相应，以见想阴之妄也。由汝念虑者：念虑，即想阴也，亦即前所谓，浮想是也。谓由于汝之第六意识，想念与思虑，所以能使役汝之现前色身。而身是色法，念是心法，色法本非心法同一伦类；既非念类，不应随念，故难以汝身之色法，何因缘故，随心法之念所使耶？即今现前，根尘相对，种种取像，想阴以取像为义，然皆因想念心生，而后诸根之形方取；则知根身，所取之像，必定与想念而相应也。此约体通五识，故能令色身，时时与念虑相应；前难云：随念所使者此也。《宝镜疏》取喻如歌舞工伎之人，随他拍转，拍缓则步缓，拍急则步急，而身与念，亦若是矣。

寤即想心，寐为诸梦，则汝想念，摇动妄情，名为融通，第三妄想。

寤即想心，寐为诸梦者：寤即醒也，寐即睡也。醒时即是想心，乃通于散位独头；睡时即为乱梦，又通于梦中独头。不言定中独头者，以此经三摩，非思惟影像之定，独头不起现行故。则汝身汝想，无时无处，而不相应；良由汝之想念不息，以故摇动妄情，或寤或寐，纷燃无间也。则知想阴，与前五根，并五识，互融互通，为第三妄想。不惟互融色身，随念所使，而且互通梦寐，摇动妄情。则知此阴，双融色心两处，俱通寤寐两境，故名融通妄想也。

化理不住，运运密移，甲长发生，气销容皱，日夜相代，曾无觉悟。

此明行阴，即幽隐妄想也。化理不住者：指行阴为变化之理体，有迁流之事用，体属生灭，故云不住。运运密移者：谓念念迁变，秘密推移，表其幽深隐微之动相。《庄子》喻以夜壑负舟，正此密移之意；但彼谓造化，此言行阴也。此下乃释密移之事，能迁实体。意谓行阴，生、住、异、灭，四相迁流，念念不停，能迁实体；如初生之时，甲渐渐长，及其壮也，发渐渐生，逮乎垂老之年，气渐渐销，容渐渐皱，其谁使之耶？殆行阴为之。日夜相代，曾无觉悟者：此皆日夜生、住、异、灭，无有少停，互相更代，从古及今，曾无一人，能觉悟也。波斯匿王云：变化密移，我诚不觉者此也。

阿难，此若非汝，云何体迁，如必是真，汝何无觉？

此双诘是非，显体虚妄。故呼阿难，此迁流之行阴，若果非汝心者，云何能迁变汝之实体耶？以见不非汝也。如必此迁流之行阴，是真汝心者，汝何不念念觉知耶？以见不即汝也。是汝非汝，两不可定，足知虚妄非真矣！

则汝诸行，念念不停，名为幽隐，第四妄想。

幽隐者：幽深隐微。则汝诸行：指现在行阴，念念迁流，不得停住。《仁王般若经》云：一念之中，有九十刹那，一刹那中，有九百生灭，其幽隐难知，是非莫辨，彻体虚妄，故以妄想名之。又以密移不觉故，冠幽隐之号。《正脉》云：大抵受、想、行之三阴，虽皆属心，而文中皆显与色身通贯；受则能令色身领境，想则能驱使于身，行则能迁变乎体。又虽说三阴通贯色身，而实要显身为念伦，非真实有也。

又汝精明，湛不摇处，名恒常者，于身不出，见、闻、觉、知，若实精真，不容习妄。

此明识阴，即微细精想也。纯一无杂，横竖洞照，曰精明，所谓似一也。浮想已尽，迁扰俱停，曰湛不摇处，所谓似常也。即此似一似常，元是根本识阴，体通如来藏性，众生迷位之中，离此无别实体可得，第一卷云：识精元明是也。若以此精明不摇之识，为恒常不变之性者，于身不出见、闻、觉、知，所谓元依一精明，分成六和合也。此固以根本难知，指出现前六用，令凡小之人，知现前见、闻、觉、知，与识精同体故。若实精一无杂，真实无妄者，自不容习种之妄染；譬如真金，不应混杂泥沙也。

何因汝等，曾于昔年，睹一奇物，经历年岁，忆忘俱无？于后忽然，覆睹前异，记忆宛然，曾不遗失，则此精了，湛不摇中，念念受熏，有何筹算？

何因反难之词。既云若实精真，不容习妄，下正明习妄之事，故反难云：何因缘之故，汝等曾于畴昔之年，睹一奇异之物，既见奇物，必先留心，经历年深岁久，初时犹忆，久则斯忘，久之又久，则忆忘俱无。于后忽然，覆睹前异者：于后来忽然之间，覆睹从前奇异之物，而记忆宛然如昔日。由前六熏习之力，熏成种子，在八识田中，曾不遗失，故以何因反难之。六识如聚敛之吏，七识似出纳之官，八识犹库藏之使，故知此论收执不忘，惟约第八也。理实此识，尚能忆持多劫，无量种习，次第成熟，岂止现生之睹物耶？则此下，显妄非真，精了即精明也，亦即现前见、闻、觉、知，同一无分别性，名湛不摇中。念念受熏，有何筹算者：前念后念，受彼妄习所熏，无有停息，分剂头数，无量无边，有何可筹量计算也。

　　阿难当知：此湛非真，如急流水，望如恬静，流急不见，非是无流，若非想元，宁受妄习。

阿难，应当了知，此八识，湛不摇者，熏之以真则真，熏之以妄则妄，亦非真常不可动摇之性也。但如急流水，《正脉》云：须取无波，平流之急水。望如恬（安也）静者：以其无波浪之参差，无飞湍之上下也。次二句，明其正因流急，故不可见，非真无流也。尝验其流，抛一草叶，于其水面，草叶迅疾而去，方觉其流之最急，非无流也。若非想元者：谓此若非前四阴，妄想根元，宁受妄习所熏，此决言其犹有微细妄想故也。

　　非汝六根，互用开合，此之妄想，无时得灭。

然此微细妄想，直待何时，方得销灭？除非汝之六根，互用之时，根隔开合之际，此之妄想，亦无时而得灭也。但经用反言以显，故云：若非根解入圆通，此妄终无灭时也。六根互用开合，正当寂灭现前时也。

　　故汝现在，见、闻、觉、知，中串习几，则湛了内，罔象虚无，第五颠倒，微细精想。

此承上文，未得六根互用，未尽想元，故汝现在，见、闻、嗅、尝、觉、知六精之性，即第八识中，念念受熏，互相串穿。虽习气几微，令不散失，则湛然了知之内，即精明湛不摇中，一分无明为能串，而六根习几为所串耳。故罔象虚无，若无不无，似有非有，凡夫计为命根，二乘认作涅槃，虚而作实，无而为有，是为颠倒，微细精想。谓迷真执似，迷真如藏性，执相似藏识，岂非颠倒乎？前四粗，显此识微细，又此识虽非妙精明心，如第二月，故名精想，但多一捏而已，放手即是真月矣！

　　阿难，是五受阴，五妄想成。

此总结五阴,即五种妄想所成也。此五种,即是众生所受报法。受此五种,盖覆真性,故名五受阴,又名五取蕴。一切众生,莫不取此以为自体,故名此身为五蕴幻躯,又名五阴身也。由是而观,五阴虽浅深粗细之不同,而要之皆妄想所成,悉非真心本有也。

《宝镜疏》云:良以众生,自迷如来藏性,而有妄色妄心,依此色心,而成五阴,故有世间凡、圣差别也。若以众生知见,执此五阴,为实有者,即世间法。若以二乘知见,执此五阴,为空寂者,即出世法。若在诸佛菩萨,善得中道,了色即空,达空即色,即为出世上上法,乃第一义谛,不思议境界也。设若离此五阴之法,则五乘圣教,亦无安立之处也。以故,迷之则凡,悟之则圣,皆不出此。凡修定者,苟能于是,用金刚观智,荡涤空有情计,扫除断常知见,了一真之本具,达诸妄以本空,则其五阴妄想之心,当体清净,即是本如来藏,妙真如性矣!

汝今欲知,因界浅深:惟色与空,是色边际;惟触及离,是受边际;惟记与忘,是想边际;惟灭与生,是行边际;湛入合湛,归识边际。

阿难前第三问,如是五重,诣何为界?佛今于第二超答云:汝现今欲知,因界浅深者,此一科之文,披阅诸家疏释,惟交光法师,研究有得于心,详释边际之浅深,超千古而独最,故悉依之。交光法师云:今考古训,十八界,乃云界者因义;谓出生诸法,如地生物,而地为物因也。今五阴即界之开合,故名因界,但是阴之别名而已。浅深,即是边际之浅深,历五阴而各有也。如色阴中,有相为色,无相为空,若离诸色相,而栖心空净,祖家谓之一色边,唯识谓为空一显色,是知尽色,而不尽空,皆未出乎色阴边际,而一切空忍,皆非究竟也。受阴中,取著曰触,厌舍曰离,断诸取著,而不忘厌舍,是犹住舍受之中。故佛于离幻之后,复教离离,是知尽触,而不尽离;亦未出乎受阴边际,而一切背舍,皆非究竟也。想阴中,有念为记,无念为忘,除诸念而不忘无念,是仍住于静念之中。故佛言:有念无念,同归迷闷。祖云:莫谓无心便是道,无心犹隔一重关。是知尽记,而不尽忘,亦未出乎想阴边际,而一切无想,皆非究竟也。行阴中,以迷位,散心粗行为生相,如二卷喻如瀑流者是也;以修位,定心细行为灭相,如此卷喻如野马者是也。然此细行,似灭非灭,仍是清扰细迁,如定中人,不免爪生发长,足以验之。是知尽生,而不尽灭，亦未出乎行阴边际，而一切灭定，皆非究竟也。识阴中，以有入为湛入，盖泯行流，而灭归识海。经云：性入元澄，一澄元习，如波澜灭，化为澄水是也。以无入为合湛，经云：内外湛明，入无所入是也。盖合字有不动之意，即流急不见其流也。然此合湛境界，分剂非浅，良以始言湛入，特表行阴方消，识海初入；按位已当七信，齐于四果。而圆通正在闻所闻尽，终言合湛，更名识海久停，湛明净极，虽视湛入有加，居然仍在识境，咸不免于最细四相所迁，是知尽湛入，而不尽合湛，终未出乎识阴边际；所谓清光照眼，犹似迷家，而一切明白法身，犹未究竟也。问：识阴尽时，毕竟何位？答：入初住，证圆通也。经云：非汝六根，互用开合，此之妄想，无时得灭，是其明征也。问：此之识阴，既惟第八，即是业识，而别经论，皆谓无明生相，等觉后心方尽，今言初住即尽，而后位依何住持耶？答：彼是渐教所谈，初住等觉，尚隔天渊，岂遽说尽？此是圆顿之旨，经文从互用中，顿超诸位，能入金刚干慧，非等觉后心而何？应知胜义中，真胜义性，大不思议，不应以渐而难圆也。然以此总较，因界之浅深者，若但知色为色，而不知空亦是色者，知色界之浅者也；知空色之皆色者，知色界之深者也。如是乃至但知湛入为识，而不知合湛亦识者，知识界之浅者也；知湛入合湛皆识者，知识界之深者也。是则发挥五重妄想，可谓极尽其境界矣！

此五阴元，重叠生起，生因识有，灭从色除。

阿难前第二问云：又此五阴，为并销除，为次第尽？故如来在此第三，而追答之。此五阴生灭次第，即六根结解次第，故先明五阴，生起灭除，二重次第。此五阴元，是从细向粗，一重叠一重，次第生起也。生则从细向粗，因迷藏性，以为识性，故曰生因识有。由识而行，由行而想，由想而受，由受而色；如人着衣，必自内向外，而渐着故。灭则从粗向细，须从色阴先除。则受、想、行、识，次第渐除；如人脱衣，必自外向内，而渐脱也。

理则顿悟，乘悟并销；事非顿除，因次第尽。

此单陈灭除次第，而仍兼始悟则无次第，而终修须次第也。盖此五阴，以理推究，如前所云：五阴本因，同是妄想。既唯妄想，妄性本空，一念顿悟，乘此心开，则五重妄想，如红炉点雪，一并销除，有何浅深次第之可得耶？《正脉》举喻，夜暗惊杌为鬼，奔驰荒越，一被他人说破，鬼想全销。若就事相而论，事，谓修断之事，色心诸法，非能顿除，务必自浅而深，因五阴之次第而渐除以尽也。《正脉》云：鬼想虽已全销，而驰途岂能遽返，要须历返前途，方归旧处矣！总是顿悟，渐修之意而已。

我已示汝，劫波巾结，何所不明，再此询问？

此乃斥问。取第五卷，绾巾以示伦次之文云。六结不同，一巾所造，令其杂乱，终不得成；是结解，定有伦次，故云：我已示汝，劫波巾结。前阿难亦云：是结本以次第绾生，今日当须次第而解。于彼既知，于此即应理会。故责云：何所不明，再次询问。此处破阴之文，与解六结而入圆通比之，破五阴而登初住，法数五六参差，如何会合？答：初于闻中，入流亡所（解动结），所入既寂，动静二相，了然不生（解静结），初解动静二结，破色阴。如是渐增，闻所闻尽，解根结，破受阴。尽闻不住，觉所觉空，解觉结破想阴。空觉极圆，空所空灭，解空结，破行阴。生灭既灭，寂灭现前，解灭结，破识阴。如是解结破阴，若合符节矣。

《宝镜疏》问：如何是顿悟渐除之义乎？答：如大海猛风顿息，是顿悟也；波浪渐停，是渐除也；如婴儿诸根顿生，是顿悟也；力量渐备，是渐除也；如太阳顿出，是顿悟也；霜露渐消，是渐除也；如春笋顿长，即与母齐，是顿悟也；枝叶渐敷，节节而上，是渐除也。若但顿悟，而不渐除，则有解无行，执理迷事；若但渐除，而不顿悟，则有行无解，执事迷理，均非正修真三摩地也。

汝应将此，妄想根元，心得开通，传示将来，末法之中，诸修行者，令识虚妄，深厌自生，知有涅槃，不恋三界。

此总结五阴，劝令传示将来也。故嘱云：汝应将此五阴妄想根本元由，一一研究，色阴坚固妄想，受阴虚明妄想，想阴融通妄想，行阴幽隐妄想，识阴微细精想。心得开通者：谓妄想之名，虽浅深次第有异，了达同一虚妄，更无根绪，此劝其自利不迷也。传示将来下，劝其利他普益也。偏言末法之中者：以众生根基浅薄，执心太重，五阴难除。诸修行者，若不思修行，则姑勿论耳。如要修行，则当令识五阴体性，虚妄根元，既是虚妄，五阴岂有真实，认妄为真，故有轮转。深厌自生者：谓既达五阴全妄，其体本空，则深切厌离之志，自然发生矣！知有涅槃者：知本有不生不灭，真性全在，依此为本修因地心，然后圆成果地修证，不复更恋三界，有漏生死因果矣。恋字与厌字，故体相反，既厌而岂恋哉？自阿难请谈七趣以来，至此说法，更为一周，名为超有出魔周。

《指掌疏》云：首楞严，翻为究竟坚固，以不动不坏为义。今经精研七趣，唯是自业所招；详辨五魔，都缘邪思所致；重明五阴，总以妄想为根。自业所招，七趣成而密因坏；邪思所致，五魔起而了义亡；妄想为根，五阴覆而万行颓。密因坏，则正信不坚；了义亡，则正解不固；万行颓，则真修必坠；是始终不坚，而有坏也。今知自业所招，业不造，而七趣空；邪思所致，思无邪，而五魔遁；妄想为根，想离妄，而五阴销。七趣空，则密因本具，而正信坚矣！五魔遁，则了义现前，而正解固矣！五阴销，则万行无滞，而真修成矣！真修既成，妙证必克，据此则生信、发解、起行、证果，从始至终，究竟坚固，不动不坏；题中首楞严三字，义统乎此。自阿难请定以来，历谈至此，为正宗分竟。

阿难，若复有人，遍满十方，所有虚空，盈满七宝，持以奉上微尘诸佛，承事供养，心无虚度，于意云何，是人以此施佛因缘，得福多不？"

此明流通分。流者：流传后世；通者：通达十方。经分三分，譬如一人：初序分如首，五官具存，观之便知善恶，亦如经中序分，一观便知，是大乘小乘。二正宗分如身，五脏全在，以为一身之要。三流通分如足，以便行走。经有流通分，能成法益，流传无尽，通达无边也。此以财施较定供佛之福。阿难，设若复有一人，遍满十方虚空，则虚空无尽可知；如是虚空，盈满七宝，则七宝无边可知；以此满空七宝，供养一佛二佛，则财施之胜，福田之广可知；何况持以奉上微尘数诸佛，一一悉皆，钦承奉事。心无虚度者：即无有一佛，而空过者，则福田之广，愈可知矣！又以满空七宝供养，是广大心；供养诸佛，是第一心；微尘诸佛，心无空过，是常时心；如是三心并发，在汝阿难之意，以为云何？是人以此施佛，殊胜因缘，得福多不多耶？

阿难答言："虚空无尽，珍宝无边，昔有众生，施佛七钱，舍身犹获，转轮王位。况复现前，虚空既穷，佛土充满，皆施珍宝，穷劫思议，尚不能及，是福云何，更有边际？"

阿难答言：虚空遍满十方，故言无尽；珍宝盈满虚空，故言无边。昔有下，举例较量，昔有众生，施佛七钱，获转轮王位者：据《达磨显宗论》云，无灭尊者（即阿那律），昔于殊胜福田（诸福田中，佛为殊胜福田），因以七钱，施设食供，后异熟报，七返生于三十三天，七生人中，为转轮王，最后生于大贵释种，余如《阿含》等经不录。转轮圣王，统领四大部洲所有国土，人中福报第一；七宝具足，千子围绕。七宝者：金轮宝、马宝、象宝、主兵臣宝、主藏臣宝、女宝、宝藏瓶。况复现前有人，虚空既穷，十方佛土，又充遍珍宝，持以奉上，微尘诸佛，纵使穷劫，以第六意识，思量拟议，尚不能及。如是福报，云何更有边际。

佛告阿难："诸佛如来，语无虚妄。若复有人，身具四重，十波罗夷，瞬息即经此方他方，阿鼻地狱，乃至穷尽十方无间，靡不经历。

欲显灭恶之功，先示真实之语。因以下：弘经之时至少，而灭恶获福甚多，恐难生信。故先举诸佛如来，所有语言，无有虚而不实，妄而不真，汝当谛信也。

若复有人，身具小乘，淫、杀、盗、妄，四根本重罪；十波罗夷：大乘十种重罪。波罗夷：义当极恶，亦译名弃。谓若犯此罪之一者，即应堕狱，况复俱犯？即应速堕；故云瞬息即经此方他方，阿鼻地狱等。瞬息时之极短，犹言临堕迅速也。先堕此方阿鼻地狱，具足一劫；更堕他方，阿鼻地狱，具足一劫，乃至展转，穷尽十方无间。无间者：即阿鼻之华言也。靡（即无也）不经历者：显十方俱经，诸狱备历也。

能以一念，将此法门，于末劫中，开示未学，是人罪障，应念消灭，变其所受，地狱苦因，成安乐国。

此举暂尔弘经，即指将要堕狱之人。能以一念者：谓能以一念，回光返照，背尘合觉，顿悟圆通法门；深入一门，彼六知根，一时清净。既顿悟已，又将此法门，于末劫中，开示未学，修禅那者，令其各得开悟，续佛慧命，绍隆佛种。然而弘经之功虽少，惟以一念，其所得之益甚多，不可为喻。是人罪障，应念消灭者：是人罪障，即小乘四重、大乘十弃。应念者：应其弘经之一念，顿悟真如本有，妄想本空，则何罪不消，何障不灭？所谓千年暗室，一灯能破；又如一星之火，便可燎原，顿成灰烬。变其所受地狱苦因，成安乐国者：不惟只消罪障，且能变苦为乐，其故何也？以能将此法门，于末劫中，开示未学。此法门，即圆顿法门，圆彰法界，极显一心，此一念心，即十方如来，成佛真体，故能变苦因成乐国，化魔界成佛界矣！

得福超越，前之施人，百倍千倍，千万亿倍，如是乃至，算数譬喻，所不能及。

此不仅离苦得乐，仍当得福无量，超越无比。前之施人者：即超越前以盈空珍宝，奉上尘数诸佛之人。超越百倍、千倍、千万亿倍，如是展转乃至算数譬喻，所不能及倍。总之前人之福，任说无有边际，迥不能及于此福之少分耳。超越前人，略有三义：一、约佛，不以财施为重，惟以法施为重，以能一念，悟此圆顿法门故。二、约行，不以自行为要，惟以化他为要，以能于末劫中，开示未学故。三、约福，前是有漏之福，此是无漏之福，以能出离生死，永脱轮回故。譬如摩尼一颗，胜似海宝千般，阿伽陀药，压倒医方万品，则超越前福，固其宜矣！

阿难，若有众生，能诵此经，能持此咒，如我广说，穷劫不尽，依我教言，如教行道，直成菩提，无复魔业。"

弘经利益，转苦为乐，已如上说。今举无恶，诵经持咒之人言之。能诵此经者：能诵持显文，一心不乱，若文若义，了解分明。能持此咒者：能加持密咒，三业相应，有正有助，自能得益。如我广说，穷劫不尽者：此诵持之福，如我以四无碍辩才，广为宣说，穷劫说其所得之福，所受之报，尚不能尽。然而自利之行，尚且如此，何况更能利他乎？

依我教言，如教行道者：如前文言，汝等必须，将如来语，于我灭后，传示末法，遍令众生，觉了斯义。此首二句，即依我教言。下于我灭后，宣传开示，遍令末法，一切未学众生，觉了如斯辨魔之义，此即如教而行利他之道。诵经持咒，既是显密双修，而自行化他，仍复自他两利也。

直成菩提，无复魔业者：况无上菩提，必须两利圆满，方克证入。从初发心住，一超直入，妙觉果海，圆满菩提，于其中间，中中流入，更无魔业肆扰，诸委曲相。《指掌疏》云：此经显密双修，自他两利，如风帆扬于顺水，若狮弦奏于群音，自然直成菩提，无复魔业。此功德所以无尽，而称赞所以靡穷也。

　　佛说此经已，比丘、比丘尼、优婆塞、优婆夷，一切世间，天人阿修罗，及诸他方，菩萨二乘，圣仙童子，并初发心，大力鬼神，皆大欢喜，作礼而去。

　　佛说此经已者：自阿难请定之后，如来初示佛定总名，令知诸佛，修因克果；次说奢摩他路，令悟密因，大开圆解；三说三摩修法，令依耳根，一门深入；四说禅那证位，令住圆定，疾趣菩提；正说妙定始终已竟。复详初心紧要，初谈七趣劝离，以警淹留；次辨五魔令识，以护堕落；三请重明五阴，生灭之相，正宗已竟。复说流通，较量持福，灭恶之功，两利之胜，至此所应说者，皆已说竟。

　　比丘、比丘尼、优婆塞、优婆夷，解见在前。序分，唯列比丘，余三或是后来，今则俱列，以如来凡说法处，必有四众，为内护故。一切世间，天、人、阿修罗、八部列三，余亦应有；以如来说法处，必有八部，为外护故。序分不列，非所急也。及诸他方，菩萨、二乘者：他方菩萨，序分中，咨决先来众，及音感后至众。他方二乘，序分中，唯列辟支无学，并未列罗汉，或亦后来，故以俱列。圣仙童子者：内修圣道，外现仙身，不坏童真，故称圣仙童子。或因闻法而来，或因护咒而至，故序分不列。并初发心，大力鬼神者：鬼神特加发心；大力者：表其立志护法，具大神力，可以降魔制外，而为外护之众。皆大欢喜者：合会大众，法喜充满，既闻正宗，而获本妙圆心；复闻流通，而知究竟弘益。依如来之密因，起了义之修证，发菩萨之万行，一超直入，妙庄严海；自庆成佛有分，皆大欢喜也。作礼而去者：进而闻法于师，退而修法于己；作礼：表谢法之仪；而去：为自修之行。又去不徒去，要休去，歇去，冷湫湫地去，正所谓狂性自歇，歇即菩提，胜净明心，本周法界，不从人得也。全部正文，讲解已竟。

稽首十方婆伽梵　一切尊法贤圣僧
本师释迦牟尼佛　首楞严经最上乘
愿赐慈悲垂护念　顿令下智成净慧
每于深奥玄妙旨　精研细讨得领会
启悟密因与了义　逆流照性发明耀
一门深入达心源　竟究坚固无动坏
妄性本空真本具　一超直入如来地
仰符圣意述微言　普愿流通续慧命